青州年鉴

QINGZHOU YEARBOOK 2018

青州市人民政府　主办

青州市史志办公室　　编

图书在版编目（CIP）数据

青州年鉴．2018 / 青州市史志办公室编．-- 北京：方志出版社，2018.12

ISBN 978-7-5144-3459-0

Ⅰ．①青…　Ⅱ．①青…　Ⅲ．①青州—2018—年鉴　Ⅳ．①Z525.23

中国版本图书馆 CIP 数据核字（2018）第 286916 号

青州年鉴（2018）

编　　者：青州市史志办公室
责任编辑：张　昊

出 版 人：冀祥德
出 版 者：方志出版社
地址　北京市朝阳区潘家园东里 9 号（国家方志馆 4 层）
邮编　100021
网址　http://www.fzph.org
发　　行：方志出版社图书经销中心
电话（010）67110500
经　　销：各地新华书店
印　　刷：山东星海彩印有限公司

翻　　译：李　芳
版面设计：潍坊市鹅卵石文化发展有限公司
开　　本：889×1194　　1/16
印　　张：28.44
字　　数：781 千字
版　　次：2018 年 12 月第 1 版　　2018 年 12 月第 1 次印刷
印　　数：001 ～ 1000 册

ISBN　978-7-5144-3459-0　　**定价：380.00 元**

青州市地方史志编纂委员会

名誉主任： 韩幸福

主　　任： 鞠立强

副 主 任： 葛英煜　王万信　王海华　陈群光　翟　敏
刘传明　明　辉　刘学军

委　　员： 王军生　刘洪昌　沈志伟　刘振州　吴海元
张大富　许志勇　樊光湘　南天星　徐继中
张连祥　孟庆广　郭恒凯　康效生　贾传声
蔡治清　刘全林　郝炎磊　陈新增　孙国明
郑玉章　马保平　赵江田　高永玲

《青州年鉴（2018）》编审人员

主　　审： 翟　敏

副 主 审： 刘学军

顾　　问： 田立胜

主　　编： 刘洪昌

编　　辑： （按姓名笔画排序）
王华庆　孙新生　李建国　张爱清　祝承彬
谢　恺　扈炳策　蔡相东

主要摄影： 王继林　李家骅

编辑说明

一、《青州年鉴》的编纂坚持以马克思列宁主义、毛泽东思想、邓小平理论、“三个代表”重要思想、科学发展观、习近平新时代中国特色社会主义思想为指导，坚持辩证唯物主义和历史唯物主义的立场、观点和方法，紧紧围绕市委、市政府的中心工作，全面客观地反映各镇、街道、各部门、各行业取得的重大成就。力求做到观点正确、框架科学、资料翔实、特色鲜明、记述准确、编写规范。

二、《青州年鉴》是在中共青州市委领导下，由青州市人民政府主办，青州市史志办公室编纂的地方性、综合性、资料性工具书。该书旨在全面、系统、翔实、客观地记述青州市政治、经济、文化、社会等各方面情况，为各级领导科学决策提供可靠依据，为社会各界全面了解青州、研究青州、建设青州提供丰富、准确、实用的基础资料。

三、《青州年鉴（2018）》主要内容的记述时限为2017年1月1日至12月31日。为反映事物全貌，给读者以完整印象，部分资料收录范围适当上溯或下延。

四、本卷《青州年鉴》共设28个类目，即特载、大事记、专记、青州概况、中国共产党青州市委员会、青州市人民代表大会、青州市人民政府、中国人民政治协商会议青州市委员会、中国共产党青州市纪律检查委员会、社会团体、军事、法治、经济监督管理、农业、工业、交通•邮政•通信、城乡建设•环保、商务、旅游、财税•金融、科学技术、教育、文化•体育、医疗卫生、社会民生、镇（街）园区、人物、附录。记述形式分类目、分目、条目3个层次，个别栏目分4个层次。

五、本年鉴稿件大部分由青州市各镇、街道、开发区，市直各部门单位及驻青单位提供。主要统计数据以青州市统计局公布的数字为准，因个别供稿单位统计口径不同，统计局未列入的，以部门认定数据为准。供稿单位所供稿件均经该单位领导审核，各撰稿人在相应条目后署名。

青州市地图

青州市在山东省的位置图

东营市 广饶县

淄博市 淄川区 博山区 沂源县 临朐县

临朐县 东城街道 城关街道 五井镇 大王镇

图例

区、县、市驻地
镇、街道驻地
村庄
设区市界
区、县、市界
镇、街道界
铁路及车站
高速公路及编号
国道及编号
省道及编号
县道
乡道
村道
沟渠
河流、水库、湖泊
桥梁、水闸
堤
国家级风景名胜区
一般景点
山峰、高程

比例尺 1:80 000

ISBN 978-7-80754-965-9 2015年4月第1版 2015年4月第1次印刷 印数：0001-3000 定价：20.00元 覆膜：68.00元

鲁SG(2015)003号

山东省地图院编制 山东省地图出版社出版·印刷·发行

电话：0531-88930993 邮编：250014

地址：济南市二环东路6090号

青州城区图

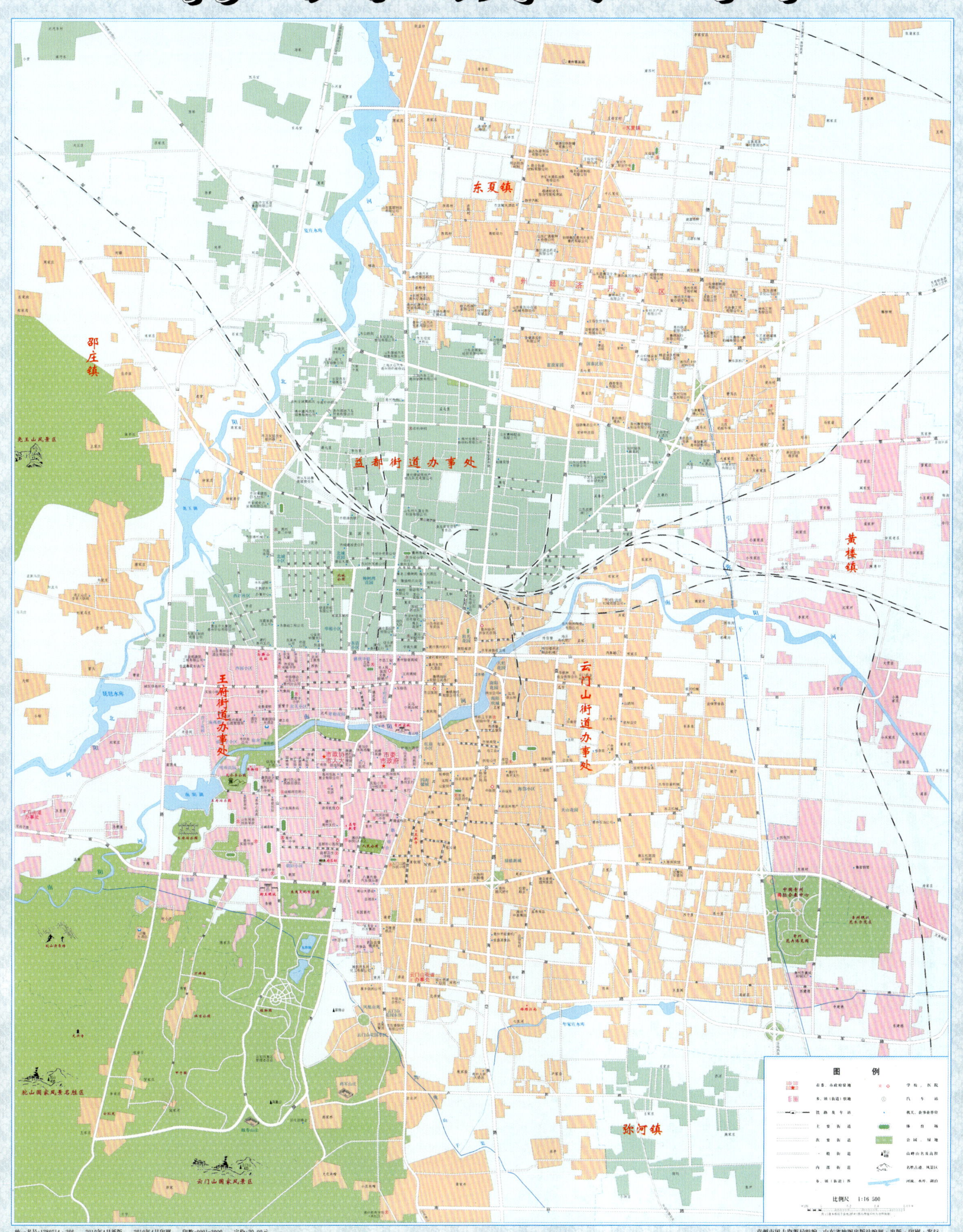

统一书号:1280754 · 266　2010年4月新版　2010年4月印刷　印数:0001-3000　定价:20.00元
鲁SG(2010)056号

青州市国土资源局组编　山东省地图出版社编制 · 出版 · 印刷 · 发行
地址:济南市二环东路6090号
电话:0531—88930993　邮编:250014

青州名片

QINGZHOU MINGPIAN

国家历史文化名城

国家卫生城市

中国人居环境奖

国家园林城市

中国优秀旅游城市

中国长寿之乡

中国花木之乡

中国农民画之乡

中国金融生态市

全国社区建设示范市

全国城市绿化先进市

国家级生态建设示范市

全国双拥模范城

全国县域经济百强县

全国民族团结进步模范集体

中国十佳休闲宜居生态城市

全国文化先进县

中国民间文化艺术之乡

全国科技进步先进市

全国老年气排球之乡

数字青州

SHUZI QINGZHOOU

全市土地总面积 1569 平方千米
户籍人口 94.7 万人
地区生产总值（GDP）658.44 亿元
第一产业增加值 55.15 亿元
第二产业增加值 290.72 亿元
第三产业增加值 312.57 亿元
三次产业比例 8.4 ：44.1 ：47.5
粮食总产量 22.9 万吨
社会消费品零售综总额 256.6 亿元
出口总额 50.3 亿元、进口总额 3.6 亿元
城镇居民人均可支配收入 35151 元
农村居民人均可支配收入 17598 元
人均储蓄余额 52599 元
一般公共预算收入 46.5 亿元
一般公共预算支出 51.2 亿元
中国驰名商标 10 件
山东名牌 13 家
地理标志证明商标 7 件
地理标志保护产品 4 个
山东省著名商标 36 件
院士工作站 9 处
AA 级以上旅游景区 17 处
旅游经济 92 亿元
学校 358 所、在校生 12.7 万人、教职工 10929 人
卫生机构 958 个、核准登记床位 5023 张、卫生技术人员 6731 人

2017 年 8 月 16 日，市委书记韩幸福（右一）调研制造业发展

2017 年 9 月 7 日，市委副书记、市长鞠立强（右一）调研民营企业发展

2017年9月13日，市人大常委会党组书记、主任杨云生（左三）检查基层人大规范化建设

2017年4月27日，市政协主席刘永福（左二）调研农民画产业

2017年1月23日，青州市第十八届人民代表大会第一次会议召开

2017年1月22日，中国人民政治协商会议第十四届青州市委员会第一次会议召开

2017年1月13日，中国共产党青州市第十三次代表大会召开

2017年8月3日，全市“四个城市”建设动员大会召开

大金马新能源车辆组装线

江淮汽车组装车间

中国疏浚设备产业基地

中化弘润石油化工有限公司应急演练

“农帮手”助农富

华盛农业实验室

收获甜蜜

小麦机收

第十七届青州花博会一角

蝴蝶兰生产基地

东城崛起

富贵养生苑一角

阜财门

花都社区

数字化城管监督指挥中心

“鲁新欧”班列开行

海关监管场站

青州市实施“健康双直通工程”

人社系统开展人社政策乡村行活动

电动公交车

公共自行车站点

环卫工人免费早餐

中国农业银行青州支行启用机器人大堂经理

智能充电站

京剧进校园

足球比赛

非遗项目——扑蝴蝶

翰墨青州·2017中国书画年会

农民画致富增收

青州市群众文艺节目汇报演出

古城夜景

黄花溪

九龙峪风车节

弥河湿地

目录 Contents

特　载

大事记

专　记

青州概况

中国共产党青州市委员会

青州市人民代表大会

青州市人民政府

中国人民政治协商会议青州市委员会

中国共产党青州市纪律检查委员会

社会团体

军　事

法 治

经济监督管理

农　业

工 业

交通·邮政·通信

城乡建设·环保

商务

旅游

财税·金融

科学技术

教　育

文化 · 体育

医疗卫生

社会民生

镇（街）园区

人　物

附　录

索 引

Contents

特　载

凝心聚力　真抓实干
为加快全面建成小康社会而努力奋斗

——在中国共产党青州市第十三次代表大会上的报告

（2017 年 1 月 13 日）

韩幸福

现在，我代表中国共产党青州市第十二届委员会向大会作报告。

中国共产党青州市第十三次代表大会，是在全市上下深入实施“十三五”规划、全面建成小康社会决胜阶段，召开的一次十分重要的会议。大会的主要任务是：回顾总结市第十二次党代会以来的工作，研究部署今后五年的奋斗目标和主要任务，选举产生中共青州市第十三届委员会和纪律检查委员会，组织动员全市广大党员和干部群众，凝心聚力、真抓实干，不忘初心、继续前进，为再创新辉煌、实现青州梦，加快全面建成小康社会而努力奋斗。

一、过去五年的工作回顾

市第十二次党代会以来，在中央、省委和潍坊市委的正确领导下，我们深入贯彻落实党的十八大、十八届三中、四中、五中、六中全会和习近平总书记系列重要讲话精神，团结带领全市广大党员干部和人民群众，主动适应经济发展新常态，抢抓机遇、攻坚克难，各项工作取得了新的成就。

（一）过去的五年，是综合实力大幅攀升、经济结构不断优化的五年。2016 年，地区生产总值预计达到 615 亿元，年均增长 8.9%；一般公共预算收入达到 46 亿元，年均增长 13.9%。三次产业比重优化为 8.8 ∶ 46.4 ∶ 44.8。重点突破工业成效明显，四大园区进一步拓展提升，弘润石化、江淮汽车等大项目拉动作用增强，产业集群效应凸显，预计规模以上工业企业主营业务收入、利税、利润分别达到 1470 亿元、104 亿元、70 亿元，年均分别增长 7.1%、11.4% 和 10.9%。农业规模化、标准化、品牌化水平全面提高，农业增加值达到 54 亿元；花卉产业日益壮大，被评为国家花卉信息平台建设示范区、中国花卉苗木产业示范基地。旅游产业、文化产业、健康产业、商贸物流蓬勃发展，社会消费品零售总额、旅游总收入分别达到 248 亿元和 82 亿元，服务业增加值达到 275 亿元，与 2011 年相比均实现翻番。

（二）过去的五年，是改革开放深入推进、发展活力显著增强的五年。实施供给侧结构性改革，加快农村综合改革，深化政府机构改革，探索投融资体制改革，科技、教育、文化、卫生等重点领域改革全面铺开，土地经营权入股、土地承包经营权抵押贷款等国家重点改革试点取得经验性成果。常态化运行鲁新欧 • 青州号国际班列，国际陆港建设取得实质性突破；累计到位潍坊市外资金230亿元，对外开放水平明显提高。建成院士、博士后工作站9处，引进“两院”院士13人、“国家千人计划”专家19人，人才强市战略迈出坚实步伐。扎实推进大众创业、万众创新，实施“互联网+”行动，阿里巴巴全国第一家县域农资产业带落户青州。

（三）过去的五年，是统筹区域协调发展、城乡面貌持续改善的五年。同步推进东城片区建设和古城片区保护修复建设，城市建成区面积逐步扩大。实施新南环、新西环、铁路立交桥等重大交通工程，维修改造国省道174公里，建设改造镇村道路1900多公里。推行全域精细化管理，开展棚户区和老旧小区改造，城乡环卫一体化实现全覆盖。矢志不移保护生态环境，出台加强云驼风景区保护、西南山区生态保护等4个决议，完成国土绿化26万亩、植树4500万株，森林覆盖率、建成区绿化覆盖率分别达到37.5%和44.9%。新建333处“五小水利”工程，探索实行“河长制”管理，弥河文化旅游度假区被评为国家级湿地公园和国家级水利风景区。成功获批为国家历史文化名城、国家节水型城市，荣获中国人居环境奖，顺利通过国家卫生城市复审。

（四）过去的五年，是社会事业全面进步、人民生活明显改善的五年。城乡居民储蓄余额由2011年的252.6亿元增长到498.4亿元，人均储蓄由27795元增加到52599元。公共财政用于改善民生支出累计达174.9亿元，年均增长14.5%。率先完成脱贫攻坚任务，全市2550户5139名贫困群众和25个省定贫困村脱贫摘帽。学校布局进一步优化，各类教育协调发展，教育改革扎实推进。登记失业率控制在3.1%以内。社会救助标准连年提高，城镇居民医疗和新型农村合作医疗顺利并轨。中心医院新院加快建设，300处村卫生所得到改造提升，城乡卫计服务网络日趋完善。新图书馆、文化馆、云门剧院等相继启用，开通全民阅读直通车，非遗保护模式被授予省政府创新奖。300辆纯电动公交车投入运营，公共自行车自助租赁系统成为国家标准化示范。全面推进依法治市，社会持续和谐稳定。先后被评为全国义务教育发展基本均衡县、全国社会文化先进市、全国科技进步先进市、全国民族团结进步模范集体、中国长寿之乡。

（五）过去的五年，是党的建设不断加强、执政能力有效提升的五年。深入开展党的群众路线教育实践活动、“三严三实”专题教育和“两学一做”学习教育，取得重要成果。深化干部人事制度改革，推行科级干部选拔任用“四三三一”工作规程，强化干部教育培训，干部队伍素质能力明显提升。加强基层服务型党组织建设，健全完善党群服务体系，农村社区得到规范提升，“两新”组织、新兴产业等各领域党建全面夯实。全市7918名在职干部联系20.5万户群众，实现联系服务群众全覆盖、制度化。倡树“树立正气、敢于担当”，保持了良好干事创业氛围。持之以恒推进中央八项规定精神落实，驰而不息纠正“四风”，狠抓省委巡视反馈问题整改，坚定不移推进党风廉政建设和反腐败斗争，党风政风持续好转。人大、政协工作全面加强，爱国统一战线日益壮大。党管武装、民族、宗教、对台、侨务、党史、老干部和关心下一代等各项工作取得新成绩，工会、共青团、妇联等人民团体积极发挥作用，全市形成了生动活泼、团结进取的良好局面。

我们取得的一切成就和进步，是上级党委正确领导的结果，是全市广大党员干部和人民群众团结奋斗的结果，是历届市委打下的良好基础和方方面面大力支持的结果。在此，我代表十二届市委，向全市共产党员、广大干部群众，向离退休老同志，向各民主党派、人民团体和社会各界人士，向驻青单位干部职工、人民解放军驻青部队及武警官兵，向所有关心、支持、参与青州发展的海内外朋友，表示崇高的敬意和衷心的感谢！

在肯定成绩的同时，我们清醒地认识到，经济社会发展中仍存在一些问题和不足，主要是：经济下行压力加大，扩张经济总量、推动产业转型升级任重道远；城乡区域发展不平衡，保障和改善民生需要持续用力；改革创新力度有待进一步加大；一些党员干部担当意识不强，部分基层党组织软弱涣散，等等。对此，我们必须高度重视，采取有效措施，认真加以解决。

二、今后五年的指导思想和目标

今后五年是全面建成小康社会的决胜阶段，也是推动青州更高层次全面发展的关键时期。全市工作总的指导思想是：全面落实党的十八大和十八届三中、四中、五中、六中全会精神，以邓小平理论、“三个代表”重要思想、科学发展观为指导，深入学习贯彻习近平总书记系列重要讲话精神，紧扣“五位一体”总体布局和“四个全面”战略布局，坚持稳中求进工作总基调，牢固树立和贯彻落实新发展理念，适应把握引领经济发展新常态，以提高发展质量和效益为中心，以推进供给侧结构性改革为主线，深入实施“一二四三”发展战略，树立正气、敢于担当、全面发展、再创辉煌，加快建设“五强四宜”城市，努力实现“弯道超车”，确保走在潍坊前列，确保提前全面建成小康社会。

经济社会发展的主要目标是：经济保持中高速增长，到2021年地区生产总值年均增长8%以上；一般公共预算收入年均增长8%以上；固定资产投资年均增长12%以上；城乡居民人均可支配收入年均增长8.5%以上。小康社会全面建成，人民生活水平普遍提高，生态环境质量总体改善，社会更加民主文明、更加美好和谐、更加充满活力。

实现既定任务目标，就要认真总结过去五年取得的经验，牢牢把握新常态下发展新机遇，做到“一个围绕、四个坚持”。

必须紧紧围绕“一二四三”发展战略，加快建设“五强四宜”城市。对历史和未来高度负责，顺应发展大势，集聚发展优势，全力建设工业强市、旅游强市、文化强市、花卉强市和生态强市，把青州建成本地人自豪、外地人向往的宜居宜业宜游宜养之城。

必须坚持稳中求进，奋发有为。牢牢把握稳中求进工作总基调，在稳的前提下攻坚克难、奋发进取。始终保持战略定力，凝聚最大共识，发扬钉钉子精神，一步一个脚印向前迈进。

必须坚持深化供给侧结构性改革。以深化供给侧结构性改革为主线，把提高供给质量作为主攻方向，把深化改革创新作为根本途径，深入推进“三去一降一补”五大任务，加快新旧发展动能转换，确保经济更有效率、更可持续发展。

必须坚持全面发展理念。以五大发展理念为指导，补齐发展短板，厚植发展优势。加快产业之间的协调发展，统筹区域之间的均衡发展，更加注重安全、生态和民本民生，全面激发各个领域、各个层面的创造热情，实现青州在经济新常态下的全面转型科学发展。

必须坚持党要管党、从严治党。持续改进作风，充分发挥党组织的战斗堡垒作用和党员的先锋模范作用，不断提高各级干部领导经济社会发展的能力，为发展提供坚强保障。

三、深化供给侧结构性改革，全面提高产业发展水平

围绕提质增效升级，优化经济结构，加快转型发展，推动产业迈向中高端水平。

（一）全力建设工业强市。把工业振兴作为实现“弯道超车”的关键举措，大力推进传统产业高端化、主导产业集群化、新兴产业规模化，到2021年，全市规模以上工业企业达到600家，确保主营业务收入年均递增10%以上，力争实现3000亿元。

改造提升传统产业。积极对接“中国制造2025”，对纺织服装、食品加工、包装印刷、水泥建材等传统产业，按照供给侧结构性改革要求，突出绿色化、智能化、高端化、服务化方向，努力化解过剩产能，加快淘汰落后工艺，妥善处置僵尸企业，逐步改变家族式经营管理模式，推动企业生产、经营和管理转型升级，确保传统产业年主营业务收入稳定在500亿级水平。

培优做强主导产业。持续壮大以卡特彼勒为龙头的工程机械产业，培育发展海洋、风电、现代农业装备制造等产业，形成500亿级的机械装

备产业集群。依托江淮汽车，大力发展高端轻卡、中型货卡、乘用车和新能源汽车，扶持发展关键零部件配套企业，打造500亿级汽车及零部件制造产业集群。以中化弘润为重点，扩大原油加工能力，加快产品转型升级，拉伸延长石化产业链条，建设700亿级精细化工产业基地。

集中突破战略性新兴产业。加快千人计划（青州）产业园和智能机器人、通用航空、生物材料、节能环保等特色产业园区建设，突破科技开发、成果应用、市场培育等关键环节，抓好耐威飞机制造、德骏高效电机、科而泰减振降噪设备、新松机器人制造、吉青新材料、禄禧新能源等重点项目，努力培育300亿级的新兴产业集群，形成新的经济增长极。

激发工业发展活力和后劲。提升市级四大工业园区，规范发展镇街工业园。多渠道降低企业运行成本，大力振兴实体经济。培育保护企业家精神，支持企业家专心创业。引导企业发扬“工匠精神”，加强品牌建设，打造“百年老店”。

（二）加快发展现代农业。深入推进农业供给侧结构性改革，加快发展复合型农业、壮大发展绿色农业、提升发展花卉产业，再造青州农业发展新优势。

推动农业复合型发展。深化农村土地管理、产权制度改革，创新土地流转方式，发展适度规模经营。加快培育新型职业农民，积极推进家庭农场、专业大户、农民合作社、产业化龙头企业等新型农业生产经营主体建设。实施现代种业提升工程，打造全国种业科技高地。促进农业与其他产业融合发展，提高全产业链收益，不断增加农民收入。

叫响绿色农业品牌。把增加绿色优质农产品供给放在突出位置。推进农业标准化进程，加快现代农业示范园区和生产基地建设。健全农产品质量安全监管体系，创建国家级农产品质量安全县。加快农业科技创新，鼓励龙头企业开展新品种、新技术、新工艺研发，参与行业标准和技术规程制订。加强农产品品牌保护和培育，新增“三品一标”品牌60个以上。大力发展“一村（镇）一品”，支持专业示范村镇建设。

加快花卉强市建设。将青州建成规模宏大、品质一流、国内领先的花卉种植与集散中心、种苗研发组培中心、线上线下交易中心，打造世界知名的“东方花都”。到2021年，花卉生产面积超过15万亩，交易额突破150亿元。扶持新优品种研发创新，建设中国农业科学院（青州）园艺研究中心，自主知识产权花卉新品种达到20个以上，年花卉种苗生产能力达到5000万株以上，率先建成国家重点花卉良种繁育生产示范基地。培植壮大花卉龙头企业，运营好花卉苗木交易中心，打造全国重点花卉市场。拉长产业链条，促进花卉与工业、旅游、文化、养生等产业深度融合。花卉电商发展到500家以上。花博会实现办会专业化、市场化。

（三）繁荣壮大现代服务业。推动现代服务业比重提高、结构优化、水平提升，力争到2021年服务业增加值占生产总值比重达到50%以上。

加快迈向旅游强市。紧扣“美丽青州、全域旅游”主线，抓住AAAAA级景区创建的良好机遇，全面提升旅游品质，促进旅游业全区域、全要素、全产业链发展。突出“山、水、花、城”特色，优化资源配置，打造形成以古城为中心，东部花卉、西南部山地森林、南部生态文化、北部农庄田园为环绕，弥河、南北阳河为穿插，处处皆景观、无处不旅游的全域旅游空间。扶持发展乡村旅游，培育温泉、滑雪、汽车营地、研学旅游等新业态，引进开发一批高层次、高质量的旅游项目。做好旅游线路优化、基础设施改造和景区管理提升，发展智慧旅游，建设宜游青州。力争到2021年，建成国内一流的全域旅游目的地，年接待游客超过1300万人次，旅游总收入突破120亿元。

实施文化强市战略。释放文化发展活力，丰富“文化青州”内涵，推动文化产业成为国民经济支柱性产业。弘扬优秀传统文化，加强文化遗产保护，振兴发展民族民间文化。鼓励文艺创作，推动全民阅读，实现公益演出常态化，建成现代公共文化服务体系。提升发展书画、收藏、影视等传统产业，加快发展基于数字、网络的新型文化业态和创意文化产业，高水平办好“翰墨青州”书画年会、国际艺术品交易博览会，规划建设新博物馆、新档案馆，建成博物馆群，打造“博物馆之城”。规范完善现代文化市场体系，集聚发展大型文化产业综合体，重点推进国际文化艺术小镇建设，争创国家级文化产业示范园区。到2021年，文化产业增加值占生产总值比重达到6%以上。

强力推进健康产业发展。以健康为核心元素和价值取向，推动医疗服务、保健食品、康养旅游、体育卫生等产业有机融合，叫响“长寿之乡、健康青州、宜养城市”品牌，打造全国知名养生养老基地。促进医养结合，规划建设健康产业园区，建成中心医院、妇幼保健院、眼科医院等新院，积极引进“云医院”、高端专科、中医会馆、康复保健等医疗服务机构，扶持发展中医药养生保健服务。建成一批大型养生养老项目和高端示范社区，实施互联网+健康管理，构建以居家为基础、社区为依托、机构为补充的多层次养老服务体系。实施食品安全战略，形成高效严密、社会共治的食品安全治理体系。

建设现代物流枢纽城市。建成国际陆港海关监管区，建设青州国际陆港“内陆口岸”。提高“西线”鲁新欧·青州号、“东线”青州至青岛港等班列运行质量，开行“北线”青州至俄罗斯方向国际班列。推进泓德物流二期、增益供应链等项目建设，加快零担快运、快递分拨、电商配送“三位一体”式物流园区建设，积极发展第三方、第四方物流。扩大电子商务产业规模，打造“园区电商、跨境电商、农村电商、花卉电商、旅游电商、移动电商、书画电商”七大集聚区。编制城市商业网点规划，提升城市商圈和社区商业设施，社会消费品零售总额年均增长10%以上。

四、统筹城乡发展，全面提高人民群众获得感

持续改善城乡人居环境，高度关注民本民生，切实增进人民福祉，使全市人民在共建共享发展中生活得更加美好。

（一）推动城乡一体化进程。推进以人为核心的新型城镇化，提升城乡建设水平，实现城乡一体均衡发展。

优化城乡发展格局。坚持生产、生活、生态一体化布局，持续推进中心城市引领，东部花卉发展区、西部工业发展区、北部高新产业区、南部卡特彼勒工业区和科教创新园区、西南部生态休闲旅游区、东北部物流发展区“六区支撑”的发展格局。坚持质量为要、品质为先，提升规划水平，推动多规合一，严肃规划执行，建立全域统筹、协同发展的空间规划体系。

转变城镇发展方式。更加注重特色塑造和品质提升，促进城镇建设与产业、环境和人文协调发展。搞好城市设计，着力打造地域品牌、产业品牌、企业品牌及产品品牌，建设品牌城市。继续推进古城保护修复建设和科学管理，留住城市文化和城市记忆；同步加强东城片区建管，完善基础设施，促进人气聚集；高标准规划建设南阳湖片区，打造城市西部新亮点。坚持产城一体，建设花卉小镇、艺术小镇、休闲度假小镇、古村小镇、泰和小镇等特色小镇。保护利用好传统村落民居和历史文化名村名镇，全面改善农村人居环境，建设美丽宜居乡村。

推动全域服务均等化。完善道路交通体系，新南环路建成通车，加快推进东红路、309国道、102省道等青州段改线，构建新的城市外环线；完成济青高速青州段改扩建和济青高铁北站建设，建成济青高铁连接线和周边路网。优先发展公共交通，提升公共自行车系统，实现城乡公交一体化。推进城市更新，优化城市功能，重视城市修补，抓好地下综合管网工程，开展棚户区、老旧小区和危房改造，建设海绵城市、智慧城市。推行法制化、精细化、人性化、智慧化、协同化管理，规范城乡建设秩序。抓好“四全一特”城市社区建设，全面建成功能完善、运转正常的农村社区。

（二）突出抓好生态强市建设。看住山、管

好河、留住水、多栽树，持续用力、久久为功，率先打造绿色城市、绿色家园。

全面加强生态保护。建设森林城市，森林覆盖率年均增长1个百分点以上。严格执行市人大出台的生态保护有关决议，坚决禁止各类破坏生态环境行为。规范整治矿产资源开发秩序，加强破损山体生态修复，筑牢绿色生态屏障。推进河湖水系连通，实施好中小河流治理重点县项目，鼓励建设“五小”水利工程，保护修复北阳河、弥河、淄河湿地，严格“河长制”管理，努力实现“水常在”“水常清”。

坚持不懈治理环境污染。巩固深化“三八六”环保专项行动成果，铁腕整治环境突出问题。强力推进大气污染治理，统筹做好“压煤、抑尘、控车、治气、禁烧”等工作，确保到2021年，年空气优良天数达到300天以上。高度重视水污染防治，加强污水处理设施及管网配套建设，全面消除劣五类水质。实施土壤污染防治行动计划，全面整治农业面源污染。严格生态保护补偿制度，强化环境监管执法和生态环境损害责任追究，构建环境治理长效机制。

大力推行绿色生产生活方式。实行能源和水资源消耗、建设用地等总量和强度双控，加速推动资源利用方式根本转变。严格环境准入，强化节能减排。发展循环经济，推进绿色清洁生产。落实最严格的耕地、林地、湿地资源保护和土地利用制度。弘扬生态文化，倡导绿色生活，在全社会形成健康环保的生活方式。

（三）更大力度增进民生福祉。始终将民生幸福作为发展方向和最高追求，扎实做好普惠性、基础性、兜底性民生建设，满足群众多样化的民生需求。

不断增强公共服务能力。巩固深化脱贫攻坚成果，坚决守住民生“底线”。深化教育改革创新，全面提高教育教学质量，优化教育资源均衡配置，创办人民满意的教育。支持大中专院校发展，提升科教创新园区。实施积极的就业政策，统筹做好重点群体就业。健全社会保障体系，实施全民参保计划，推行城乡居民大病保险制度。深化公立医院综合改革，打造10分钟就医圈，实现居民市内就医一卡通。坚持计划生育基本国策，促进人口均衡发展。加强和改进社会救助工作，高度重视保障妇女儿童合法权益，支持发展公益、慈善和残疾人事业。振兴体育事业，促进全民健身。顺应群众期待，规划建设市民活动中心。

积极创新社会治理。大力推进精神文明建设，深入实施“四德”工程，倡导良好家风村风行风。广泛开展文明创建，实施乡村文明行动，积极争创全国县级文明城市。健全社会信用体系，塑造诚信青州品牌。全面实施依法治市，建设法治青州。加强社会稳定风险评估，完善社会矛盾源头预防和排调化解综合机制，运行好服务群众热线，及时妥善解决群众合理诉求。健全立体化治安防控机制，建立防灾减灾和突发事件应急体系，严格落实安全生产责任制，重点保障饮水安全，切实增强人民群众安全感。支持人大、政府、政协依法履职，保障司法机关依法独立公正行使职权，充分发挥各民主党派、工商联和无党派人士的参政议政作用，扎实做好统战、民族、宗教、老干部、关心下一代等工作，积极稳妥推进群团组织改革创新，加强党管武装，深化双拥共建，最大限度凝聚全社会共识和力量。

五、加快动能转换，全面提高发展支撑能力

把改革创新作为推动全面发展的最大动力，以动能转换促进速度转轨和结构转型，为更高层次发展提供强力支撑。

（一）构建改革发展新体制。实施一批基础性关键性改革，确保重点领域和关键环节改革落地见效。把供给侧结构性改革作为主线，切实做好“三去一降一补”工作。优化土地供应，盘活存量资源，实施好增减挂钩、美丽乡村建设等项目。深化户籍制度改革，建立购租并举的住房制度，促进农民工市民化。研究适应市场规律的房地产平稳健康发展长效机制。重视政务服务中心建设，持续推进简政放权、放管结合、优化服务，提高政府效能。深化现代农业综合改革，推动“三

权”分置有序实施。加快供销合作社综合改革，有效提升为农服务能力。

（二）激发创业创新热情。不断优化环境和机制，大力推动大众创业、万众创新，建设活力迸发的宜业城市。加强创业孵化基地、创业园区和众创空间等平台建设，促进产业资源、创业资本和高端人才等要素聚集。重点提升智联创业孵化中心，完善就业创业综合服务中心，运行好潍坊创业大学青州分校，打造309国道创业创新走廊。实施高校毕业生就业促进和创业引领计划，积极培育大学生创业主体。深入开展“互联网+”行动计划，加强与阿里巴巴等业内龙头的全方位合作。

（三）强化科技人才支撑。构建以企业为主体、市场为导向、产学研相结合的技术创新体系。加强高科技企业培育孵化，搞好科技项目实施带动，高新技术企业发展到70家以上，高新技术产业产值占规模以上工业总产值比重年均增长2个百分点。坚持党管人才，深入实施优才计划，不断健全人才政策体系。扎实开展从高校、科研院所和领军企业选聘科技顾问团工作，深化与世界500强、行业领军企业、知名院所机构合作行动，建设重点产业领军人才、海内外专家等高层次人才队伍。引导青州籍在外人才回乡创业，挖掘本土人才潜力，全方位夯实人才智力支撑。

（四）做足做活金融文章。深化金融创新，扩大新型农村合作金融试点，促进金融与科技、文化、花卉、旅游等产业深度融合。培优做强金融控股集团，提高财政资金金融化运作水平。规范发展民间融资机构，充分激活民间资本。加大对实体经济信贷支持力度，鼓励企业上市挂牌、发行债券、并购重组，推进多层次资本市场融资。强化政府债务管理，综合处置不良贷款，坚决防控系统性区域性金融风险，打造最优金融生态环境。

（五）全方位扩大对外开放。主动融入国家“一带一路”等重大战略，更好利用两个市场、两种资源，推动青州走向世界舞台。突出精准招商、定向招商、专业招商，切实提高招商引资质量。鼓励优势产业与跨国公司战略合作，支持外资参与我市企业改组改造。引导优势企业到境外建立生产基地、研发展销机构。大力发展服务贸易，扩大服务外包产业规模。实施优进优出战略，培育新的进出口增长点，外贸进出口年均增长7%以上。

六、加强和改进党的建设，全面提高党的执政水平

把抓好党建作为最大政绩，坚持党要管党、从严治党，着力提升党建科学化水平和党领导经济社会发展能力。

（一）加强思想政治建设。深化理想信念教育，提升党性修养，始终坚定道路自信、理论自信、制度自信、文化自信。深入开展“两学一做”学习教育，持续巩固拓展党的群众路线教育实践活动和“三严三实”专题教育成果。严明政治纪律和政治规矩，增强政治意识、大局意识、核心意识、看齐意识。全面加强和规范党内政治生活。强化党委意识形态工作责任制，增强主动性、把握主导权，做到守土有责、守土尽责。坚持完善理论中心组学习制度，大兴学习之风。

（二）加强领导班子和干部队伍建设。坚持重德才、重实绩、重公认、重基层的用人导向，严格“20字”好干部标准，深化科级干部选拔任用“四三三一”工作机制，提高选人用人质量和满意度。推动干部轮岗交流、能上能下，探索建立干部合理流动、调整退出的常态化机制。实现从严管理监督干部常态化，大力开展干部精准培训，打造一支高素质的干部队伍。

（三）加强基层组织建设。严格落实党建工作责任制，推进各领域基层党建工作全面进步、全面过硬。加强基层服务型党组织建设，优化村级党组织设置，毫不放松整顿软弱涣散党组织，认真抓好村“两委”换届工作。创新搞好“两新”组织建设，提升产业党建品牌。从严加强党员教育管理和党务干部基本功建设，健全党员激励、关怀和帮扶机制，保障基层党组织运转经费，确保基层党建各项任务落到实处。

（四）加强作风建设。深入开展“转变干部作风、联系服务群众”工作，推动重心下移、服务下沉。全面提升工作境界和标准，推动各级党员干部干事创业、创先争优。大兴求真务实之风，全面推行一线工作法，在基层发现问题、解决问题。坚持项目引领、片区推进，市级领导包靠片区、包靠项目、包靠企业，带头推动发展。建立健全容错纠错机制，深入开展“为官不为”专项整治，完善目标管理、督查推进和激励问责机制，旗帜鲜明支持干事者、保护改革者、鼓励担当者。

（五）加强党风廉政建设和反腐败斗争。认真履行全面从严治党政治责任，推动全面从严治党向基层延伸。健全作风建设制度体系，严格落实中央八项规定精神，坚决防止“四风”反弹。健全完善惩治和预防腐败体系，推动反腐倡廉工作向纵深发展。注重源头预防，推进关口前移。坚持无禁区、全覆盖、零容忍，建立党委巡察制度，强化监督执纪问责，着力构建不敢腐、不能腐、不想腐的长效机制，保持青州清清爽爽的政治生态。

同志们，天上不会掉馅饼，大家撸起袖子加油干，努力奋斗才能梦想成真。让我们更加紧密地团结在以习近平同志为核心的党中央周围，高举中国特色社会主义伟大旗帜，树立正气、敢于担当，全面发展、再创辉煌，为加快全面建成小康社会而努力奋斗！

政府工作报告

——在青州市第十八届人民代表大会第一次会议上

（2017年1月23日）

青州市代市长 鞠立强

一、过去五年工作回顾

市十七届人大一次会议以来，在市委正确领导下，在市人大和市政协监督支持下，我们团结带领全市广大党员干部和人民群众，凝心聚力、真抓实干，十七届人民政府工作取得新成就。2016年，实现地区生产总值615.7亿元、一般公共预算收入46亿元、固定资产投资576.2亿元，分别比2011年增加213.4亿元、24.2亿元和304.1亿元，年均增长8.9%、13.9%和16.2%。预计实现社会消费品零售总额248亿元，比2011年增加108.6亿元，年均增长13.6%；城镇居民人均可支配收入达到32480元，农村居民人均可支配收入达到16320元，人均储蓄余额达到52599元，分别比2011年增加9972元、5836元和24804元。在全国百强县的位次上升到63位，比2011年提高10个位次。

（一）经济结构不断优化，转型发展快速推进。三次产业比重由2011年的9.0:55.3:35.7优化为8.6:45.8:45.6。工业支撑作用进一步增强，市级四大工业园区承载功能日趋完善，镇街工业园各具特色。完成工业投资1170亿元，开工投资过5000万元工业项目288个，江淮汽车、盛世泰来等一批重点项目投产达效，主导产业集群带动作用日趋凸显，生物产业园、千人计划（青州）产业园等园区加快建设。农业现代化步伐加快，建成国家级蔬菜水果标准园7处，“三品一标”认证总数达到199个，获得国家植物新品种权保护品种9个，各类农业合作经济组织发展到2248家，获批国家农业科技园区。花卉生产面积达到12.9万亩，自主知识产权花卉新品种达到8个，新花卉苗木交易中心投入使用，被评为中国花卉苗木产业示范基地。服务业繁荣发展，增加值占比提高9.9个百分点。古城游、乡村游持续火爆，获批“美丽中国”十佳旅游县、国家全域旅游示范区。鲁新欧·青州号国际班列常态化运行，国家AAAAA级物流企业达到2家。金融机构发展到95家，35家企业在多层次资本市场挂牌。

（二）城乡统筹更加协调，城镇面貌明显改观。城市规划体系日益完善，发展空间进一步优化。东城片区泰华城商业综合体、政务服务中心等投入使用，玉竹棚改项目按期完成。古城保护修复建设成效显著，荣获国家历史文化名城称号，成功创建国家节水型城市。新建、提升街头绿地46处，城区绿地率达到43.2%。实施全域精细化管理，提升改造老旧小区156个，新建改造便民市场31处，高标准通过国家卫生城市复审。新增城市道路93公里，铺设雨污水管网213公里。300辆纯电动公交车投入运营，新增自行车绿道360公里，公共自行车服务成为国家级服务业标准化示范。维修改造国省道174公里，建设改造镇村道路1900多公里，村级公路网化示范县通过验收。完成农村住房建设2.4万户、危房改造1900户和无害化卫生厕所改造1.6万余户，城乡环卫一体化实现全覆盖。小城镇建成区达到41.6平方公里，3个镇获评国家级重点（特色）镇。

（三）改革创新深入推进，发展活力不断增强。实施供给侧结构性改革，先后承担全国土地经营权入股发展农业产业化经营试点、省新型农村合作金融试点等项目。全面实施营改增改革，落实减税降费政策，切实降低企业运行成本。农村集体资产改制稳妥推进，土地确权登记颁证基本完成，流转土地面积39.9万亩。引进国家“千人计划”专家19人，建成院士、博士后工作站9处、各类产业联盟9家，高新技术企业达到57家，潍坊市级以上创新研发平台达到107家，被评为全国科技进步先进市。扎实推进大众创业、万众创新，新登记各类市场主体44596家。建成外贸综合服务和跨境电商平台，被评为全省电子商务示范县。累计到账外资2.7亿美元，实现进出口总额32.1亿美元，对外开放水平进一步提高。

（四）环境治理持续加力，生态建设成效显著。大力弘扬“绿色接力棒”精神，坚决落实云驼风景区保护、西南山区生态保护等4个决议，持续实施“五大绿化工程”，新增国土绿化26万亩、植树4500万株。探索实行“河长制”管理，积极构建河道流域网格化管治体系，建成“五小水利”工程333处，大力实施弥河、南阳河和北阳河三河治理工程，弥河文化旅游度假区被评为国家级湿地公园和国家级水利风景区，南阳河改造提升荣获全国人居经典“规划·环境”双金奖。深化“三八六”环保行动，统筹大气、水、土壤污染防治，大力开展秸秆禁烧综合利用试点，环境质量持续改善。重拳整治矿产资源开发秩序，加大废弃矿坑治理力度，被评为全国国土资源节约集约模范市。

（五）社会事业全面进步，人民生活持续改善。坚持民生优先，公共财政用于改善民生支出累计达174.9亿元，年均增长14.5%，54项民生实事全部完成。教育改革扎实推进，新建改造学校和幼儿园341处，被评为全国义务教育发展基本均衡县。坚持以创业带动就业，登记失业率控制在3.1%以内。社会救助标准连年提高，城镇居民医疗和新型农村合作医疗顺利并轨，覆盖城乡居民的社会保障体系基本建成，被评为中国长寿之乡。稳妥推进县级公立医院综合改革试点，中心医院新院门诊楼完成主体，改造提升村卫生所300处，城乡卫计服务网络日趋完善，被评为全国计划生育优质服务先进市。新图书馆、文化馆、云门剧院等相继启用，文化惠民活动成效明显，开通全民阅读直通车，“翰墨青州”中国书画年会影响力不断扩大，成功举办首届中国（青州）国际文化艺术品博览会，被评为全国社会文化先进市、中国民间文化艺术之乡、中国农民画之乡。全面完成脱贫攻坚任务，2550户5139名贫困群众和25个省定贫困村脱贫摘帽。连续6次被评为全国民族团结进步模范集体。食品药品监管水平不断提升，安全生产形势总体平稳，社会持续和谐稳定。妇女儿童、外事侨务、史志档案、民兵预备役、统计、体育、慈善、残疾人、气象、防震减灾、民防等各项事业都取得新进展。

（六）政府建设全面加强，服务能力有效提升。深入开展党的群众路线教育实践活动、“三严三实”专题教育和“两学一做”学习教育，持之以恒推进中央八项规定精神落实，驰而不息纠治“四风”，干部联系服务群众实现常态化。编制权力清单、责任清单、负面清单和审批事项目录清单，优化服务流程，政务服务中心国家级服务标准化试点通过中期验收。严格执行市人大及其常委会的决议决定，自觉把民主政治协商纳入决策程序，主动听取社会各界意见，共办理人大代表建议和政协委员提案1424件，办复率100%。坚持树立正气，鼓励担当作为，及时纠正部门和行业不正之风，严肃查处违法违纪案件，廉洁政府建设成效明显。深入推进依法行政和政务公开，健全完善重大事项集体决策制度，法治政府建设取得新进展，被评为全国法治宣传教育先进市。

刚刚过去的2016年，全市上下付出了艰辛超常的努力，创造了振奋人心的业绩：投资41亿元的中化弘润系列升级改造项目进展顺利，投资8.9亿元的新南环路、4.5亿元的衡王府路立交桥稳步推进，投资15亿元的智能航空产业园、10亿元的云内玻璃等一大批高端项目落户青州；成功运作PPP基础设施项目9个，撬动社会化投资39亿元；海关监管铁路场站获批建设；中国花卉电子商务交易中心获批国家级花卉电商平台；先后获得中国人居环境奖、中国收藏文化名城等8项国家级荣誉，国家土地承包经营权抵押贷款试点等5项国家级试点；获得省双拥模范城等5项省级荣誉，省级海绵城市等5项省级试点。这些事关青州发展的大事、提升青州竞争力和影响力的荣誉，既让我们坚定了决心、提振了信心，也为今后的工作奠定了基础、提供了保障。

各位代表，拼搏成就辉煌，发展有目共睹。成绩的取得，是市委正确领导的结果，是市人大、市政协鼎力支持的结果，是历届政府接力奋斗的结果，更是全市上下团结拼搏的结果。在此，我代表市人民政府，向全市人民，向人大代表、政协委员，向全市老干部、老同志，向驻青单位干部职工、驻青部队及武警官兵，向来青投资者和所有关心、支持、参与青州建设发展的朋友们，表示崇高的敬意和衷心的感谢！

在肯定成绩的同时，我们也清醒地看到，全市经济社会发展还存在一些困难和问题，主要是：经济下行压力仍然较大，扩张经济总量、推动产业转型升级任重道远；城乡区域发展不平衡，资源环境约束没有得到根本缓解，保障和改善民生需要持续用力；全面深化改革推进仍需加快，供给侧结构性改革有待加力；发展环境还需进一步优化，等等。对此，我们将高度重视，切实采取有力措施，认真加以解决。

二、今后五年政府工作的总体目标要求

今后五年是全面实施“十三五”规划，实现全面建成小康社会决胜阶段的关键五年。市第十三次党代会科学绘制了全市发展的宏伟蓝图，为做好新一届政府工作指明了方向。今后五年政府工作的总体思路是：全面落实党的十八大和十八届三中、四中、五中、六中全会精神，以邓小平理论、“三个代表”重要思想、科学发展观为指导，深入学习贯彻习近平总书记系列重要讲话精神，紧扣“五位一体”总体布局和“四个全面”战略布局，坚持稳中求进工作总基调，牢固树立和贯彻落实新发展理念，适应把握引领经济发展新常态，以提高发展质量和效益为中心，以推进供给侧结构性改革为主线，深入实施“一二四三”发展战略，树立正气、敢于担当、全面发展、再创辉煌，加快建设“五强四宜”城市，努力实现“弯道超车”，确保走在潍坊前列，确保提前全面建成小康社会。经过五年的奋斗，到2021年，地区生产总值年均增长8%以上；一般公共预算收入年均增长8%以上；固定资产投资年均增长12%以上；居民人均可支配收入年均增长8.5%以上。

——加快建设工业强市，切实增强经济整体实力。全市规模以上工业企业达到600家，主营业务收入年均递增10%以上，力争实现3000亿元。确保传统产业年主营业务收入稳定在500亿级水平，打造700亿级的精细化工、500亿级的机械装备、500亿级的汽车及零部件制造产业集群，培育300亿级的新兴产业集群。

——加快建设花卉强市，全面提高现代农业水平。扶持花卉新优品种研发创新，培植壮大花卉龙头企业，建成国内领先的花卉种植与集散中心、种苗研发中心、线上线下交易中心。花卉自主知识产权新品种达到20个以上，生产面积超过15万亩，花卉电商发展到500家以上，交易额突破150亿元。推动农业复合型发展，叫响绿色农业品牌，新增“三品一标”品牌60个以上。

——加快建设旅游强市，繁荣壮大现代服务业。紧扣“美丽青州、全域旅游”主线，扶持发展旅游新业态，建设国内一流的全域旅游目的地，年接待游客超过1300万人次，旅游总收入突破120亿元。建设国际陆港“内陆口岸”，打造现代物流枢纽城市。服务业增加值占生产总值比重达到50%以上。

——加快建设文化强市，扩大“文化青州”影响力。提升发展书画、收藏、影视等传统产业，加快发展新型文化业态和创意文化产业，全面构建公共文化服务体系。建成博物馆群，打造“博物馆之城”。发展大型文化产业综合体，争创国家级文化产业示范园区。文化产业增加值占生产总值比重达到6%以上。

——加快建设生态强市，全力打造绿色城市绿色家园。坚持看住山、管好河、留住水、多栽树，加大国土绿化力度，建设森林城市。推进河湖水系

连通，强力治理大气污染，全面整治农业面源污染，促进大气、水和土壤环境质量持续改善，确保空气优良天数300天以上。严格生态保护补偿制度，倡导绿色生活，健康环保的生产生活方式基本形成。

——加快建设宜居宜业宜游宜养城市，持续改善城乡人居环境。建设新的城市外环线，不断优化空间布局，城市发展空间进一步拓展。全面提升城市规划建设和管理服务水平，建设海绵城市、智慧城市。更加注重城镇特色塑造和品质提升，全力打造特色小镇，努力建设美丽宜居乡村。推进全域服务均等化，实现城乡一体均衡发展。强力推进健康产业发展，叫响“长寿之乡、健康青州、宜养城市”品牌，打造全国知名养生养老基地。大力开展普惠性、基础性、兜底性民生事业建设，社会保障体系进一步完善。全力创办人民满意的教育，努力提高医疗服务质量，推动人民生活水平和质量普遍提高，积极争创全国县级文明城市。

实现未来五年的任务目标，必须认真总结过去的经验，牢牢把握新常态下发展新机遇，紧紧围绕“一二四三”发展战略，加快建设“五强四宜”城市，坚决做到“四个坚持”。

坚持稳中求进，奋发有为。牢牢把握稳中求进工作总基调，在稳的前提下攻坚克难、开拓进取。保持战略定力，凝聚最大共识，以钉钉子精神扎实向前迈进。

坚持深化供给侧结构性改革。把提高供给质量作为主攻方向，把深化改革创新作为根本途径，加快新旧发展动能转换，确保经济更有效率、更可持续发展。

坚持全面发展理念。以五大发展理念为指导，加快产业之间的协调发展，统筹区域之间的均衡发展，充分激发各个领域、各个层面的创新热情，实现全面转型发展。

坚持提升政府服务能力。持续改进作风，深入依法履职，重实干、求实效，切实提高政府公信力和执行力，为服务经济社会发展提供坚强保障。

三、2017年工作安排

2017年是全面实施“十三五”规划的重要之年，是推进供给侧结构性改革的深化之年，也是新一届政府施政的第一年，做好今年各项工作至关重要，必须突出重点、精准发力，奋力开好局、起好步。主要预期目标是：一般公共预算收入增长8%以上；固定资产投资增长10%以上；居民人均可支配收入增长9%以上。为实现上述目标任务，重点抓好六项工作。

（一）坚定不移发展工业。大力推进传统产业高端化、主导产业集群化、新兴产业规模化，努力补齐发展短板。一是加快传统产业提升改造。对接“中国制造2025”，走“内生增长、创新驱动”的发展道路，推动传统产业向产业链高端集聚。加快淘汰落后工艺，努力化解过剩产能。深化“两化”融合，依托新松机器人青州工程中心，推动10家以上机械加工、汽车制造类企业实施智能化改造。二是积极培育主导产业。发挥骨干企业集聚辐射作用，提升以卡特彼勒为龙头的工程机械产业集群，地配率提高5个百分点；依托江淮汽车，扶持发展新能源汽车，引进关键配套企业2家以上；以中化弘润为重点，扩大原油加工能力，延长石化产业链条。三是重点突破战略新兴产业。建设以耐威通用航空、德骏高效电机、科而泰重工为主体的千人计划（青州）产业园，提升以吉青新材料、荣美尔科技为龙头的生物产业园，壮大以汇强重工、龙马重工为骨干的节能环保产业园，逐步培育一批产值百亿级的高端园区项目。四是全面激发工业发展活力。提升四大工业园区内涵质量，规范发展镇街工业园。落实支持经济转型发展措施，大力振兴实体经济。引导企业发扬“工匠精神”，开展质量提升行动，争创国家和省级品牌10个以上，打造青州“百年老店”。

（二）大力发展现代农业。以推进农业发展方式转变为目标，提升花卉产业、突破复合型农业、壮大绿色农业。一是提升发展花卉产业。鼓励花卉种苗研发和规模化组培快繁，快速推进中国农业科学院（青州）园艺中心进度，研发花卉新品种2个以上，种苗生产突破2600万株，建成国家重点花卉良种繁育生产基地。大力引进知名花卉企业，新培育省级以上花卉龙头企业2家。推广统一标识的“青州花卉”包装产品，打造青州花卉电商聚集区，线上交易额达到20亿元。运营好花卉苗木交易中心，着力打造全国重点花卉市场。鼓励发展花卉产品精深加工，壮大发展花卉物流、花卉旅游，争创国家重点花文化基地。以专业化、市场化为导向，创新办好花博会。二是推进农业复合型发展。积极发展农业适度规模经营，创建省级标准化生产基地3家以上，新增潍坊市级合作社15家、家庭农场100家。强化农业社会化服务，完成大田作物托管1.8万亩，新建3处供销社为农服务中心。创新土地流转模式，年内新增流转土地1万亩。大力实施农田水利项目县和小型水库除险加固工程，新增节水灌溉面积2.8万亩。鼓励农业新型经营主体建设，引导开发农业休闲、观光、体验等多种功能，推动农业“接二连三”，提高全产业链收益。三是叫响绿色农业品牌。培育圣登堡山楂干红、百纳城红酒、贝隆杜仲等农业品牌，力争新增“三品一标”品牌20个以上。大力开展新型职业农民培训，积极推广测土配方施肥、水肥一体化和绿色防控技术，加大土壤改良力度，争创全国生态循环农业示范县。加快华盛生物育种、广通蚕原种等良种基地建设，深入推进“育种繁育推广一体化”。实施省绿色畜牧业示范县项目，创建省级以上标准化示范场2个以上。建立农产品质量安全监管追溯体系，争创省级农产品质量安全县。

（三）培育壮大现代服务业。以推动服务业比重提高、结构优化、水平提升为目标，在提高生产性服务业专业化、生活性服务业精细化上下功夫。一是加快发展全域旅游。着手编制全域旅游发展规划，突出“山、水、花、城”特色，培育房车旅游、温泉旅游、航空旅游、森林康养等新业态，加快国家全域旅游示范区建设。发挥古城游带动作用，年内创建为国家AAAAA级景区。提升10个乡村旅游重点村品质，打造乡村旅游升级版。启动西南山区旅游线路串联工程，发展智慧旅游，完善旅游道路标识系统，健全自驾车、自助游服务体系，全面提升旅游公共服务水平。二是繁荣发展文化产业。巩固发展书画传统市场，大力发展书画电子交易，建设青州书画品交易中心，打造全国艺术品市场规范化管理示范区。加快建设中国（中晨）青州国际文化艺术小镇，争创国家级文化产业示范园区。加强文物保护力度，规划建设博物馆群，稳步推进镇村级历史文化展示，强化非遗传承保护，传承弘扬优秀传统文化。大力发展农民画产业，鼓励发展大众收藏文化，高水平办好“翰墨青州”中国书画年会、国际文化艺术品博览会，不断扩大“文化青州”影响力。三是打造健康产业高地。推进“医养结合”养老模式，推行田园式、旅游式、候鸟式养生养老，建成东篱居养老服务中心、国医堂尊长园、天同健康产业中心，开工建设桃花源里·生态田园养生养老产业园。健全医疗卫生服务体系，加快建设中心医院新院，改善群众就医条件。加大城乡体育基础设施建设力度，广泛开展全民健身活动。四是大力发展商贸物流。编制完善现代物流产业和城市商业网点规划，引导商贸物流产业有序发展。加快农村商业网络建设，建立功能完备的农产品流通体系。规范提升物流园管理服务水平，促进物流业税源回流。加快建设海关监管铁路场站，提高西线、东线班列运行质量，提升鲁东瓜子市场，完成中储运仓储扩建，打造现代物流枢纽城市。

（四）持之以恒加强生态建设。继续加大封山育林、治水治气、治污减排力度，努力建设绿色家园。一是加强生态保护修复。严格执行市人大出台的生态保护相关决议，杜绝破坏生态环境行为。加大破损山体生态修复力度，筑牢绿色生态屏障，新增造林面积1.5万亩、植树300万株。科学划定畜禽养殖禁养区、限养区和适养区，全面推进水生态建设。深化“河长制”管理，启动大石河综合治理，完成仁河、黑虎山、七一水库三库串联和东城片区引水工程。二是坚持不懈治理环境污染。统筹做好“压煤、抑尘、控车、治气、禁烧”等工作，完成4家企业超低排放改造。持续深化水污染防治，加强污水处理设施及管网配套建设，严格工业污染源稳定达标排放。加快建设垃圾焚烧发电项目，提升垃圾无害化处理水平。强化环境监管执法和生态环境损害责任追究，积极构建生态文明建设长效机制。三是大力倡导绿色生产生活方式。严格环境准入，强化节能减排，实行能源和水资源消耗、建设用地等总量和强度双控，引导产业集聚集约发展。大力发展循环经济，控制能源消费总量。落实最严格的耕地、林地、湿地资源保护和节约用地制度，盘活低效用地1000亩，促进土地集约高效利用。扎实开展绿色建筑行动，引导绿色建筑普及化、规模化发展。

（五）加快新型城镇化建设。推进以人为核心的新型城镇化，实现城乡均衡协调发展。一是着力优化城乡空间布局。修编完善新一轮城市总体规划，编制完成《青州市乡村建设规划》，建立全域统筹、协同发展的空间规划体系。坚持以产业主导城市片区规划开发，生产、生活、生态一体化布局，持续推进中心城市引领、六区支撑、三河贯通、两带呼应的发展格局。搞好城市设计，准确把握地域特征、文化风俗、建筑风格，切实维护好城市风貌整体协调。二是全面提升城镇品质内涵。老城区突出“古、青”特色，推进古城保护修复建设和科学管理，留住城市文化和城市记忆。东城片区大力发展行政办公、总部经济、商务休闲等业态，促进人气聚集。规划建设新档案馆和市民活动中心，增强城市服务承载力。加强地下综合管网建设，探索利用城市地下空间。扎实开展违法建设治理行动，有效维护城乡建设秩序。加快文化艺术小镇、花卉小镇、休闲度假小镇、古村小镇建设，加大传统村落民居和历史文化名村名镇保护力度，改善农村人居环境。三是加快推进公共服务设施均等化。开工建设济青高铁连接线、102省道西段等城乡道路，改造提升龙山路、云门山南路延伸段等城市道路和背街小巷，推进凤凰山路、政法街等8条道路雨污分流和排水改造，提高城乡道路通行能力。改善提升绿地、停车场等公共设施，对偶园北街、旗城西路等17条道路进行绿化。健全城乡公共服务设施，开工建设济青高铁青州北站，启动青州通用机场项目，稳妥推进城乡公交一体化，推广新能源供热和燃气应用，推进农村饮水安全提升工程。深入开展村庄环境综合整治，抓好农村改厕与生活污水处理一体化试点建设。实施农村社区服务中心建设三年行动，提升社区承载能力和服务功能。

（六）统筹发展社会事业。顺应人民群众对美好生活的向往，满足群众多样化的民生需要。一是强力推进教育改革创新。编制中小学幼儿园布局规划，完成学校改薄和大班额破解工作，推进城乡各类教育协调发展。加强师德师风建设，建立公平合理的考核评价体系，激发内生动力，提高教育教学质量。做好科教创新园区规划，完善基础设施配套，支持驻青院校发展，提升园区承载能力。二是提高公共服务水平。深入推进医疗卫生体制改革，实施基层中医药服务能力提升工程，提高基层医疗卫生服务水平。整合各类救助资源，进一步提高社会救助水平，编好民生安全网，巩固提升脱贫攻坚成效，坚决守住民生“底线”。加强养老机构服务质量监管，建设以居家为基础、社区为依托、机构为补充的多层次养老服务体系，实现每千名老人拥有养老床位35张。所有社区和行政村全部建成综合性文化服务中心，开展文化惠民演出1000场。坚持计划生育基本国策，高度重视保障妇女儿童合法权益，支持发展公益、慈善和残疾人事业。三是创新完善社会治理。深入实施“四德”工程，倡导良好家风村风行风，最大限度凝聚崇德向善的正能量。健全社会信用体系，建设诚信青州。实施“七五”普法规划，建设法治青州。加强社会稳定风险评估，健全群众利益诉求表达机制，高度重视舆论安全，完善社会治安综合治理机制，建设平安青州。严格落实安全生产责任制，强化食品药品安全管理，健全防灾减灾和突发事件应急体系，建设安全青州。

为确保上述重点工作顺利开展，必须强化五项保障措施：

一是加快构建改革发展新体制。认真完成上级党委政府部署的各项改革任务，切实做好“三去一降一补”工作。深化户籍制度改革，建立购租并举的住房制度，推进棚改货币化安置，促进房地产市场健康发展。持续推进简政放权、放管结合、优化服务，方便群众办事创业，年内新登记市场主体11000家。推进旅游管理体制改革，完成交通运输领域综合行政执法体制改革。加快供销合作社综合改革，有效提升为农服务能力。深化现代农业综合改革，推动土地“三权”分置有序实施，巩固完善村集体资产改制成果，提高农村资源配置效率。

二是全力推进创业创新。提升创业创新载体功能，加快建设创业孵化基地、创业园区和众创空间等新型创业平台，促进产业资源、创业资本、高端人才等要素聚集，发展高端创新产业和微创经济。着力提升就业创业综合服务中心档次水平，打造309国道创业创新走廊。深入开展“互联网+”行动，发展壮大八喜旅游网、中国花卉电子交易中心、地主网等产业电商，鼓励企业开展跨境电商业务，提高本土产品线上交易量。实施积极就业政策，推广创业大学培训模式，统筹重点群体就业，新增就业1万人以上。

三是加大金融支持实体经济发展的力度。完善现代金融组织体系，积极引进日照银行、恒丰银行等金融机构，持续加大金融对实体经济支持力度。提升企业直接融资水平，新增上市挂牌企业20家以上，发行各类债券10亿元以上。深化金融创新，扩大新型农村合作金融试点。增强金融调控能力，培优做强金融控股集团，扩大政策性融资担保业务规模，加快发展各类新型金融业态。高度重视金融风险防控，全方位开展企业帮扶，积极处置银行不良贷款，打造最优金融生态环境。

四是加强科技人才支撑。加快创新平台建设，申报实施各级科技计划项目25项，新建潍坊市级以上创新平台5处、产业技术创新战略联盟2个，新增高新技术企业5家以上。培育企业家精神，支持企业家创业，打造一支战略型、创新型、开拓型的企业家队伍。健全完善招才引智优惠政策，密切与高校、科研院所的合作，吸引高端人才和青州籍在外人才来青创业，抓好专业技术人才、高层次人才、技能人才“三支队伍”建设，为各类人才施展才华提供更大空间、更广阔舞台。

五是全面扩大对外开放。坚持“走出去”与“请进来”相结合，突出精准招商、定向招商、专业招商，打造全产业链式的优势产业集群。扩大中化弘润、卡特彼勒、英科医疗等企业进出口规模，支持小型机械装备、农副产品、环保疏浚设备出口，鼓励企业扩大境外投资。组织企业参加广交会、东盟博览会等国际展会，发挥外贸综合服务平台作用，新增出口实绩企业30家以上。

四、切实加强政府自身建设

实现未来五年的宏伟蓝图、圆满完成全年的各项目标任务，要求我们必须加强政府自身建设，以誓争一流的决心和真抓实干的作风，夙夜在公，勤勉工作，推动政府各项工作再上新台阶。

一是坚持依法行政。严格执行科学民主决策程序，充分发挥政府法律顾问作用，不断完善政府重大决策机制。全面落实市委决策部署，坚决执行市人大及其常委会的决议决定，认真办理人大代表建议、政协委员提案，自觉接受监督。大力推进政务公开和政府信息公开，最大限度地保障群众的知情权、参与权、表达权和监督权。

二是提高工作效率。始终保持奋发有为的精神状态、攻坚克难的昂扬斗志，大力弘扬马上就办、办就办好的工作作风，切实提高决策执行力和工作落实力。深入推行“一线工作法”，力戒简单以会议贯彻会议、以文件贯彻文件，减少办事环节、缩短办事时间、提高办事效率，形成优质高效的政府工作作风。

三是敢于担当作为。坚持真抓实干、开拓创新，把政府职能转变体现到抓落实、谋发展上，促进政府部门工作人员履职尽责、勇于担当。建立容错纠错尽职免责机制，坚决支持干事者、保护担当者，努力实现政府服务最优化、企业利益最大化、矛盾冲突最小化。

四是严格廉洁从政。始终把纪律和规矩挺在前面，落实党风廉政建设责任制，强化重点领域和关键岗位防控，从源头上治理腐败，营造风清气正的政务环境。进一步加强行政监察和审计监督，让权力在阳光下运行。严格落实中央八项规定精神，坚决反对“四风”，厉行勤俭节约，保持清正廉洁的政府形象。

各位代表，新一届政府继续把为民办实事、办好事作为政府工作的出发点和落脚点，今年将集中力量办好10件民生实事：①为全市居民购买民生综合保险，为65岁以上老人购买“银龄安康”保险，提高生活困难残疾人生活补贴标准。②完成50个以上城区老旧小区基础设施提升改造和50条以上背街小巷综合整治。③改造农村电力机井2100眼。④完成农村无害化厕所改造1.4万户。⑤建设平安城市综合视频管理系统二期，安装高清视频监控1500套。⑥规划建设云门山森林公园二期工程。⑦开工建设市妇幼保健院新院，启用中医院新病房楼。⑧新建、改建中小学4处、幼儿园16处。⑨完成棚户区改造8000套。⑩启动益王府路北延、王仰路等22条城乡道路建设提升工程，完成仰天山路、范公亭东路、花都大道、前史路、牡丹路5条道路改造提升。以上承诺，我们一定说到做到，办实办好！

各位代表，新的机遇，千载难逢；新的形势，催人奋进。再创新辉煌、实现青州梦是全市人民的美好愿景。让我们在市委的坚强领导下，以更加务实的作风，更加有力的举措，撸起袖子加油干，为加快全面建成小康社会而努力奋斗！

名词解释

1.“三品一标”

无公害农产品、绿色食品、有机农产品和农产品地理标志统称“三品一标”。“三品一标”是政府主导的安全优质农产品公共品牌，是当前和今后一个时期农产品生产消费的主导产品。

2.鲁新欧·青州号国际班列

是青州市对接国家“一带一路”战略，开通的鲁中地区首列直通中亚的国际货运铁路列车，“鲁”指山东，“新”指新疆，“欧”指欧洲，合称“鲁新欧”。国际班列从青州出发，经济南、德州、石家庄、太原、中卫、乌鲁木齐等站点抵达中国阿拉山口边境口岸，换装后到达哈萨克斯坦阿拉木图，全程4698公里。2015年8月28日，鲁新欧·青州号国际班列正式开行。

3.供给侧结构性改革

在2015年12月10日召开的中央经济工作会议上，多次提到供给侧结构性改革，体现了经济工作思路从注重短期经济增长向注重可持续发展以及提高经济增长的质量与效益转变。指的是从提高供给质量出发，用改革的办法推进结构调整，矫正要素配置扭曲，扩大有效供给，提高供给结构对需求变化的适应性和灵活性，提高全要素生产率，更好满足广大人民群众的需要，促进经济社会持续健康发展。

4.“营改增”

营业税改增值税。2011年，经国务院批准，财政部、国家税务总局联合下发营业税改增值税试点方案。

5.“千人计划”

“海外高层次人才引进计划”简称“千人计划”，主要是围绕国家发展战略目标，从2008年开始，在国家重点创新项目、学科、实验室以及中央企业和国有商业金融机构、以高新技术产业开发区为主的各类园区等，引进2000名左右人才并有重点地支持一批能够突破关键技术、发展高新产业、带动新兴学科的战略科学家和领军人才来华创新创业。

6.“五大绿化工程”

荒山绿化、水系绿化、道路林网、镇村绿化和城市绿荫。

7.河长制

即由中国各级党政主要负责人担任“河长”，负责辖区内河流的污染治理。“河长制”是从河流水质改善领导督办制、环保问责制所衍生出来的水污染治理制度，为了保证河流在较长的时期内保持河清水洁、岸绿鱼游的良好生态环境。

8.“五小水利”工程

小水窖、小水池、小泵站、小塘坝、小水渠的总称。

9.“三八六”环保行动

潍坊市2013年提出的环保战略行动。举全市之力，利用三年时间，组织开展“三八六”环保攻坚行动，围绕三个目标、打响八大战役、强化六项保障，确保到“十二五”末实现环境质量进一步好转。

10.全民阅读直通车

实现全市家庭直通、个人买借直通、馆际联盟直通、城乡互借直通。全市家庭直通，指市图书馆软件与市民卡管理系统联网对接，开通市民卡图书借阅功能，实现全市所有家庭阅读全覆盖。个人买借直通，指开展“你阅读·我买单”图书共享服务，市民在市新华书店内购买服务范围内的图书，可凭借图书借阅证或市民卡免费借阅，由市图书馆进行统一结算。馆际联盟直通，指市图书馆与驻青高校图书馆证件互联互通，实现双方资源互借共享。城乡互借直通，指市镇图书馆联网互通，实现全市范围内“通借通还”。

11.“三严三实”

即严以修身、严以用权、严以律己，谋事要实、创业要实、做人要实。

12.“两学一做”学习教育

“学党章党规、学系列讲话，做合格党员”学习教育。

13.PPP

Public—Private—Partnership的英文首字母缩写（公私合作模式），是公共基础设施中的一种项目融资模式。该模式鼓励私营企业、民营资本与政府进行合作，参与公共基础设施建设。通常模式是由社会资本承担设计、建设、运营、维护基础设施的大部分工作，并通过“使用者付费”及必要的“政府付费”获得合理回报；政府部门负责基础设施及公共服务价格和质量监管，以保证公共利益最大化。

14.“五位一体”

即经济建设、政治建设、文化建设、社会建设、生态文明建设。

15.“四个全面”

全面建成小康社会、全面深化改革、全面依法治国、全面从严治党。

16.“一二四三”发展战略

围绕“一个目标”，突出“两个加快”，紧抓“四个着力”，强化“三大保障”，动员全市上下“树立正气、敢于担当、全面发展、再创辉煌”，为建设美丽、富强、文明、和谐新青州而努力奋斗。“一个目标”，即“再创新辉煌、实现青州梦”；“两个加快”，即“加快构建现代产业体系、加快构建新型城镇化体系”；“四个着力”，即“着力加强生态建设、着力推动文化建设、着力改善民本民生、着力抓好党的建设”；“三大保障”，即“全面激发社会创新创造活力、全面深化改革和对外开放、全面加强干部作风建设”。

17.“五强四宜”城市

建设工业强市、旅游强市、文化强市、花卉强市、生态强市和宜居宜业宜游宜养城市。

18.“中国制造2025”

国务院于2015年5月8日公布的强化高端制造业的国家战略规划，是建设制造强国三个十年战略中第一个十年的行动纲领。

19.“两化”融合

是信息化和工业化的高层次深度结合，指以信息化带动工业化、以工业化促进信息化，走新型工业化道路；两化融合的核心就是信息化支撑，追求可持续发展模式。

20.“工匠精神”

即追求卓越的创造精神、精益求精的品质精神、用户至上的服务精神。工匠精神的目标是打造本行业最优质的产品，其他同行无法匹敌的卓越产品。

21.“接二连三”

“二”指第二产业工业，“三”指第三产业，即现代农业要依托工业，发展第三产业，促进农业与二三产业融合发展，提高农业现代化水平。

22.“四德”工程

是以社会主义核心价值体系为主线，以建立良好道德规范和构建共有精神家园为目标，凝聚道德力量，形成推动发展的思想保障和精神支撑，“四德”分别对应中央提出的社会公德、职业道德、家庭美德、个人品德。

23.土地“三权”分置

指形成所有权、承包权、经营权三权分置、经营权流转的格局。“三权分置”下，所有权、承包权和经营权既存在整体效用，又有各自功能。从当前实际出发，实施“三权分置”的重点是放活经营权，核心要义就是明晰赋予经营权应有的法律地位和权能。

24.“互联网+”

“互联网+”就是“互联网+各个传统行业”，

但这并不是简单的两者相加，而是利用信息通信技术以及互联网平台，让互联网与传统行业进行深度融合，创造新的发展生态。它代表一种新的社会形态，即充分发挥互联网在社会资源配置中的优化和集成作用，将互联网的创新成果深度融合于经济、社会各领域之中，提升全社会的创新力和生产力，形成更广泛的以互联网为基础设施和实现工具的经济发展新形态。

2017 年为民办理实事情况

1. 为全市居民购买民生综合保险，为 65 岁以上老人购买“银龄安康”保险，提高生活困难残疾人生活补贴标准。

为全市居民购买民生综合保险于 7 月份完成；为 65 岁以上老人购买“银龄安康”保险于 5 月份完成；提高生活困难残疾人生活补贴标准，自 2016 年 1 月起，由每人每月 80 元提高到 85 元，2017 年共发放 38975 人次，共计发放补贴资金 334.1 万元。

2. 完成 50 个以上城区老旧小区基础设施提升改造和 50 条以上背街小巷综合整治。

完成 57 个老旧小区改造任务和 50 条背街小巷综合整治。

3. 改造农村电力机井 2100 眼。

完成 2104 眼农村电力机井改造。

4. 完成农村无害化厕所改造 1.4 万户。

完成 16705 户农村无害化卫生厕所改造。

5. 建设平安城市综合视频管理系统二期，安装高清视频监控 1500 套。

除个别点位因市政建设暂无法施工外，其余已全部建成并完成功能优化。

6. 规划建设云门山森林公园二期工程。

完成“2017 年年底完成项目主体工程建设”的年度任务目标，正在进行细节提升。

7. 开工建设市妇幼保健院新院，启用中医院新病房楼。

市妇幼保健院新院于 11 月 29 日正式开始施工建设。中医院新病房楼自 11 月 1 日开始启用，相关科室陆续搬进。

8. 新建、改建中小学 4 处、幼儿园 16 处。

全部完成。

9. 完成棚户区改造 8000 套。

2017 年，完成棚户区改造 8027 套。

10. 启动益王府路北延、王仰路等 22 条城乡道路建设提升工程，完成仰天山路、范公亭东路、花都大道、前史路、牡丹路 5 条道路改造提升。

17 条城乡道路建设提升全部启动，东京路维修工程、圣水路人行道铺装工程完工；王仰路、云门山南路延伸段、云河路、前寺路、新城区一号路、七号路、安阳河路、康圣路、文苑路、茅津河综合治理工程 10 条道路按计划施工；5 条济青高铁周边路网项目（包括新北环路、益王府路北延等配套道路）全面施工，预计 2018 年 7 月底前竣工通车；仰天山路、范公亭东路、花都大道、前史路、牡丹路 5 条道路改造提升全部完工。

大事记

1月

5日 青州市召开双拥工作表彰大会。市领导韩幸福、鞠立强、董连胜、杨云生、葛英煜、刘永福、丁法剑和驻青州各部队首长出席会议。会议表彰全市拥军优属拥政爱民先进单位和个人，部署今后一个时期双拥工作任务。

7日 青州市获全国首批“互联网+经济林、竹藤花卉产品营销模式示范单位”，山东省有5个县（市、区）入选。

8日 国土资源部党组成员、副部长、国家土地副总督察张德霖由省国土资源厅厅长李琥，在潍坊市委副书记、市长李宽端，潍坊市副市长田民利陪同，到青州市何官镇南张楼村调研依托土地整理和村庄革新，实现城乡等值发展工作。

10日 潍坊市委常委、统战部部长张小梅到驻青州火箭军士官学院走访慰问。对部队在潍坊经济社会发展中给予大力支持表示感谢，向部队通报潍坊经济社会发展情况。

12日 在第一届全省文明家庭表彰大会上，青州市吴方忠，秦思永、马明杰两户家庭被授予“第一届全省文明家庭”称号。

13—14日 中国共产党青州市第十三次代表大会在银座佳悦酒店国际会议中心召开。韩幸福代表中国共产党青州市第十二届委员会向大会作了题为《凝心聚力真抓实干 为加快全面建成小康社会而努力奋斗》的报告。选举产生中国共产党青州市第十三届委员会委员、候补委员和中国共产党青州市第十三届纪律检查委员会委员，同时选举产生出席潍坊市第十二次党代会的代表。通过《中国共产党青州市第十三次代表大会关于十二届市委工作报告的决议》和《中国共产党青州市第十三次代表大会关于十二届市纪委工作报告的决议》。

同日 省政府办公厅公布60个特色小镇创建名单，青州市黄楼文化艺术小镇成为潍坊市获批的5个特色小镇之一。

17日 潍坊市旅游景区质量等级评定委员会正式发布公告，青州市九龙峪景区、中晨国际文化艺术小镇创建为国家AAA级旅游景区。

同日 潍坊市益都中心医院被国家卫生和计划生育委员会授予“改善医疗服务示范医院”。

19日 市委书记、市人大常委会主任韩幸福，市委副书记、代理市长鞠立强分别走访驻青州部队官兵。

20日 青州非遗传习坊建成开放。

同日 “青州古城过大年”活动启动。活动从农历腊月二十三持续到正月十五，为广大游客和市民打造一场年节旅游盛宴。

25日 市委书记、市人大常委会主任韩幸福到供电公司、益能热电有限责任公司、晖泽水务青州有限公司看望春节期间坚持生产的企业干部职工。

26日 市十八届人大一次会议闭幕后，新当选的市人大常委会组成人员、人大各专门委员会组成人员，新当选的市长、副市长、市法院院长分组向宪法宣誓。新当选的市长鞠立强，市人大常委会主任杨云生，市人大教育科学文化卫生委员会委员刘华民分别领誓。

是月 2016年度潍坊市乡村之星名单公布，青州市吴美红、王文正、程永国、崔秀镜、史竹林被评为首届“乡村之星”。

是月 青州市王坟镇、庙子镇被授予2016年度潍坊市森林镇称号；王坟镇乖场村、上白洋村，邵庄镇上家庄村、北马村，庙子镇东张村、上庄村，弥河镇上院村，王府街道凤山村、史店村，云门山街道十字社区被授予2016年度潍坊市森林村称号。

2月

3日 青州市领导干部会议召开，总结工作，表彰先进，动员全市上下进一步提振信心，鼓舞斗志，确保完成全年各项目标任务，奋力推进更高层次全面发展。

16日 青州市劳动人事争议标准化仲裁院正式启用，并成为省人社厅公布的全省27家标准化劳动人事争议仲裁院之一，标志着青州市劳动人事争议调解仲裁标准化建设再上新台阶。

17日 由共青团中央、农业部评选的第十届“全国农村青年致富带头人”结果揭晓，青州创业青年——山东省地主网络科技创新有限公司CEO孟祥一获“全国农村青年致富带头人”称号，成为青州市唯一入选人。

18日 市委书记韩幸福，市委副书记、市长鞠立强会见到青州视察投资事宜的香港梁黄顾设计有限公司董事局主席梁鹏程一行。

21日 山东省文化厅发布《山东省文化厅关于公布第一批“文化创意集市”创建单位名单的通知》，公布第一批“文化创意集市”创建单位名单，青州非遗文化产品展示区成为全省10家入选单位之一。

25日 国家旅游局公布青州古城旅游区为国家AAAAA级旅游景区。

是月 山东海宏重工有限公司的“海宏重工”商标、华立供水设备有限公司的“华水”商标、青州市顺丰食品有限公司“哎啃”商标、山东豪马克石油科技股份有限公司“豪马克”商标4件注册商标被认定为山东省著名商标。

是月 青州市弥河国家湿地公园入选“山东最美湿地”名单。

3月

1日 根据《山东省交通运输局厅关于做好我省道路客运班线实名制管理工作有关事项的通知》要求，自3月1日起，对全市道路客运班线实行实名制管理。

6日 青州市经济开发区、猩山经济发展区、卡特彼勒工业区三大工业园区举行部分重点项目集中开工仪式。

10日 青州市首届寻找美丽乡村颁奖盛典举行。市委书记韩幸福，市委副书记、市长鞠立强分别为“十大美丽乡村”和20个“美丽乡村”颁奖。

14日 邵庄镇境内发生一起较大交通事故。杨某某驾驶鲁VD0963号“合客牌”中型普通客车，沿X065（县道）五文路由东向西行驶至西郭庄村村碑处时车辆失控，先后碰撞沿路由西向东行驶的鲁VJ899R小型面包车、鲁CP6025微型普通客车、鲁V1886C轻型普通货车和多名赶集群众，致9人死亡，14人受伤。青州市立即启动道路交通事故处置应急预案，市委市政府迅速调集有关部门到现场指挥救治，进行事故善后和调查处理。事故原因为肇事车辆制动系统故障。事后，多名相关责任人受到刑事处罚和纪律处分。

15日 全市安全生产工作紧急会议召开，通报“3·14”道路交通事故情况，传达贯彻潍坊市安全生产工作会议精神，安排部署开展全市安全生产大检查、大整治活动。

16日 青州市政务服务中心人民办事服务国家级服务标准化试点项目通过验收，成为潍坊市首家立项、首家完成国家级服务标准化试点项目验收的政务服务中心。

28日 黑龙江省乡镇党委书记培训班学员到

青州市参观视察特色产业党建工作。

是月 青州市博物馆获“2016 年度优秀全国科普教育基地”称号。

4 月

1 日 即日起，41 项行政事业性收费取消或停征，同时商标注册收费标准降低 50%。

7 日 青州市举办“新常态、新理念、新战略、新作为”专题培训。浙江省人民政府咨询委员会副主任、杭州城市学研究理事会理事长、杭州城市学研究会会长王国平作辅导报告。

9 日 王府街道井塘古村获“2016 年中国美丽乡村百佳范例”，成为潍坊市唯一获此殊荣的村庄。

14 日 上海市市立幼儿园与青州市签署战略合作协议，上海市市立幼儿园青州培训中心同时挂牌成立。

17 日 青州市召开加快项目建设工作会议，总结一季度工作，对各项重点工作进行再梳理、再调度，对加快发展进行再动员、再部署，号召全市上下乘势而上、真抓实干，迅速掀起项目建设和招商引资新高潮。

19 日 省政协副主席、民建山东省委主席郭爱玲到青州调研加强文化遗产保护工作。

同日 国务院第二次全国地名普查领导小组办公室工作组到青州市开展地名普查监理和质量评定工作。

同日 省委农村工作领导小组副组长王军民到青州调研农村集体产权制度改革、节水农业和水肥一体化、美丽乡村建设、农业龙头企业等方面工作。

21 日 青州市开展“作风建设年”活动动员大会召开，贯彻学习潍坊市开展“作风建设年”活动动员大会精神，安排部署全市“作风建设年”活动，动员全市上下立即行动起来，努力解决党的作风建设中存在的突出问题，着力增强党组织的凝聚力、战斗力，以更加奋发有为的精神状态，迅速投入到加快发展的热潮中，以优异成绩迎接中共十九大和省第十一次党代会召开。

22 日 中国政协文史馆“北上”项目组在省、潍坊市政协文史委相关负责人陪同下到青州开展民主人士北上史料征集活动。

28 日 中国·青州文化艺术节暨 2017 中国（青州）国际文化艺术品博览会在中国中晨（青州）国际文化艺术小镇开幕。本届艺博会为期 5 天，涵盖展览、交易及综合活动三大体系 20 多项内容。

是月 全市新投放 1400 辆公共自行车，为市民和游客提供便捷的短距离出行服务。

5 月

4 日 公安部第三研究所、青州市公安局“公安物联网创新应用示范基地”签约揭牌，全省首个以物联网技术为主题的互动式示范基地落户青州。

5 日 青州五四三志工服务中心揭牌，“环卫工人关爱行动”同时启动。

11 日 “2016 中国旅游总评榜”揭晓，青州市获 2016 年度国内旅游目的地人气奖。

19 日 全国公安系统英雄模范立功集体表彰大会在北京举行，青州市公安局禁毒大队获全国优秀公安基层单位。

20 日 庆祝 5·20 世界蜜蜂日暨山东养蜂产业青州论坛举行。养蜂专家及广大蜂农代表就蜜蜂产业转型升级进行探讨。

6 月

1 日 青州市人民法院举行首批员额法官宣誓仪式，51 名员额法官庄严宣誓。

7 日 青州（国际）花卉创业园入选农业部 2017 年全国农村创业创新园区（基地），成为山东省 160 家、潍坊市 5 家入选单位之一。

同日 省农村信用社联合社党委书记、理事长王献玲到青州市调研指导农村商业银行工作。

12 日 青州市获得 2017 年国家生猪调出大县奖励资金 110 万元。青州市自 2012 年起，连续 6 次获得该奖励资金。

14日 山东省第四批历史文化名镇名村名单公布，青州市邵庄镇入选本批省历史文化名镇。

20日 青州市领导干部会议召开，传达学习省第十一次党代会、潍坊市领导干部会议精神，对抓好学习贯彻作出安排部署，动员全市上下进一步统一思想、振奋精神、主动担当、依法作为，更加务实高效地推动各项工作，奋力开创全市更高层次全面发展新局面，为经济文化强省建设作出青州应有的贡献。

21日 科技部发布《关于2016年创新人才推进计划入选名单的通知》，山东华盛农业股份有限公司董事长李兴盛入选科技部创新人才推进计划。

22日 省教育厅、财政厅、物价局联合对全省申报的498处幼儿园进行检查评估，确认2017年度山东省省级示范性幼儿园488处，有效期5年。其中，青州经济开发区南石塔幼儿园、青州市高柳镇段村幼儿园、青州市弥河中心幼儿园、青州市旗城学校附属幼儿园、青州市谭坊镇肖家村幼儿园通过评估认定。

同日 全市“慈心一日捐”活动启动。

23日 全国总工会基层工作部部长刘迎祥带领观摩组来青州市观摩指导基层工会组织规范化选举工作。

是月 青州市开通人才服务绿色通道，为高层次人才落户居住、医疗保障、子女就学等提供一站式、专属化服务。首批102套人才公寓投入使用。

7月

1日 即日起全市农村集体产权免征契税、印花税。

4日 青州市图书馆正式开通网络图书馆，市民读者可通过青州市图书馆官方网站（www.qzstsg.com）的电子资源栏目进入网络图书馆，免费查询、下载、阅读及使用数字资源。

8日 青州市举办海岱书院大讲堂·新旧动能转换专题辅导报告会，北京大学经济学院副院长、教授、博士生导师张辉作辅导报告。

10日 2017中国地理信息产业优秀工程奖评选结果公布，青州市2项目入选。其中，“青州市农村集体建设用地、宅基地使用权调查及数据库建设”项目获得优秀工程银奖，“青州市宗地统一编码项目”获得优秀工程铜奖。

同日 潍坊市委书记、市人大常委会主任刘曙光到青州调研。

15日 青州在京商会在北京成立。

26日 《青州市志1988—2013》在市级机关综合办公大楼东附楼召开启动暨培训会议。

是月 国家发改委在首届“中国城市信用建设高峰论坛”发布的全国361个县级市的信用状况监测和评价中，青州市综合信用指数分别列全国第6位、全省第3位、潍坊市第1位。

是月 青州市被确定为山东省2017年粮改饲试点项目县。

8月

3日 青州市“四个城市”（产业强市、文化名市、活力城市、品质城市）建设动员会召开，贯彻落实中共潍坊市委十二届三次全体会议、潍坊市“四个城市”建设动员大会精神，总结上半年工作，安排部署下步工作任务，动员全市上下以“四个城市”建设为引领，进一步统一思想、振奋精神，抢抓机遇、奋力攻坚，推动经济社会更高层次全面发展。

4日 中国花卉协会对入选全国第二批国家重点花文化基地的17个单位进行公示，青州市是山东省唯一入选单位。

5日 “智慧引领 再创辉煌”——2017院士专家青州行活动举行，进一步推进政产学研用深度融合，推动青州产业转型升级，加快新旧动能转换。

9日 青州市成立工业帮扶工作领导小组、人才服务推进工作领导小组。

同日 青州市蔚然农业科技发展有限公司、京青农业蔬菜专业合作社入选第二批山东省新型职业农民培育实训基地名单。

12日 全球摄影界“奥林匹克”盛会——第

五届世界摄影大会来到青州分会场。青州作为潍坊市的唯一拍摄地点，将非物质文化遗产展示作为重要的拍摄内容。来自42个国家和地区300余位摄影家拍摄古城非遗风采。

18日 济南海关批准设立的第一家铁路类监管场站——青州国际陆港监管场站正式启用，当日发出的“鲁新欧·青州号”国际班列成为在本地实现通关报关的第一辆班列。

同日 青州市博物馆正式成为山东大学历史文化学院教学实践基地。

24日 山东华邦建设集团有限公司获得建筑业企业最高资质——建筑工程施工总承包特级，成功迈入全国建筑业第一方阵。

26日 全国杜仲产业标准编制第一次工作会议暨贝隆杜仲橡胶及活性成分提取项目启动仪式在青州市举行。

31日 首次“中医农业特色小镇”建设座谈会在青州市举行。

是月 青州市农村土地确权登记数据库建设初步通过农业部验收。全市应确权的919个村，已全部完成确权登记颁证工作，完成入库合同面积75.09万亩，实测面积76.7万亩，发放土地承包经营权证书16.9万本。

是月 青州市“中国好人”上榜者冷金科，入选中国文明网“好人365”封面人物。

9月

4日 青州阳河水利风景区被水利部授予“国家水利风景区”称号。

8日 潍坊市委常委、常务副市长邹庆忠到青州市调研化工产业安全生产转型升级工作。

12日 第七届潍坊市市长质量奖揭晓。潍坊市共有4家企业、3名个人荣膺市长质量奖。青州凯程公共自行车租赁管理服务有限公司为青州市唯一获奖企业。

18日 全市史志工作推进会议在市级机关综合办公楼东附楼召开。

21日 青州市庙子镇圣峪口村、弥河镇赤涧农业公园、王坟镇清风峪农庄、胡林古景区旅游规划、上白洋村柿子沟旅游区总体规划和弥河镇赤涧村乡村旅游建设规划入选潍坊市2017年度上半年乡村旅游标杆示范项目名单。

同日 五莲县人大常委会主任郝善双、副县长杨茂波带领视察团到青州市视察学习河道治理及绿化工作。

22日 中国老年人体育协会副主席、中国老年体协气排球专项委员会副主任朱琼一行到青州市对青州创建“全国老年气排球之乡”工作进行检查验收。

同日 青州市新生代企业家商会成立。

28日 山东省住房和城乡建设厅、省统计局通报2016年度山东省建筑业5强市、10强县和30强企排名。青州市上榜山东省建筑业10强县名单。

29日 主题为“花彩青州”的第17届中国（青州）花卉博览交易会暨第11届山东省花卉交易会在中国青州花卉苗木交易中心开幕。

同日 翰墨青州·2017中国书画年会在中国中晨（青州）国际文化艺术小镇开幕。

是月 联合国地名专家组中国分部、国家民政部、中国地名研究所联合公布全国100个“千年古县”名单，青州市位列其中。

10月

4日 中国地方志指导小组秘书长、中国地方志指导小组办公室党组书记冀祥德到青州调研史志工作。

8日 市委书记韩幸福主持召开全市重点工作调度会议。要求全力抓好各项重点工作，奋力开创发展新局面。

9日 中国中小城市经济发展委员会、中小城市发展战略研究院、中国社会科学院发展与环境研究所等单位在《人民日报》发布2017年中国中小城市科学发展指数研究成果暨“2017全国综合实力百强县市”“2017全国综合实力百强区”等榜单。

青州市在“2017全国综合实力百强县市”中位列第59位。

10日 青州市全民阅读直通车工程入选全国“2016年全民阅读推广优秀项目”，青州市图书馆再次被评为全国“全民阅读示范基地”。

同日 青州市人民检察院通过最高人民检察院“全国文明接待室”验收评审。

12日 省交通运输厅、省经济和信息化委员会公布山东省多式联运示范工程项目库名单，青州国际陆港公铁水集装箱多式联运示范工程入选，为潍坊市唯一入选项目。

15日 根据山东省调整失业保险金的标准，将原三档失业保险金分别调高到每月1080元、1030元、980元，青州市将执行每月1080元标准。

25日 山东省经信委公布山东省第24批省级企业技术中心名单，青州市新增英科医疗制品有限公司、吉青化工有限公司、云内动力有限责任公司、山东大森印刷包装科技有限公司、山东豪马克石油科技股份有限公司、青州鲁绣抽纱股份有限公司6家企业，青州市省级企业技术中心达到20家，认定数量创历史最高水平，居潍坊市各县市区首位。

是月 2017年度全国综合实力千强镇榜单公布，青州市邵庄镇、弥河镇上榜，其中，邵庄镇列第709名，弥河镇列第713名。

11月

7日 市委书记韩幸福到旗城学校和益都街道作中共十九大精神宣讲报告。

8日 青州市学习贯彻中共十九大精神宣讲团成立暨宣讲工作动员会议召开。

同日 韵达花卉智能分拣中心启用。中心的启用能够降低分拣成本、延长揽收货物时间，为青州市电商提供时效优势。

10日 启迪控股高级副总裁、启迪协信集团书记吴振一一行到青州市视察并同青州市签订战略合作协议。

11日 潍坊市委书记、市人大常委会主任刘曙光，市委副书记、市长李宽端带领潍坊市观摩点评组到青州市观摩点评。

17日 潍坊市委常委、组织部部长林红玉到青州市调研党建工作和经济社会发展情况。

20日 青州江南温泉度假村、井塘古村晋升国家AA级旅游景区。

22日 青州市科级干部中共十九大精神专题学习班开班，发挥领导干部示范带头作用，推动十九大精神在青州落地生根、开花结果。

30日 省住建厅组织专家到青州对数字化城市管理监督指挥系统建设情况进行评审。

是月 第九届中国花卉博览会筹委会公布各省市区参展获奖名单，青州市作为指定参展单位，成为全国获奖层次最高、数量最多的县级市。

是月 青州市公布取消涉及公安局、民政局等部门的21项需村（社区）出具证明材料的事项清单，进一步削权减证、优化公共服务，切实方便企业和群众办事。

12月

7日 青州市村（社区）“两委”换届选举工作动员部署会议召开，按照省、潍坊市部署要求，对青州市村“两委”换届选举工作进行动员部署。

12日 潍坊市副市长马清民一行到青州检查生态环境综合整治情况。

14日 山东省部分市关心下一代宣传工作座谈会在青州市召开。

同日 由山东省委宣传部、省文明办等13个部门联合开展的宣传推选全省2017年度“四个100”志愿服务先进典型名单公布，潍坊市益都中心医院“牵手健康，医路有我”志愿服务项目被评为最佳志愿服务项目。

同日 青州市人民政府与中宏网共建“诚信青州”战略合作协议签约。

19日 青州市综合行政执法体制改革动员会议召开，要求进一步统一思想，迅速行动，全面推进青州市综合行政执法体制改革工作。

20日 中国竞争力研究会发布“2017年中国文化竞争力十强县排行榜”，青州市排名全国第二。

21日 青州市泓德物流有限公司获山东省第二届物流与采购行业“金园奖”，公司董事长韩俊伟获2016—2017年度山东省物流与采购行业“影响山东·品牌物流企业家奖”。

同日 青州市村“两委”换届工作分片调度会议召开，调度前期村“两委”换届选举工作开展情况，分析存在问题，研究下步推进措施。

27日 市委书记韩幸福到庙子镇调度村“两委”换届选举工作。

（郭庆斌）

专 记

青州古城旅游区获评国家 AAAAA 级景区

青州市于 2014 年启动青州古城旅游区创建国家 AAAAA 级旅游景区工作，主旨是解决青州市旅游发展“有群山无主峰”问题，带动提升全市旅游形象和品质。2014 年年底，山东省旅游局向国家旅游局递交报告，推荐“青州古城旅游区”申报 AAAAA 级旅游景区，青州市创建工作进入国家评定阶段；2015 年 12 月，青州古城旅游区顺利通过创建国家 AAAAA 级旅游景区景观质量评审，被列入创建 AAAAA 级旅游景区预备名单；2016 年 4 月底，青州古城旅游区完成全部创建计划，通过山东省旅游局暗访，并上报国家旅游局，进入全国旅游资源规划开发质量评定委员会专家暗访明查阶段；2017 年 2 月 16 日，国家旅游局官网公布《国家 AAAAA 级旅游景区网上公示名单》，青州古城旅游区名列其中；2017 年 2 月 25 日，国家旅游局正式公布青州古城旅游区为国家 AAAAA 级旅游景区。

2014 年 3 月，青州市召开“青州古城旅游区”创建国家 AAAAA 级旅游景区动员大会，成立由市委书记任第一组长、市长任组长、分管市领导任副组长、相关部门单位主要负责同志任成员的领导小组，并从相关部门、单位抽调工作人员，组成 10 个工作组，全方位开展创建工作。市委、市政府聘请北京万诺普旅游规划设计院编制《青州古城旅游区创建 AAAAA 旅游景区提升规划》，20 多次邀请专家到青州从 8 个方面、216 个评分点着手，对创建工作进行指导。完善旅游基础设施，推进景区项目建设，对照国内一流标准，青州古城旅游区建成一级游客服务中心和游客集散中心，建成 4 处二级游客接待中心，建设、改造、提升停车场、观光车站、卫生间，建成并投入使用火车站、汽车站两个游客咨询中心，对旅游标识系统进行全面提升，景区环境质量和服务设施明显改善。开展人员培训，多次邀请业内专家到青开展创建辅导，组织相关单位工作人员赴 AAAAA 级景区实地学习交流创建经验，聘请山东旅游职业学院专家，举办为期两个月的系列培训，一线工作人员整体服务意识和水平明显提高。通过报刊、广播、电视、网站、微博、微信等多种渠道对青州古城旅游区进行全方位、立体式宣传。印制发行青州古城旅游区宣传片、画册、旅游地图，打造青州古城旅游区官方网站和电子商务平台，持续编发 AAAAA 级景区创建简报 30 余期，多次在《中国旅游报》、中央电视台、《大众日报》等主流媒体专题宣传创建工作。特别是自 2014 年开始，连续策划组织“青州古城过大年”活动，引起巨大社会反响和媒体高度关注，青州古城旅游区的知名度和美誉度快速提升。持续开展旅游行业提升活动，强化软硬件建设，树立形象，创建品牌。对全市旅游景区、旅行社、酒店进行规范提升，开展文明旅游劝导宣传和旅游志愿者服务活动，举办旅游厕所文明宣传展，开展窗口单位服务质量提升活动，对火车站、汽车站、出租车行业等交通服务进行专项整治，有效提升旅游环境。

青州古城旅游区包括青州古城景区、云门山景区、青州博物馆三大板块，是融自然景观、人文景观于一体的文化旅游区，是国家级风景名胜区、国家地质公园、全国重点文物保护单位。有文物保护单位220处，其中全国重点文物保护单位4处，省级重点文物保护单位6处。其中古城景区有北门大街、东门大街、偶园街、昭德街等古街巷100多条，依托天主教堂等增设博物堂、丝绸博物馆等各类专题博物馆7处，对偶园、青州府贡院、阜财门等数十处古建筑（遗址）进行修缮复建，全面展示了古青州丰厚历史文化和传统市井民俗风情；云门山景区，为国家AAAA级景区，山体明代摩崖石刻“寿”字，通高7.5米，宽3.7米，仅“寸”部就高2.3米，素有“人无寸高”之说，被誉为“天下第一高寿”；青州博物馆，馆藏文物达四万余件，国家一级文物142件，是全国唯一的县级综合性国家一级博物馆。

青州市东城片区

东城片区西起昭德路、东至青临铁路，北至胶济货运专线、南至凤凰山路，规划面积17.5平方公里，由综合商务区、玉竹片区两大片区以及周边的坦博尔提升片区、新三中、益都中心医院新院、蓝城·中晨书画艺术小镇等组成，功能定位为城市发展新的文化、教育、卫生、商业、住宅和商务办公区，是青州“两城四区”城市框架的重要组成部分和未来东部地区的活力中心。2010年10月，成立青州市综合商务中心建设工程领导小组和指挥部，新城规划建设正式启动。

青州市聘请中国城市规划设计研究院按照“以人为本”理念和“建设时代气息浓郁、生活环境优美、城市特色鲜明青州新城”要求，编制《青州市东部新区概念性规划》和1平方公里的核心区城市设计；聘请浙江大学建筑设计研究院编制《综合商务办公区修建性详细规划》和《生态商务花园修建性详细规划》。这些规划对东城片区的基础设施配套和新城先期启动工程的建设发挥了重要指导和控制作用。

截至2017年年底，片区内道路、水、电、暖、气等基础设施配套齐全。道路建设方面，总投资1.6亿元，累计新修道路15.59公里，完成青州路（U型路）、圣水路、玉竹路、朱兴路、泰华南路、瓜市路、坝沟子路、南阳河路、夏辛路、阳溪路等14条道路建设。建设青州市第一条地下综合管廊，工程概算约为3500万元，于2013年10月开工建设，2014年12月土建部分完工。东西向为单舱，长738.26米，高2.2米，宽2.1米，内有电力电缆、电信电缆、给水管、再生水管；南北为两舱式，长940.61米，东舱内有热力管道，高2.44米，宽2.3米，西舱有电力电缆、电信电缆、给水管、再生水管。供水方面，完成22.3公里地下供水管道铺设。供电方面，电力设施总投资8484万元，配备110千伏东坝变电站1座，铺设线路103千米。燃气方面，投资1630万元在昭德路、尧王山东路、范公亭路、圣水路、瓜市路、玉竹路等市政道路路段，铺设燃气主管线约32.6公里，安装居民户3000户，工商业户100户。供暖方面，玉竹片区建成运行工程2个，实现供热配套面积30万平方米，总投资2850万元；综合商务区采用新能源方式供热，已铺设供热主管网8千米。绿化方面，投资总额3100万元，占地42000平方米的综合商务区花都大道路北景观工程于2015年10月竣工；总投资4000万元，占地约13万平方米的综合商务区花都大道路南景观工程于2015年4月竣工；新建道路和裸露地块的绿化工程，总面积15000平方米，栽植樱花、法桐等各类乔灌木5000余株。亮化方面，投资680万元，安装路灯520盏。

2016年青州市委、市政府提出新城建设要由原来的“以建设为主”转为“建、管并重”，一手抓建设、一手抓管理，在抓好项目建设的同时，努力提升整个片区的精细化管理水平。2016年10月份，指挥部协调市行政执法局、市环卫局、市园林局分别在新城成立行政执法中队、环卫中队和绿化管护小队，加强片区管理维护。

东城片区建设中，坚持“以项目促发展、以发展带项目”的发展理念，通过实行片区化管理、专户管理、专人包靠等方式，为推动项目建设提供了有力保障。

2017 年东城片区部分重点项目情况一览表

表 1

项目名称	建设情况
企业总部中心大厦	建筑面积 107992 平方米，建筑高度 99.9 米，地上 24 层，地下一层，设计地下停车位 1300 个。总投资 4.5 亿，自 2013 年 4 月开工建设，2016 年 9 月 1 日政务服务中心投入使用，2017 年 11 月份企业总部中心投入使用
电力调度中心	占地 7130 平方米，建筑面积 27334.52 平方米，总投资 8311.2 万元。2016 年 12 月 16 日投入使用
农商行大厦	占地 16600 平方米，建筑面积 41176 平方米，总投资 1.6 亿。2013 年 10 月正式开工建设，2017 年年底基本完工
银领国际·国医堂	占地 51.17 亩，总建筑面积 82234.72 平方米。规划设计一级甲等综合医院一处，居家式养老户型 40000 余平方米，日间照料中心 7000 平方米，机构养老区域 7000 平方米，配套服务网点 8200 平方米，设计床位 500 张，2017 年 6 月份全面竣工投入运营
竣邦大厦	总占地 61123 平方米，建筑面积 50023 平方米，总投资 2.4 亿元，自 2014 年 9 月份开工建设，2016 年 12 月份完成建设，2017 年年底整体租赁给济南德远通信有限公司，打造智慧呼叫中心产业园
市档案馆、市民活动中心	总建筑面积 72200 平方米，其中青州市档案馆建筑面积 29200 平米，青州市民活动中心建筑面积 43000 平米，均为地上五层、地下一层建筑，两个建筑地上独立、地下互通互联。总投资 5.09 亿元，由市财政投资、采用 PPP 模式运作，2017 年 12 月 5 日开工建设
玉竹片区棚户区改造	占地 320 亩，建筑面积 44 万平方米，共建设楼房 67 栋，安置被征收户 2480 户。总投资 7.1 亿元，2014 年 6 月完成招标，2016 年 2 月竣工，同年 5 月全部交付使用
顺天福集贸市场	占地 12 亩，为地下一层、地上三层建筑，规划摊位 1000 多个、商业用房 6500 平方米、停车位 300 多个，总投资 4500 万元，2017 年 12 月份投入使用
青州一中实验学校新校	占地 54 亩，建筑面积 31600 平方米，投入资金 8000 余万元，于 2015 年 7 月开始筹建，2016 年 8 月投入使用
圣水祠公园	面积 10420 平方米，以“两轴、一环、三节点”构建出一个以“孝德文化”为主题的城市绿地公园，2015 年开工建设，2017 年竣工
世纪泰华城项目	总投资超过 55 亿元，总占地 600 亩，总建筑面积达 120 万平方米，包含泰华城商业和泰华地产两部分。其中商业面积 30 万平方米，是青州市首家全客层、一站式家庭娱乐购物中心
青州华润燃气输配控制中心	2017 年 9 月份开工建设，面积 3122.33 平方米，为地上 4 层建筑。主要用于对青州市天然气进行整体控制、调度、维护、抢修等工作
潍坊实华天然气分输调控及应急抢险中心	2016 年 8 月开工建设，2017 年 8 月建成，建筑面积 2600 平方米，为地上四层建筑。主要用于天然气实时采集现场数据，实现资源实时调配与控制，完成设备运行管理，故障分析，生产报警等管理工作

（马延江　延丽珍　门　静）

中国人居环境奖城市创建

2014 年以来，青州市以全面提升人居环境品质为发展新战略，科学规划，创新模式，持续发力，精准突破，使城市空间布局持续优化，功能品质显著提升，人居环境全面改善，城市建设管理水平再上新台阶。2016 年 11 月通过国家住建部评审组的现场验收，2017 年 1 月被正式命名为“中国人居环境奖城市”。

科学规划，刚性管控。2012 年青州市启动新一轮城市总体规划修编，先后编制完成城市综合交通、供排水、供热、燃气等专业性规划，坚持留住青州特有的地域环境、文化风俗、建筑风格等“基因”，突出“古、青”特色，着力构建“两城引领、六区支撑、三河贯通、两带呼应”的城市发展框架。同时，坚持一张蓝图绘到底，加强规划刚性约束，遏制违法违规建设，维护城市正常规划建设秩序。

创新模式，精准发力。以青州古城创建国家

AAAAA级旅游景区，提升全市旅游形象和品质为精准发力点，实施古城保护修复工程，先后投资10多亿元，对历史文化街区、云驼风景区、博物馆等进行高标准保护性提升，充分发掘历史文化，全面展示“古青”交融的历史文化名城内涵，2017年2月，国家旅游局正式公布青州古城旅游区为国家AAAAA级景区。2016年年初，编制完成《青州市海绵城市建设实施方案》，成功列入首批山东省级海绵城市试点县市。至2017年年底，列入示范区内的道路、广场、绿地、住宅小区、水系、排水管网等工程，均按照海绵城市要求组织实施，建成海绵城市11.55平方公里。加大城市建设投入力度，先后建成新广电中心、云门剧院、企业发展中心、益王府路立交桥等城市功能性项目，完成南环路、海岱路、范公亭路等30多条城市主次干道提升改造，新增雨污分流管网240公里，城区道路设施完好率保持在98%以上。2014—2017年，建成城市绿道390公里，投入公共自行车达到1万辆，建设600个站点，自行车使用率达到每天万人次以上。2014年6月，绿道项目被住建部列为第三批城市步行和自行车交通系统示范项目。

精细管理，综合施治。坚持“应绿必绿、可绿尽绿”的绿化原则，抓好绿色林荫通道和大型园林绿化骨干工程建设，山体绿化、河道绿化、道路绿化等齐头并进，全力建设森林城市。2014—2017年，先后完成东青路、口齐路等36条新建主次干道绿化工程，新建提升海岱公园等53处街头绿地，完成规划区内118万平方米裸露土地绿化，城市绿化覆盖率、绿地率分别达到43.35%、41.71%。实施河流整治，2014—2017年累计投资超过20亿元，对南阳河、北阳河、弥河三条河流展开综合治理。南阳河荣获省水利风景区、省湿地公园、全国人居经典方案“规划·环境”双金奖等称号；弥河治理项目获得国家水利风景名胜区、国家级湿地公园、山东省人居环境范例奖等称号。提升公用事业保障能力，建成第三水厂（地表水源），新建成污水处理厂3座，城区天然气用户达到8.38万户，总供热能力达到965吨/小时，新上250台纯电动公交车，新建便民市场13处，城区新建公厕10处，城市基础设施完好率达97%以上。2016年成立青州市全域精细化管理办公室，加强对城乡管理的监督协调，有力推动城乡管理精细化。

以人为本，保障民生。推动保障性安居工程建设，建立以廉租房、货币补贴为主导的住房保障体系，保障性住房实现低保家庭全覆盖。先后投资10.5亿元进行棚户区、城中村改造工作，完成16个老旧小区征收改造，1.2万居民直接受益。开展老旧小区改造5年行动，2014—2017年，完成233个住宅小区的水、电、暖、气改造项目。完善社会保障体系，2014—2017年新增就业9.5万人，城镇登记失业率控制在3.2%。连年提高社会救助标准，居民养老和医疗保险实现全覆盖。新建养老机构10个、新增床位3333张。实施教育卫生惠民工程，新建改造学校和幼儿园341处。

（孙丽媛）

南阳河综合整治

南阳河综合整治始于2011年，由青州市委、市政府统一部署，市城建投资部门负责资金保障，聘请国内专业的规划设计公司——青岛环境工程设计院、潍坊青华设计有限公司进行统一规划，由国内知名的建筑公司山东城建集团、山东华滋农林有限公司、山东大地园林有限公司、翱特实业有限公司等负责规划建设。项目总投资15.9亿元，总长15.2公里，面积3.35平方公里，其中水域面积1.45平方公里，分三期工程进行，一期工程自冠街桥至政法桥（含荷花湾），由南阳河一期改造提升指挥部负责，全长2.8公里；二期工程自政法桥至七号拦水坝，由南阳河二期改造提升指挥部负责，全长1.8公里；三期工程自七号拦水坝至弥河入河口，全长10.6公里，由南阳河三期改造提升指挥部负责。

南阳河综合治理工程以“融入自然，接续自然”为设计理念，以“文化与商业”为灵魂，打造独具青州深厚文化底蕴的滨水景观区。治理中坚持以治污、理水、修路、配套公共服务设施为基本原则，依托南阳河水系，扩展原有水面，采用竖向处理手法将码头、小桥、岛屿、瀑布等串联起来；采用自然造景手法，以水景为点睛之笔，综合宋代风格的商业建筑及城门、连廊、亭、榭、广场等公用设施景观，结合生态自然的植物造景，集繁华商业、文化休闲、娱乐为一体，创造自然，续接自然，融入自然，着力提升文化内涵，强化亮化、绿化、桥头景观功能及与周围建筑的和谐，打造出一条独具特色的水上画廊。

截至2017年年底，南阳河整治工程完成道路硬化45公里，整理地形7.42平方公里，河两岸电瓶车道、自行车道分设，小型活动广场、环保自行车分布合理，方便市民进出南阳河的甬路（台阶）通达；形成水系32.5公里，净化水域面积1.23平方公里，水质达到国家三级标准，安装截污管道1万米，建设7处拦蓄水工程，增加蓄水能力90万立方米，防洪治理标准为50年一遇标准，建有25座景观桥涵，健身器材遍布其中，便民服务点随处可见。绿化面积3.5平方公里，林草覆盖率95%，栽植各类乔灌木及花卉、水生植物超过200种。成为市民休闲健身和外地游客观光的重要去处。

（门禹辰）

云门山森林公园

云门山森林公园位于云门山风景区腹地，是连接云门山和古城两大旅游区的纽带，是云门山景区的重要组成部分，规划总面积约5.6平方公里。其中云门山森林公园一期工程为2.6平方公里，包括云门山主景区、凤凰山路以南、望寿路和颐寿路之间的区域。青州市按照“旅游立市”的战略部署，坚持“碧山、茂林、蓝天、秀水”的规划理念，于2012年9月投资9970万元修建城市森林公园，主要包括森林音乐广场、凤凰山游览区、生态水系、健康步道、龙潭湖、主题景观区等景观。共栽植高大乔木1.8万株、松柏9万株、花灌木56万株、铺草皮39万平方米，建设人工湖1个，改造人工湖2个，新建水系2000米，步行道18000米，自行车道9900米，音乐广场1处、驿站3处、广场2个、亭廊9个、木桥2座、木栈道及景观平台5处，新辟凤凰山游览区1处，铺设供水管道1.8万米，建设生态停车场1处，改造停车场2处。园内全部安装路灯、音响、监控系统。

为进一步提升城市生态环境和居民生活质量，2016年5月青州市启动云门山森林公园二期工程建设，对云门山森林公园进行高标准扩建。云门山森林公园二期扩建项目位于一期项目的东部区域，北起丰收路，南至南环路，西起望寿路，东至云门山南路，规划总面积约3平方公里，总投资约1.5亿元。设计施工中以精细化为理念，以尊重自然、生态为原则，与云门山景区人文景观和生态环境相得益彰，重点打造北部体育休闲公园区、中部望寿园区、东部岩石园地质公园区、南部花林野趣景观区。截至2017年年底，二期工程栽植高大乔木2.3万棵，草坪铺栽56.8万平方米，草花移栽7.6万平方米；完成道路路基12.9千米、沥青罩面9.6千米、步行道砌石9.5千米、道路水稳及路牙石铺装7.3千米；完成景观河道框架和生态停车场及停车位铺装；完成供水管道埋设18950米，截污管道埋设2650米、弱电管道铺设2700米，电力管网迁改4750米；停车场及停车位已全部铺装完成；景观河道框架、水草移栽、河道绿化等全部完成；体育公园区足球场、篮球场、羽毛球场、门球场等设施基本完成。

（于海洲）

“千人计划”产业园

青州市产业基础良好、门类齐全，但存在“有群山无高峰”现象，缺少高端项目和园区带动，为实现“弯道超车、跨越发展”的目标，青州市委市政府下决心打造高端产业园区，带动全市工业发展，促进新旧动能转换。

青州“千人计划”产业园位于经济开发区中部火车站东侧核心区域，南起文苑路，北到客运专线；西起北阳河景观带，东到康圣路，规划占地2100亩，总投资30亿元，于2016年底开始规划建设。园区主要依托科尔泰重工等“千人计划”项目，通过PPP模式规划建设高标准多层车间、办公楼、科研楼以及相关的配套设施，瞄准国内外高端人才进行招商，打造青州市高端产业和高端项目聚集区。截至2017年年底，“千人计划”（青州）产业园引进“千人计划”专家等高端人才8人。

园区建设过程中，青州市做好“平台建设、政策保障、项目标准、配套服务”四篇文章，制定出台《关于引进高科技人才实现转型升级创新发展的实施意见》《关于鼓励国家“千人计划”专家等高层次人才来青创业暂行办法》等文件，对入园人才、入园企业、入园项目设定严格的准入标准，设立总规模8亿元的产业引导基金，加大各类专业人才引进力度，建立高层次人才、特殊专门人才“绿色通道”引进制度，对落户的高科技项目可优惠获得50～100亩土地、3000平方米办公楼、10000平方米车间使用权，同时配套3000万担保贷款。为营造良好创业环境，青州市优化创新服务保障模式，“一企一策”成立专业化服务团队，统筹规划建设医院、酒店、高等院校、专家公寓等基础设施，打造一流硬件设施，给项目方提供良好工作环境和科研条件，项目方仅需搭建创新研发平台、召集人才团队，即可实现“拎包入驻”。

（王有国）

青州概况

自然环境

【地形地貌】 青州市地处鲁中山区与鲁北平原的交接地带，位于北纬36° 24′ 至36° 58′，东经118° 10′ 至118° 46′ 之间。地势南高北低，最大高差938.1米。市境南部和西部是石灰岩低山丘陵区，面积为746.5平方千米，占全市总土地的47.8%。该地区地形地貌复杂，海拔高度多在150米到750米之间，最高点青崖顶达954.3米。由于山高坡陡，水资源贫乏，自然条件差，给农业生产受到很大限制。东南部为玄武岩岗丘区，面积125.6平方千米，占全市总土地的8.0%。该区岗丘坡度较缓，海拔高度多在60～200米范围内。在岗丘之间有部分平地，水资源较缺乏，土地农业垦殖利用率高于低山丘陵区。市境中北部为山麓平原区，面积为691.1平方千米，占全市总土地的44.2%。该地区海拔高度在100米以下，地面坡度小于2° 。北部分布有浅平洼地与槽状洼地，有过历史积水过程。平原地区土层深厚，水资源较丰富，是青州市粮食生产基地。

【土地资源】 青州市地处暖温带半湿润季风气候区，夏秋在成土过程中占主导地位，发育形成主要土类——褐土；在市境西南部海拔750米以上山间谷地上，因降雨量增加，温度较低，蒸发量较小，淋溶作用加强，使石灰岩覆盖层沙页岩风化母质发育演变为棕壤土类；在北部平原地区低洼处，地下潜水长期参与成土过程，发育成潮土土类；局部地区在积水影响下，表层沼泽化，底层有较强的钙积作用，形成砂姜黑土土类。青州市土壤共分4个土类、10个亚类、15个土属、57个土种，以褐土为主，潮土次之，棕壤和砂姜黑土有少量分散分布。截至2017年，青州市土地总面积15.61万公顷，其中农用地112637.38公顷（耕地76525.17公顷），建设用地23432.11公顷，未利用地20056.27公顷。

【矿产资源】 市境内已发现各类矿种25种，矿产地（含矿点、矿化点）38处，集中分布在西南部和东南部街道、镇。其中有色金属矿产3种，有金、铜、铅（伴生银）；黑色金属矿产1种：铁；建筑材料及非金属矿产主要有石灰岩、黏土、花岗石、河沙、膨润土、钾长石、玄武岩；冶金辅助原料矿产1种：白云岩；能源矿产1种：泥煤；宝石及工艺美术矿产5种：有蓝宝石、红丝（砚）石、雕刻石料，此外还有怪石（太湖石）、燕子石；水汽矿产有矿泉水、地热水。已探明储量矿产10余种，主要矿产有铁矿、水泥用灰岩、建筑石料用灰岩、白云岩、砖瓦用页岩、矿泉水等。

金属矿产 分别为铁、铅、铜、金。铁矿资源丰富，主要分布在淄河流域庙子镇。计有大型矿床2处，中型矿床2处，小型矿床1处，矿点、矿化点4处，截至2017年年底，控制铁矿资源储量2.68亿吨，潜在经济价值300亿元，现辖区内有1家铁矿。铅矿主要分布在王坟镇西股、东股、东乖场、后黄马、北镇头、孟埠、上白洋等地。有矿点、矿化点7处。铜矿点位于本市王府街道冯旺店村西北。贵金属矿

产主要有金、银两种。银矿与铅矿伴生，金矿化点位于弥河镇李家庄村西南冲沟中。

非金属矿产 水泥用石灰岩，已探明的石灰岩矿2处，即明祖山石灰岩矿和尧王山石灰岩矿，探明保有储量4.52亿吨，远景储量50亿吨，有1家大型水泥厂。水泥配料黏土，位于明祖山—尧王山一带。花岗石，位于谭坊镇小十亩田村西。钾长石，位于云门山街道戴家庄村北。膨润土，位于谭坊镇王家泉村南。建筑沙，分布在弥河河床及河漫滩。建筑石料，遍布西南山区。明祖山、尧王山石灰岩矿，除做水泥原料外，还可做溶剂灰岩。玄武岩和蓝宝石主要分布于谭坊镇香山、灵山、程家官庄一带。制碱灰岩，分布于西南山区。磷矿，分布于西南山区。红丝石，产地主要为邵庄镇黑山。怪石（太湖石），分布于王府街道、云门山街道、邵庄镇一带山脊坡壁。燕子石，分布于王府街道、云门山街道、王坟镇。泥煤，位于谭坊镇尹家高墓村西。矿泉水，本市矿泉水产地已发现3处，分别为云门洞、水晶宫、岱云岭，均为天然矿泉水。

（王丽阳 郄海涛）

【河流】 青州市地形复杂，汛期雨量集中，利于河流发育。境内河流分属弥河、小清河两大水系，过境河流有弥河、淄河两条。庙子、邵庄、益都、高柳属小清河水系淄河流域，主要河道有淄河及其支流仁河、北阳河、裙带河、王钦河、乌阳沟、龙泉河、富龙河、跃龙河等河道。东部地区属弥河水系，主要有大石河、小石河、南阳河、洗耳河、康浪河、尧河等河道。全市主要河流多属雨源型季节性河流，2017年度，春季河道干涸，汛期水流较急，无洪涝灾害发生。

（姚羽宸）

【动植物资源】 *植物资源* 青州市属暖温带落叶阔叶林区，植被资源丰富，木本植物137种，草本植物680种，由用材林、防护林、水保林、经济林和天然草地组成。主要分布在山丘区和沟道两旁，全市林木绿化率为32.38%，林草覆盖率为35%，有天然林（天然次生林）3700公顷，主要树种为黄栌、山榆、黄荆等，人工林面积24312公顷，主要树种为刺槐、毛白杨、杂交杨，旱柳、垂柳、泡桐、枫杨、楸树、榆树等。其中国家Ⅰ、Ⅱ级保护植物6种（水杉、杜仲、银杏、胡桃、胡桃楸、野大豆），列入《中国珍稀濒危植物红皮书》中所列植物4种（胡桃楸、刺楸、蒙古栎、杜仲）、山东省稀有濒危植物4种（三桠乌药、流苏木、玫瑰、北桑寄生）。

动物资源 据1999年《青州市陆生野生动物资源调查报告》显示，市境内共有兽及两栖类17种，隶属10科；鸟类64种，隶属29科；总计共有陆栖脊椎动物81种（含亚种）。

兽及两栖类野生动物有：无蹼壁虎、丽斑麻蜥、赤练蛇、红点锦蛇、黄脊游蛇、中华蟾蜍、黑斑蛙、普通刺猬、小麝鼩、普通鼩鼱、东方蝙蝠、黄鼬、狗獾、草兔、褐家鼠、小家鼠、黑家鼠。

野生鸟类有：鸢、红脚隼、红隼、红胸田鸡、鹌鹑、石鸡、山斑鸠、火斑鸠、岩鸽、大杜鹃、四声杜鹃、普通角鸮、雕鸮、领角鸮、普通楼燕、白腰雨燕、戴胜、蚁鴷、斑啄木鸟、星头啄木鸟、凤头百灵、家燕、金腰燕、山鹡、白鹡、白头鹎、红尾伯劳、牛头伯劳、黑枕黄鹂、黑卷尾、发冠卷尾、灰椋鸟、灰喜鹊、喜鹊、秃鼻乌鸦、北红尾鸲、蓝歌鸲、寿带、大山雀、黄腹山雀、树麻雀、山麻雀、金翅雀、黄喉鹀、三道眉草鹀、白鹭、苍鹭、草鹭、大白鹭、中白鹭、牛背鹭、池鹭、夜鹭、黄苇鳽、栗鳽、大麻鳽、大天鹅、赤麻鸭、绿头鸭、鸿雁、鸳鸯、普通翠鸟、小鸊鷉、凤头麦鸡。

（刘锡平 杨 菲）

【气候】 青州地处温带季风气候区，气候温和，四季分明，雨量集中，雨热同期，光热资源充足。2017年度平均气温14.4℃，较历年平均偏高0.9℃；年极端最高气温38.0℃，出现在7月11日，较历年极端最高偏低3.9℃；极端最低气温-10.2℃，出现在1月23日，较历年极端最低偏高7.1℃；年降水量478.5毫米，较历年平均偏少150.0毫米；年日照时数2669.4小时，较历年同期偏多211.3小时；无霜期208天；年最大冻土14厘米。

（高建英 闫景鹏）

政区 人口 民族

【建置沿革】 唐、宋、金、元时期，县下设乡。明朝，县下设乡、镇，乡下分社，城区有隅。清朝，县下设乡，乡下分约。民国初年，沿袭清朝。1929年，废乡约设区，区下设乡。民主政权也县下社区。中华人民共和国成立后，仍然沿用县下设区，区下设乡。1958年，先是撤区并乡，后成立人民公社。1984年，改人民公社为乡镇建置，全县有13镇23乡。

1988年，市辖益都、弥河、王坟、庙子、文登、五里、东高、高柳、朱良、口埠、东夏、谭坊、郑母13个镇和云峡河回族、石河、钓鱼台、孙旺、杨集、上庄、莲花盆、观音沟、邵庄、普通、石家车马、王母宫、苏闻、阳河、何官、徐集、苏埠屯、宋池、赵坡、黄楼、东坝、杨家庄、大王23个乡。

1991年12月，撤销石河乡，行政区域划归弥河镇；撤销孙旺乡、钓鱼台乡，行政区域划归王坟镇；撤销上庄乡，行政区域划归庙子镇；撤销观音沟乡、莲花盆乡，两乡行政区域划归五里镇；撤销石家车马乡，行政区域划归普通乡；撤销苏闻乡，行政区域划归高柳镇；撤销阳河乡，所辖张高、双河、石家庄、大孙、张家河、吕村郇6个自然村划归何官乡，其余村庄划归朱良镇；撤销徐集乡，行政区域划归口埠镇；撤销大王乡，所辖西季、于林、马家园3个自然村划归东夏镇，侯庙、麻湾两个自然村划归杨家庄乡，其余村庄划归王母宫乡；撤销苏埠屯乡，行政区域划归东夏镇；撤销宋池乡，行政区域划归谭坊镇；撤销赵坡乡，行政区域划归郑母镇；杨集乡东富旺、西富旺、南富旺、北富旺4个自然村划归庙子镇。

1992年6月，口埠镇蔡家、牛家、小宋、小胡、于集5个村划归王母宫乡管辖。

1993年10月，撤销王母宫乡，设立王母宫镇；撤销黄楼乡，设立黄楼镇；撤销东坝乡，设立东坝镇；撤销普通乡，设立普通镇；撤销益都镇，以原益都镇行政区域分别设立青州市益都、王府、昭德3个街道。

1994年6月，撤销杨集乡，行政区域划归庙子镇管辖；撤销杨家庄乡、何官乡、邵庄乡，设立杨家庄镇、何官镇、邵庄镇。

1994年9月，益都街道办事处任七里村划归王母宫镇管辖。

2001年2月，撤销文登镇，行政区域并入邵庄镇。撤销杨家庄镇，原杨家庄镇大陈家庄村、大刘家庄村、潘家庙村、小刘家庄村、杨家庄村、马家庙村6个村划归东坝镇管辖；侯庙村等14个村划归东夏镇管辖。

2004年5月，五里镇王家庄、靳家庄、十字村、寨子村、赵家小河、付庄家、朱家庄、李宝峪8个行政村划入云峡河回族乡。

2005年8月，撤销云峡河回族乡，以原云峡河回族乡行政区域设立云门山街道；撤销东坝镇设立东坝街道；撤销王母宫镇设立王母宫街道。

2007年5月，撤销东坝街道，原东坝街道所辖东坝、东建德、杨姑桥、尚家、西建德、小贯店、小陈、大吴、孤山庙、小吴、任家、李河、纪河、大贯店、高彭、西阳河、东阳河、大陈、大刘、潘庙、小刘、杨家庄、马家庄23个行政村划归黄楼镇管辖，西牟、东牟、玉皇阁、新沩、东十里、西十里、坡子、夏新、东圣水、坝沟、魏河、玉竹、朱兴13个行政村划归云门山街道管辖。撤销昭德街道，所辖25个社区居委会划归云门山街道管辖。

2007年8月，撤销五里镇，原五里镇行政区域划归王府街道管辖，街道工作机关驻原五里镇工作机关驻地；撤销东高镇，原东高镇行政区域划归益都街道管辖，街道工作机关驻原东高镇工作机关驻地；撤销朱良镇，原朱良镇行政区域并入高柳镇，镇工作机关驻原朱良镇工作机关驻地；撤销普通镇，原普通镇行政区域并入邵庄镇，镇工作机关驻地不变；撤销口埠镇，原口埠镇行政区域并入何官镇，镇工作机关驻地不变；撤销郑母镇，原郑母镇行政区域并入谭坊镇，镇工作机关驻地不变；撤销王母宫街道，原王母宫街道大崔家、小崔家、孙家庄、大王庄、孟家炉、小田、冷门、董家8个村，东夏镇东侯庙、西侯庙、麻湾、西坡、东坡、张家楼、彭家湾、王岗、沙店、南于、大尹、李家庄、大赵务、巨弥、寨里15个村并入黄楼镇，镇工作机关驻地不变；王母宫街道徐七里、王七联、裴桥、柳沟、东郎、西郎、姜家、王母宫、十八里、寺古、双庙、张孟口、南四、辛庄、侯古、房古、于古、义和、孟古、李官庄、范王、赵家、东李、张裴、胡桥、姜庙、韩家、蔡家、牛家、胡集、懒柳树、凌马、马氏、朱刘马34个村并入东夏镇，东夏镇工作机关驻原王母宫街道工作机关驻地。

2010年5月，撤销黄楼镇，以其原行政区域设立黄楼街道，办事处工作机关驻原黄楼镇政府驻地。

至2017年，境内区划无变化。

【行政区划】 2017年，青州市辖12个行政区域和1个非行政区域，即：王府、益都、云门山、黄楼4个街道办事处，弥河、王坟、邵庄、庙子、高柳、何官、东夏、谭坊8个镇，12个行政区域和经济开发区1个非行政区域，有84个居民委员会，997个行政村，1152个自然村。

王府街道　23个居委会　84个行政村　90个自然村

居委会：北关、朝阳、王府、工农、西街、东升、民主、后官营、中所、乐园、南西关、北西关、前营子、后营子、曹家、赵家、老公院、刘家、湖滨、东门、镇武庙、九龙居、西营

村：夏庄、下黄峪、石庙、上黄峪、张家峪、五里（五里、张家庄）、马棚崖、下圈、温圈、郄圈、涝埠、郑家庄、东赵、西赵、石山头、西石家、石安、闸口、茅峪、刘福、邓家河、白家店、左家河、张家崖顶、东刘井、中刘井、西刘井、西套、上石臬、前石臬、后石臬、张家洼、西上院、西下院、井塘（井塘、郭沟山）、南闫、凤山（凤山、凤凰台、大黑山、小黑山）、大王堂、辛店子、吕旺、富班、宋旺、石门、南康朮、北康朮、坞头、张李、中正刘、延庄（延庄、顶子）、莲花盆、田庄村、史家店、牛角、大庄、埠前、埠后、石板台、李家大峪、闫家崖、刘家崖、许家崖、王家崖、王魏南、孙魏南、北魏南、张尹、冯旺、赵家河、杨家山、西闫、张家崖、周家峪、观音沟、李家崖、吴井、七迴峪、邢家峪、寨子崖、黄家店、温南峪、佐家峪、西刘家庄、贾庄、角楼

益都街道　20个居委会　39个行政村　43个自然村

居委会：东店、西店、石家、卞家、万家、蒋七里、李七里、北三里、孟七里、任七里、康屯、吴桑、王桑、草庙、叶家、北城（北城、柳树湾、北辛、菜园）、大华、车站、泰和苑、旭景园

村：南河东、北河东、小营、西高、北刘家、东高、东辛、西辛、南辛、北辛、张石羊、核桃园、北石家、辛吕、西张、刘店、刘早（刘早、南刘早）、西黄、大旺、冯家、小店、吕屯、冉家、苑上（苑上、小魏）、徐王、黑牛王、东马官、东张、韩家、夏家、东黄、河崖（大河崖、小河崖）、西马官、东夹涧（东夹涧、东庄子）、西夹涧、南夹涧、陈店、东三教、西三教

云门山街道　34个居委会　43个行政村　44个自然村

居委会：海岱、海天、平章府、南阳欣城、益王府、宝鼎、红庙、东阳、北阁、青云紫府、山工苑、云门山花园、大益华府、烟厂东宿舍、小杨、关头、苏桥、瓜市、孟家、王家庄、房家、张河、西圣、丁店、传信楼、东关、后坡、昭德、夏钦园、南营、冯徐、窦小、三里、徐桥

村：坡子、东圣水、夏辛、朱兴、魏河（魏河、崔河）、坝沟、玉竹、北云河、南云河、卢店、井亭、扈庙、七里河、北李、黄井、戴家、前寺、宋阁、后寺、耿家、时店、沈家、涝洼、西牟、东牟、西邢、东邢、玉皇阁、新冯、东十里、西十里、郭桥、靳家、十字、赵小河、寨子、李宝峪、朱家、王家、付家、南房、大花林、小花林

黄楼街道　96个行政村　112个自然村

黄楼、半壁店、辛庄、西冀家、杜家庄、陈家、卢李、鹁鸪王、赵庄、卢坊、迟家、刘仪型、杨家庄、马家庄、南于、李家、大赵务、大尹、巨弥、潘庙、小刘、寨里、西夏落店、西张老、东张老（东张老、轱辘子庄）、潘村、柳家坡、东夏落店、北

霍陵、南霍陵、蒋家、曹家庄、高彭、小吴、大刘、尚家、西阳河、大吴、杨姑桥、东阳河、任家、大陈、孤山庙、大崔、大王（大王、阚家庄）、东坡、西坡、侯庙西、张楼、侯庙东、彭家、蕨湾、王岗、沙店、董家（董家、雷家庄）、郝家、赵寺、三新、西楼、三教堂、韩家庄、莫家庄、东沙营、西沙营、凤凰店、西李、小马宋、马宋（马宋、李家栏子）、泉子、东冀家、南仙庄、北仙庄、夏坡、龙塘、臧家、柳渠河、敖于店（敖于店、铁匠家庄、田家庄、西南店）、岭上、小李家、康河、大路、东李、小陈家、东坝、东建德、西建德（西建德、中建德）、孙家（孙家、赵家、小刘家庄）、孟炉（孟炉、窦家庄）、小田（小田、田家老庄、马湾口）、冷门（冷门、小王家庄、邹家沟）、小贯店、大贯店、小陈、纪河、李河、小崔（小崔、小宋家庄）

弥河镇 77个行政村 77个自然村

赵疃、张家洼、庙后、大章庄、小章庄、前营、后营、桲罗林子、老庄、小庄、石河、涝家、大桥刘、南蒋、东桑、西桑、石门沟、下桥、中桥、上桥、南李、大涧头、桐峪沟、赤涧、官庄、水沟、上院、下院、辛庄、小官庄、中李、上黄山、中黄山、下黄山、壮汉庙、薄板台、梭庄、刘家、胡同、杨家、郝家、前崖头、增福寺、田家、茂家、大涧堡、闫刘、张家、北蒋、冯岭、施家、西河、王家、石家、窦楼、汤王河、黄泥、贾庙、小涧店、大关营、赵家、大张冀、姜家楼、小张计、冢子庄、东南营、闵家、关家、石楼、北市、西市、东市、三觉庙、东南河、东南岭、大刘、小刘

王坟镇 100个行政村 117个自然村

于家庄、乔家庄、大田庄、小田庄、山头、曾家溜、申明亭、鞠家河（鞠家河、姚家沟）、金家楼、许家庄、前庄子、李家庄、东胡、西胡、张家庄、赵家庄、东逄峪、西逄峪、郭庄、大峪口、腰庄、上稍、崮后、庙头、阿陀、北镇头、南镇头、王坟、前黄马（前黄马前庄、前黄马后庄）、王家庄、陈家泉、陈家园、丰家庄、西张家庄、西股（西股、乖场、椑草）、东股、台头、涝洼、徐家沟、兰家、李家岭子、郝疃、宋家庄、没口、滴泉、井峪（井峪口）、马家稍（马家稍、大泉口）、钓鱼台、平安庄、褚峪、白洋口、胡宅（胡家宅、杨家坡）、中白洋、上白洋、辛庄、吴家庄、河北、赵家崖头、东段、西段、南道、北道、刘洛（松行、南溜、流洛）、后孟卜、孟卜、文里、马家寥子、胡林古、黄连、石头沟、梧桐湾、孙家庄、芹泉、大处口、侯家古道（侯家古道、小西崖）、赵家峪、王家场、石岗头、杨家窝、河北崖、天井峪、田家庄、卜家庄、孙旺、党家庄、岭子、石家湾、平安、苏峪寺、苏峪、黄巢关、侯王、董王、沙岭子、东乖场、西乖场、后黄马（张家黄马、李家黄马、赵家黄马）、马庄（马庄、刘家庄、石涧）、呈子（呈子、李家园）、陈家溜（陈家溜、荆峪山）

庙子镇 68个行政村 80个自然村

河东坡、南术店、兴旺店、梨园店、西茂峪、东茂峪、姚家台、庙子、朱崖、黄鹿井、北后峪、南后峪、九公台、井峪子、大牟、小牟、曹家庄、崖坡、唐北峪、滴水崖、殷公井、东滴水张（东滴水张、反沟、桥子）、北李家庄、南李家庄、北富旺、东富旺、西富旺、南富旺、杨家庵、马岭杭、上庄、长秋、下张、上张、窦家崖、孙家岭、李新庄、孙家西坡、北峪、冯家台子、冯家岭子、南李家峪、西李家峪、局子、局子峪（局子峪、美美岩）、圣峪口、井子峪、唐庄、三角地、杨集、下岸青、上岸青（上岸青、中岸青）、单家峪（里单家峪、外单家峪、杨集庵）、邱家峪、洞顶（洞顶、道沟）、黄花坡、水峪、大岭、下仁河、上仁河（上仁河、南屋子）、北崔崖、南崔崖（南崔崖、侍郎峪）、横兰、桃行（大桃行、小桃行）、下龙宫、上龙宫、西滴水张、岚胡

邵庄镇 92个行政村 104个自然村

朱石羊、马石西、朱王孔、马石东、李王孔、北王孔、闫家（闫家庄、于家冢子）、石石羊、冷家、兴旺（兴旺庄、太平庄）、顾家、南王孔、月山、北马、柏泉、老山、黄鹿、北西坡（北西坡、马台）、南西坡、西台（西台头、南台头）、陈黍、韩李、南马、邵庄（东邵庄、西邵庄）、东台头、冯崖、东郭、河庄、西郭、南文登、刁庄、西峪、中文登、北文登、东峪、南山、老营、高庙、南辛店、北辛店、上庄、郑家、周家、曹家、刘镇、程家沟、左家、

沈家、宋家、钟家（钟家庄、钟家井子）、石家车马、前河（前河、吴家南崖）、刘孟马（刘家马庄、孟家马庄）、大郇、小郇、杨仁马、陈仁马、孙仁马、马马、郇仁马、杜家、康家、岔河（东岔河、西岔河）、窑头、牛家、鲁家车马、山头、刘潘、陈家车马、孙家车马、温庄、盛家车马、井峪、张庄、双庄、大薛、西薛（西薛庄、小南崖）、北薛、董庄、西王、高薛、小辛、范家林、东王、石古岭、王家辇、泉旺、玉皇庙、南普、北普、沙家、神旺

高柳镇 71 个行政村 65 个自然村

南马兰、崔家庄（崔家庄、魏家庄）、东马兰、西马兰、北马兰、高家、冯家、河北杨、前李户、后李户、小吕庄、西水渠、廉颇、河南杨、王大古、东水渠、郑家、苏家、辛岭、北石塔、西石塔、黄岭、水坡、范家、香店、闫河、交流、东良孟、西良孟（西良孟、青州市皮肤病防治村）、（朱良）东朱良、西朱良、北朱良、（段村）南段、西段前、西段二、北段、前北段、中北段、后北段、郝家屯、赵家营、南星落、北星落、曲家屯、永和、彭家、许王、史家、红星、葛家口、高家庄、王木、东八户、西八户、阳河、河头、西马庄、沈家、前后寨、刘家庄、纸房、北赵家、张郭庄、西朱鹿、东朱鹿、郭家庄、西王车、东王车、于庙、大王车、小王车

何官镇 74 个行政村 75 个自然村

南张楼、北张楼、张楼店、刘坡、林官、时河、刘屯、大高、小高、草水店、江家、唐家、孟家、周家、何官、邢屯、东台、臧台、东营、西营、新村、西台、杨营、李马、龙泉河、吕村郇、石家、大孙、张高、南口埠、北口埠、崔马、戴楼、戴店、明家、赵铺、赵陈、张坡、王园、前演马（前演马、东郑村）、后演马、扈家、黄家里双、周家里双、耿家里双、吉家里双、北大王、北小王、南小王、郭集、北牛家、邵市、潘家、新胜、苗家、孙板、南王、大宋、小陈、大陈、东段、辛家、进潘、马家、秦家、尹家、朱家、袁家、陈楼、平昌寺、董家、南褚马、北褚马、西褚马

东夏镇 72 个行政村 87 个自然村

邵树、刘胡同、东夏、西夏、耿家、文家、段家（东段、西段）、榆林（榆林、西季村、马家园村）、李集（前李集、后李集）、前史、后史、小史、窄家、三官庙（东三官、西三官）、堂子、官宅、铁家、李仙、石佛、王木匠、小袁、拾甲、柴庙、薛庙、双庙（双庙、郭家）、桃园、井家、曲于、张季、王小、顾家、二府、齐家、杨立伍、前司、后司、郝家、小陈、南黄、大袁、崔家、王家、张小、北于、杜家、白家、埠口、花园辛、姜家、边线店子、小马家、方台（前方台、后方台）、庄家、祝家、石家、皂户、马埠、刘辛、老刘、夏家、张晁、沈家、河圈（于家河圈、张家河圈）、东杨、牟家、徐家（东徐、西徐）、孙家、苏埠屯、东荒、西荒、高家、小赵务

谭坊镇 114 个行政村 159 个自然村

谭中、谭北、谭南、小推官、八里、团结、庄家庄（庄家庄、曹家屋、行山村）、肖家、吕楼、李家、东肖、王羊（王羊、周家庄）、南魏、北魏、贾庄、高埠、石桥（石桥、翟家庄）、北吉林（北吉林、史家庄）、东霍、孙楼、状元桥、于家、西郑、中郑、东郑、王家、吉林、塘坊（塘坊、刘家、任家）、庄子（庄子、洼子）、老鸦（老鸦、朱家庄）、小尹、河子头（河子头、龙泉沿、卧子埠）、山前刘、房家（房家、小十亩田）、十亩田、四座楼、西何、东赵、袁路、营子、庄庙、东郝、丁夏许、宫家、南孙家、张石岭（张石岭、韩家庄）、山头店、倪辛、崇沟、崇家、程辛、山前李（山前李、山前王、山前石）、南寨、时家（时家、车旺、泥河店）、山前张、解家、北寨、高家、小杨、南董、东镇武、西镇武、西齐、刘君台、宋坡、赵辛、夹河、西于（西于、东于、任家）、双槐、宋家池、杨村、南埠郭、东田旺、西田旺、陈家庄、程庄（东程、西程）、小赵、大赵、王油、张家羊（张家羊、张南、张北、张西）、下坡、康家羊（康家羊、陆家）、半截楼、唐家院、巩因、东刘镇、马家冢、董家、西亓（西亓、中亓）、东亓、东吴家、薛家、万坊、刘晨、大兴刘、西石、大推官、东孙家、东石、太平、北付、南付、李宅、老官、裴坡（张坡、裴坡）、赵坡、程官（巢家、高村、文官、程官、安家）、王盘石（东石、

羊市埠、沟岔、卢家、王盘石）、夏辛（夏辛、姜家）、北陈（北陈、郭家园）、苏家（苏家、南陈）、高墓（柳沟、李高墓、尹高墓、季家河、北魏、西季、大高墓）、王泉、河北

经济开发区　7个居委会　67个行政村　99个自然村

居委会：大福地、徐七、王七联（魏七、王七、荣兴）、七里、王母宫、富盈街、盛世嘉园

村：裴桥、柳沟、东郎（东郎、小辛庄）、西郎、十八里屯、姜家（姜家、付家）、寺古、张孟口（张孟口、小辛庄）、王母宫、南四（南四、南店、南郑、南邢、新立屯）、双庙、李家官庄、义和、孟古（孟古、李古）、侯古、房古、于古、范王（前范王、后范王）、赵家、朱刘马（朱楼、刘厂、马庙）、马氏（曹马、孟马）、凌马、懒柳树（懒柳树、张桥）、菜园辛（菜园辛庄、小郭）、双窑韩、张裴、姜庙、东李（东小李、小崔、小齐、北小赵）、王明、周家、小刘、胡桥、胡集（小胡、于集）、牛家（牛家、北小宋）、蔡家、花桥张、西庵陈、于家、刘河、吕家（吕家、任家庄）、徐集、前徐、前段、陈家冢、杜家窑、石佛、张富庄、小杜、赵家坡、天桥宋、李庄、孙家庄（孙家庄、北姜家）、竹林马（竹林、马家）、桥里王、张家庄、南石塔、闻家、南苑、青冢、前饮马、中饮马、后饮马、牛口、兴刘、高柳、吴家、小冯

（杨海萍）

【人口】　截至2017年年底，青州市总人口947061人，比2016年增加2882人，其中男476261人，女470800人，性别比为101.15%，17岁以下172101人，18—34岁208014人，35—39岁354341人，60岁以上212605人，全市总户数264038人，城镇人口455766人。

2017年全市出生18389人，出生率为19.42‰，其中男9435人。2017年全市死亡14146人，死亡率为14.94‰，2017年全市人口自然上升率4.48‰。

2017年全市总迁出3476人，迁出率为3.67‰，其中迁往省外1587人；总迁入1887人，迁入率1.99‰。其中省外迁入为824人。　（李妍妍）

【民族】　截至2017年年底，全市有回族、满族等少数民族32个，人口2.79万人，占全市总人口的2.9%。其中，人数最多的是回族，有2.3万人，占全市少数民族人口的82.4%；满族人口3501人。

（张海滨）

2017年青州市国民经济和社会发展统计公报

2017年，全市以习近平新时代中国特色社会主义思想为指导，深入学习贯彻中共十九大精神，坚持稳中求进工作总基调，坚持践行新发展理念，围绕“一二四三”发展战略和“四个城市”建设总体要求，坚定不移推进供给侧结构性改革，全市综合实力稳步提升，新旧动能加快转换，转型升级取得积极进展，新经济发展态势良好，民生保障持续增强，社会事业全面进步，为加快建设“五强四宜”城市，高水平全面建成小康社会打下坚实基础。

初步核算并经潍坊市统计局核定，2017年全市实现地区生产总值（GDP）658.44亿元，按可比价格计算，比上年增长6.8%。其中，第一产业增加值55.15亿元，增长4.0%；第二产业增加值290.72亿元，增长6.5%；第三产业增加值312.57亿元，增长7.7%。一、二、三产业对经济增长的贡献率分别为5.02%、44.88%、50.11%。三次产业比重由上年的8.6∶45.8∶45.6调整为8.4∶44.1∶47.5。按常住人口计算，人均生产总值68346元，比上年增长6.1%。

物价水平温和上涨。全市居民消费价格累计同比上涨1.7%，全年涨幅在1.5%到2.2%之间波动。分类别看，食品烟酒类价格同比下降0.9%，衣着类上涨0.7%，居住类上涨3.3%，生活用品及服务类上涨1.0%，交通和通信类上涨1.9%，教育文化和娱乐类上涨4.6%，医疗保健类上涨3.2%，其他用品和服务类上涨4.2%。在食品烟酒价格中，鲜菜价格下降6.6%，畜肉价格下降8.4%，水产品价格上涨9.0%，蛋价格下降7.5%。

经济社会发展中存在的主要困难和问题是：经济结构性矛盾仍然突出，部分行业价格指数居高不下；经济增长新动能还不够强，发展的质量和效益还不够高；转型升级任务艰巨，实体经济发展面临不少困难；生态环境还存在较多短板，优质教育、医疗、养老服务等方面的供给与人民群众期盼仍有差距。

一 农业

2017 年，全市全面贯彻落实中央“三农”工作各项决策部署，深入推进农业供给侧结构性改革，调整优化种植业结构，农业生产保持了平稳发展态势。全年完成农林牧渔业增加值 57.2 亿元，按可比价计算，增长 4.2%。

种植业结构继续调整。全年粮食种植面积 57.67 万亩，比上年减少 2.25%，粮食总产量 22.9 万吨，增产 2.0%。其中，夏粮种植面积 21.07 万亩，减少 11.8%，总产量 8.0 万吨，减产 12.1%；秋粮种植面积 36.6 万亩，增长 4.2%，总产量 14.9 万吨，增产 11.6%。蔬菜种植面积 55.1 万亩，增长 5.6%，总产量 203.2 万吨，增产 6.4%。瓜类种植面积、总产量分别为 12.3 万亩和 46.2 万吨，比上年略增。水果总产量 8.6 万吨，减产 5.4%。

林业平稳发展。当年完成造林 16590 亩，其中：新增造林 3855 亩，人工更新造林 5010 亩，退化林分修复 7725 亩。育苗面积 10470 亩，木材产量 1.22 万立方米。青州仰天山国家森林公园入选第二批全国森林康养基地试点，山东省贝隆杜仲有限公司被国家林业局评为“国家林业重点龙头企业”。

畜牧业分品种发展不平衡。全年肉类总产量 12.2 万吨，比上年增长 33.8%；禽蛋产量 2.2 万吨，与上年持平。全年生猪出栏 46.0 万头，增长 8.6%；牛出栏 1.2 万头，增长 6.7%；羊出栏 10.0 万只，下降 8.0%；家禽出栏 4868 万只，增长 51.0%。年末生猪存栏 25.9 万头，下降 5.1%；牛存栏 1.2 万头，下降 16.2%；羊存栏 8.8 万只，下降 3.8%；家禽存栏 1062 万只，下降 1.0%。

现代农业加快推进。全年新认证“三品一标”品牌 45 个、畜产品品牌 6 个。新建潍坊市级以上现代农业示范园区 18 处、畜牧标准化示范场 9 家。

农业机械化水平保持稳定。全市农业机械总动力达 125.8 万千瓦，下降 1.3%。联合收获机达 2416 台。全年共完成机耕面积 71497 公顷，机播面积 84631 公顷，机收面积 83217 公顷，机耕水平、机播水平、机收水平分别达到 99.45%、94.58%、93.0%，耕种收综合机械化水平达 95.68%。

二 工业及建筑业

工业生产保持平稳增长。全市 485 家规模以上工业企业完成工业总产值 1660.4 亿元（含烟厂，下同），同比增长 9.4%；完成销售产值 1645 亿元，增长 9.4%，产销率达 99.1%，与上年基本持平。工业主要产品产量稳定增长，其中：橡胶轮胎外胎 686.3 万条，增长 15.8%；水泥 208.3 万吨，增长 13.2%；起重机 6.9 万吨，增长 4.4%。

企业效益指标同步增长。全市规模以上工业企业实现主营业务收入 1647.8 亿元，增长 9.4%；实现利润 84.5 亿元，增长 16.4%；实现利税 152.7 亿元，增长 19.3%。重点企业拉动作用明显，其中，中化弘润、卡特彼勒、中联水泥等 7 家企业利润总额共比去年净增 10.6 亿元，拉动规模工业利润总额增长 15.3 个百分点。

传统产业发展不均衡。石油化工产业贡献突出，对规模工业增长贡献率达 91.6%，全年完成总产值 667.2 亿元，增长 23.5%，其中，中化弘润产值增长 37.9%，拉动产业增长 20.3 个百分点。机械装备产业继续低速增长，完成总产值 501.6 亿元，增长 1.5%，其中，通用设备制造和专用设备制造两个重点行业产值分别增长 3.1%、3.2%，汽车制造行业产值下降 9.4%。

新兴产业健康发展。高新技术产业占比继续提高，全市 105 家高新技术产业企业共完成产值 386.3 亿元，占规模工业总产值的比重为 23.33%，比年初提高了 1.48 个百分点。战略性新兴产业保持稳定增长，完成产值 138.8 亿元，增长 7.1%。

电力供应充足稳定。全年全社会用电量 37.3 亿千瓦时，比上年增长 12.2%。其中，工业用电量 25.5 亿千瓦时，增长 11.7%。

建筑业稳定发展。当年新增建筑业单位6家，全市纳入统计报表的资质内建筑企业达48家，完成产值119.9亿元，同比增长17.3%；签订合同额181.1亿元，其中，本年新签合同额139.2亿元，同比增长35%；房屋建筑施工面积999万平方米，同比增长15.2%。我市被评为省建筑业10强县，华邦建设集团获得建筑工程施工总承包特级资质。

三 国内贸易 外经 旅游

市场消费运行平稳。全年实现社会消费品零售总额256.6亿元，同比增长8.8%。按消费类型统计，商品零售额233.1亿元，增长9.0%；餐饮收入额23.5亿元，增长7.2%。

在限额以上企业商品零售额中，金银珠宝类比上年增长13.5%，通讯器材类增长12.1%，中西药品类增长9.3%，日用品类增长8.7%，文化办公用品类增长6.2%，家具类增长1.5%；粮油、食品类下降0.5%，建筑及装潢材料类下降2.2%，服装、鞋帽、针纺织品类下降4.5%，汽车类下降6.1%。

外经外贸工作稳中向好。全年完成进出口总额53.9亿元，比上年增长43.9%。完成出口总额50.3亿元，同比增长40.8%，其中一般贸易出口36.5亿元，加工贸易出口13.7亿元。完成进口总额3.6亿元，同比增长108.4%。全年新批外商投资项目2个，合同利用外资6.3亿元，同比增长45.4%；实际到账外资5.5亿元，同比增长14.2%。

全域旅游快速发展。据旅游部门统计，全年共接待国内外游客943.4万人次，比上年增长31.2%。旅游消费总额92.4亿元，比上年增长12.7%。青州古城成功创建为国家AAAAA级旅游景区，年末全市共有A级旅游景区17家，其中，AAAAA级景区1家，AAAA级景区2家，AAA级景区7家；国家级风景名胜区1处，国家级森林公园1处，国家级工业旅游示范点1处；省级工业旅游示范点4处，省级农业旅游示范点4处；星级饭店4家，其中四星级饭店1家，三星级饭店2家；注册旅行社24家。

四 交通运输邮电业

交通运输业稳定增长。年末全市境内公路通车里程达2898.5公里，比上年末增加22.5公里，其中，高速公路56.8公里。年末全市拥有出租车497辆，线路客车（含旅游）204辆，客运线路45条。实有公共汽车运营车辆479辆，其中纯电动公交车300辆。全年完成公路客运量510.1万人，旅客周转量39298万人公里，公路货运量3413.4万吨，公路货物周转量710629万吨公里。新增公共自行车1400辆，站点33处，公共自行车项目获潍坊市市长质量奖和标准应用奖。

汽车保有量稳步增长。年末全市民用汽车拥有量20.9万辆，比上年末增加1.3万辆，其中：私人汽车拥有量16.1万辆，比上年末增加1.1万辆。

邮政事业较快发展。年末全市共有邮电局（所）27处，全年实现邮政总收入8948万元，比上年增长10.0%；邮政业务总量8099万元，比上年增长18.4%；订阅报纸、杂志累计份数分别达到835万份、37万份。

信息产业稳定发展。全年电信业务总量6.2亿元，比上年增长14.5%。年末固定电话用户11.6万户，移动电话119.6万户，其中：4G移动电话用户72.6万户，增长17.5%。年末互联网宽带接入用户28.0万户，增长24.0%，无线上网用户72.7万户，增长11.5%。

五 财政 金融

财政运行质量较高。全年实现一般公共预算收入46.5亿元，可比口径增长5.3%（按营改增后体制对上年同期数进行了调整）。其中税收收入38.1亿元，增长7.4%，占一般公共预算收入的比重达82.0%，同口径比上年提高1.6个百分点。全年完成一般公共预算支出51.2亿元，比上年增长3.3%，投向教育、社会保障和就业、农林水事务等重点民生支出占一般公共预算支出的83.1%，民生保障水平进一步提高。

国地两税收入完成78.1亿元，比上年增长6.6%。其中，国税收入完成50.99亿元，地税收入完成27.1亿元。

金融运行基本稳定。年末全市各类金融机构达到104家，其中银行16家、保险机构63家、证券机构2家、小额贷款公司4家、融资性担保公司2家、民间融资机构3家、典当行2家、信用互助试点农民合作社9家、金控集团1家、资产管理公司1家、民间融资登记服务公司1家。家家富农业集团在澳交所主板成功上市，各类资本市场上市挂牌企业达到87家。全市金融机构本外币存款余额699.5亿元，较年初减少34.8亿元，比上年末下降4.7%。其中：住户存款余额526.6亿元，比上年末增长4.6%，比年初增加23.3亿元。年末，金融机构本外币贷款余额475.1亿元，较年初增加25.2亿元，比上年末增长5.6%。

保险业健康发展。年末全市拥有商业保险分支机构63家，比上年净增7家。其中，财产保险机构22家，人寿保险机构15家，保险代理机构21家，保险经纪公司5家。全年实现保费收入14.7亿元，比上年增长14.1%。其中财产险保费收入4.8亿元，比上年增长10.6%；人身险保费收入9.9亿元，比上年增长15.9%。支付各项赔款2.95亿元，增长4.4%，其中财产险业务赔付2.2亿元，赔付率为46.2%；人身险业务赔付0.7亿元，赔付率为7.4%。

六 科技 人才 市场监管

科技创新能力稳步提升。全年获得潍坊市级以上科学技术奖励48项，申报实施各级科技计划项目54项，争取安排资金718.9万元。截至2017年年底，全市市级以上工程技术研究中心总数达到49家，其中省级工程技术研究中心6家，潍坊市级工程技术研究中心43家；重点实验室发展到14个，其中省级1个，潍坊市级13个。科技企业孵化器省级认定（备案）4处，潍坊市级2处。众创空间省级备案2处、市级5处，科技部星创天地备案3处，产业创新战略联盟省级3处，潍坊市级8处，招院引所9处，院士工作站9处，2人入选科技部创新人才推进计划和国家“万人计划”。

知识产权工作稳步推进。全年共申请专利1449件，其中发明专利334件；授权专利844件，其中发明专利82件。诺达药业、坦博尔服饰被认定为国家知识产权优势企业，潍微科技被认定为2017年第二批山东省知识产权示范企业。

人才工作更加有力。全年共引进硕士以上高层次人才362人，年末专业技术人员总量达到6.8万人，其中中级职称以上人员达到1.9万人。设立人才服务办公室，建立海内外人才工作站9处，自主培育国家“万人计划”2人，鸢都产业领军人才4人。高规格举办“智慧引领·再创辉煌”2017院士专家青州行活动，年末全市共拥有山东省引进国外智力成果示范推广基地3家、山东省引智示范推广项目3个，2人荣获“齐鲁友谊奖”，2人荣获“鸢都友谊奖”。

商标品牌标准化工作不断加强。全年新注册马德里国际商标7件；新注册国内商标1277件，全市商标总数达7457件；新认定中国驰名商标1件、地理标志证明商标1件、山东名牌1家，新申请国家级区域品牌价值评价2家。通过国家级服务业标准化试点项目验收1家，新立项省级标准化试点项目2家，国家及省级标准化项目达15个。获得潍坊市市长质量奖1件，潍坊标准创新应用奖2件。累计拥有山东名牌13家，中国驰名商标10件，地理标志证明商标7件，地理标志保护产品4个，山东省著名商标36件。

七 教育 卫生 文化和体育

教育事业全面发展。全年新建、改建中小学4处，新建、改建幼儿园16处，改造提升城区学校附属幼儿园6处，办学条件进一步改善。年末全市拥有普通高中5处（含致远中学），在校生1.7万人；中等职业教育学校4处，在校生1.3万人；初中33处（含16所九年一贯制学校），在校生2.5万人；小学91处，在校生5.1万人；幼儿园224所，在园幼儿2.1万人；特殊教育学校1处，在校生125人。

卫生事业健康发展。年末全市共有各类卫生机构958个，其中综合医院15个，中医医院1个，专科医院3个；乡镇卫生院19个（包含分院），社区卫生服务中心（站）17个，村卫生室653处，门诊部、诊所、卫生所、医务室等机构241个；妇幼保健院1处，疾病预防控制中心1个，卫生监督大队1个，专科疾病防治院（站、所）4处，计划生育技术服务机构1个。各类卫生机构共有卫生技术人员6731人，其中执业（助理）医师2754人，护师2881人，床位5023张，其中医院床位3521张。

公共文化服务水平提升。年末全市共有剧院、影剧院6个，文化馆1个，文化站13处，公共图书馆14个，馆藏图书91.4万册。更新提升120个村（社区）综合性文化服务中心和农家书屋。成功举办国际文化艺术品博览会和翰墨青州·中国书画年会，参观人数、交易额再创历史新高。扎实做好非遗传承保护工作，非遗传习所投入运行。2017年年末，全市共有国家级非物质文化遗产1项，省级10项，潍坊市级44项。

体育事业稳定发展。成功举办了第七届全民健身运动会，承接了“全国象棋男子甲级联赛”“山东省第七届全民健身运动会气排球比赛暨全运会山东赛区选拔赛”“山东省第七届全民健身运动会青少年围棋总决赛”等多项国家和省级赛事活动。我市运动员在天津第三届全运会上摘得3金2铜的好成绩；参加潍坊市锦标赛项目，获得76金的优异成绩。被评为老年气排球之乡。

八 城乡建设

城市建设扎实推进。全市建成区面积52平方公里。城区新增道路面积12.7万平方米，新增道路长度4.2公里，新增排水管道29.2公里；年末城市道路面积1053.7万平方米，城市道路长度615.5公里，排水管道总长度837.3公里。建成区绿化覆盖率和人均公园绿地面积分别达到43.1%和23.9平方米。城市供热面积不断扩大，新增供热面积135.7万平方米，年末城市集中供热面积达1138.3万平方米。积极推广应用清洁能源，城市新增天然气管道138公里，达808.8公里，天然气用气人数达35.3万人。完成岔河路、旗城路、益王府北路等10条道路续建工程；完成牡丹路翻建、范公亭路提升、仰天山路主路面改造；完成仰天山路、旗城西路、玉竹片区道路等道路的路灯安装工作。城市环境更加宜居，获评中国人居环境奖。

镇村建设有序推进。完成镇村建设总投资45.21亿元，小城镇建成区面积达到42.1平方公里，完成农村住房建设3087户，其中：危房改造60户。积极推进农村无害化卫生厕所改造工作，改造完成1.67万户。庙子“零碳小镇”被评为山东省第二批特色小镇，邵庄镇被评为山东省第四批历史文化名镇，邵庄镇刁庄村、东峪村被评为山东省第四批传统村落。

九 气象 环境保护 安全生产

气象服务保障到位。全年共进行各类气象服务1024次，接受电视新闻天气预报专访11次，发布灾害性天气预警信息55次，编发灾害预警决策服务短信55次，重要天气预报16次，撰写农气服务材料39篇，收到了显著的社会经济效益。全年平均气温14.4℃，最高气温38℃，最低气温－10.2℃，累计降水量478.5毫米。

节能减排成效显著。深入开展“散乱污”企业清理整治，拆除改造10吨及以下燃煤锅炉1365台，散煤治理改造扎实推进。全市细颗粒物（PM2.5）、可吸入颗粒物（PM10）、二氧化硫（SO_2）、氮氧化物年平均浓度分别为62微克/立方米、108微克/立方米、30微克/立方米、40微克/立方米。全市工业废水处理率100%、地表水环境功能区水质达标率100%、集中式饮用水水源水质达标率达到100%、中心城镇空气质量达标率75.2%，城区空气质量优良天数273天。

安全生产形势稳定。全市共发生生产安全事故4起（包含经营性道路交通安全事故），其中死亡11人。全年开展安全生产大检查52次，检查企业单位11125家（次），整改事故隐患41476条。

十 人口 人民生活 就业和社会保障

人口均衡发展。全市出生人口15671人，出生率16.56‰，其中二孩出生11137人，同比增长20.0%；死亡人口7337人，死亡率7.75‰；自然增长率8.81‰，出生人口性别比103.8。据公安部门统计，2017年年末，全市户籍总户数26.7万户，户籍总人口94.7万人，其中男性47.6万人，女性47.1万人。

居民收入持续增加。据抽样调查，全年全市居民人均可支配收入26046元，比上年增长9.2%。按常住地分，城镇居民人均可支配收入35151元，增长8.3%。农村居民人均可支配收入17598元，增长8.8%。

就业形势总体稳定。全年新增就业人员12931人。城镇登记失业人员2736人，2017年年末，城镇职工登记失业率为2.7%，比上年末下降0.3个百分点。

社会保障体系更加完善。2017年年末，全市参加城镇职工基本养老保险人数17.15万人，比上年末增加2065人；参加城乡居民基本养老保险人数 54.99万人，比上年末增加8926人。参加城镇职工基本医疗保险人数 14.09万人，比上年末增加1460人；参加城乡居民基本医疗保险人数 72.96万人，上年末增加5588人。参加城镇职工失业保险、工伤保险、生育保险人数分别达到7.95万人、10.53万人、8.30万人，分别比上年末增加6017人、170人、1139人。

养老服务事业取得新发展。全年新建养老机构4处、农村幸福院15处，城市社区老年人日间照料中心3处，新增养老床位1620张。2017年年末，全市养老机构共有10处，拥有养老床位4520张，其中，拥有敬老院2处，床位1600张；民办养老机构8处，床位2920张。省内首家智能化养老养生机构东篱居投入运营。

社会福利救助水平持续提高。2017年年末，全市共有城市低保对象593户、872人，农村低保对象6882户、10312人；农村五保对象1556人，其中：集中供养699人，分散供养857人。城市低保标准提高到每人每月510元，农村低保标准提高到每人每年4100元，农村五保集中供养标准提高到每人每年6200元，分散供养标准每人每年4500元。

注：1.本公报中部分数据为快报数或初步统计核算数，最终数据以《青州统计年鉴－2018》为准。

2.公报所列地区生产总值、各产业增加值绝对数按当年价格计算，增长速度按可比价格计算。

3、粮食相关数据为县级粮食抽样调查数据。

中国共产党青州市委员会

中国共产党青州市委员会

书　记　韩幸福

副书记　鞠立强

　　　　葛英煜

常　委　韩幸福

　　　　鞠立强

　　　　葛英煜

　　　　刘永福（1月止）

　　　　郭建伟

　　　　陈同洲

　　　　宋正树

　　　　王万信（1月起）

　　　　孟祥韬

　　　　魏林卿（女）

　　　　王海华（1月起）

　　　　刘　峰（1月止）

　　　　徐考成（12月起）

　　　　秦安全（挂职，3月止）

　　　　姜俊刚（挂职，3月起）

管理机构

2017年，中共青州市委设有市纪律检查委员会机关、市委巡察工作领导小组办公室、市委办公室、市委组织部、市委宣传部、市委统一战线工作部、市委政法委员会、市机构编制委员会办公室、市委市直机关工作委员会9个工作部门。并有市委市政府信访局、市委老干部局2个部门管理机构；市委台湾工作办公室、市委农村工作领导小组办公室2个不占限额机构；市委党校、市委市政府督查局、市委党史资料征集委员会办公室、市残疾人联合会、市委服务群众热线办公室、市文学艺术界联合会6个直属事业单位。另有市总工会、青年团青州市委员会、市妇女联合会、市工商业联合会4个群众团体。

市委办公室。2017年，市委办公室内设秘书科、常委值班室、综合科、法制科、保卫科、车队；市委政策研究室、市委机要局、市委保密委员会办公室、信息调研室10个科室。有市科学发展研究中心、市档案馆、市机关印刷所3个直属事业单位。

市委常委（扩大）会议

第4次常委（扩大）会议　3月6日召开，会议传达潍坊市党代会及“两会”会议精神，研究贯彻落实意见；传达上级关于做好全国“两会”期间信访维稳工作通知精神，研究贯彻落实意见。

第5次常委（扩大）会议　3月20日召开，会议听取加强集贸市场建设管理和道路交通安全情况的汇报；研究部署“安全生产标准化、食品安全标准化、城乡建设管理精细化、社会和谐稳定常态化”工作。

第6次常委（扩大）会议　3月27日召开，会议研究有关干部事宜。

第7次常委（扩大）会议　4月15日召开，会议传达潍坊市关工委工作会议精神，研究贯彻落实意见；研究《青州市规范国有企业招聘行为的意见》《关于进一步加强和改进新形势下公安基层基础工作的意见》《关于深入推进乡村文明行动的实施方案》《中国·青州文化艺术及暨2017中国（青州）国际文化艺术品博览会总体方案》等工作；听取青州“敬老好儿女、幸福大家庭”评选及益都中心医院新院建设等工作情况汇报。

第8次常委（扩大）会议　4月18日召开，会议专题传达讨论潍坊市委书记刘曙光同志在潍坊市“作风建设年”活动动员大会上的讲话。会议强调，要以作风转变为契机，全面加快工作节奏，创新工作方式，提升服务水平，以作风转变凝心聚力、促进发展，力争各项工作走在潍坊前列。

第9次常委会议　4月21日召开，会议专题研究在全市开展“作风建设年”活动相关事宜。开展“作风建设年”活动是全面落实党中央“两学一做”学习教育常态化、制度化的具体体现，会议要求全市上下要将思想统一到全市“作风建设年”活动部署要求上来，以作风建设新成效增强干部队伍素质能力，推动各项工作实现新突破。

第10次常委会议　4月24日召开，会议传达中央、省委、潍坊市委政法工作会议精神，研究贯彻落实意见；听取青州市富民兴市劳动奖章（状）和青州市十大杰出职工评选情况汇报；研究党风廉政建设有关事宜。

第11次常委（扩大）会议　5月13日召开，会议传达潍坊市县市区委书记座谈会会议精神，研究贯彻落实意见；听取和研究我市开展“作风建设年”活动工作情况汇报；传达潍坊市推进“两学一做”学习教育常态化制度化工作座谈会议、潍坊市党内法规和规范性文件工作会议等会议精神，研究贯彻落实意见。

第12次常委（扩大）会议　5月16日召开，会议专题研究范公亭路施工挖断天然气管道问题的处理意见。

第13次常委（扩大）会议　6月3日召开，会议传达学习习近平总书记重要批示和省委常委会会议精神，安排部署做好新形势下反邪教工作；传达刘曙光同志在“四个城市”规划计划编制工作专题调度会议上的讲话，研究贯彻落实意见。会议要求，要加快在建项目建设，精心谋划一批可以有效支撑全局和长远发展的大项目、大园区、大平台，为未来发展提供强力支撑。

第14次常委（扩大）会议　6月8日召开，会议研究有关干部事宜。

第15次常委（扩大）会议　6月19日召开，会议传达了省第十一次党代会精神、龚正同志在潍坊代表团讨论时的讲话精神和潍坊市全市领导干部会议精神。会议要求，全市要把学习宣传贯彻省党代会精神作为一项重要政治任务，精心组织、周密部署，抓紧抓好。

第16次常委（扩大）会议　7月1日召开，会议研究有关干部事宜。

第17次常委（扩大）会议　7月26日召开，会议研究有关干部事宜。

第18次常委（扩大）会议　8月7日召开，会议听取当前全市环保工作情况汇报；研究2017年青州市科学发展综合考核办法；研究青州市“四个城市”建设五年规划、三年行动计划及2017年重点工作；研究翰墨青州2017中国书画年会筹备工作方案；传达潍坊市委理论学习中心组集体学习研讨会精神；研究2017年创建文明城市综合提升行动方案及成立工作领导小组。

第19次常委（扩大）会议　8月21日召开，会议专题研究青州市“四个城市”建设协调推进机制总体方案。会议指出，青州市“四个城市”建设协调推进机制总体方案是按照潍坊要求并结合青州实际制定的。协调推进机制的建立有利于统筹抓好“四个城市”建设各项工作，为各领域五年规划、三年行动计划和年度工作落实到位提供了保障。各级各部门要高度重视“四个城市”建设工作，各项工作抓紧向前推进。

第20次常委（扩大）会议　9月2日召开，会议研究有关干部事宜。

第21次常委（扩大）会议　9月5日召开，会议研究青州市中共十九大安保维稳方案。

第22次常委（扩大）会议 9月9日召开，会议传达潍坊市村（社区）“两委”换届选举工作现场推进会议精神，研究青州市贯彻落实意见。会议指出，要高度重视村（社区）“两委”换届选举工作，做实做细换届选举各项准备工作，确保换届工作平稳有序推进。

第23次常委（扩大）会议 9月20日召开，会议专题听取青州市妇女第十六次代表大会有关情况的汇报。会议指出，青州市妇联第十五届执委会已任期届满，根据上级有关规定和要求，拟召开青州市妇女第十六次代表大会，选举青州市妇联十六届执委会。

第24次常委（扩大）会议 10月16日召开，会议传达全省非公有制经济组织和社会组织党建工作推进会议精神，研究贯彻落实意见。会议要求，要在现有工作基础上结合上级会议要求，立足实际、强化措施，在工作中再出新亮点，促进非公有制经济组织和社会组织党建工作再上新台阶。

第25次常委（扩大）会议 10月27日召开，会议传达学习中共十九大精神。市委书记韩幸福传达中共十九大精神，市委副书记、市长鞠立强传达中共山东省委《关于认真学习宣传贯彻中共十九大精神的通知》。

第26次常委（扩大）会议 10月31日召开，会议研究有关干部事宜。

第27次常委（扩大）会议 11月7日召开，会议专题听取市委十三届三次全体会议筹备情况汇报，研究《市委关于深入学习宣传贯彻十九大精神的决议》。

第28次常委（扩大）会议 11月8日召开，会议专题听取市委十三届三次全体会议各组召集人《关于深入学习宣传贯彻中共十九大精神的决议（讨论稿）》讨论情况的汇报。会议要求，《决议》起草组要对提出的意见和建议认真汇总，形成《关于深入学习宣传贯彻十九大精神的决议（草案）》，提交大会进行审议表决。

第29次常委（扩大）会议 12月1日召开，会议研究《青州市群团改革方案》《实施全面两孩政策改革完善计划生育服务管理工作实施方案》《坚持和完善计划生育目标管理责任制实施方案》《关于进一步加强民族工作的意见》《关于加强和改进人民政协民主监督工作的实施意见》和《政协青州市委员会提案办理协商实施办法》等工作。

第30次常委（扩大）会议 12月6日召开，会议传达潍坊市村（社区）“两委”换届选举工作会议精神，研究贯彻落实意见。会议要求，要严肃换届纪律，严格人选标准条件，加强组织领导，突出宣传引导，确保换届工作顺利完成。

第31次常委（扩大）会议 12月18日召开，会议专题传达《习近平总书记关于进一步纠正“四风”、加强作风建设重要批示的通知》。会议要求，全市上下要深化对作风建设重要性、长期性、艰巨性的认识，必须坚持不懈认真抓、经常抓、重点抓。

第32次常委（扩大）会议 12月29日召开，会议传达潍坊市委十二届五次会议和潍坊市经济工作会议上刘曙光的讲话精神，研究贯彻落实意见。

市委全委（扩大）会议

中共青州市委十三届一次全体会议 1月14日，新一届市委领导班子成立，市委召开十三届一次全体会议，市委书记韩幸福围绕牢记使命、不负重托，保持昂扬的精神状态；提高能力、开拓进取，创造一流的工作业绩；以身作则，率先垂范，树立良好的班子形象三个方面作重要讲话。

中共青州市委十三届二次全体会议 1月22日召开，会议主要研究确定出席十九大、省第十一次党代会代表候选人初步人选推荐建议名单。

中共青州市委十三届三次全体会议 11月8日召开，会议主要学习贯彻中共十九大和十九届一次全会精神，传达学习潍坊市委十二届四次全体会议精神，审议通过《中共青州市委关于深入学习宣传贯彻中共十九大精神的决议（草案）》，对青州市深入学习宣传贯彻中共十九大精神作出全面安排部署。

重要会议

4月17日，全市加快项目建设工作会议召开

全市双拥工作表彰大会　1月5日，全市双拥工作表彰大会召开，贯彻落实全国、省和潍坊市双拥工作表彰大会精神，表彰全市拥军优属拥政爱民先进单位和先进个人，安排部署今后一个时期双拥工作任务。市领导韩幸福、鞠立强、董连胜、杨云生、葛英煜、刘永福、丁法剑和驻青各部队首长出席会议。

全市领导干部会议　2月3日，全市领导干部会议召开，总结工作，表彰先进，动员全市上下进一步提振信心，鼓舞斗志，确保完成全年各项目标任务，奋力推进更高层次全面发展。韩幸福、鞠立强、杨云生、刘永福、葛英煜等市级领导班子成员出席会议。

全市加快项目建设工作会议　4月17日，全市加快项目建设工作会议召开。会议由市委副书记、市长鞠立强主持，市政府副市长丁法剑宣读《青州市招商引资考核办法》，市委书记韩幸福讲话。会议总结一季度工作，对各项重点工作进行再梳理、再调度，对加快发展进行再动员、再部署，号召全市上下乘势而上、再接再厉，凝心聚力、真抓实干，迅速掀起项目建设和招商引资新高潮。韩幸福、鞠立强、杨云生、葛英煜等市级领导班子成员出席会议。

全市开展“作风建设年”活动动员大会　4月21日，全市开展“作风建设年”活动动员大会召开，学习贯彻潍坊市开展“作风建设年”活动动员大会精神，安排部署全市“作风建设年”活动，动员全市上下立即行动起来，努力解决党的作风建设中存在的突出问题，着力增强党组织的凝聚力、战斗力，以更加奋发有为的精神状态，迅速投入到加快发展的热潮中，以优异成绩迎接中共十九大和省第十一次党代会召开。韩幸福、鞠立强、杨云生、葛英煜等市级领导班子成员出席会议。

全市农村工作会议　5月13日，全市农村工作会议召开，会议的主要任务是贯彻落实中央、省、潍坊市农村工作会议精神，总结工作，分析形势，部署任务，推进全市农业农村工作在新常态下再上新水平、新台阶。市委副书记葛英煜、副市长翟敏出席会议。

全市领导干部会议　6月20日，全市领导干部会议召开，传达学习省党代会精神、龚正在潍坊市代表团讲话精神以及潍坊市领导干部会议精神。会议要求，要认真学习、深刻领会党代会精神，切实把思想和行动统一到党代会决策部署上来。全市各级党组织要深刻把握省委政治站位的新高度，把学习宣传贯彻省党代会精神作为一项重要政治任务，精心组织、周密部署，抓紧抓好。韩幸福、鞠立强、杨云生、刘永福、葛英煜等青州市级领导班子成员出席会议。

全市经济社会发展学习交流会议　7月4日至5日，组织开展全市经济社会发展学习交流活动，对2017年以来各市级领导包靠重点建设项目，各镇、街道、开发区重点项目和亮点工作，以及各部门单位引进项目、重点工作进行集中学习交流。此次交流活动分为现场学习交流、开会评议两个阶段进行。在现场学习交流期间，与会人员深入重点项目建设现场、棚户区改造现场、企业生产车间、农村社区等地。各镇、街道、开发区在抓项目、促发展、惠民生中做了大量

12月7日，青州市村（社区）"两委"换届选举工作动员部署会议召开

工作，干部群众状态好、劲头足，经济社会呈现良好的发展态势。韩幸福、鞠立强、杨云生、刘永福、葛英煜等青州市级领导班子成员，各镇、街道、市属开发区党（工）委书记参加学习交流活动。

全市中共十九大安保维稳总结表彰工作会议 12月1日，全市中共十九大安保维稳总结表彰工作会议召开，总结经验，表彰先进，巩固成果，推动青州市维护社会稳定各项工作深入开展。市委书记韩幸福，市委副书记、市长鞠立强，市人大常委会主任杨云生，市政协主席刘永福，市委副书记葛英煜等市级领导班子成员出席会议。

全市村（社区）"两委"换届选举工作动员部署会议 12月7日，青州市村（社区）"两委"换届选举工作动员部署会议召开，按照省、潍坊市部署要求，对青州市村"两委"换届选举工作进行动员部署。市委书记韩幸福，市委副书记、市长鞠立强，市人大常委会主任杨云生，市政协主席刘永福等市级领导班子成员出席会议。

市委办公室工作

青州市委办公室

市委办公室主任　王海华
市委办公室常务副主任　付明才
市保密局局长　徐九华
市委机要局主任科员　李延成
市接待处党支部书记　张　林
市委政策研究室主任　张大富（6月止）
市委办公室副主任　郭　震
　马延江

【概况】 市委办公室工作紧紧围绕"一个目标、四个带头"的办公室工作要求，以"走在前列"为目标定位，"带头转变作风、带头履职担当、带头开拓创新、带头真抓实干"，调查研究、信息报送、会议接待、文件管理、机要保密等各项工作扎实高效有序，推动了市委各项决策部署落地见效。2017年市委办公室获省级文明单位、山东省和潍坊市党委系统信息工作先进单位等称号。

【政策研究】 **调查研究**。针对经济社会发展中的重点难点问题和人民群众关心的生产生活实际，先后围绕供给侧结构性改革、新旧动能转换、"四个城市"建设、全域旅游、联系服务群众等开展调研20余次，形成高质量的调研报告，为领导决策提供详实参考。准确把握上级最新政策，主动跟进领导思想动态、工作脉络和关注重点，充分反映群众愿望诉求，完成领导讲话、工作报告、总结汇报、评论员文章、解说词、青州情况简介等各类文稿300余篇。

内部刊物。不断提高《领导参阅》《学习与研究》等内部刊物办刊水平。编辑完成《领导参阅》20余期，为领导决策提供参考依据。高标准完成《学习与研究》写稿、组稿、编辑、审校等各项工作，编辑出版3期，刊发各类文稿50余篇，为乡镇、街道和部门搭建交流工作、相互学习的平台。

对外宣传。积极同省、市党办及各大新闻媒体沟通联系，畅通对上联系渠道，使青州市的大事、要事以及工作经验、成效及时对外推广。撰写《加速转型升级奋力跨越赶超》《建设文化名市叫响文化青州》《精准发力集中突破加速推进新旧动能接续转换》《多措并举构建全面治水新常态》等20余篇领导署名文章和经验材料，在《潍坊日报》《潍坊参阅件》等报刊发表，进一步提高青州知名度和影响力。

【信息工作】 初步建立起覆盖全市13个镇街（开发区）及140多个部门、单位的信息工作网络，打造基层信息员队伍骨干力量、科室人员队伍核心力量、培训人员队伍新生力量三大力量支撑，确保信息系统规范化、标准化、高效化运行。强化质量导向，铸造精品信息。根据上级思路、决策部署、关注方向，精心选题、精深加工，加强信息研判、严把报送关口，确保上报信息的时效性、准确性、全面性。全年共编辑上报各类信息1753条，其中中办采用10条，省采用57条，潍坊市采用198条，工作成绩列全省各县市（区）党委系统信息工作考核第一位。精准服务导向，助推高质量发展。着力提升本级信息刊物质量，注重发挥典型经验、亮点做法示范带动作用，共编发《青州信息》92期，挖掘、推广涉及全市83个部门的3404条典型经验做法，在全市助力形成“比学赶超、提标达标、争先树优”的良好工作氛围。

【机要保密】 2017年，市委机要局保密、及时、准确、优质、高效地完成了电报译传办理等各项任务，无一例失泄密事故，无一起错办、漏办、延办事故。市委保密委员会、各级保密部门、保密工作机构和广大保密工作者扎实推进保密宣传教育、监督检查、技术防范、队伍建设、依法行政等工作，努力构建“大保密”格局，严格落实责任制、问责制和责任追究制度，不断强化保密装备配备，持续加大宣传教育力度。年内开展常规保密检查和专项保密检查3次，检查内容涵盖全市范围内涉密网络、非涉密网络、涉密计算机、非涉密计算机和各类存储媒体，消除各类失泄密隐患，完成保密检查监管任务，保障了党和国家秘密安全。

【接待工作】 *认真细致筹备各类会议。*2017年，共下达各类会议通知150余次，组织筹备各类会议80余次，其中组织筹备全市大型会议30余次。特别是组织筹备的青州市第十三次党代会、市妇女第十六次代表大会、全市加快项目建设会议、全市领导干部会议、市委全委会议等会场会务工作，精心筹备、细致安排，确保会议顺利圆满召开。

*节俭周到做好接待工作。*先后接待省部级以上领导到青州调研活动10余批次、地市级到青州视察学习活动30余批次，累计接待来宾3000余人次。主要有全国政协外事委员会副主任、国家艺术基金理事会理事长、文化部原部长蔡武到青州调研，中国文联党组成员、副主席、书记处书记赵实到青州调研，省委原副书记马仲才到青州视察，省委原副书记、省委农村工作领导小组副组长王军民到青州调研，省委常委、常务副省长李群到青州参加济青高铁铺轨仪式，省委常委、组织部长杨东奇到青州调研，原省委常委、宣传部长孙守刚到青州调研，浙江省委原常委、杭州市委原书记王国平到青州视察，潍坊市委书记刘曙光到青调研等综合性接待活动，所有活动都周密安排、细致服务，出色完成了各项接待任务。

*牵头组织筹备全市性重大活动。*2017年，牵头组织组织筹备中国·青州文化艺术节暨2017中国（青州）国际文化艺术品博览会、翰墨青州·2017中国书画年会、潍坊市观摩点评活动、青州市一年两次的经济社会发展观摩点评活动、中国科学院院士青州行活动等各类重大活动10余次。严谨细致做好值班工作，秘书科、机要局实行24小时值班，及时处理来人来访等突发情况，对文件传送、通知下达、车辆安排等事宜，提高办事效率，保证机关高效运转。

（李　阳）

组织工作

青州市委组织部

市委常委、组织部部长　宋正树
市委组织部常务副部长　陈　波
市委组织部副部长、老干局局长　刘葆君
市委组织部副部长、市人社局局长、党委书记　徐继中
市委组织部副部长、组员办主任　沈志伟

市委组织部副部长、编办主任　　蒋兴华
市委组织部副部长、党建办主任　李敬国

【概况】　2017年，青州市共有党员57993名，基层党组织2523个，其中党委106个、党总支127个、党支部2290个。有行政村（社区）1054个，网格化城市社区15个，农村新型社区70个。有非公企业941家，建立党组织504个（单独组建371个），覆盖党员3718人；社会组织301家，建立党组织212个（单独组建166个），覆盖党员588人。

全市共有2个副处级行政单位、7个副处级事业单位、61个正科级行政单位、90个正科级事业单位、84个副科级事业单位。在职处级干部61人（含挂职3人）；科级干部1211人，其中正科级415人、副科级796人；女干部233人，少数民族干部47人、非党干部34人。有公务员2299人，参照群团管理人员42人，参照事业管理人员267人，选调生69人。

2017年，与青州市建立合作关系的“两院”院士17人、“千人计划”专家19人、泰山学者8人。入选“万人计划”专家2人、科技部创新人才2人、省“泰山学者”1人。建有博士后科研工作站（创新实践基地）2处，院士（专家）工作站10处。全市有省级工程（企业）技术研究中心、重点实验室等创新平台31处，国家级科技孵化器3处、省级4处，省级产业技术创新战略联盟3处。硕士以上高层次人才2046人。

【干部人事制度改革】　精准选人用人。完善干部选拔任用工作机制，研究制定并充分实践《科级干部选拔任用“四三三一”工作规程》，实现党管干部和扩大干部工作民主有机结合，强化干部选拔任用各个环节的责任，选人用人公信度和满意度明显提高。坚持“20字”（信念坚定、为民服务、勤政务实、敢于担当、清正廉洁）好干部标准，重德才、重实绩、重公论、重基层，注重在关键时刻、重大任务和集中活动中视察、识别和选任干部。2017年，调整科级干部95人，公开选拔3名35岁以下正科级干部和12名“90后”副科级干部，继续保持“零信访”，选人用人公信力和满意度持续提升。

抓实县乡换届。注重优化班子结构，加强对年轻干部、女干部、少数民族干部和党外干部的战略培养，12处镇街领导班子共配备35岁左右的年轻干部46名，其中30岁左右的18名；共配备女干部34名，少数民族干部、党外干部各3名。突出重视基层导向，从镇事业编制人员、优秀村干部、大学生村官中选拔镇领导班子成员8名，12处镇街共配备有2年以上镇街工作经历的干部149名，占班子成员总数的96.8%。统筹做好市镇两级党代表、人大代表和市政协委员推荐提名视察工作，实行26部门联审，取消36名初步人选资格，推选的989名本级“两代表一委员”整体质量明显提高，参政议政能力显著增强，圆满完成党代会、人代会等选举任务，潍坊市委和青州市委提名人选均全票当选。

考核监督。完善干部考核制度，开展换届后镇街领导班子回访调研、市直单位年度考核、一线指挥部专项考核。2017年，对23名科级干部进行提醒教育，单列指标从一线指挥部确定22名年度考核优秀等次人选。落实镇街、市直单位科级干部“月报季访”“季报随访”工作机制，推动从严管理监督干部常态化、制度化。

干部教育培训。采取“3+2”学习模式，分3期在市委党校大规模开展学习贯彻中共十九大精神轮训，覆盖全市1210名科级干部。以“新常态、新理念、新战略、新作为”为主题，开办“云门大课堂”系列专题培训，邀请浙江省委原常委王国平等专家教授，围绕新型城镇化2.0等内容作12期专题报告，培训副科级及以上领导干部4300人次。外出举办供给侧结构性改革、特色小镇建设、花卉产业转型等9次专业培训，提升900余名干部专业素质能力。建成用好青州古城政德家风党性教育基地等11个现场教学点，承接潍坊市委党校主体班次、潍坊学院干部培训班和青州市各级干部培训班等现场教学178批次，学员26250人，其中青州市外学员8980人。

【党员队伍建设】　2017年，全市新发展党员489名，其中完成结构性倾斜计划数40名，发展女性党员141名，占发展党员数的28.83%；少数民族党员13名，占发展党员数的2.66%；35岁以下党员288名，占发展党员数的58.9%；大专以上学历的285名，占发展党员数的58.28%。

【基层组织建设】 从严落实“抓镇街、带社区、促村居”机制，健全完善市、镇、社区、村四级联动的责任体系、制度体系、保障体系，强力抓镇街、带社区、促村居。

农村党组织建设。累计投入资金1.5亿元，改造提升1054处村级活动场所和“三务”公开栏；投入1640万元，完成1028个行政村视频会议系统、党群服务站监控、“三务”公开监控建设，实现可视基层管理服务系统全覆盖；扎实推进村(社区)“三务”公开数字电视公开，及时更新上传“三务”公开信息，覆盖率达到38%。全面落实村干部补贴报酬、村级组织运转经费，成立131个包村帮扶工作组，调整选派54名第一书记，全方位提升党群服务体系建设水平。“密织五级网格，搭建两个平台，构建科学完善的党群服务体系”被评为第四届全国基层党建创新30个最佳案例之一，被列入全国社会管理与公共服务标准化试点。扎实做好村“两委”换届工作，开展“千村会诊”，组织社区书记、包村干部逐村与1054个村党员和群众代表谈心谈话4.2万人次，确定1364名后备干部人选，调整不能胜任换届任务的社区书记12名，69个软弱涣散村党组织全部整顿转化，全面完成村级审计督查和问题查处整改；先后召开3次常委会、全市动员会和4次调度会，研究部署、调度推进换届工作；组建12个由市委常委任组长的督导组，全程包靠督导；各镇街以“千名党员一场会”的形式召开严肃换届纪律大会，严把正风肃纪关；1.9万名机关事业单位公职人员签订“五带头八不为”承诺，村村召开组织生活会，3.7万名农村党员作出“五带头五抵制”承诺；截止12月月底，982个村党支部完成正式选举，占98.7%，其中，8个难点村顺利完成党支部换届。

城市社区党组织建设。先后组建社区党委15个、网格党支部187个、楼院党小组753个，构建“街道党工委—社区党委—网格党支部—楼院党小组”四级联动组织体系；制定社区工作事项清单，将社区工作事项由140项梳理整合为47项，4个街道党群服务中心、15个城市社区党群服务中心全部实现“一站式”服务，打造了红庙社区等3个示范社区。开展共驻共建活动，137个部门单位联系对接社区，1635名在职党员到社区报到，参加社区服务230余次，为党员群众解决难题800余件；强化工作保障，拨付社区工作经费179万元，落实党组织服务群众专项经费300万元，全市社区专职工作者达到208人。

机关组织和中小学校党组织建设。印发《关于把市委常委所在支部建成示范支部的通知》，市委常委带头立标杆，带动各级领导班子成员所在支部建成示范支部，推动机关党建场所阵地、制度牌匾、学习教育、为民服务标准化建设。理顺党建领导体制，将中小学校党组织关系划归市教育局党委直接管理，驻地小学以上全部实现校长、书记“一肩挑”；市直13所学校党组织与13个镇街中心校建立党建共同体，以党建“协同发展”引领城乡教育理念、管理经验、教学资源、教育成果共享；开展“我心向党”工程，组织开展各类辅导讲座6次、系列活动24次。创新实施“产业链上党旗红”行动，打造特色产业党建品牌。聚焦党建对旅游、花卉、书画等产业发展的引领助推作用，健全完善“行业抓、抓行业”党建机制，调整设立旅游产业党委、花卉产业党委、书画行业党委、电子商务行业党委、文学艺术界党委、非公企业党委、社会组织党委、个体私营企业党委8个产业党委，配强配齐工作力量，分领域直接管理132个两新组织（新经济组织和新社会组织）党组织。开展两新组织党组织“规范提升月”活动，对1338家两新组织进行全面“检修”，推进规范化建设。落实两新组织党建工作保障，选派31名两新组织党组织第一书记，建立143人党务工作人才库，设立100万元专项工作经费，向党组织提供“党建礼包”。开展“旅游线上党旗红、产业链上当先锋”主题活动，分领域打造中晨(青州)国际文化艺术小镇、艺家·党建聚落、八喜旅游网等24个党建示范点，580余名党员业户挂牌亮诺，实现党建工作与产业发展互融共促、协同发展。

【人才工作】 深化“人才是第一资源”理念，深入实施人才强市战略，改革机制、优化环境、转换动能，聚智推动“五强四宜”城市建设，人才新高地正加快形成。率先实行组织部副部长、人社局局长统管全市人才工作。成立市人才服务推进工作领导小组，配套重点工作督查督办制度，新建企业高层次人才技术需求目录等基础数据库，精准推动人才引进、培育和服务。全域布局招才引智。成立7支“三招三引”小分队，在北京、上海等举办“乡情感召凤还巢”招商引智恳谈会20余场，对接高层次人才600余人。市委副书记、市长鞠立强赴德国招商引智，市委常委、组织部长宋正树带队赴美国、加拿大招才引智。建立海内外人才工作站9处。举办“智慧引领·再创辉煌”2017院士专家青州行活动，薛群基、谭天伟、陈芬儿3名院士和25名专家团队成员参会。承办全国技能大赛，浓厚人才强企氛围。全力建设院士生物产业园、千人计划创业园、科教创新园区，推动人才、资本、政策等要素倾斜，新建山大碳纤维研究中心等高端技术平台，智能航空、高效节能电机等一批新兴产业集群强势兴起。

【重要教育活动】 扎实推进“两学一做”学习教育常态化制度化。把推进“两学一做”学习教育常态化制度化纳入各级党委（党组）管党治党责任清单，增强学习教育实效。坚持把市委常委所在支部建设成示范支部，细化量化标准，常委作出示范，带动各级全面推进过硬支部建设。制定《支部生活日工作规范》，创新推行支部生活日“3+X”模式，推动党的组织生活规范化。分农村、城市社区、机关、两新组织、中小学校5个领域制定具体标准，按照支部自评、党群测评、上级组织考评、市委组织部审核4项流程，在全市创建160个“红旗党支部”，示范带动其它支部建设。实施以“自律承诺、党员自评、组织点评、民主测评”为主题的“一诺三评”党员教育管理制度，做细做实积分制管理，打造210个党员积分制管理示范村。分领域评选表彰320名致富带富、志愿服务、为民服务、兴业奉献、长者有为“五大先锋”，开展“佩戴党徽、亮明身份、树好形象”主题活动，引导5.8万名党员主动亮明身份，增强党员意识，发挥先锋作用。抓好外出流动党员教育管理，在北京、上海、杭州、青岛成立4个流动党员党组织，定期组织流动党员集中学习。推进党员进县级以上党校培训常态化，培训党员9343名，超额完成年度培训计划。抓好年轻党员发展工作，从2014年起连续4年制定发展35岁以下青年党员指导性计划，吸纳青年入党积极分子5200余名，发展、转入青年党员4020名，2017年新发展青年党员占发展总数的58.7%，青年党员占党员总数的比例由2014年的23.2%提高到27.4%。

（韩东涛）

宣传工作

青州市委宣传部

市委常委、宣传部部长	陈同洲
市委宣传部常务副部长	刘振州
市委宣传部副部长、社科联主席	蔡子国
市委宣传部副部长、文明办主任	郭增强

【概况】 2017年，青州市在宣传思想文化方面，深入学习宣传贯彻中共十九大精神和习近平新时代中国特色社会主义思想，深入推进乡村文明行动、志愿服务、文明单位创建等工作，重点实施十大“综合提升行动”，加强对内对外宣传力度，为全市深入实施“一二四三”发展战略、加快“五强四宜”城市建设提供强有力的思想保证、舆论支持、文化条件和精神动力。2017年，青州市获得山东省文化强省建设先进县（市、区）荣誉称号。

【思想道德建设】 四德工程建设。扎实推进“四德”（爱德、诚德、孝德、仁德）工程建设，深入挖掘本土道德模范典型，通过身边模范示范带动作用，引导人们传承传统美德，倡导良好的社会道德风尚。潍坊市益都中心医院后勤处维修工冷金科入选2017年度潍坊市“榜上有名”爱德人物，国网青州市供电公司变电运维班班长王晓建入选2017年度潍坊市“榜上有名”孝德人物。

社会主义核心价值观宣传。印发《关于组织推动培育和践行社会主义核心价值观工作的实施方案》等文件。在全市组织开展万盏“有德吉祥灯”火红闹新春活动、“迎新春送吉祥”公益广告年画下乡、“图说我们的价值观”公益广告刊播、核心价值观组歌传唱、核心价值观主题微电影展示等活动，在全社会营造培育和践行社会主义核心价值观的浓厚氛围。在中心公园、城市广场建筑围挡电子显示屏等张贴“图说我们的价值观”招贴画，在政务服务中心前广场建成社会主义核心价值观广场1处，设置社会主义核心价值观主题广场标识1个、核心价值观宣传栏14块、中国梦宣传栏4块，善行义举四德榜先模人物展示牌10块，展示张贴包括中国好人、潍坊好人等各个级别的先进典型、道德模范、身边好人等共20人。

典型宣传。市公安局法医张晓华等13人入围潍坊市“潍坊最美”警察、最美教师、最美医生等系列人物评选。持续开展“青州好人”月度评选活动，广泛发动媒体、机关事业单位、社会各界积极发掘在助人为乐、见义勇为、诚实守信、敬业奉献、孝老爱亲等方面具有道德闪光点的先进典型人物，2017年评选“青州好人”105人。开展第九届青州市道德模范评选活动，从当年度“青州好人”中，评选10人为青州市道德模范。

志愿服务活动。成立青州市志愿服务总队，在市直各大系统及各镇、街道、开发区设大队，在各机关企事业单位成立志愿服务队，重点推进志愿青州·青春梦想、文明交通、文明旅游、关爱残疾人、关爱好人、生态青州·绿满古城等12个志愿服务项目，营造“爱我青州、做文明市民、建文明城市”的浓厚氛围。

冬季“送温暖”志愿服务

未成年人关爱。推进乡村学校少年宫建设，2017年，青州市共有中央级彩票公益金扶持的乡村学校少年宫6处，省级彩票公益金扶持的乡村学校少年宫8处，潍坊市级乡村学校少年宫94处，实现了各镇、街道、开发区乡村学校少年宫全覆盖。在清明、六一、七一、国庆等节日组织全市中小学生开展清明祭英烈、争做美德少年、童心向党歌咏比赛、向国旗敬礼等“我的中国梦”系列主题教育实践活动，引导未成年人自觉弘扬和践行社会主义核心价值观。2017年，青州市被评为“第五届山东省未成年人思想道德建设工作先进市”。

【精神文明创建】 文明城市创建。9月，召开全市创建文明城市工作会议，成立创建文明城市工作领导小组，领导小组下设办公室，办公室设11个工作组。组织开展创建文明城市“十大综合提升行动”，2017年年底顺利通过省级文明城市复审，被省文明办作为全国文明城市提名城市向中央文明办推荐。

文明单位创建。严格落实《文明单位（村镇、社区）建设管理办法》，健全文明单位（村镇、社区）考核管理机制，开展青州市级文明单位（村镇、社区）考核评选工作。印发《关于进一步加强各级文明单位评选和实行动态管理的通知》，要求青州市级文明单位采取每年申报、评选的办法，于每年8月31日前，向青州市文明办提交书面创建申请，年底对照《青州市文明单位创建重点工作考核表》

新农村墙体宣传画

打分，择优入选。12月，对各级文明单位、村（社区）进行现场考核验收，根据考核成绩择优确定了青州市级文明单位183个、青州市级文明村（社区）105个，复查合格青州市级文明村（社区）63个。

乡村文明行动。印发《关于深入推进乡村文明行动实施方案》，重点推进移风易俗、城乡环卫一体化、“文明入心 文化上墙”公益宣传、村（社区）综合性文化服务中心建设、文体小广场建设、文化惠民、善行义举四德榜建设、村庄绿化工程、基层文明创建活动九项重点工作，组建13个乡村文明行动督查组，持续推进乡村文明行动督查整改工作，有效改善全市农村人居环境，提高农村精神文明建设水平。

【新闻宣传】 市内宣传。围绕市第十三次党代会会议精神，结合“作风建设年”、脱贫攻坚巩固提升、青州古城入选国家AAAAA级景区等重点工作，统筹市内媒体力量集中宣传。先后开设“驰而不息抓作风 只争朝夕加油干”等十个专题专栏，在《青州通讯》开设“深入扎实开展‘作风建设年’活动”“打赢扶贫攻坚战”等十余个专题专栏进行全方位的宣传。先后刊播《以扎实的作风抓作风 促落实》《再添新绿 共建生态强市》等评论员文章、专访70多篇。

对外宣传。新华社、《经济日报》《经济导报》《大众日报》《潍坊日报》等媒体对青州市文旅融合、乡村文明、文化建设、三产融合、公共自行车、生态建设等进行深度采访。在潍坊以上主流媒体发表稿件2800余篇，《“文化+”加出非遗保护新模式和艺术小镇》《“农业+”加出三次产业共融式美丽经济》《中国人居环境奖缘何花落青州》《山东：红白理事会引导农村新风尚》等十余篇文章在《新华社内参选编》《大众日报》等刊物发表。《花木大县青州：创新三产 功能拓展》在《经济日报》发表，《且看青州如何“点土成金”》在《农民日报》发表，《“千人计划”专家为何扎堆青州》在《大众日报》头版头条发表，《以实干擎起潍坊腾飞的“西翼”》《青州文旅融合助推产业大发展》等在潍坊日报头版头条发表，《新华社山东要情动态》刊发的《青州推行“河长制”15条河流一年“大治”》得到省委书记刘家义批示和潍坊市委主要领导的高度肯定；《再塑文化青州——青州发掘古城文化资源促进文化产业发展的调查》，得到时任省委常委、宣传部部长孙守刚批示。“青州古城寻古韵”“中国影像方志・青州篇”“青州古城的人和事”三个专题片在中央电视台播出。

【文化建设】 成立文化名市建设专项委员会及委员会办公室，在潍坊市各县市区率先完成《文化名市建设五年规划和三年行动计划》，入选潍坊市文化名市建设“10・30・100”支撑项目25个，其中核心支撑项目1个，关键支撑项目2个，列潍坊市第一位。博物馆新馆、艺术馆群建设积极推进。文化名人、文化名胜、文化名牌、文化名品、文化名馆、文化名典、文化名事等“七名”文化资源挖掘整理、宣传推介成效明显，被评为“中国文化竞争力十强县”第二位，被省委省政府列入“齐文化核心传承创新示范区”。新编辑出版100万字的《青州历史文化丛书》一套。书画、红丝砚、根雕、农民画4个项目入选第五批“山东省民间文化艺术之乡”。弥河镇历史文化展馆、赤涧支前粮站、何官镇南张楼民俗博物馆被评为山东省首批县及县以下历史文化展示“十百千”示范点。成功举办翰墨青州·2017中国书画年会、2017中国（青州）国际文化艺术品博览会、2017中国（青州）民间收藏文化周、全国农民画作品展、2017青州古城过大年等系列文化活动，“东方花都·文化青州”品牌影响力不断扩大。中国中晨（青州）国际文化艺术小镇入选第五批山东省重点文化产业园区，是潍坊市唯一获省级文化产业发展专项资金重点支持的项目。全民阅读成效显著，全民阅读直通车项目被中国图书馆学会评为全国“阅读推广优秀项目”，文化馆、图书馆总分馆制建设全面展开，“青州市文化行业协会助推公共文化服务机制”项目通过文化部中期评估验收。青州非遗传习坊对外开放，“青州非遗文化产品展示区”入选全省首批“文化创意集市”创建单位。基层综合性文化服务中心建设达标率达100%，全年提升116个农家书屋，20个村（社区）综合文化服务中心；“精品大戏惠民行”演出1086场，文化馆公益课程培训学员3000余人。文艺精品创作亮点频现，电视剧《天地苍茫》获省“文艺精品工程”优秀作品奖，歌曲《今非昔比》、话剧《红色堡垒》获潍坊“风筝都文化奖”优秀作品奖”。

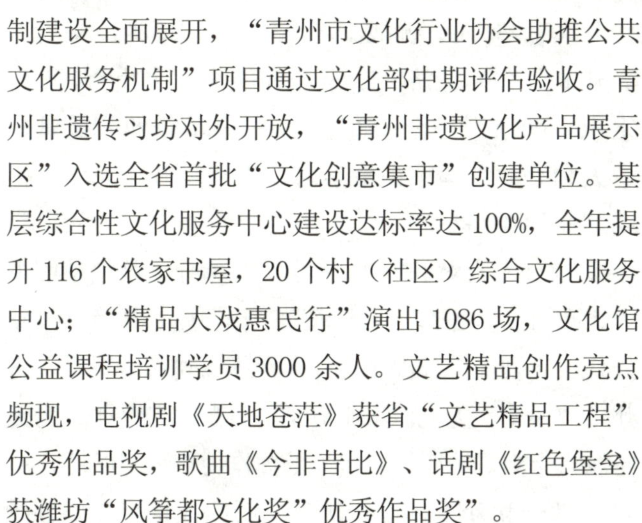

青州市站2017年度春运新闻媒体通气会

【互联网管理】 学习贯彻新法规、新制度、新要求。2017年，《中华人民共和国网络安全法》开始实施，国家网信办相继公布了《互联网新闻信息服务管理规定》《互联网信息内容管理行政执法程序规定》《互联网新闻信息服务许可管理实施细则》等一系列管理规定，市网管办先后组织参加省和潍坊市举办的新媒体运营培训班、互联网宣传管理工作培训班等各类培训班，深入学习，强化落实，确保对相关法律法规理解到位、落实到位。多次组织属地网站、论坛、贴吧及具有媒体属性的微信公众号负责人学习国家网信办出台公布的一系列法律法规，提高依法依规开展工作的意识和能力。

新闻发布。2017年，市政府新闻办强化新闻发布各项工作，年初下发通知，要求各部门单位上报本年度新闻发布计划，协助各部门单位有序开展新闻发布工作。全年共组织2017中国（青州）国际文化艺术品博览会新闻发布会、翰墨青州2017中国书画年会新闻发布会、青州市食品安全新闻发布会等市级新闻发布会3次，协助各单位以新闻发布会、新闻通气会、答记者问等形式发布工作信息15次，进一步推进党务政务公开。

新媒体管理。在全市集中开展微信公众账号备案工作，对全市130余个微信公众号进行备案登记。对官方微信“信美青州”、政务微博“青州发布”及时进行维护、更新，有效地促进了全市的新闻外宣工作。两个账号的影响力不断提升，在潍坊市外宣办主任会议通报的全市2017年度政务新媒体运营情况中，青州市政务微博、政务微信的影响力排行在潍坊市均名列前茅。

（高丽丽）

统一战线工作

市委统战部

市委常委、统战部部长　魏林卿（女）

统战部副部长，市工商联党组书记、常务副主席，市非公企业党委书记　冷传波

市委统战部常务副部长　窦天民

市委统战部副部长，市民宗局局长、党支部书记　刘国银（回族）

8月7日，召开党外人士情况通报会

【概况】 青州市统战工作牢牢把握“大团结大联合”主题，以贯彻落实中共十九大和中央统战工作会议精神为引领，勇于实践，积极作为，各领域统战工作实现了创新发展。市委统战部被评为“中国统一战线宣传工作先进单位”“山东省统战信息工作县级先进单位”“潍坊市统战信息工作先进单位”。

【贯彻落实政治协商制度会议】 学习传达中共十九大会议精神。组织各民主党派、工商联和无党派人士，集中收看中共十九大开幕式，召开座谈会交流感受体会，引导党外人士提高政治站位，强化政治觉悟，自觉在思想上政治上行动上同以习近平同志为核心的党中央保持高度一致。

落实政治协商制度。建立健全参政议政、民主监督和政治协商等各项机制。多次召开党外人士情况通报会和民主座谈会，传达通报上级重要会议精神、全市经济社会发展情况等，听取党外人士意见建议。

开展联谊交友。把联谊交友作为做好统战工作的有效载体和重要方式，市级党政领导干部带头，每人联系2～3名党外代表人士，统战干部每人联系10名统一战线代表人士。全年累计800多人次参加联谊活动。

组织社会活动。春节前夕，组织市书法家协会、市新联会开展送文化下乡活动；植树节，组织开展统一战线成员共植“同心林”活动，共栽植樱花树600余株；端午节，组织各民主党派和无党派人士走进社区，开展敬老爱老公益志愿活动，发放价值5万余元的物资；“七一”前夕，组织统一战线举办庆“七一”联欢晚会。

【党外代表人士队伍建设】 强化政治培训。5月，在邹城市干部政德教育基地举办全市党外代表人士培训班，党外代表人士60人、统战干部20人参加培训。坚持把提升非公有制经济人士素质和能力作为重点，5月组织青州市中小企业商会14家会员企业到德国、意大利等欧洲国家视察学习，进一步开阔思路，推动创业创新。

做好人大政协换届推荐提名工作。严格按照人大、政协换届工作有关要求和工作原则，认真做好党外代表、委员推荐提名工作。经报潍坊市委批准，青州市政协增设无党派人士界别，分配名额8个，为无党派人士更好地履行职责、发挥作用创造了条件。

做好党外干部培养使用。新提拔重用党外领导干部10人次，其中30岁以下年轻党外副科级干部5人。截至2017年年底，科技、文化、建设、审计、

5月16日，在邹城市干部政德教育基地举办青州市党外代表人士培训班

司法、环境保护、市场监管、金融等部门均配备了党外领导干部。

【民主党派】 青州市有中国国民党革命委员会、中国民主同盟、中国农工民主党、九三学社4个民主党派支部（社）。

民革青州支部。民革党员16人，主要分布于教育、医药、花卉等行业。原主委袁文新（青州第二中学工会副主席、青州市政协常委），现任民革潍坊市委委员，主持包靠青州支部工作；现任主委陈志强（青州金诺医药有限公司经理，青州市政协委员）；副主委刘德燕（青州市政协办公室副主任，青州市政协委员），副主委王国华（山东省民族中等专业学校高级讲师，青州市政协委员）；支部委员房孝新（青州新百利实业有限公司董事长、总经理）、李虎（山东省青州实验中学美术教研室主任）。

民盟青州支部。盟员18人，主要分布于教育、文化、卫生等行业。主委暂缺。

农工党青州支部。党员14人，主要分布于益都中心医院、青州市人民医院。现任主委张培义（青州市人民医院原副院长、青州市政协委员、农工党潍坊市委委员）；副主委隋成宗（青州市人民医院影像中心主任）；委员李清华（益都中心医院新院办公室主任，青州市政协委员）。

九三学社青州支社。社员27人，主要分布于医药卫生、教育、化工等行业。主委张苓明（青州市大唐环境工程材料研究所所长、九三学社潍坊市委委员）；副主委王宝东（青州市测绘研究院工程师、青州市政协委员），副主委李丹智（益都中心医院骨外科副主任医师、青州市政协委员）。

【非公经济“两个健康”】 思想政治引导。深入开展以“守法诚信、坚定信心”为主题的理想信念教育实践活动。11月15日，召开市工商联常委会议，传达学习中共十九大精神，动员广大非公有制经济人士发扬企业家精神，做大做强企业，踊跃参与公益事业，更好服务经济社会发展。

市级领导包靠企业制度。每名市级领导包靠2～3家非公有制企业，采取走访调研、电话联系等方式，加强与非公企业家联系沟通，营造“亲”“清”新型政商关系。

新生代企业家队伍建设。9月成立青州市新生代企业家商会，以“培育年轻企业家人才，促进资源整合、互助共赢”为宗旨，以80后新生代企业家为骨干会员，共有会员60余人。11月在江苏红豆集团举办新生代企业家培训班。

【新社会阶层人士统战工作】 创新开展“双社联动”社会组织统战工作模式。引导社会组织入驻社区、服务社区，社区为社会组织提供发挥作用的平台，实现二者互融共促发展。2017年，全市有18个社区与40多家社会组织开展联动共建工作，累计开展送文化进社区、关爱空巢老人、“七一”走访困难党员、结对帮扶困难大学生、养生讲座、法律咨询、社区植树造林、国学启蒙等各类活动60多次，建立80人的社会组织代表人士队伍和120人的后备队伍。

（张海滨）

市直机关党建工作

青州市直机关党工委

书　记	张大富（6月起）
副书记	潘春光
办公室主任	付连刚（8月起）
研究室副主任	王梅梅（女，8月起）

【概况】 2017年，市直机关党建工作紧紧围绕服务中心、建设队伍两大任务，强化“抓好党建是最大政绩”的理念，坚持问题导向，强化创新精神，着力推动机关党建工作系统化、标准化、实效化、品牌化，全力打造走在前列、充满活力的一流党建。

【思想文化建设】 围绕喜迎和庆祝中共十九大胜利召开，组织“红色经典诵读大赛”“抓党建、转作风、促发展”、新时代新征程健康跑、走进新时代展现新作为征文、党员干部知识竞赛、灯塔在线

9月18日，红色经典诵读大会颁奖暨汇报演出

网上答题等一系列活动，在市直机关系统形成喜庆十九大的浓厚氛围。组织机关党员收听、收看中共十九大开幕式，组织专题宣讲、辅导报告会8次，设置学习专栏4个版块，全方位宣传报道机关学习动态，把党员干部的思想和行动统一到中共十九大精神上来，把智慧和力量凝聚到实现十九大确定的宏伟目标和各项任务上来。

【基层组织建设】 推进“两学一做”学习教育常态化制度化。以支部生活日为基本载体，落实“三会一课”“民主生活会”“民主评议党员”、交纳党费等规定动作。创新学习方式，开设青州机关党建微平台，宣讲微党课10次，把“两学一做”融入到党员日常工作生活。

加强党建创新。探索创新党内教育和组织生活方式，形成一支部、一平台、一特色。抓住“关键少数”，发挥好市委常委以上率下、示范带动作用，把市委常委所在支部建设成示范支部，所有党支部争创“红旗党支部”，形成了机关党建“亮旗帜”品牌，党建之歌《旗帜》通过电视、网络等媒体公开发布，并在潍坊、济南等大型文艺晚会上演出。

走在前列做表率。按“六有”（支部有方案、党员有计划、学习有重点、践行有标杆、学教有特色、宣传有氛围）标准下大力抓好党支部规范化建设，13个党组织打造成党建示范点，起到了示范带动作用。深入开展“三个争创”集中行动，举办党建工作现场观摩交流5次。3个党建项目被潍坊机关工委评为“优质服务项目”。

【创建“三型”党组织建设】 推进学习型党组织建设。健全长效学习机制，完善考核评价细则，确定每周组织一次集体学习，每人每天自学1小时，每天有考勤，每月有考核，确保时间、人员、质量、笔记四落实，推动争创学习型党组织活动扎实开展。

推进服务型党组织建设。结合“两学一做”常态化制度化，紧紧围绕服务中心建好队伍的目标要求，扎实开展“为民服务先锋”评选活动，206个党支部积极参加争创活动，服务型党组织建设得到全面加强。

推进廉洁型党组织建设。严格落实党风廉政建设责任制。制定市直机关2017年党风廉政建设和反腐败工作实施意见，做到年初有安排、年中有检查、年底有总结，构建主要领导亲自抓、分管领导具体抓、责任部门抓落实的党风廉政建设责任体系。领导干部带头签订党风廉政建设责任书，严格落实中央“八项规定”精神和廉洁从政有关规定，自觉接受党员干部和社会各界监督；强化领导干部廉洁自律教育。切实加强对市直机关党员领导干部理想信念、党风党纪、廉洁从政和艰苦奋斗教育，着力提高拒腐防变能力。组织德廉知识竞赛2次，参观廉政教育基地3处，观看警示教育片5部，重点抓好《廉政准则》等党内法规的学习教育，征订《中国纪检监察报》《中国监察》《党课》等学习资料。印发《关于开展廉政文化“进机关”活动的实施意见》，在市直机关营造浓厚的廉政文化氛围。进一步完善党内监督，认真贯彻《中国共产党党内监督条例》，加大党内公开力度，完善公开内容方式，

4月19日，组织开展“为民服务乡村行”活动

充分发挥机关党组织的保障监督作用。

【主题实践活动】 举办市直机关“红色经典诵读大赛”，共有市直机关党工委系统70个党组织，200多名选手参加，并在广电大剧院进行颁奖暨汇报演出；发布市直机关党建之歌《旗帜》，市直机关党组织书记和党员代表亮身份做承诺；组织开展“走进新时代展现新作为”主题征文、新时代健康跑、首届市直机关乒乓球比赛等活动，深受市直机关广大党员和职工的喜爱；整合志愿服务资源，壮大志愿者队伍。鼓励支持有志于助残、助学、助老、法律援助、就业咨询、应急救援等志愿者自愿结对，开展志愿服务活动。机关各党组织围绕“学习雷锋日”“国际志愿者日”“党员奉献日”等典型志愿服务活动日，设计主题，开展活动，扩大社会影响，树立党政机关服务人民的良好形象。

【重点工作开展】 扎实做好服务联系群众工作。积极开展包村帮扶、党建扶贫、社区提升等工作，开展党群结对共建，党员干部下基层制度得到有效落实；做好“四向四问”、寻标对标工作。坚持发展导向，向老干部老领导问计；坚持服务导向，向基层党员群众问需；坚持问题导向，向归口党组织问短；坚持标准导向，向先进地区问经。寻标对标，先后走访老干部代表20多人，组织外出学习60人次，发放调查问卷200多份，在不同层面集思广益，为做好工作奠定坚实基础；做好安全生产工作。对党群系统各个单位，制定不同的安全生产检查项目和检查方案，不定期进行安全生产大检查。对所属外运公司、中储物流、中直粮库三家央企仓储、用电、防火、防汛、设备、防护器具等进行12次严格检查，对党群系统18个机关单位从用电用水、防火、安全行车方面进行8次检查，确保系统内26个单位安全稳定。

（潘春光）

机构编制工作

青州市机构编制委员会办公室

主　任	蒋兴华
副主任	王万太
事业单位监督管理局局长	韩东涛（10月起）
事业单位监督管理局副局长	解增奎
审改办副主任	吕永刚

【概况】 3月，市编办增设调研室；市审改办增设规划指导科。4月，市事业单位登记管理局更名为市事业单位监督管理局，仍为参照公务员法管理事业单位。7月，市编办增设监督检查科。青州市机构编制工作坚持服务中心，立足工作实际，采取积极措施，加强编制管理创新，激活内在动力，着力提升机构编制管理服务水平和机构编制资源使用效益。市编办荣获“第四届潍坊市机构编制工作科研创新成果奖一等奖”“山东省宣传工作先进单位”。

【综合行政执法体制改革】 2017年，印发《中共青州市委青州市人民政府关于综合行政执法体制改革的实施意见》《关于综合执法体制改革机构编制

12 月 19 日，青州市综合行政执法体制改革动员会议召开

和人员调整的意见》，扎实开展综合行政执法体制改革。

跨部门跨领域综合执法。整合市城市管理行政执法机构、市国土资源执法监察大队、市旅游监察大队、市农业综合执法大队、市畜牧综合执法监察大队、市水政监察大队等机构和执法职责，组建青州市综合行政执法局（加挂青州市城市管理局牌子），为市政府直属行政执法机构，依法独立行使有关行政执法权，承担相应法律责任；青州市城市管理行政执法大队更名为青州市综合行政执法大队，保留青州市城市管理行政执法大队牌子，调整为综合行政执法局所属，负责具体执法工作。在市公安局治安管理大队设市公安局综合执法保障中队，派驻综合行政执法局工作，负责配合综合行政执法并提供现场保障。市住房和城乡建设局不再加挂市城市管理行政执法局牌子。将市城市建筑垃圾统管统运综合管理办公室由市住房和城乡建设局所属调整为市综合行政执法局所属。撤销市国土局国土所（分局）加挂的国土资源执法监察中队牌子。

部门领域内综合执法。未纳入综合行政执法范围，单设执法队伍的交通运输、安全生产、市场监管、卫生计生、劳动监察、环境保护、文化市场等领域，将行政执法职责统一归并到一个执法机构，保留市交通运输监察大队、市安全生产执法监察大队、市市场监督管理执法大队、市卫生和计划生育执法监察大队、市劳动保障监察大队、市环境监察大队、市文化市场综合行政执法局，实行部门领域内一支队伍执法。其中，文物执法职责并入市文化市场综合行政执法局，撤销市文物执法大队。其他设有专门执法队伍的领域，将相关执法职责划归部门（单位），相关执法队伍不再保留。市经济和信息化局：将现由市散装水泥管理办公室、市电力执法监察大队、市节能监察大队承担的行政执法职责，统一交由市经信局有关科室承担。撤销市电力执法监察大队、市节能监察大队。市商务局：撤销市商务综合执法大队，其承担的行政执法职责交由市商务局有关科室承担。市统计局：撤销市统计执法大队，其承担的行政执法职责交由市统计局有关科室承担。市林业局：将相关科室及所属单位承担的森林资源保护、野生动植物检验检疫、野生动植物保护、林木种苗等方面的行政执法职责，统一交由市森林公安局承担。未单设执法队伍的，由部门（单位）直接承担执法责任，不再单独设立执法队伍。综合行政执法体制改革后，全市执法队伍数量为 8 支。

镇（街道、开发区）综合执法体系。在镇（街道）设立综合行政执法办公室，为镇（街道）行政工作机构，与派驻执法中队联合办公，负责辖区内综合执法的组织协调、应急指挥、配合执法等工作。青州经济开发区不单独设立综合执法机构，参照镇（街道）模式搭建综合执法平台，实行联合执法。

【镇街部分领域体制调整】 5 月，根据中共潍坊市委办公室、潍坊市人民政府办公室《关于印发〈潍坊市安全生产和环境保护网格化监管体系建设工作方案〉的通知》规定，对镇街机构进行调整。印发《关于整合组建镇街道安全生产和环境保护监督管理办公室的通知》，整合镇街道安全生产监督管理办公室、环境保护办公室职责，组建安全生产和环境保护监督管理办公室，挂道路交通安全监管办公室牌子，为镇街道行政工作机构，主任由镇街道分管领导兼任，另配备1名副科级副主任。道路交通安全监管的相关职责由安全生产和环境保护监督管理办公室一并承担。撤销镇街道农业综合服务中心加挂的环境保护办公室牌子，农业综合服务中心不再承担环境保护监管职责。

【事业单位改革】 自2016年起，青州市开展“僵尸”事业单位清理、事业单位分类改革等2次改革。先后印发《集中清理市直“僵尸”事业单位工作方案》和《青州市“僵尸”事业单位清理工作方案》。共确定“僵尸”事业单位12家，其中科级以上6家（正科级3家：群众工作委员会办公室、接待处、中国国际商会青州商会；副科级3家：新创宜佳商贸城市场管理办公室、钢铁物流园市场管理办公室、党员电化教育中心），股级6家：市长公开电话受理中心、市市直交通规费征收处、市成人教育培训中心、市职业教育教学研究室、市有线电视台、财政驻厂员办公室。至2017年7月，“僵尸”事业单位全部清理完毕，其中，市财政局所属事业单位财政驻厂员办公室更名为市财政企业服务中心并重新调整职能，其余11家“僵尸”事业单位全部撤销。印发《关于分类推进事业单位改革重点任务分工的通知》，将事业单位分类改革分为从事生产经营活动事业单位改革和公益三类事业单位改革。生产经营类事业单位改革：确定全市生产经营类事业单位5家，为旅游开发公司、市级机关维修队、市级机关第二食堂、市级机关第三食堂、市级机关第四食堂，至2017年9月全部撤销并完成改制工作。公益三类事业单位改革：确定全市公益三类事业单位18家，为广播电视中心、人民广播电台、电视台、教育电视台、有线电视台、市公证处、勘察测绘研究院、机关印刷所、抗旱服务站、市级机关食堂、职工影院、国际经济技术合作公司、多种经营服务总公司、多种经营铁路运输服务处、农业机械研究所、环境保护开发公司、科技咨询服务中心、矿产开发公司，至2017年9月全面完成改革任务。其中，2016年8月广播电视中心、人民广播电台、电视台、教育电视台、有线电视台5家单位调整为公益二类事业单位；2017年7月市公证处、勘察测绘研究院、机关印刷所、抗旱服务站4家单位取消行政级别，保留公益三类事业单位性质，实行企业化管理模式；同月撤销市级机关食堂，职工影院、国际经济技术合作公司、多种经营服务总公司、多种经营铁路运输服务处、农业机械研究所、环境保护开发公司、科技咨询服务中心7家单位取消行政级别，收回空余编制，人员实行扎口管理、只出不进。同月，矿产开发公司取消行政级别，实行挂名保留。

【机构编制管理】 2017年，青州市有行政机构68个，事业单位399个（副县处级8个，正科级87个，副科级76个，股级166个，未定级62个）；行政编制2528名，事业编制15652名，机关事业在编人员共计18782人。

严控机构编制。按照“严控总量、盘活存量、优化结构、增减平衡”的原则，锁定总量，确保四条红线不突破。严格落实上级严控机构、人员编制的系列规定，行政机构、事业机构、行政编制、事业编制均未突破上级控制总量。对科级机构的增设和调整均严格执行机构编制审批和备案制度。

用编进人计划管理。严格落实中央提出的财政供养人员只减不增的规定，按照总量“多退少补”的原则从严控制，从紧从严拟定年度增人计划，并严格执行。通过从严申报计划，严格执行批复计划，在人员总量控制方面成效显著，圆满完成中央政府提出的财政供养人员只减不增的目标。

用编进人程序。规范机关事业单位一般工作人员用编进人程序。凡机关事业单位申请增加（调入）一般工作人员的，部门（单位）先向编办提报用编进人计划申请，由编办结合部门（单位）编制空缺及工作情况进行调研，经市委市政府同意，履行用编进人计划审批手续后，组织、人社部门再办理调派手续，财政部门再落实人员经费。加强机构编制人员经费共用信息管理平台建设。作为潍坊市四部门（编办、组织、人社、财政四部门）管理平台试点，机构编制人员经费共用信息管理平台建设取得阶段性成果，在县市区中率先实现了编制、人社数据“零误差”比对入库，率先实现财政数据推送比对。

【事业单位监管】 全市有312家事业单位纳入考评范围，数量比2016年增加48%。与市财政局、人社局、审计局、统计局联合成立三个考核组，分类对事业单位开展民主评议和实地考核，配合市委市政府科学发展综合考核实现考核工作全覆盖。推进事业单位法人治理工作，在4家公立医院和1家科研院所开展法人治理结构建设工作，在潍坊范围内，率先全面建立法人治理结构，按新的体制运行。开展事业单位业务范围清单化管理工作，将市直13个部门92家事业单位纳入试点工作范围，汇总整理后通过网站向社会公示。开展“双随机、一公开”抽查工作。建立健全事业单位法人名录库、执法人员名录库和随机抽查内容清单；对已经登记的事业单位按照2%的比率，随机抽取6家事业单位，开展“双随机、一公开”，针对其履职情况、财务资产情况和其他登记管理事项进行书面检查和实地核查。

【行政审批制度改革】 2月，根据潍坊市统一部署，以卫计局为试点开展证明、盖章类材料清理，通过内部梳理、横向比对、依法审核、精准压减等举措，3月完成《青州市卫计局证明、盖章类材料目录》编制工作，共清理需提供证明、盖章类材料的权力服务事项15项，压减要件37项，最终保留需提供证明、盖章类材料事项54项，各类要件238项，事项压减21.7%，要件压减13.5%。相关做法经验在潍坊市推进政府职能转变工作简报第6期全文刊发。印发《关于对相关证照年检以及与证照核发、年检等挂钩的政府指定培训进行清理的通知》，对相关证照年检以及与证照核发、年检等挂钩的政府指定培训进行清理。6月，梳理编制20个部门单位的36项年检和31项培训事项，形成《青州市市级年检事项目录》和《青州市市级政府指定培训事项目录》对外公布，凡未列入清单的年检和政府指定培训均不得实施。9月，按照省和潍坊市要求，通过单位自查上报、模板比对、集中审核等程序，梳理编制“零跑腿”和“只跑一次”事项清单，共列入12个单位的25个“零跑腿”事项和36个单位的275个“只跑一次”事项，印发《青州市推进政府职能转变领导小组办公室关于公布青州市第一批“零跑腿”和“只跑一次”事项清单的通知》，在市政府门户网站和市编办网站向社会公示。11月，市政府办公室转发《山东省政务服务事项清单要素动态管理规定（试行）》，对政务服务事项清单要素动态管理进一步明确，对清单要素管理的责任分工进行划分，同时提出建立动态管理机制、严格执行调整程序、密切部门协作配合三条落实意见。12月启动其他行政权力录入政务服务平台工作，将41个部门单位5800多项行政权力事项，按照统一要求格式和时间节点，全部录入省级政务服务平台工作，持续推进政务服务向基层延伸。

【扩权强镇改革】 持续加大扩权强镇改革力度，不断深化改革纵深，扩大改革试点范围，扩权强镇措施更加科学合理；积极争取上级政策支持，为扩权强镇改革试点镇在人才引进、职数配置等方面争取更大自主权。2017年12月，确定云门山街道为第三批扩权强镇改革试点镇进行申报。

（孟祥斌）

民生热线

青州市服务群众热线办公室

主　任　　曾　磊（女，6月起）

副主任　　李　军

【概况】 青州市服务群众热线办公室（以下简称热线办）隶属市委，为正科级全额拨款事业单位，下设综合科、调研科和督办科，核定编制11名，实有主任、副主任各1名，工作人员8名。2017年9月，“3812345”热线撤销，实行潍坊市“12345”政务服务热线一号受理，进一步畅通规范群众诉求

9 月 21 日，市委副书记、市长鞠立强在潍坊市政务服务热线受理中心接听热线

反映渠道，提高诉求处理效率。

【群众诉求受理】 6 月，各镇、街道、开发区和市直部门共 80 个单位开通“12345”热线平台。9 月 14 日，召开服务群众热线工作会议，印发《中共青州市委青州市人民政府关于全面加强服务群众热线建设的意见》。9 月 21 日上午，市委副书记、市长鞠立强到潍坊市政务服务热线受理中心接听热线，两个小时内共接听市民来电 22 个，问题主要涉及房产证办理、宅基地、小区物业、水电暖等方面，能现场解决的立刻答复，需要转办处理的热线接听后责成相关部门抓紧核实、解决。12 月，印发《关于做好 12345 热线新闻宣传工作的通知》，深入开展热线新闻宣传工作，共张贴宣传海报 4200 份，悬挂宣传横幅 600 余幅，发放明白纸 20000 余份，通过电视台、电台、青州通讯等新闻媒体和各种户外电子屏，以滚动字幕、广告、专题、专栏等多种形式进行宣传，“12345”热线的社会认知度和影响力不断提高。2017 年，热线办承接转办“12345”热线受理事项 21194 件，“3812345”热线受理 2846 件，青州民声网站受理 5075 余件，受理事项一次办结率 96.40%，群众综合满意度 86.36%（综合满意度 = 满意率 + 基本满意率 ×0.5- 不满意率 ×0.1）。先后印发月度热线工作情况通报 6 期，季度分析 2 期。

热线宣传

【重点事项督办】 2017 年，根据《中共青州市委青州市人民政府关于全面加强服务群众热线建设的意见》要求，建立日常督办、重点督办、执纪问责、社会监督、媒体监督“五位一体”督查督办机制。热线办对经日常督办后仍未有效办理的事项，建立督办台账进行重点督办，实行销号管理；对潍坊督办的事项进行重点督办；紧急、重大、疑难事项，热线办及时报请市领导批示，由市委市政府督查局进行专项督办。

（王恩林）

档案工作

青州市档案局（馆）

局（馆）长　　许志勇
党支部书记　　潘　娟（女）
副局长　　姜能顺
　　殷乐亭
　　高业亭

【概况】 青州市档案工作切实履行“为党管档、为国守史、为民服务”职责，全面做好规范化建设、创新机制建设、机关作风建设、为民服务建设等工作，圆满完成全年工作任务。截至2017年，馆藏档案、资料达到15.1万卷（册）。市档案局连续三年被评为“山东省档案宣传工作先进集体”。

【档案馆工作】 按照“立卷质量标准化、档案目录打印化、卷皮内容铅印化、年度立卷制度化”的“四化”要求，对全市150多个机关、12个乡镇、街道、园区进行立卷指导。加强对电子文件和现行文件的收集、整理、归档，年鉴定档案2000余卷。自2012年开始，对馆藏档案进行数字化处理，2017年，完成数字档案8万卷，1100.7万页，配备专用服务器，实现网上查阅。加大档案资源建设力度，接收社会各界出版书籍2种70部，接收重大活动、重大事件档案、改制、破产企业档案1000卷。强化编研工作。编辑出版《青州大事记（2009—2016）》；参与《青州人大志》《青州文苑》等大型书籍资料的编辑工作。2017年接待档案利用者3200人次，利用档案6000余卷（册），其中，涉及民生的档案利用服务较多，主要是老土地房产档案、招工档案、破产企业档案、特殊工种档案，为群众办理退休、核实工龄、房产确权等提供了有效凭证。同时为有关部门的环保督查、文明创建、信访维稳、纪检案件办理等提供大量的档案查阅服务。

【基层档案工作】 按照省、潍坊市档案局关于规范化目标管理考核要求，对考核范围内的单位实施全面考核，引导各单位积极争创先进等级，部署指导市直单位在考核中保持先进水平。其中卷烟厂、国税局、工商局、国土局、检察院等单位保持省特级先进；地税局、二中、公证处等单位保持省一级先进。搞好社区建档工作。东店、北城、北关、朝阳、瓜市等社区保持社区规范化管理优秀标准，王坟镇侯王村、谭坊镇西郑村晋升为示范社区。积极配合土管、农经部门抓好农村宅基地确权、土地承包经营权档案建立。2017年，建立宅基地确权档案60卷，土地承包经营权档案6.2万卷。加强民生档案工作，与民政部门共同对各镇、街道现场督导，全市民政档案管理达到规范化水平；与社保部门紧密配合，强化医保、社保等档案管理，社保局档案管理迈上新台阶。

【新馆建设】 4月13日正式启动“东城片区公益场馆建设项目”。按照“核准、审批类项目并联审批流程”，先后通过立项阶段、用地规划阶段、工程规划阶段3大项19小项的审批。档案馆新馆总建筑面积29200平方米（与规划馆合建），投资2.4亿元。经公开招标，由青州华邦集团承建，采取PPP模式、BOT方式运营。新馆于2017年12月5日奠基开工。

（张　敏）

信访工作

中共青州市委青州市人民政府信访局

局　长	侯成果
市信访事项复查办公室主任	侯德新
主任科员	钟绵业

【概况】 青州市信访工作紧紧围绕为中共十九大胜利召开营造良好环境这个政治任务，强力推进信访“事要解决”，全市信访形势总体平稳，信访相关业务数据总体理想，进京去省访量下降幅度居潍坊首位。2017年，全市共发生群众信访3020起，其中群众来访1043起3637人次，同比分别下降10%和28%；群众来信670件，转送青州市258件，同比分别下降42%和27%；网上信访1307起，同比上升75%。荣获“全省中共十九大安保维稳工作先进县市区”“山东省信访工作先进集体”荣誉称号。

【组织领导】 2月，市委书记韩幸福召集镇、街道党（工）委书记和市直有关部门主要负责人会议，专题研究进京非访治理和越级进京去省上访处理工作，并明确划分界定信访工作主要领导责任、分管

7月13日，召开全市“万人下基层”信访积案调度暨上半年信访业务工作会议

领导责任、主管责任、排查责任、信息上报责任、属地稳控责任、行业管理责任、北京值班责任、中间防线责任、依法处置责任、事要解决责任11个方面的责任。市委副书记、市长鞠立强在中共十九大期间多次到包靠镇街调研信访工作，询问驻京值班工作开展情况，要求有关部门全面做好后勤保障工作，并对重要访情作出明确指导意见。葛英煜、孟祥韬、张伯涛等市领导对信访工作全力靠上，多次召开会议进行安排部署，对重点信访案件协调处理、包靠化解。

【信访积案化解】 5月下旬至9月月底，开展历时4个月的“千人下基层”化解信访积案行动。市信访局切实做好相关准备和组织协调工作，通过市级领导带头包案和派员实地督导、发函催办、调度问询、强化考核和通报问责等方式，保证化解信访积案的工作成效，取得良好效果。潍坊“万人下基层”活动中交办的19起积案、2月份交办涉及青州的2起案件、青州市自行排查的20起积案均全部化解；“千人下基层”化解信访积案活动排查的103起重点信访案件化解97起，化解率94%。

【信访基础业务】 *优化规范信访事项办理流程。*全市信访部门登记、受理、交办时间以及责任部门受理、办理时间均在《信访条例》《山东省信访条例》等法律规定时限内提速15%，信访事项及时受理率、按期办结率均达到100%，群众初信初访一次性结服率达到85%以上。

*信访基础业务专项整治活动。*对信访事项受理、办理、督查、结案、反馈等各个工作环节中的所有问题，进行全面排查梳理、归类分析，逐案逐事剖析原因，并限期整改，全市信访工作的规范化、标准化、制度化水平明显提高。

*信访听证。*对初访未结服、久拖不决的信访案件原则上一律予以公开听证，一次听证没有定纷止争的，就坚持多次听证，直至是非清楚、案结事了。听证结论产生及执行后，都及时予以法律确认，保证效力。2017年，全市共组织信访听证62次，化解复杂疑难信访事项17件。

【重点时期信访工作】 在全国“两会”及省、市“两会”、省党代会特别是中共十九大期间，坚持稳定压倒一切，狠抓信访不稳定因素排查化解、信息预警、巡查督导、领导接访包案、重点人物稳控等工作措施的落实。信访工作人员力量向接访一线和值班处理一线倾斜，实行24小时在岗在位，确保随时处理各类突发和异常情况。

（侯德新）

党史工作

中共青州市委党史资料征集研究委员会办公室

主　任　　樊光湘
副主任　　王传军
副科级干部　　刘明波

【概况】 2017年，青州市党史工作紧紧围绕市委

"一二四三"工作部署、"四个城市"建设要求和存史资政育人的根本任务，在党史资料征集研究、党史正本编纂和党史宣传教育等方面，不断取得新的研究成果。

【研究成果】 6月，编撰出版《青州市红色旅游指南》。将革命历史、人文历史资源与自然环境资源整合，在红色旅游的同时获得生态游、农业休闲游、地质风光游、民族风情游等信息。8月，编撰出版《中国共产党青州历史大事记（1949—2016）》（上下册）。以青州市各级党组织活动为主线，真实记录青州市从1949年至2016年10月的重大历史事件和重要人物的基本情况，内容涵盖全市政治、经济、文化、军事、社会事业等各个方面，多角度、宽领域、系统地浓缩了全市67年来的发展历程。编撰出版的《青州抗战专辑》《青州市抗战时期人口伤亡和财产损失》和《青州群众路线教育与实践》于2017年4月分别获山东省委党史研究室表彰的全省党史部门党史优秀成果著作类三等奖和资政成果类三等奖。为潍坊市委党史研究室编撰《中共潍坊市革命遗址概览》提供相关资料。为《山东红色根据地系列丛书（鲁中卷）》提供文章《中共益都县委、县政府》。开展《中共青州年鉴（2017卷）》征编和编撰工作。

【史料征集】 征集十一届三中全会以来，历年市（县）委重要文件、会议材料、工作报告、调研报告、领导活动资料2068件约826万字，查阅《青州通讯》（原《青州日报》）共3071期，《潍坊日报·今日青州》共189期，在此基础上，编撰完成《中国共产党青州历史大事记（1949—2016）》（上下册）100万字。

【党史资政】 推出《青州市经济社会发展的历史回顾、反思与现实思考》《创建全国文化名城，推动城市全面发展》《弘扬求真务实精神，大兴求真务实之风》等一批有价值的研究成果，为领导干部全面客观了解重大党史问题提供参考依据，发挥党史资政作用。以《简报》形式编发《传播党史国史 传承红色基因 培养时代新人——青州市关心下一代工作品牌建设的经验做法》《开通"鲁新欧青州号"国际班列、共和国对外贸易从青州市走向世界》《关于青州市革命遗址保护、利用的对策与思考》《青州商业企业社会主义劳动竞赛和增产节约运动》《推进廉政文化进机关的几点思考》等多篇资政报告。部分成果在国家、省、市级会议上交流并获奖。

10月10日，市委办公室印发《关于组织全市广大党员干部认真学习〈中国共产党青州历史大事记（1949—2016）〉等党史书籍的通知》，号召全市党员干部学习《中国共产党青州历史（1949—2016）》《青州市抗战时期人口伤亡和财产损失》和《云门抗日烽火》。

【宣传教育】 运用报刊、广播、电视等新闻媒体，撰写青州地方党史文章、回忆录、革命烈士事迹，努力营造全社会关心党史、学习党史、宣传党史的良好氛围。在《青州通讯》开辟"党的光辉历程"专栏，在青州电视台推出《红色足迹》专栏，拍摄《益都暴动》《益北烽火》（上、下）、《庙子镇抗日堡垒村——长秋村》《红色圣水》（上、下）等20多部反映青州党组织活动的党史宣传专题系列片。在青州党建网设立"党史教育"专栏，发布党史资料、信息和图片300余篇（幅）。先后在中红网、中国教育新闻网和中国社区网络电视台平台，开办"党史工作的理论与实践讲座""中共青州地方史知识介绍"和"党史图片展"等栏目，发表大量党史教育文章，成为宣传青州党史、交流研究成果、沟通各地党史工作信息的重要窗口和平台。

通过青州市教育局、青州市关工委向全市中小学校、机关事业单位、镇街赠送《纪念中国共产党成立95周年——青州市青少年党史教育》和《中国共产党青州历史青少年读本——发展中的青州革命老区（1921—1978）》两部红色专著1200余册，组织专家开展红色文化知识"进机关、进乡村、进社区、进学校、进企业、进单位、进军营"宣讲活动，激发青少年学生爱国热情。

【革命遗址保护利用】 对全市重点革命遗址进行全面摸底排查，组织有关部门对革命遗址进行登记，开展系列修缮保护工作。段村烈士祠、华东保育院旧址、魏嵋故居、市烈士陵园、一门忠烈纪念馆5处革命遗址入选《山东省重要革命遗址通览》，有15处革命遗址入选《潍坊市革命遗址》。段村烈士祠被省政府列为第五批省级文物保护单位，被省委党史研究室命名为“第二批山东省党史教育基地”。

（刘明波　杨金粉）

对台工作

青州市委台湾工作办公室（市政府台湾事务办公室）

主　任　　刘金泉

副主任　　赵　勇

【概况】 2017年，青州市对台工作紧紧围绕“四个全面”战略布局，全面落实中央和省、市委对台决策部署，促进全市对台工作更好实现科学发展、服务中心大局。

【招商引资】 开展“台资项目提升年”活动，常态化筹备23届鲁台经贸洽谈会，参加系列论坛活动，积极邀请台湾客商参会对接，组织500余名专业观众参会，集中洽谈台资项目4个，协议投资额4500万美元，其中投资过千万美元的项目3个，分别是中华老年服务产业协会与青州永华养老产业发展公司共同投资1500万美元的山东东蓠居养生公寓项目；北京裕丰力多金肥业有限公司、昆明嘉滨科技有限公司（台商陈怀冀）与山东金必来生物科技有限公司（裴德修）共同投资1200万美元的生物酵素菌生产加工项目；台湾专家郑敏聪与山东科思姆特种材料技术开发有限公司共同投资1700万美元的特种炭黑研发生产项目。

【交流交往】 全年共接待台商58批320人次。办理因公赴台交流手续16批37人次。鲁台会、风筝会、花博会期间，接待14个团组250余人次到青州参观视察，同时还有2000多名台湾游客到青州观光旅游。3月，青州博物馆、魏仕照明集团被命名为“山东省海峡两岸文化交流示范点”。4月28日至5月2日，台湾著名画家廖文谭受邀参展2017青州国际文化艺术品博览会，增加年会台湾元素和理念。7月15日至17日，儒佛关系与佛教中国化（国际）学术研讨会在青州开幕，台湾南华大学副校长吴万益致辞。7月20日上午，新党主席郁慕明率台湾“中华儿女文化体验营”参访团借来潍参加“龙腾中华 放飞梦想”两岸青年风筝文化交流活动之机，到青州市井塘古村参观视察。

【涉台文化宣传】 采取多项措施深入开展对台文化交流。2017年市台办在涉台刊物及媒体上发稿68篇。在全市重点台资企业进行“涉台知识图片展”活动，展出内容含盖台湾概况、台湾历史、对台政策、两岸交往交流及青台交往交流等内容。借助书画产业优势，举办系列书画展览活动，先后主办台湾画家“吴珮华水墨创作展”“故乡行——朱拙油画作品山东巡展”青州首展活动，协助魏仕海峡两岸书画展览馆举办5次书画展览。3月17日至18日，台湾海峡两岸教育交流促进会路蕙鸿一行到潍坊工程职业学院洽谈共建农业研究所和学前教育专业合作办学等事宜。10月举办“涉台知识进校园”活动，开展“涉台知识图片巡回展”“我与宝岛台湾”征文比赛，评出优秀作品29篇。12月13日，台湾大仁科技大学人才培养与科技研发基地，在潍坊工程学院举行揭牌仪式。

【台企台属共建】 传承与台资台属企业沟通交流的优良传统，及时了解台胞台属意见和倾诉，积极参与公益事业。到2017年年底，共注册审批台资台属企业18家，投资领域拓展到农产品加工、花卉苗木、生物肥料、机械制造、养老养生等行业。台联会组织魏仕照明集团、水利机械厂有限公司及部分台属筹集资金13.3万元，资助王坟镇黄连村、姜家村和高柳镇南马兰村孤寡老人、残疾妇女儿童，走访慰问谭坊镇敬老院、德霖康宁养老院老人。8月台商吕晓文女士捐款1万元救助王家崖村病人并为敬老院捐赠小米1000斤。坚持利用春节、中秋等传统节日，开展台资、台属企业走访慰问活动，累计走访138人次。日常接待台胞台属来信来访来电咨询服务70余次，其中涉及寻找亲人、出示证明、子女上学、户口申报、经济纠纷、刑事案件等多方面的事务，结案率91.5%。

（刘金泉）

党校工作

中共青州市委党校

党委书记、常务副校长　刘庆斌
副校长　王桂森
副校长、高级讲师　张景光
　孙志宏（女）
党委副书记　秦德智

【概况】　市委党校设办公室、教务处、干训科、教研室、总务处、老干部管理服务科和培训工作科七个科室，实有人员35人。2017年市委党校认真贯彻落实《中国共产党党校工作条例》和各级党校会议精神，坚持政治建校、质量立校、科研兴校、人才强校、从严治校、制度促校，党校事业持续发展。荣获“潍坊市理论宣讲先进集体”称号。

【干部培训】　党员干部培训。全年共举办学制一个月的主体班次6个，培训党员领导干部和青年后备干部279人，其中科级领导干部培训班4个、培训167人，青年后备干部培训班2个、培训112人。举办农村（社区）党组织书记培训班5期，每期2天，培训1008人；举办中共十九大精神集中轮训班3期，培训科级干部1103人；积极组织全市党员进市委党校培训，举办13期，培训党员5117人次，全面完成年度培训任务。同时，举办各类专题班次9个、培训1307人，承办各类社会班次16个、培训3355人。全年累计培训12169人次。

理论和党性教育。充实完善理论教育课程，开设马克思主义经典原著解读课，把习近平新时代中国特色社会主义思想作为必修课程，突出理论教育的精准性、时代性和实效性；不断完善全程党性教育机制，丰富党性教育形式，突出抓好“十个一”党性教育活动，即坚持入校时签订一份学风承诺书、开学后重温一次入党宣誓、开学时聆听一次市委领导讲党课、学习期间安排一次党章精品课、学习一部党纪党规、听取一次反腐廉政报告、观看一部廉洁自律警示片、参观一次党性教育基地、撰写一篇党性分析材料、开设一次班级“党性讲堂”，提高党性教育效果。春秋两学期主体班次理论教育和党性教育课时数分别占总课时数的73%和75%。

10月11日，市委党校秋季学期开学典礼

优化教学方式。在完善“2+0.5”传统教学模式基础上，每个主体班次都组织至少1天以上的现场教学，举办2次班级以上学习交流活动，同时增加小组交流、班级研讨次数；坚持“请进来”，加大外聘力度，先后聘请山东省委党校、潍坊市委党校等专家教授、市领导及部门领导50人次到校授课。

学员管理。把加强学员管理作为学风建设的重要抓手，坚持实行学员承诺制，所有学员在校学习期间都要签订由所在单位党组织主要负责人和本人签署的以“八个不准”为主要内容的承诺书；坚持实行在校表现公示制，对学员到课、小组研讨班级交流、社会调研以及学习笔记、课后作业、参加现场教学、党性分析报告、教学督查等八个方面的情况进行实时公示；坚持实行百分量化考核，将量化考核情况作为评选“十佳学员”和“优秀学员”的重要依据，并报市委组织部助力干部研判。

【科研工作】 健全完善“领导推动、课题带动、教学拉动、评优促动”科研联动机制，科研工作继续保持潍坊市党校系统前列。立项山东省委党校系统课题1项、潍坊市社会科学重点研究课题2项、潍坊市委党校调研课题6项，立项层次和数量名列潍坊市县市区党校第一位。结项省委党校党的十八届六中全会专题研究课题9项，列潍坊市县市区党校首位。有6项研究成果进入主体班次课堂，有28项科研成果被市委领导签批。获得潍坊市社会科学优秀成果三等奖2项；潍坊市党校系统优秀科研成果奖5项。在省级以上报刊发表调研报告或理论文章18篇。

【队伍建设】 机关管理。以制度管人、用制度管事，新制定专业技术职务竞聘实施办法等6项制度，修订完善教学工作量化考核办法、科研工作量化考核暂行办法等10项制度，逐步建立起党校管理制度体系；“两学一做”学习教育常态化制度化，落实支部生活日，严格做好学习党章、入党宣誓等规定动作，及时跟进更新学习内容，保证学习教育不走样、不“空虚”；扎实开展“作风建设年”活动，制定实施方案，对标高密党校、东平党校，寻找差距，查摆问题，落实措施，全面整改，全校工作效能、工作作风明显好转。

落实党风廉政责任制。贯彻落实民主集中制，建立重大事项党委集体决策机制，重大开支、重要人事安排、职称推选等事项在市纪委派驻组监督下集体研究决定，2017年年内研究解决重大事项5项。加强内控机制建设，健全完善党内外监督机制和权力运行制约机制，严格执行领导干部重大事项报告制度和季度履职报告制度；严格落实中央“八项规定”精神和省、市委相关实施办法，严格执行公车改革，实现财务收支网上公开。

教师队伍建设。加大外派教师学习培训力度，先后派出8人参加潍坊市以上师资专题培训班。积极组织参加党校精品课和教学奖评选，有1名同志获得潍坊党校系统精品课一等奖，1名同志获得潍坊市党校系统优秀教学奖。严密制定《专业技术职务竞聘工作实施办法》，严格程序，精心组织，聘任2名教师为高级讲师，1名教师为中级讲师。

【参与全市重点工作】 选派8名教师参加市委十八届六中全会精神、“两学一做”、中共十九大精神等宣讲团，深入镇、街、市直单位进行理论宣讲86场次，受教育党员干部群众2万余人次；扎实开展干部联户活动，全校28人联系632户，主动做好对接，配合好满意度调查工作；包靠小区整治扎实推进；有1名领导班子成员参加南阳湖改造指挥部工作、有1名同志担任两新党组织第一书记、1名同志参加书画艺术小镇建设指挥部工作、1名同志参加村“两委”换届督导组工作。

（吴全军）

老干部工作

青州市委老干部局

局长、市委离退休干部工委书记　　刘葆君

主任科员　　宋执义

副局长　　张兴东（6月止）

老年大学

校　长　　张兴东（6月起）

副校长　　赵明辉（女，6月止）

市委离退休干部工委副书记　　赵明辉（女，6月起）

老干部活动中心

党支部书记　　刘玉章

【概况】 2017年年底，局机关工作人员6人，局属事业单位工作人员共18人。2017年青州市在老干部工作中，扎实落实离退休老干部政治生活待遇，继续坚持以文化引领老干部工作，以文化提升老干部生活质量，以文化凝聚老干部正能量的工作思路，通过在阵地建设、健全组织、培养骨干、组织活动上下功夫，持续推动老干部工作转型发展。

【思想组织建设】 印发《关于进一步加强和改进离退休干部工作的实施意见》(青办发〔2017〕48号)，联合财政局、总工会等六部门印发《关于进一步规范组织离退休干部开展活动的通知》，加强离退休干部党建工作，规范组织离退休干部开展活动。6月，制定《市直离退休干部党支部经费管理使用办法》，明确考核等次，制定工作经费和书记补贴发放方案，采取以奖代补方式发放。召开全市离退休干部党支部规范化建设会议，就推进离退休干部党支部规范化建设、打造过硬支部提出明确要求。在全市离退休干部党员中推行“政治生日”制度，供电公司、青州二中等12个基层离退休干部党支部采取集体座谈、外出参观等多种形式为老党员过“政治生日”。在离退休干部党组织和离退休干部中，开展争创“红旗党支部”和“长者有为先锋”的“双创”活动，评选表彰首批24个“红旗党支部”。7月，海岱影视艺术中心党性教育基地正式挂牌成立，潍坊市直机关工委培训班、省财政厅干部培训班、济南长清区委老干部局等700人次前来参观学习。8月，潍坊市离退休干部党工委副书记李志民到青州调研指导离退休干部党建研究中心建设运行情况，对青州市有关工作给予肯定。12月，组织举办全市离退休干部党支部书记学习贯彻中共十九大精神培训班，为70个市直党支部发放了总价值5万余元的“党建大礼包”，部分优秀离退休干部党支部书记作了述职发言。

1月19日，全市老干部座谈会召开

【待遇落实】 健全离休干部“三个机制”，医疗费统筹标准每两年递增10%，2017年为每人每年23000元。坚持组织离休干部集中查体、为老干部送蛋糕、开展雨季查房，建立离退休干部信息管理系统和困难离休干部及遗属档案。9月，组织老干部代表参观全市经济社会发展情况、花卉博览交易会和“翰墨青州”中国书画年会。

春节前，召开全市老干部座谈会，市委书记、市长和各常委带头走访慰问离退休干部。和“12349”平台合作推行“智慧养老”，老干部凭联系服务卡九折优惠，一个电话即可享受紧急救助、医院陪护、家政服务等上门服务。注重老干部精神文化需求，全年为老干部订阅

12月12日，在全市离退休干部党支部书记学习贯彻十九大精神培训班上，为市直离退休党支部颁发“党建大礼包”

9月2日，“喜迎十九大”全市老干部书画展在青州市博物馆举行

《老干部之家》《老年教育》等刊物2000余份，《老干部参考》60余份，编印老干部学习资料3000余份。

【老年教育】 坚持“文化引领、名家带动、贴近需求、资源共享”的办学理念，充分利用文化资源，实施人才战略，实现创新发展。编辑印发6期校报《新起点》，反映老干部工作和老年教育工作，展现学员风采。9月，2017级学员顺利开学，主体班次达到20个。12月，被潍坊市委老干部局、潍坊市老年大学协会授予“潍坊市级老年大学规范校”。成立市老年大学关工委及老年大学“五老”志愿者指导团，下设书画艺术、演唱艺术、摄影艺术及非遗文化四个指导部，组织开展好各项关心教育下一代活动。

【调研信息宣传】 向省、潍坊市委老干部局及有关新闻媒体报送有关青州市老干部工作信息120余篇，总结各类典型人物事迹材料30余篇，“文化老干”微信公众号推送信息80篇。各类信息被省委老干部局“山东老干部工作”“情况反映”“今日头条”采用5篇，被潍坊市“老干部工作手机报”采用20篇，在《潍坊老干部工作》上刊登文章3篇，在《潍坊日报·今日青州》上刊登1期老干部工作专版。海岱影视艺术中心负责人马传根，在十九大期间登上中央电视台“新闻联播”。《山东省青州市打造“党建+文化”老干部工作新模式》和《山东省青州市“五个着力”增强老干部党建新动能》在《中国老年报》上刊发，《做好“文化功课”，推动老干部工作转型发展》在《党员干部之友》第6期刊发。撰写《实施“党建+文化”两轮驱动，不断增强离退休干部工作新动能》，得到潍坊市离退休干部党建研究中心领导的肯定和认可。

【“文化老干”机制建设】 推进“文化老干”机制向纵深发展，做好“高、准、活”三字文章，实现活动观念、活动内容和活动形式“三个提升”。持续推进“文化老干”工作品牌上档升级，从多角度挖掘提炼“文化老干”如何引导离退休干部发挥正能量。总结海岱影视文化艺术中心老干部拍摄影视剧的事迹，以此推动“文化老干”机制建设在丰富内涵、提升境界上下功夫，以“文化老干”机制建设促老干部工作转型发展。9月，在博物馆举办“喜迎十九大”全市老干部书画展，展出老同志作品330余幅。组织引导离退休干部发挥自身优势，积极参与全市中心工作。持续发挥老干部文艺志愿者服务队、书画教育志愿者服务队和摄友会志愿者服务队等老干部志愿者队伍作用，树立离退休干部的良好形象。2017年，中国老年报社、湖南衡阳市、莱芜市莱城区、昌邑市、寒亭区等多个省内外老干部工作部门到青州视察学习“文化老干”工作。

（花雁鸣）

关心下一代工作

青州市关心下一代工作委员会

主　任　田立胜

副主任　王美林

　　　　鞠振华

　　　　南家友

刘永胜（3 月起）
李鸣飞
霍存华（3 月起）
刘葆君（兼）
滕　辉（兼）
郝炎磊（兼）

关心下一代工作委员会办公室

主　任　　王春梅（女）

【概况】 市关心下一代工作委员会下设办公室，为副科级全额拨款事业单位，编制 3 名。9 月 11 日，青州市“五老”（老干部、老战士、老专家、老教师、老劳模）志愿者之家启用，青州市关工委办公场所由市委老干部局搬迁至市“五老”志愿者之家（青州市驼山路 4398 号）。2017 年，在关心下一代工作中突出抓好组织建设、“五老”志愿者队伍建设、青少年教育基地建设，积极开展主题活动，为青少年健康成长营造良好社会环境。市关工委被山东省关心下一代工作委员会、山东省精神文明建设委员会办公室授予“全省关心下一代工作先进集体”称号，被潍坊市关心下一代工作委员会授予“潍坊市关工委宣传工作先进单位”称号。

【基层组织建设】 4 月，对全市 12 个镇、街道和经济开发区关工委领导班子进行调整充实，新成立 12 个市直系统关工委，镇街、经济开发区及市直系统关工委常务副主任均由科级干部担任。市委组织部发文对镇街、经济开发区、市直系统关工委主任、常务副主任进行了公布。2017 年，分三次组织基层关工委主任（常务副主任）外出参观学习。

【“五老”志愿者队伍建设】 2 月 22 日，成立市“五老”志愿者关爱宣讲团，有党史国史、传统文化、国学教育、国防教育、法治教育 5 个宣讲组，成员 19 名，全年共宣讲 40 场次。6 月 1 日，成立市“五老”志愿者关爱工作指导团，有书画艺术、表演唱艺术、心理咨询、科普教育和悦读 5 个指导组，成员 23 名。12 月 21 日，聘任第三批 66 名市级五老志愿者，截至 2017 年年底，全市共有“五老”志愿者骨干 576 名。

【教育基地建设】 挖掘、利用现有资源，加强青少年教育基地建设，共命名段村烈士祠等 7 处青少年教育基地，依托青州市中小学生综合实践活动基地建立市青少年关爱培训中心，新设立党史国史知识馆、法律常识馆、民族知识馆三个展馆，实现青少年党史国史教育、传统文教育、法治教育全覆盖、常态化。

【主题教育活动】 “爱学习、爱劳动、爱祖国，践行中国梦”主题教育活动。在全市组织开展“爱学习、爱劳动、爱祖国，践行中国梦”主题教育活动。4 月 1 日，在烈士陵园举办十八岁成人宣誓仪式暨清明节祭扫烈士墓活动，1500 名年满十八周岁的学生代表参加，市委副书记葛英煜参加活动并讲话。6—10 月，组织举办 2017 年青州市“颂党恩·赞青州　喜迎十九大”中小学生书画大赛，评选出书法类、绘画类一、二、三等奖 64 名，于 10 月 16 日在经济开发区南石塔村文化大院举行书画展开幕式。同期，组织举办《暑期我的读书故事》征

12 月 8 日，青州市“五老”志愿者关爱宣讲团法治教育进校园

文比赛，评选出中学组、小学组一、二、三等奖各15名。

党史国史教育活动。再版印刷2016年编印的《党史国史教育读本》（中学版）2000册，在青少年关爱培训中心免费发放，组织“五老”志愿者关爱宣讲团成员进行宣讲，利用青少年关爱培训中心对全市初中一年级学生开展党史国史教育，实现青少年党史国史教育的全覆盖、常态化。

【参与社会治理创新】 青少年法治教育。联合有关部门持续开展“关爱明天、普法先行”—普法教育活动，为全市115所中小学校聘任了法治校长。3月16日，在旗城学校举行“成长路上与法同行”青少年法治教育巡回展启动仪式，分两条路线（城区学校、农村学校）暑假前在全市中小学校普遍巡展一次，受教育青少年6万余名。

“四点半学校”希望乐园建设。新建立农商银行恒元支行、经济开发区南石塔村2处“四点半学校”希望乐园，截至2017年年底，全市共创建“四点半学校”（希望乐园）33所，其中弥河镇中心社区“四点半学校”等6所“四点半学校”（希望乐园）被潍坊市关工委、潍坊市文明办、共青团潍坊市委、潍坊市教育局评为潍坊市五好“四点半学校”（希望乐园）。

（王春梅）

青州市人民代表大会

青州市第十八届人民代表大会常务委员会

主　任　　　　韩幸福（1月止）
　　　　　　　杨云生（回族，1月起）
第一副主任　　杨云生（回族，1月止）
副主任　　　　陈群光
　　　　　　　董广凤（女）
　　　　　　　俎海涛（1月止）
　　　　　　　贾来友（1月起）
　　　　　　　李国华（1月起）
　　　　　　　王新民（1月起）

青州市人大常委会工作机构和办事机构

办公室

主　任　　　　曹仁礼
副主任　　　　姜能翔

老干部服务办公室

副科级干部　　夏学军

调查研究室

副主任　　　　张文新

人事代表工作室

主　任　　　　王明利
主任科员　　　刘　娜

预算工作委员会

编制人员暂缺，由张孝强负责

农村经济委员会

主　任　　　　曹伟景
主任科员　　　张孝强
　　　　　　　王学典

财政经济委员会

主　任　　　　铁继文
主任科员　　　黄春亮

城乡建设环境保护委员会

主　任　　　　王化德（6月止）
副主任　　　　王延玲

法制委员会

主　任　　　　扈文高（6月止）
副主任　　　　李志钢（正科级）

教育科学文化卫生委员会

主　任　　　　许新益（6月止）
主任科员　　　王宗亮
副主任　　　　高长玲（女）

概　况

2017年是市十八届人大常委会履职第一年。市人大常委会全面贯彻落实中共十八大、十八届历次全会和中共十九大精神，以邓小平理论、“三个代表”重要思想、科学发展观、习近平新时代中国特色社会主义思想为指导，坚持党的领导、人民当家作主和依法治国有机统一，紧扣“五位一体”总体布局和“四个全面”战略布局，围绕中心、服务大局，依法履职、主动作为，共作出《关于推进“四个城市”建设的决议》等8项决议决定，听取审议“一府两院”专项工作报告18项，评议市政府工作报告3项，开展调研、视察、执法检查24次，旁听法庭庭审2次，专题询问大气污染防治工作情况，向潍坊市人大常委会备案报告 1 件，依法任免国家机关工作人员 50 人次。积极探索基层人大工作创新，开展代表培训，搭建代表履职平台，做好人代会期间代表建议意见办理工作，为推动全市民主法治建设和经济社会持续健康发展作出积极贡献。

重要会议及活动

【第十八届人民代表大会第一次会议】 青州市第十八届人民代表大会第一次会议于 2017 年 1 月 23 日至 26 日召开。代表 296 人出席会议。往届市人大常委会主任、党组书记，上一届人大副主任，部分驻青省人大代表 9 人列席会议，市委、市政府、市政协有关领导及有关部门主要负责人、政协委员 434 人列席会议。

代理市长鞠立强作《青州市人民政府工作报告》，市人大常委会党组书记、第一副主任杨云生作《青州市人民代表大会常务委员会工作报告》，市法院院长宋保华作《青州市人民法院工作报告》，市检察院代理检察长王兆生作《青州市人民检察院工作报告》，会议书面印发《青州市 2016 年国民经济和社会发展计划执行情况与 2017 年计划（草案）的报告》《青州市 2016 年财政预算执行情况与 2017 年预算（草案）的报告》。

会议通过《关于青州市人民政府工作报告的决议》等六项决议，批准各项报告。《关于青州市人民政府工作报告的决议》号召，全市人民要紧密团结在以习近平同志为核心的党中央周围，全面贯彻党的十八大，十八届三中、四中、五中、六中全会和习近平总书记系列讲话精神，在中共青州市委的坚强领导下，紧扣“五位一体”总体布局和“四个全面”战略布局，坚持稳中求进工作总基调，牢固树立和贯彻落实新发展理念，适应经济发展新常态，全面实施“一二四三”发展战略，为加快建设“五强四宜”城市、提前全面建成小康社会而努力奋斗。

会议选举产生青州市第十八届人民代表大会常务委员会，杨云生为主任，陈群光、董广凤、贾来友、李国华、王新民为副主任，王明利等 26 人为委员。选举鞠立强为青州市人民政府市长，王万信、张伯涛、翟敏、耿怀金、丁法剑为副市长。

选举宋保华为青州市人民法院院长，王兆生为青州市人民检察院检察长。选举于光民等 56 人为潍坊市第十七届人民代表大会代表。

表决通过青州市第十八届人民代表大会内务司法委员会、财政经济委员会、城乡建设环境保护委员会、农业农村委员会、教育科学文化卫生委员会、民族侨务外事委员会 6 个专门委员会组成人员。

【市十七届人大常委会第四十六次会议】 会议于 2017 年 1 月 13 日在市人大机关办公楼三楼会议室举行。会议听取审议市政府有关项目资金问题的议案，并作出相应决定；听取审议市十八届人大一次会议有关筹备情况报告，审议通过市十八届人大一次会议有关事项，并作出相应决定。

【市十八届人大常委会第一次会议】 会议于 2017 年 1 月 26 日在银座佳悦会议室召开。会议通报市十八届人大常委会主任、副主任工作分工情况，以举手表决的方式通过《青州市人民代表大会常务委员会组成人员守则》《青州市人民代表大会常务委员会议事规则》《青州市人民代表大会专门委员会议事规则》，书面印发《青州市人民代表大会常务委员会主任会议议事规则》《青州市人大常委会 2017 年工作要点》《青州市人大常委会 2017 年工作计划》。

【市十八届人大常委会第二次会议】 会议于 2017 年 3 月 2 日在市人大机关办公楼三楼会议室举行。会议通过人事任免事项；通过市十八届人大常委会代表资格审查委员会建议名单；听取审议市政府关于循环休闲农业发展情况的报告；听取审议市人大常委会主任会议关于聘请常委会法律顾问的议案，并作出相应决定。

【市十八届人大常委会第三次会议】 会议于 2017 年 4 月 27 日在市人大机关办公楼三楼会议室举行。会议通过人事任免事项；听取市政府关于承诺办好的“十件实事”工作计划和措施的报告；听取审议市政府有关项目资金问题的议案，并作出相应决定；审议通过《青州市人民代表大会常务委员会人事任免办法》和《青州市人民代表大会代表辞职暂行办法》；专题询问全市大气污染防治工作情况。

【市十八届人大常委会第四次会议】 会议于2017年6月29日在市人大机关办公楼三楼会议室举行。会议通过人事任免事项；听取审议青州市2016年财政决算（草案）的报告和2016年度市级预算执行和其他财政收支的审计工作报告，审查和批准2016年市级财政决算；听取审议市政府关于全市旅游产业发展情况的报告、关于禁毒工作开展情况的报告；听取审议市政府有关项目资金问题的议案，并作出相应决定；听取各街道、经济开发区人大工作委员会半年工作情况的报告。

【市十八届人大常委会第五次会议】 会议于2017年8月29日在市人大机关办公楼三楼会议室举行。会议通过人事任免事项；听取审议市政府关于“四个城市”建设的规划计划及说明，并作出决议；听取审议市政府关于2017年上半年国民经济和社会发展计划执行情况的报告、关于2017年上半年预算执行情况的报告；听取审议市政府关于仁河、黑虎山水库串联工程建设情况的报告；听取市政府关于旅游产业发展情况审议意见办理工作的报告，并进行工作评议；听取审议市政府有关项目资金问题的议案，并作出相应决定。

【市十八届人大常委会第六次会议】 会议于2017年10月26日在市人大机关办公楼三楼会议室举行。会议听取审议市政府关于安全生产法贯彻实施情况的报告；听取市政府关于政府投资项目审计工作情况的报告；听取审议市人大执法检查组关于食品安全法贯彻实施情况的执法检查报告；听取审议市检察院关于民事行政检察工作情况的报告。

【市十八届人大常委会第七次会议】 会议于2017年12月22日在市人大机关办公楼三楼会议室举行。会议听取审议市政府关于人大代表建议办理及“十件实事”落实情况的报告，听取市政府关于市人大常委会对安全生产法贯彻实施情况审议意见办理工作的报告，并进行工作评议；听取审议市政府关于2017年全市预算调整方案（草案）的报告，批准2017年青州市预算调整方案；听取审议市法院关于执行工作的报告；听取审议市人大执法检查组关于人口与计划生育法贯彻实施情况的执法检查报告；听取街道、经济开发区人大工作委员会2017年度工作报告；审议通过市十八届人大常委会代表资格审查委员会关于个别市十八届人大代表的代表资格审查报告；决定接受李丽等3人辞去市十八届人大代表职务，补选李继东为潍坊市十七届人大代表。

视察调研

【循环休闲农业发展情况调研】 2月16日，青州市人大常委会副主任贾来友带领调研组对全市循环休闲农业发展情况进行调研。调研组到清风峪采摘园、鲁威生态农业园区、蔚然农业园区等处进行实地调研，听取市政府及有关部门的工作汇报。提出以下建议：因地制宜、科学规划，发挥休闲农业的优势，创新休闲农业与旅游融合发展新模式；加大宣传、规范管理，打造特色品牌，提高循环休闲农业的知名度；加大投入、提升档次，引导带动社会资本投入基础建设和经营管理中，全面提升休闲农业品质。

【优化金融环境促进经济发展情况调研】 3月7日，青州市人大常委会副主任董广凤带领调研组对青州市优化金融环境促进经济发展情况进行调研。调研组到市国控融资担保有限公司、市金融控股有限责任公司、山东晨宇电器股份有限公司、家家富现代农业集团、农业银行青州支行等现场进行实地调研，听取市政府的专题汇报。提出以下建议：加快诚信体系建设，完善失信惩戒机制；强化金融创新，构建银企合作平台；强化政府调控手段，增强金融调控能力；强化政府债务管理，全力防控金融风险。

【全市大气污染防治工作调研】 3月上旬，青州市人大常委会副主任贾来友带领调研组对全市大气污染防治工作情况进行调研。调研分4个专题进行。调研组先后到德瑞热力有限公司和益能热电有限责任公司进行工艺废弃污染和“超低排放”实地调研，到大益华府·东苑和万达普利斯花园工地进行城市扬尘污染防治专题实地调研，到市公安局交警大队进行机动车尾气污染防治实地调研，到江海原种猪场和益康固体废物处理有限公司进行畜禽养殖异味防治实地调研，听取有关部门单位关于大气污染防治工作的情况汇报。提出以下建议：进一步增强责任感和使命感，认识再提高、措施再加强、力度再加大；注重协调联动，树立大局意识和一盘棋思想，明确责任，紧密配合，齐抓共管；加强对大气污染防治法律法规的宣传，提高全民环境保护法律意识，营造起群防群治的浓厚社会氛围。

【国家重点花卉良种繁育生产示范基地规划建设情况调研】 4月6日，青州市人大常委会副主任贾来友带领调研组对国家重点花卉良种繁育生产示范基地规划建设情况进行调研。调研组到绿圣兰业花卉科技有限公司、七叶树生物科技有限公司、奥斯特园艺科技有限公司、中国花卉电子商务交易中心进行实地察看，听取市政府的专题汇报。提出以下建议：加大宣传力度，提升知名度；加大资金和人才投入；积极推进“科技兴花”工程。

【《关于加强西南山区生态保护的决议》落实情况视察】 4月28日，青州市人大常委会副主任贾来友带领视察组对《关于加强西南山区生态保护的决议》落实情况进行视察。视察组到九龙峪特色旅游项目、东乖场村生态抚育项目、大阴山片区荒山绿化现场、姚家台废弃矿坑综合治理项目、北文登土地整理项目进行实地视察。提出以下建议：进一步明确职责，加大执法力度；增加财政投入，建立完善生态补偿机制；加大宣传力度，增强全民保护环境意识。

【普惠性幼儿园建设情况视察】 5月中旬，青州市人大常委会副主任董广凤带领视察组对青州市普惠性幼儿园建设情况进行视察。视察组到旗城幼儿园、山工苑小区配套幼儿园和弥河镇中心幼儿园进行实地视察，听取市政府相关工作报告。提出以下建议：尽快出台加快普惠性幼儿园建设的实施意见，完成覆盖城乡、布局合理的全市幼儿园总体规划；加大投入，为普惠性幼儿园规划建设提供保障；清理整顿，规范发展民办幼儿园；完善政策，加强幼师队伍建设。

【预算执行监督工作调研】 5月17日，青州市人大常委会副主任董广凤带领调研组对市政府预算执行监督工作进行调研。调研组到国地税联合办税中心、会计集中核算中心、云门山森林公园扩建工程等现场进行实地调查，听取市政府关于加强预算执行监督工作情况的报告和相关单位负责人情况介绍。提出以下建议：源头介入，从根本上抓好预算执行监督工作；完善制度，强化依法监督；健全机制，抓好责任落实；加强培训，抓好人才队伍建设。

【旅游业发展情况视察】 5月25日，青州市人大常委会副主任陈群光带领视察组对全市旅游业发展情况进行视察。视察组对八喜旅游网总部、赤涧农业公园、胡林古景区等旅游景点进行实地视察，听取市政府关于旅游产业发展情况汇报。提出以下建议：不断加大宣传力度，扩大知名度；坚持规划引领，整合发力；加快旅游产品体系建设，突出青州特色。

【社区矫正工作调研】 5月27日，青州市人大常委会副主任李国华带领调研组对青州市社区矫正工作进行调研。调研组到王府司法所、黄楼司法所社区矫正工作现场进行实地调查，听取市政府及相关部门的情况汇报。提出以下建议：加强联动运行机制建设，形成工作合力；加强社区矫正工作制度化规范化建设；加大政府投入力度；加大社区矫正工作宣传力度。

【禁毒工作调研】 6月2日，青州市人大常委会副主任李国华带领调研组对全市禁毒工作进行调研。调研组到实验中学、云门山街道圣水泉社区进行实地察看，召开座谈会，听取市政府及相关部门汇报。提出以下建议：加强领导，落实责任；深化宣传，进一步增强全社会禁毒意识；加快推进社区戒毒、社区康复工作；始终保持高压态势，严厉打击各类毒品违法犯罪。

【重点工业项目推进情况视察】 6月7日，青州市人大常委会副主任董广凤带领视察组对全市重点工业项目推进情况进行视察。视察组到雷腾科技（电动车项目）、龙马重工（风电底座、平台项目）、千人计划产业园PPP项目等处进行实地视察，听取市政府及相关部门的情况汇报。提出以下建议：紧盯重点项目，加快建设进度；凝聚合力，创新方式，加大招商引资力度；全面提升企业创新驱动能力；抓好政策的研究和落实。

【仁河、黑虎山水库串联工程建设情况调研】 7月27日，青州市人大常委会副主任贾来友带领调研组对仁河、黑虎山水库串联工程建设情况进行调研。调研组到大峪口桥、苏峪寺隧道出口、南富旺村等处的工程现场进行实地调研，听取相关情况汇报。提出以下建议：在保证质量安全的前提下，加快进度，保护好生态环境；优化水资源配置，尽快完成地下水漏斗区域综合治理示范工程建设；提高水资源利用率和全民水意识、节水意识、水资源保护意识，深入推广节水灌溉设施，加快城市供水旧管网和农业灌区设施改造，推进节水型社会建设；加大治理力度，贯彻各项水利法规，严厉打击水事违法活动。

【代表建议办理及“十件实事”落实情况视察】 9月20日，青州市人大常委会主任杨云生带领视察组对市十八届人大一次会议以来代表建议办理情况及市政府承诺办好的“十件实事”落实情况进行视察。视察组到地税局宿舍、角楼村卫生室、云门山森林公园、范公亭路、东京路、王母宫花园安置区、德骏磁电项目、经济开发区姜家村、仰天山路、普通安置区幼儿园、北城西二街等现场，对老旧小区和背街小巷提升改造、基层医疗提升改善、道路提升改造、平安建设、工业经济提升、农村旱厕改造等代表建议和“十件实事”办理情况进行现场察看，听取市政府工作汇报。提出以下建议：组织全面“回头看”，对各项工作再发动、再推进；落实政策、资金统筹机制，保障项目顺利实施；加大督促检查协调力度，提高工作实效。

【民事行政检察工作调研】 9月21日，青州市人大常委会副主任李国华带领调研组对全市民事行政检察工作情况进行调研。调研组到经济开发区检察室详细了解检察室场所建设及设施、人员配备情况。提出以下建议：强化民事行政监督意识，全面提高民事行政检察监督效果，提高法律监督权威；强化工作机构和民事行政检察队伍建设，切实提高监督能力和水平；强化对公益诉讼的认识，切实保障民生；加大宣传力度，真正深入群众，探索民事行政检察监督检索收集方式，主动做好民事行政检察各项监督工作。

【棚户区改造工作调研】 9月21日，青州市人大常委会副主任贾来友带领调研组对全市棚户区改造工作进行调研。提出以下建议：加强宣传引导，深入细致做好群众工作；加强部门协作，突破土地和资金制约瓶颈；优化工作流程，加快审批手续办理速度；科学规划，做好后续安置工作；加强调度，确保按期完成棚改任务。

【精准扶贫精准脱贫工作调研】 9月25日，市人大常委会副主任陈群光带领调研组，对全市精准扶贫精准脱贫工作进行调研。调研组到王坟镇大峪口村、上白洋村及庙子镇梨园店村等精准扶贫项目现场进行实地调研。提出以下建议：提高政治站位，高度重视精准扶贫脱贫工作；广泛宣传，不断拓展精准扶贫脱贫内涵；标本兼治，建立脱贫致富长效机制。

【宗教管理工作调研】 9月26日，青州市人大常委会副主任陈群光带领调研组对全市宗教管理工作进行调研。调研组到龙兴寺、三官庙、天主教堂、基督教堂、清真寺等现场进行实地调查，听取市政府的工作汇报。提出以下建议：加强宗教法规学习，提高对宗教工作的思想认识；强化自身建设，提升管理和服务水平；严格管理，依法规范宗教活动。

【矿山整治工作视察】 10月25日，青州市人大常委会副主任贾来友带领视察组对全市矿山整治工作进行视察。视察组到部分矿山复绿治理现场、废弃矿坑复垦耕地现场和矿业企业关停拆除现场进行实地视察，听取市政府关于全市矿山整治工作情况汇报。提出以下建议：强化组织领导，深化细化工作措施；加强监督管理，严厉打击违法违规行为；出台矿山生态治理实施意见，深入践行“绿水青山就是金山银山”的生态发展理念。

【病死畜禽无害化处理工作视察】 11月16日，青州市人大常委会副主任贾来友带领视察组对全市病死畜禽无害化处理工作进行视察。视察组到无害化处理厂、畜牧局远程控制中心进行实地视察，听取市政府的工作汇报和相关单位的情况介绍。提出以下建议：加强监督管理，充实基层监管力量；落实好扶持政策，积极推行畜禽保险；加强宣传引导，营造浓厚舆论氛围。

【法院执行工作调研】 11月16日，青州市人大常委会副主任李国华带领调研组对市法院执行工作情况进行调研。提出以下建议：加大普法宣传力度，提高广大群众法律意识；加大执行工作的力度，抓好各类专项执行进度；加强法院、公安、金融、不动产登记等各部门的联动配合，建立健全多层次的信用惩戒体系。

【《安全生产法》贯彻实施情况审议意见办理工作调研】 12月11日，青州市人大常委会副主任董广凤带领调研组对全市安全生产法贯彻实施情况审议意见办理工作进行调研。调研组观看全市安全生产综合监管平台运行情况，听取市政府的工作汇报和相关单位的情况介绍。提出以下建议：进一步加强监管，落实责任制，全面夯实安全生产基石，在确保安全生产的前提下，为企业排忧解难，搞好服务，保障企业发展壮大。

执法检查

【《中华人民共和国食品安全法》贯彻实施情况执法检查】 9月12日，青州市人大常委会副主任董广凤、贾来友带领执法检查组，对《中华人民共和国食品安全法》贯彻实施情况进行执法检查。检查组到金天地超市、角楼市场、无害化处理厂等处进行实地检查，听取市政府关于《中华人民共和国食品安全法》贯彻实施情况的汇报。提出以下建议：完善食品安全长效机制，健全农村食品安全监管网络；加强执政能力建设，严厉打击制售假冒伪劣食品等违法行为；加强组织领导和统筹协调，提高责任意识。

【《中华人名你共和国安全生产法》贯彻实施情况执法检查】 10月11日，青州市人大常委会副主任董广凤带领执法检查组对全市《中华人民共和国安全生产法》贯彻实施情况进行执法检查。检查组到威盛化工有限公司、云内动力有限责任公司、弥河镇政务中心安监办等处进行实地检查，听取市政府关于《中华人民共和国安全生产法》贯彻实施情况的汇报。提出以下建议：加强舆论监督，营造全社会关注安全生产的良好氛围；严守安全规章，夯实企业法定代表人主体责任；完善执法监管长效机制，严格落实安全生产“党政同责、一岗双责”责任制。

【《中华人民共和国人口与计划生育法》贯彻实施情况执法检查】 11月17日，青州市人大常委会副主任董广凤带领执法检查组对《中华人民共和国口与计划生育法》贯彻实施情况进行执法检查。检查组到市计生服务站、妇幼保健院等处进行实地检查，听取市政府的工作汇报和相关单位的情况介绍。提出以下建议：坚持依法行政，强化责任意识，严格依法办事；加大对法律法规、违法生育案件的宣传力度，摆脱落后生育观念的束缚；加强部门协调配合，明确责任，齐抓共管。

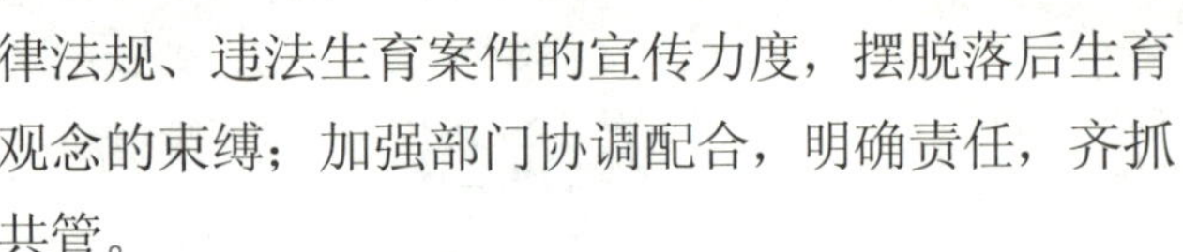

4月27日，市十八届人大常委会第三次会议暨大气污染防治工作专题询问会召开

评议工作

8月29日，市十八届人大常委会第五次会议听取审议市政府《关于市人大常委会对全市旅游产业发展情况审议意见办理工作的报告》，并进行工作评议。会议发出并收回表决票32张。评议结果：同意票32票，表决通过。12月22日，市十八届人大常委会第七次会议听取审议市政府《关于人大代表建议办理及“十件实事”落实情况的报告》，听取市政府《关于市人大常委会对安全生产法贯彻实施情况审议意见办理工作的报告》，并分别进行工作评议。其中《关于人大代表建议办理及“十件实事”落实情况的报告》共发出并收回表决票26张。评议结果为：同意票25票，基本同意票1票，表决通过；《关于市人大常委会对安全生产法贯彻实施情况审议意见办理工作的报告》共发出并收回表决票26张。评议结果：同意票26票，表决通过。

专题询问

4月27日，市十八届人大常委会第三次会议专题询问大气污染防治工作情况。市委常委、副市长王万信代表市政府作《关于全市大气污染防治工作情况的报告》，市人大常委会部分组成人员和城乡建设环境保护委员会部分委员围绕加强全市大气防治工作，就如何建立大气污染防治长效机制、做好燃煤锅炉淘汰工作、加强对淘汰黄标车监管共提出13个问题，环保局、住建局、畜牧局、公安局等6个部门单位负责同志现场一一作答。询问结束后，常委会组成人员28人、城乡建设环境保护委员会委员5人进行满意度测评。总体评价：满意票33票。其中，环境保护局：满意票33票；公安局：满意票33票；住房和城乡建设局：满意票33票；城市管理行政执法局：满意票32票、基本满意票1票；市场监管局：满意票32票、基本满意票1票；畜牧局：满意票31票、基本满意票2票。提出以下建议：加大宣传力度，提高公众的参与度；制定有效措施，从源头上治理污染；加强部门联动执法，严管重罚违法行为；增加执法力量，加强行政执法队伍建设。6月下旬，市政府针对专题询问中委员和代表提出的问题和建议，向市人大常委会提交了专题询问整改意见办理工作书面报告。

代表工作

【搭建履职平台】 开展“践诺履职展风采”代表主题活动，组织市镇两级代表向群众公开作承诺、办实事，引导代表在创业、创新、创优中争当先进模范。截至12月月底，620项代表承诺中，有500余项得到落实。充分利用代表活动室、代表工作站，抓好“代表工作日”活动，年内组织代表坐班300余人次，推动解决一批群众关心关注的实际问题。制定实施《进一步加强与市人大代表联系和市人大代表联系选民的意见》，邀请代表列席常委会会议35人次，参加视察、调研、执法检查等活动87人次，7月，组织“一府两院”集中联系代表、通报半年工作情况，进一步畅通代表了解市情民意的渠道。研究制定《青州市人大代表辞职暂行办法》，规范代表辞职程序，完善代表退出机制。

【代表学习培训】 把学习培训作为提高代表履职能力的基础性工作来抓。4月，组织举办市十八届代表培训班，全体代表参加培训。7月，组织各镇街区人大主席、主任，到全国人大培训中心进行为期6天的学习培训。指导各代表组结合实际，制定年度学习计划，同步开展镇级代表学习活动。为代表订阅报刊，定期向代表寄送常委会会刊，发放法律书籍和资料，开辟“两网一平台”学习专栏，通报工作动态，普及法律知识，保证代表的知情权、参与权和监督权。

【督办人大代表建议意见】 市十八届人大一次会议期间收到代表建议、批评和意见124件，其中，城建环保方面36件，工业交通方面40件，农林水方面18件，科教文卫方面18件，政法民政方面6件、经贸金融旅游方面5件，网络通讯方面1件。主要涉及加大对农村旱厕改造、倡导绿色出行加大公用自行车投放数量和站点建设、建立政府公务人员群众评价体系、加强整治农村养殖污染、对城区主干道两侧人行道加强维护管理、做好猩山经济发展区雨污分流等问题。闭会期间收到28件，共152件。至12月底，全部完成与代表见面答复工作，代表非常满意的13件，满意的137件，基本满意的2件。

基层人大

根据镇街区人大规范化建设“三年三步走”总体安排，2017年是“镇街区人大规范化提升年”。市人大常委会制定实施方案，出台指导意见，各主任、驻会常委分工参与，突出抓好“三项重点工作”，着力提升“三个方面能力”。9月，召开现场推进会，对规范化提升工作进行总结调度、安排部署。12月，组织开展综合考核。截至2017年年底，“三年三步走”的总体安排圆满结束，取得显著成效：各镇街区人大都具备完善的活动场所、完备的制度体系和健全的组织机构，工作实现制度化；进一步改进监督程序，各项工作严格按程序、按步骤开展，程序实现规范化；认真落实宪法法律要求，明确法定职责，依法履行职务，履职实现法治化。探索推行街道人大监督员制度，在抓好益都街道人大试点工作的基础上，3月，召开现场会议，在4个街道全部推开，共推选出292名人大监督员，有效地加强了对街道各项工作的监督。

（杨珊珊）

青州市人民政府

市　长　　鞠立强（1 月起）
副市长　　王万信
秦安全（挂职，3 月止）
姜俊刚（挂职，3 月起）
张伯涛
翟　敏（女）
耿怀金
丁法剑（回族，1 月起）
孟建新（挂职，8 月起）

管理机构

2017 年，市政府共设市政府办公室、市发展和改革局、市经济和信息化局、市教育局、市科学技术局、市公安局、市监察局（与市纪委机关合署）、市民政局、市司法局、市财政局、市人力资源和社会保障局、市国土资源局、市住房和城乡建设局、市交通运输局、市水利局、市农业局、市商务局、市文化广电新闻出版局、市卫生和计划生育局、市审计局、市环境保护局、市统计局、市安全生产监督管理局、市市场监督管理局、市金融工作办公室、市民族宗教事务局（与市委统战部合署）24 个工作部门。设置青州经济开发区管理委员会、青州古城管理委员会、青州云门山省级旅游度假区管理委员会、市政务服务中心管理办公室 4 个派出机构和市综合行政执法局 1 个直属机构。

市政府办公室。2017 年，内设综合科、市长值班室、文秘科、秘书科、信息科、机要科、市政府油区工作办公室、市政府法制局业务科、市政府行政复议裁决办公室、政务公开科、市政府经济研究室 11 个科室。有市经济体制改革办公室、市史志办公室、市人民政府应急管理办公室、市气象防灾减灾办公室 4 个直属事业单位。

政府常务会议

第十七届人民政府第 37 次会议　1 月 10 日召开，进行了以下事项：研究2017年《政府工作报告（征求意见稿）》、潍坊市公路管理局青州公路服务区项目、将军山庄二期工程有关事宜。

第十八届人民政府第 1 次会议　2 月 3 日召开，进行了以下事项：研究《关于加强政府自身建设的决定》、青州市龙虎水库下游河道流域综合治理项目有关事宜、企业使用过桥资金及担保贷款有关事宜。

第十八届人民政府第 2 次会议　2 月 22 日召开，进行了以下事项：研究《2017 年老旧小区基础设施提升改造计划》，听取市国土局关于解决不动产登记历史遗留问题、市城建投关于解决潍坊恒金房地产开发有限公司有关问题、弥河镇关于资金申请等工作的请示，研究企业使用过桥资金及担保贷款有关事宜，研究给予有关人员处分的决定。

第十八届人民政府第 3 次会议　3 月 17 日召开，进行了以下事项：研究青州海关监管场所建设方案、安全生产、招商引资考核、规范石灰石资源开发秩序、加强集贸市场建设管理和道路交通安全等工作，听取市全域精细化管理工作办公室关于 2017 年背街小巷综合整治工作的汇报，研究市住建局关于表彰中国人居环境奖创建工作先进单位和先进个人、市卫计局关于市妇幼保健院新院建设、市风景区管理局关于云门山森林公园扩建工程、市交通局关于济青高铁周边路网建设、市财政局关于人居环境提升改造建设项目（一期）等有关工作的请示，研究企业使用过桥资金及担保贷款有关事宜。

第十八届人民政府第 4 次会议　3 月 25 日召开，进行了以下事项：研究环保有关工作、《青州市人民政府关于认真落实上级有关政策规定大力支持经济转型发展的意见（试行）》延续执行问题、《关于 2016 年青州市法治政府建设情况报告》，研究给予有关人员处分的决定。

第十八届人民政府第 5 次会议　4 月 1 日召开，进行了以下事项：传达潍坊市省级环保督察环保信访案件处理调度会议精神，听取仰天山省级自然保护区环保督察情况汇报，听取了北阳河水环境治理工作情况汇报。

第十八届人民政府第 6 次会议　4 月 7 日召开，进行了以下事项：研究《关于加强食品安全标准化建设的意见》《关于推进城乡管理精细化工作的意见》《关于全面推进安全生产标准化规范化建设的意见》《关于加快推进棚户区改造工作的补充意见》《青州市招商引资优惠政策（试行）》《青州市散煤清洁化治理和煤炭清洁高效利用工作方案》《青州市医疗卫生服务体系规划（2016—2020 年）》《青州市法治政府建设实施纲要（2016—2020 年）》，听取市文广新局关于建设博物馆群的情况、市城建投关于购买商品房安置被征收户交房办证有关事宜等工作的汇报。

第十八届人民政府第 7 次会议　4 月 22 日召开，进行了以下事项：安排全市加快项目建设工作会议、作风建设年活动动员会议精神贯彻落实意见，听取市环保局《关于重点环保问题及整改建议》的汇报，研究企业使用过桥资金及担保贷款有关事宜。

第十八届人民政府第 8 次会议　5 月 6 日召开，进行了以下事项：传达潍坊市政府全体（扩大）会议暨廉政工作会议、潍坊市安全生产工作会议精神，研究青州市贯彻落实意见；研究集贸市场建设和管理职责、全面实行河长制、城区无人管理老旧小区管理、耕地占补平衡项目市场化运作、新能源汽车分时租赁一体化运营项目等工作，听取市经信局关于散煤清洁化治理工作、市金融办关于银行机构不良贷款处置情况、市公安局关于全市消防工作情况、市国土局关于保障道路交通市政设施重点项目建设石材供应等工作的汇报，研究企业使用过桥资金及担保贷款有关事宜，研究给予有关人员处分的决定。

第十八届人民政府第 9 次会议　6 月 12 日召开，进行了以下事项：传达潍坊市公立医院科研院所法人治理结构建设工作会议精神和《潍坊市大气污染治理问责办法（试行）》文件精神，研究青州市贯彻落实意见；研究集贸市场建设管理、成品油流通及煤炭市场监管、镇（街道、开发区）环境卫生保洁、加强西南山区规划建设管控、2016 年党政群机关工作人员年度考核表彰等工作，听取市政府承诺办好的 10 件实事进展情况的汇报，研究市公安局关于对参与处置“5·7”天然气泄漏事件部分个人记功的请示、青州市新旧动能转换重大工程战略规划领导小组工作推进办公室机构设置及组成人员事宜、市财政局关于政府投资建设的安居工程项目免缴物业质量保修金的请示、有机废物生态循环资源化项目等 7 个重点项目有关事宜、仰天山省级自然保护区有关事宜、企业使用过桥资金及担保贷款有关事宜。

第十八届人民政府第 10 次会议　7 月 1 日召开，进行了以下事项：听取市教育局 2017 年义务教育学校招生工作、市市场监管局关于创建省级食品安全先进市中期评估、市经信局关于全市化工产业转型升级、市环保局关于北阳河水环境综合治理、市国土局有关土地问题等工作的汇报，研究花博会筹办思路，研究了山东德骏项目等 3 个项目有关事宜，企业使用过桥资金及担保贷款有关事宜，给予有关人员处分的决定。

第十八届人民政府第 11 次会议　8 月 4 日召开，进行了以下事项：听取市环保局近期环保有关工作情况、市帮扶办有关工作情况的汇报，研究《青州市生态环境保护十三五规划》《重点镇（街）空气质量自动监测站建设方案》，主要供热市政管线建设、市级政府投融资平台公司转型改制等工作，“蚂蚁金服”等4个项目有关事宜，市教育局“恒誉杯”全国首届工业机械装调技能竞赛设备采购的请示，研究企业使用过桥资金及担保贷款有关事宜。

第十八届人民政府第12次会议　8月21日召开，进行了以下事项：研究环保工作，《关于加快推进生态文明建设实施方案》，山东省旅游电商培训中心建设及八喜大集项目等7个项目有关事宜，听取市阳河管理局关于招聘讲解员、导游员的请示，研究给予有关人员处分的决定。

第十八届人民政府第13次会议　9月11日召开，进行了以下事项：传达潍坊市秸秆禁烧和散煤治理工作会议精神，研究青州市贯彻落实意见；听取关于史志工作情况、博物馆新馆、市民活动中心、新档案馆等建设情况及有关问题的汇报，研究耕地占补平衡项目市场化运作、招商发展激励政策等工作，研究科教创新园区项目等3个项目有关事宜，市民政局关于申请青州市符合政府安排工作条件退役士兵专项公益性岗位资金、市社保局关于申请拨付机关事业单位退休人员2017年度调整基本养老金资金等工作的请示，企业使用过桥资金及担保贷款有关事宜。市委副书记、市长鞠立强安排花博会、翰墨青州书画年会、重点道路建设及绿化、棚户区改造、背街小巷综合整治、立柱广告规范整治等工作。

第十八届人民政府第14次会议　10月11日召开，进行了以下事项：研究环保工作，《青州市河长制会议制度》等七项制度，智慧呼叫中心总部、花卉电商、旅游等工作；听取“产业强市”和“品质城市”建设情况，审计局、市社保局、市级机关食堂维修队改制工作领导小组、市城建投、邵庄镇有关工作的的汇报，研究企业使用过桥资金及担保贷款有关事宜，研究给予有关人员处分的决定。

第十八届人民政府第15次会议　11月2日召开，进行了以下事项：研究城区住宅小区提升改造、加强土地征收管理等工作，《关于进一步加强统计工作的意见》，垃圾焚烧发电项目等3个项目有关事宜；听取市旅游局关于表彰青州古城旅游区国家AAAAA级旅游景区创建工作先进集体和先进个人的请示，研究企业使用过桥资金及担保贷款有关事宜，研究给予有关人员处分的决定。

第十八届人民政府第16次会议　12月5日召开，进行了以下事项：研究安全生产工作，《关于深化放管服改革进一步加强服务型政府建设的实施意见》《关于推进落实国家机关“谁执法谁普法”普法责任制的实施意见》，青州卷烟厂技改项目等8个项目有关事宜；听取市社保局关于机关事业单位养老保险制度改革工作情况的汇报，研究企业使用过桥资金及担保贷款有关事宜，研究给予有关人员处分的决定。

第十八届人民政府第17次会议　12月25日召开，进行了以下事项：研究2018年市政工程项目建设计划，加强基层动物防疫体系建设、市级园区收益分成、招商发展激励政策、供热等工作，中德高职项目等3个项目有关事宜，研究企业使用过桥资金及担保贷款有关事宜，研究给予有关人员处分的决定。

市政府工作会议

2月7日，市委副书记、市长鞠立强召开市政府全体（扩大）会议。贯彻落实潍坊市经济工作会议精神，对市第十三次党代会、十八届人大一次会议提出的目标任务进行分解细化，对今年工作进行再部署、再动员，立即、迅速掀起大干快上的热潮。市政府班子成员，各镇镇长、街道办事处主任，市属开发区管委会主任，市直有关部门、单位及驻青单位主要负责同志，市政府办公室副科级以上干部，部分重点企业主要负责同志，党群系统有关部委、单位主要负责同志参加会议。会议传达了潍坊市经济工作会议精神。市委常委、副市长王万信安排工业、金融、安全生产等工作；副市长张伯涛安排公安、市场监管等工作；副市长翟敏安排旅游、文化、农业、科技等工作，副市长耿怀金安排城建相关工作；副市长丁法剑安排教育、卫生、商务、交通等工作。

市委副书记、鞠立强围绕做好2017年各项工作讲了四点意见。一要强化项目意识。要深入开展“项目建设年”活动，引导广大干部积极引进项目，凝心聚力抓好项目，以项目看能力、看政绩、看后劲、看担当。以供给侧结构性改革为主导，优化项目结构，提升项目层次。对确定了的项目，要快签、快批、快拆、快建、快验收，确保早投产、早达效。二要努力做活金融文章。各银行要进一步扩大发贷规模，加大对实体经济的支持力度，确保全市新增贷款有大的增长。提高企业直接融资水平，抓好规模企业改制进度，帮助企业制定对接国内全板资本市场和境外主要资本市场的工作计划。有效管控化解金融风险，进一步强化对金融市场和实体经济的跟踪监测，加大风险管控力度，既要严厉打击企业恶意逃废债行为，又要严处金融机构恶意抽贷行为。三要突出工作重点。持之以恒抓好安全稳定，各级各部门单位要制定方案、细化任务、明确措施，抓好自查整改。要把维护社会稳定当做首要政治任务，深入做好矛盾纠纷排查，及时发现、消除、化解各类不安定因素。掀起春季植树造林高潮，林业、园林部门要按照今年造林绿化方案，科学安排施工，严格工程管理，严格工程质量。要妥善处理好绿化施工与道路建设、工程建设的顺序，加大绿化管护力度，落实绿地树木管护责任，真正把栽上的树管住管好。打好棚户区改造攻坚战，市棚户区改造工作领导小组及办公室要加强统筹协调，搞好政策指导、融资服务、手续办理和组织推动，确保棚户区改造工作有力有序有效推进。突出抓好招商引资，要大力优化招商环境，全力保护外商利益，抓好精准定向招商，重点引入税收附加值大、科技含量高的企业。四要转变作风，提高效率。全面提高工作效率，努力奋斗、干事创业，就要努力做到“五破五立”：破除“老框框、老套路”的重重束缚，树立敢破敢立的开拓精神；破除盛名之下、志得意满的安逸心态，树立居安思危的忧患意识；破除“为官不为，当官做老爷”的消极心态，树立舍我其谁的担当精神；破除“差不多、过得去”的粗放思维，树立精益求精的较真精神；破除“光说不练，做而不实”的漂浮作风，树立一抓到底的实干精神。

重要会议

城市建设管理工作调度会议 4月8日，市委副书记、市长鞠立强召开城市建设管理工作调度会议，安排部署违法建设治理、棚户区改造、环境卫生整治等方面的工作，动员全市上下坚定信心、奋勇争先，全面完成好年度工作任务。全力抓好违法建设治理工作，坚持以违建清零为目标，最大限度地消除违建存量，严厉查处乱搭乱建、少批多建、未批先建等各类违建行为。扎实推进棚户区改造工作，要敢于担当、迎难而上，尽快开展今年的棚改工作。深入开展城乡环境整治，以城中村、背街小巷、老旧居住区、集贸市场、城乡结合部、农村“三边三底三界”（村边、路边、田边，河底、湾底、沟底，县界、镇界、村界）等为重点，全面清理存量垃圾和非正规垃圾点。切实抓好铁路沿线环境综合整治。建立长效管理机制，使全市城乡环境面貌经得起检验。

科教创新园区建设调度会议 4月25日，市委副书记、市长鞠立强召开科教创新园区建设调度会议，要求以“作风建设年”活动为契机，提升工作标准，加快工作节奏，高标准高效率推进科教创新园区建设。要抓住项目发展的牛鼻子，牢固树立大抓项目的鲜明导向，以项目化理念推动工作落实。要依托现有高等院校，积极推进扩容提升，完善教育培训、人才集聚、科技孵化、创意创业等核心功能，着力打造集产学研服务于一体的创智片区。要加强园区基础设施，抓紧启动商务区建设，加快推进佛学院、桃花源里养生养老等项目。要全面推行一线工作法，健全一线工作推进机制，持续推进工作标准，加快工作节奏，确保情况在一线掌握，决策在一线形成，问题在一线解决，成效在一线检验。要以时不我待的责任感和紧迫感，落实强力措施，加强包靠调度，加快各项工作进度，全力打造经济转型升级的增长极和新型科研创新示范区。

史志工作会议 9月18日，市委副书记、市长鞠立强召开全市史志工作会议，安排部署续修《青州市志》和年鉴编纂等史志方面的工作，动员各级各有关部门进一步提高认识、明确目标、强化措施，全面集中力量做好各项工作，确保按进度、高标准、高质量完成上级要求的市志续修任务和其他各项工作。要求各级各部门务必做到认识再提高，思路再明确，树立高度的责任感和使命感，站在全市大局的高度，采取有力措施，倒排时间表，全面加快工作进度，确保按时保质保量完成工作任务。要明确重点、压茬推进，按时间完成供稿任务，尽全力确保供稿质量，高规格配强写作队伍，全面落实后勤保障。要转变作风、强化保障，为市志续修工作提供强力支撑。要转变思想认识，主动担当作为。细化工作任务，明确落实责任。强化督导考核，保障工作成效，为推进全市经济社会发展、服务“文化强市”建设作出积极贡献。市人大常委会副主任陈群光，副市长翟敏，市政协副主席刘传明出席会议。

主要人事任免

2017 年，市政府印发人事任免文件 15 个，涉及 71 个单位计 190 人次。在股级干部任免方面，严格按照中层干部管理的有关规定进行，加大任前视察力度，对因身份原因不符合任职条件的人员一律不予任职。2017 年，印发股级干部任免文件 7 个，涉及 11 个单位计 42 人次。

1 月 10 日，市人民政府决定，任命：丁志航为云门山街道办事处主任，免去其市财政局总会计师职务；丁艳杰为黄楼街道办事处主任；吴芳君为市政府法制局局长、行政复议裁决办公室主任（试用期一年）；杨志亮为市监察局派驻第五监察室主任，免去其市体育局局长职务；高瑞科为市民政局主任科员；殷振宇为市住房和城乡建设局副局长（正科级），免去其青州经济开发区管委会副主任职务；郝爱凤为市文化广电新闻出版局副主任科员；陈玲为市卫生和计划生育局主任科员；张道文为市食品安全委员会办公室主任，免去其市城市管理行政执法局局长职务；马暖为市民族宗教事务局副主任科员，免去其王府街道办事处副主任职务；刘希鹏为青州云门山省级旅游度假区管委会主任；郝兴宝为青州云门山省级旅游度假区管委会副主任；王国健为市规划局局长；左云芳为市体育局局长；王春耕为市基础设施建设投资管理中心主任；郇长民为市检验检测中心主任；李志伟为市检验检测中心副主任；蒋曰村为市供销社联合社副主任科员；李国元为市粮食局主任科员；赵福平为市中小企业办公室（市中小企业局）主任科员，免去其青州经济开发区管委会农村工作局局长职务；许文昌为市社会保险事业管理局局长；钟卫国为市居民医疗保险管理中心主任，免去其市高校毕业生就业指导服务中心副主任职务；王连胜为市城市管理行政执法局局长，免去其市城市环境卫生管理局局长职务；张修学为市城市环境卫生管理局局长，免去其市住房和城乡建设局副局长职务；李升武为市园林局副局长；李延峰为市农业机械管理局局长，免去其市政府法制局局长、行政复议裁决办公室主任职务；朱华为市仁河水库管理局局长；王德云为市畜牧局副主任科员，免去其云门山街道办事处副主任职务；程立萍为市林业局副主任科员；董雪梅为市果树站站长；黄新武为王府街道办事处副主任，免去其市玲珑山生态林场办公室副主任职务；郭同生、王晓晴为王府街道办事处副主任；马凯为王府街道办事处副主任（试用期一年）；李文波、孙莉为益都街道办事处副主任；马原、董佳、徐延亭为云门山街道办事处副主任；王永泉为云门山街道办事处副主任，免去其青州云门山省级旅游度假区管委会副主任职务；侯光勇为市文化产业园管委会副主任；夏冰、杨如才、韩领祥、刘强为黄楼街道办事处副主任；庞德贞为青州经济开发区管委会副主任；张义平为青州经济开发区管委会副主任（试用期一年），免去其青州经济开发区管委会经济发展局副局长职务；孟婷为青州经济开发区管委会经济发展局副局长（试用期一年）；于军为市滨海工业园管理办公室副主任（试用期一年）。免去：张红伟云门山街道办事处主任职务；袁晓颖黄楼街道办事处主任职务；王鸿光市监察局派驻第五监察室主任职务；苏文清市食品安全委员会办公室主任职务；王增昌市市场监督管理局（市食品药品监督管理局）主任科员职务；刘正福市民族宗教事务局局长职务；万金亮市规划局局长职务；李洪顺市基础设施建设投资管理中心主任职务；刘金泉市检验检测中心主任职务；胡德亮市广播电视中心副主任职务；刘国银市粮食局局长职务；高学礼市社会保险事业管理局局长职务；杨春花市居民医疗保险管理中心主任职务（保留原职级）；魏东亭市农业机械管理局局长职务；袁立民市黑虎山水库管理局副局长职务；邹大庆市弥河管理局副局长职务；李文臣王府街道办事处副主任职务；王宝胜、陈华益都街道办事处副主任职务；盖宇瑞市云门山生态林场管委会副主任职务；李晓辉、张文良云门山街道办事处副主任职务；张强市文化产业园管委会副主任职务；孙成玉、王志伟、闵强黄楼街道办事处副主任职务；张琥市花卉产业发展区管委会副主任职务；李晓强青州云门山省级旅游度假区管委会副主任职务；周效胜市猫山经济发展区工作委员会副主任职务。聘任：孟庆春为市云门山生态林场管委会副主任；蔡继玲为市花卉高科技博览园管委会副主任；潘中昌为市猫山经济发展区工作委员会主任；潘泽清为市农村能源办公室主任。聘期三年，自 2016 年 12 月 8 日至 2019 年 12 月 7 日。解聘：侯成果市政府经济体制改革办公室主任职务；郝炎磊市政府应急管理办公室主任职务；崔乐伟市高新技术创业中心管委会（市生产力促进中心）主任职务；颜军成市军队离退休干部休养所副所长职务；王华章市仁河水库管理局局长职务；邱云静市弥河生态林场办公室主任职务；刘洪洲市钢铁物流园管理办公室主任职务；隋艳君市玲珑山生态林场管委会副主任职务；刘强市花卉产业发展区管委会副主任职务。

1 月 23 日，市人民政府决定，免去：李景花市交通运输局主任科员职务；魏爱兰市爱卫会办公室主任职务；徐秋兰市公安局北关派出所副教导员职务。

3 月 5 日，市人民政府决定，任命：刘学军为市政府办公室主任；孟庆广为市发展和改革局局长；郭恒凯为市经济和信息化局局长；郝炎磊为市教育局局长；万金亮为市科学技术局局长；张伯涛为市公安局局长；张连祥为市民政局局长；袁晓颖为市司法局局长；南天星为市财政局局长；徐继中为市人力资源和社会保障局局长；金玮为市国土资源局局长；蔡治清为市住房和城乡建设局局长；刘全林为市交通运输局局长；王华章为市水利局局长；李新国为市农业局局长；康效生为市商务局局长；郑玉章为市文化广电新闻出版局局长；陈新增为市卫生和计划生育局局长；冀学平为市审计局局长；张洪刚为市环境保护局局长；孙国明为市统计局局长；李伟为市安全生产监督管理局局长；张道文为市市场监督管理局局长；袁敏为市金融工作办公室主任；刘国银为市民族宗教事务局局长。

4 月 27 日，市人民政府决定，免去：史振平市教育局副局长职务；张宏一市教育局主任科员职务；张玉琴市环境保护局主任科员职务；张丽新市污染物排放总量控制中心主任职务。

4 月 30 日，市人民政府决定，任命：姜俊刚为市人民政府副市长（挂职）；免去：刘廷栋市监察局局长职务。

7 月 1 日，市人民政府决定，任命：刘鹏为市监察局局长。

7 月 10 日，市人民政府决定，任命：刘学军为市推进政府职能转变领导小组办公室主任；秦振华为市应急管理办公室主任，免去其市政府办公室主任科员职务；付鑫锋为市推进政府职能转变领导小组办公室副主任（试用期一年）；赵成果为市监察局派驻第四监察室主任；何玉德、冯殿佐为青州古城管理委员会副主任；佟奇志为青州古城管理委员会综合管理科副科长；赵海舰为青州古城历史文化研究中心主任，免去其市非物质文化遗产保护中心主任职务；李继国为青州古城历史文化研究中心副主任；朱克华为市弥河国家湿地公园管理服务中心副主任；王海燕为市弥河国家湿地公园管理服务中心办公室副主任；范克国为市弥河国家湿地公园管理服务中心宣教服务处主任；陈敬业为市弥河国家湿地公园管理服务中心宣教服务处副主任；刘玉斌为市机关事务管理局局长，免去其市市级机关事务管理局局长职务；于洪涛、刘建伟为市机关事务管理局副局长，免去其市市级机关事务管理局副局长职务；侯方庆为潍坊市公共资源交易中心青州分中心主任，免去其市公共资源交易管理办公室主任职务；黄建林、李宗杰为潍坊市公共资源交易中心青州分中心副主任，免去其市公共资源交易管理办公室副主任职务；郑栋鹏为市智慧青州建设办公室副主任；许世磊为市阳河管理服务中心（阳河管理局）副主任（副局长）；颜军平为市粮食局局长（正科级）；邓保杰为市安全生产应急救援指挥中心主任。免去：孙鼎梅市教育局主任科员职务；王新民市监察局副局长、市政府纠正行业不正之风办公室主任职务；张玉庆市监察局副局长职务；周洪竹市监察局派驻第一监察室副主任职务；马延波市监察局派驻第四监察室主任职务；闫成武市智慧青州建设办公室主任职务（保留正科级）；纪凤铭市体育局副局长职务；聂尉市交通运输管理所所长职务（保留副科级）；苏丽华市环境监察大队副大队长职务；李荣英市城市管理行政执法大队副主任科员职务。聘任：郑鹤杉为市古城保护与建设投资管理中心主任；赵金华为市古城保护与建设投资管理中心副主任。聘期三年，自2017年6月8日至2020年6月7日止。解聘：李峰市慈善总会办公室主任职务；朱克华市弥河生态林场管理委员会副主任职务；王海燕市弥河生态林场管理委员会办公室副主任职务；范克国市弥河生态林场管理委员会农村工作处主任职务；陈敬业市弥河生态林场管理委员会农村工作处副主任职务；何玉德市古城保护与建设投资管理中心主任职务。

7月26日，市人民政府决定，免去：刘国生市社会保险事业管理局副局长职务。

9月12日，市人民政府决定，任命：孟建新为市人民政府副市长（挂职）。免去：袁敏市金融工作办公室主任职务。

9月25日，市人民政府决定，任命：李光磊为市黑虎山水库管理局副局长，免去其市仁河水库管理局副局长职务；王建林为市仁河水库管理局副局长，免去其市黑虎山水库管理局副局长职务。免去：邓鞠市市场物流发展管理局副局长职务（保留副科级）。

11月16日，市人民政府决定，聘任：马胜、王建波为潍坊市益都中心医院执行理事；王洪坤、史素杰为市人民医院执行理事；董强为市中医院执行理事；钟彩云、文秀娟为市妇幼保健院执行理事；牛建一为潍坊市益都中心医院理事长；曾宪勇为市人民医院理事长；张福生为市中医院理事长；张照潼为市妇幼保健院理事长。非因退休等法定事由，聘任职务聘期五年。市人民政府决定，任命：杨爱东为市旅游局局长；刘新颖为市旅游文物管理委员会旅游市场管理处主任（试用期一年）；闵栋为青州经济开发区高新技术信息产业园管理办公室主任（试用期一年）；陈国珩为青州经济开发区高新技术信息产业园管理办公室副主任（试用期一年）。免去：刘元德市旅游局局长职务；赵桂珍市公安局法制大队政治教导员职务；岳素华市地震局副局长职务。

11月17日，市人民政府决定，任命：刘元德为青州古城管理委员会主任（试用期一年）；崔德森为青州市弥河国家湿地公园管理服务中心主任。

（时晓虎）

市政府办公室工作

青州市政府办公室

办公室主任	刘学军
办公室副主任	孟凡华
史志办主任	刘洪昌
应急管理办公室主任	秦振华
法制局局长	吴方君（女）
办公室副主任	刘玉梁
	有　刚

【概况】 市政府办公室工作紧紧围绕市委、市政府重大决策部署和中心工作，按照“务实、高效、精细、一流”的工作标准，充分发挥参谋助手、综合协调、督促检查、保障服务的职能作用，有效保

证了市政府各项工作的正常运转。

【文秘机要】 2017年，共处理请示类公文2394件，上级来文1977件，受理档案查询200余次。完成2016年度文件档案的整理工作，共整理档案200余卷。不断改进公文处理流程，完善公文处理制度，规范公文处理工作，新启用青州市网络督查平台，对市领导批示的请示类公文实行网上交办，基本实现公文传阅无纸化。

【政务公开】 3月，经市编办批复，市政府办公室增设政务公开科，负责市政府及市政府办公室的政务公开工作，同时协调指导全市政务公开工作开展。8月对青州市政务公开工作领导小组进行调整，形成以常务副市长为组长，市政府办公室主任为副组长，42个部门单位分管领导为成员的领导小组。2017年制发《青州市政务公开工作要点实施方案》（青政办发〔2017〕74号）《青州市2017年重点领域信息公开目录清单》（青政办字〔2017〕13号）《青州市政府信息公开属性源头认定制度》（青政办字〔2017〕17号）等文件，从制度层面保障公开内容发布。

2017年，全市主动公开政府信息共计6538条，其中政府网站公开4377条、政府公报公开97条、政务微博公开354条、政务微信公开426条、其他方式公开1284条。全市受理政府信息公开申请78件，其中公开44件，部分公开7件，不同意公开2件，其他情况25件，主要涉及土地、房屋征收、统计、政策等内容，均在规定期限内予以答复。全市因政府信息公开申请提起行政复议105件，维持具体行政行为43件，被依法纠错33件，其他情形29件；提起行政诉讼143件，维持具体行政行为或者驳回原告诉讼请求104件，被依法纠错28件，其他情形11件。

【政务信息】 高质量编发《青州政务信息》《要情参阅》等刊物；按照省政府办公厅、潍坊市政府办公室信息综合室工作要求，及时报送特色信息，完成上级调研信息、时政外埠等工作任务，全面反映青州市情。总结典型经验200余篇，形成调研报告280余份，编发《青州政务信息》360期，《要情参阅》28期，编辑上报省政府办公厅、潍坊市政府办公室政务信息6500余条，被采用2560条。《青州市积极探索"专家诊断"模式构建安全生产监管长效机制》被省长专报采用，获省政府领导批示，在全省政务信息直接联系县（市、区）第二十四届网络年会上被评为一等奖；建立政务信息培训常态化制度，对各镇、街道、经济开发区及有关部门、单位信息调研文字写作人员进行全面、系统培训，每位文字写作人员脱产培训两个月，促使全市信息员队伍业务素质进一步提高，全市共有专兼职信息员120名。建立政务信息直报点制度，在不同产业、不同领域选取有代表性的单位，作为信息直报点，建立经常性信息联系网络，进一步拓展信息报送领域。

（市政府办公室）

政府职能转变

【简政放权】 先后印发《关于建立政府部门权力清单和服务清单制度推进行政权力公开透明运行的实施方案》《关于加强行政审批事项事中事后监管工作的实施意见》《青州市2016年推进简政放权放管结合优化服务转变政府职能工作方案》《关于做好简化优化公共服务流程方便基层群众办事创业工作的通知》《关于全面推行"双随机一公开"工作的通知》《关于深化放管服改革进一步加强服务型政府建设的实施意见》等文件；共建立以权力清单、行政审批事项目录为基础的各类清单制度9类，11次对照上级取消调整下放的646行政权力事项落实，指导13处镇、街道、开发区全面建成"四张"清单（权力清单、服务清单、责任清单、审批目录清单）；建立健全行政审批事中事后监管制度，纳入39个部门230项随机抽查事项，全面推广"双随机一公开"监管方式；推行建设项目模块化审批、区域化评估评审，以"社区门诊设立"全链条优化为突破点，优化公共服务，提高服务效能。

【降低企业成本】 青州市以供给侧结构性改革为主线，坚持不懈降低实体经济企业成本，进一步优化发展环境、推进企业转型升级。先后印发《青州市降低企业成本促进实体经济健康发展专项行动实施方案》《青州市人民政府关于印发＜青州市2017年度降低实体经济企业成本实施方案＞的通知》，明确提出从降低制度性交易成本、税费负担、融资成本、用工成本、电力成本、物流成本、用地成本七大领域，全方位降低企业成本；全面实施营改增试点，推行出口退税“云管理”模式，扩大涉企行政事业性收费免征范围；截至2017年，完成规模企业规范化公司制改制269家，全市各类股权交易市场挂牌企业总数达到50家，家家富农业集团成为首家澳交所上市的中国有机农产品企业，实现了青州市企业主板上市零的突破。落实降低社会保险费率政策，扩大失业保险基金支出范围，为160家企业发放稳岗补贴，发放“鸢都创业证”10381本；落实大工业用电基本电费选择权，执行峰谷分时电价，落实新能源发电补贴政策，到2017年年底全市参与电力直接交易的用户增至18家；建成青州国际陆港、青州海关监管铁路场站，推进现代物流提档升级；实行差别化用地政策，提高用地指标使用效益，推行年度计划预支制度，盘活低效用地245.53公顷；建设项目推行“一窗式”审批，审批时限压缩到32个工作日，比法定时限提速达70%以上。至2017年年底，全市共为企业降低成本约37亿元。

（张　帆）

经济研究

【工作调研】 围绕潍坊市“四个城市”（产业强市、文化名市、活力城市、品位城市）和市委、市政府“五强四宜”（工业强市、花卉强市、旅游强市、文化强市、生态强市和宜居宜业宜游宜养城市）建设发展目标，重点针对全域旅游、特色小镇建设、“四个城市”建设、通用航空业、节能环保产业、对外贸易、学前教育、拉长花卉产业链条等专题进行了调研，形成调研报告10余篇6万多字。组织市直部门结合工作实际开展调研，年初征集确定重点调研课题67个，年底评选出18篇优秀调研报告在《经济研究》上刊发，并向市领导推荐。编发《经济研究》9期，市委书记韩幸福对第6期节能环保专题进行批示。

【文稿起草】 先后完成《政府工作报告》、市政府全体会议、“四个城市”建设动员会议、《青州市志（1988—2013）》政府编、领导干部会议等综合性材料12篇，专题会议材料71篇。撰写的《保持定力展现新作为　持续加力扛起新担当》《深入开展“四化”共建　全面夯实发展基础》《营造优良信用环境　全力建设“诚信青州”》《关于拉长青州花卉产业链条的思考》等文章在潍坊市政府研究室《研究与决策》上刊登，撰写的《青州市“五抓五提”全力推进作风建设制度化常态化》在《山东经济战略研究》上刊登。

（段忠勇　宋　斐）

应急管理

【应急信息报送】 印发《关于加强和改进突发事件信息报告工作的通知》《关于加强紧急敏感信息报告工作的通知》（青政办字〔2016〕6号），明确规定报告责任主体，报告时限和程序，报告内容与格式。为提高应急信息报送的质量与实效，对各镇（街道、开发区）、市直各部门的分管领导和信息联络员重新进行统计。特别在企业、社区、农村、学校等基层单位，以及事故、灾害易发多发地区，要求配备专（兼）职突发事件信息联络员，协助做好突发事件报告、预警信息传递、灾情收集上报等工作。严肃信息报送纪律，要求突发事件发生后，事发地镇（街道、经济开发区）政府和市直有关单位快速掌握情况，在20分钟内向市政府应急办电话报告、40分钟内书面报告，并随时“续报”事态进展情况，突发事件处置结束后，及时进行“终报”，坚决杜绝迟报、漏报和瞒报、谎报现象。

【应急预案修订】 根据《青州市突发事件应急预

案管理办法》（青政办发〔2014〕11号），市应急办专门下发应急预案修订通知，按照“简单明了、切实管用、便于操作”原则，要求各镇街、市属各开发区和各类突发事件应急处置责任单位，结合实际，对接上级业务部门，及时更新、优化各类应急预案，努力构建“横向到边、纵向到底”的应急预案体系。截至2017年年底，全市设置14个专项应急指挥部，包含52个专项应急预案。

【应急预案演练】 2017年，广泛组织联动性强、实用高效的应急演练，通过演练查找不足，在锻炼技能的同时检验并完善各类应急预案。同时高度重视开展跨部门、跨行业、跨区域综合性的应急演练。6月19日举办全市处置大面积停电事件桌面演练方案，6月27日举办城镇燃气管网泄露突发事件应急演练，6月28日开展泰和矿业综合性应急演练、危险化学品事故应急处置桌面演练，7月15日进行防汛泄洪专项应急实战演练，9月20日举办青州古城消防和旅游安全应急演练，10月27日开展森林消防专业队实战演练等综合性应急演练均取得较好的效果；安监、公安、教育、畜牧、市场监管、商务、住建、卫计等有关部门按照各自演练计划组织指导行业内应急演练活动620多次，均取得较好的效果，检验快速反应能力，弥补协同作战短板，提高应急处置技能。

【应急管理宣教与培训】 市应急办大力加强应急知识的科普宣教工作，结合青州市实际及应急管理的重点工作，专门印发全市应急管理宣教意见。通过开展科普宣传活动，公共安全宣传活动，典型案例宣传，教育培训等方式，逐步将应急管理知识和防灾减灾常识进机关、进家庭、进农村、进社区、进企业、进学校，不断提高公众防灾减灾知识和自救互救知识，强化公众防灾避险意识。

（赵世鹏）

地方史志

【二轮市志编修】 7月26日，《青州市志1988—2013》在市级机关综合办公大楼东附楼召开启动暨培训会议，正式启动二轮市志编修工作。9月18日，召开全市史志工作推进会议，市委副书记、市长鞠立强与镇、街道、开发区，市直各部门单位签订责任书，进一步明确工作任务、具体责任和供稿时限。12月，邀请省级和潍坊市专家对已完成的部分样稿进行针对性点评指导，为后续稿件的修改提升提供借鉴。

9月18日，全市史志工作推进会议

《青州市志1988—2013》断限为1988年至2013年，共设置专业志26编，涵盖政治、经济、文化、旅游、社会生活等各个方面。为保证志书编纂工作顺利进行，青州市委市政府充分挖掘社会资源，合理配置编修力量，组建41人的编辑队伍，分成15个编纂组分头编辑。同时，从人力、物力、财力等方面给予强力的保障，调剂办公场地，配备办公设施，由市级机关事务管理局统一进行管理维护。将史志工作纳入全市科学综合发展考核，由市政府办公室协同市委市政府督查局进行数次专项督导，给各供稿单位施压力、增动力，有效保障了供稿进度。截至2017年年底，《青州市志1988—2013》共整理初稿240余万字，图照1200余幅。

【《青州年鉴（2018）》编修】 根据山东省、潍坊市业务部门工作要求，12月，召开《青州年鉴(2018)》编纂动员会议，印发组稿方案，启动《青州年鉴（2018）》编纂工作，同步收集2014—2016年全市情况资料。

【方志馆工作】 青州市方志馆与市图书馆合署运行，2017年通过部门征集和外埠交流等方式，不断丰富馆藏。截至2017年，馆藏全国各地志书、年鉴、地情资料等图书5000余册。方志馆采取免费开放的方式，提供志书查阅及相关咨询服务，全年共服务来馆群众四百余人次。12月，市政府批复将方志馆新馆建设纳入全市城市基础文化设施建设规划，与新档案馆共建。

【镇村志编修】 按照山东省《关于做好乡镇村志编修工作的意见》的要求，启动弥河镇、高柳镇和东圣水社区、西圣水社区、南石塔村、沈家村作为镇村志编修试点，拟定青州市《镇村志略》篇目框架和编纂方案，各试点镇村完成初稿。同时将井塘村作为全国名村志编写村，确定编写纲目，基础材料基本收集完毕。

【省市供稿】 按照山东省、潍坊市年鉴、志书编纂方案和供稿任务要求，完成了《山东年鉴》《山东抗日根据地志》《山东解放区志》《山东省志·人物志》《潍坊年鉴》的供稿任务，提供基础资料46万余字。

行政审批服务

青州市政务服务中心管理办公室

党工委书记、管理办公室主任　　崔永刚
党工委副书记　　刘　强（回族）

青州市政务服务中心大厅外景

【概况】 截至2017年年底，青州市政务服务中心进驻单位61个，可办理行政审批、便民服务事项580项，窗口人员400余人，市政务服务中心先后获“国家级服务业标准化试点单位”“全国巾帼文明岗”“山东省文明单位”“山东省青年文明号”等称号。

【规范行政审批】 以标准化建设推动服务上档升级。3月16日，中心国家级服务业标准化试点项目顺利通过国家标准委专家组验收，成为潍坊市首家立项、首家完成该项国家级试点项目验收的政务服务中心，也是山东省第5家通过国家级服务业试点项目验收的单位。推动政务服务平台向基层延伸。5月，印发《青州市人民政府办公室关于印发青州市政务服务平台向镇（街道、经济开发区）及社区延伸工作实施方案的通知》，安排部署政务服务平台向镇街延伸工作。指导各镇街、社区录入公共服务事项共5600余项并对外发布。各镇街网上政务大厅建设完成，公共服务事项纳入网上运行。群众通过政务服务网自行申报业务，实现了省、市、县、镇四级互联互通。截至2017年年底，市政务服务中心共办理各类业务约41.59万件，按期办结率100%，收取各类税费基金总额120.17亿元。进驻政务服务中心的行政许可及服务事项开通网上申报功能，90%以上业务开通全程网办，与中心进驻

3 月 16 日，青州市政务服务中心国家级服务标准化试点项目评估会

的 EMS 窗口紧密配合，实现零跑腿办结。

【服务监督管理】 制定政务服务中心“作风建设年”重点工作计划，以工作纪律督查为重点，突出抓好民主督查和日常督查工作，划分责任分区，落实责任区域。全年共印制发放简报 12 期，发放督查通报 10 期，下发整改通知 25 份，明确指出窗口或个人存在的问题，要求其现场整改。每周在大厅内发放评议表调查群众满意度，截至 12 月底，共发放“窗口服务群众满意度评议表”895 份，群众满意度为 99.39%。定期进行电话满意度回访，电话回访满意度为 99.47%，满意度不断提升。5 月底开展了“对标学访”，由中心主要领导带队到杭州市萧山区办事服务中心和文登市政务服务中心进行全面对接交流，深入学习剖析对标单位的先进经验和思想境界，对照分析查找自身存在的问题和差距，全面提升目标定位，提高工作标准，开拓新视野，提升新境界，推动各项工作提档升级。

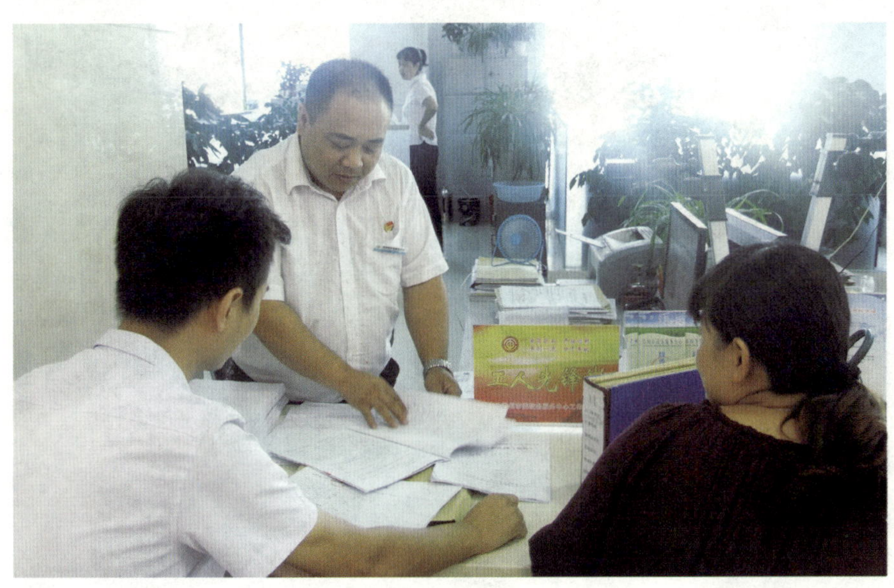

青州市政务服务中心工作人员落实一次性告知制

【投资创业服务】 不断深入推进建设工程项目“模块化”审批制度，严格落实重点投资项目审批代办制、建设工程项目告知承诺制和提前服务制、延时服务制、预约服务制、上门服务制，截至 2017 年年底，为山东青州云门酒业（集团）有限公司高纯度活性肽项目、青州市山东多路驰橡胶股份有限公司多路驰橡胶项目等 190 余个项目办理了模块化并联审批手续；为山东华业地产开发有限公司博慧苑东苑、山东益能置业有限公司南山豪庭二期 B 区等 190 余个项目提供代办帮办服务；为青州市国泰置业有限公司东夏花园北区、山东中晨房地产开发有限公司雍和府西区等 10 个项目办理告知承诺手续。

【会计集中核算】 2017 年度纳入会计集中核算的单位共 114 个，设 6 个对外柜组办理会计核算业务，全年为报账单位办理经费支出 18.76 亿元，单位之间往来资金 8.78 亿元，共计 27.54 亿元，代扣税超过 200 万元。

（王　军　王　露）

外事侨务

青州市人民政府外事与侨务局

局　长　　杨爱东（女，回族）

副局长　　张慧倩（女，回族）

5月26日，青州市与加拿大大不列颠哥伦比亚省高贵林港市友好城市签约仪式

【概况】 5月，外侨局新设综合科。2017年，市外事侨务工作不断创新领导机制和工作机制，市外侨局连续两次作为受表彰单位应邀参加全省外事系统表彰会议，获得“全省外事系统先进集体”称号，并且均作为全省唯一的县级外侨办作典型发言；连续八年获得“潍坊市外事侨务系统先进集体”称号，2017年在潍坊提升国际化水平考核中名列潍坊市第一名。

【外事接待】 全年共接待来自美国、德国、日本、韩国、澳大利亚、新加坡、法国等20多个国家的外宾36批150多人。3月2日，接待德国巴伐利亚州政府办公厅外事司司长魏甘特（Gunnar Wiegand）一行10人到青州调研赛德尔基金会项目开展情况；4月28日至5月2日第二届国际艺博会期间，圆满完成参会7国外宾的接待、衔接、活动安排、翻译等任务，极大提升了青州在国际艺术界的地位和知名度；5月4日至5日，200余位海外华商、博士到青州市参观视察并与青州市有关部门和41家企业进行了项目对接；5月25日至26日，加拿大高贵林港市友好代表团一行8人由市长格里格·摩尔带队到青州视察，并与市委副书记、市长鞠立强签署《中华人民共和国山东省青州市和加拿大高贵林港市建立友好合作关系意向书》。

【友好交流】 2017年，先后与加拿大高贵林港市、澳大利亚西澳同乡会、美国美东山东同乡会签订友好合作意向书，就房车、果酒、文化产业、农产品加工、招才引智等一系列项目达成合作意向。同加拿大山东同乡会、阿联酋山东商会、阿根廷华人进出口商会、英国布里斯托市的友好交流继续深化，成功促成农业机械出口、青能动力与布里斯托有关企业合作、招才引智等项目。

【领事保护培训基地】 积极争取省外办、潍坊外侨办的支持，率先在青州市成立县级“预防性领事保护培训基地”。该基地覆盖全市80%的外向型企业职工，并承担部分潍坊市的领事保护培训业务。基地的设立对青州市民树立海外安全风险防范意识、提高防范能力起到了重要作用。大力推进领事保护进社区活动，在南燕都社区等四个出国人员较为集中的社区和小区设立预防性领事保护宣传栏、

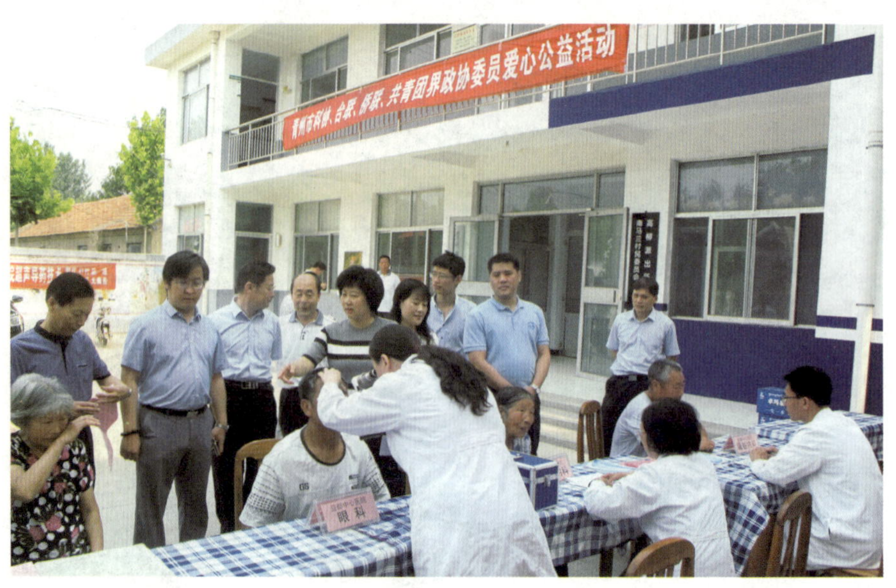

6月15日，组织开展眼部疾病筛查爱心公益活动

看板；在服务大厅免费提供预防性领事保护宣传册供办事居民取阅；在社区图书室设立领事保护宣传角，提供领事保护知识类书籍。

【外事服务基层示范基地】 9月19日，省外办党组副书记张继刚带领省外办机关干部60余人到青州为南张楼村“外事服务基层示范基地”揭牌，并开展“发挥资源优势•服务基层发展”主题党日活动，在村中植下“外事林”。“外事服务基层示范基地”的成立，使得该项目不再局限于与德国的合作，向转向多元化发展。利用省外办对南张楼项目的政策倾斜，把其他国家或地区的信息、资源、资金、项目等吸引过来，不断做强做大，凸显对周边农村的辐射效应。

【涉外管理】 实施“引进来、走出去”战略，在山东青能动力股份有限公司、山东汇强重工科技有限公司、山东荣立中石油机械有限公司、山东魏氏照明科技有限公司、青州华龙机电有限公司等重点企业的对外合作谈判中，主动为企业提供接待、翻译、信息搜集等方面的服务；全年共为15家企业70批148人次办理对外邀请手续，方便企业顺利邀请境外客户进行视察洽谈合作。对部分受限国家的客户，在认真调研申请企业和被邀请人员的情况下，协助企业到上级业务主管部门审批，确保企业客户顺利到青州；为推动青州企业走出去，积极推行APEC商务旅行卡，先后多次召开推介会，共为青州10家民营企业26位企业家办理APEC卡，极大方便青州民营企业家开拓海外市场、寻求合作机会。

【侨务工作】 落实困难救助制度，及时为符合条件的困难归侨和侨眷发放生活补助，补助标准提高为每月260元。落实优惠政策，在入学和就业考试方面，根据《中华人民共和国归侨侨眷权益保护法》有关规定，给予归侨子女加分照顾。组织人员对侨胞侨眷和侨资企业开展调研走访，及时掌握并帮助解决他们在生产生活中遇到的问题和困难。搞好矛盾纠纷协调处理，对归侨侨眷来信来访，坚持做到件件有落实、件件有回音。2017年，组织侨联委员到高柳镇南马兰村、谭坊镇夏辛村、谭坊镇敬老院、王坟镇东逄峪村开展爱心公益活动，走访慰问困难户、开展“爱心健康义诊”及侨法宣传、领事保护等宣传活动；在归侨、侨眷中举办多次联谊会，在春节及仲秋节期间，为贫侨捐款捐物达两万余元。创新侨务社区建设工作，推进侨务工作社会化，截至2017年，共建成侨务社区7处，其中海岱苑社区和南燕都社区被评为全国社区侨务工作示范单位，北城社区、千人计划青州产业园被评为全省社区侨务工作示范点，南张楼社区被评为全省社区侨务工作先进单位，南燕都小区被省侨办授牌“侨法宣传角”。

（崔晓薇）

督查工作

中共青州市委青州市人民政府督查局

局　长　　　冯世伟
党支部书记　赵振邦
副局长　　　宋林波

【概况】 2017年对市委、市政府重要工作、重大决策、重大项目督办落实，考核市直各部门单位及镇、街道年度重点工作落实情况，进一步提高了全市各项工作落实效率，为推动全市经济社会发展提供了有力保障。市委、市政府督查局被授予“潍坊市级文明单位”“建议、提案办理工作先进单位”等称号。

【重点督查】 把督查重点放在市委、市政府重大决策部署、年度重点工作和重点项目上，督促各级各部门狠抓工作落实，推进科学发展。年初，以市委工作要点和《政府工作报告》为主线，将全市经济社会发展任务目标逐项分解，量化为134项具体工作，明确工作标准、责任单位和完成时限，实行动态跟踪督查，确保工作实效。对阶段性重点工作，通过下发立项督查通知、定期督办、办结通报的形式进行督办。2017 年，督查局参加市政府重要会议 50 余次，先后对全市春季绿化、安全生产、集贸市场整治、弘润项目建设、市级领导包靠服务企业、棚户区改造、森林公园扩建工程、全市脱贫攻坚巩固提升、文明城市创建、“四个城市”建设重点项目推进、十件民生实事等 30 多项重点工作进行督查。下发《专项督查通知》32 期，印发《督查专报》49 期，编发《督查通报》9 期。加强与上级督查部门的沟通联系，迎接潍坊市组织的重点项目建设、安全生产、生态环境综合整治、中小学破解大班额等 10 多次现场督查调研，办理省、潍坊市交办领导批示、国务院第四次大督查热线电话、督查通知、会议督查、专项督查等事项 50 余件次，以市委、市政府办公室名义向上级报送工作情况 20 余次，受到上级督查部门充分肯定。

【民生督查】 从关注民生的高度，切实重视群众反映的问题，督促相关责任部门迅速解决。对市委、市政府领导批办事项，重效率，求质量，做到“批必查、查必果、果必报”，及时形成“督查专报”和“呈阅件”，实事求是地报告反馈情况。2017 年，督查局共督办青州市委市政府主要领导批示信件 337 件次。对每年“两会”期间人大代表和政协委员提出的建议和提案，及时交办各承办部门，并建立工作落实台帐。通过规范办理制度，明确办理时限，落实面复制度，完善签批程序，进一步提高建议提案的落实质量。交办人大代表建议 124 件、政协委员提案 145 件，以及闭会期间提出的 28 件建议和 4 件政协委员提案，均及时交办到 69 个承办部门办理。

【创新督查】 坚持机制创新、制度创新、方法创新，注重实效，不拘形式，灵活采取电话催办、现场查办、网络督办等多种方式进行督查。5 月份，全市网络督查平台正式上线运行，各类督查事项实现线上交办、催办，督查结果更为直观、生动、准确，为领导提供更加真实的信息。将审批类公文办理纳入网络督查平台管理，限定办理时限，由市纪委监督，行政审批效率明显提高。2017 年，通过网络督查平台完成各类事项办理 189 项。

（孙媛媛）

人事工作

青州市人力资源和社会保障局

市委组织部副部长，市人社局党委书记、局长　徐继中

党委委员、社会保险事业管理局局长　许文昌

党委委员、市人力资源管理服务中心主任、党总支书记　李建华

党委委员、副局长，市高校毕业生就业指导服务中心主任　张玉军

党委副书记、主任科员　李华章

党委委员、副局长　赵国华

张新顺

党委委员、妇工委主任　杨春花（女，10 月止）

副主任科员、办公室主任　杨文静

【概况】 青州市人力资源和社会保障局（市外国

“青州农商”杯新型农民创业大赛

专家局）为市政府工作部门，规格正科级，设置办公室、规划财务科、就业促进科、职业能力建设科、专业技术人员管理科、劳动关系科、工资福利科、养老和失业保险科、工伤医疗生育保险科、外国专家办公室、市公务员管理办公室等11个职能科室。有社会保险事业管理局、人力资源管理服务中心、高校毕业生就业指导中心三个直属正科级事业单位和居民医疗保险管理中心、劳动保障监察大队、劳动人事争议仲裁院三个直属副科级事业单位。2017年，青州市人事工作坚持“民生为本、人才优先”工作主线，倡导“政策执行者”和“群众服务者”两种理念，全面提升工作标准和工作效率，创亮点、争一流，人社事业发展呈现良好态势。市人社局获评2016年度省级文明单位，全国、山东省2017年度人力资源社会保障宣传工作先进单位，被山东省社保局评为全省医疗保险先进经办机构，被潍坊市政府评为潍坊市大学生创新创业工作先进集体。

【就业创业】 *就业服务*。深入村镇社区“送岗位、送技能、送政策”，开展乡村旅游培训。举办人力资源市场招聘会94场，开展“春风行动”、残疾人就业、高校毕业生就业等专场招聘活动5次，累计提供就业岗位2万余个，达成就业协议6000余人。城镇新增就业11758人，城镇登记失业率控制在2.9%。

创业带动就业。举办大学生创新创业大赛、新型农民创业大赛，发放鸢都创业证4605份，落实创业两项补贴26万元。依托潍坊创业大学青州学院和定点培训机构，开展技能培训6267人、创业培训465人，发放培训补贴、技能鉴定补贴451万余元。落实创业担保贷款政策，发放贷款223笔共计3349万元，实现贴息1307万元。

就业创业平台建设。省级创业孵化示范基地青州市智联创业孵化中心争取上级配套奖补资金共计750万元。益都街道地主网大学生创业电商平台、青州市大学生一正有机农村创业基地获评潍坊市大学生农村创业特色示范平台，争取上级奖补资金20万元。青州市花卉大学生创业园获评潍坊市级大学生创业示范平台，争取上级奖补资金80万元。与中关村加一战略新兴产业人才发展中心合作实施中关村＋青州创新创业人才培养工程，启动建设“中关村＋青州”创新创业实践基地、创新创业大讲堂、小微企业特训营、高端人才智库4大平台，着力打造省级创新创业要素集聚高地，开创县域创新创业示范发展新模式。

弱势群体就业保障。实现城镇失业人员再就业3107人，开发公益性岗位360个，安置新增就业困难人员355人，发放岗位补贴、社保补贴613万元。

【社会保障】 *社会保障全覆盖*。巩固全民参保计划成果，实行扩面征缴目标责任制，共征缴各项社会保险费16.45亿元，基本养老、基本医疗、失业、工伤、生育保险参保人数分别达到66.95万人、86.90万人、7.35万人、10.31万人、8.09万人。

社保基金安全运行。加强内控体系建设，承接全省社会保险经办风险管理专项行动部署会议。强化社保基金监管，开展社保基金专项治理，健全社保基金监管疑似问题会商解决机制、基本医疗保险工作联席会议制度和医疗机构负责人约谈机制，持续开展监督检查，加大对社保领域违法犯罪行为惩处力度，确保社会保险基金健康运行。

重点特殊群体社会保障权益维护。扎实推进建筑业按项目参加工伤保险工作，全市50个建设项目完成参保，实现新建项目和在建项目参保率“双百”目标。重启困难企业社会保险费缴费程序，切实保障职工社会保障权益。

社保经办服务。启动实施社会保险公共服务标准化、信息化、一体化“三化”建设，出台“三化”建设实施方案，梳理制定综合柜员业务流程，组织开展综合柜员前台业务培训，为实现经办服务智能化目标奠定基础。实施社保卡全覆盖工程，建立快速制发卡机制，完成信息采集845426人，发放制成卡753143张，推动实现群众全部持卡就医。启动实施跨省异地就医即时结算，与32个省市实现就医结算互联互通，异地就医定点医疗机构达到7442家，解决参保群众异地就医难题。开通社保微

市人社局对全市1076名人力资源和社会保障协管员进行专题培训

信缴费平台，1.5万余人通过微信平台进行居民医保自助缴费，实现群众缴费足不出户。

【人才工作】 人才引进品牌建设。举办“智慧引领·再创辉煌”2017院士专家青州行活动，国内生物化工领域顶尖知名院士专家及科研团队28人参加，达成初步合作意向60余项，并签署了2个总投资过10亿元、具有国际领先水平的超大项目。全市共拥有山东省引进国外智力成果示范推广基地3家、山东省引智示范推广项目3个，2人荣获“齐鲁友谊奖”，2人荣获“鸢都友谊奖”。拓展引才渠道，鼓励社会力量延揽人才，荣获省级鼓励社会力量引进高层次人才奖励，开创潍坊先河。

技能人才培育品牌建设。参与承办2017年全国数控铣加工技术技能大赛，青州市2名师生分获教师组、学生组一等奖，综合成绩位居全国各参赛队伍第一名。对接世界技能大赛竞赛规则流程，参与筹办全国首届工业机械装调（装配钳工）职业技能大赛。扎实组织实施职业技能鉴定，新增高技能人才626人，开展高技能人才自主评价205人。举办青州市职业技能大赛，弘扬工匠精神，激发技能人才培育活力。批准青州市天同职业培训学校、新东方畜牧职业培训学校、众信力和职业培训学校三家学校办学资格，填补了青州市畜牧业和农业方面技能人才培训机构的空白。

人才精细服务品牌建设。参与组建全市人才服务推进办公室，为各类人才提供“店小二式”创新创业服务。开展人才需求调查和人才调研活动，摸排全市各类人才需求748人，针对性地跟进人才招引。积极推荐参评“齐鲁友谊奖”、齐鲁首席技师、泰山产业领军人才、鸢都产业领军人才等各类高端人才荣誉和人才项目。

【人事管理】 人事考试。圆满完成2017年综合类事业单位招录64人、公务员招录49人，协助教育部门和卫计部门招聘教师352人、公立医院人员92人、合同制护理100人，完成机关事业单位工勤人员技术等级考试。

专业技术人员队伍管理。办理2017年度专业技术人员职称评审申报852人，完成中高级专业技术职称集中聘任335人，组织全市专业技术人员继续教育16307人次。加强女性高级专业技术人员管理服务，确保在岗尽责，实现人尽其才、才尽其用。

人事管理信息化。启用机关事业单位人事综合管理信息系统和自主择业军转干部信息系统，全面提升人事管理工作质效。

【劳动关系】 职工基本权益保障。出台规范国有企业招聘行为意见，实现国有企业招聘公开、公平、公正。坚持小组会审制和社会公示制，办理企业职工退休、退职2466人，完成特殊工种备案1274人，开展工伤认定323件次、劳动能力鉴定262人次。启动实施工伤预防工作，开展参保职工工伤预防集中培训23期累计3340人，保障职工生命健康权益。

和谐劳动关系创建。发挥劳动关系协调“三方四家”联席会议作用，新增劳动用工备案10996人，劳动合同、集体合同签订率分别达到94.9%，月最低工资标准提高至1640元。卡特彼勒（青州）有限公司、青州市第一建筑工程有限公司、安徽江淮汽车股份有限公司山东分公司等3家企业获评“潍坊市劳动关系和谐企业”，青州千人计划产业园被评为“潍坊市劳动关系和谐工业园区”。

劳动争议基层防控。强化争议预防，成立各类基层调解组织388家，新成立青州市烹饪和饭店协会、工程机械行业协会、中小企业商会、经济开发区商会等4家行业性调解组织。开展全市劳动人事争议调解员业务集中培训，建立多元化调解机制，全市65%以上的劳动争议在基层得到有效化解。

仲裁监察效能建设工程。成功创建省级标准化仲裁院，承接全省劳动人事争议调解仲裁地方标准制定工作研讨会和潍坊市劳动保障监察执法能力提升培训暨疑难案例研讨会，完成劳动保障网上书面审查2432家、日常巡查1132家，开展农民工工资支付等4次专项检查，处理各类争议案件670余起，调解成功率达77.5%，网上全程办案率、按期结案率均达100%，为劳动者挽回经济损失2000余万元。

【基层服务】 依托“青州通讯”和青州电视台开设两大人社专栏，完善人力资源社会保障微信公众号平台功能，持续发布人社政策、便民信息、工作成果，切实提升人社部门社会形象和人民群众人社获得感。2017年，《青州通讯》人社专栏持续发布35期，青州电视台“人社之窗”栏目持续播出25期，青州市人力资源和社会保障微信公众号关注用户达1.3万余人。健全市、镇街、村（社区）三级人力资源社会保障管理组织体系和服务网络，强化镇街人社业务领导包靠和中层干部坐班指导力度，组织全市1076名村级（社区）协管员开展系统培训，打通服务群众最后一公里，方便基层群众办事。加强档案业务标准化和信息化建设，提升档案管理服务水平。

（时晓虎）

智慧青州建设

青州市智慧青州建设办公室

主　任　　闫成武（6月止）

副主任　　郑栋鹏（6月起，主持工作）

【概况】 2015年青州市成立“智慧办”，具体组织实施智慧城市项目的开展。2015年申报国家智慧城市试点，成立两年间，在智慧社区、智慧医院、智慧景区、智慧教育和市民卡项目等方面都做出积极努力。

【智慧城市建设】 智慧景区。潍坊市智慧办第三方合作公司对全市6家景区进行全景影像采集，初步制作全景影像地图。

智慧教育。青州市金翅膀幼儿园安装试验“智能早教——互动宝宝”项目，将幼儿园宝宝的图片、视频等上传存储到服务器，家长通过智能手机或家用电脑登入账号密码，能够实时观看宝宝在园情况。2017年，潍坊市云公司对金翅膀平章府幼儿园进行监控设备升级改造，并将金翅膀所属的4所幼儿园接入潍V—APP，配套安装考勤机。

智慧社区。智慧社区相关的云支付相关协议签订完毕并上交至潍坊智慧办，签订相关协议的社区有国泰民居、七里嘉园、大福地、联升富贵园、东店富贵苑、东店聚福苑、青云紫府、红庙小区、龙苑、南阳花园等十余处。

智慧医院。根据潍坊市智慧办关于智慧医院建设的要求，协调青州市人民医院配置防火墙，实现银医通服务器能公网接入访问；授权同意并协调HIS厂商进行接入改造，挂号、充值、缴费等涉及金额交易的业务接口支持支付渠道（自助机、云支付APP、医院微信公众号、建行微信公众号等渠道）、支付方式（微信、支付宝、建行网银、工行社保卡、建行社保卡、银行卡等），支持线下窗口退号、退费。

智慧洗车。城市云服务平台创新建设版块中涉及的相关协议签订完毕并上交至潍坊智慧办，签订社区智慧洗车协议的相关社区有国泰民居、七里嘉园、东店富贵苑、联升富贵苑、海天丽晶、扈庙社区，共计6处。

智慧图书馆。青州市图书馆通过潍坊市云支付科技有限公司的城市通行证APP实现青州市民办理和注销借书证、缴纳及退还押金服务。

【平台建设】 公共交通智能调度系统。提供网络便民服务，开通失物招领、站点GPS定位、站点可借车、可还车情况实时查询等服务。安装站点监控400个，通过3G网络与公安监控系统联网，实现公共自行车站点监控全覆盖，形成较为完善的公共自行车交通服务网络。

“天网工程”。在重要路口和重要场所建立全方位的立体防护，将110/119/120报警指挥调度系统、远程可视图像传输、地理信息系统（GIS）等有机地结合在一起，实现犯罪实施、火灾发生实时联动报警、犯罪现场远程可视化及定位监控、同步指挥调度。

数字青州地理信息公共平台。平台集成并发布全市1569平方千米的矢量数据和影像数据、主城区及建制镇90.1平方千米的地名地址数据以及包括科教文化、公司企业等十几类数据。

督查督办系统平台。根据潍坊市督查局督查督办事项网上办理的工作要求，会同市委办、市府办、市纪委、市督查局制定了详实可行的项目建设方案，3月份完成项目招标，5月份完成项目建设并正式上线运行。

可视基层服务管理系统。根据潍坊市委组织部系统建设会议精神和《可视基层管理服务系统主要功能、建设标准及有关要求》文件要求，会同市委组织部组织相关专家，对系统建设标准和实施步骤进行统一规划，结合青州市实际进行充分论证并对建设方案进行了多次修改，形成详细汇报，7月下旬完成招标，9月底完成工程项目建设、系统安装调试，并组织完成系统管理员培训，10月初正式投入使用。

（徐善清　郭晓宇）

机关事务管理

青州市机关事务管理局

局　长	刘玉斌
党总支书记	付廷刚
副局长	刘建伟
	于洪涛

【概况】 2017年2月22日，市级机关事务管理局更名为“青州市机关事务管理局”，为市政府直属事业单位，机构规格正科级，设置办公室、财务科、审计科、公共机构节能科、设备管理科、大楼管理科、房产管理科、安全保卫科、老干部管理科、机关物业管理科、生活管理科十科一室及机关幼儿园一个下属单位，正式在编人员34人。2017年，市机关事务管理局积极参与全市办公用房规范使用、公车改革、所属办公场所服务等工作，提供了良好的后勤保障。

【机关办公用房管理工作】 2月，市机关事务管理局协调市粮食局、市知识产权局、市老龄委办公室等单位入驻法院原办公楼办公。7月，市机关事务管理局协调市阳河管理局入驻市建工处办公楼办公，协调市花卉局入驻南苑大厦办公；8月，对老八中办公楼进行整修改造后，调剂给市关工委、市志编纂委员会办公室使用；接管企业总部大楼的卫生保洁、安全保卫、基建维修等后勤保障工作。2017年，市机关事务管理局负责市级机关综合办公大楼、市人大办公楼、市政协办公楼、市农业大厦、市文化大厦、市政务服务中心、市南苑大厦、市纪委监委办公楼、市建工处办公楼、法院原办公楼、老武装部的办公用房管理，并提供后勤保障和服务。

【公共机构节能工作】 2月14日，市机关事务管理局举办青州市公共机构能源资源消费统计信息系统培训班，对全市160多家公共机构的200余名节能工作人员进行培训。6月11日至17日，全国公共机构节能宣传周及全国低碳日期间，市机关事务管理局倡导绿色低碳出行，组织一系列节能活动，进一步提高机关干部职工的节能意识，充分发挥机关单位的节能示范作用。

【公车改革】 青州市党政机关公务用车制度改革于2015年底正式启动。同年11月28日，成立由市长任组长的公车改革领导小组，领导小组办公室设在市发改局，市编办、市财政局、市人社局、市市级机关事务管理局为办公室副主任单位。2017年6月，省车改办制定并公布新的公务用车标识喷涂标准。6月28日，由省车改办确定的公务用车标识喷涂企业山东省影山交通器材服务中心汽车修理厂对全市党政机关164辆公务用车进行了统一标识喷涂，全市党政机关公务用车全部实现“车辆标识化”。

【机构改革】 7月，由市政府办公室牵头，会同市财政局、市人社局、市编办、市社保局、市机关事务管理局等单位对市机关事务管理局所属事业单位市级机关第二食堂、第三食堂、第四食堂、维修队进行改制，四个单位全部注销，15名事业编制收回，12名符合提前退休条件的在职人员选择退休，2人选择失业。7月26日，经市编办批复，撤销市级机关食堂，收回事业编制5名，其职能、债权债务等一并由市机关事务管理局承接。市机关事务管理局增加事业编制5名，增设生活管理科，具体负责机关食堂日常管理工作。

（耿英勤）

中国人民政治协商会议青州市委员会

中国人民政治协商会议青州市委员会

主　席　　董连胜（1月止）
　　　　　刘永福（1月起）
副主席　　李金凤（女，1月止）
　　　　　牛建一
　　　　　王寿礼
　　　　　贾来友（1月止）
　　　　　刘传明
　　　　　田玉强（1月起）
　　　　　马振春（回族，1月起）
党组成员、常委　李学仁
秘书长　　王效明（兼办公室主任）

工作机构

研究室
主　任　　赵　斌
委员活动工作室
主　任　　陈永明
提案委员会
主　任　　董保安
学习宣传文史资料委员会
主　任　　张国新
经济科技人口资源环境委员会
主　任　　陈世燕（女）
民族宗教港澳台侨委员会
主　任　　刘艳霞（女，回族）
文教卫生社会法制委员会
主　任　　吴生昌

概　况

2017年，市政协深入学习宣传贯彻中共十九大和习近平同志系列重要精神，围绕市委工作要点和全市转型科学发展重点，积极开展调研、视察，组织社会公益活动。全年参与调研视察活动23次，针对就业、安居、社保、教育、医疗等开展界别活动60余项，各级政协委员主动参与教育、科技、文化、医疗服务、生态保护等公益活动605次，政协各项职能得到有效发挥。

全体会议

【市政协十四届一次会议】　中国人民政治协商会议第十四届青州市委员会第一次会议于2017年1月21日—25日在青都国际大饭店举行。市委书记韩幸福到会并讲话，市政协主席董连胜作政协常委会工作报告，市政协副主席刘传明作提案工作报告。会议选举刘永福为政协第十四届青州市委员会主席，选举牛建一、王寿礼、刘传明、田玉强、马振春为政协第十四届青州市委员会副主席，选举王效明为政协第十四届青州市委员会秘书长，选举马振建等48名同志为政协第十四届青州市委员会常务委员。

常委会议

【十三届二十次常委会议】　会议于1月12日召开。

7月3日，市政协十四届二次常委会召开

听取关于市政协十四届一次会议筹备工作情况的汇报；协商决定市政协十四届委员会的界别设置、委员名额、人选名单；讨论审议市政协十四届一次会议有关文件；审议通过关于召开市政协十四届一次会议的决定，市政协十四届一次会议议程建议、日程建议；通过十三届市政协常委会工作报告、提案工作报告及各专门委员会工作报告等相关文件、名单；推举常委会工作报告、提案工作报告报告人。

【十四届一次常委会议】 会议于2月16日召开。听取文广新局、旅游局、林业局工作情况汇报和关于政协十四届青州市委员会小组分组情况的说明，通报政协青州市委员会领导班子成员及专职常委工作分工调整情况，研究通过《政协青州市委员会2017年工作要点及重要活动安排》《政协青州市委员会关于政协委员活动组开展活动的意见》，修订通过《政协青州市委员会委员活动与管理办法》。

【十四届二次常委会议】 会议于6月28日召开。传达学习省第十一次党代会和十一届一次全会、潍坊市领导干部会议、潍坊市政协十三届二次常委会议及青州市领导干部会议精神；听取经信局、市场监督管理局、花卉产业管理局工作情况汇报和市政协上半年工作情况汇报；讨论通过政协十四届青州市委员会各专门委员会名单。

【十四届三次常委会议】 会议于9月25日召开。听取市政府关于承诺办好的十件民生实事落实情况的通报，教育局、交通局、农业局工作情况汇报，关于政协委员组织参与公益事业情况的汇报；传达贯彻潍坊市政协工作座谈会会议精神；研究通过《政协青州市委员会常务委员会关于积极参与“四个城市”建设的决议》和《政协青州市委员会关于进一步加强镇、街道、开发区政协工作室建设的意见》。

【十四届四次常委会议】 会议于11月10日召开。传达学习中国共产党第十九次全国代表大会、省政协十一届二十八次常委会议、潍坊市政协十三届四次常委会议、中共青州市委十三届三次全体会议精神；审议通过《政协青州市委员会关于学习宣传贯彻中国共产党第十九次全国代表大会精神的决议》。

提案征集与办理

市政协十四届一次会议期间，共提出提案152件，审查立案149件。立案的提案中，经济建设方面27件，占18.1%；政治建设方面12件，占8.1%；文化建设方面27件，占18.1%；社会建设方面48件，占32.2%；生态文明建设方面35件，占23.5%。其中，委员个人提案124件，委员联名或集体提案25件。提案分别交由55各职能部门办理，截至到2017年12月，有37件提案得到解决或落实；正在组织实施或纳入计划解决的98件；临时难以解决或落实的14件。根据反馈意见和民主评议情况，委员对提案办理的满意率为98.3%。选取20件提案作为重点提案报市委市政府主要领导签批，并对其中的《推动青州文化建设的几点建议》《关于推进城乡公交一体化的几点建议》《关于加快促进普惠性幼儿园发展的建议》《关于推进我市特色农产品产业化的建议》等提案进行追踪督办，在新闻媒体开辟“提

7月13日，对十四届一次会议重点提案进行追踪督办

案追踪”栏目，进行社会监督，推动提案办理落实。坚持将激励机制引入提案工作，积极开展评先树优活动。有20件提案被评为“2017年度优秀提案”。

调研视察

2017年，市政协围绕全市工作重点，组织开展了传统产业智能化改造、企业直接融资情况、传统产业智能化改造情况、西南山区生态保护情况、“三品一标”品牌农业发展情况、国家级花文化基地建设情况、高中教育发展情况、中医药事业发展情况等多项调研，向市委提交小型机械装备转型升级、雨污分流、古城业态提升等调研报告。其中，针对青州市的传统优势产业小型装载机产业，市政协成立专门调研队伍，对产业发展情况进行了为期一个月的专题调研，走访二十多家企业，组织部分政协委员和相关职能部门现场视察，形成的调研报告获得市委、市政府主要领导签批。

11月14日，视察重点花文化基地

文史工作

2017年，成立新一届市政协学宣文史资料委员会，从社会各界及镇街新聘特约文史研究员31名，负责与其专业或辖区相关的史料挖掘整理；从政协委员各活动小组选聘文史通讯员26名，负责本组委员开展界别相关史料线索寻找、采访及提报。

资料征集。 配合中国政协文史馆“北上”项目工作组赴大关营、天主教堂、闵家庄、基督教堂视察并提供资料。协助潍坊政协编辑出版《潍坊志愿军老兵回忆录》（第二辑），上报青州籍志愿军回忆史料12篇，采用7篇。

文史作品。 出版《青州历史人物志》（古近代部分），收录古近代历史人物2302名，近30万字；出版《青州文史资料》（第32辑），收录清末至改革开放百余年间文史资料130多篇，照片200多幅，近40万字；出版《益都印象》（上），收录益都自1948年3月解放，至1986年3月撤县改市期间的文史资料111篇，照片150幅，近30万字，辑存了益都县时期的辉煌和记忆。

市政协文史馆建设。 简史室系统展示了1949年至2017年第一至第十四届政协青州市（益都县）委员会全委会议及其相关史料；实物陈列室，展出200多件与政协届次相对应的珍贵实物。音像资料室，存储政协历次会议、活动、提案、文史资料等的实物或电子版。文史图书室，征集3500册“国史典籍”“地方文献”“青州文献”“各级文史”“青州文史”五大类图书。

（董　超　窦　坤）

中国共产党青州市纪律检查委员会

青州市纪律检查委员会

书　记　　郭建伟
常务副书记　　陈连军
副书记　　刘　鹏（1月起）
常　委　　王建美（女）
　　　　叶金堂
　　　　曹传国
　　　　王鸿光

青州市监察局

局　长　　刘　鹏（6月起）
副局长　　王新民（6月止）
　　　　张玉庆（6月止）

概　况

纪委机关设置办公室、组织部、宣传部、党风政风监督室、信访室、案件监督管理室、第一至第四纪检监察室、案件审理室共11个内设机构，6月13日，根据《关于市纪委内部人员编制调整的批复》（青编发〔2017〕24号），对纪委机关及派驻纪检组编制及人员作出调整，调整后，纪委机关行政编制由39名调整为45名，六个派驻纪检组编制由24名调整为18名。2017年，市纪委认真落实中央、省、潍坊市纪委各项部署要求，紧紧围绕市委市政府中心工作，突出主责主业，严格监督执纪问责，有力推动了全面从严治党向纵深发展，全市党风廉政建设和反腐败工作取得明显成效。被评为山东省级文明单位；先后荣获省级无越级集体访创建工作先进单位、潍坊市党风廉政新闻宣传工作先进单位等称号。

重要会议

【市纪委十三届二次全体会议】　2月12日召开，市委书记韩幸福出席会议并讲话。全会深入学习贯彻十八届中央纪委七次全会、省纪委十届八次全会、潍坊市纪委十一届十次全会精神，总结2016年全市纪律检查工作，部署2017年任务。审议通过了郭建伟代表市纪委常委会所作的《忠诚履职，严格执纪，努力推动全面从严治党向纵深发展》的工作报告。市委、市人大、市政府、市政协领导班子成员，市法院院长、市检察院检察长；各镇、街道、市属开发区党（工）委书记；市直部门、单位主要负责人；市纪委委员，市监察局副局长、各派驻纪检组书记参加会议。

【述责述廉工作会议】　12月20日，镇、街道、市属开发区党（工）委书记和市直部门（单位）主要负责人向市纪委全会述责述廉会议召开。述责述廉对象向市纪委全会作述责述廉报告，市纪委委员对述责述廉对象进行询问，最后，由市纪委委员在阅读和听取述责述廉报告的基础上对述责述廉对象进行民主评议打分。参加会议的有市纪委委员，参加口头述责述廉的镇街党（工）委书记和市直单位主要负责人，不是市纪委委员的市委巡察办和各巡察组负责人、市纪委内设机构和派驻纪检组负责人。

【市纪委十三届三次全体会议】 11月11日召开，市委常委、市纪委书记郭建伟出席并讲话。全会深入学习贯彻中共十九大和省纪委十一届二次全会、潍坊市纪委十二届二次全会、市委十三届三次全会精神，对全市纪检监察系统学习贯彻中共十九大精神作出部署，号召全市各级纪检监察机关和广大纪检监察干部紧密团结在以习近平同志为核心的党中央周围，全面深入学习贯彻中共十九大精神，在潍坊市纪委和市委坚强领导下，不忘初心、埋头苦干，不断推进全面从严治党向纵深发展。全会审议通过《中国共产党青州市第十三届纪律检查委员会第三次全体会议公报》。

党风廉政建设

全面从严治党。市委带头落实全面从严治党主体责任，制定实施意见，下达党风廉政建设责任书，明确镇街（开发区）党（工）委、纪（工）委和市直部门单位党组织抓落实的政治责任；组织开展主体责任落实情况的监督检查，与125名党政正职进行廉政谈话，着力传导压力、层层压实责任；认真落实问责条例和省委实施办法，全年共实施问责24起，问责党员干部57人，全部进行通报曝光。

落实中央八项规定精神，驰而不息纠正“四风”。组织全市纪检监察干部成立明察暗访组，采取交叉暗访、随机抽查、突击检查等方式，对全市各级各部门各单位进行全天候、不间断监督检查，及时发现并严肃查处违反中央八项规定精神问题；紧盯元旦、春节、中秋、国庆等重要时间节点，明确纪律要求，充分运用电视、电子显示屏、公益广告牌等宣传媒介，宣传中央八项规定精神，组织开展全覆盖、拉网式集中检查，着力发现纠正违反中央八项规定精神问题；以“钉钉子”精神，持之以恒正风肃纪，开展纠治“四风”专项行动和落实中央八项规定精神专项检查，大力营造声势，发现纠正问题，全年共查处违反中央八项规定精神和“四风”问题56起，处理97人，形成有力震慑。

党风廉政教育

深化德廉和党风党纪知识学习测试，邀请省纪委监察二室副主任孙庆雷为全市领导干部作党风廉政建设辅导报告；把警示教育纳入党校主体班次培训班必修课；组织全市党员干部观看《永远在路上》《永不停歇的征程》等专题教育片；举办“绘廉政青州 扬清风正气”廉政农民画展，把传统特色文化与廉政教育相结合，推动廉政教育向基层延伸；拍摄制作《棋如人生》微视频在省纪委“家风传承”征集活动中荣获二等奖；开通“廉政青州”微信公众号，开设“廉政青州大家谈”专栏，组建镇街专职信息员队伍，聘任27名“廉政青州”宣传员；建成潍坊市首家农村基层干部廉政教育基地，分批次组织广大党员干部参观廉政教育基地。

10月12日，全体纪检监察干部在“廉政青州大学堂”学习

监督执纪问责

以“零容忍”态度始终保持惩治腐败高压态势。将大幅度降低信访举报总量作为全年首要任务，积极探索实践“三级联动、三管齐下”化解信访问题工作思路，全市纪检监察机关受理信访举报总量同比下降42.1%。严格落实监督执纪工作规则和省纪委实施办法，开展问题线索处置和案件质量检查，投资300万元建成规范化谈话场所，确保办案安全。全年共处置问题线索2005件，立案466件，给予党纪政纪处分547人，立案数、党政纪处分数同比

6月28日，召开十三届市委第一轮巡察工作动员部署会议

分别增长89.4%和106.4%，其中涉及科级干部23人。运用“四种形态”处理党员干部3732人，其中第一种形态3160人次，占比达84.7%。积极开展扶贫领域不正之风和腐败问题专项治理，严肃查处群众身边腐败问题和作风问题，全年共查处违纪案件239起，给予党纪政纪处分125人。充分发挥巡察“利剑”作用，2017年市委巡察机构完成2轮对4个乡镇、10个市直部门单位的巡察任务，配合潍坊市委巡察组完成市县联合巡察任务，共发现问题157个、问题线索112条，边巡边改问题53个。

（王　丹）

社会团体

青州市总工会

主　席　　王寿礼（市政协副主席，5月起）
党组书记　　李剑文（12月止）
常务副主席、党组书记　刘瑞宏（女，回族，12月起）
副主席　　刘福民

【概况】 2017年，市总工会围绕全市工作大局，认真履行新时代工会教育、建设、参与、维护等各项社会职能，以维权服务为中心，以夯实基层组织为重点，从做强做细工会“四季服务”（春送岗位、夏送清凉、金秋助学、冬送温暖）品牌入手，推动各项工作全面发展。被授予“全国职工互助保障工作先进单位”“中央、省财政专项帮扶资金管理使用先进单位”“潍坊市文明单位”“潍坊市工会工作先进单位”等称号。

【基层组织建设】 重点抓好行业工会组建工作。在做好新建企业工会组建和已建工会组织届满换届工作的同时，完成潍坊市总工会下达70家企业建会任务，其中指导帮助建立外经贸企业工会联合会和11家家政服务业工会组织，不断拓展工会组织建设新领域。工会基层民主政治建设创出新水平。6月21日，省总工会机关报《山东工人报》刊发专版，以《规范选举强基层，补齐短板增活力——青州市推行工会基层组织选举模块化激发工作活力纪实》为通栏标题，整版介绍推广青州经验。6月23日，全国总工会基层组织规范化选举现场会在潍坊市召开，青州汇强重工科技有限公司作为工会主席普选工作现场，其规范做法和效果，受到全国、山东省和潍坊市总工会及与会领导的充分肯定和好评，在全国推广。截至2017年年底，全市共有各级各类工会组织1800个，其中，独立基层工会1648个，联合基层工会152个，涵盖单位13332个。拥有工会会员33.66万人，职工入会率为98.6%。全市共有工会工作人员3245人，其中专职工会干部789人。通过举办培训班、分期分批组

2月28日，“春风行动”现场

织到济南、北京等地工会院校学习、组织工作观摩交流、以会代训等多种形式，加强工会干部教育培训，干部队伍整体素质不断提高。

【职工权益保障】 “送温暖”活动。元旦春节期间，通过深入调查摸底，积极筹措资金，帮扶救助困难职工428人，发放救助金27.9万元；走访困难劳模90人，发放慰问金38万元。

工会就业创业援助活动。将2月份定为“全市工会就业创业援助月”。与市委宣传部、市人社局、市经信局联合举办“青州市第12届企业推介暨人才招聘会”；与人社局联合举办全市“春风行动”专场招聘会。其间，共计提供免费就业服务22205人次，接待就业创业咨询18500人次，成功介绍就业2600人。

工资集体协商。以“推动工资集体协商提质增效”为目标，大力开展“集中要约系列行动”。至2017年年底，全市开展工资集体协商的企业达到1690家，建制率为建会企业（单位）的97.5%；行业、区域开展工资集体协商的企业66家，建制率达到80%；中小企业开展工资集体协商的520家，建制率为98%。同时，“两个规范”达标率在80%以上，列潍坊市首位。

惠员普惠工程。广泛采集会员信息10万余条，为职工办理“惠工卡”2.4万张，签约服务单位19家，列潍坊市第一位。职工互助保障工作取得新进展。收缴互助保障费92万元，新发展互保会员1.5万人。截至2017年年底，全市发展会员单位345个，互助会会员3.65万人，累计缴存互助金600多万元。指导帮助建成“爱心妈妈小屋”21个。大力开展“金秋助学”活动，8月份对33名考入大学的困难职工子女进行资助，发放现金5.7万元。

青州543志工服务中心。5月5日，市“543志工服务中心”揭牌，同时，“环卫工人关爱行动”正式启动，32家企业参与现场捐赠。组织为200名环卫工人进行免费查体。联合潍坊眼科医院开展“关爱眼健康，全市职工爱心光明康复行动”，为2852名职工义诊，49人接受免费白内障手术。9月，市总工会组织120名一线职工，分两批四组，赴烟台工人疗养院和德州德百温泉度假村进行休养，得到职工好评和社会赞誉。

“查保促”（查身边隐患、保职工安全、促企业发展）活动。代表潍坊市总工会迎接省总工会重点工作半年督导，“查保促”工作受到省总工会督导组好评。举办职工安全生产知识竞赛，全市4000多名职工参加；印制安全生产宣传材料3万份，创作100幅安全墙体宣传画，将“查保促”活动以漫画形式集中展示，收到显著成效。7月，召开全市化工行业“查保促”专项行动动员部署暨职工安全生产知识竞赛表彰大会，排查整改安全隐患1125处，征集安全生产“金点子”1520条。

青州五四三志工服务中心揭牌暨“环卫工人关爱行动”启动仪式

【厂务公开与民主管理】 认真抓好《全市厂务公开民主管理工作意见》和《全市厂务公开民主管理工作考核评价办法》贯彻落实，继续推行“把握一个原则，抓好企业、职工两个主体，实行企业、车间、班组三级联动，突出四类重点企业公开，完善五项保障机制”的厂务公开民主管理工作模式，全市国有企业事业单位、规模以上企业职代会和厂务公开建制率达到100%；建会非公企业职代会落实率和厂务公开建制率分别达到99.3%和96%；已建会的区域（行业）职代会建制率达98%。继续开展“推行协商民主，强化社会责任”厂务公开民主管理示范企业（单位）创建活动。推动建立企业工会与行政沟通协商机制。在全市确定50家重点企业为示范点，聘请3名建立机制工作指导员巡回指导落实，以点带面，促进整体目标实现。全市国有控股企业建制率达到100%；100人以上非公企业建制率为78.5%。

【劳动竞赛与技术创新】 开展万众创新促发展社会主义劳动竞赛活动。全市举办区域性、行业性和企业内部职工职业技能竞赛、技术比武1560场次，3.5万名职工参加，涌现出创新能手1500人。建成“劳模（高科技人才）创新工作室”28个。评选表彰第二届“青州工匠”80人，在青州电视台新闻栏目开设专栏进行宣传，激发广大职工创新热情。举办“豪迈杯”第二届潍坊市职工创新创业大赛青州分赛区大赛，临朐、昌乐、寿光、青州四个县市120人的29个创新项目、86个创业项目参赛，10个项目获奖（其中青州5个）。青州市总工会获评优秀组织奖。

开展评先树优学赶先进活动。经各级工会组织评选推荐，市地税局纳税服务中心荣获“全国工人先锋号”荣誉称号；华邦建设集团董事长赵本明被授予山东省“富民兴鲁劳动奖章”；市农村商业银行董事长李全富等5人获得潍坊市“富民兴潍劳动奖章”，亚太农业科技有限公司荣获“富民兴潍劳动奖状”。“五一”国际劳动节前召开表彰大会，全市80人、11个单位和10名职工，被青州市委、市政府授予青州市“富民兴市劳动奖章”“富民兴市劳动奖状”和“青州市十大杰出职工”，为广大职工树立了学习榜样。

【职工教育与文体活动】 职工教育。在全市职工中继续开展社会主义核心价值观教育活动，培养企业员工责任意识、奉献意识和感恩理念。各基层工会充分利用宣传阵地和多种形式组织职工进行教育活动，举办座谈会、演讲会等5600多场次，宣传栏2680期，职工精神面貌发生深刻变化。开展“青州是我家，我爱我家”企业文化巡展，全市65家企业参与。开展“建设书香青州”职工读书系列活动，4万职工参与其中。启动新的青州市工人文化宫建设。建立青州市职工服务网站和青州工会微信公众平台，市总工会各部室结合各自业务建立相关微信工作群，进一步加大对工会工作的宣传力度和为职工服务的广度，职工的点击访问量超过8万人次。组织56名重点企业工会干部到北京中国劳动关系学院进行业务培训。深入推进“两学一做”学习教育制度化、常态化，扎实开展机关“作风建设年”活动，制定编印市总工会《机关工作规范》，全部工作和干部行为纳入制度规范化管理，连年保持潍坊市文明单位称号。中共十九大召开后，及时下发通知，在全市工会干部和职工中迅速掀起学习宣传贯彻十九大精神热潮。

11月3日，举办“豪迈杯”第二届潍坊市职工创新创业大赛（青州分赛区）初赛

文体活动。在“五一”、国

庆、元旦、春节等重大节假日期间，全市各基层工会组织发动职工开展球类、棋类、拔河以及书画摄影展等群众喜闻乐见的文体活动2600多场次，吸引职工8万人次参加。举办“献礼十九大，彩墨赞青州”职工书画展览，展出歌颂党、赞美家乡主题鲜明的职工优秀作品300幅，将其中167件获奖作品集结出版发行。组队代表潍坊市参加山东省第七届职工运动会花毽项目比赛，夺得男子第一、三名和女子第一、二名优异成绩，受到潍坊市总工会表彰奖励。与市体育局联合，举办“庆国庆”职工毽球比赛；与市直机关党工委联合，举办机关干部兵乓球比赛，160人参加。市总工会风筝队精心组织创新扎制各具特色风筝，代表青州市参加第三十四届潍坊国际风筝会潍坊风筝大赛，夺得一等奖（总分第一名），同时获风筝扎制创新一等奖，实现自1992年潍坊风筝大赛举办以来“二十六连冠”。青州市被潍坊市委、市政府授予“风筝工作先进单位”。市总工会风筝队王志伟、杨云胜、马庆华、马琳4名主力队员荣获风筝类国家一级裁判证书，为潍坊各县市区唯一。

（李道静　张　雯）

共青团青州市委员会

书　记、党组书记　　　　滕　辉

副书记、党组成员　　　　闵　栋（10月止）

党组成员、副主任科员　　杨国平

【概况】 共青团青州市委紧紧围绕党政中心工作，深入贯彻执行“五项活动”“两项工程”，积极投身“四个城市”建设，努力在引导青年上体现新成效，在服务大局上展示新作为，在基层团建设上探索新方法，在工作创新上力求新突破，扎实推进全市共青团工作取得良好成效。先后荣获潍坊市文明单位、“潍坊市红旗团委”“潍坊市少先队工作红旗单位”等称号。

【服务党政中心工作】 团市委通过服务“四个城市”建设，彰显共青团品牌影响力。指导120余名青年企业家组建行业联盟、众筹商业项目。举办青年创业导师专场报告会等活动20余次，影响覆盖青年2000人次。召开青州市青年企业家新旧动能转换工作座谈会，市委副书记葛英煜出席会议并讲话。成立2000人的青年志愿服务队，开展交通疏导等志愿活动50余次，累计服务人次超过4万人。开展“大学生城市生存挑战第二季”活动，大学生“搭伙创业”项目落户青州。一中实验校学生孟子涵获“国学达人”挑战赛全国总决赛初中组亚军。德慧全家青少年社工团累计开展社工进社区活动30余次，服务人次达2000人。联合济南市青州青联为31名优秀贫困学生筹集助学款2万元。举办第十届青年相亲盛典、“男左女右·山水庙子”单身青年联谊活动，共吸引800余名单身青年参与活动。开展“小手拉大手　共筑生态青州”等活动，累计发放环保倡议书5000张，植树1500株。举办农村青年电商培训，培训60名。成立7支为民服务队，组织爱心人士与70余名建档立卡贫困户学生结对子。

【青少年思想政治教育】 围绕十九大，全方位开展思想价值领域主题活动。在全市少先队组织开展“喜迎十九大·我对习爷爷说句心里话”活动，4000余名少先队员留言、写信、拍视频；100多所中小学校组织开展文艺展演，手抄报比赛、征文演讲比赛，集中入队仪式等活动。开展“青春喜迎十九大　争做青州最美青年”评选活动，全市500多名优秀青年积极参评。开展“不忘初心跟党走”主题团日、“红领巾相约中国梦”主题队日活动，举办党史国史团史进课堂、先模事迹报告会等活动250余场次，影响青年7万人次。通过组织召开视频会议、机关集中学习、专题研讨等多种形式，传达贯彻中共十九大精神主要内容。举办“不忘初心跟党走·奋勇建功新时代”暨我为“四个城市”添光彩主题演讲比赛，50余名选手参赛。

【关爱青少年工作】 全方位提高“青年之声”服

务产能。建立一站式工作机制。实施队伍轮值制度，线上答疑解惑，回应青年诉求。广泛发动少先队、社工等战线优势力量，组织青少年维权工作者、少先队辅导员、农村致富带头人等专业服务联盟，为青少年解答专业化问题，维护正当合法权益。实施“线上＋线下”服务青年活动。“小手拉大手”亲子植树活动、济南青联义诊、“衣衣不舍”旧衣回收项目等，均在青年之声和青年之家双线发布信息、接受报名，活动成果线上线下双重展示。建立青年之声专家队伍 83 支，共计 3600 余人；青年参与人次达 1.9 万余人次，提问数 4.1 万余条、回答数 4.9 万余条；依托青年之声开展活动 117 次，服务 12000 余人次，为青年群众解决实际问题 181 件。

加大“1+100”团干部联系青年力度（1 个团干部联系 100 名青年）。组建“1 ＋ 100”微信群。22 名团干部，联系青年 2989 人，开展线上互动 281 场，线下活动 203 场。累计开展“习总书记系列讲话精神大研讨”等主题开放日 29 次，覆盖 2300 人次，记录青年疑问、难题 260 余条，实现团组织与青年服务对象的良性互动。开展共青团与人大代表、政协委员“面对面”活动 3 场。

【组织建设】 稳步推进共青团改革。12 月 1 日，青州市委印发《共青团青州市委改革实施方案》。统筹推进青联、学联、少先队和中学共青团改革。开展走进基层、转变作风、改进工作大调研活动。组织全体团干部通过“山青学堂”网上学习、教育实践基地现场观摩等形式，观看廉政教育警示片，认真学习市纪委有关通报，增强团干部的廉洁自律意识。成立“两学一做”教育实践领导小组和督导小组，累计动员全市 1650 个团支部 5 万名团干部、共青团员参加实践活动。以“作风建设年”为契机，先后到寿光市、青岛平度市开展寻标对标提标达标工作。严格团员发展和教育管理，中学阶段毕业班团青比例符合要求。

（杨国平）

青州市妇女联合会

主　席	张红伟（女，回族）
副主席	郄春凤（女）
党组成员、妇儿工委办公室主任	吕敬花（女）

【概况】 2017 年，市妇联扎实推进妇联组织和工作改革创新，为青州市争取省级“平安家庭”示范县称号，获评潍坊市妇女儿童工作先进集体。

【组织建设】 召开青州市妇女第十六次代表大会，选举产生市妇联新一届领导班子。组织设置进一步完善，全面完成村（社区）妇代会改建妇联，全市 13 个镇（街、开发区）、997 个行政村、57 个社区，共改建产生 976 个村妇联、57 个社区妇联，其中联建村妇联 7 个。选举产生副主席 2066 名，兼职副主席 1033 名，执委 7136 名，建立起小机关、强基础、全覆盖的组织体系。改进作风形成长效机制，按照全市开展“作风建设年”活动要求，5 月组织视察团到日照市妇联及东港区妇联寻标对标，深入开展比学赶超。做好干部联系群众工作，到包靠村益都街道蒋七社区举办健康你我她“乡村行”活动启动仪式，邀请市妇幼保健院专家为社区妇女作健康知识讲座。与包靠村黄楼街道东建德村和包靠小区圣和雅居园进行对接，及时了解群众需求。

【维护妇女儿童权益】 开展“建设法治中国·巾帼在行动”主题宣传活动，组织法院、司法局、公安局和疾控中心的巾帼志愿者，为妇女群众提供法律援助、维权、健康管理等相关服务，免费咨询百余例，现场发放《中华人民共和国婚姻法》《山东省实施＜中华人民共和国妇女权益保障法＞办法》《中华人名你共和国反家庭暴力法》等法律宣传材料 2000 多份。做好妇女信访工作，全年各级妇联接待妇女信访案件 110 件次，110 家庭暴力投诉中心出警制止家庭暴力 6 起，家庭暴力伤情鉴定中心做伤情鉴定 3 例，99% 以上的案件得到妥善处理。

【文明建设】 联合市文明办、市教育局开展“文明家庭创建巾帼巡回宣讲进社区、进机关、进企业”活动，组织多名女校长、女名师组成宣讲团，宣讲内容涵盖家庭伦理道德、家庭教育、禁毒、反邪教、环境保护等多个方面内容，在7个镇街举办宣讲活动，1000名妇女参加，活动入选全国妇联社会主义核心价值观进家庭优秀案例。继续开展寻找“最美家庭”系列活动，2户家庭被评为全省“文明家庭”，5户家庭被评为潍坊市“文明家庭”，7户家庭被评为潍坊市“最美家庭”，在全市评选出60名“敬老好儿女”、10户“幸福大家庭”。开展“生态强市 巾帼助力”义务植树活动，组织100多名各界妇女代表在庙子镇栽种1800棵连翘树。举办“巾帼心向党 扬帆新征程”庆“七一”文艺演出，全程微信直播，实时在线人数达7.26万人。

【妇女创业就业】 举办第十四届“庆三八 促就业”妇女专场招聘会，提供岗位1200多个。组织优秀女企业家进高校为女大学生进行创业指导，受到广泛好评。注重宣树典型，市非遗艺术团成员沈洪凤被命名为潍坊市“巾帼大师”，同时授牌为“潍坊市巾帼大师工作室”，2名创业女性被授予“潍坊市最美女创客”称号，1家公司被命名为“潍坊市巾帼电商创业园”，2家基地被命名为“潍坊市巾帼电商创业就业示范基地”。积极组织家政工作人员参加潍坊市第三届家政技能大赛，1人获个人三等奖，5人获优秀奖，7人被评为“潍坊市百名巾帼家政服务明星”。联合组织部在浙江大学举办为期7天的青州市女企业家培训班，全市女企业家代表等54人参加了学习培训。“三八”节期间，在电视台推出寻找“建功十三五 巾帼绿色行”特别专栏，集中报道一批敢闯敢试的优秀女性创业典型和科技示范基地。积极引领妇女岗位建功创优，市政务服务中心管理办公室荣获“全国巾帼文明岗”称号。

【优化未成年人成长环境】 举办第五届“感恩母亲”征文、第九届儿童少年书画摄影大赛，得到广大家长、儿童的积极参与。征文活动组委会共收到作品1000多篇；书画摄影大赛组委会共收到作品800多幅，并择优参加上级妇联组织的比赛，1名学生获得省书画摄影大赛二等奖，3名学生获三等奖。举办市妇联早教基地千人爬行大赛，全市近200个家庭在活动中实现亲子互动教育；在王坟镇侯王村成立亲子教育基地。举办家庭亲子阅读夏令营阅读与写作公益讲座，邀请潍坊市中学高级教师、山东省高中语文教学能手、潍坊市人民政府督学张国钟老师授课，400多名师生和家长到场学习互动。

【扶贫济困】 举办贫困母亲慈善救助金发放仪式暨母亲节公益草莓采摘活动，帮助10名贫困母亲解决困难。继续开展“春蕾计划”救助活动，募集资助款17.57万元，365名女童得到资助，举办“爱心献春蕾”结对救助仪式，20名爱心女企业家代表与33名困难儿童结成帮扶对子，为每名儿童捐助2000元助学金。举办“携手春蕾 圆梦大学”贫困女大学生资助仪式，为18名女大学生捐助9万元助学金。

【为妇女儿童办实事】 市妇儿工委办推动出台《青州市妇女发展“十三五”规划》《青州市儿童发展“十三五”规划》《中共青州市委办公室、青州市人民政府办公室关于办好2017年全市妇女儿童工作实事的通知》。继续开展农村妇女“两癌”免费筛查工作，为15名“两癌”贫困患病妇女争取专项救助金15万元。继续实施“女性安康工程”，为2.3万名妇女构筑健康屏障，实现保费143万元。打造青州市妇女儿童活动中心（泰华城），积极参与建设市民休闲活动中心，帮助妇女儿童共享社会发展成果，增强妇女儿童获得感和幸福感。

（丁 娜 陈仲亮）

青州市科学技术协会

主席、党组书记、反邪教协会会长 顾庆华

副主席、党组成员　　刘光军

【概况】 2017年，市科协深入贯彻《全民科学素质行动计划纲要》，坚持科协“四个服务”职能，突出科普“三性”（科学性、实效性、实用性）、“四化”（社会化、信息化、精准化、品牌化），扎实做好各项工作，取得了良好工作实效。

【全民科学素质提升】 强化组织领导。根据市委领导分工和各单位人员调整，重新公布了以市委常委、副市长王万信为组长、市政府应急办主任秦振华和科协主席顾庆华为副组长、以市直相关单位分管领导和乡镇（街道、开发区）科协主席为成员的全民科学素质工作领导小组，充实完善联络员名单。

全民科学素质工作暨“科普中国e站”建设现场推进会。5月27日，在七里社区召开了全民科学素质工作暨“科普中国e站”建设现场推进会，印发《青州市全民科学素质工作目标管理考核办法（试行）》《2017年青州市全民科学素质工作要点》等文件。

发放全民科学素质资料。重点针对农民群体，印发涉及精神文明、市委“五强四宜”“科普中国e站”建设、全民科学素质、反邪教等内容的《农民科学素质手册》8000册，免费向全市各村发放；印发“科普文化进万家”小报纸12期，每期500～1000份，制作宣传全民科学素质《纲要》宣传盒纸3000盒，免费向市民发放。

【科普宣传】 科普活动。2017年通过各项科普活动共发放科普书籍7类11300册、明白纸9300余份、二维码贴纸500份、手提袋500个，展出科普展板110块，悬挂条幅4个，组织技术人员10人次开展技术咨询，参加活动17500余人次。1月17日、18日，以“中国梦·我们的价值观”为主题，通过“科普微信”二维码扫描、科技咨询、科普展板展览、科普资料发放等形式，在王坟镇侯王村和弥河镇小官庄大集举行了2017年科技文化卫生“三下乡”活动。3月2日，在谭坊镇郑母大集，为群众开展“科普下乡·春风行动”活动。4月7日，以“贴近自然、保护环境”为主题，在弥河生态湿地公园开展了青州市“科普校园行”——弥河湿地科普游，东坝初中3个年级共900余人参加活动。4月11日，到王坟镇东乖场村开展健康义诊——“科普乡村行”活动。9月16日，启动以“创新驱动发展，科学破除愚昧”为主题的“全国科普日”活动，科普志愿者科普志愿宣传、中小学生机器人大赛和3D打印演示、全民科学素质知识竞赛等系列科普活动。9月22日，组织科普志愿者在红庙小区开展“科普进社区”活动，志愿者们向社区居民广泛宣传了低碳环保、安全健康、反对封建迷信等方面的科普知识，发放了科普资料。

科普惠农。牵头组织科协、台联、侨联、共青团界政协委员及潍坊市益都中心医院医护人员，6月15日、11月21日和12月1日，分别到高柳镇南马兰村、谭坊镇夏辛村、谭坊镇敬老院和王坟镇东逄峪村开展了走访慰问困难户、健康义诊、科技咨询、科普宣传、看望敬老院老人等爱心公益活动。

科普宣传。在《青州通讯》开辟“科普专栏”，在青州电视台“科技大篷车”栏目播放“科普中国”v视频52期，在中国东方花都网上开设“科普中国”版块，与“青州广电”合作市场化运营“青州科普”

9月21日，科普志愿者在红庙小区开展科普进社区活动

4月7日，科协教育局、弥河国家湿地公园、东坝初中在弥河生态湿地公园开展了青州市“科普校园行”——“弥河湿地科普游”活动

微信，保障“数字科普通”开机率，推动了科普信息化在青州市落地应用；全面完成在全市建设“乡村e站”“社区e站”“校园e站”23处的指标，在邵庄镇、王坟镇、庙子镇安装数字科普电视25台；在弥河生态湿地公园、仰天山森林公园、德林科技园、阳河管理局等制作科普树牌3000余块，涉及树种近200种；黄楼街道花都社区、云门山街道海岱苑社区荣获省“基层科普行动计划奖补单位”，弥河生态湿地公园被潍坊市科协、潍坊市教育局认定为“潍坊市科普教育基地”。

【学会工作】 加强与上级科协联系，充分调动和激发广大科技工作者积极性，积极推荐潍坊益都中心医院丁刚和东华诺联邦农化有限公司邢天斗2名专家参与潍坊市青年创新人才协会会员的评选，推荐山东华诺联邦农化有限公司参与潍坊市青年创新人才协会团体会员的评选。潍坊益都中心医院张瑞明、山东华盛农业李兴盛2名专家被评为第六届潍坊市优秀科技工作者。加强反邪教宣传工作，开展省市“科学·关爱·和谐示范乡镇（社区）”创建活动。青州市云门山街道徐桥社区被评为潍坊市“科学·关爱·和谐示范乡镇（社区）”，青州市云门山回民学校被评为潍坊市“科学·关爱·和谐示范乡学校（院）”，青州市云门山街道被表彰为山东省2017年度三星级“科学·关爱·和谐示范乡镇（街道）”。

（张　凤）

青州市工商业联合会

主　席　　刘传明（4月兼任）

党组书记、常务副主席　　冷传波

副主席　　颜军平（6月止）

　　　　　潘景和（6月起）

党组成员　　崔广明

【概况】 青州市工商联（市民间总商会）与非公企业党委合署办公，共有直属基层商会23个。其中，镇街商会13个，直属行业商会4个，异地商会6个。市非公企业党委有直属党组织12个，党员总计249名（其中预备党员9名）、积极分子89名。2017年度获评山东省工商联系统“五好”县级工商联和潍坊市工商联系统信息调研工作先进单位。

青州市工商业联合会第十一次代表大会

【机构建设】 3月，青州市工商业联合会第十一次代表大会召开，会议选举产生了第十一届执行委员会委员137名，比上一届增加了62名。选举产生了工商联新一届领导班子。2017年以来，青州市工商联建立了主席座谈会议制度。分别在泰丰集团和华邦集团组织召开了主席座谈会议，企业家副主席分别介绍企业发展情况、企业发展的思路规划、企业面临的困难，其他人员帮忙出谋划策、提建议、想办法。通过相互交流的座谈活动开展，增进了企业间的相互了解，拓宽了企业家们的发展思路，更好的促进了企业健康发展。

【服务企业发展】 成立新生代企业家商会。多种形式开展活动。9月22日，青州市新生代企业家商会成立。潍坊市委统战部副部长、工商联党组书记胡立及青州市委书记韩幸福共同为“青州市新生代企业家商会”揭牌。会议选举产生了商会领导班子成员。同时，在商会实行值日班长制，值日班长由企业家们轮流担任，负责当日商会微信群的管理工作，并分两次展示个人及企业风采。开展“慈善每周捐”活动，每周六为商会慈善捐款日，每人每周至多捐赠“10至20”元，累计入商会慈善基金，用于商会的慈善活动。

中小企业商会健康发展。健全完善《会员管理办法》《会费管理办法》和《会员奖惩考评办法》等规章制度，定期召开会长办公会、商会理事会、各队会员会，随时研究工作，落实措施，保证了会务活动顺利开展。8月，举办健康知识讲座；为全体会员进行免费查体；组织开展“情满古城 大爱青州”系列公益活动，资助困难大学生80多名。11月，举办“健康青州 绿色出行”登山拔河比赛；组织部分会员企业参加了第四期中小企业家创业提升培训班。春节前夕，全体会员结对帮扶困难群众、走访看望孤寡老人等累计捐赠物资30多万元。

加强对外沟通联系。积极沟通联系异地青州商会，特别是与青州在京商会、上海市青州商会、浙江省青州商会、江苏省青州商会、济南市青州商会、青岛市潍坊商会青州分会、青岛市青州商会等商会组织的交流沟通，加强异地商会企业家与家乡的联系，为全市的招商引资工作打下了良好的基础。先后在上海、北京、浙江、青岛、济南、江苏六个地方召开招商引智恳谈会，期间共洽谈项目45个，签约项目33个，注册项目公司7个，开工建设项目10个。

【非公党建】 中晨艺术小镇党总支创新三C工作法。中晨艺术小镇党总支充分发挥党组织的坚强堡垒作用和党员的先锋模范作用，把党的政治优势转化为艺术小镇发展优势，突出党组织核心地位，领推小镇文化事业健康发展。针对小镇发展中存在的党员素质不平衡、带动作用不强、心不齐等问题，探索实践了“红、绿、蓝”三C工作法，突出“红色引领、绿色发展、蓝色梦想”三大主题，增强了党总支的凝聚力和战斗力，实现了“党旗红、引领强、产业兴”，推进了小镇文艺事业的繁荣发展，成为山东省首批示范小镇。

汇强重工党总支试点开展“三联双带”活动。汇强重工党总支3个党支部共设立18个党小组，32名党员联系了166名职工，理顺了党组织开展活动和发挥作用的组织架构，实现了党员职工结对联建和创先争优全覆盖。推动汇强重工实现了党建工作与生产经营管理、人力资源开发、先进文化建设的互融共促、协同发展，逐步打造成为全国领先的除雪车生产基地，并成功进入军品市场。

尧王控股集团注重发挥党组织政治引领和核心作用。积极把党的政治优势转为企业的发展优势，突出“品质党建”总抓手，以“品质文化、品质团队、品质治理、品质形象”为主题，强力推进企业繁荣发展，先后获得全国创先争优先进基层党组织、潍坊市先进基层党组织、全国科技百强企业、全国就业和社会保障先进民营企业、中国民营企业500强等称号。

（王卫东）

青州市文学艺术界联合会

主席、中国美术书法家（青州）创作服务中心主任
赵世华

副主席　　魏　芳（女）
中国美术书法家（青州）创作服务中心副主任
　　　　王　颖（女）

【文艺活动】　2017年度共举办活动162次，主办活动52次，参与主办活动33次，组织各文艺家协会举办活动77次。

牵头组织翰墨青州·2017中国书画年会。翰墨青州·2017中国书画年会以“艺术为人民”作为主题，年会期间穿插举办“全国名家落户中晨艺术小镇系列签约仪式”“书画大师与紫砂大师‘面对面’”等13项系列活动，涵盖了书画、紫砂等多种艺术形式，集展览、交易、研讨为一体；是一场集书画艺术展示、学术研讨、艺术品交易为一体的国家级文化盛会。年会展出总面积17万平方米，展出书画类作品3万余幅，紫砂及其他艺术品近万件。共接待参观人数37万人次，达成销售意向17亿元，签订交易合同50余份，现场交易额2.06亿元。

农民画产业。着重开发农民画市场及农民画衍生品，引进潍坊大观文化产业（青州）有限公司专门从事农民画衍生品开发、销售。探索农民画与陶艺相结合，促进农民画创造性转化、创新性发展。开展各镇、街、开发区每月一展和各项农民画专题展览，举办了庙子镇、云门山街道、益都街道、山东省农民画创作高研班师生作品展等农民画展。9月28日举办了喜迎中共十九大——“绘廉政青州 扬清风正气”农民画主题作品展。举办山东省农民画创作高研班、山东省新型职业农民创业培训班等农民画培训班，提高农民画爱好者创作水平。组织19位农民画画家创作出长19米、高96厘米《中国梦·农民梦》长卷。邀请山东省美术家协会理论委员会、南京艺术学院、山东省艺术学院的专家学者举办首届青州农民画理论研讨座谈会。12月，与中国民间文艺家协会联合举办“中国精神·中国梦”全国农民画展、农民画学术研讨会暨农民画创作培训班。

文艺志愿服务活动。充分发挥各文艺家协会特长，组织各所属协会成立文艺志愿服务队，举办“新春走基层·文艺家万家”活动。在文艺志愿服务日集中开展各类文艺志愿服务活动，同时在平时不定期开展文艺志愿服务活动，举办多期青州市文学讲习所，开展希望杯·青州市小说学会2016年度文学奖颁奖活动、青州市公益摄影协会泰华公益摄影大讲堂授牌暨首届公益摄影展等系列活动。

【文艺作品创作】　把创作生产优秀作品做为中心环节，积极组织推进文艺精品创作生产，着力创作推出一批具有青州特色、风格的文艺精品力作。全市在省级以上报刊发表各类文学作品130余件，出版作品集4部。2017年有72件作品获得省级以上奖项。

【创建山东行政学院青州教学科研基地】　2017年与山东行政学院合作创建山东行政学院青州教学科研基地。完成中国文联第十二期全国中青年文艺人才高级研修班、中国民协第十七期深入学习贯彻习近平总书记文艺工作座谈会重要讲话精神专题研讨班、山东行政学院全省乡镇长专题研修班第一期、第二期现场教学任务。

（魏　芳　蒋　喆）

6月28日，中国民协培训班在青州举办

青州市残疾人联合会

党组书记、理事长　　李云凤（女）
副理事长　　吉宗清
　　孙同真（女）

【概况】　青州市残疾人联合会（简称市残联）辖青州市残疾人康复中心和青州市残疾人综合服务中心2个服务机构，工作人员5人。所属镇（街道、开发区）残联13个，各类残疾人总数近5.5万，持证残疾人近1.8万。2017年，紧紧围绕残疾人“两个体系建设”，以扎实开展“作风建设年”为统领，创新惠残扶残举措，全市残疾人工作迈上新台阶。被省残联评为山东省残疾人基层组织规范化建设示范市、山东省残疾人文化体育建设示范县（市）和山东省残疾人精准康复服务试点县（市）。

【残疾人保障】　全面推进残疾人社会保障体系和服务体系建设，解决残疾人在康复、教育、就业、社保等方面存在的困难和问题，2017年共为234名肢体残疾人发放燃油补贴60840元；为76户建档立卡贫困残疾人家庭实施无障碍改造，为282户残疾人发放辅助器具，城区公共场所、主要街道均铺设盲道，方便了残疾人出行。12月，代表潍坊市接受山东省残联对贫困残疾人家庭无障碍改造检查并顺利通过考核验收。

【残疾人康复救助】　投资32.8万元，配备康复训练器材；为187名白内障患者实施免费复明手术；为50名低视力患者安装助视器；为50名聋人配用助听器；为112名肢体残疾人装配假肢或矫形器；帮助98名盲人进行定向行走训练；对22名聋儿进行听力语言训练；为1000名肢体残疾人发放轮椅；为91名0—9岁残疾儿童进行免费抢救性康复救助。5月，被山东省残联确定为残疾人精准康复服务试点市，全面开展以“人人享有康复服务”为目标的残疾人精准康复服务项目试点工作，至2017年年底，共配发16种辅助器具2733件，并组织使用培训，3962名残疾人得到康复服务，率先在潍坊市完成残疾人精准康复服务工作。

【残疾人教育就业】　落实残疾学生和贫困残疾人子女学生助学工作全覆盖，全年救助残疾学生和贫困残疾人子女学生540人，发放救助金57.735万元。全面实施《按比例安排残疾人就业办法》，全力推进残疾人就业创业工作，积极为企业和残疾人搭建需求桥梁。先后28次入企业调研，组织计算机技能和电子商务培训班3期，80名残疾人实现就业创业。扎实开展“百千万残疾人就业创业扶贫工程”，扶持6处残疾人就业扶贫基地，安置扶持60名残疾人从业就业，青州新航机械设备有限公司、青州芳草地花卉有限公司被山东省、潍坊市残联评为优秀残疾人就业扶贫基地。对建档立卡贫困残疾人开展精准帮扶服务，投入10万元帮助50户农村贫困残疾人家庭开展小种植、小养殖、小加工、小手工编织等投入小，见效快的家庭致富项目，取得良好效果。

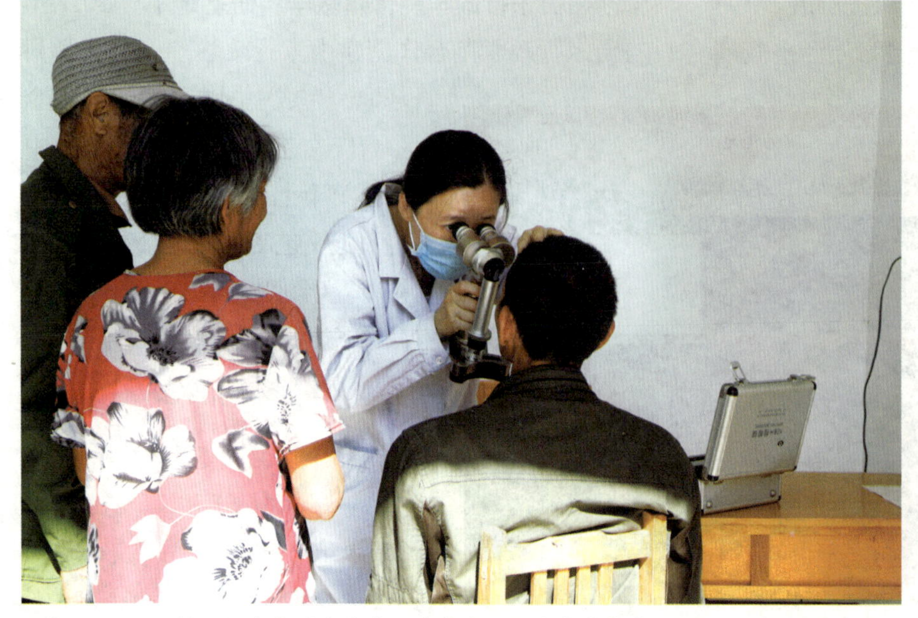

8月26日，眼科医师在青州市残疾人康复中心做白内障筛查

10 月 30 日，青州市儿童康复中心医师为脑瘫儿童做功能训练

【残疾人文体活动】 以开展全省残疾人文化体育建设示范市创建活动为契机，在全市各镇（街道、开发区）依托文化站建立残疾人文化活动站。引导残疾人农民画爱好者发展农民画产业，帮助残疾人从事农民画研究和创作。3 月，成立青州市农民画协会残疾人分会，全年组织 2 期残疾人农民画培训班，123 名残疾人参加培训，53 名优秀作者成为会员。2 次代表潍坊市参加全省残疾人工艺美术展，取得 5 金、5 银、3 铜的优异成绩。积极搭建残疾人文化体育平台，培养残疾人体育健身指导专业人才，引导和组织广大残疾人广泛参与内容丰富、形式多样的文化体育活动。开展“残疾人健身周”活动，组织社区文化体育健身活动 8 次，450 名各类残疾人参加。9 月，组队参加第十届潍坊市残疾人运动会，取得 12 金、4 银、5 铜，并获得县（市、区）第二名的优异成绩。

【组联维权】 健全市、镇（街道、开发区）两级残疾人工作委员会机构，建立健全残疾人信访工作网络，完善信访工作制度。全年，共提供免费法律咨询 98 人次，法律援助 35 人次。受理残疾人来信来访 35 件次，处结率 100%，满意率 100%。走访残疾人家庭 880 户，解决涉及残疾人切身利益问题 112 件（次），跟踪督办侵犯残疾人权益的典型案件 1 件，有效维护了广大残疾人的合法权益。

（魏学贞）

军 事

中国人民解放军青州市人武部

部　长　　明　辉
政　委　　徐考成
副部长　　贾宝太
　　　　　方留彦

【概况】　中国人民解放军山东省青州市人民武装部，为正团级单位，是全市军事工作的领导指挥机关，市委的军事部兼市政府的兵役机关，受上级军事机关和同级党委政府双重领导，市委书记兼任党委第一书记。

【基层武装部】　2017 年，全市设王府、益都、云门山、黄楼四个街道办事处武装部，弥河、王坟、庙子、邵庄、高柳、何官、东夏、谭坊、开发区、工商局、青州卷烟厂、青州云门酒业有限公司、尧王集团、山东益都卫生学校、潍坊教育学院、山东民族技师学院、16 个镇企武装部。

【兵役登记】　2017 年，按照“一季征兵、四季准备”的要求，市人武部 1 月份召开兵役登记工作会议，安排部署任务，对 2017 年 12 月 31 日前年满 18 周岁的男性公民进行登记。采取固定设站与流动设站相结合的方式，通过初检初审，依法确定应服兵役、免服兵役、不得服兵役人员，并依据上级赋予的征兵任务数按比例，按照“六优先”原则择优选择预征对象，即学历高的优先，企事业单位的职工优先，党团员和受过奖励的优先，现实表现好，身体强壮的优先，本人服兵役态度坚决，家长积极支持的优先，有专业特长的优先。并加强对预征对象管理，根据预征对象的行为特点，建立定期联系，汇报思想，集中教育，外出请假等制度，基层武装部每月与预征对象通电话，市征兵办每月对预征对象思想情况进行分析，及时掌握预征情况，做到心中有数，使预征对象始终处于长效动态管控之中，为选送优质兵员奠定了良好基础。

【征兵】　大力开展征兵宣传。精心组织全市“征兵宣传教育月”活动和“预征宣传动员周”活动。将主要政策做成明白纸和宣传小册子发放到每个适龄青年，在《青州通讯》开设征兵宣传专栏，在东方花都网开设网页，电视台在黄金时间通过滚动字幕反复播放应征青年报名信息，专题栏目播放征兵宣传片。突出高学历和应届毕业生两个重点，区分责任发动民兵干部、专武干部和机关工作人员，实施面对面，点对点，一对一的跟进发动。严把基层推荐关、乡镇目测初检关、体检关、政治考核关、定兵关等关口，运用广播、电视、报刊、网络等媒体，采取印发宣传册、专题访谈、发布网页、播发广告和手机短信等形式，广泛宣传廉洁征兵政策规定、纪律要求和监督方式，开展廉洁征兵教育。严格征兵纪律，确保廉洁征兵，对参与征兵工作人员进行为期五天的业务培训，认真学习征兵工作政策规定，紧紧围绕年度征兵工作的特点和任务，分析形势，研究对策，会同纪委、公安、卫生、教育、民政等部门组成军纪联合督导组，采取面上检查，重点抽查、暗访督查、设立举报电话信箱等形式，进行全程监督，保证征兵工作阳光操作，公平、公正，为部队输送优秀青年。

【预备役】 2017年，市人武部组织退役军人进行转服预备役登记。利用退伍军人返乡报到和档案交接时机，全年对符合条件的退伍士兵进行预备役登记，填写“退伍军人预备役登记卡片”并在《退伍军人证明书》上加盖“服预备役”专用章。由基层武装部对往年退伍军人进行核实，超过35周岁的退出预备役，并汇总上报。退役军官通常安置工作后，由政工科进行转服预备役登记。

【组织建设】 2017年，人武部认真落实《潍坊市“十二五”期间基干民兵组织规模调整方案》，狠抓民兵组织整顿和应急作战动员任务落实。全年进行民兵组织整顿，注重克服编兵不实、有编无兵的问题。合理调整编组布局，根据应急动员任务的需要，重点把民兵组织向通用人才多、专业技术精、人员集中的高校和单位扩展。重点编实应急分队、专业分队和支援分队三支队伍。组织整顿中突出抓好三个结合：将整组工作与政治教育相结合，与基层规范化建设相结合，与参与地方建设和处置突发事件演练相结合。结合民兵组织整顿检查验收，对各单位民兵应急分队进行拉动检验，提高了各分队的快速反应能力。根据上级民兵整组工作指示要求，积极组织、加强领导、提前部署，突出建设重点、整合军地资源、狠抓落实。重新对三支队伍的编组单位进行调整。将应急队伍人员向政府部门机关单位转移，确保人员编实、可靠、适应，民兵组织结构进一步优化，布局更加合理，技术含量明显提高，同时采取逐个单位考评、逐个分队拉动检验、对现场存在的不足进行点评，限期整改，复查，全面提升了民兵组织建设的质量。

【军事训练】 民兵军事训练的对象包括民兵干部和基干民兵。通过以会代训和集中训练的形式，组织专武干部和民兵干部集训，主要进行军事理论、基本技能、动员业务和组织指挥训练。民兵分队训练以应急队伍为重点，采取集中训练与分散训练相结合的方法组织实施。各镇（街道）应急队伍统一在训练基地进行集中训练。在企事业单位组建的分队通常利用单位集训的时机，人武部派出教员，对民兵编组对象进行军事训练。2017年，紧紧围绕党领导人民军队的一系列根本原则和制度，以建设一支听党指挥、作风优良、能打胜仗的人民军队为目标。坚持实战标准练兵强兵为使命，结合年初担负的战备任务对照方案，组织首长机关带民兵分队进行多次演练，为民兵应急分队配备了应急通训、野外照明、发电机等装备，夯实了执行突发任务的物质基础。针对极端天气频发，辖区内山区、河流水库较多的实际情况，修订完善应对预案。圆满完成专武干部培训、民兵应急分队集训、军分区现役干部训练考核准备工作和人武部首长机关训练。利用一周时间组织民兵教练员备课示教，提高“四会”教练能力，全年完成七支分队共计406人的训练任务，达到“联得上、拉的出、用必胜”。

10月，市人武部组织基干民兵训练

【政治教育】 2017年，将政治教育工作坚持刊授教育与课堂教育相结

7月，市人武部组织专武干部实弹射击训练

合的办法展开。人武部每年为基层武装部和民兵连营订购《国防》《中国民兵》等国防杂志，开展刊授教育。集中教育一般结合征兵、训练、民兵组织整顿和执行任务等时机进行。重点进行党的路线方针政策、民兵的性质任务、形势战备、爱国主义和革命英雄主义教育。坚持把学习中共十九大会议精神和习近平总书记系列讲话精神作为思想政治建设的首要政治任务，始终把铸牢军魂作为发展的根本保证，切实用党的创新理论统领干部职工思想、指导实践、推动工作。认真领会上级指示精神，组织开展经常性教育，“两学一做”常态化制度化学习教育活动，坚持在真学深学上用力，在严查严改上持续用力，在实干时效上持续用力。坚持利用重大节日、十九大召开等重要节点，采取集中授课、重点辅导、个人自学等方式组织专题学习。抓住全面建设的重点问题和关键环节，围绕增强思想政治教育的时代性感召力，推动军民融合式发展。

（窦在国）

【双拥共建】 自2017年1月起，对青州市荣立三等功的军人，由原每人发放1000元/年，调整为每人发放2000元/年。按照《关于进一步做好随军家属就业安置工作的意见》的要求：“对非本人原因未就业安置的驻青部队随军家属每人每月补助不低于300元”，2017年调整到每人每月不低于600元。积极探索军地双拥共建的新思路，先后与驻青各部队结成34个共建对子。2017年，共出动警力400多人次，警车100多台次，协助驻青部队圆满完成演习训练、重大装备运输等任务。

（杨海萍）

中国人民武装警察部队青州市中队

【概况】 中国人民武装警察部队青州中队（以下简称武警青州中队），紧紧围绕“迎接保卫学习贯彻十九大”这条主线，牢牢把握“稳中求进”主基调，全力维护青州社会稳定，2017年被武警山东省总队评为“正规化执勤标兵中队”“优秀团支部”，1人荣获个人三等功，1人获“优秀基层干部”，3人获“优秀士官”称号。

7月，武警战士执勤训练

【战备执勤】　武警青州中队坚持以“三哨”活动为抓手，推进“五防一体化”建设，按照“3+1”战备值班要求，配齐配强应急班，保证人员全时处于临战状态，确保遇有情况能够快速反应、有效处置。圆满完成了十九大安保、敏感期和节日战备等任务。2017年，武警青州中队出动300余名兵力，完成潍坊市两会、党代会等大型活动安保、山东省春季高考命题安保机动备勤、十九大期间社会面联勤武装巡逻、出所就医、临时押解勤务20余起。武警青州中队深入贯彻落实习主席科技兴军战略思想，深入推进科技强勤建设，坚持正规组勤、严格管勤，连续35年实现执勤安全无事故。

【军事训练】　2017年，通过勤训轮换、骨干培训、五小练兵、四手训练等集训，培养出一大批骨干力量，储备尖子人才，提高了部队处突制胜能力。

【政治教育】　武警青州中队积极适应社会发展、部队形势和官兵思想变化实际，积极探索政治教育的新路子，围绕“维护核心，听从指挥”这一主题，突出时代感和针对性、主动性、时效性的要求，注重发挥官兵在教育中的主体作用，不断拓宽教育渠道，丰富教育形式，增强了教育效果，进一步打牢了官兵“永远做习主席的好战士”的思想基础。

【军营文化】　武警青州中队重视活跃军营文化生活，坚持用健康向上、丰富多彩的文体活动占领思想阵地，做到队列集会有歌声、周末假日有活动、重大节日有晚会、每月体育有比赛，广泛开展“卫士书香”“卫士辞章”“卫士战歌”等系列风采活动。基层文化建设得到加强，提高官兵身体素质，陶冶官兵情操，充分展示军营文化的激情和魅力。

（王晨宇）

武警青州中队战士党员宣誓

人民防空

青州市人民防空办公室

主　任、党支部副书记	张晓杰
副书记	杨荣伟（回族）
副主任	王　磊

【概况】　2017年，市人防办在防空防灾、应急救援、组织指挥、通信警报、人防工程建设、依法行政、人防民防宣传教育、“准军事化”建设等方面都取得优异成绩。2017年2月，市人防办被授予为“全省人民防空先进集体”称号。

【人防工程建设】　市人防办坚持人防建设与城市建设同步协调发展的要求，强化人防工程建设。严格执行“以建为主，以收促建”的方针，坚持“谁投资、谁使用、谁受益”的原则，在《城市地下空间开发利用规划》与《城市人防建设专项规划》“两个规划”指引下，采取多种形式建设人防工程。配合市政府各相关部门，结合城市地下管廊建设，开展对早期人防工事地道的勘测工作。至2017年年底，全市共审批通过项目16个，其中在建项目12个。

【人防组织指挥】　市人防办围绕“能打仗、打胜仗”的目标要求，狠抓基础训练，突出指挥训练，强化实战化训练。每周组织理论

4月17日，市人防办组织人防知识社区宣传

学习，采取集中授课、研讨、个人自学、体会交流等方式进行。每周三，到野外进行拉练，提高业务人员体能和防空防灾指挥及救援能力。每周四，进行人防机动指挥所与应急指挥中心、市政府应急办通过无线通讯链路的通联训练。每周五，按时参加省和潍坊人防指挥信息保障中心组织的人防短波电台联通训练。按照上级人防办要求，积极选送干部和业务骨干参加各级人防办组织集中培训。

【宣传教育】 市人防办丰富宣传形式，拓宽教育渠道，广泛进行宣传教育。在全市中小学开展人防知识教育，印发《人民防空知识中小学生读本》，刻录人民防空视频光盘，实行多媒体、图片展示、实际操作演练等多种形式的教学方法，提高了教育实效。进行专项活动宣传。6月15日，以“防空防灾警报试鸣日”为契机，走上街头集中宣传防空防灾知识，共制作宣传看板22块，印发3000份《中华人民共和国人民防空法》、5000本防空防灾应急手册，3000副宣传扑克，现场解答群众咨询。在市图书馆建立“人防民防知识角”，摆放各种人防杂志、应急手册、读本等，供读者浏览。购置人防电动宣传车，在市区主要路段开展人防民防知识流动宣传活动。开展人防民防知识教育“五进”活动。利用市委党校组织干部培训时机，邀请上级有关专家为参加培训的干部进行人防专业知识讲座。购买人防实物模型，在青州市中小学实践基地建立人防教室。印发《人民防空知识中小学生读本》，制作人防教学包，赠送全市中小学校。

【通信警报建设及疏散体系建设】 2017年年初，市人防办以“防空防灾一体化”为切入点，重点指挥通信建设及警报器建设。进一步明确了各警报器所在单位的管理责任，确定具体管理人员，做好警报器的日常管理维护工作。6月15日，按潍坊市人防办的统一部署和要求，圆满完成警报试鸣，警报试鸣率达95%以上。

在东夷文化广场、南阳河公园等公园街头绿地，安装防空防灾应急疏散指示牌，方便市民在紧急情况下迅速安全疏散。重新修订了《青州市防空袭方案》。

（李万琮）

法　治

政法和综治工作

青州市政法委

市委常委、政法委书记　　孟祥韬
常务副书记　　吴海元
副书记、综治办主任　　纪凤铭（6月起）

【概况】 2017年，市政法委扎实推进“平安青州”、“法治青州”和过硬政法队伍三大建设，实现了社会秩序的持续稳定。市国安办2017年被评为全省“一级国安办”。青州市被省委省政府表彰为“山东省中共十九大安保维稳工作先进市”，市委政法委被省委、省政府授予“全省中共十九大安保维稳工作先进集体”，市维稳办被潍坊市委、市政府予以嘉奖。

【政法队伍建设】 全年深入推进“作风建设年”活动，扎实开展“转变理念、转变作风，提升标准、提升能力”主题活动。推进“三评三查”工作机制，开设网评政法平台，发放600份调查问卷对政法部门进行社会评议，由235名联评员对136名中层以上政法干部进行总体评价，有效激发了政法队伍建设活力，涌现出了好法医张晓华等先进典型人物，群众政法工作满意度进一步提高。

【法治建设】 依托市综治中心，成立市公共法律服务中心，打造市法学会会员之家，组织法学会员开展学术研讨、纠纷调解、法律服务工作。开展为期一年的“法治惠民行”活动，共向群众赠送法律书籍300余册，发放宪法、人民调解法等法律法规宣传页1000余份。推进法治文化建设，在弥河湿地公园建设法治文化公园。

【平安建设】 2017年，以中共十九大安保维稳工作为主线，开展网格化管理、组团式服务工作，划分1064个网格，配备1344名网格员，全部配备手机终端，城乡社区网格化管理体系初步建立。推进社会矛盾调处化解常态化建设工作，共排查整改各类矛盾纠纷8266起，通过各类调解手段化解8160起，化解率98.7%，开展排查安全隐患防范四类风险专项行动，共排查各类安全隐患1713处。组织信访听证62次，化解潍坊交办的21起积案。组织开展“打霸治痞”专项行动，共打掉霸痞团伙28个，抓获犯罪嫌疑人72人。完成全市视频监控二期工程建设，立体化治安防控体系进一步完善。全面落实易肇事肇祸精神病人“以奖代补”政策，对208名患者监护人发放补助金49.92万元。深化警务机制改革，在全省率先打造“情指行”一体化实战中心。在潍坊率先全面完成“一村一警务助理”选聘工作，997个行政村警务助理配备率达100%。开展“一村一警务助理”工作，选聘144人担任法律顾问。扎实推进三级综治中心规范化建设，市级综治中心、13处镇级综治中心、700余个村级综治中心完成规范化建设。表彰社会治安见义勇为先进个人8人。司法救助26人发放48.9万元。2017年12月1日，召开全市中共十九大安保维稳总结表彰工作会议，表彰148个先进单位和185名先进个人。

法治政府建设

【政府法律顾问】 聘请4家律所13名律师作为市政府常年法律顾问。整理市本级13名法律顾问，13个镇、街道、开发区的16名法律顾问基本情况、擅长领域，形成青州市法律顾问数据库。整理其他律师事务所、法院、检察院、行政机关法律专家情况，形成40人的法律顾问专家库。

【规范性文件审查和清理】 制定规范性文件5件，均按程序向社会公开征求意见，并做到统一登记、统一编号、统一公布。清理2016年12月31日以前市政府以及政府各职能部门制定的规范性文件81件，其中拟继续有效的规范性文件25件，拟废止的规范性文件44件，拟修改的规范性文件12件。清理2016年12月31日以前的以市政府、市府办名义印发的政策类文件573件，其中拟清理和废止的政策类文件392件。

【政府合同审查】 制定《青州市政府合同审查委员会工作规则》，成立政府合同审查委员会，财政局、审计局、地税局、国土局、法院等单位及部分政府法律顾问参加，从不同角度对政府合同进行共同审查，共召开合同审查委员会会议5次，审查合同12件。印发《关于进一步明确政府合同审查相关要求的通知》，对政府合同作出进一步要求，不断规范合同起草和审查等行为。全年审查政府合同82件，内容涉及工业项目、招院引校、财政金融、商务交通、旅游、城市建设、农业等多个领域。

【行政执法监督】 成立行政执法监督局，依法履行行政执法监督职责。全面推行行政执法公示制度、执法全过程记录制度、重大执法决定法制审核制度，21个行政执法部门和单位完成“三项制度”汇编整理刊印工作。

【行政复议】 推进办案场所规范化建设，在政务服务中心建设行政复议规范化办公场所，设置立案处、行政复议审理室、调解室、听证室、档案室等。8月份起使用全省统一的“行政复议行政应诉管理平台”，录入复议案件26件。收到行政复议申请105件，经审理后维持的61件，调解和解后撤回复议申请的13件，不予受理的11件，驳回复议申请1件，确认违法的2件，撤销的17件，综合纠错率达到11%。

【行政应诉】 全年共指导办理、直接出庭行政应诉案件共计143起，其中驳回起诉107起，撤销16起，确认违法11起，变更1起，撤回诉讼8起。市政府单独作为被告案件共计44起，复议机关作为共同被告案件7件。推进行政机关负责人出庭应诉，首长出庭的案件共计98起，出庭率达到69%。

（孟国伟）

公　安

青州市公安局

副市长、公安局党委书记、局长	张伯涛
政　委	杨希涛
党委委员、副局长	王成民
	张庆涛
	霍炳东
党委委员、纪委书记	王敬民
党委副书记	李　宏
党委委员、交警大队长	陈　波
党委委员	王　健（回族）
	吴传祥
	蒋魁曰
党委委员、政治处主任	温兴仁

【概况】 2017年4月，根据青编办发〔2017〕11号文件，成立青州市公安辅警管理服务中心，为公益一类财政拨款事业单位，股级规格。2017年6月，根据青编办发〔2017〕39号文件，刑事侦查大队内设的法医物证室更名为市公安局刑事科学技术室。

2017年，禁毒大队被公安部授予“全国优秀公安基层单位”荣誉称号。法制大队被山东省公安厅授予“集体二等功”称号。刑警大队被山东省公安厅授予“集体二等功”称号。青州市公安局在十九大安保维稳工作中被潍坊市局荣记集体二等功。

9月24日，社会面巡防启动仪式

【打击犯罪】　全市各类刑事案件共立案2399起，其中放火案5起，交通肇事案103起，杀人案3起，伤害案103起，强奸案12起，盗窃案1104起，贩毒案13起，污染环境案11起。破获各类刑事案件1243起，共抓获犯罪嫌疑人1847人，其中刑事拘留1435人，取保候审390人，监视居住22人。提捕444人，批捕444人。移诉1924人。破获团伙64个，抓获团伙成员294人。破获经济案件58起，挽回经济损失711.5余万元。破获涉毒刑事案件52起，抓获涉毒违法犯罪嫌疑人121人，刑事拘留53人，行政处罚68人，缴获冰毒23克，查处非法种植罂粟案件54起，铲除罂粟5300余株。侦破食药环犯罪案件52起，移诉141人。侦破交通事故逃逸案74起，抓获上网逃犯5人。因危险驾驶或交通肇事罪刑事拘留77人、取保候审94人。现场勘验833次，勘验率100%。采集录入现场信息1480起，采集录入物证信息1473起，现场痕迹物证提取率100%。利用刑事技术直破案件152起，其中利用Y库破获1起长达13年的命案积案。采集、检测、记录、备份血液样本25000余份。通过视频侦查共挖掘线索510余条，侦破案件230余起，抓获犯罪嫌疑人164余人。

专项打击行动。开展“铁拳行动”“破案会战”专项行动。开展打霸治痞专项行动，严打村霸村痞、宗教家族势力团伙和拉票贿选等行为。开展“云端2017”专项行动，严打涉众型经济犯罪、传销犯罪。严打电信网络新型诈骗犯罪。开展打击“两抢一盗”等街面犯罪和溜门撬锁、技术开锁等入室盗窃犯罪，盗窃电动车电瓶、摩托车、自行车等犯罪。开展打击涉黄、涉赌、涉枪、涉爆、制假、贩假等犯罪。开展“春季风暴”“禁种铲毒”等禁毒专项行动。开展打击有毒有害保健品“净风行动”。开展打击易制爆危险性化学品和寄递物流专项整治行动。开展“压事故、保畅通”“道路交通百日安全整治”“平安行·你我他”等专项行动。

打击经济犯罪。全年共侦破各类经济犯罪案件58起，其中虚开增值税发票案11起，挪用资金案7起，合同诈骗案5起，非法吸收存款案4起。全年

5月18日，“破案会战”暨“7·15”新型网络传销案件新闻发布会

刑事拘留犯罪嫌疑人91人，取保候审50人，挽回经济损失711.5余万元。侦破有影响的新型网络传销大案——“7·15”专案，同步冻结涉案银行账户480余个，涉及群众6900余人，涉案资金8000余万元，申报部督案件并发起全国集群战役。开展“2017云端”专项行动，共挖掘情报线索14条，承办上级交办深度研判任务35起，发起集群战役2起。

打击网络犯罪。全年共破获主侦案件12起，抓获犯罪嫌疑人29人，其中破获公安部部督案件1起，厅督案件1起，涉暴恐案件3起。配侦案件124起，抓获犯罪嫌疑人86人，其中配合经侦大队办理传销案件2起，追缴非法所得1000余万元。反信息诈骗中心共接报群众报警、咨询1734人次，实际警情247起，同比下降62%，涉案资金464万元，同比下降49%，阻断资金链条、止付、冻结涉案资金帐户87个，止付、冻结资金50.5万元，指导拦截追回资金0.68万元。在全省网安技术比武中，市网安大队代表潍坊取得第一名的成绩。

打击毒品犯罪。全年共破获涉毒刑事案件52起，抓获涉毒违法犯罪嫌疑人121人，刑事拘留53人，行政处罚68人，主动登记8人，查获新增吸毒人员55人，强制隔离戒毒24人，缴获冰毒23克，查处非法种植罂粟案件54起，铲除罂粟5300株，兑现群众举报奖励20万元。“春季风暴”集中抓捕行动中，打掉一个在青州的吸贩毒团伙，抓获涉毒违法犯罪人员41人。依托自主研发的公共安全智能监管平台，建立了易制毒企业管理子系统，将全市205家易制毒生产、使用和运输企业的情况输入数据库。全年共批准易制毒化学品许可备案2375件，查处易制毒化学品案件6起，未发生易制毒化学品非法流失事件。在全市范围内开展制毒物品场所大排查、大登记、大整治行动，发现违规易制毒化学品场所2处，查获盐酸50公斤。

打击食品药品与环境犯罪。全年破获食品药品环境污染案件62起，刑事拘留154人，累计移诉141人，行政拘留33人，办理部督案件1起，厅督案件2起。开展打击有毒有害保健品“净风行动”，打击食药环“铁拳”专项行动，“守护舌尖安全”整治行动等。共查处各类非法采挖矿山资源案件28起，刑事强制措施75人，涉案资金1500万元。组织对所有涉爆单位、涉爆从业人员和开采业户进行拉网式、全方位排查，对查处的42家非法经营的石料开采业户全部予以关停。

【治安管理】 坚持案件侦办、反恐维稳、危爆物品安全监管、大型活动安保、行业场所管控与基层基础工作并行，全力做好治安管理工作。

特种行业管理。组织开展旅馆业清理整治，全面强化旅馆业治安管理工作。为41家新开旅馆安装了旅馆业信息管理系统，通过该系统抓获逃犯54名，处理不按规定登记旅客信息案件72起，处理未经公安机关许可擅自经营旅馆案件42起。对KTV、足疗按摩、洗浴中心等娱乐场所开展集中检查9次。共出动警力600余人次，重点检查娱乐场所270余家，对存在隐患问题的场所当场下达整改意见，现场整改60余处。审批印章1700枚。

公共安全管理。制定下发“护校安园”行动方案，对校园安全保卫工作进行督导检查26次，组织开展校园周边治安秩序集中整治行动4次。开展校园公共安全隐患排查整治行动，共排查安全隐患64处，

6月1日，“蓝猫1+1”法制关爱进校园

5月4日，潍坊市公安机关破案会战、一村一警务助理工作现场推进会暨作风建设年活动动员会

并全部当场完成整改。参与处置突发事件40余次。

危险物品管理。共查处违法易制爆案件5起，协助邮政部门依法查处寄递企业违法案件6起。共查处涉枪爆案件21起，收缴枪支32支，子弹2000余发，抓获涉枪案件逃犯1人，刑事拘留16人，行政拘留8人。查处涉易制爆危险品案件5起，查扣硫磺8000公斤，刑事拘留1人，行政拘留3人。查处烟花爆竹案件13起，收缴烟花爆竹20余万头，刑事处理9人，行政处罚6人。全年审批购买工业炸药983.83吨，工业雷管20.02万发。审批爆破作业203次，爆破作业使用工业炸药947.6吨，工业雷管20.01万发。烟花爆竹运输证核发72个，运输烟花爆竹8094.9500万件。审批购买剧毒化学品液氯14064吨。

禁黄禁赌。突出打击涉黄、涉赌、涉假等案件，先后破获网络赌博案、李某某涉嫌开设赌场案、铜雀台音乐会所涉嫌组织淫秽表演案等案件，王某某涉嫌生产销售伪劣产品案。共抓获涉黄违法人员28人，采取刑事措施7人，行政处理21人。抓获涉赌违法人员33人，采取刑事措施18人，行政处理15人。

【户政管理】 *户籍管理*。2017年，全市总户数266916户，其中家庭户264038户，集体户2878户，总人口947061人，男性476261人，占总人口的50.29%，女性470800人，占总人口的49.71%。性别比为101.15%，其中城镇人口455766人。2017年度出生13978人，死亡登记14146人。2017年全市总迁出3476人，迁出率3.67‰，其中迁往省外1587人。总迁入1887人，迁入率1.99‰，其中省外迁入824人。全市2017年年底城镇人口455766人，占全市总人口的48.12%。根据上级统一部署，提前完成了3项部级、省级清理整顿专项工作，排查、登记无户口人员62人，审核户口迁移及项目变更更正材料3446份。

居民身份证管理。2017年，共受理、签发居民身份证信息76328条，核验、发放居民身份证35226个。制发临时居民身份证10318个。审核登记军人公民身份号码登记表288份，受理军人身份证38人次。全面落实居民身份证“三项制度”，提前实现了19个派出所居民身份证全国异地办理，办理省外异地证732人次，省内异地证5638人次。

流动人口管理。全市共登记流动人口18898人，现有出租房屋11827户，社会用户3082户，落实“双列管”刑满释放重点人口796人。为全市8个新建在建小区、137幢楼房、261户沿街商铺、52家厂矿企业编划门楼牌号码。

【出入境管理】 全市共办理各类公民出入境证件16491次，其中护照10408次，港澳证4797人次，大陆证1286人次，境外人员临时住宿登记5150人次，共办理涉外案件23起，其中“三非”案件2起，遣送“三非”缅甸籍妇女2名。启用出入境证件自助缴费系统，成功为13000余人次办理刷卡缴费业务。率先启用自助签注服务，共完成自助签注人373人次。

【安全保卫】 圆满完成中共十九大、“两会”等重大安保维稳工作。组织协调完成古城过大年、艺

1月10日，“110”宣传日

助理125人。在全市构建联动融合、共建共治的“4+1”人防队伍网，“4”就是驻巡、督巡、联巡、个巡四级巡防点。“1”就是依托环卫、出租车、水电暖气、快递外卖等行业，建立一支社会辅助力量，全年共发展1085名环卫工、994名出租司机、483名水电气工、367名快递员、813名外卖员，共接报违法犯罪线索380余条，协助抓获违法犯罪嫌疑人86人、逃犯28人。

十九大安保。2017年，市公安局圆满完成中共十九大安保维稳各项工作任务，实现“五个不发生”的既定目标。抽调80余名警力沉在一线，采取网格划片、分路包段等多种形式，安排专门警力开展24小时不间断巡防，1200多名警务助理和网格员在背街小巷、小区村居进行辅助巡逻。在城区开展“3日1次”的社会面治安大清查、交警酒驾整治行动，派出所、交警中队、特警大队等28个单位门前全部安装警灯落实“警灯闪亮”工程。在青州火车站、汽车站和高速出入口设公安检查站点，实行一级加强查控，检查过往车辆35154辆，查实违法犯罪前科人员1366人。开展寄递物流业“全排查、全整治”专项行动，对全市顺丰、申通等11家快递公司108

博会、花博会等大型活动，完成各类警卫任务4次，制定各类安全保卫方案39个，制定各类工作预案11个。

110报警服务。“110”报警服务台全年共接警170008起，有效警情51264起，其中刑事警情2647起，比2016年上升2.6%。治安警情10965起，比2016年下降14.58%。交通事故警情18704起，比2016年上升20.55%。群众求助6796起，比2016年上升13.56%。举报投诉1574起，比2016年上升4.44%。

社区和农村警务。创新人防队伍网“青州模式”，拓展延伸“专业化处警，常态化巡防”机制。在农村，推行一村一警务助理，由各街镇统一招聘，派出所管理使用，工作站设在村委办公室，选聘警务助理1086名，建成工作站106处，其余全部在村委悬挂标识牌，推进警务开展。全年共调处纠纷920起，调处率达90%，占全市调处纠纷总数的65%。共提供各类线索380余条，协助破获案件120余起，协助抓获各类违法犯罪嫌疑人87人。在城区，同步推进“1+2+N”城区社区警务和“一企一警务助理”工作，选聘构网格员220人、企业警务

1月14日，市党代会、人大会安保

7月5日，网格化巡逻

个寄递网点和327家物流门头房开展全面整治，查处非法寄运案件43起，共排查整改安全隐患307处，下发责令整改通知书25份。开展易制爆危险化学品专项整治行动，共处罚违法易制爆企业8500余家次，通知安监部门处罚违法易制爆企业4500余家次，发现消除安全隐患21处。加强应急处突值班备勤力量，在重点区位设置2处“一分钟处置点”，24小时驻守并启动“135”应急响应机制（核心区域1分钟内、重点区域3分钟内、一般区域5分钟内到达现场处置）。

治安巡逻。深入开展城区“专业化处警、常态化巡防”，组成网格专职巡处警队伍，负责城区网格内所有110警情的先期处置。制定《网格专职化巡处警工作规范》，按照四班三运转的模式运行。全年，城区110警情同比下降36.3%，110警情现场处置率达到78.2%。处警时间平均缩短55%。

【消防】 市公安消防大队是实职副团级单位，下设益都、云门山、青垦路三个灭火救援中队，共有工作人员122人，其中现役官兵22人，公安民警1人，合同制消防员68人，消防文员31人。已在全市13个镇（街道、开发区）和1个古城管理区，建成镇级专职消防队并投入执勤。

全年共接处警1494起，其中火灾1204起，抢险救援290起，救援146人，出动车辆2506车次，出动警力13720人次，挽回财产损失158.74万元。

【交通安全管理】 2017年，市公安局共行政拘留192人，刑事拘留157人，取保候审267人，监视居住4人。共查处各类交通违法行为589375起，其中现场处罚210420起，非现场处罚379375起，涉牌涉证9895起，酒后驾驶2294起，醉酒驾驶173起，货车超载3348起。完成各类安保、警卫任务219起，出动警力2780人次。

道路安全管理。科学调整警力配置，交警大队的2个中队划入特巡警大队，组建4个中队，负责城区交通管理职能，对城区所有路段实行警力全覆盖，开展“压事故、保畅通”“道路交通百日安全整治”“平安行·你我他”等专项行动，严厉打击和整治交通违法行为。依法加强校车安全管理，保障乘坐校车学生安全。加大农村地区整治力度，加强城乡统筹，在国省干线沿线重要部位查处非法运营等违法行为。

交通设施建设。在全市范围内开展拉网式的大排查，对排查出的问题全部列出清单并逐一落实。重点加大农村公路平面交叉口、客运班线集中路段等重点道路交通安全隐患的排查力度。2017年，共排查各类隐患249处，完成整改249处，其中安装交通信号灯23处、交通标志牌151面、爆闪灯49套、交通护栏3千米，施划交通标线13万平方米。平安城市二期工程全面建成并投入使用，新增高清视频监控900处，多功能电子警察60处、多功能高清卡口21处。加强整治马路市场，全年共排查安全隐患和违法占道类73处，并全部限期整改。

交通安全宣传。市公安局与电视台合作，创办“警方在行动”栏目，设立“说交通”专栏和交通违法行为“曝光台”，全年播放66期。开展“礼让斑马线”活动，利用微信、微博等平台，进行互动式宣传教育。以“五进”宣传为载体，深入农村、运输企业等重点区域进行宣传，开展社会化宣传活动77次，组织交通志愿者3200人（次），发放宣传资料45000余份。

机动车管理。利用周末休息时间提供上门服务，到青州市东虹工贸4S店，共办理电动汽车挂牌业务404笔。优化“一窗式”综合办公，对大厅业务窗口资源进行整合，实现从业务受理到证件打印等业务全过程由一名工作人员办理，每名工作人员能独立办理各类车驾管业务。业务窗口开展“只跑一趟腿”活动，推行一次结办制度。全年共新增机动车21929辆，其中大型车辆1267辆，小型车辆17944辆，摩托车1853辆，低速载货汽车382辆，挂车483辆。年内，全市机动车保有量291089辆，其中汽车保有量234590辆，其他车辆56499辆。

机动车驾驶人管理。2017年，共办理摩托车驾驶证217本，换领各类机动车驾驶证33093本，注销驾驶证282本，审验AB类驾驶人11901人次，AB类驾驶人实习期满考试277人次，满分学习考试3844人次，驾驶证恢复326人次，驾驶人互联网面签5062人次。全市机动车驾驶人保有量352323人，其中，汽车驾驶人329900人。

道路交通事故处理。2017年，民警适用简易程序处理5729起，共受理交通事故7141起，因交通事故死亡56人、受伤4162人，直接经济损失713万元。侦破交通事故逃逸案74起，抓获上网逃犯5人。查处危险驾驶案41起，交通肇事案130起。因危险驾驶或交通肇事罪刑事拘留77人、取保候审94人、吊销驾驶证128人、行政拘留85人、暂扣驾驶证152本。

【监所管理】 监所建设。争取专项资金450万元，改造监控增设智慧监所实战系统。监室内安装全自动供水系统和热水器。完善医疗设备，落实出所就医绿色通道。2017年共诊治在押人员1284人，出所就医治疗48人，出所就医率下降62%。落实出所就医绿色通道和快速处理机制。自主研发的监管智能管理系统获得2017年度山东公安科学技术进步奖三等奖。

在押人员管理。2017年共收押各类犯罪嫌疑人、被告人1478人，同比增长52.05%，其中涉嫌危险驾驶案224人、故意伤害案145人、寻衅滋事案120人、盗窃案131人、交通肇事案87人、诈骗案79人。共收拘702人（男性601人，女性101人），其中治安拘留633人，司法拘留69人，拘留审查缅甸籍1人，拘留扰乱公共和单位秩序人员16人，吸毒人员40人。

（王　菲）

检　察

青州市人民检察院

党组书记、检察长	王兆生
党组副书记、副检察长	孙建军
党组成员、副检察长	刘荣华（女）
	秦同中
党组成员、纪检组长	林建清
党组成员、政治处主任	张彩虹（女）

【概况】 2017年，青州市人民检察院认真落实中央政法工作会议和全国全省检察长会议以及全市检

6月22日，青州市人民检察院33名员额检察官宣誓

察工作会议的决策部署，先后被评为全国检察机关文明接待室、全国检察机关派驻监管场所一级规范化检察室、潍坊市优秀检察院等称号。派驻邵庄检察室被命名为2017年“山东省老年人公益维权服务示范站”。

【查办和预防职务犯罪】 按照“惩治腐败力度决不减弱、零容忍态度决不改变”的要求，全年立查职务犯罪案件19件22人，其中大案和重特大案件9件12人。做好预防职务犯罪工作，开展法制宣传和警示教育31场，撰写检察建议、预防调查等10份，受理行贿档案查询5513次。开展检察官联系大项目工作，深入全市4个重点项目开展法律跟踪服务8次，有效避免了资金流失。分别与邮政系统、交通部门联合开展“预防职务犯罪邮路”和廉洁文化示范点创建活动，组建服务队2支，选聘志愿者43名，开展活动4次。

【诉讼监督】 2017年，市人民检察院牢牢把握检察职能定位，加强对执法不严、司法不公问题的监督，筑牢维护社会公平正义的司法防线。全年监督立案和撤案10件，依法追捕追诉50人，提起刑事抗诉2件。强化人权司法保障，督促纠正滥用强制措施、非法取证等侦查违法情形18件。共监督纠正刑罚执行和监管活动违法14件，纠正社区矫正违法12件，纠正判处实刑未执行刑罚罪犯16人，办理羁押必要性审查58件。6月19日，全省检察机关派驻监管场所检察室规范化建设观摩会在青州召开，青州市人民检察院刑事执行检察工作得到省检察院充分肯定。完善多元化监督格局，共办理民事行政检察监督案件54件，同比上升100%，其中提出再审检察建议3件，办理民事行政诉讼监督、行政执法监督案件50件。

【控告申诉检察】 2017年，青州市人民检察院认真落实涉法涉诉信访改革要求，积极运用法治思维、法治方式解决矛盾纠纷，通过建立涉法信访导入司法程序、联动协调、司法救助等机制，妥善处理控告举报案件线索110件，办理刑事申诉案件和不立案线索复查案件等7件，发放国家司法救助金4万元，继续保持了赴省进京零上访的工作记录，控申接待室连续两届被评为“全国检察机关文明接待室”。按照全国检察机关文明接待室标准设置，将接访场所和办公场所完全隔离。制定《青州市人民检察院司法警察信访场所值班表》，配备专职法警，确保信访接待场所接访人员的安全。

【服务保障民生】 2017年，市人民检察院秉持“检力下沉、服务基层”的工作理念，积极服务大局保障民生。制定出台《服务和保障“四个城市”建设实施意见》，通过打击、预防、监督、教育、保护等检察职能作用，服务保障“四个城市”建设。坚持把执法办案作为服务大局的基本途径，严惩非法吸收公众存款、信用卡诈骗等涉众型经济犯罪33件46人，依法打击非法经营、合同诈骗、假冒注册商标等犯罪34件55人，优化经济发展环境。坚持依法办案与司法救助相结合，对7名因遭受犯罪侵害或民事侵权、生活陷入困境的当事人或其亲属发放救助金4万元。深化集中整治和加强预防扶贫领域职务犯罪专项工作，精准绘制扶贫领域职务犯罪预防“路线图”，被评为潍坊市“优质服务项目”。五处派驻检察室开展法制宣传和警示教育活动43场次，收集职务犯罪案件线索15件，化解矛盾纠纷4件，办理轻微刑事案件54件，开展社区矫正监督46次，推进了基层治理法治化。深入开展“为民服务乡村行”“第一书记”等工作，协调投入扶贫资金180余万元，为帮扶村安装供电设备、移动通讯设施，修建文化体育广场等，青州市人民检察院连续五年被评为“全市扶贫开发工作先进单位”。

【执法规范化建设】 市人民检察院坚持以检察权透明运行为路径，狠抓执法规范化建设，在自觉接受监督中提升执法公信力。发挥案件管理职能，开展案件流程监控1694件，发出期限预警122次，提出纠正意见和建议168条。完善案件季度评查机制，对捕后不诉、撤回起诉等特殊案件进行重点评查，发现不规范问题8类并督促纠正。借助案件信息公开系统，公开案件程序性信息和重要案件信息2600条、法律文书819份，接受案件信息查询136人次。最高人民检察院案件管理工作座谈会在青州召开，潍坊市人民检察院作为基层院代表作交流发言。积极主动向党委、人大报告工作，就民事行政检察工作向青州市人大常委会作专题报告并认真落实审议意见，进一步规范了检察工作。

【队伍建设】 市人民检察院以司法责任制改革为契机，围绕提升员额检察官办案能力，通过构建学、练、战三位一体培训模式，开展各类岗位练兵活动17次，组织参加各类业务实训973人次；选派40名业务骨干到中国政法大学进行素能培训，到烟台、高密等地检察机关开展寻标对标活动，组织召开第十三届检察理论研究年会，开展优秀检察建议评选和“一科一品”创建活动，有效提高了干警执法办案能力和综合素养。在各级媒体发表宣传调研文章280余篇，6篇论文或课题获市级以上表彰，17名干警入选潍坊市级以上检察人才库，检察调研工作在全省会议上作了经验交流。组织首批33名员额检察官集体宣誓，现有检察人员全部分类定岗到位。

（李　振）

法　院

青州市人民法院

党组书记、院长	宋保华（女）
党组副书记、副院长	张传奎
党组成员、副院长	王　江
	陈晓红（女）
党组成员、审判委员会专职委员	杨春富
党组成员、执行局局长	赵成果（6月止）
党组成员、纪检组长	房德泉
党组成员、政治处主任	王洪军
执行局局长	马振春(回族，6月起)

【概况】 2017年，青州市人民法院深入学习贯彻落实中共十九大精神，依法履行审判职责，正确处理公正司法与服务大局、维护稳定、促进发展、保障民生的关系，各项工作取得新的发展。全年受理案件10847件，结案10885件，结案标的额53.9亿元，结案连续3年过万件。年内被评为青州市中共十九大安保维稳工作先进单位并记集体三等功，执行三庭被潍坊市中级人民法院记集体三等功。

【审判执行】 维护社会稳定。严厉打击刑事犯罪，审结各类刑事案件970件，判处罪犯1347人。始终保持对严重刑事犯罪的高压态势，审结杀人、强奸、抢劫、抢夺、盗窃等严重危害人身安全的暴力犯罪和危害财产安全的多发性犯罪案件136件182人。加强未成年人案件审判工作，采取前科封存、庭审教育、成长环境调查等多种措施，把对未成年被告人的教育、感化、挽救落到实处。

保民生促发展。立足促进社会和谐，依法审结民事案件4194件。妥善审理婚姻继承、赡养抚养等家事案件749件。审结房屋买卖、担保物权等物权案件134件。积极服务经济发展新常态，制定《关于为青州经济发展提供司法保障的意见》，把青州市委科学发展部署转化成司法工作的具体举措，审结商事案件1995件，规范市场行为，维护市场秩序，促进金融安全。

助推依法行政。审结行政诉讼案件119件，推动行政首长出庭应诉制度落实，全年行政机关负责人出庭率达95%以上，促进了行政争议的实质化解。发挥行政审判的引领和示范作用，先后组织庭审观摩4次、召开联席会议3次、到行政机关培训6次，助推执法人员依法行政能力的提升。

解决执行难题。落实最高法院基本解决执行难工作部署，全年执行各类案件3607件，结案标的额17.4亿元。组织开展“百日执行攻坚”专项活动，集中执行涉民生、金融、腾房倒地等案件56次，对310名被执行人实施司法拘留。开通“老赖”专属彩铃，通过报纸、电视、户外显示屏、微信公众号等多种媒介，曝光失信被执行人信息3350人次。

8 月 23 日，青州法检两长首次同堂办案

会同检察院、公安局制定《关于办理拒执刑事案件的实施意见》，严厉打击拒执犯罪。稳步推进执行信息化建设，运用网络拍卖更快更好地解决财产变现难题，全年完成网络拍卖 25 件 3624 万元。

【司法便民】 提升诉讼服务水平。完成诉讼服务中心的升级改造，建成“一站式”综合诉讼服务平台，打造互联网、微信公众号、手机短信相融合的“一体化”自助服务系统，实现信息多跑路、群众少跑腿，让群众更加方便快捷地进行诉讼。

深化诉调对接机制。探索建立先行调解制度，从织密多元解纷网络、完善诉调对接机制、培育诉外解纷力量三方面精准发力，充分发挥法院及各调解组织的专业优势，提高纠纷化解成效。全年各类诉前调解组织化解纠纷 826 起，同比上升近 50%。强化案件速裁，对调解不成但事实清楚、权利义务明确的矛盾纠纷，快速立案、快速审判，切实降低当事人的诉讼成本。

完善利民服务措施。发挥人民法庭优势，提供司法服务基层有保障，通过听案评案、指导调解等形式，有效发挥人民法庭在基层矛盾纠纷化解机制中的引领和保障作用，5 处法庭全年办理各类案件 2273 件，诉前调解纠纷 276 起。

【司法改革】 扎实推进人员分类管理改革。员额法官、辅助人员、行政人员实现分类管理和比例配备，员额法官和司法警察实行单独职务序列管理。以入额法官为主体打造合议制审判团队 4 个、独任制审判团队 38 个，法官年均结案 213 件，较改革之前明显提升。

审判权运行机制改革。坚持团队化运作，全面推行“谁办案谁负责”的新型审判权运行模式，明确法官、法官助理、书记员职责，充分发挥团队合作优势。坚持院庭长办案常态化，入额院领导、庭长全部编入审判团队，院领导承办重大、疑难、复杂案件 509 件，庭长办案 2628 件，充分发挥了示范带动作用。

司法责任制改革。坚持责权利一致，完善审判执行流程，落实过问或干预案件全程留痕制度，保障法官依法独立行使裁判权、独立承担办案责任。充分发挥专业法官会议、审判委员会总结审判经验、统一裁判标准的作用，确保裁判标准和法律适用统

6 月 1 日，青州法院首批员额法官宣誓仪式

一。坚持精细化考评，合理设定法官、法官助理、书记员考核标准。

司法行政

青州市司法局

党组书记、局长　袁晓颖（女）
党组成员、副局长　文福亮
党组成员、市社区矫正办主任　刘德普
党组成员、市公证处主任　常承科
副局长　顾玉敏（女）

【概况】 2017年，青州市司法局主动适应经济社会发展新常态，以公共法律服务体系建设为总抓手，充分发挥法治宣传、法律服务和法律保障职能作用，为平安青州、法治青州建设做出积极贡献。

【普法工作】 制定《关于在全市公民中开展法治宣传教育的第七个五年规划（2016—2020年）》《青州市2016—2020年依法治市规划》《关于推进落实国家机关“谁执法谁普法”普法责任制的实施意见》，对市全民普法依法治市工作领导小组进行调整充实。开通“青州普法”微信公众号，定期推送法治动态，解读法律法规。3月3日，“法治惠民乡村行”活动启动仪式暨“法律宣传进万家、服务温暖你我他”主题活动在邵庄镇大郇村举行。4月14日，全市中小学校133名“法治校长”聘任仪式在北关初中举行，实现“法治校长”全覆盖。成立“七五”普法讲师团，在全市开展巡讲活动。与青州电视台合作播出《与法同行》30期，接听、解答市民法律咨询300余个。举办“清凉夏日·法治电影公益宣传月”活动，在全市播放1020场公益法治电影。开展“12·4”国家宪法日系列宣传活动，并举办依法行政专题辅导报告会。弥河镇大关营村被评为山东省民主法治示范村。

【公共法律服务平台建设】 2017年，基本建成市、镇街、社区三级公共法律服务平台。11月，青州市公共法律服务中心正式启用，中心设在市政务服务中心五楼、六楼，总面积2000平方米。设有综合法律服务大厅、矛盾纠纷调处中心、法治宣传教育室、视频监控指挥中心等多个功能区和公证处，提供集人民调解、法律援助、法治宣传、律师服务、法律咨询、公证服务等多项功能的“一站式”服务，月均接待群众2700余人次、办理法律服务事项830余件。依托各司法所建设13个镇级公共法律服务中心，日均接待群众130人（次）、办理法律服务事项39件。在全市88个社区建成社区司法行政工作室，为村民、居民及时解答日常生产生活中遇到的法律问题，接受村民、居民委托代为起草、修改有关法律文书和参与诉讼活动，宣传与日常生产生活相关的法律知识，参与村（社区）人民调解委员会主持的纠纷调处工作，协助起草、审核、修订村规民约和其他管理规定。

【一村（社区）一法律顾问】 为全市88个大社区，1054个村(社区)选聘142名法律顾问，由65名律师、49名基层法律服务工作者、28名司法行政干警组成。市委常委会专题研究“一村（社区）一法律顾问”工作，明确以大社区为单位，每个社区拨付法律顾问经费1.5万元，列入2018年村级组织经费。11月17日，召开全市首任村（社区）法律顾问动员培训会议，对工作进行具体部署，并对拟任法律顾问开展首任培训。11月，法律顾问与村（社区）“三职干部”完成了见面对接工作，并全面签订法律顾问聘用合同。全年村（社区）法律顾问累计提供法律咨询2600余件次。

【人民调解】 2017年，加强人民调解组织建设，健全完善人民调解组织网络，至年底，全市共建立调解组织1192个，其中镇（街道）、村（社区）实现全覆盖，规模以上企业调解组织41个，行业性、专业性调解组织10个，人民调解员4428人。加强人民调解员队伍建设，组织各类培训，提高调解员业务素质。全市各级人民调解组织共排查各类矛盾纠纷7609起，调解成功7516起，调解成功率达到

4月25日，社区服刑人员开展“学国学经典唤人性回归”主题教育实践活动

98%以上，其中调处疑难复杂纠纷46起。

【社区矫正】 至2017年年底，全市累计接收社区服刑人员4991人，其中2017年接收642人；累计解除社区服刑人员4157人，其中2017年解除404人；进行社会风险调查评估65例。通过严格管理，全年未发生脱管、漏管现象，为推动“平安青州”建设、维护社会和谐稳定做出了积极贡献。以社区矫正规范化建设为契机，建立了贯穿矫正衔接、执行、监督、考核、解除等各环节的工作规范。

【安置帮教】 创新教育方式方法，积极组织社区服刑人员开展特色公益劳动，在加强对社区服刑人员的法治教育的同时，突出中国优秀传统文化教育，在社区服刑人员中开展“学国学经典，唤人性回归”主题教育活动，组织传统文化教育大讲堂6场，受教育人数800余人。加强心理咨询标准流程建设，强化社区服刑人员心理矫治“程序化、规范化、长效化”工作机制，解答社区服刑人员心理咨询834人次，建立心理矫治档案110份。完善社区矫正管理信息化管理系统，借助信息化手段提高管控能力，充分利用管理平台对社区服刑人员进行监管，2017年年底，全市共有社区服刑人员834名，实行手机定位管理774名，手机定位管理率达93%。深入贯彻落实省、市两级社区矫正、安置帮教安全稳定工作会议精神，结合十九大安保维稳工作对全市社区矫正、安置帮教人员逐一走访，消除安全隐患。累计走访社区服刑人员834人，走访安置帮教人员2343人，完成率均为100%。

【律师行业】 2017年5月，山东万信律师事务所青州分所成立，有执业律师3人，为合伙制律师所。至年底，全市有律师事务所12家，其中合伙所8家，个人所4家。共有执业律师93名，实习律师13名。设立3个律师事务所党支部，有中共党员律师12名。加强对律师队伍的监督管理，全市12个律师所93名执业律师参加年审，全部合格。积极参加全市重点项目的建设，并组织律师以参谋助手的身份为政府处理涉法涉诉信访问题提供法律意见和建议。全年共参加政府信访、市长接访活动等186次，为领导决策提供法律意见或建议260次，解答信访群众咨询1700多人次。全年办理各类法律案件2915件，

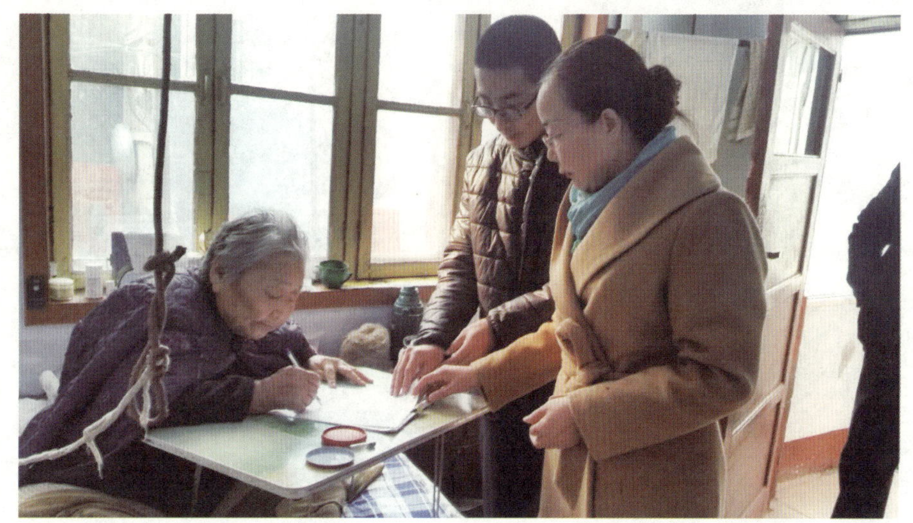
1月12日，司法局上门服务

其中刑事辩护 1010 件，民事代理 1249 件，非诉讼调解 656 件，提供法律咨询 15000 余人次，担任常年法律顾问 258 家，65 名律师担任村（社区）法律顾问。积极参与公益活动，在云门山森林公园栽植“律师公益林”一处。

【公证行业】 2017 年，山东省青州市公证处在编人员 13 人，其中一级公证员 1 名，二级公证员 4 名，三级公证员 2 名，初级公证员 1 名，公证员助理 2 名。积极介入招投标公证并出具公证书，参与市级建设项目或重大工程的现场招投标过程，参与招投标现场监督近 380 次，办理合同公证 260 多件。加大公证业务宣传力度，与青州电视台合作录制宣传节目 10 期，在行风在线、与法同行等栏目滚动播出，宣传公证业务知识。与农商行合作，开拓金融公证业务试点，办理赋予“借款合同”和“担保书”强制执行效力公证。全年共办理各类公证业务 8568 件，其中民事经济类 6825 件，涉外涉港澳台 1743 件，化解矛盾纠纷 1100 余起，纳税 20 余万元。

【法律服务】 2017 年，全市有 19 个基层法律服务所，95 名基层法律服务工作者，完成收集基层法律服务工作者的详细信息，录入山东省公共法律服务网。2017 年，共代理各类法律事务 1614 件，其中民事案件 1206 件，行政案件 10 件，开展法治宣传 89 次，调解纠纷 152 起，办理法律援助事项 141 起，49 名基层法律服务工作参加“一村（社区）一法律顾问”工作。

【法律援助】 2017 年 3 月，配合市妇联在创业大厦开展“维护妇女权益，促进妇女就业”宣传周活动。成立青州市职工维权法律援助工作站和青州市残疾人维权法律援助工作站。2017 年全市共受理各类法律援助案件 525 件，结案 425 件，发放办案补贴 20 余万元。

【司法鉴定】 2017 年，潍坊青州法医鉴定所新发展执业鉴定人 3 名，受理司法鉴定事项 398 件，当事人合法权益得到维护和保障。12 月，鉴定所通过国家级资质认定、实验室认可复评审。

（钟安邦）

经济监督管理

发展改革

青州市发展和改革局

党组书记、局长、弥河生态林场党工委书记、市委全面深化改革领导小组办公室副主任　　孟庆广
党组成员、副局长、市重点项目办公室主任　　刘　宏
党组成员、副局长　　郝成侠
党组成员、主任科员　　王国杰
党组成员、市产业发展办公室主任　　刘佃民
党组成员、市区域经济发展合作办公室主任　　祝雪莲（女）

【概况】　2017年，青州市发展和改革局围绕市委市政府决策部署，以推进供给侧结构性改革为主线，以加快新旧动能转换、促进经济转型升级提质增效为引领，深入开展“作风建设年”活动，认真履行全市经济综合管理、投资主管、产业和社会信用牵头等职能，重规划强引导，抓项目促投入，抓投资稳增长，抓产业促转型，抓诚信优环境，全力推进“四个城市”建设。

【宏观调控】　科学制订国民经济和社会发展年度计划，并提请市人代会通过，有力促进了全市经济保持平稳增长、综合实力稳步提升。2017年，全市地区生产总值实现658.44亿元，一般公共预算收入达到46.5亿元。准确把握国家宏观政策取向，紧扣重点、关注热点、展示亮点、反映难点，积极开展调查研究，加强经济运行分析，提出可操作性强的意见建议，为领导决策提供服务。2017年，形成关于四新四化、产业强市、品质城市、动能转换等调研类报告20余篇，200余条信息通讯、调研类文章被市级以上刊物或媒体采用。

【产业转型升级】　2016年8月30日，青州市服务业办公室更名为青州市产业发展办公室。2017年8月编制完成《青州市产业强市建设五年规划和三年行动计划》，通过强化要素保障等六条措施改造提升传统产业，加快培育战略性新兴产业和现代服务业，全力建设工业强市、旅游强市、文化强市、花卉强市和生态强市，率先在潍坊市构建现代产业

12月，青州市政府与国家发改委中宏网签署共建“诚信青州”战略合作协议

新体系。2017年，全市经济结构不断优化，三次产业比重由2016年的8.6 ∶ 45.8 ∶ 45.6调整为8.4 ∶ 44.1 ∶ 47.5。产业强市建设筛选储备重点建设项目133个，总投资461.8亿元，计划投资159.7亿元。中化弘润成品油质量升级及配套工程等37个项目和重点事项列入潍坊产业强市五年发展规划和三年行动计划，山东百纳城酒庄葡萄酿酒有限公司现代农业生态示范项目等29个项目列入潍坊市2017年重点产业支撑项目。超高速高效节能电机等9个项目列入潍坊市“四个城市”建设“10•30•100”支撑项目。

【固定资产投资】 加强项目投资管理，建立完善“全市重点建设项目库”，切实引导各类资金投向战略性新兴产业和先进制造业、现代服务业、节能环保、改善民生等重点领域项目。深入开展项目建设年活动，建立健全重点建设项目“三级调度”、集中开工、问题会商、情况通报等制度，耐威智能航电、北超伺服、昶润电缆等一批项目顺利推进，固定资产投资完成年度任务。完善项目审批联动机制，开辟审批绿色通道，缩短审批办理时限，全力支持各投资主体完备项目手续。自2017年4月8日起，核准类项目只需提供项目申请报告、城乡规划行政主管部门出具的选址意见书（仅指以划拨方式提供国有土地使用权的项目）、国土资源（海洋）行政主管部门出具的用地（用海）预审意见（国土资源主管部门明确可以不进行用地预审的情形除外）、法律、行政法规规定需要办理的其他相关手续，备案类项目，项目单位只需登录投资项目在线审批监管平台，按照要求提交企业和项目基本信息，经赋码后，就可以自行打印备案证明。2017年，审批核准备案项目475个，总投资491.4亿元。

【改革创新】 突出科技创新核心地位。充分发挥企业主体作用，积极引导企业研发新技术、发展新行业、培育新业态，积极申报和争取创新平台项目建设。2017年，全市认定潍坊市级以上工程实验室和工程研究中心5家，分别是山东贝隆杜仲生物工程有限公司潍坊市杜仲综合利用工程研究中心、山东博瑞新材料科技有限公司潍坊市工业副产石膏资源化利用工程实验室、青州市亚泰农业科技有限公司潍坊市花卉种苗工程实验室、山东京青农业科技有限公司潍坊市作物病害微生态防控工程实验室、青州金青云新材料有限公司潍坊市环保型镀铝堆积材料工程实验室。至2017年年底，全市共认定25家，其中省级2家。

【政策资源争取】 2017年，支持和帮助长江防护林工程争取中央预算内投资368万元、沃泰生物有机肥项目争取专项资金295万元、亚泰花卉电商平台争取服务业引导资金100万元、盛世泰来轮胎项目争取600万元的进口设备免税申请、晨宇电气高铁牵引变压器等3个项目获2017省区域战略推进专项资金1400万元，德骏电磁高效节能项目获潍坊市现代产业竞争性用地80亩、鲁东瓜子创业园纳入山东省现代物流项目滚动投资计划。青州市被评为山东省重点服务业城区，泓德物流园被评为省重点服务业园区。1人被评为鸢都产业领军人才，获专项资金100万元。

12月，市发改局牵头推进的济青高铁青州北站项目完成主体建设

【社会信用体系】 2016年8月，青州市建立社会信用体系建设联席会议制度，联席会议办公室分别设在市发改局和人民银行青州市支行。2017年6月13日，青州市社会信用管理服务中心成立。市发改局充分发挥社会信用体系建设牵头部门的职能作用，以政务诚信为引领，统筹推进商务诚信、社会诚信和司法公信等重点领域信用建设，先后出台《青州市社会信用体系建设工作方案》《关于在行政管理事项中使用信用记录和信用报告的实施意见》《青州市诚信青州建设十大主题活动实施方案》《关于建立守信联合激励和失信联合惩戒制度加快推进社会诚信建设的意见》《关于对重大税收违法案件当事人实施联合惩戒措施的合作备忘录》等文件，着力围绕行政许可和行政处罚双公示、“红黑名单”发布、信用信息归集及应用、联合奖惩、典型案例、诚信宣传、市场主体承诺等各项工作，不断将“诚信青州”建设引向深入，经济社会发展信用环境得到全面改善。2017年7月，国家发改委在首届中国城市信用建设高峰论坛上，发布《中国城市信用状况监测评价报告》，公布了全国361个县级市综合信用指数排名前50位的城市名单，青州市作为潍坊地区唯一入选城市，列全国第6位、山东省第3位。

国有资产管理

【概况】 2017年，青州市财政局深入贯彻落实中共十九大和省十一次党代会精神，充分发挥财政职能作用，规范组织收入，优化支出结构，强化预算执行，盘活存量资金，深化财税改革，全力防范政府债务风险和地方财政支付风险，预算执行取得预期效果，财政运行整体良好。2017年1月青州市财政局被评为省级文明单位。

【国资监管体系】 2017年，对全市纳入行政事业单位国有资产管理信息系统的行政事业单位进行资产登记，全市157家国有资产总额为767771.76万元，比上年729683.58万元，增长38088.18万元，增长率5.2%。进一步加大改制资产评估，2017年对青州市顺达交通服务中心进行整体资产评估。

（郝　志）

国土资源管理

青州市国土资源局

党委书记、局长，中德土地整理与农村发展培训中心主任　金　玮
党委副书记、矿产资源管理中心主任　王成亮
党委委员、副局长、土地储备中心主任　宋竹平
党委委员、副局长　刘安源
党委委员、市矿产资源管理中心党支部书记　孙　健
党委委员、纪委书记　于　波
党委委员、总经济师　王远华

【概况】 2017年，青州市国土资源局深入贯彻中共十八大、十九大精神和中央领导同志重要讲话精神，牢固树立“高定位、争第一、创一流、求卓越、晋级升位创品牌”的工作理念，以精神文明群体创建为抓手，坚持开拓创新，着力打造亮点，切实转变作风，积极主动服务，各项工作全面推进。

4月14日，全市国土资源工作会议召开

8月28日至29日，省国土资源厅到青州调研土地整理工作

【地籍管理】 2017年3月，根据省厅《关于做好城乡土地利用数据库整合更新试点工作的通知》要求，青州市列为试点单位。市国土局以计算机技术、数据库技术及空间信息技术为支撑，建设具有青州特色的国土资源数据中心管理平台，满足各类土地利用专题业务数据库在监管共享上的需求，实现对“批、供、用、补、查”各个环节进行综合监管，为相关部门提供信息化监管服务。

【不动产登记】 通过实施《关于不动产登记发证提速提效的意见》，解决不动产登记证发放问题，率先开发建设县级微信预约平台，设立东夏不动产登记分中心，方便办事群众就近办理各种不动产登记业务。2017年，完成各类不动产登记4.1万件。

【土地利用管理】 完成土地供应4753亩，成交价款27.42亿元。盘活城镇空闲地1466亩，低效用地二次开发2550亩，国土资源节约集约模式创新入选全国国土资源节约集约“四个创新”100例。

【建设用地管理】 2017年报批建设用地22个批次（其中单独选址项目7个），面积284.7279公顷，其中耕地153.05公顷。

【耕地保护】 实行耕地占补平衡制度，数量质量要求上严格立足“占一补一、占优补优”。层层签订责任书，把耕地保护目标列为各乡镇（街道）科学发展考核的重要内容。严格建设用地审批工作，对新上项目实行严格审查制度，对节能环保达不到要求的一律不予上报审批。2017年完成永久基本农田划定94.85万亩，完成上级下达的全市基本农田保护任务。实施占补平衡项目16个，整理土地12488亩，已经完成验收项目4个，新增耕地指标2536亩。

【地质矿产勘查与储量管理工作】 编制完成5家矿山企业《矿山资源年度储量报告》，1家矿山企业自2015年以来处于停产状态。

【矿产开发管理】 2017年，完成9家矿山企业采矿权信息公示工作，对随机抽查和专项抽查确定的3家矿山企业聘请专家进行了实地核查。严格落实到期提醒和一次性告知制度，2017年依法按程序完成1宗县级采矿登记、初审2宗省级采矿登记。

【测绘管理】 大力推进“互联网+政务服务”改革，创建青州市弱势群体综合管理服务平台。以“一张图+弱势群体精准管理”为核心理念，整合民政、残联、工会等部门提供的弱势群体信息，为帮扶救助的精准管理和帮扶村到户提供强有力的技术支撑。该平台涵盖全市贫困人口信息，涉及13个镇街和开发区，在精准扶贫工作中发挥了战略地图性的作用，他作为潍坊市唯一天地图典型应用案例，被国家测绘地理信息局收入《天地图典型应用案例汇编》。

（王丽阳 郄海涛）

安全生产监督管理

青州市安全生产监督管理局

党组书记、局长 李 伟

党组成员、副局长，市安全生产应急救援指挥中心主任　邓保杰

党组成员、副局长　岳继胜

党组成员、市安全生产执法监察大队大队长　侯　彦

【概况】　2017 年，市安监局在紧密围绕经济发展中心，切实践行安全发展理念，突出做好隐患排查治理、重点领域整治、安全基础提升等工作，激发全市各级各单位各企业抓安全生产的内生动力，取得了阶段性的效果。2017 年 12 月，市安监局因中共十九大期间安保维稳工作，被青州市委市政府记集体三等功。2017 年 12 月，在青州古城旅游区创建国家 AAAAA 级旅游景区工作中被评为先进单位。2017 年 12 月，荣获潍坊市“2017 年全市安全生产法律法规和知识电视大赛”优秀组织奖。

2017 年 12 月，市安全生产应急救援指挥中心增加事业编制 10 名。年底，市安监局共有工作人员 46 人。2017 年，调整市政府安委会成员名单，成立 18 个专业委员会，修订各部门责任边界，监管职责不重不漏。

【安全标准化】　采取逐镇街开展安全生产标准化规范化创建培训、组织宣讲、聘请专家深入企业帮助完善标准化创建材料等系列措施，至 2017 年年底，纳入安全生产标准化规范化创建范围的 415 家规模以上企业全部完成。57 家高危行业企业全部完成创建工作。733 家其他生产经营单位达标 710 家。

【行政审批】　至 2017 年年底，市政务服务中心安监局窗口共受理危化品经营许可 34 件，生产安全事故应急预案备案 107 件，易制毒经营备案 20 件，危化品重大危险源备案 14 件、核销 2 件，建设项目安全设施“三同时”6 件，其中通过网上办件 47 件。

【重点领域监管】　持续加大对危化品生产、经营、储存、使用、废弃处理等环节的安全监管力度，不间断地对危险化学品进行安全隐患排查、整治。所有取得安全生产许可证 6 个月以上的非煤矿山企业一律达到三级以上安全标准化标准，在建的、已审批待建的矿山企业一律按照安全标准化矿山进行建设。对烟花爆竹批发公司、零售业户进行不间断隐患排查，严格春节期间烟花爆竹临时零售点许可。2017 年，以危险化学品、非煤矿山、道路交通、建筑施工、油气管道、消防 6 个领域为重点，开展集中打非治违行动，持续不断开展”严查严整严打”行动，至 2017 年年底，共查出并整改隐患 10014 条，出动检查人员 1000 余人次，聘请专家 528 人次，打击非法企业（单位）39 家。

【基层基础建设】　利用“安全生产月”、《中华人民共和国安全生产法》学习宣贯等载体，邀请专家讲师，针对企业特种作业人员、主要负责人及安全员，组织多轮次培训宣贯。至 2017 年年底，累计受训人员 11325 人次。

整合社会应急救援资源，增配消防车、矿山救护车、后勤保障车、应急照明灯、干粉灭火器、防毒面具等，强化市级应急救援队力量。到 2017 年年底，专业救援队数量达到 5 支。

2017 年，安全生产综合监管平台初步建成，实现了对 37 家重大危险源企业、地下矿山、大型罐区企业的视频监控，474 家企业

6 月，市委常委、常务副市长王万信调研“安全生产月”工作

11月，潍坊市安监局在青州举办安全生产信息平台建设现场会

信息在线查询，全市危险化学品安全事故在线快速响应，同时实现了文件收发、在线调度等多项功能。

【执法监察】 根据不同时段的安全生产特点，组织开展全行业、全覆盖的安全生产大检查6次，专项检查32次，对检查中发现的隐患，要求企业限期整改。对拒不整改或整改不力的企业，严格按照相关法律法规进行立案处罚。2017年，累计立案处罚41起，收缴罚款234万元。

【较大以上事故】 2017年3月14日8时37分许，一辆车牌号为鲁VD0963的中型普通客车，沿青州市五文路行驶至邵庄镇文登社区西郭庄村集贸市场附近时，因制动失效，先后与一辆小货车、两辆面包车发生碰撞，并冲到赶集群众中，造成9人死亡、14人受伤，直接经济损失约490余万元。5人被司法机关依法追究刑事责任，23人被给予党纪、政纪处分和相应处理。

（赵秀军　林永庆）

市场监督管理

青州市市场监督管理局

党委书记、局长、市食安办主任　张道文
党委委员、副局长　刘保利
　王志栋
　马本亮
党委委员、市食安办副主任　钟建华（女）
党委委员、食药局副局长　马　勇
党委委员、副主任科员　王连学

【概况】 2017年9月，根据青州市编办《关于市市场监督管理局和有关事业单位科室调整及中层直职数核定的批复》（青编办发〔2017〕60号）文件要求，市场监管局局机关增设党委办公室、法制科、食品流通科、药品不良反应检测科，审批服务科不再加挂法制科牌子，药品和医疗器械监管科不再加挂不良反应监测科牌子。企业注册局设综合科、业务科。公平交易局设综合科。12处镇街市场监督管理所加挂“食品药品监督管理所”牌子。市场监督管理执法大队设置综合科及9个市场监督管理执法中队。

【商事制度改革】 2017年，市市场监管局持续推进商事制度改革，开展企业简易注销登记改革，全面实施“多证合一”，提高市场主体注册登记便利化程度，市场主体量质双提。2017年，全市共新增市场主体12304户，注册资本（金）增加204.93亿元。其中：新增内资企业46户，注册资本（金）增加5.2亿元。新增私营企业3085户，注册资本（金）增加179.92亿元。

市场主体登记。市市场监管局对省工商行政管理局下发的企业名称库核查数据进行核查比对，纠错补漏，确保数据准确规范，为全省企业名称库开放做好基础性工作。自8月1日起县（市、区）、市、省三级企业名称库实现全面开放，公众可足不出户进行名称自主查询。对现场企业名称预先核准实行即时办结，对提交材料齐全的企业设立、变更、注销业务，80%以上当天核发营业执照。

实施“多证合一”工作。自9月1日起，开

始实施“多证合一”登记制度改革，实行“一套材料、一表登记、一窗受理”工作模式，对工商登记前后涉及的信息采集、记载公示和管理备查类的各种“证”整合简化，第一批将涉及公安部门“废旧金属收购业备案”、住建部门“住房公积金缴纳登记”等11个部门的26项涉企证照事项整合到营业执照上，在全面实施企业、农民专业合作社“五证合一、一照一码”和个体工商户“两证整合”的基础上实现了“三十一证合一”，建立了市场准入简化、信息互认共享的“多证合一”登记新模式。

落实“先照后证”和“双告知”制度。严格落实“先照后证”制度，在办理工商登记时，对于法律、行政法规和国务院决定规定的改为登记后置审批的事项，一律不再作为登记前置。全面落实工商登记后置许可事项“双告知”制度，在工商登记时告知申请人需要申请审批的经营项目和相应的审批机关，并由申请人书面承诺在取得审批前不擅自从事相关经营活动。建立履行“双告知”职责的信息化支撑平台，运用信息化手段将市场主体登记注册信息在“山东省企业信用信息共享交换平台”发布，全市各审批部门登陆交换平台查询认领所属行业市场主体登记信息，确保市场主体登记注册信息推送、查询、认领、监管工作落实到位。

企业简易注销登记。自3月1日起，正式启动企业简易注销登记改革工作，推动未开业企业、无债权债务企业便捷退出市场。企业通过简易程序办理注销手续时，申请材料由十几页精简为三页，注销公告方式由登报公告变为网站公告，节省公告费用，至2017年年底，全市共有283户企业完成简易注销登记。

市场主体信息公示。将市场主体登记、备案、监管等信息全部在国家企业信用信息公示系统（山东）（以下简称“公示系统”）公示，让相关市场主体及相对人接受全社会的监督。落实年报工作，通过开展培训、播放公益广告、提供电话预警和咨询服务等方式，提醒市场主体及时做好年报公示工作。7月，对未按照规定期限公示年度报告的1124户私营企业、94户内资企业、228户专业合作社列入经营异常名录，1875户个体工商户标记为经营异常状态，并向社会公示。

协同监管和联合惩戒。相关监管部门对其监管领域内实施行政处罚或撤销、吊销、注销、缴销其许可证后，市市场监管局依法责令当事人限期办理变更、注销登记业务，逾期不办理的，依法吊销营业执照。2017年，全市市场监管局协助法院查封冻结失信被执行人股权31起，查封权益共计2100余万元。

“双随机”抽查工作。坚持“公开、有效、透明”原则，随机抽取检查对象、随机选派执法检查人员，对省工商局随机抽取的青州辖区内353户企业、1624户个体工商户、91户农民专业合作社，及2016年度未年报企业和2017年上半年新登记企业88户，共2156户各类市场主体开展抽查工作，抽查事项共计42项，抽查名单及抽查结果全部通过公示系统向社会公示。

【市场及交易监督管理】 2017年，青州市市场监管局（市工商局）加强商品交易市场、合同管理、竞争执法和网络监管，突出抓好重要商品的监管，维护公平竞争的市场秩序。

农资市场专项整治。制定《2017年农资打假专项整治行动实施方案》，成立12个检查小组，对检查区域进行重点集中检查。共出动执法人员860人次，执法车辆182台次，检查农资生产经营业户626家，对存在问题的47家业户进行了责令整改或立案查处。积极向潍坊市工商局争取农资抽检经费，抽检肥料样品82个、农膜样品20个。对抽检不合格的6家肥料和2家农膜销售单位依法予以立案查处。

成品油市场专项整治。制定《关于扎实开展加油站综合整治行动强化成品油市场监管工作的通知》，检查成品油经营户49家，分3批次组织抽检社会加油站49家，抽检样品64个，并根据抽检结果对3家销售不合格油品的油站进行立案查处。

“守合同 重信用”企业公示制。进一步落实企业信用体系建设，对符合申报条件企业，向法院、

8月9日，市委书记韩幸福到角楼便民市场调研

社保、银行、环保、税务、安检、发改局等部门进行征信并组织材料上报。到2017年，全市共有山东青州云门酒业（集团）有限公司1家国家级“守重”企业，24家省级“守重”企业，70家潍坊市级“守重”企业。

动产抵押登记。市市场监管局与银行等金融部门配合，为企业出谋划策，开展动产抵押工作，2017年共办理动产抵押登记183份，抵押物登记价值3.5亿元，抵押贷款2.5亿元。

文明诚信市场创建。在全市市场中开展省级诚信创建活动，至2017年，全市共有黄楼花卉市场、海天水产干货市场、现代钢铁物流园、东阳便民市场4家市场被山东省文明委和省工商局认定为省级规范化文明市场。

专项市场整治。开展网络市场、节日旅游市场、商品交易市场、投资担保类企业等专项市场整治，维护公平竞争的市场秩序，2017年，配合散煤清洁化治理和煤炭高效利用协调小组开展煤炭市场整治工作，打击销售不合格煤炭及高污染煤炭行为，立案查处无照经营煤炭案件2起。全年，开展禽流感防治和野生动物保护工作，责令活禽宰杀业户29家整顿。

打击传销和监管直销。2017年共受理审核直销企业各类会议报备23次。以协助处理“善心汇”案件为契机，开展排查可能涉及所罗门矩阵、中券资本、摩能国际、中贝蛋业、旅爸爸等5起重点传销案件的企业，严厉打击网络传销。对辖区内安利、玫琳凯、雅芳、完美、新时代、三生和无限极7家直销企业，17处服务网点、专卖店或经销商进行检查，指导企业规范经营。加强对各类直销培训及会议的审查、报备，直销企业在全市举办的培训活动、召开的各类会议，必须于7日前进行报备。

打击不正当竞争行为。以医药、教育教学、建筑工程、零售、旅游行业为重点，加大治理商业贿赂工作力度，严厉查处给予和收受商业贿赂、排挤其他竞争者等商业贿赂案件。以水电气供应、电信服务、公共交通运输行业为重点，查处公用企业和其他依法具有独占地位的经营者强制交易、强制服务、搭售商品、滥收费用、附加不合理条件的限制竞争行为。

【商标广告管理】 驰名、著名商标申报认定工作。开展千百企业商标规范提升行动暨商标助企大走访活动，鼓励进行商标注册，至2017年12月，全市共拥有注册商标7457件，数量居潍坊市第二位，其中，中国驰名商标10个，地理标志证明商标7个。2017年帮助山东奥力特重工有限公司等5家企业的7件商标提交了商标马德里国际注册申请，年度提报数量列潍坊市第一位。

商标执法行动。与知识产权、公安等有关职能部门建立联合打假机制。结合新《中华人民共和国商标法》实施，先后开展了保护地理标志商标专用权专项行动、商标代理组织专项整治活动、打击侵犯知识产权和制售假冒伪劣商品专项行动，加强重点整治商品的商标保护，严厉打击侵犯驰、著名商标专用权的违法行为，依法查处各种商标侵权违法行为。2017年，查扣侵犯“GIANT”注册商标专用权自行车179辆，侵犯统一石油化工公司注册商标专用权摩托车机油79箱，假冒“壳牌”机油120桶。

打击违法广告。加强与宣传、金融、广电、新闻出版、卫生等部门的协调，进行联合执法，先后开展保健品、药品、医疗广告专项整治、虚假违法广告专项整治、非法集资广告资讯集中排查清理等行动，对非法发布及广告内容违法的广告及时依法责令停止发布，对涉及集资、融资内容的虚假宣传行为依法予以打击。对全市的广告专兼营单位和固定印刷品广告经营单位的资质开展专项检查，规范广告市场的经营主体，促进全市广告业健康发展。

【消费者权益保护】 消费者投诉处理。设立投诉举报中心，统一受理“12315”“12331”“12365”“12345”以及来人、来信等各渠道的消费者投诉，制定《投诉举报受理处置办法》，做到受理、录入、分流、反馈及时，切实维护消费者合法权益。2017年共受理消费者投诉举报4598件，处结率100%。

重点消费侵权行为专项整治。通过专项行动，督促经营者履行“三包”责任，督促网络、电视、电话、邮购商品经营者履行无理由退货义务，督促经营者尊重消费者个人信息，督促修理、加工、安装、装饰装修等服务经营者诚信经营，严厉打击经营者不履行法定责任义务，侵害消费者权益的行为。

流通领域重点商品质量执法。加强对家用电子元器、装饰装修材料、交通工具、服装鞋帽、日用洗化用品五大类重点商品监管，开展流通领域消防产品、美容业、流通领域儿童用品质量专项整治，全年共抽检钢材产品22批次、消防产品17批次、家用电子电器35批次、服装12批次，对抽检不合格商品和经销商进行严肃处理。督促经营者严格落实进货检查验收制度，探索建立完善的商品质量准入工作机制，全市80%以上的经营业户落实了索证索票、进货查验制度。

【食品安全监管】 2017年，食品安全监管始终保持严管重罚的高压态势，针对社会普遍关心的突出问题，开展食品安全大会战，采取联合执法、跨片区检查等措施，先后组织开展了山楂制品、桶装饮用水、牛羊肉市场、水产市场、酒类市场、学校食堂和农村食品安全、旅游景区食品安全等综合整治行动，联合相关部门、属地镇街开展整治行动，对食品业户集中、存在食品安全隐患较重的区域进行集中整顿，有效规范食品经营秩序。食品检验检测能力不断提升，在全市12处大中型商超、农贸市场成立了快检室，并推行“政府主导并购买部分服务、市场开办者委托第三方检测机构进驻”的快检室运行新模式，由政府、市场开办者出资购买检测服务，第三方检测机构负责快检室日常运行。快检室开设免费检测窗口，开展“你点我检”“你送我检”业务，向市民提供免费检测服务，有效解决了市场开办者检验不专业、检验批次少、公信度不高等问题。推行智慧化监管新模式，青州市是首批“山东省智慧食药监系统”试点单位，为一线食品安全监管人员配备了移动执法终端和便携式打印机，充分发挥“山东省食药监局移动监管平台APP”的移动监管执法作用，推行食品生产企业、餐饮单位、食品流通业户的全程智慧化监管，即时查询业户基础信息，上传监管资料，将过去对监管对象的单一性检查向综合性执法检查转变。加强远程视频监控平台建设，结合“亮企”“亮店”“亮厨”行动，对学校食堂、重点餐饮单位的后厨、快检室和餐饮具消毒保洁情况进行远程视频监控，使事后监管向事前、事中监管转变。全方位宣传教育，形成全民参与的良好社会氛围。通过构建空中与地上交相呼应、载体与阵地相互配合的立体化宣传教育体系，深入推进“双四”宣教，积极开展“八进”宣传教育活动，着力打造媒体、重点场所、村（社区）三个宣传阵地，增强群众食品安全意识。2017年12月，全市通过全省食品安全先进市的验收，以全省第三名的成绩被评为省食品安全先进县。至2017年年底，全市共有食品生产企业及食品小作坊419家，餐饮服务单位1800余户，食品流通业户3400余户。

【保健食品化妆品监管】 2017年，组织开展对保健食品、化妆品生产经营单位的日常监管，共出动执法人员1240人次，检查保健食品经营单位260家，化妆品经营单位285家，下达责令整改通知书25份。

2017年3月，为打击针对老年人群的洗脑式营销、虚假宣传保健食品行为，市市场监管局组织开展了保健食品集中整治百日行动，出动执法人员90余人次，检查企业69家次，查处违法违规行为2起，进一步规范企业经营行为及市场秩序。2017年组织开展保健食品抽检16批次，化妆品抽检9批次，配合省局进行保健食品抽检1批次，化妆品抽检12批次。查处不合格保健食品2批次，不合格化妆品2批次，发现问题率和处置率均居潍坊前列。

【药品及医疗器械监管】 2017年1月起，组织开展药品、医疗器械集中整治百日行动，在企业自查及整改的基础上，对全市16家药械生产企业、2家医疗机构制剂室、625家药械经营企业进行全面检查，对发现问题的93家企业责令限期整改，对存在违法行为的23家企业下达行政处罚决定书。2017年4月邀请潍坊市不良反应监测中心专家对全市29家上报单位和益都中心医院各科室临床医护人员开展培训，共收集上报药品不良反应病例1210例，并配合上级不良反应监测机构对其中的70余例药品不良反应进行了报表真实性核查。2017年对35家新开办药品经营企业进行验收，配合上级监管部门对49家药品经营企业进行GSP认证，开展了以植入性医疗器械、体外诊断试剂、隐形角膜接触镜等为重点的医疗器械专项检查，严厉打击了无证、挂靠经营、非法渠道购进和经营使用假劣医疗器械的违规行为。全年完成药品快检150批次，监督抽验96批次。

【名牌战略】 青州市大力实施名牌战略，通过奖励获牌企业、加大对名优企业融资的支持力度等措施推动企业积极争创名牌。2017年，山东鹏奥石油科技有限公司的“易龙”商标被认定为“中国驰名商标”，“青州黑山羊”被认定为地理标志证明商标，山东魏仕照明科技有限公司生产的“城市之星”LED路灯被评为“山东名牌”，青州凯程公共自行车租赁管理服务有限公司获第七届潍坊市市长质量奖。

【质量管理】 市场监督管理局加强生产企业的生产许可证获证企业、强制性产品认证（简称3C认证）企业和获证实验室监管。开展“双打”（打击侵犯知识产权和制售假冒伪劣商品）和“质检利剑”行动，重点针对化肥、儿童用品、建筑用钢材、电线电缆等生产企业开展监督检查，查处违法行为。发现问题能现场整改的责令现场改正，不能现场改正的责令限期改正，对改正情况进行“回头看”，对违法企业法人进行约谈，有效防范了质量风险问题。在全市开展大规模法制宣传和销毁假冒劣质产品等活动，增强全社会产品质量意识和群众参与打假维权积极性。围绕群众关心、政府关注的重点难点问题，市市场监管局与市长热线、民生在线等部门联动配合，及时处理各类问题。2017年，共受理解决各类产品质量投诉、举报、咨询180余起，查处产品质量违法案件40余起，有力维护了消费者和企业合法权益。到2017年年底，全市共有生产许可证获证企业125家，3C认证企业24家，实验室（检验检测机构）18家（其中机动车检验检测机构10家）。

【计量管理】 2017年4月1日起，根据财政部、发改委《关于清理规范一批行政事业性收费有关政策的通知》要求，停征强检计量器具检定费。2017年，全市检定各类计量器具1.7万余台件，计量器具受检率达90%，合格率达到98%以上。推进能源数据的管理，与11家省级重点耗能企业实行结对服务，指导企业按时更新和完善“企业能源计量管理信息系统”网上平台的相关数据和信息，督促企业每月将耗能数据通过网上平台直接上报省质监局，促进节能减排。

【标准化工作】 企业标准化水平评价。鼓励企业开展“标准化良好行为企业”创建活动，帮助企业建立健全标准体系，2017年，山东魏仕照明科技有限公司、青州市巨龙环保科技有限公司、山东捷远电气股份有限公司3家企业通过AAA级“标准化良好行为”验收。

参与标准制修订。瞄准青州市的支柱产业、优势产业和特色产业深入调研，准确掌握全市各类企业的主导产品动向，帮助企业树立“一流企业做标准、二流企业做品牌、三流企业做产品”的意识，推荐全市有实力的企业参与国家标准、行业标准、地方标准的制修订，引导企业承担或参与标准制修订工作。2017年，卡特彼勒（青州）有限公司参与6项国家标准的制修订。

标准化示范、试点项目建设。2017年，继续推进各类示范、试点项目建设。3月，青州市政务服务中心承担的国家级服务标准化试点项目“青州市人民办事服务标准化试点”顺利通过国家质检总局的验收。7月，“青州葡萄园种植标准化试点”“青州3000亩设施蔬菜种植标准化试点”被山东省质监局立项为“山东标准”建设项目。“青州公共自行车服务标准化示范”“国家花卉国家综合标准化示范区”获2017年潍坊市标准应用奖。10月，获得山东省质监局批准开展小型装载机团体标准建设试点。

【特种设备安全监察】 2017年，持续推进特种设备生产、使用单位落实主体责任，分类分阶段开展特种设备安全隐患大排查快整治严执法集中行动、安全生产百日攻坚治理行动和执法大检查、超期未检验特种设备专项整治、电梯安全专项整治、涉氨制冷企业特种设备专项整治、大型游乐设施专项整治等活动，特别是加大对供暖用锅炉、公众聚集场所（商场、医院、车站等）在用电梯、大型游乐设施等涉及民生的特种设备安全监察力度，组织安全生产日宣传活动，发放电梯、游乐设施安全须知等材料，提高全社会特种设备安全意识，确保设备安全运行。2017年，按照上级要求，对全市已登记的10吨及以下燃煤锅炉全部进行注销。

2017年，共检查生产、使用单位1000余次，下达安全监察指令书187份。全年组织特种设备作业人员考核58场次，完成新取证人员考核693人，复审600人。到2017年年底，全市在用特种设备7529台，其中锅炉134台、压力容器3365台、电梯1737台、起重机械1993台、厂内机动车辆282台、客运索道1条、大型游乐设施17台，特种设备生产单位51家，使用单位1700余家，设备数量居潍坊市第二位，使用单位数量居潍坊市第一位。

【个体私营企业党建】 建立“一统双管”组织领导机制。按照“行业抓、抓行业”要求，发挥市场监管部门行业主管职能，建立个私党建行业统领、行业与属地双重管理的“一统双管”组织领导机制，在镇街市场监管所设立14个个体私营企业党总支，制定加强个私党建工作以及配套开展各项活动的“1+X”系列文件，明确属地管理、推进落实的职责，实现党建工作横到边、纵到底、全覆盖。

推行“两全五双”工作机制。围绕实现个私企业党的组织和党的工作“两个全覆盖”，实施以“双联”“双报”“双找”“双亮”“双培”为内容的“五双”工程，建立市场监管业务和个私党建工作同步运行机制，分类建立完善党建台账，引导党员主动亮身份、亮表现，确保党员先锋带头作用充分发挥，把个私企业中的优秀员工、业户发展成为党员，解决党的工作有效覆盖不够、长效动力不足等问题。

6月12日，农产品检测室检验员检测农药残留

实施“两诺一述”动力责任机制。抓实个私企业党组织书记和党员“两个关键”，全面推行积分制管理，党组织和党员结合工作和经营实际全部作出公开承诺，激发抓实个私党建的内生动力。

（王　琳）

9月18日，全市公平竞争审查联席会议

【检验检测】　2017年度完成了2023批次样品的检测，其中农产品1271批次，工业产品26批次，食品726批次。

参加山东省质量技术监督局组织的饮用水中5种阴离子定量检测、饮料中色素三项检测和山东省农业厅组织的蔬菜药物残留定量检测等能力验证，均顺利通过。

12月底青州市检验检测中心改扩建实验室1100平方米，微生物室90平方米。完成了实验室改造提升的认证、评审、招标、新设备购置、实验室搬迁等工作，并安装实验室污水处理系统及废气处理系统，新建的实验室在各方面达标，投入使用正常运行。

省级食品安全城市创建中，中心对食品、农产品质量安全检验检测的仪器设备、技术人员、资质情况进行梳理整合，各项指标均达验收标准。配合执法部门做好样品抽检工作，顺利通过中期和末期两次考评验收。

（李尊善　刘　佳）

物价管理

青州市物价局

党组书记、局长　　薛剑军

党组成员、副局长　　王瑞胜

【概况】　物价部门认真履行法定职能，全市市场物价总水平保持基本稳定。强化行政性事业性收费以及涉企、涉农、涉及民生的服务性收费管理和监督，全面清理规范收费项目和收费标准，进一步减轻企业和人民群众负担。市场价格监督检查力度逐步加强，法律监督、舆论监督、社会监督有机结合，完善“12358”价格举报平台、青州民生在线、“12345”市长公开热线电话、重要节日市场价格巡查制度、专项检查制度，化解价格矛盾，减少价格违法行为的发生，维护市场价格正常秩序，保护企业和人民群众的合法权益，完成各种涉案价格鉴定。

【价格管理】　2017年，对雀山景点、清风寨和大黑山景点门票价格进行审核，并及时批复相关门票价格。

【收费管理】　2017年，贯彻落实国家有关幼儿园收费、教育收费、医疗收费、食品药品监督收费等有关规定和政策措施。继续清理规范涉企、涉农、涉及房地产业、涉及服务业收费项目和收费标准，建立健全收费公示制度。集中对涉及审批前置的中介服务收费和涉企经营服务性收费进行调查和清理整顿。加强对公办高中收费管理，明确公办高中的收费项目和标准以及收退费政策，规范公办高中收费。成立青州市公平竞争审查工作联席会议办公室，并公布青州市公平竞争审查工作联席会议成员名单和工作规则，指导相关单位有序开展文件增量和存量的审查清理工作。落实有关停车场收费的管理工作。批复云门山第一停车场及第一停车场 B 区、驼山停车场、泰和山停车场及益都中心医院停车场的收费标准，督促其做好收费公示工作。重新汇总整理医疗服务价格，以青价字〔2017〕28 号文件印发至各公立医疗机构执行。

【价格监督检查】 2017 年，加强节假日市场价格检查监管，突出对商场超市、旅游景点、车站、停车场的价格收费进行检查和监管，重点检查餐饮服务、景点门票费及价格公示等与群众日常生活密切相关的商品价格和服务收费，严厉打击各种价格欺诈和不按规定明码标价的不正当价格行为。加大宣传力度，营造良好消费氛围。充分借助价格宣传的社会平台，广泛地开展“3·15 消费者权益保护日”、明码标价及《中华人民共和国价格法》宣传活动，扩大价格法规政策和价格举报在群众中认知度，提高全民价格自律和自卫意识。畅通消费者价格诉求渠道，共受理各类价格举报投诉 125 件办结率 100%。规范房地产价格备案及医疗价格证明，根据政策要求，对 63 起房屋销售进行了备案并促其规范价格公示。会同社保部门，出具了 39 起医疗单位价格证明。创建活动检查组，不间断对全市市场价格行为进行监督检查。

【价格认定】 2017 年，贯彻国家发改委《价格认定依据规则》《钟表价格认定规则》《手机价格认定规则》等规范性文件，进一步规范价格认定行为，提高价格认定工作水平。做好涉案物品价格认定工作，共完成各种涉案价格认定 189 起。其中刑事案件 68 件，标的额 138 万元。行政案件 121 件，标的额 37 万元。通过案卷评查及价格认定工作质量评查活动，提升工作水平。严格执行《全国价格认证工作统计报告制度》，按照规定要求，每月及时、全面、准确地完成统计报送工作。

【价格监测与成本监审】 2017 年，及时完成常规价格监测任务和劳动力市场监测任务。共完成定期报表 40 份，按时完成临时监测任务的采集上报和价格分析工作。

（侯德彬）

审计监督

青州市审计局

党组书记、局长	冀学平
党组成员、副局长	李安伦
副局长（正科级）	刘　治
党组成员、副局长	王　彬
党组成员、市经济责任审计办公室主任	刘玉兴
党组成员、总审计师	赵荣莹

【概况】 2017 年 3 月，市政府制定全年全市审计项目计划，纳入全省审计项目计划。4 月，对审计机关财政管理体制进行调整，项目经费纳入省级预算管理。5 月起，明确审计机关机构、人员编制，上划省级编制管理部门管理。青州市审计局被潍坊市委、市政府授予潍坊市级文明单位。被审计署中国审计报社和中国时代经济出版社分别授予审计宣传先进单位。被潍坊市委、市政府授予全市妇女儿童工作先进集体。

【国家重大政策措施落实情况跟踪审计】 按照审计署统一部署，持续开展稳增长促改革调结构惠民生政策措施落实情况跟踪审计，组织实施了 3 类政策措施落实情况审计。对全市盘活财政存量资金政策措施落实情况进行跟踪审计，对财政资金二次沉淀问题进行整改，促进完善财政存量资金管理制度建设。实施公立医院综合改革政策落实情况审计，在全面摸清总体情况基础上，积极查找改革中存在的突出困难和问题，从机制体制政策方面有针对性地提出意见和建议，推动了医疗体制改革。实施促进生态环境保护和节能环保产业发展政策措施落实情况跟踪审计，推动职能部门积极落实生态环境保护和节能环保政策措施，进一步促进全市生态文明建设。

【财政审计】 2017年，深入开展全市财政预算执行审计工作。以促进财政做大增量、盘活存量、优化结构、提高绩效为目标，进一步深化预算执行和决算草案、税收征管和重点专项资金等审计，重点关注财政收支的真实合法效益、营改增政策效果、地方政府性债务管理和重点专项资金绩效，以及贯彻中央八项规定精神情况，促进预算安排更加适应供给侧结构性改革、降低企业税费、保障民生兜底的需要，推动财政政策更加积极有效和深化财税体制改革。审计工作报告、审计结果和整改情况在政府门户网站向社会公开。

【税收征管质量审计】 税收征管质量审计中，全面了解全市营改增总体情况，分析营改增对全市财政收入和征管方式的影响，发挥税收在稳增长、调结构、促发展、惠民生方面的作用，深入查找税收征收管理中存在的问题，分析原因、提出改进建议。同时，延伸审计20户纳税企业，促进地方税收入库106万元。

【专项审计和审计调查】 开展了精准扶贫政策落实及资金管理使用情况专项审计。通过审计，摸清全市精准扶贫减少贫困人口政策落实情况，客观反映全市精准扶贫主要成效。对财政扶贫资金分配、管理使用和项目实施绩效等方面存在的客观问题进行整改，促进了扶贫资金的有效使用。

【农业与资源环保审计】 扎实开展庙子镇党政主要领导干部自然资源资产离任审计试点，以推动领导干部履行自然资源管理和生态环境保护责任，推动绿色低碳发展，促进生态文明建设为目标，重点关注贯彻落实中央重大决策部署，履行自然资源资产管理和环境保护责任等情况。审计结果表明，近年来全市水资源、林业资源、土地资源等自然资源的保护成效显著。

2017年4月至9月，根据青州市委组织部的集中部署，审计、财政、农经等部门共同参与，完成对全市13个镇、街道（开发区）共1054个村（社区）的全面审计督查工作。

【经济责任审计】 在青州市经济责任审计联席会议的部署下，立足各部门单位事业发展实际，对全市45名领导干部开展离任审计，监督领导干部履行发展、环保、民生、安全、绩效、廉政等责任情况。围绕领导干部履责情况，重点审计领导干部贯彻落实市委市政府重要部署、重大经济决策情况，关注领导干部经济决策权、政策执行权、经济管理权和资金使用权的行使情况。坚持党政同责、同责同审，全面推进党政领导干部同步审计。

【政府投资审计】 强化重点工程项目绩效审计，以规范项目建设单位投资活动，保障建设项目竣工决算的真实性、合法性为目标，重点查处、纠正项目单位在工程结算审核和竣工决算编制过程中存在的违法违规问题，节约建设资金，减少损失浪费，促进项目建设效果和投资效益的提高。组织对相关公路建设、安置区建设、平安大厦等12项重点工程项目实施跟踪审计，审减金额1.64亿元。全面应用计算机审计软件和工程审计、分析、算量等软件，对工程数据进行信息化处理，提升政府投资审计质量。根据市政府部署，完成省级合作土地储备项目收益核算、济青高铁北站周边道路PPP项目评估审查、相关工程变更调整测算等交办任务12项。

（阚德臣）

统计工作

青州市统计局

党组书记、局长	孙国明
党组成员、主任科员	吕　红
党组成员、副局长	马厚宇
	徐春芳
党组成员、副主任科员	刘　敏

【概况】 2017年，市统计局加强统计基础建设和统计法制建设，不断提高统计数据质量和服务水平，

9月20日，青州市统计局举办第八届“中国统计开放日”活动现场

圆满完成“第三次农业普查”“1%人口抽样调查”以及各项常规统计工作任务。2017年被评为“2016—2017年度统计宣传工作先进单位”，被山东省精神文明建设委员会评为省级文明单位等称号。

2017年5月，根据青政办发〔2017〕41号文件，市统计局为市政府工作部门，正科级，行政编制13名，内设办公室、综合统计科、政策法规科、工业能源统计科4个职能科室。2017年11月，根据青编办发〔2017〕76号文件，增设统计执法监督科1个职能科室，局行政编制数不变。根据青编发〔2009〕7号和青编发〔2009〕13号文件，市统计局下设青州市统计执法大队（事业编制10名）和青州市社情民意调查中心（事业编制7名）2个事业单位。2017年9月，根据青编发〔2017〕38号文件，撤销青州市统计执法大队，编制及人员划转到青州市社情民意调查中心，局下设事业单位仅保留青州市社情民意调查中心，局事业编制数不变。

【基层基础工作】 2017年，青州市统计局成立统计执法监督科，各镇街在财政经管服务中心加挂统计服务中心牌子。督促基层健全机构，各镇街增编专职统计工作人员，要求辖区8万人口以上的镇街配备统计人员不少于4名。8万人口以下的镇街配备统计人员不少于3名。12处镇、街道分别考选1名、经济开发区考选2名专职统计工作人员，共计考选14名，考选人员经培训于12月底前到位。

深入开展普法宣传教育。以每年的12月4日“宪法宣传日”、12月8日“统计法宣传日”以及“中国统计开放日”活动为契机，通过上街发放宣传资料、现场解答统计咨询等形式，广泛开展宣传活动。并充分利用年报会时机，对基层统计人员进行统计法律知识培训。制作宣传横幅和宣传刊版，印刷大量统计法宣传材料，发放至市民以及所有的“四上企业”单位，内容包括《统计法普法学习材料》《统计法宣传材料》《中华人民共和国统计法实施条例》等，2017年全年共印制发放宣传资料5000余份。

积极开展统计执法检查。2017年，制定了《青州市统计局关于“数据造假、以数谋私”专项治理工作方案》《青州市统计局统计执法检查“双随机”实施方案（试行）》，组成由市统计局分管领导挂帅、各专业及法规人员参与的检查组，在全市抽取36家企业进行重点检查。对检查中发现的统计基层基础建设等问题责令相关企业及时整改，并要求进一步完善统计台账、原始记录、统计工作制度等统计资料。

【统计服务】 坚持“以作为求地位，靠服务促发展”的工作理念，把统计服务作为永恒的主题贯穿到统计工作的方方面面。一是制定了《青州市统计局提供统计数据资料管理办法》，积极提供优质高效统计服务。2017年，先后为《青州生态商务区规划》《青州市矿产资源规划》《青州市城市绿地系统规划》等提供《统计年鉴》《统计公报》资料。为中银富登村镇银行、工商银行、北方汽配公司等企业提供数据服务。为广大群众和大中专学生寒暑假社会实践提供数据和咨询服务。及时发布准确、全面的统计数据信息。按时发布《统计公报》《统计快报》《青州统计月报》《青州统计年鉴》四大主要统计产品，及时、清晰反映国民经济和社会发展情况，为各级领导和社会各界了解全市经济发展现状提供重要的统计信息。创新服务载体，开通“青州统计”微信公众号，更好地让群众走进统计、应用统计和支持统计。2017年全年共通过各种方式为各级领导和部门提供统计资料和信息服务120余次，为社会各界提供统计服务60余次，其中微信公众号发布信息51篇。

【统计分析与调研】 大力开展统计分析研究，进一步加大进度经济形势分析力度。执行月度简要分析，季度深入分析，加大季末前月的分析深度和部门统计数据的调度与运用，提前对季度经济形势新变化和苗头性、倾向性问题进行预测预警。突出重点，做好经济发展影响因素监测分析。组织各专业利用统计报表空闲时间，不定期对全市重点行业和重点企业开展调研，加强对经济社会发展趋势的分析研究和新兴业态对经济发展的影响研究，准确反映全市“转方式调结构促发展”推进情况，在准确分析研判经济形势基础上，提出接地气、能落地的对策建议，为上级决策提供参考依据。2017年全年共撰写统计分析、调查报告60余篇，其中印发《统计信息》40期，被市级领导签批5篇，被山东省政府办公厅采用1篇。

【第三次农业普查】 根据国务院统一部署，按照全市统一领导、部门分工协作、各方共同参与的原则，成立由20个单位（部门）组成的第三次农业普查领导小组。市统计局按照省、市农普办的统一部署，先后完成了普查前期准备、普查登记、三农普事后质量抽查等工作。扎实开展宣传活动。下发《关于做好青州市第三次农业普查宣传工作的通知》，开展了集中宣传月活动，广泛利用青州电视台、公交车、社区广播等媒介大力宣传农业普查的目的和意义，使三农普工作深入人心。对所有登记对象进行普查，共普查农业生产经营户157957户，规模农业生产经营户30074户，农业生产经营单位1664个。将各阶段所做的普查工作进行汇总，编印农业普查简报，呈阅市级领导，并呈报潍坊市第三次农业普查办公室。青州市高柳镇东良孟村和西水渠村代表山东、潍坊分别接受国务院、山东省第三次农业普查事后质量抽查组对山东和潍坊的抽查。青州市第三次农业普查领导小组办公室荣获省级先进集体。

（卞丽娟）

国家统计局青州调查队

国家统计局青州调查队

队　长　　侯印武
副队长　　申延春
副主任科员　　张维利
　　张　彬
　　吕黎明

【概况】 2017年，国家统计局青州调查队在山东调查总队党组的正确领导下，在青州市委市政府的支持下，深入推进依法统计、依法治统，着力提高调查数据质量和服务水平。高质量完成了居民收支调查、劳动力调查、农作物对地调查、畜禽监测调查、小微服务业调查、居民消费价格指数调查、农产品生产者价格调查等工作。在完成国家调查任务的同时，发挥优势，积极调研，为市委、市政府科学决策提供服务，全队共撰写调查资料28篇，课题调研报告3篇。其中《青州市农民合作社发展状况调查》得到市政府领导批示。2017年荣获省级文明单位称号。

【居民收支调查】 根据国家统计局和国家统计局山东调查总队部署要求，从2013年开始，取消农村、城镇住户调查，合并为居民收支调查。主要调查指标为居民可支配收入和居民消费支出。2017年是样本轮换年，按照国家样本轮换方案要求，共抽中全市10个镇（街道）的15个村（社区）为新一轮国家住户调查点，每个村（社区）再抽选10个调查户常年记账。2017年12月1日已正式启用。

5 月 23 日，青州调查队工作人员到大润发超市督导采价员采价

【农作物对地调查】 自 2015 年始，国家对农作物抽样调查方法进行改革。实施农作物由对户调查改革为对地调查。2017 年继续使用高精度 PDA 设备在全市 20 个调查村的 60 个样方地块开展现场测量，获取调查点的样本单位区及自然地块的空间定位、边界界定及面积等相关信息，并建立地块信息名录库，开展农作物播种面积和单位面积产量季节性调查及农作物苗情跟踪监测等各项常规性调查。

【居民消费价格调查】 2017 年，对商场（店）、超市、农贸市场、服务网点等调查对象按照规定进行调查和报告。启用手持数据采价器采集数据，按照“三定一直”（定点、定时、定人，现场直接采价）工作原则，到所调查集贸市场、商场、个体户对所调查的 8 个大类商品或服务项目（食品烟酒、衣着、居住、生活用品及服务、交通和通讯、教育文化和娱乐、医疗保健、其他用品和服务）每月进行 2 ～ 3 次价格现场调查，现场录入并上报。青州调查队工作人员按照即采即报即审的原则，对采价员上报的数据进行审核，并跟岗采价确保质量，同时对价格运行走势进行研判。2017 年青州居民消费价格指数为 1.7%。

【劳动力调查】 按照《全国月度劳动力抽样调查方案》规定和山东调查总队的部署要求，青州调查队继续开展劳动力调查工作。2017 年，劳动力调查的主要内容包括：调查对象的年龄、性别、居住地、受教育程度、就业状况、所从事的职业和所在的行业、工作时间、就业创业、就业失业结构，以及不充分就业和就业质量、失业原因、失业时间以及参加社会保障等情况。劳动力调查由调查点辅助调查员使用 PDA 设备到调查户现场采集原始数据，独立、直接向国家统计局报送数据，为服务党中央、国务院制定宏观决策和改善民生等提供及时准确的就业、失业信息。

（韩　晗）

进出口商品检验检疫

潍坊检验检疫局青州办事处

办事处主任　王克刚

办公室主任　闵凡璟

【概况】 2017 年，潍坊检验检疫局青州办事处共检验检疫出入境货物 3935 批，货值 17863.97 万美元。检出不合格批次 149 批，不合格货值 3453.59 万美元。积极落实优惠政策，全力配合陆港监管场方建设。

【监督管理】 至 2017 年年底，青州办辖区内共有出口备案企业 57 家（代号 60 个），进境食品、花卉、粮谷备案企业 21 家。

产地证签证。2017 年，签发原产地证书 8507 份，货值 30953.2 万美元；共签发普惠制原产地证书 1184 份，货值 5787.7 万美元；签发一般原产地证 2286 份，货值 8886.14 万美元；签发其他区域优惠证书 5037 份，货值 16279.4 万美元。

8月，卡特彼勒（青州）有限公司、潍坊检验检疫局青州办事处检验人员对出口埃塞俄比亚的装载机进行装运前检验

【检验检疫专项工作】 监管场站建设。8月18日，青州国际陆港监管场站正式开通。潍坊局成立了以副局长为组长，各个业务科室负责人为成员的陆港建设指导工作组，数十次进驻项目建设一线，为陆港监管场站建设提供政策和技术支持。

进口棉花检验工作。11月8日至12月15日，青州办事处对自乌兹别克斯坦进口的共计111批原棉进行了检验检疫，共检出不合格93批次，对外索赔11.51万美元。这是近年数量最大的陆路进口原棉，青州办事处按照“三最”口岸要求，在最短时间内抽取8689个样品，从各环节入手，压缩流程时限，圆满完成任务，赢得企业赞许。

促进企业质量提升。先后组织企业参加了输韩食品质量提升专题培训，召开辖区出口柿干质量监管工作会议，在5家企业试行企业首席质量官制度，帮扶15家企业实施出口食品防护计划。

推进“三同”工作。落实“同线同标同质”工作，5月份召开出口食品质量提升及“三同”工作推进会，共有42家出口企业负责人参会，完成2家出口企业“三同”平台上线，上线企业共计6家。

服务“一带一路”出口。帮扶辖区企业出口桑苗100万株，出口蚕种35万张，收到了乌兹别克斯坦丝绸产业部发给国家调查队的表扬信。

【服务保障】 优惠政策宣传工作。9月份，联合青州市商务局，对青州市出口风机数量居前十位的10家企业有关人员进行了“一对一”政策宣传。12月份，邀请潍坊局认证专家免费为辖区近百家企业开展了ISO 9000质量标准培训，取得了较好的效果。

落实收费减免政策。严格落实质检总局《关于清理规范一批行政事业性收费有关政策的通知》要求，自4月1日起，全面停止征收出入境检验检疫行政事业性收费，切实减轻企业负担，服务外贸回稳向好。青州办已无任何涉企收费项目，2017年减免收费100万元，为目前外贸形势严峻的企业减轻了负担。

地方资金支持。青州市政府为扶持铁路监管场站建设，拨出42.3万元，招聘10名政府雇员参与工作，并在年底拨付50万元，支持办事处经费支出。

（闵凡璟）

农 业

农业情况总述

青州市委农村工作领导小组办公室

主 任、党工委书记　　贾传声
副主任、党工委委员　　尹天才
党工委副书记　　段文著
副主任科员　　宋玉贤

【概况】　青州农业凭借得天独厚的自然条件，历史悠久，发展迅速。粮食作物主要有小麦、玉米、谷子、大豆等，经济作物主要有花卉、瓜菜、果品、小杂粮等几大系列品种。畜牧养殖主要以生猪、鸡、鸭为主。花卉产业独树一帜，是青州特色最鲜明、优势最突出的产业，全世界绝大多数花卉品种在青州都有培育种植，多肉植物产量占全国市场的60%以上。蔬菜种类多、规模大、产量高，有辣椒、茄子、胡萝卜、大姜、黄瓜、西红柿、韭菜等多个品种，面积占农产品总面积的60%以上。青州瓜果主要有：西瓜、桃、山楂、柿子、核桃、银瓜。至2017年，全市乡村从业人员36.2万人，耕地面积115.1万亩。林地总面积76.6万亩，森林面积72.84万亩。

青州市按照“区域化布局、标准化生产、规模化经营、公司化运作、社会化服务”的总要求，坚持以农业供给侧结构性改革为主线，积极推动新旧动能转换，转变发展方式，建立健全现代农业产业体系、生产体系、经营体系，形成瓜菜、花卉、畜牧、果品等特色支柱产业，其产值占农业总产值的95%以上。不断培育壮大新型农业经营主体，全市规模以上农业龙头企业发展到362家，各类农民专业合作社2446家，家庭农场430家。流转农村土地41.78万亩，有效提高土地规模效益。深入推进一二三产业融合发展，发挥资源优势，重点发展乡村旅游业和农村电子商务，入选全国休闲农业与乡村旅游示范县和全国首批全域旅游示范区创建单位，1个街道和6个村被纳入为全国农村产业融合发展“百县千乡万村”试点示范工程。

【农村综合改革】　农村产权制度改革。2017年，继续推进农村土地承包经营权登记颁证工作，完善改革成果综合利用，实现了土地承包经营权的物权保护。深化农村集体资产产权制度改革，规范提升齐鲁农村产权交易中心运作水平。开展农村承包土地经营权、林地、大棚产权等不动产抵押贷款，有效缓解农民贷款难的问题。

农村金融服务体系。至2017年年底，涉农贷款余额372.4亿元，列潍坊第三位。农村承包土地经营权抵押贷款试点贷款余额达4.2亿元，同比增长367.5%，试点成效在潍坊市推广。设立4家小额贷款公司，全年累计发放贷款254笔，涉农贷款总额3.5亿元。新型农村合作金融试点工作全省领先，9家农民专业合作社完成了信用互助业务资格认定，累计开展业务350笔、金额1264.8万元。家家富农业集团在澳交所主板成功上市，成为首家在澳交所上市的中国有机农产品企业和潍坊市首家澳交所主板上市企业。

搭建涉农电子商务平台。扶持培育地主网、快钢网、八喜旅游网等一批本地特色电商平台。至2017年，农产品电商平台——地主网，积累用户30万户，累计交易额1.2亿元，入驻企业720家，产品品类3000余种，开设114家020连锁便利店。旅游电商平台——八喜旅游网，与5000多家旅行社、景区景点和酒店签订协议，录入乡村旅游景点3000家，上线2000余条旅游线路产品，为100多万游客提供了服务。全市电子商务年交易额达372亿元，位列潍坊市第三位。

【现代农业发展】 *现代农业园区建设*。2017年新建省级蜜桃集约化示范园3处、省级生态循环农业示范园2处、潍坊市级生态循环农业和休闲农业示范园区4处。新建改建现代畜牧园区8处，拥有国家级、省级、潍坊市级标准化畜牧示范场3家、12家、14家，畜禽规模化饲养程度达82%，标准化程度达71%。建立青州（国际）花卉创业园、中国青州花卉苗木交易中心、弥河万亩草花基地等一批在国内有影响力的花卉园区，升级青州农业（花卉产业）科技园区为国家农业科技园区，带动花卉生产水平全面提高。

农业科技创新。健全公益性农业技术推广服务体系，全面提升农技创新推广水平。依托华盛农业、天成农业，大力发展种子、种苗产业，建设一流的生物育种研发基地，培育国际领先的蔬菜新品种，建成国家级“育繁推”一体化种子企业。以研制开发经济作物实用机具为突破口，引导农机企业加大科技投入，研制蔬菜移栽机、新型深松机等一批性能可靠的蔬菜、花卉和林果机械，推广大棚秸秆还田和臭氧水灌溉有益菌冲施土壤处理机械化等技术。山东华龙科技公司的蔬菜移栽机、山东康弘机械的大马力拖拉机等7个项目通过了省农机局和省财政厅的验收。

农产品品牌创建。引导新型农业经营主体通过商标注册、“三品一标”认证和科技创新等手段，培育一批产品品牌、企业品牌、产业品牌。全市有效期内“三品一标”农产品品牌245个。“青州蜜桃”和“青州柿干”入围“2017中国果品区域公用品牌价值榜”，其品牌价值分别为8.83亿元、0.69亿元。

农产品质量安全。以创建山东省农产品质量安全市为契机，市级成立农产品质量安全工作领导小组，镇、街道成立质量安全监管办公室，村、社区设立质量安全监管员，建成市、镇、村三级监管网络。实施设施蔬菜质量提升“百日行动”，农产品源头治理“清源”行动，推行韭菜产品“双证制”。严密防控重大动物疫病，加强疫情监测和流行病学调查，提高禽流感等疫病的应急处置能力。实施“放心农资下乡进村”工程，严把质量关，杜绝假冒伪劣农资产品流入市场，并全面落实农药登记备案制度，严格管控高毒农药的储存、运输和使用。

花卉产业发展。引入推广花卉品种1800多个，其中多肉植物1500多个，多肉植物生产面积突破15万平方米，存养量3亿株，成为全国最大的多肉植物生产基地和培训基地。建成花卉电商一条街，花卉电商发展到440家，花卉线上年交易额达20亿元，成功引入中国第一家鲜花上市公司——春舞枝集团。全市花卉种植面积12.9万亩，产值76.5亿元，年交易额过百亿元。花卉生产专业村136个，从业人员12万人。青州市级花卉博览交易会被商务部确定为重点扶持引导的展会。青州市已发展成为北方最大的花卉交易市场，中国南花北运的中转站，全国花卉物流重要节点城市。

绿化造林。着力构建以山区、城区、平原三位一体的森林网络体系。山区按照“春季造景观经济林、雨季造生态防护林”的工作思路，探索出市级工程招标专业造林、镇级成片造林、社会经济组织造林和全民义务造林等多种造林模式，开辟了以资代劳、共建、捐建、认养、冠名等社会投资造林渠道，实施“政府公开招标、专业施工监理、责任单位包靠监督”的工程造林机制。2017年，平原突出农田林网建设和村镇道路绿化美化，鼓励农民利用荒滩荒地、房前屋后、四旁闲散地种树，搞好村内道路绿化和围村林建设，做到道路林荫化、村庄园林化、庭院花果化。

林地林木资源监管。2017年，继续推行市、镇、

村、护林员四级网格化监管责任机制，加强市级森林消防大队、镇（林场）级森林消防中队和护林员队伍“三支队伍”建设，积极推广应用无人机巡航、电子卡口等先进技术，切实提升森林防火能力，保障森林防火形势稳定。开展林业有害生物防控及外来物种管理工作，实行无公害防治措施为主体，人工物理防治与生物防治相结合的治理策略，实现了“有虫不成灾”的目标。通过推广应用林地保护、森林防火、林政资源管理等智慧化管理平台系统，实现对森林资源的全天候、全方位的动态监测，“智慧林业”建设迅速。

水利发展。境内全部河流实施“河长制”管理，在潍坊市内率先建立健全组织体系，设立河长制公示牌，完成问题排查，开展清河行动，建立社会监督体系，组织专业巡河队，启动问题督办制度，试点开展智慧河长建设并投入试运行。潍坊市河长制现场推进会议在青州市召开。完成2017年度小农水重点县建设任务，建设高效节水灌溉2.8万亩，并成功竞争立项新一轮农田水利重点县项目。实施亚行贷款地下水漏斗区综合治理示范工程，包括引弥干渠向城区坝沟子水库供水工程、三库串联工程，进一步完善我市水系、水网，缓解全市供水短缺和生态用水不足问题，同时对北部漏斗区的地下水源形成有效补给。完成仁河水库中型灌区节水改造项目2017年度建设任务。山丘区“五小水利”工程新建拦河坝132处，增加蓄水库容45万立方米，增加水面面积25万平方米。实施了龙泉水厂提升改造项目，完成50个行政村供水管网改造任务。完成红叶谷小流域综合治理项目，治理水土流失面积4.1平方千米。对6座小型水库进行了除险加固。

【生态文明乡村（美丽乡村）创建】 2017年，全市按照各级示范村创建活动要求，申报4个省级示范村和2个潍坊市级示范村，美丽乡村覆盖率达到52.9%。

（程元敏）

花卉产业

青州市花卉产业管理局

市花卉高科技博览园管理委员会主任、党工委副书记，市花卉产业管理局局长	庄新江
青州市花卉高科技博览园管理委员会副主任、市花卉产业管理局副局长	王 洁（女）
市花卉高科技博览园管理委员会副主任	蔡继玲（女）
市花卉高科技博览园办公室主任	张建阳
市花卉高科技博览园生产管理处副主任	李青春
市花卉高科技博览园办公室副主任	冯兆光
市花卉高科技博览园会展处副主任	王建强

【概况】 2017年，青州市花卉产业发展按照“一二四三”工作部署，围绕“花卉强市”建设总体目标，务实求进，主动作为，加快产业转型提升向纵深发展，各项指标取得突破性进展。产业集群持续壮大升级，全市花卉种植面积达到12.9万亩，年产值76.5亿元，年交易额过110亿元，引入推广花卉品种1800多个，花卉设施栽培面积达到1137.05万平方米，比2016年增长22%。花卉品种研发持续发力，新培育出“绿圣玫瑰”“绿圣福星”“绿圣禄星”“绿圣寿星”4个蝴蝶兰新品种，年花卉种苗生产能力突破2600万株。建成山东省亚泰花卉院士工作站，开展蝴蝶兰、凤梨等花卉新品种研发、高新技术应用等方面的研究。多肉植物生产面积突破20万平方米，占全国市场的60%以上。全市花卉电商发展到440家，花卉电商交易额达到20亿元。花博会筹办水平向品质化迈进，举办首届“中国杯”组合盆栽大赛山东区选拔赛、中国花卉协会盆栽植物分会理事年会、全国租摆产业高峰论坛等10余项行业活动，接待专业观众和游客41.7万人次，现场交易额1.79亿元，花博会被中国花卉协会确定为代表全国盆栽花卉领域的专业展会。

【花卉组织】 2017年8月，青州市成为全国第二批“国家重点花文化示范基地”。充分发挥盆栽植

12 月，订货商采购成品花卉

物分会作用，在青州成立多肉植物产业小组，截至12 月，全市共有花卉组织 6 家。

【花卉生产经营】 2017 年，内引进推广花卉品种 1800 多个，其中多肉植物 1500 多个。花卉设施栽培面积达到 1137.05 万平方米，较去年同期增长22%。中高档盆花生产超过花卉生产总量 52%。

2017 年，青州花卉生产品种基本稳定在 3000 个左右，主要生产销售品种如蝴蝶兰、凤梨、红掌、仙客来、杜鹃、桂花、蟹爪莲等高档花卉品种产量稳中有升。蝴蝶兰全年产量 600 万株，占全国 1/5，凤梨全年产量 310 万株，红掌产量 205 万株，竹芋产量 60 万株，仙客来产量达 137 万盆，多肉植物 3 亿盆，小盆栽 3380 万盆，球根类 1000 多万盆，花卉种苗 1200 万株（粒），远销北京、天津、河北、新疆等 20 多个省、市、自治区。仙客来年产成品盆花 80 万盆，主要集中在黄楼镇卢李、辛庄、夏洛店、刘义邢、东坝、贯店等村，栽培品种主要有鲜红、粉红、深紫、火焰纹、彩蝶、重瓣、香型、皱边、紫色、彩云、亮红、橙红色、纯白色等十多个系列，百余花色品种。青州草花主要品种以一串红、万寿菊、矮牵牛等为主。一些比较耐寒的三色堇、金鱼草、石竹新品种，主要向江北地区供应。到 2017 年年底，全市草花产量突破 6 亿株，主要分布于黄楼街道、益都街道、弥河镇，品种有羽衣甘蓝、翠菊、三色堇、报春花、一串红、石竹、矮牵牛、万寿菊、鸡冠花等近百种，主要销往黑龙江、内蒙古、北京、山西、河南、江苏、上海、辽宁、新疆等 20 多个省、市、自治区。

大型盆栽和盆花的销售趋淡，小盆花和小盆栽受到全国各地经销商普遍认可。青州市凭借优越的气候条件和市场优势，不仅成为观叶类小盆栽南北销售的中转和驯化地区，而且是江北最大的观叶类小盆栽产区。小盆径红掌、竹芋、椒草、白掌、网纹草、蕨类、发财树、福禄桐等是产量较大的品种。观叶类有白掌、碧玉、蕨类等，观花类有红掌、长寿花、丽格海棠、仙客来等，多肉植物以景天科为主。多肉植物生产面积达 50 万平方米，多肉植物存养量 6 亿株，青州成为全国最大的多肉植物生产基地和培训基地。

【花卉研发推广】 2017 年，青州有山东省花卉技术创业战略联盟、山东省竹芋育种中心、黄楼街道花卉苗木专家工作站、花卉研究所、兰花研究所等科研机构 10 家。举办花卉产业高端培训班，针对花卉企业负责人、花卉企业技术骨干等培训 300 多人次。绿圣兰业成功研发出“绿圣玫瑰”“绿圣福星”“绿圣寿星”“绿圣禄星”四个新品种。

【花卉园区规划建设】 青州花卉公园（原中华盆景园）。位于南环路以南，凤梨路以西弥河镇现代农业片区内，始建于 2010 年，占地 1100 余亩，投资 2.4 亿元，设施生产面积 20 万平方米。至 2017 年，共有 58 家盆景及花卉生产企业。

中国青州花卉苗木交易中心。位于青州市花卉高科技博览园内，青银高速、长深高速交汇青州南口100米处，与胶济铁路、胶济铁路客运专线、羊临铁路构成青州花卉物流网络，辐射全国20多个省市区。中国青州花卉苗木交易中心占地1680亩，总投资9.8亿元，是国内四大花卉苗木交易中心之一。该项目是山东省“十二五”农产品批发市场省级重点项目，列入省政府《山东省苗木花卉产业振兴规划（2011—2015年）》。2017年年底，中国青州花卉苗木交易中心入驻经销商700余户，花卉展示交易面积55万平方米。市场经销花卉种类主要为当地种植和外地客商经销，市场年交易额突破48亿元。

青州（国际）花卉创业园。位于南环路以北，青临铁路以西，引弥干渠以东，冯大路以南。园区建设总投资2.8亿元，建有现代高档智能温室10万平米，配套建设花卉旅游亲子体验馆、电子商务中心、周转仓储等设施，有50多家花卉企业入驻发展。2017年花卉电商与物流一体化协同发展中心入驻园区。

【花卉物流】 2017年，山东万红物流公司整合顺丰、圆通等快递资源，设立花卉快递运营部，花卉同城物流模式形成雏形。9月，青州捷运花卉冷链物流公司引进专业恒温冷藏车，开展对江浙沪地区花卉冷链运输服务，开通青州至北京、大连、哈尔滨、南京、常州、无锡、上海等地的“点对点”专线，并辐射周边地区。11月，在青州（国际）花卉创业园建立韵达快递花卉智能分拣中心、花卉物流仓储区，建成潍坊市级花卉电商物流一体化发展区。至2017年年底，全市共有花卉专业物流车辆2000余辆，冷链物流车辆开始服务于花卉运输。

【花卉电商】 2017年，全市花卉电商达到440多家，花卉电商年交易额突破20亿元。当年，青州市荣获全国首批互联网＋经济林、竹藤花卉产品营销模式示范单位。

【花卉关联产业】 花卉资材。花卉产业发展壮大，带动花卉资材需求的扩大。2017年年底，全市花肥、花药经营业户500余家，货源品类齐全，销售网络遍布全国。

温室。温室承建是在花卉产业发展带动下，形成的市场促生链条产业之一，涉及到建筑、种植、管理、材料等众多领域。至2017年，玻璃温室、PC板温室、连栋温室等高档智能温室装备花卉生产，这些现代温室使穴盆育苗技术工厂化。青州花卉生产设施栽培水平达到国内一流水平，承建地区辐射北京、上海、河北、甘肃、内蒙、新疆等近20个省、市、自治区。

温控设备。至2017年年底，青州温控设施在全国市场保有份额稳定，主导产品包括悬挂式风机、负压风机、干燥机、加温风机、降温湿帘5大种类，60多个系列，200多个规格的产品，销售网络覆盖全国，占全国市场份额70%。现有温控设备产业链企业近300家，产值20多亿元，出口到东南亚（越南、泰国、印度、印尼）、中亚（以色列）、欧洲（荷兰）、非洲（埃及）、北美（巴西）等世界20多个国家和地区，青州成为全国重要风机、湿帘、热风炉生产基地。

【政策扶持】 2017年，根据国家林业局计财司、国家农业综合开发办公室关于印发《国家林业局农业综合开发项目指引(2017—2020年)》的通知要求，申报成功“青州市林下经济示范项目”资金200万元；按照省林业厅、省财政厅《关于组织申报2017年现代农业生产发展木本粮油和苗木花卉产业项目的通知》要求，申报成功“2017年青州市现代农业生产发展苗木花卉产业项目”资金300万元。

【花卉博览交易会】 第17届中国（青州）花卉博览交易会暨第11届山东省花卉交易会。2017年9月29日至10月8日在中国青州花卉苗木交易中心举行，主题为“花彩青州”。规划布展面积4.2万平方米，花艺观赏区围绕“花彩青州”办会主题，合理布局，以花卉为主体，打造体现旅游功能的花卉观赏性区域，包括景观造型和专题展示两部分。设有景观区、专题展区、特装展区、标准展区、优惠购销区及休闲区。其中，设有标准展位500个，特装展位51个，室内布展面积及招商展位数量为历届青州花博会之最。本届花博会共接纳专业观众和游客41.7万人次，实现交易额1.79亿元。本届展会上，中国（青州）花卉博览交易会被中国花协确定为盆栽花卉领域专业展会。

【重点花卉企业】 青州市花卉产业生产规模和产业总量的迅速扩张，有力推进花卉经营主体的快速发展。花卉企业数量规模迅速扩张，到2017年年底，花卉企业超过200家，大中型规模以上企业80余家。

山东绿圣兰业花卉科技股份有限公司。2004年成立，注册资金500万元，位于黄楼街道东坝村。公司下设青州市绿圣兰花研究所，以生产培育蝴蝶兰为主，兼营国兰、多肉植物等，年产蝴蝶兰成品30万株。培育出“花艺双辉”“云门素”和“青州雪峰”国兰新品种。公司被授予山东省农业龙头企业、潍坊市农业产业化重点龙头企业和潍坊市十佳花卉企业等荣誉称号。

千卉千姿盆景苗木专业合作社。前身是鲁花苑花卉园艺场，成立于2012年。2017年，拥有社员116人，资产1600万元，年产各种兰花36个品种，6万余盆，产值700万。2013年下半年开始生产扩繁多肉植物，1090个品种。

青州市铭园花卉有限公司。成立于2000年10月，面积300亩，建有1处研发基地和3处专业生产基地，是本市花卉旅游路线节点企业之一。主要生产竹芋、蝴蝶兰、凤梨、红掌、郁金香、风信子和多肉植物等中高档花卉，年产竹芋20万盆，蝴蝶兰6万株，凤梨30万株，多肉植物1000万株。

（张建阳　尹德波）

种植业

青州市农业局

党委书记、局长　　李新国
副局长　　王立福
　　王守民
党委副书记　　刘福胜

【概况】 2017年，全市耕地面积115万亩，基本农田101万亩，形成花卉、果品、瓜菜、畜牧、优质粮五大支柱产业。粮食种植面积57.67万亩，蔬菜播种面积63.01万亩、果品面积16.46万亩。全市共建成国家级蔬菜（水果）标准园7处、国家级一村一品示范镇2个、省级一村一品示范镇3个。全市有效期内认证“三品一标”农产品品牌192个，其中绿色食品品牌80个，有机食品品牌92个，无公害品牌20个。青州银瓜、青州绿豆、青州红豆、高柳茄子、赤涧西红柿、青州山楂、青州蜜桃入选“2017年度全国名特优新农产品目录”。

【产业结构】 近年来，全市粮食种植面积逐年减少，经济作物面积逐年增加。2017年粮食种植面积为57.67万亩，其中夏粮播种面积21.07万亩，秋粮种植面积36.6万亩。2017年年底，全市蔬菜种植面积63.01万亩，果园面积为16.46万亩，果品总产量33.43万吨。青州形成以蔬菜产业为主要经济作物的农业产业结构，农业生产条件和生态环境不断改善，是全国重要的菜篮子蔬菜生产基地。

【粮食作物】 根据国家统计局潍坊调查队数据，2017年粮食种植面积57.67万亩，总产量达到2.29亿公斤。其中，夏粮21.07万亩，总产量0.8亿公斤，秋粮种植面积36.6万亩，总产量1.49亿公斤。2016—2017年开展“土地深翻+整地镇压”试点48366.8亩。

【经济作物】 2017年，全市区域种植模式基本形成，北部以高柳为中心的4.5万亩茄子生产区；东部以谭坊为中心形成了13万亩西瓜生产区；以东夏镇为中心形成了2万亩菜葫芦（干瓢）生产区；以东夏、黄楼为中心形成了2.5万亩大姜生产区；以东夏、弥河为中心形成了15万平方米食用菌生产区；以谭坊、何官为中心形成了2万亩辣椒生产区；以何官为中心形成了2万亩胡萝卜生产区；以弥河滩涂为中心形成了1万亩青州银瓜生产区；以西南山区为中心形成了4万亩绿色旱菜生产区。至2017年年底，全市蔬菜种植面积达到63.01万亩，总产量达到343.48万吨，产值达到57.28亿元。

2017年果园面积16.46万亩，果品总产量33.43万吨。主栽树种：苹果0.581万亩、桃9.32万亩、梨0.27万亩、葡萄0.43万亩。青州在大力发展当地特产青州蜜桃、冬雪蜜桃、映霜红桃的同时，积极引进葡萄、大樱桃优良品种，优化全市的品种，树种结构。逐步形成以桃、柿子、山楂、大樱桃为主，名优特果品并存的产业化格局。

3月17日，潍坊市农科院果树所专家到青州市开展“青州蜜桃提质增效技术研究与应用项目”

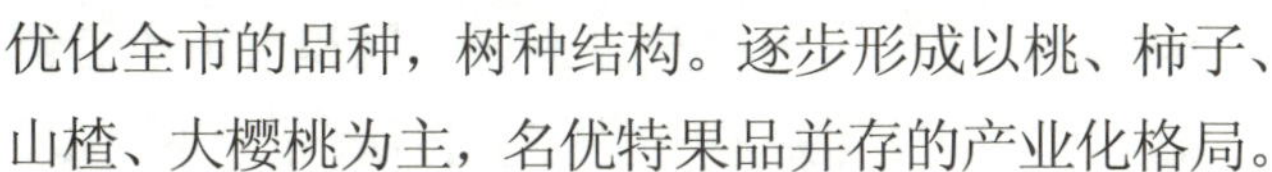

【农业园区建设】 2017年，共建设标准化园区22处。在邵庄镇小辛庄村益都街道冯家村建立2017年青州市水果标准化示范园各1处，在王坟镇胡宅村建立2017年青州市水果精准扶贫示范园1处。建成潍坊市农产品质量安全示范园5家，潍坊市生态循环休闲农业园区4处，山东省农业标准化生产基地7家，创建山东省美丽休闲乡村1处，山东省齐鲁美丽田园1处，山东省生态循环农业示范企业1处。

【产业化经营】 2017年，全市共建成国家级一村一品示范镇2个、省级一村一品示范镇3个；全市规模以上农业龙头企业总量达到362家；省级以上农业龙头企业达到4家；潍坊市级农业龙头企业83家。

【农业科技推广】 2017年，中央财政继续安排实施基层农业技术推广体系改革与建设补助专项资金项目，市农业局负责基层农推技术体系改革与建设补助项目。通过实施该项目，青州市基本构建了职能明确、机构完善、队伍精干、保障有力、运转高效的基层农技推广服务体系，完善了“人员聘用制度”“绩效考评制度”“推广责任制度”“人员培训制度”“多元推广制度”五项农技推广运行制度，落实县级农业部门的管理和指导职责，实现常态运行；建立“专家组＋试验示范基地＋农技人员＋科技示范户＋辐射带动户”的农业科技成果转化应用快捷机制，加强市、镇、村农业科技试验、示范、推广网络。规范主导产业和主推技术的筛选与推广，建立了长效审定机制和首席专家责任制。

全市示范主导产业以蔬菜、果树、西瓜3个产业为主。2017年，筛选了72名农技人员，确定720个结对指导科技示范户，每个示范户辐射带动周边种植户10～20个农户，主导品种、主推技术入户率和到位率98%以上。在扶贫工作重点村、种植业大村、专业村和特色村等重点行政村中建设村级农技推广服务站点，每个站点遴选配备1～2名村级农民技术员进行重点培养，25个扶贫工作重点村达到全部覆盖，共遴选确定了68名村级农民技术员。确立3个示范基地，按照以主导业和特色产业为主，坚持打造特色、多种示范、高规格、连续性的原则，组织开展遴选和认定基地工作，通过建立队伍、集中培训、入户指导、现场调研、观摩示范，使农业科技进步对农业增长的贡献越来越大。加强农技人员知识更新培训。全年有19人参加上级安排的培训，53人参加普通班培训；按农时季节不定期、不定时组织农技人员、村级农民指导员进行集中培训；组织观摩培训10期、400人次以上；选派4名人员参加农业部组织的应用信息技术提高农技推广服务效能培训学习。加强基层农技推广体系云平台建设，开设农技推广服务体系云平台终端农技宝用户134个。创新农技推广方式方法，探索利用现代信息手段开展农技推广服务的新途径，不断提高农技推广管理水平和服务效能，充分利用现代科技网络技术，搞好基层农技推广工作。搭建农技推广工作管理、农情及突发事件信息采集平台，用移动云终端武装基层农技推广人员，创新基层农技推广与管理手段，全面提升以基层农技推广人员为核心、相关社会力量参与的基层农技推广公共服务能力，为农民提供高效便捷、简明直观、双向互动的农技推广服务，实现了信息到村，服务到人，技术到田。

【农产品质量安全】 管理机构。2017年年底农业综合执法大队整体划转到青州市综合执法局；市农业局单独设立农产品质量安全监管科，配备工作人员3人，负责全市农产品质量安全监管工作。做好农产品质量监测。配合上级开展抽样工作，同时做好市级农产品质量抽检。制定青州市农产品质量安全监测方案，并印发至各镇街，各镇街根据瓜菜种植情况开展农残速测。市级开展农产品质量安全监督抽查和风险监测，抽样后委托市检验检测中心和有资质的第三方检测机构进行农药残留定量检测，并对不合格样品进行质量追溯。开展农产品质量安全专项整治。根据全市农产品种植的品种和上市时间，对韭菜、生姜、西瓜、银瓜和设施蔬菜等开展专项整治。积极推进农业标准化生产。组织农业龙头企业、农民合作组织积极创建山东省农业标准化生产基地和潍坊市农产品质量安全示范园，提高全市农业标准化生产水平。开展农产品质量安全法律法规和科学用药知识宣传培训。对镇村监管工作人员、生产基地有关人员进行法律法规和科学用药知识培训。同时开展法律法规和科学用药知识宣传。

农产品质量安全监测。制定青州市农产品质量安全监测方案，并印发至各镇街，各镇街根据瓜菜种植情况开展农残速测；市级开展农产品质量安全监督抽查和风险监测，抽检数量逐年增加，2017年全市抽检农产品样品达到980批次，抽样后委托市检验检测中心和有资质的第三方检测机构进行农药残留定量检测，并对不合格样品进行质量追溯。

韭菜产品质量安全专项整治。开展韭菜种植面积排查摸底行动，准确填报韭菜种植情况。经排查，2017年全市共有韭菜生产主体1094个，韭菜种植面积2413.45亩。将韭菜生产主体全部纳入“放心韭菜”地图数据统计范围，录入“放心韭菜”地图，及时更新数据信息。在韭菜种植面积大的何官镇、益都街道办事处举办韭菜安全生产技术培训班，同时抽取韭菜样品64批次，委托有资质的第三方检测机构进行定量检测。印制韭菜田间管理档案、韭菜质量安全承诺书、韭菜产品“双证制”的通告、韭菜产品“双证制”管理问题解读和韭菜产品合格证等资料，发放到种植户。市农业局和市市场监督管理局联合印发《关于全面推行韭菜产品“双证制”的通告》和《韭菜产品“双证制”管理问题解读》，全面推行韭菜产品“双证制”管理。在全市开展韭菜产品“双证制”管理宣传培训，市农业局对13个镇街的韭菜生产主体进行培训，共计培训1087人次；同时印发张贴韭菜产品“双证制”通告7000份、问题解读3000份、合格证17500份。

【品牌创建】 至2017年，有效期内“三品”（无公害农产品、绿色食品、有机农产品）认证产品总数192个，其中绿色食品品牌80个，有机食品品牌92个，无公害品牌20个，“三品”认证面积累计6.1万亩。青州银瓜、青州绿豆、青州红豆、高柳茄子、赤涧西红柿、青州山楂、青州蜜桃入选《2017年度全国名特优新农产品目录》，孙树强扒鸡酱蹄被评为山东省农产品品牌专营店；青州市王坟有机农业专业合作社联合社等7家单位的14种农产品获第一批“潍坊农品”区域公用品牌授权。

【农业污染面源控制】 通过深入贯彻“到2020年化肥、农药使用量零增长”、农作物病虫害专业化统防统治与绿色防控融合、实施绿色防控技术、全面加强农药监管等措施，实现病虫害综合治理、农药减量控害，农产品提质增效，农药用量减少，农业面源污染得到有效控制。

推进化肥减量提效。通过实施玉米缓控释肥示范推广项目、生姜水肥一体化项目、耕地中质量保护和化肥减量增效等项目。大力推广测土配方施肥、缓控释肥、水肥一体化以及有机肥替代化肥技术，促进农民施肥结构发生变化，全市化肥施用量明显减少，2017年全市施用化肥实物量约合12万吨，同比降低2200多吨，降幅1.8%以上，化肥对农业面源污染的作用显著缓解。通过建立健全省、市、县三级耕地质量监测网络，增加自动监测设备，监控全市耕地土壤质量变化状况，定期取样化验，并对化验结果进行综合统计分析，评估农业面源污染状况。

绿色防控。准确发布“病虫情报”，认真做好病虫预测预报，准确发布防治病虫适期。推广应用生物、物理防控技术，减少农药用药量。实施小麦“一喷三防”技术，做到科学用药，合理用药。截至2017年年底，发布病虫情报12期，推广绿色防控面积95万亩次，生物农药使用面积48万亩次，推广黄板防治42万亩次，印发宣传资料500余份。实施农业专业合作社统防统治队伍建设，推广专业化统防统治技术。结合项目实施，在5个统防统治专业化合作组织实施统防统治，达到科学用药、安全用药的目的，每个合作社组织集中示范点面积600亩以上，分别辐射带动10000亩。5个服务组织分布在青州市北部平原蔬菜产区。每个示范点根据病虫害统防统治与绿色防控技术融合方案，在作物生长期，全程实施生态调控技术、生物防治技术、理化诱控技术等绿色防控技术，由青州市植保站承担示范任务的专业化服务组织进行全面技术和作业培训，全年示范点平均化学农药用量降低30%以上，辐射区平均化学农药用量降低20%以上。

秸秆综合利用。积极开展秸秆综合利用，采用秸秆直接机械还田、秸秆青贮饲料、秸秆生物反应堆、秸秆种植食用菌以及秸秆生物有机肥等秸秆综合利用模式，秸秆综合利用率增长到92%。

【农村新能源开发】 积极开展生态循环休闲农业和农村能源建设，创新推广“猪—沼—果”“猪—沼—菜”生态循环农业模式。开展农业废弃物资源化利用，至2017年，建设联户沼气5处，大中型沼气工程2处，年产沼气1096万立方米，沼液18万吨，沼渣1.8万吨。

【农业龙头企业】 按照“规模要扩大、档次要提升、品牌要响亮”的标准，着力培育一批农业龙头企业，涉及蔬菜、粮油、果品、花卉、畜产品等多个领域。至2017年，青州市规模以上农业龙头企业总量达到362家。省级以上农业龙头企业达到4家，潍坊市级农业龙头企业83家。其中，集种子“育繁推”一体化的山东省华盛农业股份有限公司，建立了“山东省蔬菜种子工程技术研究中心”“综合院士工作站”“博士后科研工作站”，通过省级审定农作物新品种6个，获得农业部植物新品种保护权9个。山东金保罗食品饮料有限公司是集小麦、米类、豆类、花生等农产品深加工和销售于一体的专业化省级龙头企业，荣获“山东名牌”“山东省著名商标”“全国乡镇创名牌重点企业”称号。

林 业

青州市林业局

局 长　　　　张 鹏
党委副书记　　石志明
森林公安局局长　赵瑞明

【概况】 2017年，市林业局按照市委、市政府关于“四个城市”建设总体安排部署围绕创建“山东省森林城市”目标，完成年度工作任务。全市林地总面积达到76.6万亩，森林面积达到72.84万亩，林木绿化率32.38%。市林业局被潍坊市政府授予“集体三等功”；新增“国家级林业龙头企业”1家，实现国家级林业龙头企业零的突破；仰天山国家森林公园成功入选“全国森林康养基地试点建设单位”；王坟镇获首批“山东省级森林乡镇”，王坟镇和庙子镇共6个村获首批“山东省级森林村居”；

新增1个山东省生态文明村、2个山东最美绿色乡村、1家山东省光彩事业国土绿化贡献奖单位、1家省级林业示范社、1家省级林业龙头企业等。

10月27日，在杨集林场承办潍坊森林防火现场会暨演练防火演练

【植被】 2017年，木本植物137种，草本植物680种，由用材林、防护林、水保林、经济林和天然草地组成。主要分布在山丘区和沟道两旁，全市林木绿化率为32.38%，林草覆盖率为35%，有天然林(天然次生林)3700公顷，主要树种为黄栌、山榆、黄荆等，

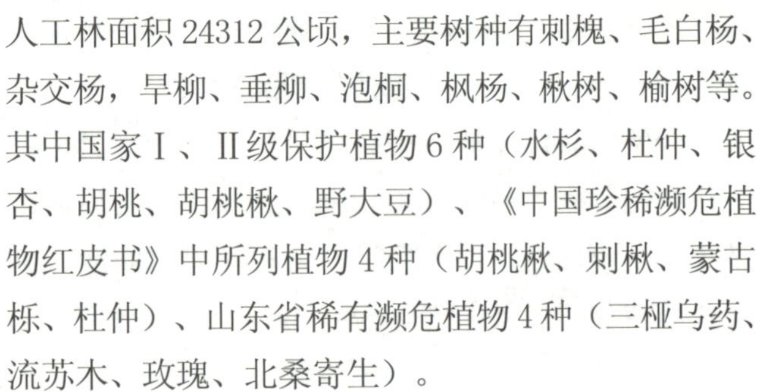

人工林面积24312公顷，主要树种有刺槐、毛白杨、杂交杨，旱柳、垂柳、泡桐、枫杨、楸树、榆树等。其中国家Ⅰ、Ⅱ级保护植物6种（水杉、杜仲、银杏、胡桃、胡桃楸、野大豆）、《中国珍稀濒危植物红皮书》中所列植物4种（胡桃楸、刺楸、蒙古栎、杜仲）、山东省稀有濒危植物4种（三椏乌药、流苏木、玫瑰、北桑寄生）。

【林权制度改革】 按照《山东省林权抵押贷款管理办法（试行）》等文件规定，配合银行部门研究全市林权抵押贷款管理、森林资源资产评估等办法和工作机制，明确了林业部门和金融部门就林农申请、管理、评估、登记、审批、合同签订、贷款发放等方面的职责分工，合力加强对林权抵押的监管。2017年办理林权流转抵押面积295.9亩、贷款金额200万元。

【林业产业】 林业产业产生的效益包括直接效益和间接效益。直接效益：2017年林业总产值达到68.07亿元（不含花卉专业）。其中，第一产业12.98亿元，第二产业49.07亿元，第三产业6.02亿元。

【森林防火】 青州市共有林地面积76.6万亩，森林面积72.84万亩，是全省森林防火一级等级县。实行日常监管与集中行动、重点管控与面上巡查相结合，对重点时段、重点区域实行全天候管控督导，确保森林防火形势总体平安稳定。

做到思想认识、工作部署、措施落实、检查督促“四个到位”，狠抓责任落实、全力预防、科学扑救“三个环节”，提升防火、扑火“两个能力”，保障森林防火安全。多次组织现场调度森林防火工作，层层签订“责任状”，先后印发《抓好今冬明春森林防火工作通知》《开展森林防火督查专项行动》等文件，市防火指挥部建立由成员单位包靠督导山区镇街和国有林场的“市级森林防火责任体系台账”，各有关镇街和国有林场均建立相应的“镇街（林场）森林防火责任体系台账”，全面落实公开举报、跟踪督办、督查通报等工作制度，形成全市上下齐抓共管的良好局面。

【林业有害生物防控体系建设】 认真贯彻落实省、潍坊市林业有害生物防控会议和文件精神，抓好监测预报。充分发挥22处虫情测报点作用，落实专职人员，实行日报告制度，做到虫情早发现、早报告。继续推行市、镇两级专业队联防机制。全市防控作业面积1万余亩，实现了有虫不成灾目标。全市监测覆盖率保持100%，产地检疫率100%，调运检疫率100%，无公害防治率100%，测报准确率97%以上，完成了林业有害生物“四率”防控指标。

【生态林场】 青州市有杨集、驼山两处国有林场，均属生态公益型林场。由于历史原因，杨集林场改制为企业，驼山林场并入市风景区管理局，在编制系统中既无机构也无人员。2017年1月3日第三十六次政府常务会议审议通过，报经上级林业主管部门批准，2017年1月10日青州市政府印发《青州市国有林场改革实施方案》（青政发〔2017〕2号）文件，国有林场改革正式启动。2017年1月17日，市编委以青编发〔2017〕1号文件形式，设立杨集、驼山两处林场，为市林业局所属公益一类财政拨款事业单位，核定两处林场编制23名，并把在职的原林场9人划入新成立的林场，恢复事业身份，按标准配齐了86名护林员和8名文物安保人员。2017年3月1日，办理完成事业单位法人登记、账户开通等相关手续。2017年市财政追加拨付两处国有林场所有人员、办公、营林管护等经费预算495.59万元，实现全额保障。2017年8月4日顺利通过潍坊市国有林场改革领导小组评估验收。

（张　鹏　张森森）

畜牧业

青州市畜牧局

党总支书记、局长	郭志荣
党总支副书记	刘秀华（女）
副局长	曹才丽（女）
	邸　鹏

【概况】 青州市畜牧局深入贯彻中央经济工作会议、中央农村工作会议精神，围绕践行“创新、协调、绿色、开放、共享”的发展理念，突出“结构性调整、规模化转型、畜牧业绿色发展”三个重点，抓好规模园区建设、废弃物综合利用、产业链全程监管、畜禽疫病防控四项工作，落实产业发展的保障措施，推进畜牧业转型升级，不断提高畜牧业生产效率、产品质量和行业创新能力，努力增加畜牧业有效供给和安全供给，加快建设现代畜牧业。

【畜牧饲养】 青州市畜禽品种资源主要有猪、牛、羊、鸡、鸭、兔、蜂及特种经济动物等。

猪。主要是本地猪和引进国内的五莲黑猪、莱芜猪及国外的大约克夏、长白猪、杜洛克、汉普夏、皮特兰等品种及国内品种和国外品种的杂交后代。2017年生猪出栏48.33万头。2017年9月15日，在农业部全国畜牧总站在重庆召开的全国猪联合育种协作组年会上，潍坊江海原种猪场获“杜洛克种猪遗传进展最佳奖”、全国92家生猪核心育种场中“杜洛克遗传进展第一名”；在2017年第17届中国武汉种猪测定评比中江海杜洛克获综合排名第一名、外型评定第一名；在2017年河北省第十五届种猪拍卖会评比中江海杜洛克获综合排名第一名，饲料报酬单项第一名；2017年山东省种猪性能测定中心举办的11届种猪性能评比中江海杜洛克冠军。

牛。肉用牛主要是本地黄牛、鲁西黄牛与西门塔尔、利木赞的杂交后代。乳用牛主要为北京黑白花奶牛与荷斯坦奶牛杂交后代。2017年牛存栏1.27万头，其中奶牛0.35万头，牛出栏1.29万头。

羊。主要是山羊和绵羊。山羊主要有本地山羊及引进的崂山奶山羊。绵羊主要有当地绵羊及外地引进的小尾寒羊、杜泊羊等品种。2017年羊出栏11.26万只。

鸡。主要品种为蛋用海兰褐、罗曼，肉用爱拔益佳（AA）、艾维茵。2017年，蛋鸡存栏153.98万只，肉鸡出栏5164.74万只。

鸭。主要是北京鸭、樱桃谷鸭等品种。2017年，肉鸭出栏4589.98万只。

兔。主要是本地兔、青紫蓝兔和银狐兔、布列塔尼亚兔、伊拉兔等品种。2017年，兔存栏0.68万只，出栏3.07万只。

蜂。以意大利蜂为主。2017年，蜜蜂存栏2.08万箱。

特种经济动物。主要有水貂、狐狸、貉、鹿、野猪、小香猪、贵妃鸡、七彩山鸡、火鸡、元宝鸡、珍珠鸡、鹌鹑、肉鸽、朗德鹅、大雁、孔雀、鸵鸟等品种。

【标准化生产】 2017年严格按照上级业务主管部门的统一部署，加快畜牧标准化示范场创建。2017年，青州市清海种猪养殖有限公司通过国家级标准化养殖示范场验收，青州市益寿奶牛场通过省级示范场验收，青州市海富通农业科技有限公司、青州市聚星养殖场、青州市正兴养殖场、青州市合强生猪养殖场、青州市永汇养殖场、青州市金达康种鸭养殖场和青州市王坟镇蜂业合作社七个养殖场通过市级示范场验收。

【疫病防疫】 2017年，对高致病性禽流感、牲畜口蹄疫和小反刍兽疫继续实行强制免疫。免疫禽2850万只，其中鸡1650万羽份，鸭1200万羽份；免疫猪71.2万头，牛4.66万头份，羊33.76万只，免疫密度100%，防疫档案建档率100%，所免禽全部发放免疫标识，畜全部加挂耳标。

2017年4—5月份，加强H7N9流感防控工作。累计使用消毒剂1.47吨，消毒灭源501.68万平方米。制定了《青州市H7N9防控监测方案》，对青州市范围内的禽只进行抽样监测。抽取鸡血清样品2828份，第三方抽检270份。血清学检测2828份样品结果全部为阴性。共出动排查人员2398人次，排查禽养殖场1101家，散养户10995家，排查禽只1114.57万只。通过加强检疫监管，严禁从疫区调入易感动物，加强对养殖场和屠宰企业的监督管理，规范养殖条件，落实防疫、消毒灭源、加强应急管理、无害化处理等各项防控措施，并与市直有关部门加强协作配合，建立联防联控机制，将H7N9防控工作落实到位，未发生H7N9流感疫情。扎实开展布病等人畜共患病防控工作，与卫生、防疫、公安等部门联系，互相沟通信息，实施联防联控。开展基线调查工作。由市局疫控中心牵头，组织基层畜牧站技术人员，在青州市范围内对布鲁氏菌易感动物开展全面普查，准确掌握辖区内养殖场数量、养殖方式、养殖数量和不同场群的阳性率、个体阳性率等基本情况。共普查羊8.5462万只，其中奶山羊、种公羊0.6966万只，商品羊7.8496万只；牛0.9402万头，其中奶牛、种公牛0.3034万头，商品牛0.6368万头。青州市共有牛羊规模场21个，养殖量0.9101万头（只）；散牛羊散养户1592个，养殖量8.5763万头（只）。通过临床观察，未发现布病阳性病例。组织开展抽样检测。兽医实验室对调查的牛、羊畜群进行随机抽样检测，共抽检23个规模场，478个自然村，共检测血清样品23110份，琥红平板凝集试验结果全部为阴性。加强疫情测报和举报核查。加强技术培训和宣传力度，增强群众防控意识。举办青州市牛羊布病净化技术班，培训养殖户300余人。印制发放《布鲁氏菌病防控知识》等宣传资料20000份，积极宣传布病防控知识，做好牛、羊等牲畜饲养场（户）以及从事屠宰、畜产品运输、销售等从业人员的防护指导，有效提高广大群众的自我防护意识。

2017年12月，青州市动物疫病预防控制中心实验室通过省专家组考核，继续取得生物安全二级实验室资格。全年共采集样品9753份，自检猪血清882份，牛羊血清1446份，禽血清5170份，禽咽喉、泄殖腔双拭子848份，牛羊O—P液60份。抗体检测、病原学检测均合格。

积极开展动物疫病流行病调查和监测工作。完成高致病性禽流感、口蹄疫、主要禽病、主要家畜疫病、牛羊布病、动物健康状况调查等专项流调10余项，收集调查问卷120份。青州市一正有机农牧有限公司通过潍坊市级2017年畜牧旅游示范区的验收。

【畜牧科技】 2017年，全面贯彻落实中央和省委文件和全国、全省农业工作会议等的部署要求，以支撑畜牧业供给侧结构性改革、加快畜牧业新旧动能转换为中心任务，大力推广绿色高效适用技术，切实发挥科技对畜牧业增效、养殖场户增收和畜产品竞争力增强的支撑推动作用。依托2017年基层农技推广项目实施方案，培育了2个示范基地和200示范户，对基层农技人员培训195人次，广大试验示范基地和示范场户得到了新技术、新理念，有效的带动了周边畜牧业发展。

充分发挥政策性保险在畜牧养殖业中的重要作用，分担畜牧养殖意外风险和自然灾害风险给养殖户造成的损失，同时形成与病死畜禽无害化处理场联动机制。2017 年，各乡镇兽医站与保险经办机构密切配合，全力推进生猪保险工作，生猪养殖户共投保 686 户，承保育肥猪 170883 头、能繁母猪 8680 头。2017 年度保险经办机构共理赔 1009 笔，赔付金额 318.21 万元。

【兽药监管】 2017 年，对全市兽药生产、经营企业进行全年度监管，由基层畜牧兽医站对企业进行每月一次的监督检查，全年共监管企业 550 余次，通过建立长效监管机制，落实企业质量安全和安全生产主体责任，使企业做到规范生产，守法经营，杜绝各类兽药安全事故的发生。根据潍坊市畜牧兽医局潍牧饲字〔2017〕28 号文件的要求，对青州市 45 家兽药经营企业、5 家兽药生产企业推行 ABC 分类管理，对全市 C 类企业进行每周一次的重点监管，做到有针对性监管，提高了监管力度，企业按照 GMP、GSP 标准整改到位。

【饲料生产】 青州市畜牧局积极探索饲料监管新模式，通过创新“线上线下监管、检测整治并举”等监管方式，建立健全制度，强化各项保障措施，构筑高效监管机制，确保各项工作全面落实到位，保障了投入品质量安全。

2017 年，全市饲料企业达 37 家，实现年总产量 89.05 万吨，生产总值 23.27 亿元。

【畜牧业面源污染治理】 青州市人民政府办公室于 2 月 28 日和 7 月 6 日分别印发了《青州市畜禽养殖“三区”划定方案》（青政办发〔2017〕10 号）和《青州市畜禽养殖禁养区养殖场（小区）养殖专业户关闭或搬迁工作实施方案》（青政办发〔2017〕68 号），8 月 17 日青州市畜牧局、青州市环境保护局联合印发了《青州市畜禽粪污专项整治行动实施方案》，全力推进畜牧业污染整治。在畜牧兽医技术推广工作中将养殖场粪污处理设施建设及处理技术作为重点内容进行推广，按照“一控三分四防两配套一基本”的要求，加大力度推行粪污处理技术。“一控”，即使用节水设备，控制用水量。“三分”，即雨污分流；干湿分离；固液分离。“四防”，即防渗、防雨、防溢流、防臭。“两配套”，即配套建设储粪场和污水池。“一基本”，基本实现粪污全收集。2017 年年底，青州市畜禽粪污综合利用率达到 77.85%，规模畜禽养殖场（小区）已配套建设粪污处理利用设施比例达 98.79%。

【病死畜禽无害化处理】 根据畜禽养殖分布情况，在青州市规划设置了 102 个收集点。2017 年，青州市收集处理病死畜禽情况：猪 134496 头；牛 84 头；羊 2321 只；家禽 3690.36 吨，其他畜禽及其产品 7.66 吨。

【畜牧执法】 畜牧法律法规及其配套法规的宣传实施，依法对畜产品质量安全、种畜禽、饲料、兽药经营监管，开展畜牧法律法规培训，审核办理 9 件畜牧行政执法证件，上报畜牧行政审批项目 27 件，清理、报送畜牧规范性文件 10 件，畜牧执法行政诉讼、行政复议案件的协调处理 0 件，为社会提供畜牧法律法规咨询 2000 人次。2017 年共查处畜牧违法案件 8 起，罚款 10 万元。

青州市畜牧局根据青州市政府印发《青州市行政执法监督体制机制改革工作实施方案》（青政办发〔2017〕117 号）要求，全面完成综合行政执法体制改革工作，2017 年 12 月市畜牧局 17 名执法人员并入新组建的青州市综合行政执法局。

【龙头企业】 青州市一甲食品有限公司。2008 年建成投产，公司位于益都街办东高工业园区，占地面积 20000 平方米，建筑面积 5000 平方米，现有员工 78 人，月屠宰加工能力 80 万只，每天速冻产品能力 200 吨，冷库储存能力 2000 吨。是樱桃谷肉鸭屠宰加工、种鸭养殖、鸭孵化及养殖一体化的综合性民营股份制企业。主要产品为各种规格的白条鸭、西装鸭、分割鸭等。2017 年生产完成屠宰

1086万余只，实现销售收入7306万元，实现利润89万元。

潍坊诺达药业有限公司。成立于2005年，位于市经济开发区，是一家集兽药产品研发、生产、销售、技术服务于一体的现代化高新技术企业，以中兽药、中兽药提取物为核心产品，共8条生产线。2017年，诺达药业产值4750万元，纳税850万，利润500万。获得山东省科技进步三等奖、山东省农林渔丰收奖三等奖。

青州市通慧饲料有限公司。成立于2006年，位于市经济开发区，是一家专业生产、销售配合饲料和浓缩饲料的大型饲料企业。公司占地面积32000平方米。设有禽料和猪料两个生产车间，年产饲料20万吨。职工二百余人。生产猪禽配合饲料猪浓缩饲料等三大类型四十多个产品。2017年公司共生产销售19万吨饲料，实现总产值5亿元，利润900万元，纳税230万元。

水 利

青州市水利局

党委书记、局长	王华章
党委副书记	徐安祥
副局长	刁成学
	王光连
总工程师	尹绪臣

【概况】 2017年，青州市水利局围绕市委第十三次党代会确定的奋斗目标和“四个城市”建设规划，以强化水生态文明建设为统领，以搞好民生工程建设为依托，以深入推进作风建设为抓手，以增强水资源可持续利用支撑经济社会可持续发展为基本任务，加快提升水利现代化水平，重点水利工程建设进展顺利，水利事业服务保障功能进一步增强。率先在山东省推进河长制，河道环境明显改善。实施亚行贷款地下水漏斗区综合治理示范工程，在全市水资源调配、改善水系生态环境等方面起到重要作用。大力推进“五小”水利工程等拦蓄水工程建设，为西南山区经济社会可持续发展提供了可靠的水资源支撑。紧抓防汛抗旱工作不放松，防灾减灾能力不断提升；积极推进小流域综合治理，水土保持工作取得新进展；全面实行区域用水总量、用水效率、水功能区限制纳污“三条红线”管理制度，水资源规范化建设取得实效；强化执法监督，行政执法行为不断规范完善；行政审批事项进一步规范，行政审批效能及服务质量进一步提升；严格贯彻落实移民后期扶持政策，改善移民生产生活条件。

【改革试点】 印发农业水价综合改革实施方案，配套制定2017年度实施方案，完成东夏镇68个村6.9万亩灌溉面积的改革试点工作，完善农业用水计量设施、明晰工程产权、建立农业水权制度、建立了农业水价形成机制、农业用水精准补贴与节水奖励机制。印发了小型水库管理体制改革实施方案，落实小型水库管理经费、管理人员和管护责任，开始水库确权划界、小型水库维修、配套管护设施等工作，将小型水库纳入河长制管理范围，完成维修养护工程，于12月9日通过省水利厅考核验收，达到小型水库管理体制改革示范县的标准。河长制智慧河长试点建设投入试运行，整合多部门信息资源，建设河长信息管理平台，实现了即时通讯、日常巡查、问题督办、情况通报、责任落实等工作一体化管理。

【水利基础设施建设】 青州市亚行贷款地下水漏斗区域综合治理示范项目。初设批复2.1亿元，利用青州市西南山区丰富的雨洪水资源和弥河客水资源，通过水系连通工程将水资源配置到中北部地下水漏斗中心区，解决地下水漏斗区超采严重问题。主要包括仁河、黑虎山、七一水库三库串联向城区供水工程及引弥干渠向城区坝沟子水库供水工程；三库串联向城区供水工程主要包括仁河水库总干渠维修加固，一分干及隧洞段维修加固，苏峪寺隧洞出口至黑虎山水库管道铺设，黑虎山干渠末端改造等。

2017年农田水利项目县。完成2017年度小农水重点县建设任务，总投资3058.99万元，涉及东

8月10日，市委书记韩幸福到北阳河巡河

夏镇、弥河镇2个项目区35个村，受益群众2.22万人，规划建设高效节水灌溉面积2.8万亩，并成功竞争立项新一轮农田水利重点县项目。

“五小水利”工程。根据《关于加快山丘地区“五小水利”工程建设的实施意见》，2017年，新建山丘区“五小”水利工程132处，增加蓄水库容45万立方米、水面面积25万平方米，取得明显经济效益、社会效益和生态效益。

【河道管理】　河长制工作。2017年，根据省、潍坊市统一部署，在全市全部河流全面实施河长制工作。在潍坊市内率先建立健全组织体系，设立河长制公示牌656块，完成全市45条河道问题排查，开展清河行动，建立社会监督体系，组建专业巡河队，启动问题督办制度，试点开展智慧河长建设并投入试运行。建设青州河长制微信公众平台，营造全民治水氛围。同年6月，省委书记刘家义、潍坊市委书记刘曙光、市长李宽端等分别对青州市河长制经验做法作出批示，潍坊市河长制现场推进会议、弥河潍坊市级河长制调度会议先后到青州召开，省河长制督查组、水利部河长制督察组先后到全市调研督导，并给予高度肯定。

【农村饮水安全工程】　2017年农村饮水安全巩固提升工程省市补助资金项目。完成新建龙泉水厂一处，同时完善配套水处理设备、自动化控制装置及信息化系统，项目总投资为2262.97万元。新水厂投入使用后，出厂水质极大改善，供水能力达14000立方米/天，保障了经济开发区及东夏镇120个村庄、14.5万人的用水需求。

村级管网改造提升工程。2017年，根据潍坊市水利局《潍坊市农村饮水安全村级工程巩固提升实施意见》，对符合条件的村庄逐步开展村级管网工程改造提升。总投资1236.53万元，完成50个村13008户的改造任务，切实解决了制约农村饮水安全和效益发挥的“最后一公里”问题，广大农村居民喝上了安全水、放心水。

2017年，完成青州市农村饮水安全管理信息系统工程建设任务。青州市农村饮水安全信息化系统以潍坊市饮水安全管理信息系统平台为依托，实现对青州市农村饮水安全信息化的监测，包括市级农村饮水安全调度中心、水厂自动化运行监控系统和农村饮水安全工程监测点信息采集系统等应用系统。

【水土保持】　2017年，完成小流域综合治理10条，治理水土流失面积17.2平方千米，生态修复6.5平方千米，总投资1251.96万元，其中新建基本农田0.74平方千米，新植水保林6.2平方千米、经果林2.8平方千米，封禁治理7.46平方千米，修建蓄水池2个。

继续对水土保持监督管理进行规范。先后不定期对省、潍坊和青州立项的生产建设单位水保设施进行监督检查68次，检查项目合计34个，督促生产建设单位编报水土保持方案书16个（其中报告表4个），正在编制的2家，征收水土保持设施补偿费785243.16万元，开发建设项目水土保持总投资4519.77万元，防治责任范围237.04公顷，设计拦挡弃土266.02万立方米。

【水资源管理制度】 严格落实区域用水总量、用水效率、水功能区限制纳污“三条红线”管理制度，做到水资源论证制度规范化、取水许可审批程序化、监督检查经常化、取水档案标准化，逐步实现取水监控自动化。安装远程摄像抄表系统300台安装，超额完成了本年度水资源费、污水处理费征收任务，启动水资源费改税前期信息确认工作。

【防汛与抗旱】 立足防大汛、抗大旱，把防汛抗旱作为常规工作抓紧抓好，进一步建立健全抢险救灾组织建设和防洪预警系统，构建防灾减灾体系。4月份分组对全市重点行业、重点水利工程进行了汛前检查，备足各类防汛物资。自6月1日起全面进入汛期值班，严格落实汛期值班制度，严肃防汛工作纪律，加强防汛工作人员业务培训，适时开展防汛应急演练，密切关注重要天气预报，及时组织指导全市上下做好防范工作。全年降雨合计478.5毫米，较历年平均偏少150毫米。仁河水库水位321.49米，库容972万立方米，黑虎山水库水位159.09米，库容2203万立方米。

（高秋华）

农业机械

青州市农机局

党委书记、局长　　李延峰

副局长　　邓全爱

党委副书记　　赵西明

【概况】 围绕青州市委、市政府中心工作，以农业供给侧结构性改革为主线，大力实施绿色农机兴农惠民工程，抓机制创新和项目促进，强化服务功能和效能建设，多项工作成效突出。2017年被潍坊市农机局授予全市农机化工作先进县。

【农机装备结构】 至2017年年底，全市农机总值达到11亿元，农机总动力达到126万千瓦，拖拉机11337台，联合收获机2416台。拖拉机配套农具16648台。耕整地机械16181台，种植施肥机械3356台，农用水泵48853台，节水灌溉类机械9926套，机动喷雾机3330台，收获机械中联合收获机2416台，其中自走式玉米联合收割机445台，其他收获机械3343台，其中蔬菜收获机1717台。收获后处理机械2403台（套），设施农业设备中，温室面积连年呈增长态势，到2017年年底全市温室面积2.3亿平方米。农产品初加工作业机械6195台，畜牧养殖机械3861台（套），林果业机械432台，农田基本建设机械2069台。

引导企业以农机化转型发展和农机装备结构调整，以及国家支农惠农政策实施为契机，坚持以市场为导向，大力开展技术创新，加速成果转化和推广应用。全市农机企业发展进入到黄金期，涌现出一大批新的农机生产企业和经销企业。至2017年，全市经工商注册的农机生产、经销企业总数达到277家。重点农机企业利用自身资源优势，联系有关科研院校，与企业组成团队，积极架构企业、高校、科研院所的产品研发平台，开发技术领先、智能环保的创新技术，增强企业竞争力。山东华龙农业装备股份有限公司与多个高校、科研院所建立合作关系，设立教授专家工作站和试验基地等研发平台，成为国家高新技术企业、省级技术研发中心。2017年申报的创新项目“挠性圆盘式大葱移栽机”成功进行作业示范，申请了国家专利。山东康弘机械有限公司发展大马力拖拉机项目、威力天地畜禽粪便无害化处理生物肥生产机械等创新产品研发，全市农机装备供给结构进一步优化。

【农机管理与服务】 深入开展“平安农机”创建、“安全生产月”“安全生产大检查”等一系列活动，遏制了农机重特大事故发生。市农机管理服务站从2017年3月15日起分时间、分片区对全市拖拉机、联合收获机等农业机械进行集中检验。印发农机年检宣传资料5000份，严把拖拉机年检、入户及驾驶员办证培训、考试质量关，杜绝“不见车就办手续、只收费不培训、不考试就发证”的现象。全年挂牌478副、核发驾驶证422本、年检拖拉机、联合收

10 月，青州市鲁中农机合作社无人机植保作业队在何官镇作业

割机 663 台。举办了 3 期农机驾驶操作人员技能考试，经过系统的培训，认真按照有关考试要求，严格把关，确保考试质量，从源头消除安全生产隐患，确保农机安全生产。2017 年全市农机维修网 120 个，从业人员 320 人。青州市华星农机公司三包服务站被省农机局授予五星级文明农机维修网点。2017 年，对 5 处区域维修中心从政策、技术等方面给予重点帮扶，从协调维修场地、指导规范化建设、组织维修人员培训等方面给予帮扶。

【农机科技推广】　2017 年 3 月，成立青州市农机技术推广站（市农机管理服务站加挂牌子），人员从市农机管理服务站中调剂。2017 年重点推广“玉米种肥同播”和“土地深松作业”等技术。聘请专家，召开技术培训班，针对重点机械操作与使用做了专题讲座。进行机械作业，并于秋季邀请专家实地测产，效果显著。土地深松补贴项目通过招投标，2 家农机合作社承担项目的实施，高质量完成 2 万亩的补贴作业目标，全市共完成 8 万亩作业任务。

围绕大棚作物秸秆处理难的问题，组织农机和农业技术人员，以农机专业合作社为依托，在何官镇南小王村示范基地先试先行，进行了大棚秸秆还田及土壤处理机械化全程作业，项技术先是用大棚秸秆粉碎还田机进行秸秆切碎还田，然后进行深松作业，再用高浓度臭氧水进行杀菌灌溉，试验效果非常理想。2017 年 6 月，在何官镇南小王村组织召开了全市大棚蔬菜秸秆还田暨土壤处理机械化现场会，集中演示了大棚蔬菜秸秆机械还田、深松、高浓度臭氧水杀菌灭虫、补充有益菌肥的大棚蔬菜秸秆科学利用一条龙作业模式。该作业模式的应用，是大棚蔬菜秸秆科学利用的一次创新，为大棚蔬菜秸秆处理找到了最佳途径。不仅解决了蔬菜秸秆废气污染问题，而且有效培肥了地力，节省了成本和劳动力。

蔬菜秸秆与畜禽粪便工厂化处理肥料化利用取得新进展。2017 年 6 月 15—17 日，省农科院、中国农业大学、中国农机化科学研究院在青州举办“蔬菜秸秆工厂化处理技术研讨会及观摩会”，并在沃泰生物科技有限公司设立山东省农科院“农牧废弃物资源化处理利用技术与装备科技成果”示范基地和“十三五”国家重点研发计划“农业废弃物好氧发酵技术与智能控制设备研发”试验示范基地。

2017 年先后召开了全市经济作物机械化推进暨土地深松观摩会议、玉米种肥同播机械化现场会、高效植保无人机飞防作业现场会等多个现场会，展示新机具，现场作业，示范推广效果明显。

2017 年实施基层农机推广体系改革与建设补助项目，通过科技示范、技术服务等形式，加快推广能力的提升，培育精干高效的农机技术推广队伍。

【农机合作社】　2017 年，全市共有农机专业合作社 46 家。其中，省级农机示范合作社 3 家，潍坊市级农机示范合作社 6 家，青州市鲁中农机合作社被评为潍坊市十佳农机合作社。

2017 年，以项目实施为带动，大力扶持农机合作社承担农机作业项目，市东方红、鲁中农机合作社 2 家农机合作社通过招投标承担土地深翻和土地深松作业补助项目，并按照要求安装卫星监控系统，高质量地完成了作业目标，增加了合作社社员的收入，提高了机械装备质量水平，提升了农机合作社声誉。

在全市范围内开展农机合作社建设提升年活动。坚持规范与创新并举、数量与质量并重的原则，按照“抓两头、促中间”的方法要求，一头抓国家和省级示范社创建，一头抓合作社规范运营攻坚，中间在面上促进合作社上档次、上水平、上等级。南小王农机合作社、东方红农机合作社和鲁中农机合作社在大棚蔬菜有益菌土壤处理机械化、农机深松整地作业、大棚蔬菜秸秆还田机械化和无人机飞防作业等领域实现了创新发展，农机合作社逐步发展壮大。

农机合作社积极参与精准扶贫活动，南小王农机合作社、鲁中农机合作社每年从经营收入中各出资3000元，连续10年扶持当地列入建档立卡的精准扶贫户。

【农机购置补贴】 2017年，结合全市农机装备结构现状，根据“促敞开”的基本原则，围绕提升农业生产机械化水平、优化农机装备结构和普及机械化绿色环保技术，对耕整地机械、动力机械等实施敞开补贴、应补尽补。全市共落实农机补贴项目资金1409万元，补贴机具4263台，其中，耕整地机械3636台，动力机械536台，畜牧水产养殖机械65台。受益农户4020户，购机总额达到5102万元。

（王克敏　李全耕）

农村经济管理

青州市农村经济管理局

局长、党支部书记　张锡武

副局长　李法宏

　　　　刘大成

【概况】 2017年，青州市农村经济工作围绕市委、市政府为中心，扎实推进全市农经工作。经市编办重新核定，共有办公室（加挂党建科）、合同科、农财科、农民负担科和合作经济组织科5个科室。

【农村集体经济】 青州市农村经济管理局对农村集体资金、资产、资源（简称“三资”）管理，不断创新管理方法，实现对农村集体经济运行活动的监管。通过村集体财务“双代管”、农村“三资”委托代理、农村财务电算化、农村财务民主理财和财务公开、农村财务审计等多种方式，实行“收支两条线”、开支审批、收款收据领用核销、资产构建处置、资源承包租赁等制度，不定期对农村财务账务处理、财务公开、镇街代管村集体资金进行检查，认真查处农村财务信访案件，实现农村财务电算化和农经管理信息化，农村财务管理科学、民主、公开、规范，农村财务管理逐渐走上规范化管理轨道。

截至2017年12月，全市村数1054个，村民小组数4653个，农户数219874户，农业人口数784172人，劳动力数436682人，村集体农用地总面积120.18万亩，其中耕地面积88.82万亩。2017年，村集体总收入71774万元，其中：经营收入29657万元，发包及上交收入18825万元，投资收益20万元，补助收入14395万元，其他收入8877万元。总支出54536万元，其中：经营支出25413万元，管理费用9830万元，其他支出19293万元，本年收益17238万元，有经营收益的村达705个。2017年，村集体资产合计260590万元，负债合计54220万元，所有者权益合计206370万元。

2017年3月，根据潍坊市《关于实施村级审计建立村级工作督查制度的意见》精神，按照青州市委市政府的统一安排，由市委组织部牵头，联合市审计局、市财政局、市农经局、市民政局及各镇街等部门财务审计人员40人，分成4个村级审计工作组，于2017年3月至8月，对全市13个镇（街道、经济开发区）所属行政村的2015年1月至2016年12月期间财政、财务收支情况进行专项审计。审计内容包括：村级民主协商、监督情况，村级财务收支情况，债权债务情况，上级惠农政策资金落实情况，农村“三资”管理使用情况，村干部承诺事项兑现情况，建设项目招投标。审计金额16.4亿元，发现农村“三资”管理中存在的违反财经纪律和程序不完善等问题，并对涉及的村干部进行了组织和纪律处理。

2017年10月，根据村级审计监督发现的问题，市农经局组织部分农村经管人员，就加强农村“三资”管理，完善管理方法和制度进行座谈，分2期举办了有镇、街道经管站工作人员和部分村会计参加的全市农村经管人员培训班．出台了《青州市农村“三资”管理主要业务工作规范》，从村集体账簿和科目设置、村集体资金管理、村集体资产资源管理、账务处理程序和规范、民主理财和财务公开、妥善处理历史遗留问题、加强审计监督、稳定和加强农村经管队伍建设、强化对农村“三资”管理工作的保障措施等方面进行全面规范。规定村财务必须使用合格且有效的正规票据收款或付款，账务处理符合规范要求，禁止使用不合规票据或超标准支出，全市农村“三资”管理水平显著提高。

2017年12月，在云门山街道、弥河镇、经济开发区等3个镇(街区)各确定3个村，以及国家(省、潍坊市）农业示范园区涉及的13个村庄，共计22个村、社区作为农村集体产权制度改革试点单位。按照“六步工作法程序”。（制定方案、清产核资、成员身份确认、股权设置、资产量化、成立组织机构。）有序推进改革，试点工作取得了成功经验，为农村产权制度改革在全市全面开展奠定了基础。

【农村土地流转】 青州市委、市政府把加快土地流转作为率先实现农业现代化和深化农村土地经营体制改革的一项长期战略措施来抓，不断加强对农村土地流转的探索研究，规范农村土地流转行为，积极建立“政府引导、市场调节、农民自愿、依法有偿、规范运作”的土地流转新机制，不断提升土地规模经营水平，促进经济、社会生态效益全面提高，加快了全市现代农业的发展。

2017年，全市流转土地总面积417835亩，占家庭承包经营耕地总面积的47.95%，其中：转包313406亩，转让11674亩，互换26362亩，股份合作37742亩，其他形式流转28651亩。农村土地股份合作社是全市重点推广的土地流转模式，2017年年底，共注册成立农民土地股份合作社85家，成为带动农民致富的中坚力量。全市土地承包纠纷仲裁庭调解仲裁案件10起。其中调解5起，仲裁裁决5起。青州市农村土地承包经营权确权登记数据库通过省部级验收。应确权919个村，完成入库面积79.09万亩，实测面积76.7万亩，发放土地承包经营权证书17.04万本。

2017年青州市土地流转情况统计表

表2 单位：亩

单位	家庭承包耕地流转总面积					
	合计	出租（转包）	转让	互换	股份合作	其他形式
王府街道	32800	12950	3900	7550	3400	5000
益都街道	14153	9908	109	100	3723	313
云门山街道	7908	6169	364	0	140	1235
弥河镇	37909	37045	0	408	100	356
黄楼街道	27223	21260	536	3416	1414	597
谭坊镇	68189	40765	4650	3824	3857	15093
庙子镇	22611	5225	0	1500	12386	3500
邵庄镇	27890	23500	1326	23	1104	1937
东夏镇	27449	25006	0	0	2443	0
王坟镇	23418	18979	535	129	3775	0
何官镇	55804	47669	0	4547	3588	0
高柳镇	36283	31224	254	4465	340	0
开发区	36198	33706	0	400	1472	620
合计	417835	313406	11674	26362	37742	28651

12月11日，市农经局为农服务“乡村行”活动

【农民负担管理】 2017年青州市农村公益事业继续实行“一事一议”制度。筹资标准为每人每年不得超过20元，筹劳标准为每人每年不得超过10个标准工日，以资代劳工价标准为每工25元。严格执行筹资筹劳备案审批程序，由村委会提出意见，提交村民会议审议，经三分之二以上村民同意后，报乡镇经管站审核，经乡镇政府审批同意后，报市农经局审查备案。备案后，在各乡镇、街道经管站的监督下，由各村组织实施，并把筹资筹劳情况张榜公布，以招投标的形式实施。全市共发放“山东省农民负担监督卡”20万份。

全市政策性小麦玉米入保面积355864.33万亩，入保金额533.80万元，其中，农户负担106.76万元，上级财政负担427.04万元，青州市财政不再负担，。政策性小麦和玉米保险入保金额为15元/亩，其中上级财政负担12元，农户负担3元。小麦保险责任为雹灾、涝灾、火灾、风灾、冻灾（损失率10%以上）；旱灾（损失率40%以上）；重大流行性病虫害（损失率50%以上），出险后按损失率进行赔付，最高赔付每亩375元。玉米保险责任为雹灾、涝灾、风灾、损失率20%以上，旱灾损失率40%以上以及重大流行性病虫害损失率50%以上，出险后按损失率进行赔付，最高赔付每亩350元。

2017年青州市政策性小麦玉米入保情况统计表

表3　　单位：亩

乡（镇）	小麦入保面积	玉米入保面积	合计面积
益都街道	11512.34	16303.64	27815.98
王府街道	10277.2	11631.88	21909.08
云门山街道	—	—	—
黄楼街道	8712.69	7312.43	16025.12
经济开发区	12975.41	13252.15	26227.56
谭坊镇	3214.88	2123.94	5338.82
弥河镇	7169.71	5298.75	12468.46
王坟镇	14535.15	19142.6	33677.75
庙子镇	12870.12	14490.79	27360.91
邵庄镇	27781.84	36219.73	64001.57
高柳镇	28841.8	24745.87	53587.67
何官镇	22901.79	22596	45497.79
东夏镇	11043.41	10910.21	21953.62
总计	171836.34	184027.99	355864.33

【农民专业合作社】 2017年，全市各类农民专业合作社2446家，其中农民土地股份合作社86家，农民专业合作社联合社47家，入社社员8万余户。

大力培育发展优势产业合作社。围绕全市现代农业建设，积极引导培育一批优质蔬菜、优质果品、花卉苗木、优质畜产品、旅游观光农民合作社。各镇、街道、经济开发区结合各自产业特点，重点规范和提升了一批较大规模的合作社，加强合作社规范化建设。把合作社规范化建设放在突出位置，指导合作社建立健全规章制度，完善民主管理和盈余分配等内部运行机制。鼓励合作社开展“三品一标”认证，标准化建设。2017年年底，拥有潍坊市级示范社84家，省级示范社24家，国家级示范社7家。

扶持农民合作社兴办加工企业。扶持合作社开展加工服务，不断提高产品加工档次，进行农产品深精加工，增强加工流通、市场营销等关键环节能力，适应国内大中城市和国外消费市场需求。引导和扶持合作社采取合作社自我资金积累、社员出资入股、争取政府扶持、适当负债等多种形式独立兴办加工企业。

引导合作社开展联合与重组。引导、鼓励农民专业合作社以产品和产业为纽带开展联合与合作，发展合作社联合社。2017年年底，已注册成立47家合作社联合社。支持区域性同类或相关联合作社实施兼并与重组，鼓励家庭农场加入合作社和联合社，实现资源合理配置，共同出资、共创品牌、共享利益。青州市是潍坊市综合配套改革试点市，探索农民以土地承包经营权入股，开展股份合作，组建土地股份合作社，2017年注册成立土地股份合作社86家。

扶贫开发

青州市扶贫办

市委办公室副主任、
市扶贫开发领导小组办公室主任 黄晓明
市扶贫开发领导小组办公室副主任 张 晔
蒋德新
市扶贫开发领导小组办公室二级主任科员 崔著奇

【概况】 2017年，开展“2017脱贫攻坚巩固提升行动”，以巩固提升为工作主线，以提升台账为抓手，着力在产业扶贫、社会帮扶、政策保障等方面下功夫，巩固提升脱贫攻坚成果，探索建立健全扶贫脱贫长效机制，确保贫困人口脱贫不返贫、逐步能致富，加快全市全面小康社会建设步伐。

【精准扶贫】 青州市认真贯彻落实上级关于精准扶贫精准脱贫一系列工作部署，通过“一线法”扶贫，“台帐化”管理，“清单式”脱贫，打出精准扶贫精准脱贫“组合拳”，在潍坊市率先实现建档立卡贫困人口和省扶贫工作重点村全部按规定标准和程序脱贫摘帽。

精准帮扶全覆盖。全市14249户32004人建档立卡群众建立“2017脱贫攻坚巩固提升行动”工作台帐，全市165个单位5869名党员干部成立5433个帮扶（关爱）小组，对建档立卡贫困群众实现帮扶全覆盖，发放帮扶（关爱）联系卡，深化细化就业、产业、社会、政策帮扶，全面巩固提升脱贫攻坚成果。

落实“三个保障”。民政、人社、社保、卫计、住建、残联、老龄办等部门用足用活政策，建立贫困救助政策体系和动态调整长效机制，推动“两线合一”政策和“三个保障”暂行办法落实到位。为4972名建档立卡贫困群众缴纳医疗商业补充保险，实现我市医疗救助和医疗商业补充保险“一站式”服务，并为符合条件的贫困户办理报销和补报手续，全年8236人次贫困人口享受基本医疗保障政策，各级投入资金（含报销和免除的各类费用）累计428.96万元。核实2017年“雨露计划”项目，资助建档立卡家庭学生88人接受职业教育，发放补助金26.4万元。市镇村三级投入资金181.82万元，为136户贫困户实施危房改造。

【产业扶贫】 以“党支部+合作社+项目+农户”模式，开展定点扶贫工作，发展特色优势产业，改善民生。探索实行以土地承包经营权、财政专项扶

10月17日，“扶贫日”青州市扶贫办到庙子镇西坡村走访慰问扶贫对象

贫资金作为贫困人口、贫困村股份入股新型经营主体，参与生产经营和收益分红产业扶贫模式，按照中央“发展农业适度规模经营同脱贫攻坚结合起来”集中打造扶贫大项目，全面增强产业扶贫“造血”功能。合理分配村集体与贫困户效益比例，既让村集体经济有“钱袋子”，又让村民致富奔小康有“好路子”。2017年投入扶贫资金1008.55万元，实施15个潍坊市派驻第一书记帮包村项目和花卉产业扶贫、中医药生态养生谷2个产业集群扶贫项目，投入419.05万元打造了4个旅游特色产业项目，共有806户1669人建档立卡群众受益。

【扶贫项目】 落实专项资金1930.5万元，整合涉农资金465万元，形成专项、行业、社会“三位一体”大扶贫格局。以《青州市财政专项扶贫资金项目管理监督办法》《青州市小额扶贫信贷工作实施方案》和《青州市风险补偿金管理办法》为政策保障，继续推进全市金融扶贫工作。2017年共发放“富民农户贷”71笔，334.75万元。

（马永婷　潘建杰）

农业综合开发

青州市农业开发办公室

主任、党支部书记　　田　军

副主任　　郭修田

　　　　　崔云国

【概况】 青州市农业开发办公室全年组织实施国家农业综合开发土地治理项目2个、产业化经营项目4个、潍坊市山区开发财政支持项目3个。

【土地治理】 2017年完成土地治理项目2个，分别是王坟镇0.9万亩生态综合治理和弥河镇0.1万亩高标准农田建设。共投资1303万元。建成水库塘坝2座，排灌站2座，新打、维修机井7眼，埋设地下输水管道25.7千米，新安装变压器3台，新修、维修生产路23.2千米，新建生产桥涵1座，林网植树1万株。

【山区综合开发】 2017年完成山区开发财政支持项目3个：庙子镇窦家崖小流域综合治理，庙子镇船舱溜小流域综合治理，庙子镇老林岭小流域综合治理，投资244.5万元。新建蓄水池5个，新建、复修环山路2.4千米，新建、复修水平阶0.9千米，发展林果示范基地150亩。

【产业化经营】 2017年完成产业化经营项目4个，投资499万元。分别是：1000头有机黑猪标准化生产基地改建，100吨有机蔬菜种植基地新建，80吨优质蔬菜种植基地新建，1万吨绿色蔬菜出口收购生产原料流动资金贷款贴息。扶持建成有机生猪养殖、有机蔬菜种植、出口等基地4处。

工 业

工业情况总述

青州市经济和信息化局

党委书记、局长　郭恒凯
党委委员、副局长　董守林
党委副书记　孙克禄
党委委员、副局长　闫成武
党委委员、主任科员　张传圣
党委委员、主任科员、副局长　马云泽

【概况】 2017年，青州市工业主动适应经济发展新常态，继续以提高经济发展质量和效益为中心，以转型升级、调整结构、突出创新为主攻方向，以实现新型工业化为目标，加快企业转型升级步伐，努力构建现代工业体系，着力抓好结构调整、项目建设、自主创新、“两化”融合、企业帮扶、节能降耗、新能源产业和优势产业等重点工作，全市工业经济保持了平稳健康发展的态势。到2017年年底，规模以上工业企业发展到485家，完成工业总产值1607.6亿元，实现主营业务收入1597.6亿元，实现利税121.4亿元，实现利润80.5亿元。

【产业结构】 2017年，产业结构调整取得明显成效，产业体系进一步完善。机械装备制造、石油化工、食品饮料、烟草包装等传统产业支柱地位进一步稳固，电子信息、生物医药、新材料、新能源、节能环保等战略新兴产业迅速发展。安徽江淮汽车集团有限公司山东分公司（简称江淮汽车）在境内落户后，汽车产业逐步完善，在全市工业中的比重逐步增加，江淮汽车、山东东虹工贸有限公司（简称东虹工贸）、山东汇强重工科技有限公司（简称汇强重工）等一批汽车整机企业和山东云内动力有限责任公司（简称云内动力）、山东多路驰橡胶股份有限公司（简称多路驰）、山东华瑞丰机械有限公司（简称华瑞丰）、山东艾比特重工装备股份有限公司（简称艾比特重工）等专业配套企业，联合组成的汽车产业成为全市重要产业。

【工业“转调创”】 2017年，突出转调重点，积极去产能、去库存。充分尊重市场规律，坚持依法办事，化解过剩产能，淘汰落后产能，积极稳妥处置丧失自我修复和自我发展能力的企业，保持工业稳定增长，推动产业腾笼换鸟、优化升级。对重点企业按照新旧动能转换要求进行分类筛选，确定了新旧动能转换优秀企业、提升类企业和出清类企业共三大类企业名单，有针对性的制定“一类一策”，强化服务，推进企业提质增效。卡特彼勒（青州）有限公司（简称卡特山工）、江淮汽车、山起重型机械股份公司（简称山起重型）列入潍坊市动力装备产业集群转型升级示范工作方案。加快企业智能化改造步伐，推动传统企业焕发生机。围绕“四新”“四化”的发展要求，落实省、潍坊市装备首台套电子商务等支持“四新”经济新产品新服务推广应用的政策，扩大政策覆盖面，重点支持机器人等智能制造装备、高端能源装备、高端及重大成套装备、关键零部件及基础件等，推动相关领域发展。抓好化工产业安全生产转型升级。严格按照省、潍坊化工产业安全生产转型升级安排，结合化工产业安全生产实际情况，扎实抓好各项工作。根据潍坊市化工产业安全生产转型升级专项行动领导小组办公室（化安转办）《关于做好化工园区认定相关工作的通知》（潍化安转办字〔2017〕48号）文件精神，积极与省和潍坊市化安转办加强沟通协调联系，全力协助市经济开发区和高柳镇政府做好申报认定工作。对组织摸排的604户化工企业，聘请专家，组织人员，分别进行分类梳理，对疑似停产或转产的化工企业，经专家认定后，从化工企业名单中剔除。对手续不全的企业，坚决全部依法取缔。对剩余企业进行归类处理，分别纳入发展壮大和改造提升一批，按照属地管理原则和部门职能，由企业所在地政府加强监管，督促引导企业完善各种手续和制度，规范经营，各职能部门加强业务指导和行业监管。加快生物产业扩张发展。抓住与北京化工大学规划建设生物基材料产业园战略机遇，科学编制生物产业发展规划，吉青化工生物基新材料等重点项目进展顺利。

抓技术创新，提高企业发展软实力。管理创新，推进企业管理手段创新，大力实施精细化管理，实现企业全面管理规范化、科学化、现代化，不断降低企业管理成本、提升企业管理绩效，增强企业核心竞争力。组织符合条件的企业积极参与“潍坊市企业管理奖”的评选。技术创新，引导企业加强与高等院校、科研院所的产学研合作。支持企业通过委托开发和联合开发、共建研发机构，加快创新成果转化和新技术的引进、消化、吸收、创新，为特色产业发展提供技术支撑。积极申报和争取国家、省技术创新项目计划，鼓励企业建设省级以上重点实验室、企业技术中心、工程技术中心、院士工作站、博士后工作站等研发平台，争创国家、省、潍坊市级技术中心或工程技术研发中心。

2017年，吉青化工、山东英科医疗有限公司、云内动力等6家企业被认定为省级企业技术中心，青州市力王电力科技有限公司、山东博瑞新材料科技有限公司、山东四海水处理设备有限公司等9家企业被认定为潍坊市级企业技术中心，认定数量创历史最高水平，居潍坊市各县市区首位。

【“两化”融合】 2017年，青州市高度重视企业两化融合工作，建立了完善的领导体制和工作机制。形成完善的两化融合工作体系，保证了全市两化融合工作顺利开展。在培育企业示范引领、应用新一代信息技术、推动企业产品信息化等方面下功夫，有力地推动了全市企业产业结构调整升级，全面提升工业企业发展质量和效益。围绕生产智能化、产品智慧化、市场网络化推进智能工厂建设，组织企业申报两化融合项目，发挥示范企业带动作用，实现以点带面、典型示范、稳步推进。扎实有效地利用信息技术改造提升传统产业、增强产业核心竞争力、推进工业结构优化升级、提高全市企业两化融合水平。

2017年，深入推进两化融合，发挥贯标企业的引领示范作用，加强两化融合重点企业培育，做好两化融合评估工作和培训工作。依托新松机器人青州工程中心，推动10家机械加工、汽车制造类企业实施智能化改造。齐鲁包装购买新松机器人设备，汇强重工与新松机器人签订协议，西北机械、云洲车轮、潍柴传控认可新松机器人提供的设计方案，欧泰隆重工、通慧饲料和江淮汽车三家企业使用进口机器人设备，建富齿轮完成智能化生产线改造。潍坊九天强磁有限公司、山东华晶玻璃有限公司使用智能装备。两化深度融合工程。着力抓好企业层面的两化融合工作，实现以点带面、典型示范、稳步推进。发挥山起重型成功认定为国家两化融合贯标试点以及英科医疗作为省级两化融合贯标试点的示范引领作用，扎实有效地利用信息技术改造提升传统产业，增强产业核心竞争力，推进工业结构优化升级，提高企业信息化指数，促进企业效益进一步提升。2017年组织云内动力申报并获批为山东省两化融合贯标试点企业。全市有两家省级两化融合贯标试点企业，一家国家级两化融合贯标认定企业。做好潍坊市两化融合重点企业培育工作和山东省企业两化融合评估和培训工作。2017 年年底，全市 18 家企业入选 2017 年度第一批潍坊市两化融合重点培育企业名单，23 家企业完成山东省两化融合评估问卷。组织企业家 150 余人次参加潍坊市、青州市举办的两化融合培训活动和论坛交流活动。组织多路驰申报省级两化融合先进个人并成功入选。

【工业技改】 2017 年，青州市坚定不移抓工业大项目建设，强化大项目带动工业发展。鼓励企业加大技改项目建设，尤其是“机器换人”“腾笼换鸟”“空间换地”“电商换市”四类项目，利用好国家、省、潍坊市相关优惠政策及资金，鼓励企业购置先进装备替代低端劳动力，实现减员增效，大力发展高附加值、低能耗、低污染产业，实现节约集约土地利用。加快千人计划产业园、生物材料产业园建设。

在招商引资工作中，创新招商方式，拓宽招商领域，提高招商质量，突出招商引资向引资、引智、引所并重转变，重点引进战略性新兴产业和传统优势产业延伸产业链项目。坚持实施“产业链招商”策略，实现园区产业差异化发展。卡特彼勒工业区着力引进建设工程机械龙头项目和配套企业，拉长产业链，发展壮大以卡特比勒工程机械为龙头的工程机械及配套产业集群。猫山经济发展区着力完善以江淮汽车为龙头的汽车及零部件产业集群，进一步拉长产业链条，提高“地配率”。经济开发区围绕建设高新技术产业区，搞好优化整合，改造提升传统产业，重点做大做强石油化工、机械制造和新材料、海洋装备制造等产业，并积极引进软件、集成电路、半导体照明、新能源、新材料、节能环保等新兴产业项目。进一步实施“腾笼换鸟”。对园区内现有企业进行全面清理和有序整合，符合转产条件的促其转产，达不到高新技术和高端产业标准要求的予以迁出，引进战略性新兴产业项目、传统优势产业延伸产业链项目等高附加值、低能耗、低污染产业，实现节约集约土地利用。

2017 年，全市共实施工业投资项目 491 项，完成工业投资 281.5 亿元，其中实施技术改造项目 373 项，完成技术改造投资 199.2 亿元。78 个重点工业项目累计完成投资 105.8 亿元，28 个项目已投产或者部分投产，其中弘润石化催化重整项目于 2017 年 3 月底全部竣工投产，成品油质量升级及配套工程项目、汽油加氢装置项目、柴油加氢、制氢、硫磺等装置项目于 2017 年年底竣工投产。原油年加工能力由 530 万吨提高到 800 万吨。龙马重工风电设备项目 8.4 万平方米车间及 2 万平方米精密件车间建成，并完成 1000 余万元的设备安装，套定转子扩产项目 2.58 万平方米下料车间已经建成投入使用。吉青化工生物新材料项目通过专家验收，四个车间建设全部完成，1 号车间设备安装完成并试生产。

2017 年，27 个重点招商引资项目，11 家企业签订协议并正式落地，其中投资 5 亿元的江淮新能源汽车项目，简易生产线开始生产。投资 5 亿元的耐威无人机项目科研团队进驻青州，进入生产研发阶段。投资 5 亿元的德骏高效节能电机项目四个车间及科研楼基本竣工。投资 3.36 亿元的昶润电缆项目、投资 3 亿元的山东超同步智能装备项目一期投产。

【节能降耗】 2017 年，突出标本兼治，努力推动绿色低碳循环发展。坚持资源节约和高效循环利用并重，强化节能目标责任，严格控制能源消费总量。加快新能源和清洁能源的应用，在纺织、食品加工、化工等工业领域建设太阳能集热系统应用工程示范项目，引导企业建设屋顶太阳能光伏发电工程。加快发展节能环保产业和循环经济，打造新的绿色经济增长点。把握推动“绿色、低碳、循环发展集中居住区推广应用天然气、太阳能、空气能、生物质能等分布式能源供暖。发展节能环保产业，抓好以经济开发区为主要载体的节能环保产业基地建设，促进节能环保产业成为全市新兴支柱产业。以创建国家循环经济示范城市为契机，加快重点支撑项目建设，大力发展循环经济。依法加强节能监察，严格落实差别电价、惩罚性电价政策和高耗能行业阶梯电价政策。组织实施能效“领跑者”制度，形成推动终端用能产品和用能单位能效水平不断提升的长效机制。

2017年，印发《关于做好2017年煤炭消费总量控制工作的通知》，圆满完成潍坊市下达的煤炭消费总量压减任务。组织实施“工业绿动力”工作，组织开展高耗能产品能耗限额执行情况节能专项监察、固定资产投资项目建设情况节能专项监察等。制定《青州市燃煤企业错峰生产安排方案》，督促全市燃煤企业进行错峰生产，压减燃煤负荷，组织对各镇、街道、经济开发区及21家重点耗煤企业错峰生产情况进行督查，通过错峰生产，企业共减少燃煤7.37万吨。对超出煤炭消费进度目标的乡镇和重点企业下达节能预警指令，要求有关单位采取切实有效措施压减煤炭消费量。印发《青州市工业企业冬季错峰生产实施方案》，要求全市38家企业自11月15日起进行冬季错峰生产，其中中联水泥等6家重点耗能企业全部停产。根据潍坊市煤炭减量替代工作协调小组《关于实施潍坊市煤炭减量替代工作紧急预案的通知》，对全市错峰生产以外的12家耗煤大户采取停限产措施，要求除错峰生产以外的规模以上耗煤企业全部停限产。执行固定资产投资项目节能审查制度，严控新上“两高一资”项目和新上燃煤设施，从源头上严把项目准入关。

发展循环经济，控制能源消费总量。山东禄禧新能源科技有限公司循环经济示范教育基地顺利建成，并通过了潍坊市组织的专家验收。组织青州社会福利中心申报山东省太阳能集热系统补贴项目，对青州市东坝养老院等2018年拟建太阳能集热系统项目进行储备。与财政局联合制定印发了《加快煤炭清洁高效利用推进“工业绿动力”工作实施方案》。对全市燃煤锅炉改造情况进行了摸底调查，对改造为天然气锅炉、电锅炉，且有环评、质检手续的燃煤锅炉进行了统计汇总，做到一炉一册，并报潍坊市经信委财政局，争取工业绿动力奖补政策。2017年全市实施工业绿动力计划项目核定奖补吨位527蒸吨，共需奖补资金2635万元。

【企业帮扶】 2017年对中化弘润石油化工有限公司、山东中烟工业有限责任公司青州卷烟厂等28家重点企业实行市级领导包靠。加强与企业家的交流沟通，帮助企业经营管理者解放思想，开阔眼界，强化发展观念，提升标准境界，增强加快发展的责任感和紧迫感。开展政策形势宣传，帮助企业准确把握宏观经济形势以及转型升级、新兴产业发展、节能减排等方面的政策，校准发展方向，提振发展信心。及时协调解决企业发展和项目推进中遇到的问题，切实帮助企业解决在政策支持、融资保障、招工引才、转型升级、市场拓展等方面遇到的实际困难，提高服务质量，为企业发展营造良好环境。组织开展产业发展情况专题调研活动，成立15个调研小组，针对石油精细化工、机械装备、汽车及零部件、环保疏浚等全市17个支柱产业以及特色产业展开调研，形成了详实的调研报告，为制定产业扶持政策打好基础。全面贯彻《进一步加强涉企收费管理减轻企业负担的工作方案》，落实《关于加强全市经济发展软环境建设的意见》，把企业减负与经济运行、结构调整和转型升级等相结合，推动涉企行政事项的公开透明，进一步减轻企业负担。实施重点项目和企业包靠制度，完善企业问题直报和会商解决机制，帮助企业协调解决企业在项目建设和生产运行中的困难，激发企业运营活力。强化政策落实。积极为企业争取上级政策资金扶持，利用《青州市降低企业成本促进实体经济健康发展专项行动实施方案》，充分发挥财政资金引导和扶持作用，增强企业加快膨胀的原动力，加快推进现有企业扩张。破解企业人才、用工和资金难题。扎实推进人才强市战略，落实好全市出台的《鼓励国家“千人计划”专家等高层次人才来青创业暂行办法》，积极组织“泰山产业领军人才”“鸢都产业领军人才”“云门学者”“首席技师”等各类人才项目的推荐、选拔和考核工作，充分发挥高层次人才带动和引领作用，推动企业转型升级。及时了解企业用工需求，与潍坊工程职业学院、历山学院等高等院校达成定向培训意向，切实缓解企业用工难题。充分发挥过桥资金和金控担保公司两个平台作用，助力企业做大做强。培育企业家精神，支持企业家创业，打造一支战略型、创新型、开拓型的企业家队伍。组织企业家参加各类高层次培训。采用集体组织和自主学习相结合、“请进来”与“走出去”相结合等方式，通过培训提升企业家的发展理念和经营管理能力。2017年共组织参加各类培训16个班次，共计210人。

【石油化工产业】 至2017年年底，全市石油化工行业共有规模以上企业114家，完成工业总产值733.5亿元，实现主营业务收入727.1亿元，利润28.1亿元，利税43.9亿元，分别占全市规模以上企业的45.6%、45.5%、34.9%和36.2%。全行业从业人员8084人，固定资产总值194.7亿元，占地面积9784.85亩，具有技术中心研发平台的企业10家，其中省级2家。拥有专利247项，其中发明专利75项，盛世泰来等8家企业专利超过10项。近三年承担省、市级创新项目14项。主要企业及产品能力：石油化工企业16家，其中中化弘润为原油综合加工企业，年加工能力750万吨，汽、柴油年产量300万吨。润滑油生产企业9家，年产能10万吨。沥青生产企业6家，年产能55万吨。燃烧油生产企业1家，能力3万吨。炭黑生产企业5家，黑白炭黑生产能力17.8万吨。其中博奥炭生产规模最大，年产能10万吨。肥料生产企业83家，复混肥、复合肥、叶面肥、水溶肥、有机肥生产能力365万吨，其中产能10万吨以上的17家。规模较大的伟业生态肥业复合肥产能40万吨。庆大化工复合肥产能30万吨。巴夫特复合肥产能15万吨，德联化工硫酸钾复合肥产能15万吨。农药生产企业7家，各种农药产能12043吨。橡胶类生产企业12家，其中橡胶（粉）生产企业5家，产能23.5万吨。胶管生产企业2家，产能20万米。轮胎生产企业5家，产能1857万条，盛世泰来和多路驰两家企业规模较大。涂料、油漆类生产企业13家，产能5万吨。其中诺贝特化工产能1.7万吨，利达防水材料产能2万吨。酸碱类生产企业14家，产能30万吨，其中，磷酸生产企业5家，产能8万吨；硫酸生产企业3家，产量20.9万吨；泡花碱生产企业5家，产能21万吨。振华工业、振兴化工厂、科缔化工、金山化工、联科白炭黑等企业规模较大。粘剂、助剂类生产企业18家，产能3.9万吨。其中粘合剂企业3家，产能1.52万吨；助剂企业2家；增塑剂企业2家；阻燃剂企业2家。碳化硅生产企业3家，产能2.1万吨，其中北联化工产能2万吨。其他化工企业多为生产烃、烷、烯、苯、醛、硼的企业。

【机械装备制造产业】 机械装备产业是青州市的传统优势产业，经过多年的发展，产业结构调整和发展方式转变取得了明显成效，规模总量跃居全市主导产业第二位，形成了以工程机械为主，起重机械、灌装机械、环保疏浚机械、石油钻井机械同步发展，门类比较齐全的产业体系，培育了卡特山工、江淮汽车、青能动力、欧泰隆重工、晨宇电气、亚泰机械等一批辐射广、带动能力强的龙头企业。主导产品有装载机、商用汽车、桥门式通用起重机、石油钻井泵、海水淡化设备、镀膜机、环保疏浚机械、灌装机械等13类100余个品种，尤其是青州的装载机配套产业链条十分完善，从发动机、变速箱、车桥、驾驶室等重要部件，到电传动设备、液压件、铲斗、轮胎、润滑油其他配套设备和消耗品，有相应的配套生产企业60余家，其中规模以上配套企业有25家，地配率达到90%以上，可降低生产成本。机械装备产业拥有国家驰名商标4个，山东省著名商标14个，省级名牌8个。拥有省级企业技术中心1家，潍坊市级技术中心12家，潍坊市级工程技术研究中心18家，潍坊市级工程研究中心7家，在全潍坊乃至全省都形成了较强竞争实力。

【生物医药产业】 截至2017年年底，青州市生物医药产业企业86户，其中生物制造企业8户，生物医药企业5户，生物兽药企业4户，生物饲料企业13户，生物肥料企业47户，生物农药企业6户，生物育种企业1户，生物质能企业2户。生物产业企业固定资产总值达到34.6亿元，从业人员7661人，实现销售收入135.6亿元，利润5亿元，利税6.4亿元。生物医药产业主要分布在生物制造、生物医药、生物农业、生物质能四大产业：生物制造产业培育发展了以吉青化工、英科医疗制品、荣美尔生物等为龙头的生物制造相关企业8家，主要产品为生物基材料及生物中间体、生物肥料系列产品等。生物医药产业培育发展了尧王制药、云门药业等5家重点企业，主要研发生产化学制剂、药剂、大输液等。生物农业产业培育发展了六和饲料、诺达药业、金必来生物科技、丰本生物、华盛农业等涉及生物饲料、生物兽药、生物肥料、生物育种和生物农药的各类企业71家，主要产品为家禽家畜饲料、中兽药、生物有机肥、微生物菌肥、蔬菜种子和各类农药。生物质能产业培育和发展了青能动力、禄禧新能源等骨干企业，主要产品为生物质发电汽轮机等生物质能装备。骨干企业：吉青化工专业从事生物基材料研发与生产的国家级高新技术企业，建有院士工作站等10个专业级实验室和创新平台，已授权发明专利7项，承担省级以上科技计划5项，企业自主研发的生物基增塑剂产品性能指标居世界领先水平，生物基增塑剂项目列入国家863计划。尧王制药有大容量注射剂、片剂、口服液等15个生产剂型，生产规模列全国第二，是山东省最大的输液生产基地。诺达药业以中兽药制剂为核心产品，能替代部分抗生素，缓解畜牧生产中抗生素残留，是全国同行业唯一用传统中药方法研制兽药的企业。丰本生物科技股份有限公司主要产品为高效炭基复合微生物菌剂，微生物复合肥料研发和生产技术处于国内领先地位。金必来生物科技“微生物分解垃圾秸秆转换为有机肥料的应用技术”为农业部重点推广技术，全部投产后可实现青州市60%以上农作物秸秆的生物转换综合利用。青州市生物医药产业拥有科研机构（实验室）17家，其中省级技术中心（实验室）10家，拥有各类专利247项，其中发明专利93项，参与制定国家标准16个、行业标准4个。多数企业建有企业技术中心，与国内外知名院校、科研机构建有密切的产学研合作关系，初步建成集“产、学、研、销、服”为一体的创新体系。

【食品饮料产业】 食品饮料产业是青州市的传统产业， 2017年12月，全市共有规模以上企业74家，占全市规模以上企业的15.3%，其中有肉食加工企业27家，蔬菜加工企业3家，面粉加工企业3家，酒业饮料加工企业9家，果品加工企业30家，其他食品加工企业2家。实现主营业务收入130亿元，占全市规模以上企业8.13%，实现利润7.6亿元，占全市规模以上企业9.4%，利税10.5亿元，占全市规模以上企业8.6%。主要骨干企业：青州云门酒业（集团）有限公司是一家生产浓香、酱香、兼香为一体的粮食酒专业生产企业，2017年，实缴税金2740.08万元，是青州市食品行业骨干企业，“云门”牌商标获得中国驰名商标。潍坊六和饲料有限公司青州开发区分公司是全市最大的饲料加工企业，2017年销售收入达到24亿元。潍坊六合德惠禽业发展有限公司，主要从事肉食加工鸭产品。山东安吉丸食品有限公司是日本独资企业，主要从事以蔬菜为主的食品加工、销售，是潍坊市农业龙头企业，2017年实缴税金266.25万元。南顺（山东）食品有限公司是中国最大的外资面粉加工企业，选址

2月28日，山起重型机械股份有限公司生产的大吨位轻量化起重机

优质小麦产地青州经济开发区成立，2017 年，实缴税金 790 万元，纳税列青州市民营企业 20 强，食品行业第一名。山东金保罗食品饮料有限公司从事食品、饮料的研发和生产。产品有“新派”八宝粥系列、“新派”花生牛奶系列以及“核桃王”植物蛋白饮料系列三大类。是山东省内最大的凉茶饮料产业和植物蛋白饮料、八宝粥食品综合产业基地，是山东省农业产业化重点龙头企业、山东省高新技术企业。

【电子信息产业】 2017 年，全市电子信息产业共有企业 27 家，占地总面积为 81.3 万平方米，固定资产总额达 9.47 亿元。主要产品有电子元器件、传感器、蓄电池、变压器、漆包铜圆线、仪表和水处理设备。其中变压器、电子元器件生产厂家 11 家，占全市电子信息企业总量的 40.7%，年生产电子变压器 8000 万只，蓄电池生产厂家 3 家，占电子信息企业总量的 11%，水处理设备、系统 3 家，占总量的 11%，拌合站 1 家，电磁铁 1 家，发光二极管 1 家，远传水表 1 家，太阳能空调 1 家。

2017 年全市规模以上电子信息产业实现主营业务收入 30 亿元，比上年增长 2.01%。利润总额 1.97 亿元。利税总额 3.1 亿元，比上年增长 14.96%。至 2017 年，全市电子信息企业共有职工总数 2526 人，其中科技人员 372 人，占全市电子信息行业从业人数的 14.7%，中高级职称人员 108 人，占从业总人数的 4.2%。主要企业：威特变压器、潍微科技、春旭电器、力王电力、捷远电气、鸿润电器、魏仕照明、晨宇电气、禄禧新能源等。

【节能环保产业】 2017 年，全市现有规模以上节能环保企业 53 家，占全市规模以上企业 10.93%，实现主营业务收入 181.6 亿元，占全市规模以上企业 11.4%，实现利润 9.8 亿元，占全市规模以上企业 12.2%，利税 14.3 亿元，占全市规模以上企业 11.7%。其中，节能产业实现主营业务收入 165.2 亿元，利润 8.91 亿元，利税 13.0 亿元；环保产业实现主营业务收入 14.4 亿元，利润 0.8 亿元，利税 1.08 亿元；资源循环利用产业实现主营业务收入 2.0 亿元，利润 746 万元，利税 1467 万元。主要企业和产品：以青能动力、晨宇电气、威特变压器厂等为代表的生产制冷空调设备、泵及真空设备制造、节能型风机、高效节能变压器等高效节能设备制造板块。以禄禧新能源、龙马重工等为代表的生产冷热电联供机组、风电设备等新能源板块。以东方环保机械、圣洁环保、四海水处理等为代表的环保清淤机械、水污染治理、污泥综合治理等污水处理板块。以广信橡胶、奥福润橡胶等企业为代表的轮胎、塑料制品等产品的再制造板块。以沃泰生物、盛泉生物、润平中药生物肥等企业为主的农业生产废弃物的资源化利用板块。以亿特建材、博瑞新材料等企业为依托的大宗工业固体废物的综合利用板块。

【造纸和镀铝包装产业】 经过多年发展，青州市造纸包装行业企业不断做大做强，尤其是真空镀铝已成为全国规模最大、企业最多、产量最高、行业链条最全、最具影响力的行业聚集区和物流集散地，整个行业链涵盖从原纸、原膜、铝丝、印刷、包装、

5 月 11 日，青州市东方环保机械制造有限公司生产清淤疏浚船

物流、镀膜机等各个环节，形成从镀膜机械、真空镀铝膜到印刷、造纸包装的专业化协作和配置，具备了一定的规模，并联合成立镀铝行业协会。形成了镀铝基材（原纸、膜）、镀铝及深加工、物流、真空镀膜设备制造、镀铝耗材、电极等完整行业链条，是江北最大、全国最具活力和影响力的真空镀铝行业基地。2017年，全市造纸和镀铝包装行业规模以上工业企业有20家，占全市规模以上工业企业总数的4.1%。2017年完成工业总产值39.6亿元，同比下降1.04%，占全市的2.5%。实现主营业务收入40.6亿元，同比增长1.74%，占全市的2.5%。利润3亿元，同比下降0.33%，占全市的3.8%。利税4.1亿元，同比增长3.87%，占全市的3.4%。骨干企业和产品：弘润包装、富翔塑业、东鑫纸业等企业，生产特种纸、包装纸、复合包装材料、铝箔衬纸、镀铝膜、水松纸等包装制品。金青云新材料、昂立包装、大森等企业，生产酒标纸、标签纸、烟标纸、直镀镭射纸、高真空蒸镀介质防伪薄膜转移材料、新型烟包内衬包装纸、烟包转移卡纸等。

【汽车及零部件产业】 青州市汽车工业形成了以商用车、改装车（专用车）以及发动机、车桥等零部件为主体的汽车产业体系。培育了江淮汽车山东分公司、东虹工贸、汇强重工等一批辐射广、带动能力强的汽车整机企业，以及云内动力、艾比特重工、华瑞丰、多路驰等专业零部件配套企业。主导产品有各类轻型载货汽车、垃圾处理车、除雪车、摩托车以及发动机、车桥、车架、制动器、轮胎等，拥有“江淮”“云内”2个国家驰名商标，且在国内具有较高的知名度和占有率。2017年，全市规模以上汽车及零部件企业18家，占全市规模以上企业的3.7%，拥有固定资产50余亿元，行业从业人员5265人，其中科技人员480余人，中高级职称110余人。实现销售收入46.3亿元，利税3.3亿元，实现利润2.1亿元，分别占规模以上企业的2.9%、2.7%和2.6%。拥有省级企业技术中心7家，潍坊市级技术中心1家，潍坊市级工程技术研究中心1家，潍坊市级工程研究中心2家，拥有专利190余项，其中发明专利16项。初步形成了以江淮汽车、东虹工贸为龙头，以轻型载货汽车、特种车辆为主要产品的整车制造产业集群。以讴神机械、华瑞丰机械、多路驰橡胶等企业为龙头，以驱动桥、车架、发动机、变速箱、车轮等关键零部件为主要产品的汽车零部件制造产业集群。猩山经济发展区逐渐发展成为潍坊西部汽车及零配件产业基地。

【纺织服装产业】 青州市纺织服装行业以生产出口羽绒服、成衣、蚕丝制品、针织内衣、化纤工业用布、抽纱、家纺等产品为主。至2017年年底，全市规模以上纺织服装企业23家，占全市规模以上企业4.7%。实现工业总产值26.9亿元，实现主营业务收入27.2亿元，利润1.6亿元，利税3.0亿元，分别占全市规模以上企业1.7%、1.7%、2%、2.5%。规模以上纺织服装行业从业人员1600人左右。按主要产品可分为服装类、抽纱类、纺织类、工业布类及其他类等五类。其中：服装类企业5家，占比25%；抽纱绣品类企业3家，占比15%；纺织类企业8家，占比40%；工业布类企业2家，占比10%；其他类企业2家，占比10%。纺织服装企业中以服装、纺织类企业居多，主要企业：以南阳制衣、鲁绣抽纱、丽绣家纺等企业为代表的外向型出口加工企业。以坦博尔服饰、银龙纺织、合力新材料等为主的内贸企业，坦博尔服饰先后荣获山东省著名商标、中国驰名商标，被评为国家品牌培育示范企业。

【新能源产业】 青州市抓住国家实施新能源战略的重大机遇，立足资源优势，不断调整和完善新能源产业的发展思路，大力培育和发展新能源产业，为全市经济社会发展做出了重大贡献。全市新能源产业主要集中在太阳能、风能、生物质能等方面。

风能利用。以龙马重工、晨宇电气、禄禧新能源等企业为龙头，大力发展风电产业，积极整合现有产业资源，加快风力发电机组系列产品及关键配套零部件研发制造，企业相互抱团发展，提升产业竞争力。依托青州市机械加工、电气控制、铸造等行业优势，引导鼓励企业发展铸件、风机轮毂、电机、齿轮箱、风电轴承、电控系统等风电产业零部件，打造风电产业链。

*太阳能利用。*积极推进禄禧新能源、布特新能源太阳能组件、光伏发电成套装备等产品和晨宇电气光伏/风力发电 SVG 配套专用变压器研发制造，发展风能光能互补发电产业。大力发展太阳能空调、推进太阳能在工业领域应用，实施太阳能采暖和制冷示范工程，加快太阳能规模化应用。至 2017 年年底，青州市有 8 个分布式光伏发电项目已发电，装机总容量 39.2 兆瓦，可实现年发电量 4441.36 万千瓦时。

*生物质能利用。*推广应用秸秆燃料的收储运和加工、生物质真空热水机组和生物质炉具。热水机组是以农林废弃物或有机垃圾为原料，采用独立的生物质燃烧器，燃烧更充分，燃烧效率达到 94%，可以制冷或采暖。青州市在山东师范大学历山学院、潍坊护理职业学院、青州三中等单位推广应用，取得了良好的取暖效果。

*新能源产业进入起步发展阶段。*2017 年，继续培育和发展新能源产业，初步形成了光伏、光热等多点发力，齐头并进，快速推进的格局，在风能利用、太阳能利用，生物质能利用方面取得了良好效果。新能源及电动汽车产业，共有生产企业 5 家，包括青州市大金马摩托有限公司、山东昌时车业有限公司、山东英启特新能源车业有限公司、潍坊武士电池有限公司、山东凯玛利新能源车业有限公司，其中受国家政策影响，山东昌时车业有限公司、山东英启特新能源车业有限公司、潍坊武士电池有限公司均已停产。新能源及电动汽车计划投产项目 1 个，为江淮青州新能源汽车零部件项目，该项目计划总投资 5 亿元，占地面积 200 亩，是 2017 年青州市 10 大重点项目之一，主要利用企业现有的存量土地建设新能源汽车零部件产品生产线，规划建设焊装、涂装、总装等生产车间。一期投资 1.1 亿元，主要建设总装车间及停车场等配套设施，建筑面积 2.5 万平方米，主要生产 IEV4、IEV5、IEV6、IEV6S 等新能源汽车零部件。

【行业管理】 2017 年，加强行业管理，做好产业政策审核、新能源汽车产业发展和推广应用、茧丝绸工作、履行禁止化学武器公约工作、汽车行业管理工作、工艺美术行业保护和发展工作、药品系列专业技术职务评审、淘汰落后产能等各项工作，促进了工业转型科学发展，加快现代产业体系建设。

2017 年对省环保专项督查重点督办的案件中的落后产能进行了依法淘汰，对青州凯丰达建材有限公司的三只石灰土立窑依法拆除。

民营经济

青州市中小企业局

党组书记、局　长　　王委臣

党组成员、副局长　　李　旭

【概况】 2017 年，青州市中小企业局围绕“一二四三”工作部署，做好“突出工业重点、提升工作标准、转变干部作风”三方面工作。以转方式、调结构为主线，狠抓民营经济和中小企业发展，全市民营经济和中小企业运行态势良好。2017 年，全市民营经济登记业户达到 7.74 万户，从业人员 88.95 万人，分别同比增长 8.8%、6.5%，非公有经济纳税额 33.34 亿元。

【民营经济发展】 *产业集群建设。*对列入发展规划的十二大中小企业产业集群进行培育、发展，重点加大对液压件、工程机械等有发展潜力的产业集群的支持力度。充分利用协会、网站、检测中心、研究所、物流中心等公共服务平台的作用支持发展。在继续做好工程液压机械制造产业集群、镀铝包装材料产业集群，省内最大的农用薄膜产业镇、果品加工区等工作的同时，2017 年重点对全市中小型装载机产业进行调研。

*镇街工业园区建设。*至 2017 年年底，全市已建镇街工业园 15 处，园区规划占地面积 32826 亩，实际占地面积 19405 亩，总投资 292 亿元，基础设施投资 17.62 亿元元，园区建设硬化道路 328 千米，

山东信邦机械有限公司生产的826D3型装载机

新增电力67756千伏安，修建供排水管道258千米。入园企业（项目）313个，其中投产264个，实现销售收入216.3亿元，利润13.2亿元，上交税金14.4亿元。2017年以来，镇街工业园（区）发展规模较大、特色突出、发展较好的有青州市阳河工业园、谭坊东山工业园、王府科技创业业、莲花盆电子工业园、弥河卡特彼勒工业园弥河镇南北区等，其中投资1000万元以上项目有50个。

市场拓展。根据省、潍坊市要求，连续组织全市部分企业参加在广州组织的中国中小企业博览会，展示全市企业形象，扩大宣传和销售。积极参与电子商务产业园和创业大厦建设，指导电子商务产业园设置青州市中小企业特色产品展厅。指导创业大厦设置服务中心，组织中介服务机构为入驻的小微企业服务，使两处园区真正成为规范的小微企业创新创业基地。

诚信体系建设。2017年，在全市中小企业开展“百家诚信企业（单位）”争创活动。先后有500多家积极参加了信用建设活动，有75家获得潍坊市级诚信企业称号。评出青州市信用企业479家。

加大科技创新、提升自主研发能力，促进全市中小企业转型升级。根据省、市业务主管部门要求，结合全市中小企业现状，积极筛选符合相关政策的中小企业申报省、潍坊市级“创新企业”“研发中心”“专精特新”企业等。2017年，青州市泓德物流有限公司、青州市亚泰农业科技有限公司2家企业被认定为潍坊市2017年度小微型企业创业创新示范基地。山东华邦农牧机械股份有限公司和山东浩海疏浚设备装备有限公司等5家企业被认定为潍坊市级“一企一技术”研发中心和创新企业。青州市山楂果品加工产业集群和山东华正检测有限公司公共服务平台获得认定。

【民营企业家队伍建设】 企业家队伍建设。组织全市企业申报潍坊市优秀民营企业家工作，2017年全市有7人获批潍坊市优秀民营企业家称号，共有103名企业家获得潍坊市优秀民营企业家称号。组织全市部分优秀民营企业家参加省、潍坊市组织的外出学习培训活动，共组织10批次40余人分别赴浙江大学、上海科技大学等高校进行学习培训，取得了良好效果。

企业家培训。对全市在转型升级中涌现的优秀民营企业家和创业者代表开展高端培训。组织中小微企业专业培训和巡回大讲堂培训，2017年，累计培训各类人员850人次，为中小微企业发展提供人才支撑。

（韩克法）

电　力

国家电网青州市供电公司

总经理、党委副书记　鞠新坤
党委书记、副总经理　田高昌
副总经理、党委委员　夏立军
　　　　　　　　　　王　琪
纪委书记、党委委员　郭宗武
副总经理、党委委员　赵宏伟（3月起）
工会主席、党委委员　梅　丽（女，3月起）

【概况】　2017年，青州境内拥有220千伏变电站4座、110千伏公用变电站13座、35千伏公用变电站19座及地方电厂7座，110千伏线路27条，长度361.202千米，35千伏线路35条，长度362.279千米，10千伏配电线路215条，长度2779千米。国网青州供电公司于2017年获得国网山东省电力公司先进单位、国网山东省电力公司同业对标综合管理标杆单位、山东省群众性质量管理活动优秀企业。

【电网建设和改造】　2017年，争取上级公司电网建设资金9784万元，建设贯店110千伏输变电工程、桃园110千伏变电站扩建工程、兴旺—惠泽35千伏线路工程。完成固定资产投资8525万元，完成机井通电及小城镇（中心村）项目计16项，投资5972万，新增配变342台，容量5.71万千伏安，新建10千伏线路52.22千米，新建400伏线路258.77千米。完成技改项目7项，投资753.9万元，主要完成益都站10千伏开关柜更换、110千伏时代站、益都站加装10千伏接地变等项目建设，电网规模及科技水平持续提升。

【电力调度】　2017年，网供电量34.43亿千瓦时，同比增长13.08%。售电量33.32亿千瓦时，同比增长15.86%。最大负荷578.35兆瓦，同比增长9.1%。平均最大负荷429.8兆瓦，同比增长10.2%。

8月8日，市供电公司施工人员在王坟镇石岗头村实施中心村农网改造工程

【供电服务】　2017年，青州市客户数量达到33.9万户，全部实现智能电能表和用电信息采集双覆盖，所有用户全部实现远程自动抄表核算，电费回收率完成100%。精简客户业扩报装资料、优化办电流程、加快报装速度，改善营商环境。积极推广“互联网+”线上服务，微信、“电e宝”、掌上电力等电子渠道推广应用27万户，线上业务受理率完成99.99%。完成全市160家燃煤企业“煤改电”新装、增容受理及送电，替代电量1.01亿千瓦时。建成长深高速2个高速公路电动汽车快充站和仁河电动汽车快充站，境内快充站达8处，建设充电桩44个，同时联合多方建设“多表合一”采集工程，全市实现1万户全采集。

（高　青　刘　琴）

青州市滨海工业园

青州市滨海工业园管理办公室

滨海工业园管理办公室主任　　赵建东

滨海工业园管理办公室副主任科员　　李　刚

【概况】　青州市滨海工业园位于潍坊滨海经济开发区东部，北临潍坊港，南临荣乌高速，交通便利。园区东至海韵二路，西至渤海路，北至汉江东二街，南至汉江东街，总规划面积147.3万平方米，一期规划用地81.1万平方米。至2017年，园区已落户山东汇强科技环保产业园、潍坊福林顿海洋装备、山东海翔高档游艇、潍坊祥光光伏、潍坊欧龙新型板材等机械装备制造产业项目。

园区目标是建成“以高端装备制造业为主导、新兴产业为辅助”的现代化特色产业园区，集聚发展汽车及零部件、工程机械、海洋装备、港口机械、成套设备、关键基础零部件等高端装备制造业，鼓励引进以新能源汽车、新信息、新医药、新能源、节能环保装备、新材料为重点的战略新兴产业。

【基础设施建设】 2017年投入1206万元，建设3、4号地块厂区内道路、管网、传达室、消防池等基础设施工程。园区内的道路、管网、亮化、绿化等基础设施工程全部完工。

【重点项目】 2017年，园区共完成固定资产投入2.08亿元，在建项目6个，投产项目5个。

山东汇强科技环保产业园项目。山东汇强环境装备科技有限公司投资建设，计划总投资6.5亿元，占地面积20.4万平方米，总建筑面积12.7万平方米，主要生产除雪车、垃圾压缩设备、环卫公厕等设备产品。2017年，项目完成投资510万元。

潍坊福临顿游艇装备制造项目。潍坊福临顿海洋装备有限公司投资建设，计划总投资5亿元，占地面积13.3万平方米，总建筑面积7万平方米，主要生产游艇相关机械装备。

山东海翔高档游艇项目。山东海翔游艇有限公司投资建设，年产120艘豪华游艇，计划总投资5亿元，占地11.7万平方米，总建筑面积8.8万平方米，主要生产高档游艇及相关设备。2017年，项目完成投入9470万元，7月实现投产。

3、4号地块车间工程项目。计划总投资12亿元，占地面积35.7万平方米，总建筑面积24.9万平方米。2017年，5.8万平米的1号车间、2.5万平米的2号车间、厂区内道路、管线、消防池、传达室工程全部完工。

山东汇强环境装备科技有限公司产品——环保卫生间

潍坊祥光光伏发电项目。潍坊祥光新能源发展有限公司投资建设，计划总投资1.6亿元，使用车间屋顶安装太阳能电池板，建设分布式屋顶光伏并网发电系统，满足10兆瓦光伏并网发电系统要求，选择发电全额上网方式，于2017年1月并网发电。

潍坊欧龙新型板材项目。潍坊欧龙新型板材有限公司投资建设的玻镁板项目，计划总投资6亿元，该项目一期建设年产100万张玻镁板生产线，符合国家新材料产业发展战略，产品广泛应用于内外墙、装饰板、天花吊顶、地板、防火门等。2017年8月建成投产。

青州（滨海）特色产业园详细规划

区位分析图

青州（滨海）特色产业园位于滨海经济开发区东南部，规划范围西至海惠路，东到海韵二路，南起海王街，北至明辨街，规划总用地面积147.4公顷。

规划区北部为滨海科教创新区，临近大学城和行政办公中心。南部为各县市区滨海产业园区，东部靠近虞河。具有的得天独厚的地理环境和区位优势。

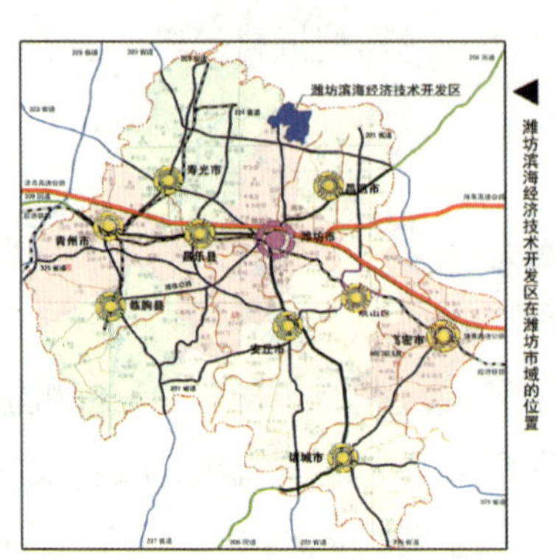

◀潍坊滨海经济技术开发区在潍坊市域的位置

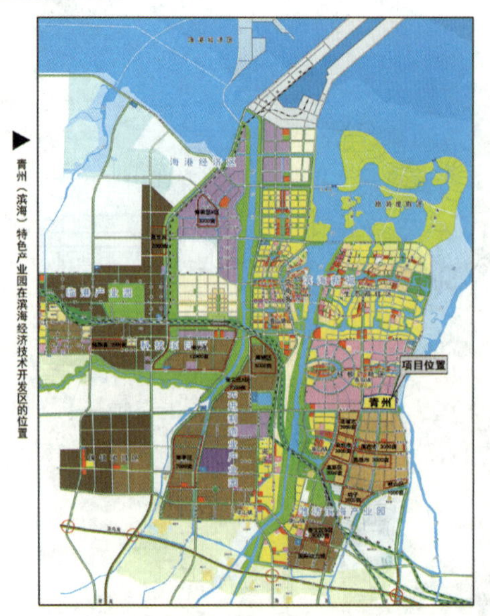

▶青州（滨海）特色产业园在滨海经济技术开发区的位置

青州市滨海工业园地理位置

重点企业

【中化弘润石油化工有限公司】 始建于1993年，由潍坊市农委在口埠镇（今何官镇）创立的

潍坊欧龙新型板材有限公司外景

石化助剂生产企业，公司总部位于潍坊高新技术产业开发区福寿东街中段，生产厂地址位于青州市经济开发区弘润工业园，是列入国家计划内的石化企业，山东省百强企业，潍坊市重点骨干企业。公司拥有总资产248亿元，员工1600人。拥有350万吨/年蒸馏装置、220 万吨/年重交沥青装置、50万吨/年重油催化裂化装置、140万吨/年渣油延迟焦化装置、及日处理量1.5万吨现代化大型污水处理装置等17套生产装置。形成了以石油炼制及深加工、生产重交道路沥青为主业，精细化工与高科技产品并举的石化企业。经营范围涉及石油化工、重化工新材料研发等领域，主导产品有车船用系列0#/—10#柴油（IV、V），92#、95#国V车用汽油、70#、90#、100#重交道路沥青与SBS改性沥青、液化石油气、丙烯、丙烷、MTBE等。2017年实缴税金80435.52万元。

【青州中联水泥有限公司】 世界500强企业中国建材集团水泥业务板块——中国联合水泥旗下的全资子公司，位于邵庄镇。公司建有两条日产6000吨水泥熟料生产线，并配套9000千瓦纯低温余热发电系统，生产线采用新型干法生产工艺。公司坚持“善用资源，服务建设”的核心理念，先后通过了质量、环境、职业健康与安全、能源管理体系认证，是山东省首家通过工信部“水泥行业准入条件”的水泥制造企业。公司始终秉承为社会提供高品质绿色建筑材料的宗旨，以环保型产品回报社会。在促进水泥产业结构调整，淘汰水泥落后产能，促进地方经济发展，城市生态化、园林化建设，带动附属产业发展等各方面贡献着自己的力量。公司成立于2004年2月，注册资金2亿元。2017年资产超过10亿元，职工400余人。拥有二条6000吨/天水泥熟料生产线并配套纯低温余热发电系统，形成了日产熟料12000吨、年产熟料370万吨，年产水泥260万吨的生产规模，是山东省最大的水泥熟料生产基地。2017年，实缴税金4854.4万元，列青州市工业企业实缴税金前20名。公司是山东省首家通过工信部“水泥行业准入条件”的水泥制造企业。

【卡特彼勒（青州）有限公司】 前身是青州市工程机械厂、山东工程机械厂，是青州市机械行业的龙头企业。位于海岱南路卡特彼勒工业园，注册资本41000万元，是世界上最大的土方工程机械和建筑机械的美国生产商——卡特彼勒在中国的全资公司，也成为第一家落户青州的世界500强企业之一。主要产品有装载机、CAT品牌的950GC装载机、推土机、压路机、平地机、垃圾压实机等。产品遍销全国，远销巴西、马来西亚、越南、沙特、俄罗斯、非洲等几十个国家和地区。其压路机、铣刨机结构件、桥箱结构件、工作机具等配件产品纳入卡特彼勒全球采购系统。2017年实缴税金为4005.95万元。

【山东尧王控股集团有限公司】 注册资本33583万元，位于经济开发区。主要产品有大容量注射剂、粉针剂、片剂、硬胶囊剂、颗粒剂、丸剂、茶剂、散剂、凝胶膏剂、冲洗剂、口服液、合剂、煎膏剂、露剂等14个生产剂型，119个批准文号，医疗器械注册证1个，药包材注册证8个，拥有16个现代化制药车间，全部通过国家GMP认证，是山东省最大的塑料瓶输液生产基地。主要品牌“尧王牌”大输液获得山东省著名商标，公司被认定为国家新药研发技术大平台产业化示范企业、国家高新技术企业。2017年实缴税金3323.25万元。

【山东龙马重工集团有限公司】 创建于2003年，是一家集起重机械、风电装备、压力容器及成套建材设备等产品研发、设计、制造、销售为一体的大型企业集团。公司注册资本17000万元，员工713人，其中，高级工程师37人。公司位于经济开发区益王府路1199号，占地400余亩，拥有500余台套现代化数控加工设备和100余套高端检测设备，有12条二氧化碳自动数控下料生产线、3条等离子下料生产线、8条二氧化碳自动保护专用生产焊接线、2条二氧化碳、埋弧两用自动焊接线、6套风塔、定转子专用喷砂喷漆生产线。主要产品有：桥、门式起重机、铸造起重机、冶金起重机、塔式起重机和风电产品、压力容器及成套建材设备等100多个品种，年产能风电定转子、起重机械、压力容器10万吨。2017年，实缴税金3064.54万元。

【青州坦博尔服饰有限公司】 原名永邦制衣有限公司，是专业生产羽绒服的龙头企业。公司位于青州市昭德南路3588号，占地180亩，员工985人，年产能羽绒服150万件，坦博尔、八喜狼羽绒服是“国家免检产品”。“坦博尔”羽绒服商标获中国驰名商标。2017年，实缴税金2865.37万元，列纺织服装行业第1名。

【安徽江淮汽车股份有限公司山东分公司】 于2010年2月落户青州，位于猛山经济发展区。江淮汽车山东分公司作为江淮汽车发展战略的一部分，是江淮汽车首次在合肥以外的地方单独建立分公司。占地500余亩，主要生产江淮轻型载货汽车，产品覆盖102个品种，具备生产宽、中、窄及工程自卸车、低速重载等全系列轻卡的能力，单班日产达140台，年产江淮康玲轻卡5万台，2017年实缴税金2596.32万元。

【山东东虹工贸有限公司】 成立于2001年7月，位于青州市八喜西路1888号，占地面积20万平方米，公司注册资本2100万元。公司以汽车销售为主，兼汽车改装及专用车制造等产业的综合性工贸企业，是江淮公司全国最大的卡车经销商之一。公司汽车改装是经工信部核准的具有改装资质的车辆生产企业，主要生产扫路车、小型消防车、全封闭厢式车、冷藏保温车、半封闭厢式车、仓栅车及特种厢式车。2017年实缴税金2024.07万元。

【青州市建富齿轮有限公司】 生产汽车桥弧齿轮的专业厂家。公司始建于1996年，注册资金8080万元，固定资产1.6亿元，位于经济开发区，占地面积200亩，员工465人。公司在汽车驱动齿轮方面能做到独立开发和研究，拥有560余台精密加工设备、35条世界先进水平的美国格林森齿轮生产线、5条奥林康等高齿生产线、6条锻造生产线、8条先进全自动热处理生产线及达到国内最先进水平的齿轮检测设备，年产各种齿轮150万套。产销量居全国同行业前列。产品主要配套中国重汽集团、奔驰、沃尔沃、安凯汽车集团、一汽、二汽、北汽福田等汽车制造企业。2017年实缴税金1432.74万元，列青州市工业企业纳税前20强。

【山起重型机械股份公司】 始建于1968年，原为国有中型一类企业，是原机械工业部在山东省唯一定点生产桥式、门式起重机的专业生产厂，是山东省重点企业和高新技术企业。位于经济开发区昭德北路2198号，占地面积25万平方米，其中：建筑面积6万平方米，露天作业场地3万平方米，拥有先进的生产设备500余台/套，年吞吐钢材能力5万吨。“驼山”牌通用桥式起重机认定为山东省名牌产品，“山起”牌商标获山东省著名商标。主要产品有：320吨以下通用桥式起重机。100吨以下通用门式起重机。240吨以下冶金起重机及其派生的抓斗、绝缘、电磁、防爆起重机。轨行式集装箱龙门起重机。1000吨/时水泥装船机。5—40吨门座起重机等起重运输机械及港口矿山设备。产品销往全国26个省市区，并出口东南亚市场。2017年实交税金1295.22万元。列青州市工业企业实缴税金前20名。

【山东盛世泰来橡胶科技有限公司】 成立于2013

年9月，坐落于经济开发区高铁线以北玲珑山路东侧，占地600多亩，是一家以研发生产半钢子午线轮胎为主的股份制企业。公司于2015年5月正式投入生产运营并取得生产经营许可证，产品通过了国家3C认证、美国DOT认证、欧洲ECE认证。公司拥有四大主要品牌THREE—A(三A)、RAPID(驰影)、AOTELI（奥特利）和YATONE（亚通），产品85%以上出口，远销欧美、中东、美洲各国，已形成了年产1200万条高性能半钢子午胎生产能力。公司设技术研发中心，引进和培养了一批高级专业技术人才，各类技术人员约30人，其中7位工程师拥有15年以上国际知名轮胎企业的技术与生产管理经验，拥有各类试验检验仪器设备50余台套，能完成轮胎产品的完整检验。公司已具备生产半钢子午胎1000个型号，涵盖HP、UHP、SUV、AT、SNOW、LT、VAN。产品轮辋尺寸涵盖13—24英寸，断面宽涵盖155～315毫米，扁平率涵盖30～80系列，并成功开发了RFT轮胎和镶钉雪地胎。关键设备基本是世界轮胎设备制造企业的顶尖设备，主要有日本神钢的BB430母炼机、德国特勒斯特的压出设备主机、意大利埃科利压延机—钢丝及胎体两用压延机、3台美国产巴特尔六角形单根钢丝缠绕机，德国产费舍尔钢丝裁断生产线等。2017年，实缴税金1268.34万元，列青州市工业企业实缴税金前20名。

【山东振兴化工有限公司】 中外合资企业，始建于2000年，注册资本96万美元，位于黄楼街道，占地面积76000平方米。拥有总资产2.85亿元，其中固定资产投入1.2亿元，流动资产2亿元，从业员工300余人，其中管理技术人员18人。主要产品为白炭黑、三单体、甘氨酸、氨水四大系列17个品种。公司充分发挥自营出口的优势，全方位开拓市场，大力开发适销对路的新产品，千方百计扩大自营出口，建立国内外密切贸易关系。2017年，产品自营出口率45%以上，产品远销韩国、日本、越南、美国、西班牙、澳大利亚等国家和地区，是青州市出口创汇主要骨干企业。

【山东亚泰机械有限公司】 集设计开发、生产制造、销售服务（进出口）于一体的工程机械、农业机械、港口机械整机及零部件专业制造公司，是美国卡特彼勒、日本竹内、韩国斗山、五征集团、徐工集团、山重建机等驾驶室、油箱、油管、覆盖件、结构件等主要零部件的配套公司，是山东半岛第一批蓝色经济区项目（集装箱正面吊运机）研制单位，是潍坊工程职业学院的校企合作伙伴。公司成立于2006年12月，位于南环路卡特彼勒工业园区，占地面积33万平方米，2017年有员工近400人，其中专业工程技术人员60余人，具有强大的研发实力。公司总资产2.8亿元，拥有数控（二维/三维）激光切割机、数控等离子切割机、数控火焰切割机、1600吨大型压力机、剪板机、数控折弯机、全自动数控弯管机、焊接机器人、预处理线、喷粉线、电泳线、静电喷漆线等主要设备设施300余台（套）。年产工程机械零部件40000台套、整机5000台的能力。拥有自主研发拥有的实用新型专利有20余项。先后被评为“山东省高新技术企业”“山东省认定企业技术中心”“潍坊市劳动保障诚信示范单位”“潍坊市最佳雇主企业”。

【青州金青云新材料有限公司】 中国北方最大的真空镀铝系列产品生产基地，创建于2003年，位于猕山经济发展区扬州路北段，员工200余人，注册资金1亿元。拥有世界上技术水平最为先进的高真空镀铝材料生产线，以及其他涂布、复合、模压等配套设施，年产香烟包装和啤酒标签用环保型真空镀铝纸、镭射镀铝转移膜、镭射介质膜、镭射卡纸及各种镭射镀铝包装装潢材料2万余吨。公司是中国塑协理事单位，山东省级企业技术中心，山东省诚信单位，山东省中小企业家副会长单位，山东省农行系统AAA信用单位，山东名牌，山东省著名商标，潍坊市级技术研究工程中心，青州市镀铝协会会长单位。公司着力开发环保型、可降解、可回收、亮度可调节的新型烟包内衬包装纸、烟包转移卡纸等产品，该产品替代传统高成本压延复合铝箔纸，属于国家重点鼓励的新材料领域。“金青云”牌高湿强耐碱镀铝标签纸被评为“山东省名牌产品”。公司商标被评为“山东省著名商标”，直镀镭射纸和高真空蒸镀介质防伪薄膜转移材料，获得国家发明专利，通过了国家科技成果鉴定，达到国际领先水平。

【山东汇强重工科技有限公司】 位于经济开发区仙客来北路，占地面积300余亩，拥有现代化厂房50000平米，营销办公中心5000平米，是从事除雪设备、港口码头除雪环卫设备、垃圾压缩设备、环卫环保厕所于一体的高新技术企业，是全国规模最大、实力最强的民营除雪设备生产基地。是“山东省级企业技术中心”“潍坊市道路应急设备工程技术研究中心”“潍坊市级工业设计中心”，有国内外专利140余项。公司生产设备先进，拥有卧式加工中心、大型激光切割下料中心、喷涂中心、机器人焊接中心。产品主要有除雪系列7个系列50个品种，环卫系列5个系列20个产品品种。公司年产除雪设备1500台套、环卫设备1000台套，产品种类有机场除雪车、公路除雪车、市政环卫除雪车、破冰机、清雪刷、除雪铲、撒布机、抛雪机、垃圾压缩车、垃圾压缩站、餐厨处理设备、垃圾压缩箱、护栏清洗机、环保厕所等，三合一大型机场除雪车已取得中国民用机场准入证，通过校企站合作共同努力，与瑞士波雄、美国美业等全球一流除雪设备生产企业进行战略合作，达到了强强联合共同发展的目的。使除雪系列设备有了质的飞跃，是中国除雪行业的领航者。

2017年青州市实缴税金前20名工业企业一览表

表4 单位：万元

序号	纳税单位	纳税额
1	山东中烟工业有限责任公司青州卷烟厂	274501
2	中化弘润石油化工有限公司	80435
3	国网山东省电力公司青州市供电公司	9723
4	青州中联水泥有限公司	4854
5	青州宇信钙业股份有限公司	4018
6	卡特彼勒（青州）有限公司	4005
7	山东尧王控股集团有限公司	3323
8	山东龙马重工集团有限公司	3064
9	青州市坦博尔服饰股份有限公司	2865
10	山东青州云门酒业（集团）有限公司	2740
11	安徽江淮汽车集团股份有限公司山东分公司	2596
12	青州市博奥炭黑有限责任公司	2459
13	山东东虹工贸有限公司	2024
14	青州市易达汽车零部件有限公司	1819
15	颐中（潍坊）实业有限公司	1608
16	山东英科医疗制品有限公司	1504
17	青州市建富齿轮有限公司	1432
18	山起重型机械股份公司	1295
19	山东盛世泰来橡胶科技有限公司	1268
20	山东联科功能材料有限公司	1238

交通·邮政·通信

交通运输

青州市交通运输局

党委书记、局长　刘全林
副局长　王志武
党委副书记　周　宏
副局长　钟读民
主任科员　杨建政
总工程师　韩相斐
交通战备办公室主任　张允宾

【概况】　市交通运输局以转变发展方式为主线，以服务民生为根本，加快交通基础设施建设步伐，有效增强公共交通服务能力，切实提高行业管理水平，实现了交通运输事业健康快速发展。青州市公共自行车项目被国家标准委确定为2016—2017年度13个国家级服务业标准化示范项目之一。2017年10月，青州市被评为山东省“四好农村路”创建示范县。

【农村公路建设养护】　2017年，完成口齐路西段大修改造工程、五文路西段改建工程、张家峪东山路改造工程、黑虎山水库溢洪道桥工程、程东路下穿胶济铁路涵洞排水工程、谭郑路大修改造工程、张横路黄花溪至桃行段挖补维修工程、刁庄至雀山路段硬化工程、庙子镇兴旺店村至邵庄镇文登村公路工程、宝通街牡丹路至昌乐界中修工程、前史路维修改造工程，累计投资2.08亿元，提升改造道路77.4千米。281千米县道及重点道路养护率达到100%，2275千米乡道和村道的市场化运作率达到90%，拆除农村公路两侧非法违法设置大型立柱广告50块、非公路标志377块，清理限宽墩97组、限高栏17个，整治路肩、边沟135千米，挖补路面21300平方米。投资1600万元排查、治理县乡公路安全隐患，通过省政府组织的农村公路安全生命防护工程督导考核。

农村道路养护

【交通运输监管】　2017年，市交通局加强运政管理，规范客货运输市场、驾培市场、维修市场秩序，

交通执法

完成行政审批事项确认、填报工作，与青州市审改办和政务服务中心对接完成行政审批系统升级。做好潍坊运管处部分许可权力下放安排，并严格把关实施，对17家普货运输企业的申请成立进行严格审核、实地勘察和审批许可。截至2017年年底，办理道路货物运输经营企业110家，机动车二类维修企业6家，三类维修企业21家。4家客运企业、1家公交企业、4家出租企业、5家危险品运输企业通过安全生产标准化达标考评验收，90家普通货运企业验收合格。办理新增营运车辆运输证1821辆，年度营运车辆审验10140辆，营运车辆转籍297辆，营运车辆销户246辆。营运车辆换发1345件，出租车审验525辆，客车审验206辆，教练车审验536辆。完成道路运输从业资格证签章12343件，换证544个。查处违章车辆467辆次，倒卸货物9000余吨。全年共进行安全督查18次，出动督查人员120人次，督查道路交通企业52家，查处安全隐患问题45项，下达整改通知书40份。加强道路运输驾驶员培训，共组织安排经营性道路运输从业人员培训33期，道路运输驾驶员继续教育培训共计4025人。突出扬尘治理，严厉打击货运车辆运输不覆盖，抛洒沙石等污染公路的行为。推进公路建设施工扬尘治理，确保施工作业范围内不扬尘、施工作业范围外不污染。

【客运及站场建设】　青州市汽车站占地22800平方米，建筑面积8500平方米，停车场15000平方米，设6个售票窗口，7个检票口，29个发车位。2017年，运营线路45条，其中省际班线2条，市际班线20条，市内班线6条，乡镇班线13条。运营车辆184台，其中乡镇参营车辆69台。日发236班次，长途线路日发班次215次。

【火车站提升改造】　2017年，市政府投入166.8万元，对进出站区的东西大通道和应急通道进行了大修改造；投入149.5万元，对广场西停车场实行了功能转换提升改造，将公交车、客运车停发车区由南部移至北部，进一步靠近火车站出站口，乘客换乘无缝对接，便利旅客出行，客运、公交、出租车、社会车辆以及行人各行其道，各停其所，广场秩序运行顺畅，缓解了进出两站广场车辆高峰班次拥堵的交通难题。

【出租车管理】　2017年，全市共有出租车497辆。市交通局严格规范出租车市场秩序，制定《关于进一步加强出租汽车管理的八项规定》，实行月检制度和24小时投诉制度，进一步加强行业监管管理。执法人员每月对全市出租车辆进行检查，做到人、车、证合一，无证车辆和个人严禁上岗运营。明确运输企业监管责任，全面落实安全生产主体责任，与出租企业签订安全生产责任书。在出租车业内开展“我是青州形象、我是文明使者、我的城市我代言”活动，扭转“5·31”出租车市场集体上访罢运局面，中秋节、国庆节期间，出租车市场实现历史性“零投诉”。

【货运监管】　截至2017年年底，全市普通货运企业110家，运输车辆2361辆，其中拥有100辆车以上的公司5家，50辆车以上的公司7家；危险品运输企业5家，危险品运输车辆174辆。货运审批权力下放到县级道路运输机构后，优化审批环节，

公共自行车站点

审批时限从20个工作日压缩到5个工作日。市交通局成立领导小组，落实监管责任，设立监管办公室，具体负责运输企业安全监管工作的协调、信息收集、督促检查考核。做好运输企业各类突发事故应急预案机制，全市运输安全稳定。定期对货运企业、车辆进行运输经营行政许可核查，实行实名制，建立企业信息记录制度，确保持证运营。要求道路运输企业按规定设立安全管理机构，配备专（兼）职安全管理人员。加强动态终端的管理，规范卫星定位装置使用，强化对运输车辆的动态监管，定期通报企业联网联控在线率情况，对运输车辆工作性能不稳定的车载装置进行及时调整更换，对车辆在线率低问题及时反馈并协调运营商及时解决，对动态监控不在线、有故障的车辆，督促企业及时维护，切实发挥好动态监管系统的作用。

【公共自行车】 青州市自2010年9月开始试点建设公共自行车，至2017年共投资6500余万元，分5期建成公共自行车服务站点630个，投放公共自行车11400辆，公共自行车站点分布在城市主、次干道、居民小区、开发区和旅游景区，形成了“连点成线、结线成网”的公共自行车交通系统服务格局，覆盖面积达到320平方千米，建成公共自行车绿道391千米，办理公共自行车卡10.5万张，日均骑行量超过5.2万人次，年服务1800万人次出行，节约标准煤6300多吨，节能减排16500吨，被国家标准委确定为2016—2017年度国家级服务业标准化示范项目。

【城乡公交一体化】 根据《山东省人民政府办公厅关于优先发展公共交通的若干意见》（鲁政办发〔2013〕29号），自2014年起，青州市实施城乡公交一体化改革，至2017年，完成邵庄、弥河、东夏3镇21辆客运班车、6条公交线路运营改造，投入资金457.4万元，投入公交车70辆。年内，300辆纯电动公交车达标上线运营，市客运北站公交枢纽换乘站正式投入使用，拥有公交停车位16个，公交线路5条。截至2017年年底，全市共有329辆公交车日常运营。

（刘国兴）

公 路

青州市公路局

局　长　　魏洪林（6月止）
　　　　　周阳忠（6月起）
党委书记　魏洪林
副局长　　郭乾峰
　　　　　刘月斌
工程处主任　邱家法
工程处书记　裴长江

【概况】 至2017年年底，青州市境内国省道总里程206.197千米，其中，309国道里程32.634千米；省道7条，总里程173.563千米。青州市代表山东省接受全国公路养护大检查并获得第一名，市公路局获全国交通系统文明单位、全国部门绿化300佳单位、全国文明道班、省级青年文明号等称号。

【公路建设】 至2017年年底，荣兰、羊青、东青、济青、寿济及胶王路部分路段，拓宽改建为国家一级公路。

S321 寿济线青州段改建工程（K32+195.380—K41+323.188）。起点为青州寿光界，由东向西延伸，经何官镇邢屯村、高柳镇阳河社区、北星落村，终点为青州淄博界，全长 9.13 千米。采用一级公路标准，设计车速 80 千米 / 小时，路基宽度 24.5 米，路面宽度 23 米，双向四车道。全线设 1 座中桥，4 座小桥，13 道涵洞，总投资 1.16 亿元。

S325 胶王线青州昌乐界至黄楼街办牡丹路口（K141+198—K154+054.433）。全长 12.86 千米，采用一级公路设计标准，路面宽度 22～25 米，路基宽度 23～28 米，双向四车道，属改建工程。全线设 1 座中桥（康浪河中桥），3 座小桥，18 道涵洞，总投资 1.5 亿元。

S102 济青线青州绕城段改建工程。采取 PPP 模式投资建设，由中建八局作为社会资本方与政府方出资代表共同出资设立项目公司（青州中建新南环公路建设管理有限公司）。线路（K0+000—K24+913.5）全长 24.91 千米，其中新建段长 8.48 千米，改建段长 16.43 千米。全线采用一级公路标准，路基宽度为 25.5 米，路面宽度 24 米，全线共设 5 座大桥，21 座小桥，2 处隧道，计划总投资 8.9 亿，其中项目建安费 6.9 亿，征地拆迁费 1.5 亿，预备费及其他费用 0.5 亿。改建段东红路口至牡丹路口 10.6 千米已于 9 月 20 日交工通车，东红路口至党校段 5.9 千米于 11 月全面开工；新建段路基桥涵基本完成，大桥下部结构全部完成，茅峪大桥完成箱梁架设 19 孔，驼山隧道和云门山隧道全部贯通，附属工程已开始施工。

【公路养护】 2017 年，完成国省道中央护栏不规范开口封堵工作，封堵不规范开口 113 个。投入 602.2 万元维护一级路中央隔离带护栏及标志。完成灌缝 11 万米，路面贴缝 1.3 万米，路面挖补 5900 平方米，车辙铣刨 1.5 万平方米，微表处理路面 3.5 万平方米，桥梁维修 4 座。国省道路面保洁全部纳入环卫一体化。至 2017 年年底，市公路局有东高、王木匠、郑母、莲花盆、王坟、朱良、石河、大尹 8 处交通量观测站，全部采用自动观测仪进行交通量观测。

【路政管理】 开展“公路安全实施整治提升”专项行动，重点对公路设施、平交道口和桥梁及桥隧非法侵占行为进行了集中整治；联合交警、执法部门，加强对占道经营、摆摊设点、打场晒粮、集市贸易、车辆乱停乱放行为的管理，消除了公路安全隐患；开展“双随机一公开”工作机制，制定了抽查事项清单、随机抽查对象名录库、执法检查人员名录库，并在市府网站公开平台上公开；加强“路警联动”，交警部门在处理国省干线公路交通事故时，对有路产损失的，第一时间通知我们路政执法人员现场勘查处理，确保了路产损失回收率达 100%。2017 年，实现公路巡查 20.28 万千米，清理非公路标志 43 块，人员培训 168 人次，出动宣传车 50 台次，发放宣传印刷品 2160 份，设置警告标志 974 块，禁令标志 148 块，指示标志 49 块，指路标志 242 块，拆除国省道干线公路两侧大型立柱广告 55 块，改善了路域环境。

（刘元铚）

公路施工

邮 政

中国邮政集团公司山东省青州市分公司

党委书记、总经理　　陈淑环
副总经理、纪委书记　　孙　勇(4月止)
副总经理、工会主席、纪委书记　　陈景华
党委委员、市场营销部经理　　李　威

【概况】 2017年7月，中国邮政集团公司山东省青州市分公司调整经营组织架构，设置综合办公室、市场营销部、运营管理部、金融业务部、渠道平台部、包裹快递部、集邮与文化传媒部。企业连续12年保持省级精神文明单位荣誉称号。2017年，荣获潍坊邮政营业服务风采大赛团体二等奖、服务礼仪展示一等奖、服务情景演练一等奖的好成绩。

【邮政业务】 邮政业务包含邮政邮务、邮政速递物流、邮政金融3大板块、170余种产品，涵盖函件、包裹、汇兑、集邮、报刊发行、文化、金融、速递、物流、保险、证券、电子商务等多个领域，形成了集实物流、资金流、信息流于一体的服务网络，为青州经济发展和社会进步提供了较为完善的邮政服务。2017年，下设邮政储蓄网点24处，电子汇兑联网网点24处，ATM自动取款机40台，从业人员305人，各项存款余额41.7亿元，保费2.68亿元；根据业务不断发展，适应市场新变化，推出新媒体业务，在QQ对话框和微信朋友圈进行广告宣传，全年订阅报纸829.2万份，订阅杂志36.9万份，报刊流转额919.7万元；国内邮资函件3.4万件，给据函件7.2万件，平常函件3.5万件，进口包裹类邮件170万件；配备专人专车负责客户走访开发、邮件揽收处理、客服跟踪处理等工作，全年包裹业务量50.41万件；预订、零售纪念邮票、特种邮票，开办个性化邮票、形象化邮票年册、纪念金银币等，发行十九大纪念邮票，全年集邮收入223万元；推出邮政电子汇款业务，把利用实物传递网传送汇票改为利用电子信息传递，传递时限比原来大大加快，开办汇兑业务有：实时汇款、2小时汇款、24小时汇款，以及帐户汇款、邮政网汇通和商务汇款等。青州邮政按照“统一标识、统一经营、统一价格、统一渠道、统一服务、统一管理”的标准，建立了村级连锁配送机构，开展物流连锁配送服务，将优质价廉的生产资料和生活用品直接配送到广大农民手中，同时，积极与农业、科技等部门及有关农业科技报刊出版单位联合，提供农业科技指导，开展农业科普服务。全年配送农资1050吨，日常生活用品32万件。启动农村电商“买卖惠”项目，签约2家大型供货商，合作开展“他访他送”2.0模式，农村电商“买卖惠”项目发展地推零售商842户，招募供货商家33户，上线商品1896种。

2017年，邮政新增配送车

【邮政服务】 青州市有邮路3条，全长336千米，其中农村邮路2条、城区邮路1条。邮路采用外包的方式，由外包公司负责邮路运行，投递段道77条，车辆投递段道3条，投递里程3800千米。全市有投递人员79人，为提高工作效率，投递员配置74台集扫描、电话、投递等功能为一体的智能终端PDA手机。实行电话预约按址投递的方式进行投递。对无法直投到户的邮件，加强便民服务站建设，实行接转投递，接转点达到651个，并将普通包裹纳入按址投递的邮件范围。城区投递购置新电动车30辆，增配电动三轮车9辆、汽车3辆，采用“带车加盟”形式更新投递工具，新增加盟车辆26辆，电动三轮8辆。完成邮政储蓄逻辑大集中系统全国联网上线运行工作，系统版本升级，功能支持网上银行、手机银行、电视银行和自助开卡机、自助填单机等智能设备。上线新一代寄递业务系统，实现了从收寄、分拣、封发、转运到投递邮件处理的全程电子化、智能化，提高了邮件处理运输的效率。机要收寄投递人员配备专用车辆，实现全程监控，为党政机关提供快速准确、高安全性的机要服务。2017年，速递物流青州营业部揽收EMS快递45.47万件，业务收入545.62万元。

（李　欣）

通　信

【概况】　2017年，青州市主要有中国移动、中国联通、中国电信3大运营商设立的分支机构。

【中国移动青州分公司】

总经理　　马长军
副总经理　　刘朝辉

中国移动青州分公司下设综合部、业务运营部、集团客户服务中心、建维部4处职能部室，城区设立青云桥、云门路主副两厅和古城、青都、玲珑路、海岱、开发区、商贸城6处标准店，镇街驻地设立15处乡镇经营部。2017年，青州移动用户突破80万户，其中4G客户54.2万户。有线宽带10.1万户，魔百和电视用户达到5.6万户，有线宽带端口数25.6万，4G网络五期按期完工，新建宏站126个，室分26个，微站21个，楼间对打13处。先后中标青州市数字城管、潍坊护理学院数字化校园、智慧古城等大型信息化项目，以领先优势服务于青州市“智慧城市”的建设与推进。开通NB物联网29处站点，其中为配合山东水利系统河长制项目开通的NB站点，是全市首批商用项目之一，极大地方便了河长工作的开展。

（孟　滨）

【中国联通青州市分公司】

总经理、党委书记　　孟凡明（12月止）
　　刘　飞（12月起）
副总经理　　张永亮
　　刘兴坤（12月止）
　　李兆福（12月起）
　　杜崇飞（12月起）
纪委书记、工会主席　　陈泉生（12月止）
　　张永亮（12月起兼任）

2017年11月，内设机构调整为一部三中心（综合部、市场营销中心、政企客户中心和建设维护中心）、10处营销服务中心（大客户营销服务中心、城区渠道营销服务中心、青云桥营销服务中心、市南营销服务中心、市北营销服务中心、弥河营销服务中心、黄楼营销服务中心、开发区营销服务中心、何官营销服务中心、城西营销服务中心）。至2017年年底，宽带城域网出口带宽达到300吉字节，各类通信基站达到1174处（其中GSM基站351处、WCDMA基站394处、FDD—LTE基站429处），全市设有综合接入机房48处，其中汇聚机房1处、固网综合接入机房31处、移网综合接入机房16处，FTTH端口容量达到20万个。积极助推智慧城市建设，促成潍坊联通与青州市政府签约成为战略合作伙伴，先后中标视频会议、智慧供电、中化弘润防爆通信、智慧医疗、四级安全隐患排查、社区矫正等大项目，拥有业务客户41.65万户，其中移动电话用户22.55万户、固话用户8.9万户、宽带用户10.2万户。打造精品宽带品牌，9600169宽带专家热线家喻户晓，推行宽带“480”服务承诺（即城区4小时内修障、农村8小时内修障、全域8小时内装移机、城区零盲区受理），全市10万多户联通宽带全部免费提速到100兆以上，其中4G融合宽带免费提速到了200兆，有条件的可以实现千兆网速，形成了百兆以上、千兆引领的精品宽带应用格局，全面提升了青州市经济社会发展的品质。

（解成涛）

【中国电信青州分公司】

总经理　侯顺民（5月止）
　　　　马振年（5月起）
副总经理　王学森
　　　　王国坚

青州电信以“用户至上、用心服务”为理念，以提升用户满意度为指引，以关键服务环节为切入，以感知测评为手段，强化差异化服务优势。积极参与政风行风建设，不断规范市场、资费及收费行为，加强用户信息安全、网络安全和信息化建设。积极响应国家“提速降费”的号召，全面开展全光网络及智慧城市建设，推进宽带提速行动，拥有本地网、汇聚层以上线路，宽带网出口280吉字节，基本实现了城区、乡镇的FTTH光纤接入。光纤接入区域，50兆宽带起步，200兆宽带普及，可承载用户语音、高速上网、高清电视等多种应用需求。针对中小企业推出商务专线产品，光纤独享，提供独立IP地址，带宽50M起步。为党政机关单位和企业提供信息化服务，开展电信政企OA、公安天网、翼校通、烟草E通、协同通信等一批信息化应用新业务。根据市场需求，调整资费计算方式，由原来每六秒计费调整为分钟计费，平均降幅37%，最高资费降幅达到93%。营业办理200M速率宽带，移动业务长途、漫游语音通话全部按本地通话资费收取，国内接听电话一律免费，惠及23%原长市漫非同价套餐用户，通话费用降低60%，切实节省了用户的通信支出。11月，青州电信开始启用199号段。办理99元不限流量卡，流量进入不限量时代。至2017年年底，城区实现100%光网全覆盖，用户到厅即可办理电信的100兆宽带业务，不需要再询问是否有电信网络覆盖，并实现工作时间8小时内装移机服务，减少用户等待时间，让用户能在办理当天享受到电信的百兆宽带和4K高清电视服务。

（郭建明）

城乡建设·环保

城乡规划

青州市规划局

局　长	王国健
党总支书记	曲世广
总规划师	张凤友
副局长	李　征
	高　华
	张旭升

【概况】 市规划局坚持“传承历史、挖掘潜能、着眼发展、彰显特色”规划理念，在城乡规划中优化和丰富城市架构，充分挖掘利用青州历史文化资源价值及自然生态环境优势，将城市特色风貌塑造、城市设计与历史、文化、生态、旅游、产业等多种元素全方位融入城乡规划，科学谋划城市功能布局，提升规划编制质量，加强批后监督管理，发挥城乡规划调控引领作用，努力将青州市打造成历史与现代辉映、文化与生态交融、宜居宜业宜游的现代化中等城市。

【规划编制】 总体规划。2013 年，市政府委托中国城市规划设计研究院开展青州市第五轮总体规划（2016—2035 年）编制，2014 年 10 月中规院项目组形成初步方案成果。为适应新形势、新要求，2017 年 2 月，中规院项目组到青州进行现场踏勘和补充调研，对编制成果进行修改与完善。截至 2017 年 12 月底，初步编制成果完成。总体规划的指导思想与原则是坚持区域统筹协调发展、城乡统筹全面发展、近期与远期相结合、传承青州传统特色。城市性质确定为山东省中部重要的海陆物流节点城市，以先进制造业为主导，商贸旅游业发达的生态宜居城市和历史文化名城。结合全市城镇化发展战略，以强化区域竞争力，增强城镇化承载力，坚持品质开发为原则，形成“一区两翼三带”的市域发

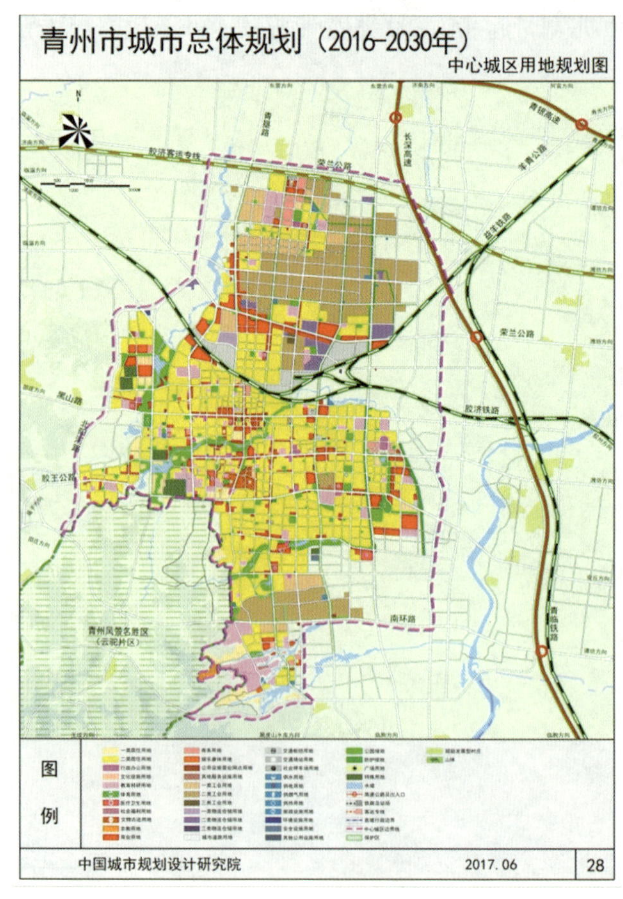

青州市城市总体规划（2016—2030 年）中心城区用地规划图

展空间框架，以支撑全市城乡统筹发展，形成城乡一体化发展格局。本次规划提出主城区未来的城镇空间发展方向为“东进、北展、南优、西控”。规划区整体形成“两城四区谋发展，三山四水映青州”的空间发展框架。总体规划确定城市建设用地拓展方向以向东、向北为主，形成“三心、三轴、六片”（三心：东部现代中心、老城传统中心、北部创新中心。三轴：城市功能拓展轴、城市产业拓展轴、城市综合发展轴。六片：“三主、三辅”六大功能片区，其中“三主”为老城区、东部新区及北部产业片区；“三辅”为尧王山特色片区、东部花卉特色区及南部特色片区）的空间布局结构。青州古城的保护空间框架规划为“三街二区一名胜、双河双轴贯三城”，打造“古城居中、双水环抱、六山联翠于西南、新城发展于东北”的山水城市框架。《青州市城市总体规划（2016—2035年）》为未来青州市城市建设谋划了新蓝图，为指导城市建设和发展提供了重要依据。

政务服务中心窗口工作人员核发证件

重要规划。一是编制古城片区保护规划。为加强青州古城偶园历史文化街区、东关历史文化街区、北关历史文化街区的保护与管理，保持和延续其传统格局和历史风貌，维护历史文化遗产的真实性和完整性，在完成《青州市历史文化名城保护规划》的基础上，2017年6月，市规划局委托上海同济城市规划设计研究院编制了《青州偶园历史文化街区保护规划》《青州东关历史文化街区保护规划》《青州北关历史文化街区保护规划》。3个规划方案划定了偶园、东关、北关历史文化街区保护工作的整体框架，对继续做好青州古城的保护利用工作，具有重要指导意义。二是编制东部新区规划。为引导和控制东部新城区域开发建设活动，2017年10月，市规划局委托山东建大建筑规划设计研究院编制完成《青州市东部新区商务片区城市设计》，确定东部新区泰华城重点地段的城市设计要素及风貌特色，审查报批12个东部新区重点建设项目的规划方案。三是编制其他重点规划。市规划局委托山东省城乡规划设计研究院编制完成《青州市经济开发区控制性详细规划》，委托潍坊市城乡规划设计研究院编制完成《青州市铁北片区控制性详细规划》，委托山东省城乡规划设计研究院编制完成《青州市科教创新园区概念规划》和《青州市健康产业创智园概念规划》，委托山东建大建筑规划设计研究院编制完成《青州市东部新区商务片区城市设计》，委托山东省城乡规划设计研究院编制完成《青州市市域乡村建设规划》等规划方案。

【规划审批】 市规划局优化审批环节，实行“网上预约申请”“建设项目模块化审批”“绿色通道并联审批”“逾期催办制”“规划多方案多方比选论证”制度，实现“一次性告知、刚性审查、无缝交接、限时办结”的科学高效审批模式。实行规划审批责任制。科学完善审批程序，从科室经办人、科室负责人、分管领导、局领导逐级审查，明确了审批责任，并将“一书二证”发放全部纳入潍坊市政务服务通用审批平台，建设单位、群众可从山东政务服务网预约办理“一书二证”，实行集中受理，同步办理，对实质审查材料具备的，实行容缺审查事后补齐，精简相关审批部门，再造审批流程，提高了办证效率。实施规划方案论证会制度，定期召开局规划技术论证会，对工作周期内的规划编制、规划管理等具体项目、事项进行专题研究。全面提升方案城市设计水平。要求新建居住小区项目必须组织专题论证，进行多设计方案比选，优中选优。全年受理规划设计方案94项，核发建设项目选址意见书14项、用地面积106.51万平方米，建设用地规划许可证86项、用地面积189.36万平方米，建设工程规划许可证90项、建筑面积173.22万平方米，建设工程竣工规划验收合格证20项，验收工程建筑面积101.7万平方米。

批后监管现场检查

【规划监督管理】 批后监管。市规划局强化规划批后监督管理，加强建设项目事中事后监管，对各类建设项目实行竣工规划核实。建立项目规划公示制度。建设项目办理规划许可时，在政府网站进行公示，项目开工前，在施工场地突出位置设立公示牌，进行社会公示，保证市民对城市规划的知情权、参与权和监督权。对批后管理工作进行梳理和优化，将原批后管理5个阶段，修改为灰线、基础施工完成、工程正负零、地上一层结构完工、主体结构完工、外墙装饰工程、绿化铺装工程7个阶段，进一步加强了规划批后监督管理，严格执行验线确认书制度，全年核发验线确认书24份。推行“双随机一公开”（监管过程中随机抽取检查对象，随机选派执法检查人员，抽查情况及查处结果及时向社会公开）工作，加大监管和巡查力度，对全市所有规划审批的在建房地产开发项目进行不定期巡查。随机从22名执法人员中组织100人次进行了27次检查，其中19次定期检查与8次随机抽查，确保“双随机一公开”工作按计划实施，对检查结果进行统计记录、整理存档、公示公开，针对检查中发现的问题及时做出处理，将违规建设项目及时移交市综合行政执法局处理。及时总结检查情况，建立建设项目巡查记录和周报表制度，对各类案件做到及时受理、及时查处、及时处结，全年对存在问题的开发项目下达整改通知17份。高质量承办“两会”建议和提案的办理工作。2017年，市规划局共承办人大建议5份，政协提案11份，通过分析梳理问题、与代表委员座谈交流、实地踏勘现场、科学分析论证等方式进行回复，做到回复率100%，见面率100%，满意率100%。

城乡规划督察员督察工作。青州市是山东省第二批派驻省城乡规划督察员的城市，城乡规划督察员受山东省政府委托，驻点督察，采用专项督察、专案督察、巡察、评议等方式及卫星遥感、航空测量等技术，督察城乡规划工作。市规划局配合督察员进行城乡规划督察及青州市卫星遥感疑似违法图斑的核实工作。重点巡查了青州市风景名胜区、国家级文保单位、青州古城、经济开发区以及青州市蓝线管理情况。开展核实遥感疑似违法图斑工作，对全市疑似违法图斑进行梳理，按属地下发到各镇、街办、开发区进行核查，现场制定整改措施，遏制城市无序违规建设，促进了青州市城乡规划集中统一管理。2017年，顺利通过山东城乡规划第八督察组关于开展城市生态资源保护及建设用地容积率调整专项督察。

（刘菁菁）

城乡建设

青州市住房和城乡建设局

党委书记、局长　　蔡治清
副局长　　钟读习
总工程师　　田玉强
党委副书记　　李盛春
副局长　　殷振宇
主任科员　　夏立华（女）

【概况】 市住房和城乡建设局是青州市城市建设与管理的主管部门，2017 年 6 月，恢复设立青州市城市房地产综合开发管理办公室，为住建局所属公益一类财政拨款事业单位。2017 年 12 月，市住房和城乡建设局不再加挂市城市管理行政执法局牌子，住建局由编制 28 名调整为 20 名。

不断加快新型城镇化发展步伐，坚持以改革创新为动力，以提高经济发展质量和效益为中心，以改善民生为着力点，推进经济社会更高层次转型科学发展，着力打造宜居宜业宜游宜养新青州。至 2017 年年底，青州市建成区达 52 平方千米，城镇化率达 50.93%。被评为国家历史文化名城、国家节水型城市，荣获中国人居环境综合奖称号。

优化城市发展布局。根据新一轮城市总体规划完善片区控规，编制历史文化名城保护规划，完善“两城四区”发展格局。新城区，加快基础设施和企业总部等重点项目建设，发展总部经济、商务休闲、金融保险等核心业态，提升中心城区产业和功能品质，强化辐射带动能力。老城区，控制老城区征收和建设高度，以对历史负责的态度，保护重要历史遗存，彰显古城文化生态和古青特色，突出以产业主导城市片区规划开发，推进中心城市引领、六区（东部花卉发展区、西部工业发展区、北部高新产业区、南部卡特彼勒工业区和科教创新园区、西南部生态休闲旅游区、东北部物流发展区）支撑、三河（弥河、南北阳河、淄河）贯通、两带（西南部生态保育带、东北部现代农业产业带）呼应的发展格局。

城市步道和自行车绿道

提高城区承载能力。加密城区路网，实施雨污分流等配套工程，加强地下空间开发利用，推进新能源供热工程，加快供水、燃气管网等基础设施建设。强化街头绿地建设，对裸露土地绿化美化，持续增加城市绿量。优化公共交通布局和设施，推进城乡公交一体化，鼓励绿色出行，规划增建城区停车场，进一步缓解交通拥堵压力。

强化城市精细化管理。严格规划控制，提高城市建筑品质，打造百年建筑和高品位城市。完善城市治理体系，推行跨部门综合执法，加快城市数字化管理与线下精细化管理有效对接，改变粗放的管理方式，信息化管理水平和效果进一步提高。

积极推进小城镇建设。突出以人为本，坚持产城一体，加快新型城镇化规划和专项规划修编。创新完善小城镇发展五种模式（特色产业带动型、生态旅游引领型、产城融合促进型、城乡等值就地发展型、三产互动推进型），发挥好示范镇作用，培育工业强镇、商贸重镇、旅游名镇。因地制宜、传承文化，发展有历史记忆、地域特色、民俗特点的小城镇，着力培育特色小镇。加强环境综合整治，

实现城乡环卫一体化全覆盖。搞好历史文化名村和传统村落保护，建设产业兴旺、生态宜居、乡风文明、治理有效、生活富裕的美丽乡村。

第三水厂制水车间

【城市公共设施建设】 城市道路。青州市不断完善城市道路体系建设，在加快新城区道路建设的同时，大力推进老城区老旧道路提升改造和断头路打通，共提升改造道路面积 37.6 万平方米。年内，新城区建设一号路、七号路道路工程，完成圣水路人行道和自行车道配套工程，科教园区开工建设云河路、云门山南路延伸工程、前寺路，经济开发区完成东京路、纽约路维修工程，开工建设安阳河路、茅津河治理工程；新开工道路主车道罩面全部完成，完成海军路、龙山路、岔河西路、坝沟子路等 10 条道路续建工程。截至 2017 年年底，全市道路长度 615.48 千米，道路面积 1053.7 万平方米。路网密度约 11.9 千米 / 平方千米，人均道路面积 29 平方米。

城市步道和自行车绿道。青州市坚持以《青州市城市步道和自行车绿道专项规划（2014—2030）》为引导，重点配套建设益王府路、海岱路、玲珑山路、昭德路、尧王山路、范公亭路、仰天山路、瓜市路、旗城路等道路的自行车道和人行道。全市道路配套人行道和自行车绿道 175 千米，形成覆盖全市主次干线的步行和自行车交通系统，有效缓解了城市交通拥堵现象。依托现有的山体、水系、绿地，对云驼风景区、南阳河景区、弥河景区、尧王湖片区、九龙峪景区、植物园景区配套建设步行道和自行车道，打通联系城市—城郊—景区的微循环，共建成景观绿道 215 千米。截至 2017 年，全市绿道 390 千米。

【海绵城市建设】 青州市自启动海绵城市建设工作以来，编制完成《青州市海绵城市专项规划（2016—2030 年）》，被列入山东省海绵城市试点，获奖补资金 1767 万元。市住建局将海绵城市建设的理念和目标纳入项目建设中，对新建的道路与广场、公园和绿地、建筑与小区、水系保护和生态修复等项目，严格按照建设海绵城市要求进行规划、设计和建设，通过海绵体建设，以解决城市内涝、雨水收集利用为突破口，消除老城区常见的“一雨就涝、污水横流”顽疾。推进节约型园林绿化建设，按海绵城市要求建设旗城路西延及青临铁路西侧道路，铺设砂石海绵透水层 3000 平方米，设置溢流式雨水口 18 个，植草沟 360 米，逐步提高绿地的“城市海绵体”功能。2017 年年内，海绵城市建成面积达到 5.25 平方千米。至 2017 年年底，累计完成 11.55 平方千米，在潍坊市县市区建设面积居首位。

【供水】 青州市城市集中供水工作，由晖泽水务（青州）有限公司负责。晖泽水务（青州）有限公司承担青州市城区及城区周边乡村居民的生产、生活和消防供水任务，城市供水水源有大郇、赤涧、邵庄泉旺村、黑虎山水库 4 处，其中黑虎山水库水源为地表水，其他三处水源为地下水。建有制水水厂 4 个（3 座运行水厂，1 座应急备用水厂），其中地表水厂 1 个，地下水厂 4 个，设计供水能力 9 万立方米 / 日，实际日供水 4.1 万立方米 / 日，供水管网输水管线 706.17 千米，覆盖王府、益都、云门山、黄楼街道办事处，经济开发区以及弥河、邵庄、东夏镇等区域，供水人口 31.4 万人，供水面积 120 平方千米。2017 年 4 月，对第三水厂进行扩建，建成后日供水由 2 万立方米将提高到 4 万立方米，以保证城区东部供水。

【排水】 青州市大力推进城市排水管网建设，市住建局对范公亭路、云门山南路延伸段进行雨污分流改造，督促经济开发区对安阳河路、文苑路、康圣北路、荣利街、胡东路、东京路西段、青垦路、东京路等道路的雨污分流改造，对猛山经济发展区的部分道路进行雨污分流改造。全年改造雨污合流管网 57.5 千米，新增加雨水管网 30 千米。截至 2017 年年底，全市排水管网长度为 837.32 千米，其中污水管网 412.88 千米，雨水管网 303.68 千米，雨污合流管网 120.6 千米，城市排水系统雨污分流率达 86%。

【城市污水处理】 青州市共有市级污水处理厂 6 座，处理能力为 17.5 万吨 / 日，出水水质全部达到《城镇污水处理厂排放标准》（GB18918—2002）一级 A 标准。2017 年 5 月，对青州市高柳污水处理厂、青州市经济开发区第二污水处理厂、青州市清源污水净化有限公司进行提标改造，出水水质提升到一级 A+ 标准，高柳污水处理厂、清源污水净化有限公司提标改造工程于 2017 年 12 月进行调试。

【供气】 青州市城市燃气供应主要由青州华润燃气有限公司负责保障。截至 2017 年年底，共铺设天然气管线 808 千米，开发居民用户 12 万余户、工商业用户 500 余户、公福用户 59 户，城市管道燃气普及率达 90% 以上。2017 年 12 月，青州华润燃气有限公司完成穿越淄河管线至庙子镇区、邵庄镇区管网和计量站建设，引入第三方气源，保证“气化乡村”工程顺利开展，截至 2017 年年底，自筹资金完成 52.136 千米非标 PE112 管材改造工程，开工建设集燃气抢修、时时监控、燃气调度、巡检监控、应急指挥救援、燃气服务、燃气工程等功能为一体的青州华润燃气有限公司输配控制中心，极大提升了城市输配管网运行的安全系数。

古城安装路灯

【供热】 青州市城区集中供热由山东海化盛兴热电有限公司、青州益能热电有限责任公司、青州市鑫泉热力有限公司、青州市泰丰供热有限公司 4 个公司实施，集中供热开户面积达 1291 万平方米（分别负责 370.7 万平方米、615.9 万平方米、168.9 万平方米、117.5 万平方米），集中供热能力约 965 吨 / 小时。2017 年，各供热公司全部完成脱硫、脱硝、除尘环保设施建设，海化盛兴、泰丰供热分别新上一台 58 兆瓦高温水锅炉，城市集中供热保障能力得到提升。根据城市发展需要，引进青州市万信新能源工程有限公司，利用污水源热泵、地源热泵、空气源热泵等新能源技术对城区集中供热管网难以覆盖和覆盖范围内能力不足的区域供热，保障居民用热需求。

【城市亮化】 青州市按照城市绿色照明工程规划纲要，推进城市绿色照明工程。根据古城亮化规划，在古城区路灯设计中，结合古城特色，亮化设计与古城自然融合，着意以灯为笔，以光为墨，塑造古城区美景，烘托古城气氛，展现城市魅力。采用高效节能陶瓷金卤灯等暖光节能光源，极大地体现了古城风格，展现历史文化名城的内涵。2017年，共组织实施38条道路路灯新建和改造工程，安装路灯3200基，完成陶瓷金卤灯路灯改造5530盏，全市城市路灯总量达到19150基、45746盏。同时，积极推进夜景照明亮化工作，青州市区共有100余幢沿街建筑安装夜景亮化设施。

（王　丽）

住宅与房地产

青州市房地产交易中心

主任、党总支书记　　赵新坤
副主任　　文福明
　　曲　宁（女）
　　王永明

【房地产开发与管理】　2017年，青州市房地产业快速发展，建筑质量、配套设施、物业管理方面进一步提升，邀请国内知名房地产企业参与青州市高品质楼盘建设，推动青州市房地产业提档升级，房地产开发建设和销售量处于较高水平。通过加大房地产企业清出力度，控制开发企业数量，进一步提高房地产市场集约度。至2017年年底，全市房地产开发企业总数已达75家，其中一级资质开发企业1家，二级资质开发企业5家，完成投资99.7亿元。青州市共开发建设住宅小区168个，面积1300多万平方米，商品住宅人均居住面积14.5平方米。

【房产交易与权属管理】　青州市实施存量房买卖合同网签备案及交易资金监管工作，联合邮政储蓄银行正式启用青州市房地产交易中心存量房交易资金监管专用账户，保障存量房交易资金安全，维护当事人合法权益，资金监管实行自愿选择方式，免费为交易当事人提供服务。2017年，完成存量房买卖合同网上备案3237套，房产交易面积34.34万平方米；完成房产交易资金监管604.3万元。

【房产经纪服务】　市房地产交易中心认真贯彻执行潍坊市下发的《关于加强房地产经纪管理的实施意见》，强化机构管理，健全备案制度。为已备案经纪机构开通网签资格，全面启用存量房买卖合同网上备案系统，完成存量房买卖合同网上签订；鼓励房地产经纪从业人员接受继续教育、参加岗位培训、不断提升职业能力和服务水平。截至2017年年底，全市通过经纪人员岗位培训200余人，从业人员上岗培训率达100%，全部持证上岗。全市71家经纪机构办理了登记备案手续，建立了经纪机构及从业人员信用档案。

【物业管理】　2017年，物业管理逐步规范，制定《青州市物业服务企业计分等级考核办法》《关于物业服务项目准入与退出制度的实施意见》等文件。全市有物业管理项目205个，其中住宅项目157个，非住宅项目48个，服务面积约1300万平方米，全市备案的物业服务企业75家，物业从业人员3000

2017年，全市房产经纪机构工作会议

优秀物业项目——大益华府

余人。

加强宣传培训。利用网站、小区电子显示屏、宣传横幅、发放传单、小区宣传栏等形式宣传物业管理知识，提高业主对物业管理工作的认知度。印制发放《物业管理知识宣传手册》4万余册，提高业主"花钱买服务"的意识。制作150块政策法规宣传栏和小区事务公开公示栏，供业主了解小区事务，增加物业服务透明度。极开展行业人员培训工作，举办两期物业项目经理培训班，组织物业从业人员参加3次上级业务主管部门培训班，培训人员800余人次，服务水平进一步提高。

物业精细化管理。按照五位一体（指挥部综合调度、部门包靠协助、街道主体推进、物业综合提升、居民自我整治）模式开展老旧小区改造工作。争取上级扶持资金1591万元，完成2017年度48个老旧小区的水电暖等基础设施改造工作和2016年度72个改造项目的收尾工作，并顺利通过省住建厅对老旧小区改造绩效评价。联合市城区社区综合提升指挥部对物业企业服务行为进行检查。至2017年年底，下发整改通知200余份。严格维修资金使用，加强资金使用监管，有效保障住宅共用部位、共用设施设备的维修和正常使用。按照公开、公平、公正的的原则，严格落实前期物业招投标制度。推动业主委员会建设，规范备案管理，提高居民自治能力。市房地产交易中心积极协调配合处理群众来信来访，回复率和满意度均达100%。开展"四全一特"（功能配套齐全、生活服务周全、基础设施安全、治理机制健全和特色品牌凸显）社区建设，配合市建设活动办公室，打造地市级示范社区2个，县区级示范社区5个。

开展物业行业文明创建。积极动员全市物业服务企业开展行业文明创建活动，配合争创国家级文明城市，在全行业营造创建文明、敬重文明、共筑和谐新邻里的良好氛围，累计发放宣传材料2000余份。在潍坊市关于物业行业文明创建活动中，青州市的山东信德物业有限公司、山东尚诚物业服务有限公司被评为"文明和谐物业企业"，大福地、海天花园、大益华府、海岱苑4个服务项目被评为"文明和谐物业小区（项目）"。

【公共租赁住房】 2015年，青州市印发《公共租赁房管理实施细则》，将2014年前通过购买或代建的廉租住房统一并轨运行，纳入公共租赁住房管理。2017年，青州市实行租赁补贴为主，实物配租为辅的方式，扩大保障范围，将符合规定条件的城镇中等偏下收入住房困难家庭、新就业无房职工和在城镇稳定就业的外来务工人员纳入保障范围。健全申请审核机制，完善轮候制度，强化配租管理，加强使用退出管理，推进信息公开工作，强化监督管理。对城镇低收入家庭住房保障需求，按照应保尽保的原则，通过租赁补贴发放的方式予以补助。截至2017年年底，共发放补贴423户，共57.39万元。

【棚户区改造】 2017年，青州市成立棚户区改造工作领导小组，严格按照《加快棚户区改造工作的意见》《关于加快推进棚户区改造工作的补充意见》《青州市棚户区改造房屋征收补偿指导意见》等文件要求，促进棚户区改造工作。将棚户区改造工作纳入科学发展考核和全市追责重点观察项目，建立

“周调度、月通报、季考核”制度。坚持按照科学规划、分步实施，政府主导、市场运作、以人为本，依法拆迁等原则，编制棚户区改造实施计划。落实资金、税费、土地等优惠政策，破解融资难题，创新支付方式，推动政府购买棚改服务，棚改项目与“去库存”的有机结合，实现政府、企业、居民的“三方共赢”。全面加强监督，做好信息公开，保证棚改群众知情权，确保棚改工作的公平公正。全年共确定11个乡镇20个棚改项目，建设8027套住房。

【老旧小区提升改造】 2017年，青州市采用“指挥部综合调度、部门包靠协助、街道主体推进、物业综合提升、居民自我整治”五位一体模式，对社区供水、供热、供电、燃气、道路、绿化、路灯、卫生等基础设施进行综合提升改造，印发《青州市城区无人管理老旧小区管理办法》《城区住宅小区提升改造补充办法》等文件，推进业主自治下的物业精细化管理，理顺社区体制机制。2月，市政府确定改造78个小区，97个项目，涉及业主9456户。其中供水改造33个，供电改造49个，燃气改造和新接入6个，供暖改造和新接入9个。指挥部召集有关部门、街道、各专营企业，对工程改造方案、预算编制、财政评审、工程动工等问题进行商讨，督促工程进度，确保施工质量。组织督查组不间断地到施工现场进行督查，对企业组织情况、项目进展情况以及施工中存在的问题，进行协调解决。市政府7月份、9月份进行现场调度，市人大、市政协也分别进行视察。至2017年年底，78个小区全部开工，其中完成70个小区，8个小区实施中，共投入资金1.3亿元。

（徐红红）

建筑业

【概况】 青州市建筑业发展迅速，市场秩序、制度建设、监管机制不断完善，建筑业成为全市经济社会发展的重要支柱产业之一，全市完成建筑业总产值131.33亿元，房屋建筑施工面积1174.92万平方米。2017年9月，青州市被评为为2016年度山东省建筑业“十强县”。

【建筑市场监管】 截至2017年年底，全市共有建筑工程施工企业92家。总承包企业39家（特级企业1家，一级企业2家，二级13家，三级23家），专业承包44家（一级4家，二级14家、三级11家，不分等级15家），劳务企业9家。结构进一步优化，建筑企业积极向市外、省外扩张，业务范围拓展到10多个省市，全市建筑业整体实力增强。市住建局加大对建筑行业监管力度，加强工程建设质量、安全、环保监管，落实建筑市场管理责任制，加强执法人员培训，执法人员全部通过行政执法证考试，持证率100%。强化建筑市场监管与诚信一体化平台建设及管理，全年办理企业注册、工程项目招投标、施工许可等项目600余项，其中核发建筑工程施工许可证54项，总建筑面积148万平方米，投资额219916.95万元。建筑市场信用体系不断完善，成立4个工作组对全市60余个项目进行包靠督查，全面规范工程建设主体行为、消除建设质量及安全隐患、解决农民工欠薪上访等问题。

【施工安全】 市住建局开展安全生产大排查、专项检查和日常巡查、抽查等整治行动，及时发现和排查安全隐患，建立检查台账、检查全程实时记录等制度，全年查出隐患547项，整改538项，整改率达98%。引导企业建立以标准化为基础的自主管理、持续推进的安全生产管理和两体系建设，截至2017年年底，全市20家建筑企业建立了一企一册。强化对建筑施工企业和施工现场的安全生产监督检查，实行建筑企业安全生产动态考核制度，15家企业通过动态考核达到合格标准。

【建设科技与建筑节能】 青州市采取多种措施促进建设科技的发展，建立从项目立项、设计、施工、监理到竣工验收备案等环节的监管机制。积极推广可再生能源在建筑中的应用，带动新能源相关资料、产品的技术进步及产业化，建筑节能技术、太阳能

住建局组织检查大益华府规范施工

光热建筑一体化应用不断推进。推广绿色建材、节能产品及建筑节能工程，鼓励利用煤矸石、粉煤灰、建筑垃圾等固体废物为原料研发生产绿色建材，推进建筑产业现代化发展。提倡使用预制装配式混凝土、轻钢结构等建筑体系和建筑节能与结构一体化技术，提高建筑产业现代化技术集成水平。推广绿色建筑，对政府投资或以政府投资为主的机关办公建筑、公益性建筑、保障性住房，单体建筑面积超过 2 万平方米的大型公共建筑以及 10 万平方米以上的住宅小区，全部执行绿色建筑标准。截至 2017 年年底，青州市有海天辰韵、大福地、海天丽景等 11 个小区获星级绿色建筑评价标识，建筑面积 119.37 万平方米。泰华城大益华府地上车库项目、海天丽景综合楼项目获山东省装配式建筑示范工程。

青州荣军医院综合病房楼

【优质工程】 青州市积极开展优质工程创建活动，建筑工程质量不断提升，全市建筑业创出的精品工程获得“鸢都杯”“泰山杯”奖工程、“省级工法”“QC 成果”奖，部分工地采用先进的“BIM”技术等十项新技术。截至 2017 年年底，由华邦建设集团施工的物流研发中心、荣军医院综合病房楼、火箭军工程学院实验楼工程荣获“泰山杯”奖；青州烟草中专宿舍楼、宝鼎大厦等工程荣获“鸢都杯”奖。

【山东华邦建设集团有限公司】 2017 年 8 月，山东华邦建设集团有限公司晋升建筑工程施工总承包特级资质并入选山东省建筑企业综合实力 30 强。集团注册资本 20 亿元，资产总额超过 50 亿元，完成建筑业总产值 69.7 亿元，晋升 4 个一级资质，新拓展公路、水利水电等多项施工资质，新授权国家专利 33 项，新申请国家专利 41 项，拥有一级建造师 80 余人，承建项目获得全国建设工程项目施工安全生产标准化工地、“泰山杯”、山东省优质结构工程、山东省建筑施工安全文明示范工地、山东省建筑施工安全文明优良工地等 15 项国家、省部级荣誉称号。每年投入 6000 万元用于科技提高、人才培养，筹备建立院士工作站，在省级企业技术中心的基础上申请成立国家级企业技术中心。集团在北京、青岛、济南、烟台等全国大中型城市设立 12 个分公司，承揽大型和重点工程。

（王　丽）

园林绿化

青州市园林局

局　长　　邵永梅（女）
党总支书记　　张德堂
副局长　　李升武
　　李明鹏
　　李保福
总工程师　　杨春富
副总工程师　　段志毅
政务服务中心窗口主任　　路　永

【概况】　2017年10月，市园林局增设开发区绿化养护管理所、仰天山路绿化养护管理所、城东绿化养护管理所、弥河绿化养护管理所，机构设置为10室9所，在编人员66人，其中专业技术人员42人。坚持生态优先理念、统筹城乡园林绿化发展，以建设生态青州、美丽青州为目标，加强科学规划，加大资金投入，园林绿化布局不断完善，主城区绿化、园区绿化、市域主次干道绿化、山体绿化、河道绿化、村居社区和单位庭院（小区）绿化构成的城乡一体的市域大环境绿化格局基本成型。截至2017年年底，全市绿化覆盖面积2586万平方米，绿化面积2483.26万平方米，公园绿地面积846.01万平方米，绿化覆盖率43.35%，城市建成区绿地率41.71%，人均公园绿地面积25.6平方米，城市防护绿地实施率达到81.45%。

【绿化道路建设】　青州市不断完善城市道路绿化体系，全市范围内的道路实施高标准绿化，注重绿化树种的引进和搭配，丰富道路绿化的层次和色彩，分车带采用复层种植，道路绿化与街旁绿地、城市公园相通相连。城市新建、改扩道路留有足够的绿化隔离带，复层种植季相各异的植物品种，增添景观的层次感，增加可识别性。2017年内，对桓公路、景公路、管仲路等17条道路实施绿化，栽植乔木9000余株、灌木5900余株，新增绿化面积9.2万平方米。投资1500万元，对范公亭路、仰天山路、益王府路3条主干道绿化带进行提升。城市道路绿化普及率为95.48%，城市道路绿地达标率为90.36%，林荫路推广率达到93.02%。

【街头绿地建设】　市园林局通过因地制宜、随形就势的地形整理，打造精品街头绿地。在种植设计方面，提倡使用成本低、适应性强、本地特色鲜明的乡土树种，大力推广金鸡菊、虞美人等宿根地被和自播能力较强的草本花卉，营造了具有浓郁地方特色和郊野气息的自然景观。2017年，启动口袋公园建设工程，将海岱学校绿地、仰天山路泰丰城建东侧绿地、仰天山路南阳湖大桥东南角3处绿地改造为口袋公园。

驼山北路道路绿化

【养护管理】　2017年，市园林局以全面实施城市精细化管理为抓手，扎实开展园林绿化综合整治，不断提高精细化管理水平，提升城市自然品质。重点对示范路进行精细化管理，对城区内的花灌木、行道树及绿篱进行整形修剪，开展绿化障碍清除活动，排除安全隐患。实行每日督查、信息发布、跟踪督办工作制度，

范公亭路绿化

明确责任人和整改时限，全年发布督查信息60余期，收集群众建议200余条，整改问题150余项。在衡王府路、范公亭路两侧花坛安装铁艺护栏2400余米。补植绿地内缺株断垄苗木，其中弥河生态园补植樱花、紫叶李、流苏、红梅等苗木2000余株，尧王东路栽植酢浆草15000余株、月季10000余株；在南阳桥、青云桥、荷花桥三个桥体栽植垂吊牵牛40000余株，连翘3500余株、黄金薯30000余株；在花博会展厅两侧、城市广场、高速路出口等部位摆放国庆菊、孔雀草、一品红等时令花卉40多万株。定期进行抗旱浇水，并运用喷洒药液和胶带纸阻断等多种手段综合防治各类病虫害，全年共计出动病虫害打药车435车次，对100余株病危大树进行消毒防腐并加固处理。

【古树保护】 截至2017年年底，青州市存档古树847株，分18个科27个属31个树种，古树群有13处。存档古树名木中，最多的是古槐，已普查455株，其中城区30余株，其他分布在各镇、街道、开发区。

【义务植树】 全年在东夷文化广场、弥河生态林场、南文登村、西台头村、刁庄村等12处地方进行义务植树，借助“学雷锋志愿活动”捐赠等活动，共栽植乔木3000余株、灌木20000余株。

【园林审批及管理】 2017年，市园林局成39项绿色图章审批项目，办结率100%，群众满意度100%。全面落实安全管护责任，强化巡查巡护，对容易发生火情的路段，安排专人进行巡查。全年对园林植物及绿化设施、车辆等机械设备、易燃易爆物品、危险化学品安全隐患进行4次排查，督导进行整改、跟踪、落实，检查覆盖率100%。组织4次安全生产演练，累计出动200余人次。

【园林执法监督管理】 2017年，利用“联播青州”“行风在线”“青州民声”等栏目，做好普法宣传，增强透明度，主动接受社会监督。组织巡查队伍，实行24小时轮流值班巡查，加强与交警队、公路局等部门协作，共处理交通事故损坏绿化案件60余起，挽回经济损失30万元，纠正摘花折枝等行为200起。

（郄光菊　杨　刚）

城市管理

青州市综合行政执法局

党委书记、局长	王连胜
副局长	周恩学
副局长、综合行政执法大队大队长	李学昌
综合行政执法大队副大队长	张洪泽
	侯海波
	刘　欣
副主任科员	边　伟
	冯光涛
	刘　涛
	刘志军
	赵宏杰

【概况】 2017年12月，青州市综合行政执法局

规范店外经营

在青州市城市管理行政执法局基础上成立，为市政府直属行政执法机构。保留办公室、政工科、宣教科、法制科、督查科、广告管理科、财务装备科、投诉中心、集中处理办公室、违章停车处理办公室10个科室，增设国土执法科、农业执法科、规划执法科、建设执法科4个科室。下设青州市综合行政执法大队，保留青州市城市管理行政执法大队牌子，整合市国土资源执法监察大队、市旅游监察大队、市农业综合执法大队、市畜牧综合执法监察大队等机构和执法职责，设14个执法中队，其中13个执法中队派驻镇（街道）、经济开发区，1个机动中队负责全市范围内重大疑难案件的专案工作。市城市建筑垃圾统管统运综合管理办公室由市住建局所属调整为市综合行政执法局所属。

【市容秩序管理】 2017年，积极推进精细化管理，重点对店外经营、占道经营、流动摊点、马路市场等进行治理。制定完善“门前五包”责任制度，与商户签订“门前五包责任书”3.5万份。组织3次徒步执法行动，对城区42条主次干道逐一整治，规范各类经营秩序，按照疏堵结合的办法，以不影响交通、市容和方便群众生活为原则，在冠街、草场街、青龙街等街道设置了10处摊点疏导点，引导流动摊点定点定时经营，全年共规范店外经营、乱摆乱放3800余处，清理占道、流动摊点1万余处，清除各类门窗乱贴乱画3400余处。

【户外广告牌管理】 严格落实审批制度，进一步完善门店广告牌审批流程，积极开展陈旧、破损、违规设置广告牌拆除和非法小广告清理工作。全年审批门店广告牌1065块，对南山豪庭、凌云居等8处新楼盘广告样式进行了统一规划设计，拆除各类违规、陈旧、破损广告143块，大型立柱广告86块，配合各镇街、开发区拆除立柱广告287块，清理非法小广告3万余条。

违建拆除

【违法建设治理】 青州市成立违法建设治理行动领导小组，建立健全违法建设治理各项机制，规范、完善档案整理，协调联系各镇、街道、开发区认真落实违法建设排查摸底和拆除整改工作，截至2017年年底，协助各镇、街道、开发区排查违法建设194处，建筑面积27.9万平方米，整治违法建设171处，建筑面积23.8万平方米；对新增、在建的违法建设做到“即查即拆”，累

查处渣土运输车

密闭改装。实行24小时不间断巡查，加大违规清运处罚力度，注重源头治理，要求各建筑工地硬化路面、设置清洗设备，严禁违规处置建筑垃圾，查处扬尘、洒落、带泥上路等违规行为76起，查处违法运输工地17家，处罚8家违规操作运输企业，取消违规运输的3家运输公司共28辆渣土车清运资质。

（臧　凯）

计拆除新增违法建筑53处，面积2.37万平方米。

【违章车辆治理】　在城区主要道路路口设置大型标志牌，引导大型货车通行，执法人员24小时轮流巡查，对违规进入城市规划区域行驶的超载、超重等车辆进行查处，全年共查处各类违规运输车辆1621台次。规范市区停车秩序，优化停车线和停车位设置，在路沿石以上新设置停车位3000余个，有效缓解停车难问题；纠正乱停乱放行为2万次，对2880次乱停车辆依法给予行政处罚。

【露天烧烤管理】　2017年，市执法局按照《关于全面取缔城区露天烧烤的通知》要求，严禁烧烤业户进行露天作业，持续做好环保炉具更换和油烟净化设备安装引导工作。全年与烧烤业户签订责任书280余份，下发整改通知400余份，安装油烟净化设备510余台，新更换环保炉具11台。开展集中整治行动，对露天烧烤严管重罚，整改烧烤店铺24家，证据保存烧烤炉15台，有效遏制露天烧烤现象发生，减少了烧烤油烟污染。

【建筑垃圾运输管理】　充实建筑垃圾统管统运综合管理办公室执法力量，改进审批流程，全年共审批发放通行证1700份。加强对全市清运公司和车辆进行审核，统一安装公司标志、放大号牌、警示灯和全球定位系统（GPS），对83辆运输车进行了

【数字化城管】　2015年5月，青州市启动城市数字化管理平台建设项目。市住建局委托积成电子股份有限公司进行勘察设计，2015年10月11日设计方案通过省住建厅专家组评审。2017年3月，招标确定由北京耐威时代科技有限公司承建，青州移动公司负责网络运营，山东赛宝电子信息工程有限公司负责工程监理，同月开工，历时5个月，对100平方千米建成区范围内24万个城市部件进行普查，摸清全市“公用设施、道路交通、市容环境、园林绿化”等城市部件设施情况。2017年8月平台开始运行，11月30日通过省数字化城管专家组验收。数字化管理平台将普查范围内的9743个万米单元网格划分为60个管理网格，并将公安局500多个治安视频监控和质监站在建筑工地视频监控系统接入了监督指挥中心，实现了对建筑工地、公园广场等重要场所的实时监控，同时设立12319城建服务热线，实现了市民投诉24小时专人办理的快速反应机制。城市数字化管理平台项目的应用，极大提高了青州市城市管理水平。

【市政设施养护管理】　截至2017年年底，青州市纳入市政统一管理养护的道路73条，道路总长度271.3千米，面积632万平方米，慢车道面积54万平方米，人行道面积121万平方米，排水管网总长度504.7千米，市住房和城乡建设局负责管理，青州市世安市政建设养护有限公司负责维修养护。

定期对道路进行巡查摸底，制定年度养护维修计划，组织开展道路挖补修复。实行定人员、定区域、定路段目标管理责任制，合理调配市政设施养护力量，道路完好率、排水通畅率均达到98%以上。更换全市雨污水检查井“四防”井盖69个，避免井盖伤人事故，保障通行安全。采用“高分子聚和密封胶”对道路裂缝进行灌缝处理，防止雨水浸入道路基层，减缓道路网裂趋势。引进微表处理技术，提高道路防水、抗滑、耐磨性能、路面平整度和美观度，防止路面老化与松散，延长路面使用寿命。

道路保洁洒水

【城建档案管理】 2017年入库档案4114盒，出具《山东省建设工程档案预验收意见书》28份，接待社会各界工程档案利用服务咨询366次，提供案卷2000余卷次，接待地下管线工档案查档18次，出具地下管线横断面分析图173份，新铺设档案密集架24列，增加容量141.6立方米，增加库房170平方米，转移档案6021盒。建立青州市地下管线信息档案，记录城区给水、排水（雨水、污水、雨污合流）、燃气、热力、电力、路灯、交通信号、电信、移动、联通、铁通、有线电视、新网通以及测区范围内的管、线等档案数字信息，为城市规划、建设提供了详实的数据支撑。截至2017年年底，馆藏档案25040份。

环境卫生

青州市城市环境卫生管理局

局长、党总支书记　张修学
副局长　董居伟
　　李慧芳（女）

【道路清扫保洁】 市环卫局承担61条城区主次干道保洁、各街道办事处托管街巷以及园林局绿化带卫生托管工作，2017年，全面实行“机扫为主，人工捡拾为辅”的保洁作业新模式，将保洁区域划分为15个，委托保洁公司进行保洁，保洁面积1302万平方米，道路保洁员1150人；机扫车队各式机械化作业车辆55辆，道路机扫率96%，湿扫率96%，洒水率、冲洗率均为32.8%，城区主次干道保洁达到高质量常态化。衡王府路、范公亭路被潍坊市环卫处评定为潍坊市城市道路深度保洁示范路。

【垃圾处理】 市环卫局共有各类清运车辆23辆，对城区各居民小区、企事业单位、主次干道等生活垃圾日产日清，全年清运处理生活垃圾22.4万吨。对垃圾处理技术进行改良，采用分选、堆肥+营养土培养，剩余残渣到填埋区填埋，垃圾填埋减量55%～70%。投资500万元对垃圾山进行覆膜，对雨水污水进行分流，并新建1个应急调节池。2016年8月，同潍坊金信达生物化工有限公司签订了《潍坊市餐厨废弃物资源化利用和无害化处理项目（BOO）特许经营协议青州市运行协议》，青州市餐厨废弃物集中收运工作正式运行，至2017年12月，全市布设餐厨垃圾专用收集桶1000个，集中收运餐厨垃圾量7200多吨，日均处理餐厨垃圾20.6吨。

【公厕建设管理】 截至2017年年底，市环卫局管理的城区公厕共有59座，其中27座砖混公测为二类水冲式公厕，21座板房公厕为三类临时水冲式公厕，8座环保公厕为三类发泡免冲式公厕。公厕管理实行一人一厕制，建立管理档案，签订承包责任书，严格卫生标准，做到“三净五无”标准，水冲公厕普及率达100%。

【城乡环卫一体化】 建立健全“户集、村收、镇运、市处理”的城乡环卫一体化垃圾集中处置体系，庙子镇泰和社区垃圾压缩中转站、衡王府集贸市场垃圾中转站、黄楼街道花卉中心垃圾压缩中转站等16个垃圾压缩中转站投入运行。城乡环卫一体化市场化运作实现全覆盖，将全市划分为两个片区，进行统一招投标，2017年10月，青州市镇（街道、开发区）环境卫生保洁市场化项目开标并进行公示，确定新安洁环境卫生股份有限公司、深圳市国源环境集团有限公司为中标单位，合同期限3年，金额2.32亿元。持续推进铁路沿线环境综合治理工作，2016年8月至2017年7月，全市共出动工作人员

环卫指挥中心

7000余人次，出动车辆2800多台次，清理各类垃圾2.7万多吨，加固彩钢瓦房200余间，粉刷建筑立面2.5万平方米，实际完成绿化长度11.38千米，绿化面积13.37万平方米，累计投入资金1300多万元，通过全省铁路沿线环境综合治理验收。

【青州环卫指挥中心】 2017年3月，青州市城市数字化管理中心环卫局二级平台开始建设，安装2989个垃圾箱识别设备和69辆环卫作业车的全球定位系统（GPS）设备，实现对环卫作业车辆实时监控，提升了工作效率。

（傅莉莉）

阳河管理

青州市阳河管理局

局长、党支部书记　李爱美（女）
副局长　赵洪庆
何　丽（女，回族）
许世磊

【概况】 2017年3月，南阳河铁路桥至东阳河村东小桥9.5千米河段改造完成，由南阳河下游综合治理改造工程指挥部移交市阳河管理局管理，南阳湖公园至弥河全线贯通，总长22.1千米，面积2.9平方千米，阳河管理局对南阳河全域实施精细化管理。北阳河自2017年7月始，由北阳河治理工程指挥部、尧王湖改造提升指挥部逐段移交市阳河管理局管理，截至2017年年底，尧王湖至广饶界全线40.8千米的北阳河河道由市阳河管理局管理。2017年内，通过向社会买服务，以公开招投标方式方式，引入9个国内物业公司对景区进行24小时保洁、安保、绿化、亮化、秩序和设施维护等日常管理管理，管理技术专业人员、秩序维护员、保洁人员等共400余人。全年接待来人观摩20余万人次，接待游客680余万人次。9月4日，南阳河景区经水利部批准，荣获“国家水利风景区”称号，是潍坊市唯一获得此称号的景区。10月29日，青州市受邀进京参加授牌仪式。

【精细管理】 2017年，南、北阳河精细化管理水平进一步提高，实行“一线工作法”，重点做好景区卫生标准提升、基础设施维护、水生态保护工作。实施卫生清底子专项行动，共清理各类垃圾15000余立方米，维护保养200余处台阶、栈道、甬路，维修1200张座椅，修复木栈道2100平方米，观景护栏1000平方米，喷涂防腐漆4000平方米，整修

南阳河宋城处景观

廊榭亭台60余处，设置大型景区导览牌30处，各类警示牌、指引牌500多个。开展“啄木鸟”行动，景区各责任区段展开提标整改，责任包靠人员相互对标查找问题，整改安全隐患40余处，修复基础设施70余处，清运垃圾2000余吨。

【绿化生态建设】 开展绿化植被景观性整治活动，修剪绿化造型15300余平方米，整修乔木40万株、灌木10万株、模纹10万平方米、绿地15万平方米，补植麦冬2万平方米，扎制景观竹篱笆6000余米，生态通透明净，土地无裸露。配备40艘水面垃圾清理船，实现独立水域垃圾清理全覆盖，及时清除河道水面垃圾，在南阳湖、洋溪湖等水面投放锦鲤、白鲢、草鱼苗70万尾，增强活水能力，同时实施禁泳禁钓，保护河流生态，减少安全隐患。启动“十里红荷”项目，栽植红荷3万多株，形成下游生态景观，改变“荷花桥无荷”的原状。逆向回调中水50多万立方米，推动了中水回调和坝沟水库及下游清淤工程，开展河道“水生态景观浮排”试验5000平方米，维护了河道生态平衡。组织全景区生态科普挂牌活动，制作科普树牌3000块，推动生态科普宣传和景区品质提升。

【特色活动开展】 2017年古城过大年活动中筹办“尚品阳河——河灯映红青州梦”春节主题灯展，受到市民、游客的高度欢迎，中央电视台、山东电视台分别进行现场报道。国庆期间开通南阳河“金秋观光体验游”，串联古城、南阳河景区、弥河湿地的旅游路线。完成青州古城“政德家风”三贤祠教学点的建设，招聘教学点讲解员6人，补齐接待讲解和导游方面的短板。启动三贤祠、李清照纪念祠保护提升改造项目，方案设计基本完成。举办“阳水荷韵”文学征文大赛，征集文学作品130余篇，整理印制1000册，在范公亭公园设置“食品安全”宣传园区，在南阳河绿地公园设置“科普”宣传园区。

【河长制工作】 2017年，潍坊市河长制工作现场推进会议，国家水利部、省水利厅河长制工作督导会议相继在南阳河召开，市阳河管理局深入推进落实河长制工作，充分发挥河长制下的段长工作职责，定期开展清河行动，与河道管理职能部门建立“1+X”沟通机制，对客水进入南、北阳河的排污口进行一天24小时巡检，发现可疑客水进入河道时，即时启动报告机制，保证水常绿、水长清。

（门禹辰）

村镇建设

【村镇规划】 镇总体规划。自2012年起，各镇、街道、开发区开始启动新一轮镇总体规划的编制工作。弥河镇、邵庄镇作为“省百镇建设行动示范镇”率先完成镇总体规划（2013—2030年）修编，谭坊镇、庙子镇、王坟镇、高柳镇、益都街道完成镇总体规划（2015—2030年）修编工作并通过专家评审，谭坊镇总体规划于2017年10月获市政府批复实施。年内，何官镇、东夏镇启动镇总体规划修编工作，并形成初步成果。

村庄规划。年内，各镇街按照市政府印发《青州市2016—2020年乡村规划工作实施方案》，从

北薛村近期规划图

基本原则、工作目标、工作计划、保障措施等方面对镇村规划进行详细部署，开展村庄规划编制工作。市规划局协调青州市勘察测绘研究院及时提供编制村庄规划所需地形图，保证村庄规划编制工作有序推进。截至 2017 年年底，青州市村庄规划编制覆盖率已达到 85%。

*传统村落与历史文化名村保护与发展规划。*截至 2017 年年底，市规划局配合指导相关镇街编制完成 3 个历史文化名村、5 个传统村落的保护发展规划。其中 3 个历史文化名村：王府街道井塘村、弥河镇上院村、王坟镇赵家峪村；5 个传统村落：第一批省级传统村落王府街道井塘村，第二批省级传统村落邵庄镇王家辇村、弥河镇上院村，第三批省级传统村落邵庄镇北薛村、第三批省级传统村落黄鹿井村。

*村镇规划管理。*青州市 8 个镇、4 个街道和经济开发区设置“乡村规划建设监督管理办公室”。主任由镇（街）分管领导兼任，并配备 1 名副科级副主任，将乡镇规划建设管理、村庄（社区）规划建设管理纳入该机构职能。2017 年 6 月，市政府印发《关于加强西南山区规划建设管控工作的意见》，加强西南山区生态保护，确保优势生态资源可持续利用。

（刘菁菁）

【小城镇建设】 青州市按照“城乡互动、一镇一品”的原则，探索“五种模式”推进小城镇特色化、差异化发展。特色产业带动型：黄楼街道依托花卉研发、盆花种植、交易中心，建设花卉特色镇；谭坊镇、高柳镇发展有机瓜菜种植，发展农产品深加工，建设高品质瓜菜特色镇；东夏镇发挥区位、交通优势，以港天物流为龙头，建设陆港物流特色镇。生态旅游引领型：王坟镇、庙子镇依托生态文化资源，建设集旅游、休闲、采摘、写生于一体的观光度假小镇。产城融合促进型：经济开发区和邵庄镇，在工业区周围建立居住区、生活区、休闲区，加快推进农民向二三产业转移。城乡等值就地发展型：何官镇发挥南张楼实施中德土地整理与村庄革新项目的示范作用，抓好南小王新农村建设样板，搞好推广带动，实现城乡等值就地发展。三产互动推进型：弥河镇和王府、益都、云门山街道，发挥区位优势，统筹推进三次产业协调发展。截至 2017 年年底，弥河镇、邵庄镇被列为国家级重点镇，庙子镇被列为国家特色景观旅游名镇，邵庄镇被列为省级历史文化名镇。

【特色小镇培育】 青州市积极打造产业上“特而强”、机制上“新而活”、功能上“聚而合”、形态上“精而美”的特色小镇，黄楼文化艺术小镇入选第一批山东省级特色小镇；庙子零碳小镇入选第二批山东省级特色小镇。黄楼文化艺术小镇以国际化艺术小镇为主题，以文化艺术元素为主线，计划打造成集艺术创作、展示展览、交易交流、培训教育、创业孵化、金融服务、养生养老、商业服务 8 大中心于一体的大型、综合性文化艺术产业生态发展平台和国际文化艺术旅游度假小镇。庙子零碳小镇以零碳生活、零碳产业、零碳旅游、零碳技术产品应用、展示、交易推广为一体的全生态产业链特色的“零碳小镇”，兼有生产、生活、旅游的功能，建设成为一种循环经济与生态产业相结合的新型生态产城融合小镇。

【农村新型社区建设】 2017 年，全市 25 个农村新型社区基本建设完成，合并村庄 38 个，入住 9782 户、29260 人，完成投资约 47.7 亿元。按照“一厅一校十室”（“一站式”服务大厅，社区教育学校，社区综合办公室、多功能会议室、党员活动室、综治警务室、卫生室、文体活动室、阅览室、农业

西店社区党群服务中心

综合服务室、社会组织服务室、电子商务室）标准，以“围绕一个目标、突出五个重点、强化五项保障”为主要内容，开展农村社区服务中心建设“一五五”三年行动，全年完成提升建设23处。加快农村厕所改造，完成16212户无害化卫生厕所改造；开展村镇污水处理设施整治，建成23处村镇污水处理设施、6处村镇污水处理设施，农村人居环境提进一步改善。

（王　丽）

基础设施建设投资管理

青州市基础设施建设投资管理中心

主　任、支部书记　　王春耕

副主任　　王生东

　　　　　吴建华

　　　　　王振华

【概况】　青州市基础设施建设投资管理中心，为全额拨款正科级事业单位，下辖青州市城市建设投资开发有限公司，公司注册资金人民币12000万元，属国有独资企业法人公司。

【安置区建设】　城建投推行“一线工作法”，主要领导亲自包靠项目，工作人员一线管理，坚持“三控两管一协调（工程进度控制、工程质量控制、工程投资控制，合同管理、信息管理，全面组织协调）”管理机制，推进安置区建设。截至2017年，开工建设玉竹安置区、普通安置区、西店安置区、传信楼安置区、中所安置区、工会安置区、老汽车站安置区、扈庙安置区、一中安置区、苏桥安置区、小杨庄安置区、乐园新居安置区、河滨南路安置区、南房二期安置区、南阳湖安置区、前后寺安置区16个安置区。共建成安置房170多万平方米，安置11000多户居民。

【社会公益项目建设】　2014年至2017年，共投资约35亿元积极参与社会公益项目建设，完成企业总部中心大厦、坝沟子路、朱兴路、青州国际陆港监管场站、衡王府路立交桥、尧王湖生态公园、北阳河治理工程、益王府路铁路立交桥、新博物馆聚落、衡王府路建设、南阳湖景区等建设工程。企业总部中心大厦位于新城综合商务区，瓜市路南侧、圣水路北侧，是新城片区重要的标志性建筑之一，项目规划用地面积40938平方米，总建筑面积107992平方米，总投资4.5亿，自2013年4月开工建设，2016年9月1日政务服务中心部分投入使用，2017年11月份企业总部中心投入使用，17家单位入驻。青州国际陆港监管场站是响应国家“一带一路”建设的省内第一个铁路运营场站，工程总投资5000万元，经100天建设，一次性通过海关、

企业总部中心大厦

国检验收，2017年8月18日正式运营。

（赵文池）

古城保护与修复

青州古城管理委员会

党工委书记　陈同洲（10月止）
　　　　　　刘元德（10月起）
主　任　　　刘元德（10月起）
党工委副书记　陈红丽（6月起）
副主任　　　何玉德（6月起）
　　　　　　冯殿佐（6月起）

青州市古城保护与建设投资管理中心

主　任　　　何玉德（6月止）
　　　　　　郑鹤杉（6月起）
副主任　　　郑鹤杉（6月止）
　　　　　　赵金华（6月起）

青州古城历史文化研究中心

主　任　　　赵海舰（6月起）
副主任　　　李继国（6月起）

【概况】 青州市第十七届人民代表大会作出《关于古城保护修复建设的决议》确定：海军路以东、海岱路以西、富民路与尧王山路以南、凤凰山路与丰收路以北区域为古城保护风貌控制区，面积12平方千米。其中核心区为南阳湖与王府游乐园以东、政法街以西、镇武庙街与三合街以南、凤凰山路以北区域，面积5.8平方千米；过渡协调区为古城保护风貌控制区以内、核心区以外区域，面积6.2平方千米。至2017年年底，共开展项目160个，投资约10亿元，完成偶园历史文化街区的北门大街、东门大街、偶园街、南门大街、北营街、南营街等100多条古街巷的沿街立面提升和市政设施改造，偶园、青州府贡院、清真寺、基督教堂、天主教堂等建筑的保护修复，恢复阜财门、奎星楼、三官庙、欧阳修山斋等古城标志性建筑7处，建成青州科举博物馆、青州府老照片展馆等展馆7处。

2017年2月，青州古城景区晋级为国家AAAAA级旅游景区。至2017年年底，累计接待游客约1200万人次，接待视察、参观团队约2010批次；成功举办青州古城开城仪式暨百家媒体百家旅行社游古城、青州古城过大年活动、青州古城金秋美食文化节暨高家亭巷开街仪式、偶园开园暨“藩王文化与青州古城”研讨会等活动。

【古城规划】 2017年，完成古城标志性建筑参将署、铎楼庙、关帝庙、表海楼规划设计，云门山南路立面提升改造设计，冯氏纪念馆、民俗馆、李成纪念馆等8个展馆布展方案。

2017年青州古城规划重要项目一览表

表5

序号	项目名称	设计单位
1	云门山路两侧建筑立面改造，现状测绘及方案设计	潍坊工大建筑设计有限公司
2	南门片区三官庙西巷等道路景观方案及施工图设计	潍坊工大建筑设计有限公司
3	青州市县前街改造工程施工设计	潍坊工大建筑设计有限公司
4	南门片区规划设计方案	潍坊东方建筑设计公司青州分公司
5	青州古城旅游发展策划方案、业态、管理运营、营销专项及5年行动计划	北京大地风景旅游景观规划设计有限公司
6	表海楼规划设计	济南市园林规划设计研究院
7	铎楼庙建筑设计	潍坊市建筑设计研究院
8	关帝庙建筑设计	北京龙安华诚建筑设计有限公司
9	参将署建筑设计	济南市园林规划设计研究院
10	东关、北关片区市政工程设计	青州市规划设计研究院
11	东关大街、北关大街立面提升改造设计	潍坊工大建筑设计有限公司

2017 年新建及续建重要项目一览表

表 6

项目名称	开工时间	竣工时间	施工单位	项目简介
水系工程	2014.3	2017.6	青州市世安市政建设养护有限公司	偶园街、南门大街、沿城墙马道变水系建设
无线 wifi	2016.12	2017.9	山东广电网络有限公司青州分公司	景区内无线 wifi 建设，实现景区无线网络全覆盖
票务系统	2017.6	2017.9	山东慧行天下文化传媒有限公司	各收费景点及售票点票务系统
青州古城标志性建筑修复	2017.4	施工中	山东青齐古韵投资有限公司	表海楼、铎楼庙、参将署、关帝庙标志性建筑建设
南门片区三官庙西巷等道路市政及景观工程	2017.9	施工中	青州市世安市政建设养护有限公司	水、电、管道及路面铺装及景观工程
冯家巷市政改造工程	2017.9	施工中	江苏江都古典园林建筑有限公司	水、电、管道及路面铺装
县前街市政改造工程	2017.10	施工中	山东富华园林工程有限公司	水、电、管道及路面铺装及景观工程

2017 年展馆建设及开放一览表

表 7

名称	设计单位	施工单位	开工时间	布展内容
欧阳修山斋	北京中艺建筑装饰有限公司	山东弘阳集团有限公司	2017 年 9 月	位于奎星楼南侧，面积 1020 平方米，主要展示欧阳修的生平，尤其是他在青州为官时期的事迹
青州市民俗馆	青州市金石广告传媒有限公司	湖北楚风园林古建筑有限公司	2017 年 9 月	位于古城万寿宫街东段的温家大院，面积约 962 平方米，主要展示青州地区的岁时节令、生产生活、婚丧嫁娶、人生礼仪、民间信仰等民风民俗
北海世家—冯氏纪念馆	青州市金石广告传媒有限公司	湖北楚风园林古建筑有限公司	2017 年 9 月	位于偶园，主要布展空间及面积为存诚堂约 187 平方米、存诚堂北部建筑（待建）约 541.5 平方米，冯氏祠堂约 180.6 平方米、迎门四合院约 424 平方米（前院约 147 平方米、后院约 277 平方米）、佳山堂约 80 平方米，主要展示青州冯氏世系的延续变迁、重要人物的科举功名等，重点突出冯裕、冯溥、冯惟讷、冯惟敏、冯琦等冯氏名人及冯氏家风、家训等
青州市李成纪念馆	北京天禹文化集团有限公司	湖北楚风园林古建筑有限公司	2017 年 9 月	位于山斋西侧，面积 897.7 平方米，主要展示的是北宋时期中国山水画鼻祖青州人李成的生平创作及青州历代著名画家的历史地位及书画作品

奎星楼夜景图

【古城建设】 按照“修旧如旧，复古如古”的原则开展保护修复工程，建立四级监管体系，严抓工程质量及三雕、彩绘等环节。至2017年年底，完成北门大街、东门大街、偶园街、南门大街、北营街、南营街、参府街、冯家巷等街巷立面改造及市政工程提升，改造2000余户，约计9万平方米，铺装青石5500米，供排水、强弱电等管线全部埋入地下，实现雨污分流。建成阜财门、奎星楼、顺河楼、城墙600米、三官庙、海岱宾舍、民俗馆、李成纪念馆、欧阳修山斋等标志性建筑，恢复传统民居、商铺24775平方米。完成偶园、天主教堂、基督教堂等保护修缮，建成城墙外外停车场、城里果园停车场、冯府停车场；建成海岱都会、尚书里坊、一门科第、太保坊、大宗伯坊、柱国坊、北门里坊等12座牌坊，青州十景、古州风情、回族风情及什锦窗、影壁等砖雕5处、铜雕12组、摆件及特色座椅220件，水系及景观绿化3000平方米。安装路灯500余盏，亮化道路6520米。建成古城WiFi系统，实现景区无线网络全覆盖，安装售票厅6处，建成票务系统，实现网络购票和多种支付方式，智能检票系统运营。设置环保厕所5处、岗亭6处、果皮箱109个、灭火器344个，标识牌1200余块、监控探头210个、观光车站1个，古城保护修复一期工程基本完成。

【文化调研与展馆建设】 文化调研。根据古城保护修复建设需要，组织文化调研队伍对古城历史文化进行深入挖掘，征集青州古城文化资料近300万字、老照片1000多幅，撰写景点介绍约15000字、导游词40000余字，印制《青州古城历史文化调研资料》四辑，出版《青州古城》季刊11期、《古城旧影》，制作《古城重光》画册、宣传片，建成青州古城网站、微信平台，收集旧砖20万块，旧门楼23个，石雕、木雕等500多件。

展馆建设。建成青州科举博物馆、青州府老照片展、青州三雕博物馆等7个展馆，正在进行青州民俗馆、欧阳修山斋、北海世家—冯氏纪念馆、李成纪念馆布展工作。

【业态招商】 2017年内，新招店铺70家，进一步补齐业态短板中的民宿、时尚餐饮、酒吧、体验类、展示类等种类。截至2017年年底，共招商店铺600余家，打造高家亭巷美食街、九曲巷时尚酒吧一条街，20余家时尚餐饮类店铺，2家游客参与类店铺，

2017年古城过大年

3家民色客栈类店铺，1家大型旅游购物超市。

【古城管理】 协同古城治安管理办公室、执法局古城中队、市场监管局古城所严格按照国家AAAAA级旅游景区标准加强古城管理。实行物业市场化管理，引进山东宏泰物业公司对古城开放区域进行物业管理。协同治安管理办公室24小时巡逻、备勤，对古城内交通、消防、治安进行巡查，发布《关于青州古城景区车辆限行禁停的通告》，对古城主要街道实行限行禁停措施；协同执法局古城中队不间断对古城街面秩序、旅游秩序、经营秩序进行管理；协同市场监管局古城所对古城内经营业户进行食品安全、工商管理，实现古城环境卫生、经营、交通、旅游秩序常态化管理。

【古城运营】 对照AAAAA标准，调配景区管理和讲解人员14名，配备语音导览机、触摸屏、医疗室设备、电视、投影仪等设备，对全体员工进行AAAAA知识、景区管理、礼仪、口才、消防等知识培训20余次，对经营秩序、街面卫生、交通、工程建设等方面严格管理。开放阜财门、奎星楼、三官庙、偶园、青州府贡院等景点。2016年12月，通过国家AAAAA级景区景观质量评审。2017年2月，晋级国家AAAAA旅游风景区，全年共接待游客315万人次、接待视察团队700余批次。

（赵金华）

环　保

青州市环境保护局

党委书记、局长	张洪刚
副局长	江林雁（女）
总工程师	邱效文
主任科员	付传新
环境监察大队大队长	陈洪波
环境监察大队党支部书记	袁　山
主任科员	贾守华
	赵　勇
党委副书记	牟志远
副局长	方庆德

【概况】 2017年，强化环境监督管理，提高环境监测水平，稳步推进生态保护建设，严格查处环境违法行为，通过省、中央环保组督察。市环保局被省公安厅、省环保厅评为“全省公安环保联勤联动执法工作先进集体”。

【环境监测】 通过设立监测点、抽样等方式，加强以空气、水、噪声等为主要内容的环境监测。至2017年年底，市环保监测站拥有各种监测仪器设备33台（套），建立了以质量保证为中心的质量管理、仪器管理和数据资料管理体系。

饮用水源监测。青州市地下饮用水源地有赤涧和大郇，全年开展两次水质全项监测分析，均达到《地下水质量标准》（GB/T14848—93）III类标准。地表水饮用水源地有黑虎山水库和仁河水库，每季度开展一次64项水质监测分析，监测指标全部达到《地表水环境质量标准》（GB3838—2002）III类标准，饮用水源地水质达标率为100%。

地表水监测。在北阳河、弥河及其支流南阳河共设置8个监控断面，对化学需氧量和氨氮等主要指标每月进行一次监测。2017年监测数据表明，北阳河断面由劣五类水质改善到接近《地表水环境质量标准》（GB3838—2002）地表水Ⅳ类水质标准，弥河、南阳河稳定达到地表水Ⅴ类水质标准。

空气质量监测。依托3个大气自动监测站，对二氧化硫、氮氧化物、PM10、PM2.5、臭氧指标的实时小时浓度值、日浓度均值、首要污染物等进行全面监测。2017年，大气主要污染物PM2.5（细颗粒物）、PM10（可吸入颗粒物）、二氧化硫、二氧化氮、臭氧均值为由62微克/立方米、108微克/立方米、30微克/立方米、40微克/立方米、188微克/立方米，空气质量良好率达到61.5%。

【环境监察】 环境监管。市环委会印发《进一步明确环境保护工作属地和部门职责建设网格化监管

环保执法

时查处、及时反馈、及时上报，做到“件件有着落、事事有回音”。全年受理各类环境信访案件800件，处结率100%。

排污费征收。坚决贯彻执行“依法、全面、足额、及时”八字方针，做到严格征收不漏项，及时开征、及时催缴，每季度公布征收数额，接受社会监督。2017年，全市共征收入库排污费1113万元。

体系的意见》《青州市网格化环境监管运行工作制度》，明确市直42个部门的环保职责，建立巡查、报告、处置、沟通、督查、考核6项工作制度。开展网格化环保监管体系建设工作，建立市—镇（街道、开发区）—村委（社区）三级网格基础。年内，全市建立安全生产和环境保护监管一级网格1个（市级）、二级网格13个（镇街、开发区管委会）、三级网格1054个（村、社区级），基本实现环境监管区域和内容的全方位、全覆盖、无缝隙监管。按照省、潍坊市关于污染源日常环境监管随机抽查制度的要求，对污染企业抓好日常监管，重点对被抽查单位污染防治设施运行、污染物排放、环评和“三同时”（防治污染和其他公害的设施和其他环境保护设施，必须与主体工程同时设计、同时施工、同时投产使用）执行情况、排污许可等环境管理制度落实情况进行抽查，至2017年年底，共抽查企业490家次，查处环境违法行为6起，建立污染源日常环境监管动态信息库，结合移动执法系统与上级环保部门联网，实行动态管理，共提交移动执法系统记录数534条。

环保执法。开展环保专项行动，集中解决群众反映强烈和影响群众健康的突出环境问题，开展环保执法大检查，立案查处环境违法行为1206起，罚款1501万元，移送公安机关26起。

信访处理。对环境信访问题坚持及时受理、及

【“三八六”环保行动】 深化“三八六”环保行动，实施产业提升绿色发展、清洁能源替代改造等“十大工程”，进一步提升生态文明水平。

产业提升绿色发展工程。责令停产整顿因“四评级一评价”（安全评级、环保评级、节能评级、节水评级、综合评价）工作中，安全、环保差评及未参与评级评价企业129家；开展化工企业“打非治违”专项行动，检查非危险化学品化工生产企业198家。

清洁能源替代改造工程。加强散煤清洁治理工作，确定10家节能环保炉具供应企业，全市建设13个型煤配送中心和70个节能环保炉具使用示范村，取缔不达标煤炭经营网点137个。

工业点源深度治理工程。做好石化、化工、建材、橡胶等重点行业异味深度治理，天安化工有限公司、山东谦诚工贸有限公司等5家企业完成首轮LDAR工作；山东盛世泰来橡胶科技有限公司、山东多路驰橡胶股份有限公司2家橡胶企业完成有机废气治理；建成区30家加油站全部完成3次油气回收治理；青州益能热电有限责任公司、山东海化盛兴热电有限公司等4家企业完成超低排放改造。推进小型燃煤锅炉“清零”，全市范围内拆除改造10吨以下小型燃煤锅炉1356台；关停取缔砖瓦窑企业1家，提升改造15家。

城建环卫精细管理工程。全市规模以上在建

执法人员采取水样

标准化饲养场6处，新建粪污处理示范工程6处，新通过无公害认证企业6家。完成安装农村改厕设备16705套，惠及全市8个镇、经济开发区205个行政村。开展农村改厕与生活污水处理一体化试点工作，在弥河镇黄泥沟村、东夏镇姜家村完成农村改厕与生活污水处理一体化试点545户。按照“一厅一校十室”的基本标准，提升完善23个农村社区服务中心建设。

工程全部安装扬尘在线监测系统和视频监控系统；配备纯吸式机扫车、湿扫车、洒水车共41台，道路机扫率、湿扫率、洒水和冲洗率分别达到96%、96%、32.8%。

城镇废水综合利用工程。青州市清源污水净化有限公司、北阳河（高柳）污水处理厂、青州市明泽水务有限公司3处污水处理厂完成提标改造工程，谭坊镇污水处理厂扩建工程建成进入试运行。投资3.79亿元，改造雨污合流管网57.5千米，新增加雨水管网57.5千米，至2017年年底，青州市排水管网长度为866.98千米，其中污水管网442.54千米，雨水管网331.94千米，雨污合流管网92.5千米，城市排水系统雨污分流率达到90%。

河流湿地生态保护工程。北阳河监控系统项目和水质在线系统项目建成投用（包括北阳河及茅津河安装全流域实景监控系统及北阳河断面及上游重点位置水质自动监测系统），共安装摄像头92处、河流水质自动监测系统4处、上游重点位置点源水质自动监测系统2处。

农业面源污染防治工程。完成10.15万公顷测土配方施肥，全年化肥使用量同比下降1.0%左右；降低农药用量，推广绿色防控面积6.3万公顷，生物农药使用面积3.2万公顷，推广黄板防治2.8万公顷；认证“三品一标”农产品品牌45个，全市有效期内“三品一标”农产品品牌244个。新建（改建）

【主要污染物总量减排】　按照“控制增量、削减存量”的原则，加快淘汰落后产能，大力推进工程治理，强化环境监管。青州市明泽水务有限公司3万吨/日污水处理工程及青州市德瑞热力有限公司、山东英科医疗制品有限公司、中化弘润石油化工有限公司燃煤锅炉超低排放工程建成投运并发挥减排效益，3家规模化养殖场新建污染治理工程，同时，市环保局扎实推进“煤改气”工程和10吨以下燃煤小锅炉清理淘汰工程。2017年，全市化学需氧量、氨氮、二氧化硫、氮氧化物排放量分别削减2.1%、2.1%、2.4%、4.5%，完成年度目标任务，为“十三五”主要污染物总量减排工作打下坚实的基础。

【生态市创建】　截至2017年，王坟镇、邵庄镇、谭坊镇、黄楼街道4个镇街获国家级生态镇命名，弥河镇、东夏镇、何官镇、高柳镇、云门山街道、王府街道、益都街道7个镇街获省级生态镇命名。2017年11月，青州市通过省环保厅组织的省级生态市建设考核验收。

【饮用水源地保护】　做好饮用水源地保护和监管工作，严把项目审批关，禁止在饮用水水源地保护区内新上与水源地保护无关的建设项目，对王坟镇水源地保护区及地下水主要补给区内的工业项目、生态破坏项目实行限批，确保水源地水质安全。

2017 年 4 月，市政府印发《集中式饮用水水源地规范化建设实施意见》，按照《集中式饮用水水源地规范化建设环境保护技术要求》（HJ·773—2015）对大郇、赤涧、黑虎山水库、仁河水库 4 处集中式饮用水水源地进行规范化建设。2017 年 9 月，完成水源地周边标识牌、宣传牌安装及应急设施配建，清理整治保护区内企业、餐饮、养殖等违规项目 16 个，按照“一源一案”的要求编制完善饮用水水源地专项应急预案，饮用水源地保护工作取得显著成效。

（王莎莎）

商 务

青州市商务局

党委书记、局长，	
外派劳务服务中心党工委副书记	康效生
国际商会会长	钟读常
青州外派劳务服务中心培训考试处主任	高春峰
市场物流发展管理局局长	孟庆德
党委副书记	吕玉民
副局长	刘宝全
	李守富
	步洪祥

【概况】 全市发展各类市场222处，交易额565亿元，同比增长6.7%；规模以上现代物流业营业收入7.8亿元，增幅为4.9%，物流额约200亿元；社会消费品零售总额256.6亿元，同比增长8.8%，限额以上批零住餐企业销售总额268.5亿元，零售额44.4亿元；电子商务交易额超过370亿元，同比增长85%，其中花卉电子商务交易额实现20亿元，同比增长11%。

【市场体系建设】 着力加强市场建设，与各镇、街道、经济开发区配合，通过政策引导、吸引民间投资的模式，新建、改造市场25处。加强集贸市场建设管理，制定《青州市集贸市场建设管理办法》，对180处集贸市场进行全面督导、检查，取缔不规范市场28处。积极优化商业网点、功能布局，编制《城市商业网点规划》并通过专家评审。投资13.7万元对偶园商场线路、电表、配电盘等进行改造。加大对鲁东瓜子产业园规范引导力度，截至2017年年底，入驻经营业户58家，销货量10多万吨，市场交易额突破10亿元。鲁东瓜子产业园二期工程施工，二期工程建成投入后，将成为鲁东地区最大的瓜子加工生产及干果交易产业园区。

【餐饮住宿】 截至2017年，青州市共有星级酒店3家，其中，银座佳悦酒店为四星酒店；各类酒店、民宿床位约1.9万个张。餐饮类别明显增多，清真菜系、素食菜系、古城特色菜系等特色餐饮店铺增长迅猛，受到客人青睐。2017年9月，贝隆花园大酒店被中国饭店协会评为“中国十佳餐饮文化品牌”。12月，《青州菜谱》出版发行，收集全市的150多道特色菜、代表菜，20家名店，14位名厨编辑成书，系统总结青州市餐饮业近年来的发展成果，展示了青州本土饮食文化。

【商场超市】 截至2017年年底，全市城区大型综合购物中心和商场超市发展至12家，主要是泰华城、人民商场、大利群、金天地、佳乐家、银座商城、中百大厦、大润发、青州商城、亿丰义乌、美佳乐、万隆。

青州泰华城。隶属于山东世纪泰华集团，建筑面积24万平方米，位于昭德南路3088号，于2014年11月29日开业运营。是一家集零售、餐饮、娱乐、休闲、文化、艺术等于一体的商业综合体。2017年完成销售额18600万元，利税355万元。2017年11月，被山东省食品安全委员会办公室授予“食安山东”餐饮服务示范街（区）。

青州佳乐家超市。隶属山东潍坊百货集团股份有限公司。一店位于范公亭东路2626号，2004年开业运营，建筑面积8400平方米，是县域以外企业在青州开办的第一家大型超市；二店位于尧王山西路1号，2007年开业运营，建筑面积6500平方米，是以经营居民日常生活用品为主，集购物、休闲、餐饮于一体的大型综合超级市场。2017年共实现销售额14000万元，利税480万元。

青州市人民商场。地处尧王山东路159号，是山东北联集团总公司投资控股的商贸企业。1987年7月开业运营，是青州市第一家村办集体大型商场。建筑面积2.4万平方米。经营品类齐全，2017年度销售额3216万元，利税91万元。

青州大润发超市。坐落于青州市云门山南路与范公亭路交汇处购物广场A段一层，2010年12月开业，是青州市引进的第一家大型外资超市。建筑面积3万平方米，2017年实现销售额19500万元，利税724万元。

青州市金天地超市。成立于1999年，位于云门山北路365号的第一家金天地超市开业运营，建筑面积1561平方米，是青州市第一家民办大型综合型超市，逐步发展为以标准超市为主，集大卖场运营为一体的现代化连锁企业，其门店遍布城乡各地。2001年在临朐城区开设分店，是青州市第一家在县域以外开设连锁分店的商家。2017年在城区、高柳、朱良、阳河、口埠、孙板、东夏等地发展大小连锁门店达到9处，完成年销售额6768万元，利税120万元。

青州中百大厦。位于青州市尧王山东路265号，是潍坊百货集团中百大厦在青州开设的直营分店，于2005年10月28日开业，建筑面积2.2万平方米，是一家集时尚百货、休闲娱乐于一体的现代购物中心。2017年完成销售额11000万元，利税800万元。

青州银座商城。坐落于青州市尧王山东路88号，由银座集团股份有限公司租赁原青州商业大厦并于2005年9月开业运营，建筑面积2.6万平方米，地下一层，地上四层。经营品类齐全，另设有肯德基等餐饮服务项目，2017年实现销售额7326万元，利税69万元。

电商大厦

青州市大利群购物中心。坐落于尧王山西路118号，2001年开业运营，建筑面积1.8万平方米，是集购物、休闲、娱乐等多位一体的大型购物中心。2016年扩建，包括地上七层、地下两层停车场，建筑面积7万余平方米，是集百货、精品超市、主题餐厅、美食广场、影院、娱乐、健身等于一体的大型商业综合体。2017年度完成销售额5000万元，实现利税200万元。

青州亿丰义乌小商品城。青州亿丰义乌小商品城位于云门山北路1777号，2009年11月开业运营，建筑面积4.5万平方米，有业户650户，2017年实现销售额8000万元，利税300万元。

鸿德物流园

【电子商务】 2017年3月，山东（青州）农产品上行峰会在青州召开。山东省一品齐鲁花卉苗木产业园运行有限公司申报的“重要农产品电子商务标准化体系（蝴蝶兰）”被确认为国家农商互联标准化示范市（潍坊）承建项目。山东地主网络科技创新有限公司荣获农业部主办的“全国农村创业创新项目创意大赛”优胜奖。青州坦博尔服饰股份有限公司和山东地主网络科技创新有限公司在2017齐鲁电商节系列评选中分别荣获“2017年度山东优秀互联网品牌”和“2017年度山东优秀网商”。2017年，全市电子商务交易额超过370亿元，花卉电子商务交易额达到20亿元。

【现代物流】 大力实施“物流兴市”战略，以现代物流、国际物流、智慧物流为发展目标，加快推进物流产业转型升级，打造全市新旧动能转换和开放发展的新引擎、新平台，截至2017年年底，全市物流企业超过1000家。

对全市物流布局进行整体规划，2017年1月，由中国物流与采购联合会主编的《青州市现代物流规划》通过专家评审，以规划为指导，制定以构建物流产业“一核、两带、全覆盖”的现代物流空间体系为目标的产业发展规划。“一核”是以青州国际陆港、鲁东瓜子干鲜农产品园区为载体，打造东夏国际物流基地；“两带”是以国际陆港为主的铁路物流中心和以泓德物流园为主的公路物流中心相互交叉构建现代化公铁联运物流体系；“全覆盖”即覆盖全市城乡的分拨配送物流网络，主要建设城乡末端配送中心设施网络。编制东夏重点物流区域发展规划，打造国际陆港铁路货运园区、泓德物流公路港园区、鲁东瓜子干鲜果品产业园区、冷链发展园区“四大物流发展片区”。以泓德物流园区为中心，全力构建全市公路港物流中心，截至2017年年底，园区入驻企业404家，实现货物吞吐量1000万吨，物流交易额100亿元，零担配送实现全国地级以上城市全面覆盖，是山东半岛最大的零担配送物流园区，被评为“山东省III级物流园区”“山东省十佳物流园区品牌—金园奖”。构建县域三级物流体系，以泓德物流园区为载体，开拓面向电商、快递的物流服务功能，积极探索乡村物流，建设镇级物流公共配送站，完善城乡末端物流配送设施，建设具备配送、零售和便民服务等多功能的物流配送终端，打通城乡配送最后一公里“微循环”。以“现代物流＋信息技术”模式，助推青州物流产业上档升级，GPS全球定位系统、企业信息管理系统，园区智能管理系统、物流门户网站“泓运通”车货APP等智能物流系统投入使用，有助于提升全市物流产业业务量，降低物流交易成本。2017年年内，青州国际陆港监管场站建成并投入使用，鲁新欧•青州号开始常态化运行，对接“一带一路”的载体更加完善。

【商务执法】 严格执行《酒类流通管理办法》，实行酒类流通企业备案登记及随附单溯源制度，对全市KTV酒吧、酒品专营店、商场超市、大型餐饮企业进行专项检查，严厉打击制售假冒伪劣酒类商品行为，促进酒类流通行业健康有序发展。开展单用途商业预付卡专项治理行动，执行购卡实名登记制度、非现金购卡制度、限额发行制度。督促符合条件的发卡企业到潍坊市商务局备案登记，达不到发卡企业标准的发卡企业到青州市商务局办事中心窗口备案登记。按照“双随机、一公开”工作要求，对全市商场、超市、酒店的发卡售卡、企业登记备案、协议章程张贴情况进行检查。检查全市营业面积在3000平方米以上的零售商促销活动备案登记情况，并要求达到规模的商场、超市、汽车4S店在新店开业、节庆、店庆等促销活动前，到青州市商务局进行备案登记。牵头成立由31个单位组成的双打办公室，严厉打击侵犯知识产权和制售假冒伪劣商品的行为。完善“12312”电话举报投诉咨询服务工作，将民生工作落到实处。

（蒋婷婷）

对外经济贸易

【概况】 2017年，外贸进出口总额538740万元，同比增长43.9%，其中，出口额502881万元，同比增长40.8%，进口额35859万元，同比增长108.4%，进出口增幅列潍坊市第1位；完成实际到账外资54740万元，同比增长14.2%；对外承包工程营业额110万美元，境外实际投资额44.2万美元，派出各类劳务人员194人。

【对外贸易】 市商务局全力为进出口企业服务，做好外贸进出口工作。切实加强对新获权进出口企业和无实绩企业的业务辅导、政策咨询、市场信息等方面的服务力度，外贸企业队伍进一步壮大。截至2017年年底，全市有进出口权的企业达到738家，有进出口实绩的企业344家。依托eBay、Wish、亚马逊等跨境电商平台，大力促进电商跨境，深入推进外贸企业“触网”，拓展海外营销渠道，提升品牌竞争力，助推外贸转型升级。继续推进“千企百展”海外市场开拓行动，重点组织企业参加广交会、日本大阪展、法兰克福纺织品展、迪拜农机展等国内外知名展会，搭建交流平台，促进合同落地。积极落实国家和省、市的各项优惠政策，每年为中小企业申报中小企业国际市场开拓资金、出口信用保险补贴、进口贴息等各级各类资金200余万元，进一步缓解中小微企业资金压力，调动企业开拓国际市场的积极性。

【对外经济技术合作】 出国劳务。青州市外派劳务服务中心为全国首批中韩雇佣许可制劳务合作地方公共服务机构，负责山东省中韩雇佣制劳务合作工作。2017年，派出各类劳务人员164人。组织实施商务部投资促进事务局在山东省举办的第2期中韩雇佣制宣讲活动；组织实施第7期雇佣制韩语水平考试的现场报名、求职者名簿制作，全省参考51人，通过42人；分8批对18名劳务人员进行了行前教育，并为其办理赴韩手续和护送登机。

境外投资与境外承包工程。截至2017年，全市共有11家企业获得境外投资资格，协议投资额共计2419.2万美元；山东荣利中石油机械有限公司开展埃塞俄比亚水井项目，实现对外承包工程营业额1920万美元，青州市第一建筑工程有限公司在坦桑尼亚完成体育场分包及贝斯特医院项目，实现对外承包工程营业额1112万美元。

【利用外资】 强化利用外资产业导向，引导外资重点投向高端制造业、高新技术产业、现代服务业、现代农业，引导外资与重点区域带动战略相结合，

卡特彼勒青州有限公司车间

引导外资与全市产业调整振兴规划相结合，利用外资加快构建现代化产业体系，打造国际高端产业隆起带。支持企业境内外上市融资，推动符合条件的企业到香港、日本、韩国、新加坡、美国、英国、德国等地资本市场上市融资，境外上市工作取得了突破性进展。“家家富现代农业有限公司”于2017年3月在澳洲证券交易所成功挂牌上市，成为首家澳交所上市的中国有机农产品企业，是山东省首家在澳大利亚上市企业。2017年，由中国超高效电机领域领军人物、国家“千人计划”专家刘秀飞教授与欧盟超导材料首席科学家、外专千人计划专家鲍尔博士率领具有国际背景的十名博士组成的研发团队入驻青州经济开发区，设立山东德骏电磁驱动科技有限公司，生产研发世界最先进水平的高效节能电机及控制系统，包括新型超高效节能电机、超高速电机、超低速直驱大扭矩电机、超导电机等设备，打造世界领先的高效节能电机研发生产基地。开展外企“大走访”活动，深入全市各外商投资企业一线，详细倾听、了解企业所面临的普遍困难和重要难题。与企业负责人“零距离”接触、“面对面”沟通、“心贴心”交流，融合与企业之间的密切关系，让外资投资企业了解到全市外资工作思路和政策，为外资企业进一步发展提供有力支撑。

（蒋婷婷）

安徽江淮汽车集团股份有限公司山东分公司车间

招商引资

青州市招商局

局　长　　姜能超
党支部书记　　朱玉国（9月止）
副局长　　牟永帅
　　　　冯乐全

【概况】 2017年，招商引资规模以上项目28个，总投资额185亿元，实际到位资金62.84亿元，重点项目有江淮新能源汽车、耐威航空产业园、云内节能玻璃项目、北超伺服电机项目、昶润电缆、中德高职院校项目、恒天易开新能源汽车租赁项目等。

【招商引资政策】 2017年，出台《青州市招商发展激励政策》，进一步吸引外来投资。制定《2017年招商引资考核办法》，对各单位潍坊市外到位资金项目、重点市内投资项目及基础招商工作三方面完成情况进行考核。

【招商引资活动】 2017年，主要通过小分队招商、节会招商、专题招商等形式开展招商活动。

小分队招商活动。在13支镇街园区专业招商小分队的基础上，又成立7支专职招商小分队，以江苏、浙江、上海、广州、深圳、北京、济南、青岛7个区域为重点举办专项招商活动，活动期间共洽谈推进项目41个，上海、北京、杭州、青岛、济南、南京6地均已成立青州商会，其中四地建立流动党员党支部，依托商会和流动党员党支部两个平台，组织企业间精准对接，建立常态化的信息沟通机制。

节会招商活动。2017年，组织参加鲁台（潍坊）经贸洽谈会、中日韩产业博览会和潍坊国际风筝会，共联系了8名客商，洽谈5个项目。

专题招商活动。把招商与引才引智结合，举办

耐威航空产业园

了“智慧引领·再创辉煌”2017院士专家青州行活动，邀请10余名院士专家走进青州，到企业、项目建设现场实地调研，为深化产学研合作、加快企业自主创新搭建桥梁，提供人才智力支撑。

【创新招商引资方式方法】　一是开展企业调研。2017年，对23家重点企业的生产经营现状及招商需求进行走访视察，并就下一步如何发挥好企业的招商主体作用，积极开展以商招商进行了分析总结。二是推动全员招商。修订完善《青州市招商引资考核办法》，充分调动全市各级、各部门招商引资工作的积极性和主动性。重新调整招商引资工作委员会名单，加强招商办的统筹协调能力。三是开展园区招商。突出重大园区、重点片区和重大平台建设，着力打造“四六七”招商平台，即经济开发区、猫山经济发展区、卡特彼勒工业区、滨海（青州）工业园“四大工业园区”，文化艺术小镇、花卉小镇、休闲度假小镇、古村小镇、黄花溪小镇、康养小镇“六个特色小镇”，东城片区、古城片区、健康产业园区、科教创新园区、南阳湖片区、国际陆港及东夏物流片区、高铁站片区“七大重点片区”，通过甄选优势目标项目配对，进一步提高招商引资工作的准确性和针对性。

（郭　杨）

供　销

青州市供销社

党委书记、理事会主任　唐　健
理事会副主任　张树英
黄学仁

【概况】　青州市供销合作社联合社为市政府直属正科级全额拨款的参照公务员法管理的事业单位，2017年，增设监事会办公室。市供销社按照“扩面、提质、增效、强基、攻坚”的总体要求，立足于“三农”工作，积极发挥在农业、流通领域的优势，以农业供给侧结构性改革为抓手，以为农服务中心建设、农民合作社建设、新型农村合作金融服务、农村现代流通服务体系建设为重点，全面建设农村现代流通服务新体系。2017年，青州市被省供销社确定为供销社综合改革试点县市，荣获山东省供销系统先进集体称号。

【合作经济组织建设】　以密切与农民利益联结为核心，积极领办创办农民合作社，在镇、街道成立镇级农民合作社联合社，组建县级农民合作社联合社，形成全市上下贯通、连接紧密、运行规范、充满活力的合作经济组织体系。大力发展农民合作社，引导基层社以经营设施、场地、资金入股等方式领办创办农民合作社，鼓励基层社职工、农产品经纪人、产销大户联合农民组建农民合作社，深入开展“农民合作社示范社”创建活动，指导、帮助各类农村合作经济组织为农民提供种植技术、生产管理及其他科技服务，引导农民实施规模化种植、标准化生产，积极开辟农产品销售渠道，实现基地、合作社、农民与市场的有效对接，领办4家专业合作社，15家农民合作社，入社社员16371人，带动农户16510家，帮助农民销售瓜菜52000吨，交易额22830万元。规范提升基层社。把规范提升基层社作为基层组织建设的重中之重，努力探索新模式，

供销社放心蔬菜销往杭州

拓展新思路，通过劳动合作、资本合作、土地合作等多种途径，广泛吸纳农民和各类新型农业经营主体加入基层社。2017年，青州方山养蜂专业合作社和然中然农产品专业合作社联合社被评为全国示范社；青州市巨银瓜菜生产专业合作社、京青农业蔬菜专业合作社、农合瓜菜专业合作社3家为省级示范社；青州市张杰瓜果蔬菜专业合作社为潍坊示范社。

【农业社会化服务】 大力推进为农服务中心建设，供销社把为农服务中心作为密切联系农民群众的纽带和“支点”，科学选址，合理布局，着力打造功能更全面、农民更方便的现代农业规模化服务新平台，截至2017年年底，已建成高柳供销社为农服务中心、何官供销社为农服务中心、郑母程辛为农服务中心、黄楼供销社为农服务中心、王坟供销社侯王为农服务中心5处为农服务中心；以基层供销合作社为基础，整合农村综合服务社等各类为农经营服务资源，优化服务功能、拓展服务内容、创新服务方式，进一步拓展农民生活和农业生产、加工、销售等经营服务领域；试点开展水肥一体化、土壤改良工作，让广大农民享受到优质、高效、全面、细致的服务。开展土地托管服务，拓展土地托管链条，提升托管水平，结合青州市实际，整合社会资源，通过入股、联合、合作等形式，为农民和各类新型农业经营主体提供农资供应、配方施肥、农机作业、统防统治、收储加工等系列化服务。土地托管任务圆满完成，水肥一体化、秸秆综合利用、氯化苦土壤熏蒸面积较2016年同期都有大幅提升。推进测土配方施肥业务，依托为农服务中心，通过集中举办培训班、入户宣传、增加网点、“有奖测土”等措施，引导农民使用测土配方，高效配肥。2017年年内，为600多户农民提供精准配肥330吨，其中高端水溶肥38余吨，为农民节约投入40余万元。11月29日，潍坊市供销社智能配肥暨电商现场会在高柳供销社为农服务中心召开，潍坊市各县市区供销社有关负责人现场参观视察高柳供销社测土配方施肥服务站土壤检测室、智能配肥设备生产等，听取何官、高柳供销社相关情况介绍，肯定了青州供销社在为农服务中心智能配肥方面的工作做法。

【农村现代流通服务体系建设】 农资网点建设。按照供销社系统农资店布局，选取15家农资店进行试点，实行统一标识、统一管理、统一配送、统一价格的“四统一”管理服务模式，逐步彻底整合

何官供销社为农服务中心

黄楼村社共建农技下乡活动

供销系统农资店，通过规范提升和改造，发展为放心农资连锁店。对全市农村农资经营网络进行重新布局，规范改造农资店（村级服务站），要求商品摆布整齐美观，提升店容店貌形象，打造供销社掌握农技知识、热心为农服务的农资经营服务人员队伍，普遍开展以向农民提供农业技术咨询、推荐新产品、测土配方施肥、科学用药、推广使用有机肥料为主要内容的农资系列化服务，逐渐形成质量放心、经营规范、运作高效的农资流通服务网络。2017 年供销社系统全年化肥销售量 19 万吨，销售额 6.65 亿元；农药 950 吨，销售额 5700 万元；农膜 1300 吨，销售额 2600 万元。

农村电子商务。青州市供销社牵头，成立青州市供销科技有限公司和青州青供电子商务有限公司、青州市农帮手供销电子商务有限公司 3 家电子商务公司，开始电子商务工作。开展省社供销 e 家试点工作，青州市供销社被省供销社确定为全省三个供销 e 家试点县供销社。按照省社试点要求，制定可行的实施方案，融合“京东青州特色馆”“淘宝青州”，搭建山东供销 e 家青州县域服务平台，秉承“先服务后业务”的理念，实行线下推广，线上订货的销售模式，通过提供优质服务，培育网商和客户，以服务带动相关业务发展。截至 2017 年年底，山东供销 e 家青州县域服务平台入驻商家 53 户，实现线上销售额 3800 万元。

农村合作金融。加快构建供销社特色的新型农村合作金融服务体系，打通“三农”资金融通新渠道，先后在领办、创办的巨银瓜菜专业合作社、方山养蜂专业合作社、侯王孝美乡村旅游合作社、王坟石门山合作社内部开展信用互助业务。2017 年 11 月与中国银行青州支行签订战略合作协议，在供销社为农服务中心及合作社设立农村金融助农点，负责为农民就近提供储蓄、提款服务，为本地农民切实破解“融资难、融资贵”难题。全年开展业务 122 笔，业务金额 422 万元。

【党建带社建社村共建创新工程】 不断完善基层社、“村两委”、农民合作社“三位一体”工作机制，通过共建农民合作社、共建发展项目、共建人才队伍，推动了资金、人才、土地、市场等生产要素的有效整合，促进形成农民群众有利益、基层党组织有发展、村集体经济有积累、供销社有收益的四赢局面。2017 年 3 月与市委组织部联合举办的村社共建培训班，普及村社共建知识，提升了供销社的形象。联系服务群众 600 余户，入户走访 1900 余人次，解决实际问题 50 余个。累计帮扶困难群众 47 户，全部实现脱贫。

（王　栋）

粮　油

青州市粮食局

旅游产业发展党工委书记
　　　　韩其昌（主持工作，6 月止）
党委书记、局长　　颜军平（6 月起）
党委书记　　杨东泉（6 月止）
副局长　　张　新
　　　　刘玉平
　　　　程好华

工作人员进行技术培训

【概况】 2017年，青州市粮食局紧紧围绕全市中心工作，认真贯彻落实国家有关粮食政策和省、市关于粮食工作的部署，着力抓好粮食购销，搞好仓储设施维修改造，大力开展“粮安工程”项目建设，以高度政治责任感做好军粮供应工作，切实提高粮食行政执法水平。

【粮油购销】 利用夏秋粮收储有利时机，做好各项准备工作，仓容、器材准备到位，确保资金供应，搞好技术培训，公开服务承诺和便民措施。年内，完成政策性小麦收储3073吨，储备油收储260吨。新增地方储备粮3700吨，并通过发改、粮食、财政、农发行等4部门验收，截至2017年年底，全市地方储备粮总量达到1.5万吨，储备油数量520吨。

【仓储建设】 2017年，全力推进应急成品粮仓库建设，争取省财政专项资金150万，青州市财政配套449万，在市地方粮食储备库建设应急成品粮仓库一座，建筑面积2848.85平方米，仓容1.2万吨。11月建设完毕，12月通过潍坊粮食局验收，该仓库增强了全市粮食储备能力。

【粮油安全】 抓好主食产业化项目建设，为青州市口埠时代面粉厂争取1000型挂面生产线项目一个，项目预算310万，其中省财政扶持资金100万，企业自筹210万，实际完成工程投资441万元，11月份正式投产，填补了青州市面条工厂化生产空白，极大增强了企业竞争力。落实应急成品粮储备，青州应急成品粮储备规模为2181吨，粮食局确定3家面粉加工企业及青州军供站作为应急成品粮承储企业，储备品类包括面粉、大米、面条，11月底同4家企业全部签订承储合同，成品粮储备全部落实。

【军队粮油供应】 青州市金长城军粮供应中心坚持“质量第一，服务至上”的工作准则，按照“三个确保”（确保不断档、不脱销、不欠供）要求，确保“按时、按质、按量”供应部队用粮。全面提高军粮供应综合保障能力，坚持军民融合式发展方向，确保全市及周边县市驻军部队供应。克服军改部队缩编、供应量减少等不利因素，积极开展以副补主业务，将放心粮油送进学校、企业，提高企业经济效益。

【行政执法】 2017年累计为12家企业新办、更换粮食收购资格许可证。夏、秋粮收购期间开展集中监督检查，杜绝“打白条”“卖粮难”。对中储粮潍坊直属库、青州市地方储备粮食储备库等国有粮食企业进行库存检查，全市粮食库存数量真实，质量完好，账账、账实相符，仓储管理规范。举办全市粮食统计业务培训班，全市33家涉粮企业参加了培训。

（杜国亮）

盐　业

青州市盐务局

局　长　　张　勇
副局长　　马长发
　　　　　李逢武

【概况】　2017 年，全市共购进各类盐产品 8520 吨，实际实现销售收入 771.84 万元，较 2016 年同期减少 8.7%，占市局分配年计划 51%，销售各类盐产品 8237 吨，其中食盐销售 5380 吨，小包装食盐购进 1047 吨，与 2016 年基本持平，实际销售 1032 吨，占市局分配年计划 49%；日晒盐购进 4592 吨，同比增加 1550 吨；工业盐销售 1357 吨，同比减少 18%；饲料盐销售 469 吨。

【盐品供应】　2017 年召开 6 次全体职工会议，学习省、潍坊市盐业改革文件，统一思想认识，根据省、市公司的统一安排，积极做好改革工作，及时应对食盐价格放开后的市场变化，确保合格食盐的供应。加大食盐物流配送的密度，对各食盐零售点，餐饮食堂、食品生产等用盐单位全部实行直供，逐步取消各食盐代批点的销售，以确保青州食盐市场稳定，防止其他地区批发单位进入青州食盐市场，扰乱市场秩序。积极做好腌制辣椒用盐工作，走访腌制生产户，与生产户达成协议，确保腌制盐用盐安全。腌制期间共销售日晒盐 4088 吨，比 2016 年增加 188 吨。加强对食盐零售点和用盐单位购进盐的管理，对食盐零售单位和用盐单位购进食盐查验记录制度。规范食盐零售单位和用盐单位购进渠道，制定食盐购进台帐，内容包括：购进日期、食盐品种、购进数量、生产批号、销售单位、销售单据、销售单位营业执照、批发许可证证明、送货人及联系电话等，确保食盐专营的销售主渠道和盐品供应。

【盐政执法】　市盐务局深入开展专项盐政执法整治活动，印发《关于在全市开展春季食盐市场专项治理行动的通知》，加强与公安部门的联合执法，对辖区内用盐商户进行检查，针对盐业市场变化，积极转变执法观念，创新执法机制，更好的适应当前不断变化的执法形势联合执法，有力打击各类涉盐违法行为。联系公安局食药环侦大队对偶园街餐饮店进行检查，查处 5 家商户违规用盐，青州电视台进行跟踪报道，反响强烈。针对涉盐违法分子贩销手段隐蔽、贩销方式改变、涉盐违法分子向乡村农户兜售私盐，存在少运多跑，避开盐政执法人员上班时间等行为，盐政执法人员实行休息日、节假日轮值制度，分区划片，全力做好食品加工、餐饮服务行业、小吃摊点、流动商贩，以及各类学校工厂食堂等用盐监管工作。2017 年，三个稽查队共查处涉盐案件 140 起，查获各类违法盐产品 52.48 吨，与公安机关联合查处大案 7 起，查获贩卖贩运车辆 7 辆，端掉制、售假窝点 5 个，累计罚款 2 万余元，切实维护了辖区内食盐专营秩序。

（杨新华）

石　油

中国石化销售有限公司山东潍坊青州石油分公司
经理　　谭　炜

【石油经营】　截至 2017 年年底，中国石化青州公司在境内有加油站 26 座，承担青州 60% 的成品油供应任务。2017 年，纯枪销售 91773 吨，完成年计划的 92.7%，同比减少 4543 吨，下降 4.71%，其中汽油销售 54933 吨，完成年计划的 93.7%，同比减少 202 吨，减少 0.367%；柴油销售 36863 吨，完成年计划的 91.2%，同比减少 4318 吨，下降 1.05%。全年加油卡发卡 33531 张，充值 40553.3 万元，沉淀资金 837.5 万元，山东充值卡发卡 515 张，充值 23.1 万元，沉淀资金 -53.7 万元，全国充值卡 16047 张，充值 928 万元，沉淀资金 -126.7 万元，合计沉淀资金 657 万元。

【安全管理与服务】　集中开展系列安全生产宣传教育活动，强化“红线”意识，弘扬中国石化安全文化，积极宣传“加强安全法制、保障安全生产”的活动主题。管理人员利用到加油站检查的机会组织员工开展应急预案演练，认真梳理预案步骤流程，员工的应急预案演练水平进一步提高。组织开展员工“安全生产法律法规”知识竞赛答题，通过答题增强了员工对安全生产法的了解。各站制定具有本站特色的“一站一策”增量措施，严格操作流程，

第七加油站

为顾客提供规范化服务。

（由　伟）

烟　草

青州市烟草专卖局（分公司）

党委书记、局长、经理　刘昌武
副局长　张德平
　　　　王海龙
副经理　肖延明
　　　　贾春梅

【概况】　青州市烟草专卖局与山东潍坊烟草有限公司青州分公司一套机构、两块牌子，承担青州烟草市场专卖管理及网络建设、卷烟销售的职责，是青州市烟草专卖行政管理执法部门和卷烟经营企业。2017年，该局（分公司）共有从业人员162人；辖区内共有2852户持证卷烟零售客户。销售卷烟151015.35万支（30203.07箱），比上年增长1.54%；实现销售收入64786.58万元，比上年增长4.83%。实现利税14570.74万元，同比增长1.68%，其中，实现税金11662.26万元，同比增长1.67%。共查处各类案件540起，案件总值195.37万元。查获违法卷烟261.05万支。拘留涉烟违法犯罪分子11人，逮捕3人，判刑6人。整体工作保持了持续稳定健康发展，被评为潍坊市烟草系统先进单位。

【卷烟销售】　品牌发展水平提升，知名品牌销量比重达到81%，销售收入比重达到92%以上，实现税利比重达到93%以上，泰山系品牌销量超过15000箱，销售收入超过3亿元。卷烟营销水平提升，着眼于市场需求，稳定销量、拉升结构，增加效益，卷烟销量达到30203箱，单箱销售额达到25097元；销售毛利润达到1.89亿元。夯实卷烟网建基础工程，围绕建立公开公正公平竞争的市场环境，深入推进卷烟零售户致富工程，建设不可替代的现代烟草物联网，形成以市场为导向的品牌培育机制，积极探索零售终端管理模式，大力开展“卷烟销售终端标准化建设”活动，从体制、机制、投入、保障等方面入手，提升零售户盈利水平，户均盈利达到4万元以上。推行烟草电子商务，发展现代卷烟零售终端，推行电脑、手机网上订货、网上营销，推广应用二维码，发展智能终端销售，截至2017年年底，共发展网上订货户1162户，占总有效户数2774户的42%，其中电脑新商盟客户占总户数40%；电子结算客户2774户，电子结算率为100%，电子结算成功率97%，卷烟电子商务营销体系逐步完善，现代流通模式位居潍坊前列。

【专卖管理】　以卷烟打假和市场整治为重点，以优化执法环境建设为保障，积极推进专卖管理与市场控制体系建设，通过一系列专项整顿治理，有效地打击了各种违法经营活动，提高了市场控制力，维护了国家利益和消费者利益。优化执法环境，完善政府牵头、各部门广泛参与的市场综合治理机制，落实整顿和规范烟草市场秩序联席会议制度，完善公检法烟四部门联席会议制度，加强与邮政、铁路、通信等部门的协调配合，建立以特警为主，多警种配合的烟草公安联合执法机制，加大与工商部门执法协作力度，建立跨县、跨地区案件协调机制，形成专卖执法合力，有力地打击了涉烟非法经营活动。加大涉烟违法市场整治，突出打源破网，保持对制假售假贩假行为的高压态势，开展对货运站、邮政快递、铁路等重点领域的专项整治，阻断非法烟草专卖品进出通道，组织开展卷烟非法流通专项行动、

卷烟打假集中整治活动

理，制定办事公开民主管理监督方案和管理办法，及时落实需要公开的事项，使办事公开民主管理逐步走上了正轨。深入开展质量体系建设工作，建成高效顺畅的企业综合管理体系和基础管理平台，文件执行率达100%，管理体系信息化实现率达100%，实现质量、职业健康安全“两标一体”运行，通过质量体系标准第三方认证验收，有效防范和坚决遏制各类安全事故，多次受到上级有关部门的肯定和表彰。把创新作为改革发展的源动力，不断深化群众性创新工作。申请通过实用新型专利1项，发表科技论文5篇，进一步提高了自主创新能力。把精益作为提升管理水平的重要抓手，将精益改善理念和方法延伸至财务、经营、管理、服务等各个岗位，促进了经济效益提高。强化财务管理工作，认真贯彻落实全面预算管理办法和规程，规范预算编制流程，落实预算项目归口管理，建立完善预算预警机制，加强对预算编制、执行、调整、监督、评价的全过程管理，实现财务管理的系统化、标准化、精细化、科学化，至2017年，预算定额指标覆盖率达到100%。建立健全成本费用定额标准体系，并通过持续改进和不断完善，从事前决策和事中控制的角度提高成本费用管理水平，费用率始终控制在10%以下。严格执行国有资产管理各项规定，加强对资产统计和使用状况的分析，实行资产分类管理，合理配置资产资源，整合资产布局，提高资产运行效率，并按照“谁用、谁管”的原则，逐步实现对固定资产的实时监管，提升了国有资产管理效率。

打击互联网和物流快递渠道涉烟违法犯罪活动专项行动及全市烟草市场治理“齐鲁之盾”系列专项行动等各类专项治理行动，涉烟违法犯罪活动得到有效遏制，破获国标网络案件2起，县标网络案件5起，通过以卷烟打假为重点的市场整治，市场控制力和净化水平有效提升。不断规范零售许可管理，严格按照《许可证管理办法》对卷烟零售点进行科学规划、规范布局，并严格监督管理，截至2017年年底，全市持证零售户占常住人口总数的3.03‰以上，无证经营户在城区、集镇、主干道周边基本杜绝，许可管理问题在政务热线及“12313”举报投诉电话渠道实现“零投诉”。四是加强县级局建设，以优秀县级局创建为动力，进一步加强县级局作为一级专卖执法主体的行政法人责任，持续坚持“统一领导、分散驻点、集中打击、区域管理”运作模式，确立不同区域不同的管理重点，有机调配专卖力量，有效整治重点市场，集中打击违规重点户，有效提高了市场综合治理水平。

【企业管理】　健全管理制度体系，定期开展制度梳理，保证了制度的统一、规范和有效执行。突出抓好对卷烟经营的监管，严肃内部不规范经营行为。对卷烟经营七个重点关键节点，逐一细化工作措施，层层落实责任部门和责任人，将工作做细、做实，做到了依法经营，规范经营。加强办事公开民主管

（秦保健）

旅 游

旅游管理

青州市旅游文物管理委员会

党委副书记、旅产委党委书记

杨爱东（女，回族，10月起）

副主任　徐传江

牛志诚

办公室主任　史建章

市场开发管理处主任　刘新颖（女，10月起）

市场开发管理处副主任　陈友顺

办公室副主任　范　鹏（女）

规划管理处副主任科员　于冬璇（女）

副科级干部　王建丽（女）

副科级干部　刘　萍（女）

青州市旅游局

局长、党支部书记　杨爱东（女，回族，10月起）

副局长　田立新

冀　波

【概况】　青州市拥有国家重点风景名胜区、国家级森林公园、国家地质公园、国家级水利公园、国家级工业旅游示范点、省级旅游度假区各1处，中国乡村旅游模范村2处，省旅游强乡镇3个、特色村5个。省工业旅游示范点4家，农业旅游示范点3个，精品采摘园6个、好客人家星级农家乐20家，形成结构较了为合理、要素初步健全、功能日渐完善、特色较为突出的旅游产业体系，2017年，接待境内外游客943.37万人，经济收入92.44亿元。

【旅游项目规划建设】　重点文化旅游项目。包括青州古城旅游区项目、云门山省级旅游度假区项目、青州博物馆群项目等。青州古城旅游区作为青州市龙头旅游景区，于2017年2月份成功入选国家AAAAA级旅游景区，截至12月，古城片区项目仍在修复建设中。云门山省级旅游度假区项目，以海岱南路为景观轴，着力打造一个旅游小镇作为项目核心，2013年获批成为潍坊市首批省级旅游度假区。青州市博物馆群建设项目整体规划已完成，相关配套设施建设已启动。规划占地面积约300亩，由3个组团组成，共建设30个左右博物馆，建成后将进一步丰富和展示青州市的历史文化内涵。状元小镇文化旅游开发项目以及雀山文化旅游区项目正处在招商引资阶段。

乡村旅游项目。青州市按照“一镇一品、一村一色”和“板块化培育”的原则，整合优质资源，以旅游项目为抓手，加快特色乡村旅游业态培育。利用花卉旅游资源，打造青州花卉小镇项目。整合优势乡村旅游资源，开发西南山区特色旅游+乡村旅游项目，包括井塘古村·玲珑山旅游开发项目、侯王新型农村社区建设及农家乐旅游开发项目、清风寨景区生态旅游开发项目、AAAAA王府养生享老福地项目等。

旅游新业态项目。青州市持续推进房车旅游、温泉旅游、研学旅游、航空旅游、康养旅游等旅游新业态的产品化和产业化，打造“旅游+”的青州

中晨艺术小镇全景图

模式。重点打造中国中晨（青州）国际文化艺术小镇、九龙峪房车营地、江南温泉度假村、驼山滑雪场、大马山通用航空机场等新业态旅游项目。中国中晨书画艺术小镇项目建成的展览中心投入使用，后期将继续建设中国书画创作基地、交易交流中心、文化艺术培训中心、金融服务中心等。江南温泉度假村是一家集温泉沐浴、健康理疗、特色餐饮、精品客房、商务洽谈、休闲娱乐等为一体的综合温泉养生度假福地，2017 年入选国家 AA 级旅游景区。大马山通用机场项目在省、潍坊市获得立项，成功列入《全省通用机场规划布局（2017—2030）》，项目计划投资 5 亿元，主要建设跑道、飞行区、航站区等，按 A 类通用机场标准将大马山备用机场改扩建为军民融合通用机场，该项目正在建设中。

【旅游市场开发】 青州旅游以“东方花都 文化青州”为主打品牌，通过媒体宣传、举办展会、旅游推介、智慧旅游、节会营销、旅游线路整合创新等多种手段，不断拓展客源市场，全年接待境内外游客 900 余万人次。组织相关涉旅单位参加中国国际旅游博览会、海峡旅游博览会、中国旅游博览交易会、中国山东（济南）国际旅游交易会等一系列旅游展会。赴连云港、徐州、天津、上海、河北、青岛、烟台、威海、济宁、聊城、德州、滨州、日照、临沂等目标客源市场，对青州进行整体旅游宣传推介。积极邀请外地旅行社和媒体到青视察踏线，举办省内外重点媒体金秋采风行，邀请济南、烟台、临沂、威海、天津、河北、河南等地方的旅行社、媒体视察团等到青州视察、宣传报道青州旅游资源，进一步拓宽客源地市场，促进了青州二日游市场持续火爆。与“八喜旅游网”进行多次沟通协商，积极为其争取相应政策支持，帮助其打造集电商销售、宣传、服务、娱乐为一体的综合性旅游平台，促进青州市智慧旅游发展。举办智慧旅游项目宣讲会，组织、引导有意向的涉旅企业签订智慧旅游项目协议，加快乡村旅游市场开发，全年共有乡村旅游景点 10 余处。

第五届世界摄影大会走进青州采风活动

【旅游品牌培育】 2017 年 2 月，青州古城、云门山、青州博物馆以“青州古城旅游区”统一名称成功创建为国家 AAAAA 级旅游景区。截至 2017 年 12 月，青州市共有国家 A 级以上旅游景区 17 处，其中有青州古城旅游区一处国家 AAAAA 级旅游景区，仰天山景区、泰和山景区 2 处国家 AAAA 级旅游景区，农民画画院、双贝生态公园、花好月圆景区、弥河

2017 年 2 月 25 日，青州古城旅游区授牌国家 AAAAA 级旅游区

文化旅游区、南阳河景区、九龙峪景区、中晨艺术小镇 7 处国家 AAA 级旅游景区，雀山景区、范公亭公园、偶园、王府游乐园、神秘山寨、井塘古村、江南温泉度假区 7 处国家 AA 级旅游景区。

【旅游管理与服务】 青州市继续完善旅游政务网站、多媒体旅游体验网、旅游资讯网和旅游手机客户端。编制集旅游服务机构、景区点、旅行社、饭店、旅游纪念品市场、公共交通等信息于一体的旅游地图，完善旅游道路标识系统，建立健全旅游信息服务体系。提高旅游接待能力，建成星级饭店 3 家，其中有银座佳悦酒店 1 家四星级饭店，颐寿山庄 1 家三星级饭店。星级饭店床位总数 495 张，餐位总数 3000 余个；注册旅行社 24 家，其中，AAAA 级旅行社 1 家（八喜国际旅行社），AAA 级旅行社 4 家（阳光假日旅行社、花都旅行社、东方旅行社、山水旅行社），全年接待能力在 200 万人次以上。通过资金补贴的形式，实施星级旅游厕所建设改造提升工程，提升星级旅游厕所。青州市游客接待中心获“潍坊市工人先锋号”表彰。

（杨　迪）

云驼风景区

青州市风景区管理局

党支部书记、局长	田详章
副局长	刘玉欣
	耿英俊
副科级干部	张吉军

【概况】 2017 年，青州市风景区管理工作围绕 AAAAA 景区创建、森林城市创建、“四个城市”建设，不断优化景区发展环境，推行景区标准化、规范化管理，景区生态保护、旅游环境、服务质量等方面得到全面提升。2017 年 2 月，云门山景区与古城景区、博物馆景区联合成功创建国家 AAAAA 级旅游景区，实现了景区发展的新跨越，为云驼景区走向更广阔的市场奠定了坚实基础。

南阳河夜景

【规划建设】 注重景区生态规划，2017 年，在风景区绿化维护过程中，坚持保护山体原有的生态环境，增加雨水蓄积能力，景区内停车场采用生态透水材料铺装，景区主要道路及广场合理布置雨水收集口，将景区内的水系构成海绵景区的水面景观和雨水储存系统。加强景区资源保护，景区内设置了监控室，安装 55

云驼风景区景观河道

个监控摄像头，基本实现重点文物全覆盖。对驼山石窟实行24小时不间断巡查保护，确保文物安全。引进森林防火预警指挥系统，加强景区防火智能化建设，成立80人专业防火队伍，坚持24小时领导带班制度。优化景区生态环境，加快云门山森林公园二期建设，截至2017年12月，园内已栽植乡土乔木38种、2.3万余株，各种花灌木7.6万平方米，铺栽草坪63万平方米，建设景观河道工程1400米、人造水系工程280米，建设观光车道和自行车道12.9千米，建设完成容纳1150个停车位的大型生态停车场及四处小型停车场，建设完成2个AAA级旅游厕所及3个A级旅游厕所，在北部体育公园区修建了10人足球场、篮球场、4个羽毛球场、乒乓球场、老年门球场、儿童休闲娱乐区等。

【旅游服务】　加强导游队伍建设，邀请全国十佳导游、威海导游风采大赛优秀导游员对景区导游进行讲解技能培训、邀请专业教师对窗口员工进行旅游礼仪培训，组织导游员参加山东旅游职业学院业务培训及潍坊市职业化导游团队培训，提高景区整体接待水平。提升景区服务质量，定制工装和劳保服，实现员工统一着装，统一挂牌上岗。聘请专业机构进行礼仪服务培训，定期进行全员考核。提高景区卫生环境，完善旅游厕所建设，继续充实保洁队伍，延长景区保洁时间，对景区实行划片、定人、定岗，做到全日保洁，确保景区环境卫生整洁。

【宣传营销】　聘请专业人员对景点解说词进行重新考证规范，修订完善导游词，增强文化性、趣味性、探秘性。邀请省内、外知名城市旅行社组团来景区踩线视察，开发线路产品。根据2017年旅游市场情况，灵活运用旅游交易会、电视电台、车体广告、车载电视、主流报刊、户外广告牌、彩页画册、微信网络平台等方式进行景区宣传。制定旅行社合作管理办法，进一步完善重点客源市场营销政策和旅行社奖励政策，促进旅行社输送游客量大幅提升。做好团队游客吃、住、行、游、购、娱的接待工作，

云门山森林公园三期工程郭家桥停车场

云门山景区东入口

制定游客返程后的满意度调查制度，采用电话随机回访、短信随机调查等方式游客体验。参与全市“捆绑”宣传营销活动，加强与青州古城等景区的合作，打造精品线路，提升景区吸引力。

（于海州）

青州云门山省级旅游度假区

青州云门山省级旅游度假区

党工委书记、管委会主任　　刘希鹏

【概况】　2013年1月24日，山东省人民政府下发《关于设立云门山省级旅游度假区的批复》，批准设立青州云门山省级旅游度假区。度假区位于青州市拥军路以南，博临路以北，壮汉庙路以东，仙客来路以西，规划面积约27.04平方千米。2014年3月，青州市机构编制委员会下发《关于成立青州云门山省级旅游度假区管理委员会的通知》，确定度假区管委会为青州市政府派出机构，正科级规格，核定行政编制10名，2017年，重点对度假区进行总体规划，加强基础设施建设，加快项目引进和建设进度。

【总体规划】　青州市按照“青州特色、齐鲁文化、国际水准、综合价值”的指导思想，整合美国AECOM、英国阿特金斯、戴德梁行、美国乐康以及华高莱斯等规划精英设计，由城市建设研究院和AECOM高起点编制《青州云门山生态文化旅游度假区总体规划》，并于2010年7月通过专家评审。度假区总体规划形成“一轴、一核、两点、四片”的空间格局。以海岱南路为景观轴，着力打造一个旅游小镇作为项目核心，连接南北两个旅游服务节点，辐射智汇云门、桃源慢谷、海岱大观、稻香人家四大旅游度假片区。规划建设大马山水库湿地公园、大马山运动公园、圣水峪旅游区、好莱坞影视创意区、云门山文化广场、云门大剧院、颐和居·国际康乐疗养社区、“七彩云门”花卉景观小镇等40余个旅游项目组团，130余个项目。

【基础建设】　截至2017年12月，投资6000余万元完成长11.2千米的海岱路景观提升工程、长6.5千米的壮汉庙路工程以及长2.45千米的大马山南路工程，改善度假区项目落地条件。

【重点项目】　青州云门山省级旅游度假区，重点项目有云门山四季滑雪场、大马山通用机场、云门国际度假酒店等。

云门山四季滑雪场。位于海岱路以东，大马山南侧，占地面积约104412平方米。2016年5月，青州云门山文化旅游有限公司（云门山投资集团有限公司全资子公司）开始投资建设，计划总投资6000万元。滑雪场多功能接待大厅，分为3层，建筑面积4256平方米。滑道总面积17733平方米，其中高级道6508平方米，中级道3593平方米，初级道3925平方米，单板道1763平方米，滑圈道1944平方米。滑雪场可同时容纳850人，每天可供3000人次进行滑雪，能满足非专业人士、具有滑雪经验者、专业滑雪爱好者等不同层次人群的体验、

青州云门山省级旅游度假区四季滑雪场

集训、家庭亲子等多样化需求。截至 2017 年 12 月，接待大厅精装修工程已完成 70%。初级道、单板道、碰圈道、中级道滑雪毯已安装完毕，其他配套工程在完善中。作为亚洲规模最大的四季旱雪专业滑道，滑雪场建成后将进一步丰富青州旅游资源，完善青州旅游业态。

弥河旅游度假区音乐喷泉

大马山通用机场。项目位于度假区核心区，占地约 80 公顷，由青州新丝路通用航空有限公司计划投资 3 亿元，依托海军益都机场建设军民融合通用机场。内容主要包括建设、修复跑道以及航站楼、综合楼、机库等配套设施。项目已列入《全省通用机场规划布局（2017—2030）（讨论稿）》。机场规划框架设计图于 2017 年 11 月底完成，确址报告编制工作基本完成，临建设施拆除工作已启动。通用机场建成后，将依托机场平台大力发展“通航制造、通航服务”两大产业链，培育带动航空旅游、航空培训、航空制造、航空体育等通用航空业的集聚发展。

云门国际度假酒店。包括主题酒店及滨水休闲带，位于海岱路东侧。主题酒店建筑主体由两大体块组成，两层公共区域和四层客房区域，占地面积 4692 平方米，建筑面积 15292 平方米。滨水休闲带由南至北依次为菁澜坊、钟鼎阁、静懿苑、德馨轩、生态养生会所五个独具特色的旅游服务设施，总建筑面积 27575 平方米。截至 2017 年 12 月，主体施工已完成。

（韩蒙蒙）

弥河文化旅游度假区

青州市弥河生态林场

党工委副书记　　高长青

副主任　　朱克华

【概况】　青州弥河文化旅游度假区南起青州市新南环路以南 1 千米，北至胶济铁路货运线，全长 11.8 千米，总面积 1100 公顷，其中湿地面积 831 公顷，湿地率为 75.54%，野生鸟类 102 种，水生植物 14 种，绿化覆盖率 67.03%，总投资 6 亿元。由南向北依次打造“山水相依”花都湖、“银瓜飘香”巨弥滩、“荷塘清趣”黄楼湾、“海岱云影”弥水园四大景点。2017 年，度假区接待游客 25 万人，门票收入 5 万元，先后获得“国家水利风景区”“国家湿地公园”“国家 AAA 级旅游景区”“山东人居环境范例奖”“山东最美湿地”等称号。

【规划建设】　截至 2017 年 12 月，度假区内建成停车场 3 个，总面积 10800 平方米，开通红色沥青自行车道 9.3 千米。建成 3000 平方米的游客服务中心，配备游客接待大厅、警务室、卫生室、购物中心、公共卫生间等设施，为游客提供接待、咨询、导览、购物、诊疗等系列服务。建成占地 6000 平方米的体育公园，设有篮球、网球、羽毛球、乒乓球等场地设施以及 40 台（套）健身器材。度假区内部交通设施与古城游、南阳河弥河生态观光游线路贯穿连接，乘坐电瓶观光车经宋城、南阳河可直达弥河文化旅游度假区。建设自行车绿道 30 多千米，公共自行车驿站 11 处，自行车 200 余辆，南部可从花卉交易中心进入，北部与南阳河相连，公共自行车使用管理与城区实现无缝链接，游客可随意骑行观光休闲。建成4处游船码头，设置大型游船画舫4艘，电动船、脚踏船、荷花船、快艇等32艘。海岱桥南侧大型音乐喷泉最高可达68米，可变化12种系列造型。建成可容纳2000人观看文艺演出的演艺广场，位于花都湖景区，配备音乐喷泉、镭射灯光等设施，夜间华灯璀璨、水光摇曳、美轮美奂疑似置身江南。

青州古城

【运营保护】 2017年，青州弥河文化旅游度假区先后获得“山东人居环境范例奖”“国家水利风景区”“国家湿地公园”“国家AAA级旅游景区”“山东最美湿地”等称号。建成自然学校1处，分别从教学场所、师资培训、教学设施等方面确保教学活动正常开展，教室面积100平方米，教课桌椅40余套，教学器材一宗。建立起由分管领导牵头，4名专兼职教师组成的自然教育工作团队。2月，组织骨干力量到中科院植物研究所进行实地视察和学习，开始遴选合作学校，先行开展试点，积累带队实战经验，锻炼队伍，检验课程。

（侯泽政）

景观简介

【重点景区及旅游点】 青州古城。开放区域面积约2平方千米，区域内有北门大街、东门大街、偶园街等120多条古旧街巷，国家级文物保护单位2个，省级文物保护单位5个。有魁星楼、阜财门、海晏门、偶园、衡王府牌坊、贡院、清真寺、基督教堂、冯府、衡王府邸、偕园、府文庙等上百处历史建筑，府衙建筑、传统民居、古典园林、过街牌坊等遍布古城街巷。古城区是王曾、范仲淹、欧阳修、李清照、冯溥、邢玠、石茂华、赵秉忠等古代名宦重臣文人墨客居住生活之地，也是近代宋棐卿、赵太牟等著名人物的故居所在，沿街分布800多家店铺，业态多样，其中有上百处名吃、老字号，汇集古青州深厚的商业文化。青州古城是青州回族的聚集区，有2.3万原住民生活在古城，传承延续着青州古老的民风民俗。70多项非物质文化遗产在古城街区经常性展演，多角度全方位展示古青州传统文化。

云门山。位于青州南部，泰沂山脉北端，自古为鲁中名山。主峰海拔421米，相对高度218米，景区面积12平方千米，核心区面积2.8平方千米，景区森林覆盖率98%。山上有隋、唐石窟造像5处，造像佛272尊，历代文人墨客、善男信女的题刻、碑碣遍布云门山摩崖。在山阴处有一罕见的明代摩崖石刻巨“寿”，字体结构严谨，端庄大方，通高7.5米，宽3.7米，仅“寿”字下面的“寸”字就高达2.23米，云门山因此被誉为“中华古寿文化第一山”。先后被国务院公布为国家风景名胜区、国家地质公园、全国重点文物保护单位。2017年，接待游客45.1万人，门票收入1401万元。

青州博物馆。青州博物馆是全国第一家县级综合性国家一级博物馆，馆藏文物4万余件，国家一级文物142件。龙兴寺窖藏佛教造像数量多达400余尊，被列为1996年中国十大考古发现之一，是20世纪中国100项重大考古发现之一，其特色鲜明的“青州风格”改写东方艺术史。馆藏东汉“宜子孙”玉璧，是中国保存最完好的出廓玉璧。赵秉忠状元卷是唯一存世的明代及明代以前殿试状元卷。

弥河国家湿地公园

驼山。位于青州城西南，离城6千米，是全国重点文物保护单位，主峰海拔408米。驼山石窟造像群位于驼山主峰东南悬崖，并排着大小石窟5座，共有石佛造像638尊。驼山造像开凿于北周至中唐时期，特别是隋唐时期的造像，雕刻技艺精湛，保存完好，对研究中国古代雕塑、绘画艺术和佛教发展史具有极高的价值。位于驼山山顶的昊天宫，是一组规模宏大的古代建筑群，其中七宝阁为全国存世量极少的石质无梁双拱阁楼式元代典型建筑。2017年，接待游客6.6万人，门票收入68万元。

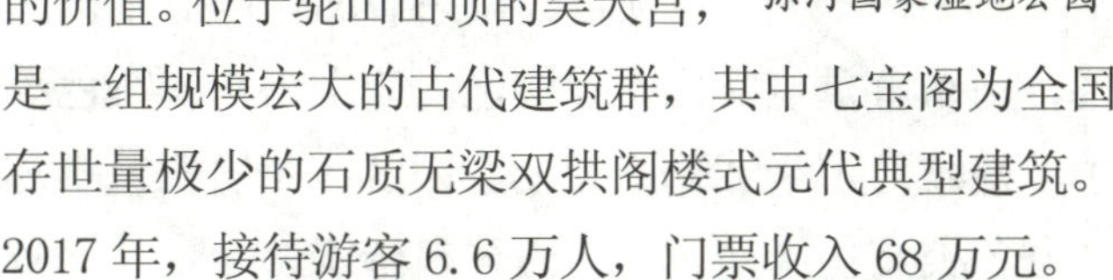

仰天山国家森林公园。位于青州市王坟镇西南部山区，国家AAAA级旅游景区，山东省十佳森林公园，山东省十大优秀新景点，山东省十佳山岳型景区，齐鲁山水新十景，公园集森林、地貌、人文景观于一体，森林覆盖率达到97%以上。有江北地区发育最好的垂直溶洞群和众多的天然洞穴，全长1500多米的地下大峡谷。始建于北宋初期的文殊寺是国内三大文殊寺院之一，在佛教活动中占有特殊的重要地位。仰天山是中草药材的宝库，常见药材有何首乌、穿地龙、黄芪、丹参、麻黄等五十多种草药，盛产山果，柿干、核桃、杏仁、黑枣、板栗等享誉海内外。全年接待游客30.9万人，门票收入3040万元。

泰和山风景区。位于青州市西南部山区，国家AAAA级旅游景区，景区总面积20平方千米，是一处集自然景观、森林景观、地貌景观、融历史文化、宗教文化、红色文化为一体的综合性旅游度假区。风景区内黄花溪旅游区、天缘谷旅游区、泰和国际饭店等国内一流的旅游景观和服务接待设施，形成山、湖、泉、林、瀑、栈、溪、洞、花、岩为特色的中国北方大型国家森林公园、国家地质公园。全年接待游客62.5万人，门票收入3800万元。

黄花溪

南阳河景区。国家AAA级旅游景区，位于青州城中部，自西向东穿城区而过。南阳河发源于王府街道井塘古村注入弥河，全长32.5千米，总面积171平方千米。南阳河获评山东人居环境范例奖，省级湿地公园，2017年青州阳河水利风景区获评“国家水利风景区”。

弥河文化旅游区。国家AAA级旅游景区，青州弥河国家湿地

弥河文化旅游度假区

公园南起青州市南环路，北至胶济铁路货运线，全长11.8千米。以弥河原生态为基底，由南向北依次打造“花都湖”、银瓜飘香“巨弥滩”、荷塘清趣“黄楼湾”、海岱云影“弥水园”四大景点。将弥河打造成生态文化之河、休闲旅游之河。度假区内有大型游船画舫5艘，公共自行车百余辆，站点7处，观光电瓶车10余辆。荷塘3处，占地150亩的水生花卉园一处，可观赏的水生花卉达60余种。先后获得“山东人居环境范例奖、国家水利风景区、国家级湿地公园”等称号。

九龙峪景区。国家AAA级旅游景区，位于青州市南部山区，珍珠山以东，海岱南路以西，龙门崮以南，跨弥河、王坟两镇。景区包括20千米的自行车赛道，绿化覆盖率达90%以上。景区以“生态、文化、高端”为引领，依托于丰富的自然文化旅游资源，营造主题突出，打造以“龙文化”为主题的“九龙十八景”，建设自然与文化高度融合的旅游风景区。

中国中晨（青州）国际文化艺术小镇。国家AAA级旅游景区，由潍坊中晨集团倾力打造，位于青州市东部新城，总规划占地12000亩，计划总投资270亿元。整体布局上，由以集艺术品创作、展览交易、教育培训、人才孵化等文化艺术全产业链融合发展为主要内容的书画艺术综合体和融花卉田园、智慧农业、艺术旅游和养生养老等多功能为一体的生态田园综合体紧密连接、组合而成。全国31省（市）及山东省17地市美协入驻艺术小镇。截至2017年12月，艺术小镇入驻业户200余家，被确定为山东省重点建设项目、山东省重点文化产业项目、山东省文化产业示范园区、山东省重点文化产业园区，获批山东省特色小镇，是潍坊市级文化产业创业园区。小镇积极策划举办各类文化活动，吸引游客参与体验。截至2017年，已连续举办5届“翰墨青州·中国书画年会”和3届中国·青州文化艺术节（中国（青州）国际文化艺术品博览会艺术品博览会），全年累计办展200场以上，举办各类展销和拍卖12场，全年累计接待游客约35万人次。

花好月圆景区。国家AAA级旅游景区，位于青州市黄楼街道办事处境内，北临07028省道，南至南环路，东临牡丹路，西至弥河。截至2017年12月，全街道花卉种植面积已达5.8万亩，专业村55

花好月圆景区

个，专业户11000多户，从业人员5.8万多人。拥有30多万平方米的高标准室内花卉批发交易市场，有来自国内外的200多家花卉公司入驻经营，花卉种类大约300多个系列，2000多个品种，花卉年产值50多亿元，年交易额70亿元。规划建设5000亩的省级花卉高科技园区，截至2017年12月，已有21家花卉企业入驻经营。

范公亭

中国青州农民画画院。国家AAA级旅游景区，位于青州市驼山南路，北邻范公亭公园，西邻南阳湖景区，风景秀丽，交通便利。画院由青州农民画美术馆、青州美术展览馆、民间收藏博物馆、艺术之家和研修学院等部分组成。截至2017年12月，已有农民画画廊、农民画培训中心、农民画创作中心和农民画衍生品、美术用品以及青州市美协、书协工作室等60余间，功能集农民画培训、创作、体验、展示和交易为一体，是青州农民画走向市场、实现艺术价值的重要渠道。

范公亭公园。国家AA级旅游景区，位于范公亭西路西端古城墙侧。该园楼台参差、竹柳翩翩、古木交柯、曲径通幽，自然景观与人文景观相辉映，四季皆有迷人景色。三贤祠、唐楸、宋槐、顺河楼、李清照纪念馆、洋溪湖、古城墙等为该园的主要景观。其中，三贤祠被评为省级廉政教育示范基地。

偶园。国家AA级旅游景区，位于青州市偶园街中段路东，是清朝康熙年间文华殿大学士兼刑部尚书冯溥的私家花园，当地人称为“冯家花园”。园内假山堆砌巧夺天工，其清代皇家园林叠石风格，为中国仅存“康熙风格”的假山。主要建筑有三峰假山、佳山堂、文毅堂、松风阁、望春楼、长廊、大石桥、近樵亭、卧云亭等，另有国家一级文物“大

偶园

齐碑”和“福、寿、康、宁”四大奇石。偶园经过2013年—2017年的保护修缮及扩建，偶园面积达55.5亩，面积增大1倍。分为冯氏宅院、东苑望春、王府旧迹、佳山松风、东园新曲“五园”和冯巷人家、管理通道、九曲连廊、连环水系“四带”。“五园”突出营造中国古典园林、院落、人文景观等，其间的凝碧池、假山叠水、方池、莲池等水体潆回曲折、开合有致，游廊曲折通幽，牡丹园、芍药园花香四溢。修缮扩建后的偶园于2017年9月开园，截至2017年12月，全年共接待游客315余万人次，接待视察团队700余批次，门票收入59.4万元

井塘古村。国家AA级旅游景区，位于山东省青州市城区西南15千米处，整个村庄依山而建，以明衡王女婿吴仪宾的七十二座古屋为中心，形成张家大院、吴家大院、孙家大院等风格独特的古民居建筑群，并有保存完好的古桥、古井、古槐、古院、古道、古庙、古戏台等，形成具有明代建筑风格又有西部山区居住特色的古建筑群，是省内保存比较完好的一处古村落。先后获评“山东省最美乡村”“山东省历史文化名村”“山东省传统村落”、山东省“乡村记忆”工程试点单位，井塘村干砌石技术被认定为省级非物质文化遗产。

江南温泉度假村。国家AA级旅游景区。位于青州市将军山中路，集酒店餐饮、温泉度假旅游、旅游开发等于一体的综合性企业。江南温泉位于青州江南温泉度假村内，是集温泉沐浴、健康养疗、特色餐饮、精品客房、商务洽谈、休闲娱乐等为一体的综合性温泉度假养生项目。度假村拥有床位110余张，可同时容纳800人就餐。

宋城。位于青州市中心，与十里古街相连，分布古玩字画区、休闲娱乐区、特色餐饮区，戏楼、古城楼、茶楼、酒吧、客栈、演绎广场等，再现宋时青州的繁华景象，是青州市集文化、休闲娱乐、商业贸易、特色旅游为一体的文化、旅游胜地。

【精品旅游线路】 **青州古城旅游区线路**。青州古城景区—青州博物馆—云门山景区

乡村旅游线路。井塘古村—侯王村—黄鹿井—柿子沟—圣峪口

寿山福地游。范公亭公园—青州博物馆—云门山风景区

山地森林休闲游。仰天山国家森林公园—泰和山景区—九龙峪生态文化旅游度假区

文化体验游。云门山风景区—青州古城景区—青州市博物馆—井塘古村——弥河文化旅游度假区—花好月圆景区

养生游。云门山风景区—弥河文化旅游度假区—井塘古村—泰和山景区

（杨　迪）

井塘古村

财税·金融

财　政

青州市财政局

党委书记、局　长	南天星
副局长、市非税收入管理局局长	姚春生
副书记	王志敏（女）
副局长	邱元国

【概况】 青州市财政工作围绕城市发展总体思路，积极应对经济下行、“营改增”全面实施等诸多复杂严峻的宏观经济形势，规范组织收入，优化支出结构，强化预算执行，盘活存量资金，深化财税改革，全力防范政府债务风险和地方财政支付风险，预算执行取得预期效果，财政运行整体良好。

【财源结构】 2017年，青州市改征增值税（50%）完成31600万元，同比增收14676万元，营业税（50%）完成395万元，同比减收31232万元，增减相抵，实际减收16556万元，减税效应非常明显。淘汰落后产能，消化过剩产能等政策，对财政增收造成一定影响。由于经济下行压力持续，骨干税源缺乏、拉动性新增税源少，财政收入保持持续增长的难度加大，可支配财力不足，难以满足民生等公共事业及重点建设支出的刚性需求，财政收支矛盾更加突出。全年纳税过千万元单户企业44家（不含企业缴纳的耕、契两税和代扣代缴的个人所得税），比上年增加3家。44家企业实缴税金46亿元，提供地方收入15.51亿元。其中，青州烟厂实缴税金27.45亿元，提供地方收入61008万元；弘润石化实缴税金8.04亿元，提供地方收入32446万元；青州农商行实缴税金1.78亿元，提供地方收入8025万元；华业地产实缴税金6578万元，提供地方收入4391万元；卡特彼勒（青州）有限公司实缴税金4006万元，提供地方收入3953万元。镇街道一般公共预算收入完成95836万元，同比增长8.6%，比上年增幅（—2.7%）提高11.3个百分点。其中，何官、高柳、谭坊、云门山、东夏、开发区6处镇街道收入增幅超过15%。王坟、庙子、黄楼、邵庄4处镇街道收入下降，比上年减少4处。高柳、谭坊、何官等11处镇街道超额完成年初预算，比上年增加9处。受多种因素叠加影响，王坟、王府2处镇街道未完成年初预算，比上年减少9处。受制造业增收影响，第二产业提供地方税收17.89亿元，同比增长15.5%，增收2.4亿元。第三产业提供地方税收20.3亿元，同比增长1%，增收1888万元。第二产业增幅明显高于第三产业。第二产业中的制造业提供地方税收151651万元，增收28117万元，同比增长22.8%，其中，烟草制品业提供地方税收47614万元，同比增长14.9%，增收6173万元。受弘润石化增收影响，石油加工业提供地方税收30088万元，同比增长30.3%，增收7002万元。建筑业提供地方税收11861万元，减收12903万元，同比下降52.1%。第三产业中的金融业提供地方税收20167万元，同比下降3.4%，减收700万元。房地产业提供地方税收42190万元，同比增长

18.5%，增收6597万元。批发零售业提供地方税收16437万元，同比增长10.1%，增收1502万元。

2017年青州市地方收入贡献前十大行业情况统计表

表8

序号	项目	2017年地方收入（万元）	同比增长（%）	占各行业提供地方收入的比重（%）	提高百分点
1	居民服务、修理和其他服务业	88812	15.8	23.2	1.7
2	烟草制品业	47614	14.9	12.4	0.8
3	房地产业	42190	18.5	11.0	1.0
4	石油加工、炼焦和核燃料加工业	30088	30.3	7.9	1.4
5	公共管理、社会保障和社会组织	25543	309.4	6.7	4.9
6	金融业	20167	-3.4	5.3	-0.6
7	通用设备制造业	16903	18.9	4.4	0.4
8	批发和零售业	16437	10.1	4.3	0.1
9	电力、热力、燃气及水的生产和供应业	13833	178.4	3.6	2.2
10	建筑业	11861	-52.1	3.1	-3.9
	合计	313448	19.3	81.9	8.1

【财政收支】 全市一般公共预算收入财源区域性分布明显。以益都、王府、云门山3个办事处为主的城区税源区，以经济开发区、猕山发展区、卡特彼勒工业园为主的工业园区税源，西南山区、东部、北部等其他区域，发展旅游、农业、花卉业为主的区域，税收收入较少。从收入质量看，税收收入比重提高。按2017年财政体制计算，青州市税收收入为381439万元，占一般公共预算的比重为82%，税收收入占一般公共预算的比重逐年上升，收入质量好转。从税收收入内部结构看，主体税种比重下降，地方税种比重增加明显。受经济下行压力及结构性减税政策等多重因素影响，主体税种比重呈下降趋势。增值税、营业税、企业所得税、个人所得税4个主体税种地方级收入完成151781万元，占当年一般公共预算收入的比重为32.6%。城建税、土地使用税等地方税种分别完成229658万元，占2017年一般公共预算收入的比重为49.4%。从2017年决算数据看，增值税、营业税、城建税、土地使用税、土地增值税收入在税收收入中占主体地位，占到税收收入的近80%左右。其中，增值税占21.3%左右，营业税占15.7%左右，城建税占8.9%左右，土地使用税占15.1%左右，土地增值税占17.4%左右。从三次产业比重看，第二产业地方税收所占比重低于第三产业。地方税收主要集中在第二产业和第三产业，第一产业税收较少。第二产业地方税收占各行业提供地方税收的比重为46.8%，第三产业地方税收占各行业提供地方税收的比重为53.1%。

【财政管理】 财政改革。加大政府性基金预算、社会保险基金预算、国有资本经营预算与一般公共预算的统筹力度，全面实行全口径预算管理。加大存量资金盘活力度，收回以前年度结转结余资金14670万元，全部列入政府预算统筹使用，提高财政资金使用效益。不断增强预决算透明度，做到“非涉密全公开”，政府四本预决算整体公开，“三公”经费预决算全面公开，部门预决算公开表格更细化，预决算公开范围更广、内容更细、形式更规范。增强预算法定意识，强化预算执行约束，规范预算收支行为，预算调整方案严格按程序报市人大常委会审批。

财政监督管理。2017年，青州市财政局不断强化财政监管力度，进一步加强财政财务日常监管，拓展财政监督范围，切实维护财经秩序。对60户涉税单位开展城镇土地使用税和房产税专项清理检查，查补税款418万元。

国有资产管理。2017年，对全市纳入行政事业单位国有资产管理信息系统的行政事业单位进行

财政局工作人员到企业调研

定实行了内部控制制度。组织完成青州市级、省级会计高端人才专题学习班二期，完成承担研究课题2个。

非税收入管理。青州市非税收入管理局不断推进非税收入征管电子化改革，全面加快信息化建设步伐，切实把规范非税收入管理提升到新水平。严格按照非税收入征管系统内的执收项目足额征收非税收入，并采取日常催收与上门催收、日常稽查与专项检查、窗口征收与部门征收等方式，做到应收尽收。全年完成各项非税收入83808万元。

资产登记，全市157家国有资产总额为767771.76万元，比上年增长38088.18万元，增长率5.2%。进一步加大改制资产评估，对青州市顺达交通服务中心进行整体资产评估。

财政投资评审。财政投资评审中心充分发挥财政投资评审职能，进一步完善“管评分离、编审合一”财政投资评审模式，拓宽评审领域，扩大评审范围，全年共完成财政投资评审项目136大项207个子项目，评审额33.98亿元，审减4.6亿元，审减率13.53%。

会计管理。2017年，全国会计从业资格管理发生重大变化。按照财政部要求，《中华人民共和国会计法（2017修订）》实施之日起，取消会计从业资格认定。已取得的会计从业资格证书，不再作为从事会计工作的证明，但仍可作为能力水平的证明。继续推进会计从业人员继续教育工作，青州市16000余名会计人员全部完成网络规定学习课程。建立公共信用平台，将会计代理记账机构纳入“诚信青州”公共信息平台，推进信用监督。推进实施行政事业单位内部控制制度，全市256家行政事业单位全部制

PPP工作。2017年，青州市共运作PPP项目5个，总投资额46.3亿元。其中，经济开发区、猛山市政工程、济青高铁北站周边道路建设项目、青州市档案馆和市民活动中心项目4个PPP项目完成前期多项工作，并成立SPV公司开工建设。

【财源建设】 2017年，青州市财政局印发了《青州市中小企业过桥还贷资金管理使用办法》，进一步规范过桥资金使用管理，全年为企业提供162笔过桥资金，累计提供资金23.95亿元。继续发挥国

市财政局领导班子研究财政工作

控担保公司担保能力，共完成担保128笔，累计担保额9.32亿元。组建金控集团，设立三支引导基金，基金规模达10.75亿元，引导扩大重点产业投资，撬动资本8亿元。完善人才激励政策，在经济开发区投资4亿元建设“千人计划产业园”“生物科技产业园”，吸引国家“万人计划”专家、“两院”院士、“泰山学者”“泰山产业领军人才”等省级以上高层次人才来我市创业。鼓励企业上市，对青州市在境内外上市和在新三板、齐鲁股权交易中心挂牌的30户企业补助资金880万元。鼓励企业技术创新，对15户获得上级创新平台称号的企业奖励405万元。

【增收节支管理】 严格执行厉行节约制度，切实降低机关运行经费。落实中央八项规定和省、市关于厉行勤俭节约、反对铺张浪费的有关精神，从严控制一般性支出，全市各单位、部门“三公”经费实现只减不增。截至2017年12月，完成债务置换22.33亿元，减轻政府偿债压力，腾出资金用于重大工程和重点项目等建设。推行收费清单管理制度，进一步提高了行政事业性收费和政府性基金政策透明度，规范收费行为，根据山东省相关收费基金目录清单，梳理形成青州市收费基金目录清单，目录清单之外的涉企收费，一律不得执行。全面清理和规范行政事业性收费和政府性基金。不断加强行政事业性收费和政府性基金管理，认真落实国家和省统一制定的普遍性降费措施，对明令取消、停征、减免以及降低标准的行政事业性收费和政府性基金项目，严格贯彻执行、认真落实到位。强化预算绩效管理，配合潍坊市财政监督局开展教育建设科技有关专项资金和潍坊工程学院、山东护理学院有关专款的绩效评价。

【国库支付中心】 青州市全面深化国库集中支付改革，大力提倡公务卡使用，全年公务卡报销金额2122万元，现金使用量大大减少。积极推进公务卡改革，继市直单位全部开通公务卡后，13处镇街道全部开通公务卡业务。简化直接支付与授权支付流程，基本支出计划由逐月编报改为一次性提报半年计划。简化用款计划和支付要素审核，直接支付不再审核发票复印件。建立支出通报和约谈制度，督促预算单位加快预算执行，积极调度资金，确保刚性支出。顺利完成支出经济分类决算首次试编工作，完成2017年政府综合财务报告试编工作，全面、准确反映政府整体财务状况、运行情况和财政中长期可持续性等，推进现代国库制度建设。在潍坊市率先推进直接支付电子化支付，进一步规范支付流程，确保资金安全，提高工作效率。

【民生保障】 青州市注重民生政策的公平性和可持续性，不断加大民生领域投入力度。全年13项民生实事累计支出425686万元，比上年增加8433万元，增长2%，民生保障水平进一步提高。

教育支出。2017年，青州市公共财政支出义务教育保障经费8090万元，用于义务教育和学前教育生均公用经费、免费教科书、困难家庭寄宿生生活补助、学校安保等方面。支出经费9440万元，用于中小学标准化建设工程、薄弱学校改造、解决城镇大班额、幼儿园建设、高中中职提升改造工程。支出经费2144万元，用于特教学生生活补助、学前教育助学金、高中和中职免学费及助学金等学生资助项目。

财政局工作人员调研社会保障经费拨付情况

文化传媒支出。2017年，青州市公共财政继续做好公益性文艺演出经费保障，拨付经费462万元，用于实施精品大戏惠民行活动和奖补镇级文化惠民演出。安排非物质文化遗产展演经费120万元，用于开展非遗项目传承保护和古城民俗常态化展演。拨付专项经费517万元，保障博物馆、图书馆、文化馆免费开放以及云门剧院日常运行。旅游业管理与服务支出4506万元，增长44.7%，青州古城旅游区成功创建为国家AAAAA级旅游景区，旅游市场持续火爆，拨付旅游宣传促销资金1511万元，主要用于媒体宣传、重点客源推介等工作，安排1553万元对八喜旅游网等新兴旅游电商平台进行扶持，促进了全市旅游事业蓬勃发展。

财政局工作人员调研社会保障经费拨付情况

医疗卫生支出。2017年，青州市级财政拨付基层医疗卫生机构和村卫生室基本药物制度补助资金5730万元、基本公共卫生服务资金4815万元。安排资金1500万元为全市符合条件的老年乡村医生发放生活补助。农村孕产妇住院分娩补助资金403万元。为全市新生儿遗传代谢性疾病免费筛查支出资金221万元。拨付资金88万元用于全市适龄儿童进行牙齿窝沟封闭防龋。

社会保障支出。青州市级财政实施更加积极的社保就业促进政策，继续提升社保水平。核拨城市低保经费370万元，城市低保保障标准提高到每人每月510元，月人均补差310元。核拨农村低保经费2458万元，农村低保保障标准提高到每人每年4100元，月人均补差205元。拨付1243万元，为农村特困人员、城镇“三无”人员和孤儿、事实无人抚养儿童发放生活补助。全面落实各项优抚安置政策，2015、2016年冬季入伍义务兵发放义务兵家庭优待金1420万元，发放自谋职业金及待安置期间生活费、保险等1991万元，发放军转干部补差和生活费1281万元、农村籍退役士兵老年生活补助1095万元、自主就业补助金868万元、伤残金630万元、优抚对象医疗保险411万元、特殊人员救助及烈士子女生活费125万元、老党员生活补助54万元。做好高龄老人保障待遇，为80岁以上低保老人、90—99周岁及百岁老人核拨高龄补贴370万元。

农林水项目支出。2017年，重点支持脱贫攻坚、涉农资金统筹整合、农业水价综合改革等工作。青州市农林水支出48479万元，环比增长18.14%。安排县级扶贫资金700万元，用于21个扶贫项目的地方配套。安排230万元配套资金，用于2处乡镇节水农业和3个新型农业经营主体水肥一体化项目建设。投资3142万元，完成高效节水灌溉面积2.8万亩，水肥一体化面积1250亩，极大改善了农田灌溉条件。投入109.34万元，完成水价改革6.92万亩，建立农业水价改革信息平台。

惠农政策支出。积极引导扶持农业产业和基础设施建设，支持现代农业发展。加强涉农补贴发放渠道整合，全年发放移民补贴330万元，惠及移民5502人。争取中央财政农机补贴1400万元。整合各级各类财政涉农资金2712万元，支持全市脱贫攻坚，形成了“多个渠道进水，一个水龙头出水”的资金整合机制。投资3059万元，完成高效节水灌溉试点县项目建设。筹措资金5525万元继续对全市“五小水利”工程建设进行奖补，在王坟、庙子、王府、邵庄、弥河5个镇街新建拦河坝132处，增加蓄水库容45万立方米，增加水面面积25万平方米。争取省财政耕地地力提升生态循环农业项目资金260万元、省财政农产品质量安全提升工程资金450万元，积极支持生态循环农业发展。投资2960万元，完成农业综合开发项目10个，并顺利通过潍坊市检查验收。

（郝 志）

政府采购与招投标管理

潍坊市公共资源交易中心青州分中心

主 任 侯方庆

副主任 黄建林

李宗杰

【概况】 2017年，青州市公共资源交易工作以“四个城市”建设为行动纲领，以规范建设统一的公共资源交易平台为中心，深入推进公共资源配置改革，严格按照保密、守信、廉洁的交易规则，有效实现交易资源和交易活动的规范化管理。实现统一受理、运行透明、规范操作、管理严格的交易工作格局。全年共完成各类公共资源交易项目431项，交易额124.23亿元，节约资金（含增益额）12.01亿元。完成政府采购货物服务项目196项，成交金额4.60亿元，节约财政资金0.34亿元。完成建设工程项目151项，成交金额32.58亿元，节约资金2.62亿元。完成土地出让75期，成交金额26.32亿元，增益额9.05亿元。完成国有资产拍卖3期，成交额0.44亿元。组织PPP项目磋商6项，合同额60.29亿元。

【平台建设】 严格按照潍坊市公共资源交易中心标准要求加快新交易平台建设，从企业总部中心大楼划出一层，建筑面积1000多平方作为新增交易场所。科学合理设置功能区，配置完善的开标区、封闭评标区、专家抽取室、专家休息室、电子监控室、答疑室、投标人等候区，实现六区分离。按照“一委一办一中心”的管理体制，实行管办分离的工作机制和运行模式，从2017年7月份全面使用潍坊市统一的公共资源交易系统，所有项目均按照固化的程序从网上运行。推进项目交易电子化，实现信息互联互通。建立公共资源交易主体资格核查制度，按照程序和权限做好市场主体的信息登记和身份验证，共享企业信息库、专家信息库和交易数据库的信息资源。

【交易管理】 严格按照《中华人民共和国政府采购法》及其实施条例和《中华人民共和国招标投标法》及其实施条例的规定确定招标采购方式。政府投资项目原则上全部采用公开招标，特殊情况需采用非招标方式的，由项目单位提出申请，报市政府研究确定。每个交易环节严格按照法律法规规定规范运行。对进入平台交易的各类项目，经统一受理登记后，按照项目类别分别转工程建设、政府采购、土地出让等业务科室，进入统一交易系统网上运作。通过潍坊电子交易平台、潍坊政府采购网、中国山东政府采购网、中国政府采购网、山东省建筑市场监管与诚信一体化平台等媒体公开发布交易公告、交易过程信息、成交信息、变更信息、履约信息等依法应当公开的信息，并接受市场主体和社会各界的咨询。同时按照信用评价考核办法，坚持逐项目考核，多方评价，通过加强信用管理达到推动交易项目提质增速的效果。

【公共资源配置改革】 按照潍坊市关于深化公共资源配置改革的要求，出台《青州市深化公共资源配置改革实施办法》，从交易平台、交易规则、竞标机制、公开机制、监督管理、组织保障六个方面对相关部门推进公共资源配置改革工作提出具体要求。规范平台运行服务，加快推进统一公共资源交易平台建设，2017年2月，青州市公共资源交易管理办公室更名为“潍坊市公共资源交易中心青州分中心”，制定并公布《青州市公共资源交易目录(2017年版)》。凡列入《目录》的公共资源交易项目，要求进入潍坊市公共资源交易中心青州分中心进行交易。

（张 磊）

住房公积金管理

潍坊市住房公积金管理中心青州分中心

主　任　　辛建立

支部书记　李宗泉

副主任　　李玉福

　　　　　窦桂杰

【概况】 潍坊市住房公积金管理中心青州分中心立足于帮助广大职工解决和改善自住住房，认真做好青州市范围内住房公积金的归集、提取、使用、行政执法以及区域内住房公积金制度的推进。2017年新增归集住房公积金53503万元，比2016年同期增长6%，新增缴存人数1603人。发放个人住房公积金贷款36765万元，比2016年同期增长16%。为职工支取住房公积金34566万元，比2016年同期增长6%，为广大职工解决和改善自住住房问题提供了有力支持。

【规范管理】 2014年8月，经潍坊市政府批准，青州市住房公积金管理中心完成体制改革，成为潍坊市住房公积金管理中心的分支机构，实行垂直管理。为进一步强化规范化管理，2017年，对单位内部职责、管理制度、服务流程进行全面梳理，将制度执行情况纳入对各科室的考评。在资金提取、贷款发放、实地核查等领域加强监督管理，强化重点岗位和关键环节的责任主体意识。

【政策改革】 2017年，正式接入全国住房公积金异地转移接续平台，多次开展网上服务厅培训活动。截至2017年12月，完成网厅培训500余人次，办理网厅业务36205笔，有477个单位实现网上办理公积金缴存业务，高质量完成业务36205笔，网厅缴存业务办理率占全部缴存业务的95%以上。2017年12月，在青州经济开发区农业银行网点设立公积金业务代办点，打通公积金服务“最后一公里”，解决镇（街）单位、职工就近咨询和办理业务问题。

【贷款业务】 严格执行《潍坊市个人住房公积金贷款实施细则》和《潍坊市个人住房公积金贷款业务指南》，为购买首套或第二套普通自住住房的职工发放公积金个人住房贷款。全年累计发放公积金贷款36765万元，贷款人数1215人。

【风险防控】 利用电视、报纸、网络等媒体方式对骗提骗贷行为造成的后果进行全面宣传，安排专门人员对购房发票进行在线查验，对确属骗提骗贷的责令限期退回，全年追回骗提骗贷资金180.37万元。2017年6月，成立“期转现工作小组”，根据不动产部门授予的权限查询贷款人不动产登记办理情况，与不动产交易中心协调，将不动产权证的办理与他项权证结合起来，即有房屋抵押贷款的情况下，出具他项权证才能办理不动产权证，全年完成期转现339笔。

【维权服务】 大力推进电子政务、电子服务建设，方便广大职工直接有效了解公积金相关政策、动态、办理程序及个人信息情况等。通过“12345”政务服务热线、“12329”公积金服务热线、“民生在线”和“行风在线”

公积金政策宣传月活动现场

平台，与群众进行互动交流，认真解决群众诉求，及时公开答复群众关心的热点难点问题。全年累计通过各个平台分别答复群众问题49个，为22人补缴公积金60余万元。

（邱建华）

国 税

青州市国税局

党组书记、局长　　张　升
党组副书记　　安同涛
党组成员、副局长　　冀明庆（7月起）
党组成员、副局长　　李　峰
党组成员、纪检组长　　丰传伟（7月起）

【概况】 青州市国税工作坚持组织收入原则，以科学发展为主线，提高管理质效，税收收入平稳增长，征管体制、“放管服”改革初显成效，服务水平不断提升，各项工作扎实推进。2017年，青州市国税局先后获得“省级青年文明号”“潍坊市三八红旗集体”“服务青州经济发展先进单位”等称号。

【组织收入】 青州市国税局不断强化税收分析，完善增收措施，统筹施策，精准发力，不断强化评估、稽查作用，提高税收征管质量和效率，保持税收收入与经济增长协调发展。2017年，完成各项税收收入509933万元，同比增长26.66%。

【政策落实】 全年落实各项税收优惠186757万元，其中，为企业办理出口退税39555万元，办理先征后退2361万元，办理各项减免税136841万元。

【改革发展】 抓住重点，积极作为，持续推进各项改革创新试点工作。扎实做好营改增试点行业后续管理工作。通过比对青州市不动产网签信息，对全市房地产企业的商品房销售网签备案及预售等信息与其纳税申报信息和开票信息进行比对，并结合比对结果开展纳税评估，合计补缴增值税2010万元。扎实开展营改增政策大辅导。做好政策大辅导的宣传和材料发放，在办税服务厅信息张贴栏、防伪税控技术服务单位工作窗口等显要位置对各类营改增宣传资料进行张贴，并先后向纳税人发放营改增优惠政策汇编、一般纳税人办税指南以及小规模纳税人办税指南等材料4000余份，确保营改增政策宣传到位。做好典型企业的税负分析。对营改增税负增减变化较大的纳税人逐一进行分析，查找其税负变化较大的原因，指导纳税人熟悉并熟练掌握各项营改增税收政策尤其是优惠政策，确保营改增政策准确落实到位。

青州市国税局、地税局6项减税政策培训会

【纳税服务】 认真落实“便民办税春风行动”，纳税服务水平不断提升。探索多元化办税服务模式。大力推进网上办税为主、自助办税为辅、第三方代办为补充、办税服务厅兜底的“四位一体”多元化办税服务模式。建设两处24小时离厅式自助办税厅，实现办税“全天候”“全自助”，推进自助办税服务社会化。优化国地税联合办税服务。国地税在涉税咨询、纳税人权益维护、纳税信用评价、“银税互动”等四大类44项工作中展开了全方位合作，协同管理建筑服务企业外

国税局办税大厅开展纳税宣传

出经营税收，增加税款1158万元；国地税窗口多次获得“红旗窗口”“党员先锋岗”等称号。

【税收征管】 持续深化税收征管建设，提升征管质效。推进国地税合作市级示范区建设。按照《山东省国地税合作市级示范区建设工作方案》《国地税合作市级示范区建设标准》，及时与地税局联系，针对具体业务事项保持密切的业务沟通和协商。及时召开由双方主要领导参加的联席会议，研究部署落实市级示范区建设的合作事项，提出具体的工作要求进一步明确工作责任。稳妥推进委托代开普通发票工作。作为委托代开增值税普通发票系统升级试点单位，通过采取业务培训、现场督导、问题反馈等有效措施，圆满完成了委托代开发票系统升级试点任务。4月25日成功开出第一份增值税发票，并划款成功，5月所有代开网点实现委托代开增值税普通发票。

2017年青州市国税局税收收入完成情况

表9　　　　单位：万元

序号	项目	税收收入
1	国内增值税收入	251420
2	国内消费税收入	209436
3	企业所得税	30548
4	个人利息所得税	1
5	车辆购置税	18528
6	国内税收收入合计	509933

（董　健）

地　税

青州市地税局

党组书记、局长　　隋国庆
党组副书记、副局长　　孙　岗
党组成员、副局长　　程玉琢
党组成员、副局长　　王友江
党组成员、纪检组长　　于　泳

【概况】 青州市地税工作努力提高收入质量，防范执法风险，切实加强队伍建设，积极推进依法治税，优化纳税服务，规范税收执法，深入建设和谐地税，服务经济社会又好又快发展。青州市地税局先后获评全国“工人先锋号”“全市地税系统绩效管理优秀单位”“服务青州经济发展先进单位”等称号。

【税收收入】 2017年，青州市共组织各项收入298867万元，可比增收31858万元（全面实施“营改增”后，剔除上年营业税基数，下同），增长11.9%。其中，中央级收入完成23549万元，可比增收6511万元，增长38.2%。县级收入完成275258万元，可比增收25346万元，增长10.1%。

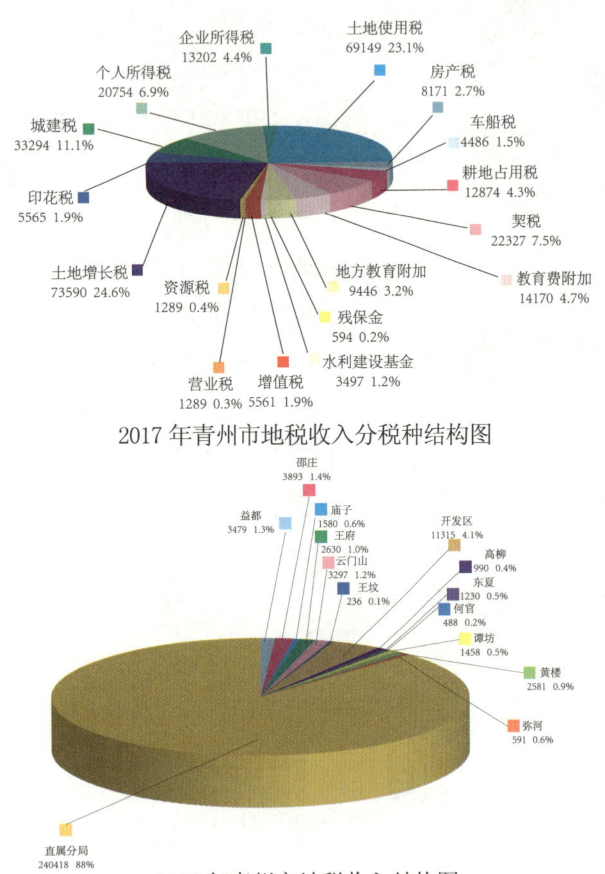

2017年青州市地税收入分税种结构图

2017年青州市地税收入结构图

【税收征管】 依托“互联网+”，实现对存量房交易链条式动态化税收管理，全年累计入库存量房交易税收6128万元，同比增收1542万元，增长33.62%。

市地税局一线送税法

市地税局到古城景区开展税收宣传

【税收服务】 充分利用好“12366”服务热线，开展好局长服务日、纳税人税法培训等活动，最大限度服务纳税人。春节期间，利用走亲访友、深入企业调研等方式找准涉税事项的“堵点”“痛点”“难点”，累计走访200余人次，召开座谈会2次，并就征集的50条意见建议进行梳理分析形成8项服务提升措施，进一步转变职能、优化服务，扎实推进“放管服”改革和税收现代化建设。

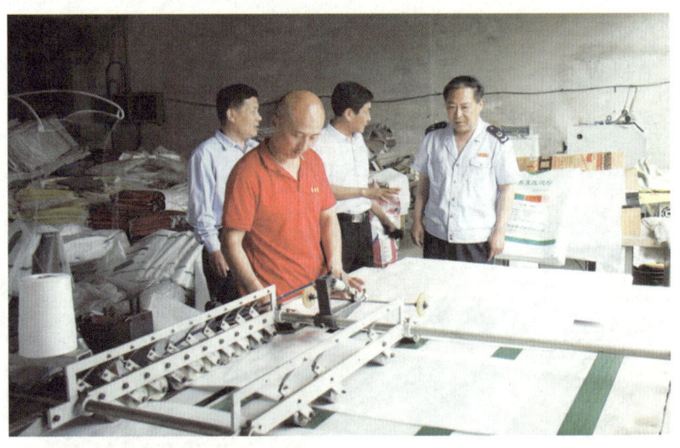
市地税局到企业生产车间实地调研

【税务执法】 2017年，青州市地税局共组织开展54户企业的纳税自查和5户企业的重点抽查工作，其中自查阶段入库税款及滞纳金923万余元，重点检查阶段查补税款、滞纳金、罚款1010万余元。

【队伍建设】 青州市地税局制定印发《“青州地税业务骨干人才”评选工作的实施方案》，大规模培训评选地税干部，21人次考取全省地税系统业务能手，3人入选国家税务总局人才库。以“作风建

青州市地税局强化党建税企联动创新优化纳税服务

设年”和“纪律行动·深入推进年”活动为切入点和突破口，制定《青州市地方税务局关于加强自身建设的决定》，全力加强学习型地税、高效型地税、服务型地税、法治型地税、廉洁型地税“五型”地税建设。积极开展“强监督·转作风·促落实”主题活动，对20名社会监督员全部进行回访，邀请14名社会各界代表和20余名干部职工代表分别进行座谈交流，共征集意见建议20余条，解决涉税问题17件。开展“喜庆十九大 欢度老人节”主题活动，组织老干部到青州革命根据地参观学习。举办“喜迎十九大 书画税票展”，展出税票、书画作品100余幅。联合青州市机关党工委举办首届“地税杯”市直机关新时代新征程健康跑活动。开展“微党课”宣讲活动，围绕十九大精神谈学习感悟、述心得体会、定工作打算。邀请省委讲师团进行十九大精神宣讲培训，引导干部职工切实把思想和行动统一到十九大精神上来。

（高树丰）

地方金融

青州市金融办

支部副书记（主持工作）	刘国生（7月起）
副主任	邢丽燕
	王　涛

【概况】 2017年全市金融工作认真贯彻落实市委、市政府决策部署，扎实推进金融创新，引进日照银行等金融机构，设立青州市新兴产业基金、青州市舜青新兴产业发展基金，开展信用互助业务试点，地方金融经济保持良性互动发展。

【挂牌上市】 2017年完成上市挂牌50家企业，上市挂牌直接融资4672万元，发行各类债券实现融资25亿元，落实财政补贴880万元。其中，家家富农业集团于2017年3月在澳交所主板成功上市，成为首家澳交所上市的中国有机农产品企业、潍坊市首家澳交所主板上市企业，实现青州市企业主板上市零的突破。49家企业在齐鲁股权交易中心挂牌。截至到2017年12月，青州市境内外上市、挂牌企业共85家，其中，境外主板上市企业1家，天交所1家，沪股交3家，新三板3家，齐鲁股交77家。

青州市企业集中挂牌仪式举行

【企业帮扶】 2017年8月，青州市在原青州市企业帮扶工作领导小组的基础上成立青州市工业帮扶工作领导小组，进一步充实工作力量，从金融风险协调和项目建设推进2个方面实施帮扶，全力化解企业风险，助推项目建设，顺利实现企业转型升级。

【地方金融监管与风险防范】 2017年，青州市批复开展信用互助业务试点合作社2家，总数达到9家，全年累计发放互助金350笔1264.76万元，参与信用互助的社员人数及业务规模均居全省前列。截至2017年12月，全市共有4家小额贷款公司，四家小贷公司累计发放资金254笔38721万元，累计上缴税金461.2万元。融资性担保公司2家，担保贷款在保责任总额74603万元，累计上缴税金37万元。民间融资机构3家，累计收入23万元，累计上缴税金0.13万元。青州市共有9家合作社开展信用互助业务试点，累计发放互助金350笔1264.76万元。全年累计移交涉嫌非法集资等各类金融风险事件20余起，查处非法集资案件6起，涉案人数310余人，涉案金额3000余万元。"政银保"贷款保险取得突破，全年累计开展19笔、保证贷款本金2505万元、保费金额75.15万元。

【保险】 截至2017年12月，全市保险机构共62家，比上年增加6家。其中，财产保险机构21家，人寿保险机构14家，保险代理机构27家。全年实现保费收入14.67亿元，列潍坊市各县市区第三位，比上年增长2.7%。其中财产险保费收入4.8亿元，比上年增长10.34%。人身险保费收入9.9亿元，比上年增长15.86%。全年财产保险业务支付赔款2.2亿元，赔付率为46.24%。人身险业务支付赔付款0.73亿元，赔付率为7.36%。青州市保险深度2.08%，较上年下降0.08%。保险密度1344元/人，同比增长0.9%。青州市保险业承担社会风险1853.65亿元。全年保险机构共实现上缴税金7273万元，其中营业税931万元，增值税1089万元，车船使用税3986万元，个人所得税958万元，其他税收309万元。

【证券】 截至2017年12月，全市共有证券机构2家，分别是中泰证券股份有限公司青州海岱中路证券营业部、西部证券青州云门山路证券营业部。证券业存量客户数为32376户，交易额达到351亿元，上缴税金13.2万元。

（陈爱彬）

银　行

中国人民银行青州市支行

党组书记、行　长	高永玲（女）
党组成员、副行长	郭晗军
	李英海
党组成员、派驻纪检组长	刘　敏

【概况】 青州市金融管理机构包括中国人民银行青州市支行、中国银行业监督管理委员会潍坊银监分局青州办事处及青州市政府设置的市金融工作办公室，初步构建起中央与地方金融分业监管、协调推进、互为补充的格局，促进金融业健康良性发展。

【组织体系建设】 截至2017年12月，青州市政策性银行有中国农业发展银行青州市支行1家，其他商业银行15家：中国工商银行股份有限公司青州支行、中国农业银行股份有限公司青州市支行、中国银行股份有限公司青州支行、中国建设银行股份有限公司青州支行、山东青州农村商业银行股份有限公司、中国邮政储蓄银行有限责任公司青州市支行、潍坊银行股份有限公司青州支行、齐商银行股份有限公司潍坊青州支行、交通银行

非法集资宣传周

股份有限公司潍坊青州支行、民生银行股份有限公司潍坊青州支行、兴业银行股份有限公司潍坊青州支行、青州中银富登村镇银行有限公司、浦东发展银行股份有限公司潍坊青州支行、招商银行股份有限公司潍坊青州支行、日照银行股份有限公司潍坊青州支行。

为个人提供优质征询查询服务

【银行网点建设】 金融监管部门以完善多层次、广覆盖的县域银行组织体系为目标，积极推动优化布局，推进基础金融服务“村村通”和机构服务村级覆盖，提升辖区银行业网点覆盖面和服务效率，为经济社会发展打造金融支撑平台，激发金融活力。截至2017年12月，青州市银行业有营业网点145处，自助银行51处，ATM机455台，银行金融服务覆盖全市13个乡镇和街道办事处，997个行政村。鼓励和支持异地银行到青州主发起设立村镇银行，截至2017年，设立青州中银富登村镇银行有限公司1家。引导辖区法人机构走出去发展，青州农商银行主发起设立11家村镇银行。

【社会信用信息体系】 人民银行青州市支行利用山东省农村征信数据库，积极做好小微企业和农户信用信息采集工作，全年采集企业信息5475户，采集农户信息44554户，采集数量在潍坊各县市区处于领先位置。全年办理个人信用信息查询业务18256笔，企业信用信息查询业务573笔，为金融机构和社会提供优良的征信服务。

【存贷款】 *存款*。截至2017年12月，青州市金融机构各项存款余额699.47亿元，其中个人储蓄存款526.65亿元，人均储蓄存款在潍坊各县（市）中连年保持第一。青州市企业单位存款余额167.87亿元。

贷款。截至2017年12月，青州市金融机构各项贷款余额475.07亿元，其中农地经营权抵押贷款余额达4.2亿元，同比增加2.37亿元。主要做法及试点成效被新华社、《农民日报》等国内多家媒体刊用。借助农地经营权抵押贷款试点，金融机构加大涉农贷款投放力度，全年涉农贷款余额372.4亿元，同比增加16.7亿元。按照贷款分类，短期贷款余额475.07亿元，其中个人贷款62.91亿元、单位贷款175.5亿元。个人贷款中，消费贷款5.57亿元、经营贷款57.34亿元。中长期贷款余额232.79亿元，其中个人贷款77.05亿元、单位贷款155.75亿元，主要投向融资期限较长的基础设施和个人住房领域。2017年末，票据融资余额达到3.58亿元。

【外汇管理】 *经常项目管理*。重点加强对辖区国际收支中涉及货物、服务、收益及经常转移等交易项目的管理。青州市外贸出口结构形成以装载机、轮胎、医疗产品为龙头的出口企业带动格局。2017年，全市货物贸易出口收入69085.16万美元，进口7255.29万美元。

资本项目管理。对辖区国际收支中引起对外资产和负债水平发生变化的交易项目，包括资本转移、直接投资、证券投资、衍生产品及贷款等进行

管理。截至2017年12月，青州市年检后外商投资企业51家。

国际收支。通过境内银行进行辖区内国际收支统计申报，加强对外金融资产负债及交易统计和贸易信贷调查。2017年，青州市国际收入127197.46万美元，国际支出76035.98万美元。

2017年青州市结售汇业务市场准入统计表

表10

序号	机构名称	批准机关	营业地址	即期结售汇业务准入批准时间	
				对公	对私
1	中国银行青州支行	国家外汇管理局青州支局	青州市火车站西街81号	2004-07-13	2004-07-13
2	中国工商银行青州市支行	国家外汇管理局青州支局	青州市云门山北路1808号	2004-07-13	
3	中国农业银行青州市支行	国家外汇管理局青州支局	青州市范公亭西路2058号	2004-07-13	2004-07-13
4	中国建设银行青州市支行	国家外汇管理局青州支局	青州市范公亭东路3258号	2004-07-13	
5	交通银行股份有限公司潍坊青州支行	国家外汇管理局青州支局	青州市海岱中路2469号海岱新苑		2012-06-19
6	招商银行股份有限公司潍坊青州支行	国家外汇管理局青州支局	青州市海岱路与范公亭路交叉口东北角新亚财富广场A座1—101、2—201	2015-04-29	2015-04-29
7	上海浦东发展银行股份有限公司潍坊青州支行	国家外汇管理局青州支局	青州市海岱路1527号伟业办公楼一楼、二楼	2016-06-27	2016-06-27
8	兴业银行股份有限公司潍坊青州支行	国家外汇管理局青州支局	青州市范公亭东路泰丰购物广场A2211号	2016-03-23	2016-03-23
9	中国民生银行股份有限公司潍坊青州支行	国家外汇管理局青州支局	青州市海岱中路1077号	2016-11-02	2016-11-02
10	齐商银行股份有限公司潍坊青州支行	国家外汇管理局青州支局	青州市益王府南路2309号副楼1—3层	2012-03-14	2012-03-14
11	青州市邮政局	国家外汇管理局青州支局	青州市云门山北路482号		2007-11-26
12	潍坊银行股份有限公司青州金鼎支行	国家外汇管理局青州支局	青州市海岱中路2422号	2010-12-15	
13	山东青州农村商业银行股份有限公司	国家外汇管理局青州支局	青州市驼山中路3188号	2012-05-31	2012-05-31

3月15日，开展外汇管理及跨境人民币“3·15”宣传

跨境贸易人民币结算。主要对辖区以人民币报关并以人民币结算的进出口贸易结算业务进行监督管理和统计。2009年，人民银行推出跨境贸易人民币结算试点工作，2017年青州市跨境人民币结算量22263万元。

【银行机构改革】 青州市各金融机构把握改革机遇，按照防风险、强管理、促转型的总体思路，从调动内外两方面积极性入手，强化监管推动引领，督促银行业金融机构主动作为，加快改革转型步伐，提高可持续发展能力和水平，全面深化农信社银行化改革，辖内农合机构青州农村信用社于2011年完成改制，成立山东青州农村商业银行股份有限公司。改制后的青州农村商业银行逐步实现走出去发展，截至2017年12月，异地主发起设立11家村镇银行，有效的提升青州的金融品牌形象。

【银行监管】 青州市金融监管机构不断加强监管能力建设，协调化解区域金融风险，加强监测分析，加强与政府的沟通。引领银行业保持信贷投入稳定增长，督促银行优化信贷资金配置架构，优化小微金融服务，提升“三农”服务水平提升金融服务质量。督促银行真实处置不良资产，加大不良贷款核销和处置力度。积极推动降低融资成本，坚持规范与引导并重，规范银行服务收费。积极稳妥处置辖区银行业消费者的信访投诉事项，强化网络舆情突发事件应急处置能力，持续做好舆情监测和评论引导工作。加强现场检查和非现场检查，持续提高风险识别、检测、分析、预警水平，注重对金融政策、热点难点的跟踪研究。加强对辖区法人银行业金融机构流动性风险的监测预警，强化与监管重点难点工作的结合联合，提高监管质效，有效的维护辖内银行业金融稳定。

2017年青州市金融机构一览表

表11

序号	名称	地址
1	中国工商银行股份有限公司青州支行	青州市海岱中路2888号
2	中国农业银行股份有限公司青州支行	青州市范公亭西路2058号
3	中国银行股份有限公司青州支行	青州市火车站西街81号
4	中国建设银行青州支行	青州市范公亭东路3258号
5	中国农业发展银行青州市支行	青州市北联街58号
6	山东青州农村商业银行股份有限公司	青州市驼山中路3188号
7	中国邮政储蓄银行股份有限公司青州市谭坊营业所	青州市海岱中路2428号
8	潍坊银行股份有限公司青州支行	青州市衡王府路1909号
9	青州中银富登村镇银行有限公司	青州市范公亭东路泰丰购物广场A区3201号
10	中国民生银行股份有限公司潍坊青州支行	青州市海岱中路1077号
11	兴业银行股份有限公司潍坊青州支行	青州市泰丰购物广场A座2211号
12	齐商银行股份有限公司潍坊青州支行	青州市益王府南路2309号副楼1—3层

续表 11

序号	名称	地址
13	交通银行股份有限公司潍坊青州支行	青州市海岱中路 2469 号
14	上海浦东发展银行股份有限公司潍坊青州支行	青州市海岱中路 1527 号
15	招商银行股份有限公司潍坊青州支行	青州市新亚财富广场 A 座 101、201 号
16	日照银行股份有限公司潍坊青州支行	青州市海岱中路 2378 号
17	中泰证券青州海岱中路证券营业部	海岱中路 1577 号
18	西部证券青州云门山路证券营业部	青州市云门山路 1911 号
19	中国人民财产保险股份有限公司青州支公司	青州市范公亭东路 2609 号
20	中国太平洋财产保险股份有限公司青州支公司	青州市范公亭东路 4358 号
21	中国平安财产保险股份有限公司青州支公司	青州市驼山路旗城慧博园（青州市人民办事中心）商业 F 段 7 号 .8 号
22	中华联合财产保险股份有限公司青州支公司	青州市益王府南路 1892 号
23	天安财产保险股份有限公司青州支公司	青州市凤凰山东路 3439 号
24	中国大地财产保险股份有限公司青州支公司	青州市海岱中路 2777 号
25	阳光财产保险股份有限公司青州支公司	潍坊青州市海岱新苑沿街 6 号楼商铺
26	永安财产保险股份有限公司潍坊中心支公司青州营销服务部	青州市益王府南路 1968 号
27	安邦财产保险股份有限公司潍坊中心支公司青州营销服务部	青州市南环东路四公里东侧路北
28	永诚财产保险股份有限公司潍坊市青州支公司	青州市工业路天山花园沿街二层楼房
29	太平财产保险有限公司潍坊市青州支公司	青州市驼山中路 1877 号慧博园小区商铺
30	安华农业保险股份有限公司潍坊中心支公司青州营销服务部	山东省潍坊市青州市西十里村胶王公路北
31	长安责任保险股份有限公司青州支公司	青州市南环东路 4333 号
32	中国人寿财产保险股份有限公司潍坊市青州支公司	山东潍坊青州市凤凰山东路 3469 号沿街楼房一至三层
33	浙商财产保险股份有限公司潍坊市青州支公司	青州市凤凰山东路 1055 号
34	紫金财产保险股份有限公司潍坊市青州支公司	山东省潍坊市青州市驼山路立交桥北东侧
35	信达财产保险股份有限公司潍坊市青州支公司	青州市凤凰山东路 1277 号
36	泰山财产保险股份有限公司潍坊市青州支公司	青州市凤凰山东路 1097 号
37	中国人寿保险股份有限公司青州市支公司	青州市海岱中路 2666 号
38	中国太平洋人寿保险股份有限公司青州支公司	青州市圣水路 3643 号
39	中国平安人寿保险股份有限公司青州支公司	青州市青州南路与范公亭路交叉口东北角新亚财富广场 A 座
40	泰康人寿保险股份有限公司潍坊市青州支公司	青州市南阳欣城东区沿街北段
41	新华人寿保险股份有限公司潍坊市青州支公司	青州市海岱南路与凤凰山路交叉口西北角
42	民生人寿保险股份有限公司潍坊中心支公司青州营销服务部	青州市海岱中路 1077 号
43	合众人寿保险股份有限公司潍坊中心支公司青州营销服务部	青州市益王府南路 2588 号
44	太平人寿保险有限公司潍坊青州支公司	青州市青州路与粮食街交叉口西北侧海岱新园沿街楼 A 区 44 号
45	国华人寿保险股份有限公司潍坊市青州支公司	青州市尧王山西路 1397 号
46	富德生命人寿保险股份有限公司潍坊市青州支公司	青州市海岱路与范公亭路交叉口东北角青州金融中心超市 6 号
47	阳光人寿保险股份有限公司潍坊市青州支公司	青州市益王府南路 2588 号海天丽景小区沿街商铺 32 号
48	百年人寿保险股份有限公司潍坊市青州支公司	青州市天山花园 2 号楼 8 号房
49	华夏人寿保险股份有限公司潍坊市青州支公司	青州市尧王山西路 1339 号泰和苑小区 35 号楼
50	英大泰和人寿保险股份有限公司潍坊市青州支公司	青州市云门山北路东侧九州名座沿街商业楼 3-2 号
51	国泰人寿有限公司青州分公司	青州市海岱中路海岱苑南院西门
52	安盛天平财产保险股份有限公司潍坊中心支公司青州营销服务部	青州市谭坊镇政府对面沿街房
53	安诚财产保险股份有限公司潍坊中心支公司青州营销服务部	青州市益都东路 4472 号
54	华海财产保险股份有限公司潍坊市青州支公司	青州市海岱中路 3588 号
55	青州中晨小额贷款有限公司	青州市红箭路 458 号（经营地址青州市东坝中晨艺术小镇）
56	青州市博发小额贷款股份有限公司	青州市海岱中路 2469 号

续表 11

序号	名称	地址
57	青州市民丰小额贷款有限公司	青州市银座佳悦 1 楼
58	青州市锦业小额贷款有限公司	青州市海岱路与范公亭东路交叉口东北角
59	青州市普田担保有限公司	青州市新亚财富广场 B 座 20
60	青州市国控融资担保有限责任公司	青州市范公亭西路 1035 号
61	青州市弘润民间资本管理有限公司	青州市泰丰购物广场 A 区 2201
62	青州市惠金民间资本管理有限公司	青州市云门山北路 1458 号
63	青州市通宝民间融资登记服务有限公司	青州市海岱中路 3223 号
64	青州市金融控股有限责任公司	青州市范公亭东 3258 号

（褚学军　贯永军）

科学技术

科　技

青州市科技局

党组书记、局长	万金亮
副局长	张华源
党组成员、副局长	张　凝（女）
副主任科员	刘志敏
生产力促进中心副主任	夏广顺

【概况】　2017年，青州市科技工作紧紧围绕全市中心工作，以提升区域创新能力、促进转型科学发展为核心，以科技计划项目带动、创新平台建设、发展高新技术产业、促进产、学、研紧密结合为工作着力点，全方位多领域深层次推进科技创新实践，增强科技的支撑引领作用，科技服务经济发展的功能不断增强。

【科技创新与成果转化】　2017年列入潍坊市以上科技计划项目16项，其中国家级1项，省级1项，潍坊市级14项，争取上级资金518.9万元。实施青州市级科技计划14项，专项资金200万元。山东省华盛农业股份有限公司参与的“十字花蔬菜优质多抗适应性强新品种培育”项目获国家重点研发计划支持。在青州市优势主导产业、高新技术和新兴产业领域，涌现出一大批新技术、新工艺、新成果，先后获省科技进步奖1项，潍坊市科技进步二等奖26项、三等奖20项、技术发明1项。其中山东中科嘉亿生物工程有限公司参与的“肉鹅营养需要与饲料高效利用技术”项目获省科技进步二等奖。

【科技培训与推广】　继续开展农民工培训“星火计划”专项行动实施方案。依托涉农企业，培养蔬菜、花卉、良种繁育管理、技术人员100人，全年发放科技资料10万份。举办农业技术专题讲座、各种形式的培训班7期，受训人员达到1500余人次，深入开展科技宣传工作，组织“科技活动周”等各项科技活动，坚持科技下乡，发放科技宣传资料80000余份，接受现场咨询3300余人次。引进、研发、推广新技术、新品种20项，为县域科技进步与创新、经济社会发展提供强有力的人才智力支

2017年青州市企业科技人才培训

亚泰农业山东省院士工作站和亚泰花卉科学研究院成立

撑和保障。2017 年 8 月举办企业科技人才培训班，参加培训的有青州市科技型企业、高新技术企业的相关业务人员 120 余人参加，就高新技术企业申报政策，研发费用归集与加计扣除政策，科技服务与技术合同登记政策等进行培训。

【科技平台建设】 科技平台建设快速发展，截至 2017 年 12 月，青州市共有工程技术研究中心省级 6 处、潍坊市级 43 处，重点实验室省级 1 处、潍坊市级 14 处，科技企业孵化器省级认定（备案）4 处、潍坊市级 2 处，众创空间省级备案 2 处、潍坊市级 5 处，科技部星创天地备案 3 处，潍坊市级技术转移专项机构 1 处，2 人先后入选科技部创新人才推进计划和国家“万人计划”。高新技术企业发展到 57 家，数量居潍坊各县市首位。山东欧泰隆重工有限公司、青州市天成农业发展有限公司 2 家企业获批潍坊市级工程技术研究中心。山东华诚高科胶粘剂有限公司、青州金青云新材料有限公司获批潍坊市级重点实验室。青州亚泰农业科技企业孵化器被认定为潍坊市级科技企业孵化器，青州花卉苗木科技企业孵化器、青州潍工大科技企业孵化器、青州天时科技企业孵化器 3 处科技企业孵化器成功备案省级科技企业孵化器。京青农业星创天地通过科技部备案。京青农业众创空间、欧泰隆众创空间 2 处众创空间通过潍坊市级备案，青州市天时创客空间、青州市亚泰花卉众创空间通过省级众创空间备案。王坟镇郭庄村、黄楼街道办事处东坝村、弥河镇黄泥沟村等 18 处农科驿站获得省级备案。

【产学研合作】 积极开展科技交流合作，促进产学研深度融合。组织青能动力、金青云等 10 余家企业，赴中国海洋大学、中科院青岛能源应用研究所开展对接交流。组织吉青化工、亚泰农业等 12 家企业参加“新旧动能转换科技创新合作院士潍坊行活动”。组织召开青岛理工大学与青州市企业校企科技成果对接洽谈会，达成 4 项合作意向。组织举办“2017 院士专家青州行”活动，邀请 3 位院士、28 位知名高校院所专家教授到青对接交流，潍坊各县市区 80 余家企业参加活动，并与专家教授进行深入对接洽谈，达成多项合作意向。组织举办 2017 年青州市企业科技人才培训班，引导企业转观念、兴科技、重人才，100 余家科技型企业、高新技术

2017 年院士专家青州行活动

企业参加培训。荷兰飞利浦照明、瓦赫宁根大学、骑士（上海）农业等12家单位到青视察交流，洽谈科技合作。建设协同创新平台，增强科技支撑引领作用。积极建设产业技术创新战略联盟，工业生物材料产业技术创新战略联盟备案为省级联盟，成立联盟2处，分别是：高档纳米新型包装材料产业技术创新战略联盟、北方火龙果产业技术创新战略联盟。大力开展招院引所，成立招院引所2处，分别是：花卉发展集团与山东省林科院共建的山东省亚泰花卉科学研究院，欧泰隆重工与青岛理工大学共建的山东省中小型装载机应用技术研究院。加强院士工作站建设，成立院士作站3处，分别是：亚泰农业与尹伟伦院士，华盛农业与方智远院士，吉青化工与薛群基、谭天伟、陈芬儿三位院士分别共建的山东省院士工作站。截至2017年12月，青州市共有省级产业技术创新战略联盟3处、潍坊市级8处，招院引所9处，山东省院士工作站9处。

全市知识产权（专利）工作培训班

【高新技术产业发展】　山东凯欣绿色农业发展股份有限公司、山东赢创机械有限公司、山东多路驰橡胶股份有限公司等14家企业被认定为高新技术企业，山东潍微科技股份有限公司申报项目远传水表无线网络抄表系统获评潍坊市技术发明奖三等奖。截至2017年12月，青州市高新技术企业发展到61家。

（李金锋）

知识产权

青州市知识产权局

局　长　　裴生彪

副局长　　王锡伟

【概况】　青州市知识产权事业步入新的发展阶段，专利创造和运用能力进一步加强，专利管理和服务水平进一步提升。2017年，全市有2家企业被确定为国家知识产权优势企业，1家企业被认定为2017年第二批山东省知识产权示范企业。

【专利申请与服务】　青州市全年专利申请量为1449件。参加青州人民广播电台“行风在线”栏目，现场解答群众反映的问题、意见。多次邀请潍坊市专利代理机构专家到青州市经济开发区、猕山经济发展区举办企业专利知识培训班，共有50余家企业的300多名企业负责人和技术骨干接受培训。2017年1月在青州市政务服务中心设立常驻窗口，方便群众咨询。4月在青州市委党校举办青州市知识产权（专利）工作培训班，培训领导干部、企业负责人等共计400余人次。

【知识产权保护】　不断加大打击假冒专利行为工

专利行政执法检查

专利周宣传活动

作力度，强化执法队伍建设，提升执法工作水平，完善执法常态化制度，构建联合执法协调机制。2017年，专利执法人员通过定期对青州市内的药店、商场、超市等进行执法检查，共检查带有专利标识的商品（药品）40余件次。“世界知识产权日”活动期间，联合青州市市场监督管理局、青州市文化市场综合行政执法局开展知识产权联合执法行动。3月，潍坊市知识产权局将其作为执法主体行使的处理和调解专利纠纷的执法事项，委托给青州市知识产权局以委托单位名义实施。潍坊市知识产权局全年委托处理3件专利侵权纠纷案件，已全部进行立案调查，并处理结案。

【知识产权宣传】 举办“4·26”世界知识产权宣传日集中宣传活动1次，中国专利周集中宣传活动1次，在范公亭西路、政法街等主要街道悬挂宣传标语，展示看板40余块，发放宣传材料3000多份，接受群众咨询200多人次。举办知识产权进高校活动，在潍坊市工程职业学院、潍坊护理职业学院等驻青高等院校中展出知识产权宣传系列看板。

【重要知识产权成果】 青州市坦博尔服饰有限公司、潍坊诺达药业有限公司被确定为国家知识产权优势企业。青州市坦博尔服饰有限公司、潍坊诺达药业有限公司、山东潍微科技股份有限公司通过知识产权管理体系认证，被确定为山东省知识产权示范企业。山东华通环境科技股份有限公司、山东京青农业科技有限公司通过知识产权管理体系认证。山东吉青化工有限公司申报项目用于改性酚醛树脂的聚合籽油、制备方法以及聚合籽油改性酚醛树脂的方法荣获2017年潍坊市政府专利奖三等奖。

（马　珂）

防震减灾

青州市地震局

局　长　　赵立伟

副局长　　岳素华（女，10月止）

【概况】 2017年，青州市防震减灾工作以震情跟踪研判能力提升为基础，完成地震综合台建设，新建地震台网中心，实现与省、潍坊市台网资源共享。突出地震应急能力建设，建立地震应急演练常态化机制，完善地震应急避难场所规划，形成覆盖建成区的应急避难场所网络体系。切实加强地震灾害的防御工作，对新建、改建、扩建建设工程全部按照要求提供抗震设防标准。多渠道开展防震减灾宣传教育，发放《农村防震减灾知识宣传单》、各类宣传折页31万余份，将地震知识深入科普。

【地震监测预报】 青州市建设了地震台网中心，将测震波形信息、地下流体观测信息和宏观观测信息纳入台网实时监测系统。保障台站台网连续可靠运行，现场维护、巡检站点30余次，各类台网运行安全稳定，运行率达到100%。加强对青州市24处宏观观测点和观测员队伍的管理，组织宏观观测员培训班5次，宏观观测员日观测、月上报制度贯彻落实率达到95%。修订完善震情跟踪工作方案，严格落实震情跟踪工作要求和24小时震情值班制度，落实地震异常工作责任制，重视观测数据和群测群防点动态，提高会商质量。

【地震灾害防御】 全年为43个工程建设项目提供场址区的抗震设防意见，建筑总面积达50多万平方米，提高城市综合防震抗震能力。2017年，共创建省级、青州市级防震减灾科普示范校各2处，省级地震安全示范企业1处，省级农村民居地震安

市地震局在高校开展地震科普宣讲

全示范工程1处。开展农村民居抗震设防情况调研工作。在对青州市农村民居抗震设防普查的同时，选取有代表性的三个镇街6个村庄进行实地视察，对调查数据进行科学整理统计，形成《青州市农村民居地震安全现状调查分析报告》。

【地震科普宣传】 以“3·1”《中华人民共和国防震减灾法》颁布实施纪念日、“5·12”防灾减灾日、“7·28”唐山大地震纪念日等重要时段为契机，通过电视报纸刊登文章、开通防震减灾网络平台、设立宣传站（栏）、编发科普读物、举办科普讲座、组织知识竞赛征文等形式，开展防震减灾知识“进机关、进企业、进学校、进社区、进农村、进家庭”活动，共刊发文章12篇，开展地震科普知识宣讲12次，发放地震科普宣传材料20000余册。新增益都师范学校附属小学、北关初中、职工子弟小学等3处学校为省级防震减灾科普教育示范学校。开展防震减灾知识讲座80余场。完成《县域地震台站有效资源的开发整合及利用》《农村居民应急能力调查分析》《“三网一员”队伍管理模式》《地震应急信息化管理系统研发应用》《提高农村民居抗震性能途径探究》《地震应急准备浅析》等多项省级合同制项目的研究工作，其中，《县域地震台站有效资源的开发整合及利用》刊登在国家地震局《市县防震减灾工作》上。编印论文集《回眸》，集中论述防震减灾工作中积累的经验和做法，为防震减灾科学研究提供依据。妥善处理宣传和维护社会稳定的关系，通过民生在线、宣传站等形式解答群众疑问30余次，坚决杜绝影响社会安全稳定的地震谣传、误传事件。

【地震应急救援】 制定《青州市地震应急预案》、《青州市地震应急准备工作方案》及《青州市抗震救灾应急指挥流程图》，成立青州市防震减灾领导小组。完善地震应急指挥中心，实现省、市、县三级联动。规范建设应急物资储备库，新增3G单兵手持传输终端、单边带电台、卫星电话、手动破拆工具组、汽油发电机等应急设备22台（套）。各类应急救援队伍和志愿者队伍不断充实，并到国家、省应急救援训练基地等专业培训机构进行培训。多次参加省、潍坊市组织的地震应急综合演练，在机

2017年，市地震宏观观测员培训班

关、商场、社区、企业等人员密集场所组织不同规模的地震应急演练80余次，与教育部门联合，组织青州市140余所中小学校、200余所幼儿园普遍开展地震应急演练。对城区所有公园、绿地、广场情况进行现场勘查，规划建设应急避难场所43处，总面积336.88万平方米，形成覆盖整个城市建成区的应急避难场所网络体系。

（赵立伟　郭　坤）

气象测报

青州市气象局

局　长　宋爱红（9月止）
　　　　安　明（9月起）
副局长　安　明（9月止）
　　　　高建英

【概况】 按照综合气象业务改革发展任务的要求，围绕气象防灾减灾和公共气象服务体系建设，推进气象现代化建设。青州市气象局先后获得潍坊市综合目标考核优秀、气象服务先进集体、人工影响天气先进单位等称号，连续九年获得山东省文明单位称号。

【气象设施设备】 截至2017年12月，青州市气象局配备新型气象站2套、区域气象站19套、土壤水分站2套、小气候站1套。气象设备有铂电阻温度传感器，湿敏电容湿度传感器，膜盒式电容气压传感器，单翼风向传感器，风杯风速传感器，称重式雨量传感器，能见度仪，地面温度传感器及浅层地温传感器，暗筒式日照计，双翻斗雨量传感器，冻土器，人工影响天气高射炮，人工影响天气火箭发射架，人工影响天气地面燃烧炉等20余种。

【气象服务】 青州市新增气象服务大屏幕10余块，共向青州市委、市政府、市人大、市政协、农办以及各相关部门发送重要天气预报14期，春运、花博会、书画年会、麦收期间等专项服务69期，发布预警信号50期，节假日天气预报8期，通过短信、微信、邮件、广播、电视天气预报、气象信息服务大屏等形式拓展气象服务的广度。青州市气象局每月编发气象旬月报、土壤墒情信息、气候影响评价、干旱监测及影响评价等，为农业生产提供了准确、及时的气象信息。完善炮点标准化建设，对各炮点进行安全检查，确保人工影响天气作业安全。在汛期前举办人工影响天气工作会议暨炮手培训班，对炮手进行技能培训和考评，并与各炮长签订安全生产责任书。在日常业务工作中，抓住一切有利时机，组织进行人工增雨防雹作业，全年共组织抗旱增雨作业6次，防雹作业2次，发射炮弹141发，火箭弹4发，燃烧焰条13根。

【雷电防护与防雷审批】 2017年2月，根据青州市机构编制委员会青编发〔2017〕3号《关于贯彻落实9潍气发〔2017〕1号文件规定优化建设工程防雷许可职责的意见》文件要求，就落实建设工程防雷许可与住建局等单位进行职责划分。

【气象宣传】 全年发表各类宣传稿件100余篇，其中中国气象报2篇、CMA网站3篇、山东气象外网15篇、中央及其他地方媒体7篇、青州党建平台1篇、青州政务信息2篇、山东气象内网70篇。

（闫景鹏　曹　伟）

教　育

教育综述

青州市教育局

党委书记、局长	郝炎磊
党委委员	王景芳
党委副书记	焦永峰
党委委员、总督学	刘德升
党委委员、副局长	陈良瑞
党委委员、老教师管理服务中心主任	刘俊超

【概况】 2017年青州市教育工作认真贯彻青州市委市政府决策部署和上级教育主管部门工作要求，大力推进教育改革创新，深入实施素质教育，以开展“作风建设”活动为契机，全面提升青州市教育事业发展的目标定位，围绕“全面推进改革创新，创办全省一流教育”的总体目标，实施“转型、内涵、创新、开放”发展策略，加快“教育教学质量、学生综合素养、队伍专业化水平、社会满意度”四个提升，各方面工作取得显著成绩。

【教育教学改革】 课程建设。构建三级互补、共生共融的生态课程体系，满足学生差异性和多样化发展需求。2017年，制定《青州市高中综合改革实施意见》，探索选课走班、分层教学和学生生涯规划、综合素质评价策略。青州实验中学在潍坊新高考综合改革研讨会上做典型发言。组建青州市校两级自主招生研究工作小组，制定行动方案和计划，坚持“普惠性和优生优培相结合”与“三类”大赛紧密关联，建立优生档案，实行导师制，让更多优秀学生得到更好发展。

课堂改革。构建关爱生命、自然和谐的生态课堂，引领学生快乐学习健康成长。2017年，把课堂改进作为教育教学改革创新的核心任务，制定《关于开展“高效益、轻负担”教学行动的实施意见》，下发课堂教学“十要十不要”“有效课堂八条”，打造“简约深刻、自主务实”的有效课堂。实施“大语文”教学和“英语提升”工程，制定《关于“大语文”教学暨新华杯书香校园评选活动的实施意见》《关于开展英语教学质量提升工程的实施意见》。潍坊市阅读提升工程成果展示会推介青州市“大语文”“大阅读”的典型经验。4月，潍坊教科院召开张云杰语文教学艺术研讨会议，推介云门书院双语学校张云杰老师教学经验。

教育质量综合评价改革。构建开放多元、全面协同的绿色质量评价体系，保障学生全面健康发展。落实大数据跟踪服务行动。认真汇总梳理、研究和分析每一次监测数据，及时发布数据信息，对发现的问题进行跟踪式研究与指导，包括特优生与边缘生发展状态、学生试卷个性化分析等，发挥大数据对教育教学宏观指导、目标定向和针对性指导的作用，破解教学成绩提升的障碍。

教育质量管控机制。制定下发《普通高中学校教学质量考核办法（试行）》《初中学校教学质量考核办法（试行）》《小学学校教学质量考核办法（试行）》《中心校教学质量考核办法（试行）》《高中教学激励实施意见》《小学、初中教学激励实施意见》，明确教育教学质量考核要遵循学段教育教学规律、工作特点和立足基础看提高两大原则。制定各学段教学质量激励实施意见，设立教学优胜、优秀班主任、优秀备课组长、优秀作业组、优生培养功勋团队、先锋教师等奖项。同时，大力改革政府教学成果奖评选办法，突出教学质量和育人成绩，阳光推选，管评分离。

青州市中小学校长及后备人才影子培训基地授牌

学段衔接学科贯通。实施精准备考规律研究行动。组织广大教师参加中、高考试卷真题考试。组建专门研究小组，分析中、高考试题和中、高考改革，把握考试改革和人才选拔的趋势。组织开展中高考试题研究展演活动。

【教育科研】 开展“真研究”行动，建立阳光、公正的项目推优机制，做好重大教育教学问题、教学自主创新、优秀教学法和小课题等项目的征集立项、跟踪指导和展评推广。加强教科研项目管理，围绕教育教学实际问题开展真研究，力行教科研项目淘汰制，强化过程督查和成果运用，切实提高学术水平和研究质量。截至 2017 年 12 月，青州市共有潍坊市级以上教育科研成果 120 项，其中 2017 年新获批 29 项。

【教师队伍】 教师招聘。截至 2017 年 12 月，青州市共有教师 8880 人。2017 年新招聘教师 352 人，其中在编教师 150 名、聘用制教师 202 名。

教师培训。加强教育干部培养培训工作，建立旗城学校等 4 个校长和后备人才“影子培训”基地，全年组织 4 期共 94 人到基地参加培训。开展教育干部“双向挂职”活动，首批 10 人参加挂职锻炼。组织青州市中小学校长 143 人参加国家教育行政学院青州培训实践基地暑期培训。组织青州市中小学校长 143 人参加潍坊市中小学校长暑期全员培训。组织参加潍坊市中小学校长网络研修培训，全部中小学校长和部分校长后备人才共 198 人报名研修。依托国家教育行政学院青州培训实践基地等平台，开展多层次、多元化的培训，共培训教师 13500 余人次。教研队伍实现三级网络发展，续聘、考选青州市级专职教研员 31 名。2017 年，8 人被评为潍坊市青年教改先锋，11 人被评为潍坊市优秀乡村青年教师，2 人被评为山东省特级教师。

人事制度。深化和完善校长职级制改革，开展学校领导班子副职调整工作，共续聘、提拔领导班子副职 210 人。加强后备人才队伍建设，通过续聘，资格过渡和公开考选，建立起 195 人的中小学校长后备人才库，实现干部队伍阶梯式发展。开展校长职级制重新评定工作，为 156 名中小学校长和中心幼儿园园长重新评定职级，落实职级工资。2017 年 7 月，青州市全面落实教师“县管校聘”，教师活力极大激发。

【教育行政】 教育督导。2017 年 5 月，教育部督导局在青州市召开联合国基金会学前教育督导项目年度启动会议，与会专家代表 30 余人。11 月，青州市顺利通过义务教育基本均衡发展县复评。同月，国务院教育督导委员会办公室对青州市创建全国中小学责任区督学挂牌督导创新县进行实地核查验收。

经费与校舍。2017年，青州市国家财政性教育经费167768.62万元，比2016年增长7.43%。新建、改建中小学4处，新增教学班97个、优质学位4570个。新建、改建幼儿园16处，改造提升城区学校附属幼儿园6处，扩建特殊教育学校教学楼1500平方米。

中央电教馆跨区域同步教学应用试点现场会

【招生考试】 青州市2017年高考报名人数为6322人，青州一中、青州实验中学、青州二中、青州三中4个高考考点连年均被评为省级优秀高考考点。2017年，青州市继续在省属高校实行师范生免费教育，根据全省农村中小学教师队伍建设需要，免费师范生重点培养学有专长、胜任多学科教学的小学全科教师和一专多能的初中短缺学科教师。凡热爱教育事业，毕业后志愿到农村学校长期任教，具备普通高考报考条件和认定教师资格身体条件的高中阶段毕业生均可报考免费师范生。从2017年起，在省属医学高等院校实施订单定向医学生免费教育，重点为乡镇卫生院培养从事全科医疗的卫生人才。免费医学生为5年制本科生，培养专业主要是临床医学、中医学专业。凡热爱卫生事业，毕业后志愿到乡镇卫生院长期从事医疗卫生工作，具备普通高考报考条件的高中阶段毕业生均可报名。按照《山东省深化考试招生制度改革实施方案》要求，进一步深化招生改革，优化调整录取批次设置，夏季高考合并本科一批、二批录取批次为“本科普通批”。为确保批次合并的顺利推进，高考录取工作中，增加本科院校志愿数量，由往年6个院校志愿增加到12个，增大考生的选择空间。根据国家深化考试招生制度改革的总体部署和《山东省深化考试招生制度改革实施方案》，全省从2017级高一新生开始进入高考综合改革试点，2020年夏季高考考试成绩由统一高考的语文、数学、外语和考生选考的3科普通高中学业水平等级考试成绩组成。

【教育信息化】 科技创新主题实践活动。在青少年科技创新大赛评选中，邵庄初中两件科学影像获得省二等奖，青州一中和邵庄镇康家小学两件作品获得省三等奖。在青少年机器人大赛中，青州市3支代表队获得山东省三等奖。全国智能汽车大赛中，青州市1支代表队获得全国一等奖，2支代表队获省级一等奖，11支代表队获省级二等奖，5支代表队获省级三等奖。

“互联网+教育”示范学校创建。加强互联网环境下教育管理模式、学校教育模式、学生成长模式、创新创造模式的典型经验做法的宣传推广和阶段成果的总结提炼工作，2017年5月，申报青州市实验初中、青州市王坟初中等16所中小学为“互联网+教育”示范学校。8月召开“互联网+教育”示范学校创建工作会议。11月初召开的“互联网+教育”示范学校创建工作经验交流会。12月底迎接潍坊教育信息化研究院验收。

交流展示活动。全年择优上报省课例4节，课件5个，微课6节，教师网络空间1个。其中1节微课、1节课例获省级一等奖，3节课例、1个课件获省级二等奖，1个教师网络空间、1个课件、1节微课获省级三等奖，1节微课、3节课例推荐参加全国信息技术与教学融合优质课大赛。

数字化教育课程资源建设。继续通过“一师一优课”“微课评选”等多种形式，进一步充实、完

青州市创客活动中心揭牌

善资源库。全年经评选后上报潍坊参评优课 301 节，有 136 节被推荐参加省级评选。

中央电教馆跨区域同步教学示范区项目。项目旨在利用互联网技术，通过示范课堂引领、同步教研等环节，突破教育教学工作中的重点难点，促进青州市教育均衡发展。2017 年 6 月，组织完成中央电教馆跨区域同步教学应用试点现场会。8 月，组织完成中央电教馆跨区域同步教学应用试点项目教师培训会议，截至 2017 年 12 月，共完成培训互动 3 次，同步教研 2 次，同步授课 1 次。

青州市创客活动中心建设投入使用。2017 年 6 月，山东省电教馆馆长王书勤与青州市政府丁法剑副市长为青州市创客中心在云门山回民学校揭牌。项目投资近 200 万，是山东省第一个建设完成的县市级创客中心，为青州市中小学创客空间建设及创客活动开展提供了保障。

“网络学习空间人人通”。培植和发挥“人人通”典型学校的作用，推进应用常态化，探索基于云环境下智能学习平台 + 无线宽带网络 + 学生移动终端的智慧课堂建设模式。

上海市市立幼儿园与青州市战略合作签署仪式

【学校安全】　2017 年 7 月，潍坊市预防学生溺水工作会议在青州市召开，推广学习青州经验。8 月，潍坊市校园安全管理培训班在青州市举行，推广学习青州市教育局“4334”（防溺水“四覆盖”、安全培训“三到位”、安全制度“三完善”、安全管理“四转变”）安全工作机制。8 月，青州市教育局承办省学校安全研究院在青州市召开的山东省、潍坊市两级学校安全管理干部培训班。10 月，山东省委高校工委、省教育厅安保维稳督查组到青州进行校园安全检查。12 月，校园视频监控平台和一键式报警青州市监控中心成功接入并成功运行。青州市 132 所中小学上传青州市教育局视频监控中心 3385 个摄像头，全部与潍坊市校园视频监控中心、青州市公安局 110 指挥中心联网。建成一键式报警青州市监控中心。校园视频监控平台实现校园全覆盖。

教育教学

【学前教育】　青州市全年拨付公办幼儿园公用经费 300 余万元。新建幼儿园 4 处，改扩建幼儿园 12 处。截至 2017 年 12 月，全市共有幼儿园 225 处，其中公办幼儿园 143 处，民办幼儿园82处。省级实验、示范幼儿园21处，潍坊市示范幼儿园28处，青州市示范幼儿园43处。在园幼儿20862人。2017年4月，青州市政府与上海市市立幼儿园签署合作协议，聘请上海市立幼儿园园长为青州市政府学前教育顾问，成立上海市市立幼儿园青州培训中心和上海市市立幼儿园青州培训中心弥河基地，将国内一流、国际领先的学前教育资源引入青州市，辐射青州市学前教育事业发展。邵庄镇、何官镇被评为潍坊市第五批普及学前教育工作先进镇街。旗城学校附属幼儿园、弥河中心幼儿园等6所幼儿园被评为山东省示范幼儿园。经济开发区中心幼儿园、王府街道中心幼儿园等6所幼儿园被重新认定为山东省示范幼儿园。职工子弟小学附属幼儿园、王坟镇许家庄幼儿园等5所幼儿园被评为潍坊市示范幼儿园。黄楼中心幼儿园、邵庄镇文登幼儿园等11所幼儿园被重新认定为潍坊市示范幼儿园。

【基础教育】 青州市实施“转型、内涵、创新、开放”四个发展策略，加快“教育教学质量、学生综合素养、队伍专业化、社会满意度”四个提升，全力推进中小学城市农村均衡、公办民办协调、各类教育统筹发展。

义务教育。截至2017年12月，青州市义务教育学校124所，小学91所，初中33所。小学在校生51326人，初中在校生24656人。中小学生综合实践活动基地1所。其中，省级规范化学校4所，地市级规范化学校43所，县级规范化学校66所。

普通高中教育。截至2017年12月，全市共有普通高中5所，复读学校1所。3所高中是省级规范化学校。开放办学力度加大，积极推进青州三中与北京一零一中学共建项目。普通高中在校生16722人。高考“稳中有升”，本科进线3327人，进线率达58.8%，创历史新高。自主招生取得新突破，60多名考生获得知名高校自主招生加分录取资格。特优生培养成效显著，3人被清华、北大录取，2人被港大录取，多人被复旦、浙大等名校录取。

特殊教育。截至2017年12月，青州市有特殊教育学校1所，在校生125人。持续改善特教学校办学条件，完善智障教育功能教室建设，完成智障班教室设施配备及感统训练室、康复训练室、职业技术教室等专用教室的设施配套，完成室外运动场地塑胶6800平方米。建立残疾儿童信息档案数据管理平台，加强残疾儿童入学鉴定与教育指导。构建医教、康教结合的特殊教育服务体系。建设特殊教育幼儿园，开展残疾儿童随园保教试点。

【职业教育】 职业学校发展。2017年4月，山东省民族中专被省教育厅确立为省级示范性中职学校立项建设单位，青州市职业教育逐渐步入内涵式、精品化发展之路。

办学条件。2017年12月，民族中专新校建成区占地370余亩，中德教育大厦预计2018年上半年交付使用，学校的实训设备总值已超过5000余万元，实训条件达到示范性学校标准要求，建成1300兆的校园网，所有教室全部安装配套多媒体教学设备，实现多媒体教学设备班班通。

在校生规模。2017年，在校生规模创历史新高，春季招生1788人，夏季招生300余人，全年招生2100多人，在校生达到4785余人。

2017年辰榜杯全国数控铣加工技术技能大赛闭幕式

专业建设。民族中专汽车运用与维修专业被认定为山东省特色品牌专业，该专业的学徒试点被确定为2017年潍坊市职业院校现代学徒制试点项目，该项目还被省教育厅确定为第二批山东省校企一体化合作办学示范院校和企业。学校的《机械制图》和《声乐基础》两门课程被省教育厅立项为山东省中职教学资源库精品课程建设项目。

职业教育质量。2017年，民族中专有186名学生参加全国春季高考，有8名学生过本科线，其余学生全部过专科入取分数线。

技能大赛。2017年1月，民族中专参加人社部批准的由全国烹饪协会组织的中餐烹饪大赛，获得一金二银三铜的佳绩。3月，学校承办全国行指委牵头举办的“辰榜杯”全国数控铣大赛，并取得两金、两银、两铜的佳绩，被评为2017年度全国机械行业职业院校技能大赛优秀承办院校。

职教师资培训。鲁巴职教师资培训中心积极开拓培训业务，与德国汉斯·赛德尔基金会合作在西部省份举办培训班11余期，培训人数500余人。民族中专顺利通过2018年的国培竞标。电大开放教育招生345人，在校生稳步保持在1200人左右。组织开展餐厅服务员、油品储运工、安监培训等培训1200余人，青州市特种设备作业人员培训600余人。学校组织完成400多人的青州市中小学新教师培训，承担教育局三期校长、青年教师和幼儿园园长（幼师）培训。

校企合作。青州市民族中专学校积极开拓校企合作、校校合作新渠道，先后与30余家企业建立了协同育人合作关系。市民族中专借鉴德国双元制经验，与中德诺浩、海尔、海信、江淮汽车等知名企业开展了多种形式的订单班和冠名班培养。山东大学材料学院与民族中专共建“模具研究所”，民族中专牵头成立了青州市模具行业企业联盟。市民族中专全面开启了“3+2”“3+3”与高职院校的人才培养合作模式，与中国社会福利基金会对接，完成“授渔计划”项目，正式成为“授渔项目学校”并挂牌，贫困学生救助活动已经全面启动。2017年3月，山东师范大学历山学院与中国科学院所属新松机器人自动化股份有限公司校企合作协议正式签署，就办学、就业、培训、科研等方面进行全方位合作。4月，潍坊护理职业学院与潍坊口腔医院举行口腔医学专业临床教学合作签约仪式。7月，潍坊工程职业学院与北京华联航空公司、山东新锐通用航空有限公司合作建设混合所有制二级学院——航空工程学院揭牌，学院成为省内首家既有直升机又有独立飞行空域的高校。9月，潍坊护理职业学院与山东美诺医药科技有限公司正式签订临床实训基地建设合作协议。11月，潍坊护理职业学院与潍坊文华教育集团校企合作签约仪式举行，双方共建幼儿发展与健康管理专业。

2017年青州市教育基本情况一览表

表12　　　　单位：人

学校类别	数量	班级	毕业生	招生	在校生	教职工	专任教师
学前教育	225	970	3284	4761	20862	2212	1803
小学	91	1467	8105	9745	51326	3599	3575
初中	33	564	8815	7867	24656	2620	2610
高中	5	341	5855	5035	16722	1847	1652
特殊教育	1	17	25	21	125	50	50
中等职业教育	1	106	1293	1909	4785	601	461

注：数据截至2017年12月31日

【民办教育】 截至2017年12月，青州市共有民办学校6所，其中高中1所，在校生511人。九年一贯制学校1所，在校生1408人。初中2所，在校生2928人。小学2所，在校生3884人。

2017 年青州市社会力量办学重点学校一览表

表 13

学校名称	类别	学校地址	办学规模（人）		
			高中	初中	小学
青州致远中学	全日制高中	凤凰山东路 3969 号	511	——	——
青州一中实验学校	全日制初中	青州市朱兴路与瓜市路交叉口	——	1454	——
青州市宏德学校	全日制初中 / 小学	青州市驼山中路 1098 号	——	1156	252
青州市海岱学校	全日制初中	青州市范公亭东路 3411 号	——	1474	——
青州市海岱小学	全日制小学	青州市益王府路南首路西	——	——	1910
青州云门书院双语学校	全日制小学	青州市东门大街 53 号	——	——	1974
合计			511	4084	4136

【高等教育】 学校发展。截至 2017 年 12 月，全市共有高等院校 3 所，在校生 37559 人。2 月，潍坊工程职业学院与中国农业大学等签订合作共建现代农业研究院框架协议。4 月，潍坊工程职业学院的“汽车检测与维修技术专业现代学徒制”试点项目，经评审公布确定为 2017 年山东省职业院校现代学徒制试点项目。5 月，潍坊工程职业学院火箭军工程大学士官学院成立。9 月，山东省教育厅公布第二批教育信息化试点单位名单，潍坊工程职业学院成为试点院校之一。11 月，潍坊护理职业学院数字口腔工厂学院在益都校区举行揭牌仪式。

人才培养。2017 年，全市共毕业专科学生 6643 人，本科学生 871 人。5 月，潍坊工程职业学院与菲律宾莱西姆大学签订教育合作协议。根据协议，工程学院可派遣学生到莱西姆大学提升英语水平，莱西姆大学派学生来工程学院学习工程类专业。8 月，山东师范大学历山学院与青州市教育局达成战略合作协议，主要包括师资培训和大学生实习实践两大内容。9 月，潍坊工程职业学院与澳大利亚本迪戈坎培门公立职业技术学院签署合作办学协议，成立 2017 届学前教育专业国际班，潍坊工程职业学院混合所有制二级学院————凤凰艺术学院揭牌成立。9 月，潍坊护理职业学院阳光健康管理学院 2017 年首届招生，2017 年新生开学典礼暨就业协议签订仪式在阳光融和医院举行。12 月，潍坊工程职业学院与台湾大仁科技大学人才培养与科技研发基地揭牌。

教学教研活动成果。2017 年 5 月，潍坊工程职业学院 6 项课题获省教育科学“十三五”规划 2016—2017 年度课题立项。6 月，国家高技术研究发展计划（863 计划）“新型高效生物质气内燃发电机研发冷热电联供示范应用”结题验收会在山东师范大学历山学院举行，课题验收顺利通过。12 月，潍坊工程职业学院科学技术协会成立。

学生社会实践活动。青州市中小学生综合实践活动基地按照青州市教育局《关于开展 2016—2017 学年度中学生科技创新教育实践活动的通知》（青教办字〔2016〕11 号）和《关于开展 2017—2018 学年度中学生综合实践活动的通知》（青教办字〔2017〕19 号）的要求，开设了航空馆、地震馆、消防馆、CS 镭战、室外拓展训练、射击训练等室内外 40 多个活动项目，全年完成实训初中学生 8800 余人。依托丰富的历史文化自然资源评选出 24 个社区教育暨中小学生科普教育实践基地，广泛开展特色研学旅行活动。2017 年 9 月，山东师范大学历山学院与青州市图书馆、青州市新华书店共建共享全面合作协议举行签约仪式，内容包含互通电子文献资源、开展馆际互借、共同举办全民阅读活动、建设学生社会实践基地等内容。

【成人教育】 2017年，青州市依托青州市社区学院（挂靠山东省民族中等专业学校），13处社区教育中心，74处社区教育学校，组建了159名专职教师、305名兼职教师和近3000名志愿者的社区教育师资队伍，通过建立远程教育网络平台，形成了全覆盖的社区远程教育服务体系。遴选农业、林业、教育及部分行业高技能人才组成市级社区教育讲师团，全年送教下乡30多次。组建十九大精神宣讲队深入宣传党和国家的方针政策。2017年6月，国家教育部职成司副巡视员谢俐来青，视察国家级农村职业教育和成人教育示范县创建情况和社区教育工作。11月，青州市教育局组织一行27人赴诸城开展寻标对标学习社区教育。

（岳玉雪　杨　敏　王生呈）

文化·体育

文化事业

青州市文化广电新闻出版局

党委书记、局长　　郑玉章
党委委员、东夷文化研究所所长　　王国玮
党委委员、副局长　　陈建华
　　郑淑兰（女）

【概况】 青州市文化广电新闻出版工作着力完善现代公共文化服务体系，促进文化产业转型升级，传承弘扬优秀传统文化，做好非物质文化遗产保护传承，大力实施文化惠民工程，进一步提升文化在全市经济社会发展中的贡献度。

【文化惠民】 积极推进群众文化建设，大力实施文化惠民工程，让更多的人充分享受到文化发展成果。将“文化惠民演出活动”列入政府工作报告，共包括“青州市京剧团演出”“精品院团演出”“优秀民营文艺团体演出”“古城戏曲惠民演出”“文化惠民行　百姓大舞台”等十几项内容活动，全年完成演出1086场，涉及400余个村（居）。

【文化服务机构和场所】 东夷文化研究所。2008年7月，成立青州市东夷文化研究所、青州市古籍文献整理研究所，一个机构，挂两块牌子。为正科级全额拨款事业单位，编制10人，隶属青州市文化广电新闻出版局负责对青州市东夷历史文化的研究、开发和保护等工作，负责研究、整理、挖掘、出版青州市重要古籍文献等工作。成立至今，共编辑出版《文化青州大型书库》25册，青州历史文化丛书11册，2017年，出版《赵秉忠》《青州纪胜》《青州寺庙综览》《逄山影像万古传》《北海世家冯氏诗文辑》《我爱青州》《青州文化概观》《古城青州》等青州历史文化书籍。

非物质文化遗产保护中心。青州市非物质文化遗产保护中心成立于2009年1月6日，为青州市政府直属正科级全额拨款事业单位，与青州市文化产业发展管理办公室合署办公，为正科级事业单位，编制8人，负责青州市非遗挖掘、申报、传承、保

古城戏曲惠民行

山东省级非遗项目——八角鼓展演

护工作。2013年12月30日，非物质文化遗产保护中心由青州市政府直属调整为青州市文化广电新闻出版局所属。截至2017年12月，青州市各级非物质文化遗产保护名录中，青州花毽1项为国家级非物质文化遗产项目。红丝砚制作技艺、挫琴、隆盛糕点制作技艺、青州井塘村石砌房民居建筑技艺、青州府花边大套等10项为山东省级非物质文化遗产项目。龙虎斗、青州石雕、清真酱牛肉制作技艺、剪纸、云门山庙会、芯子灯等44项为潍坊市级非物质文化遗产项目，326项青州市级非物质文化遗产。省级非物质文化遗产代表性传承人1名，潍坊市级非物质文化遗产代表性传承人24名，青州市级非物质文化遗产代表性传承人432名。青州非遗文化产品展示区被省文化厅列为“文化创意集市”，青州市隆盛糕点厂入选第三批省级非物质文化遗产生产性保护示范基地。

文化馆。青州市文化馆是国家一级文化馆。馆舍面积5282平方米，其中包括礼乐学堂、艺术培训、综合展览等各种功能室29个。2017年，组织“文化惠民工程”演出1000余场。扩大公益培训，开展“全民艺术普及公益培训工程”，共开设舞蹈、声乐、摄影、书法、文学创作、射艺等14个门类20多个项目的免费培训课程，全年培训3000余人。继续开设“礼乐学堂”，率先创办“文化馆+学堂”的传统文化弘扬传承模式。文化馆积极履行组织群众文化系列活动、举办各类艺术展览活动、组织群众文化艺术门类的创作、辅导镇街道文化站和各基层业余文化组织开展相关业务、开展文化交流等活动，真正把服务大众当做自觉，让文化惠民落到实处。

图书馆。青州市图书馆为国家一级图书馆，2014年8月，新馆正式对外开放。2017年1月，第六次全国公共图书馆评估定级启动，青州市图书馆以评估定级为契机，数字化、自动化设备大幅提升，6月实现无线上网全覆盖，9月开通网络图书馆和居民二代身份证借还图书功能，11月实施读者自助借还。截至2017年12月，拥有持证读者42410人，馆藏纸质图书644803册，电子图书436034册，年借还图书487123册次。馆藏善本195种、212部、1909册，入选《国家珍贵古籍名录》1部、《山东省珍贵古籍名录》103部、《潍坊市珍贵古

京剧进校园——走进益都师范附小

籍名录》133部。2017年5月，青州市图书馆举办全民读书节活动，被评为“全国全民阅读示范基地”。10月，中国图书馆学会评选出45项全国“2016年阅读推广优秀项目”，青州市图书馆“全民阅读直通车”项目作为全省唯一县级图书馆项目入选。截至2017年12月，全市各镇、街道、开发区全部建成图书馆并向社会开放，设立尼山书院14个，乡村（社区）儒学所（社）1032个。

春节系列文化活动

艺术剧院。2014年9月，青州市云门剧院新院启用，改造提升后的云门剧院占地19073平方米，总建筑面积19726.2平方米，云门剧院主楼建筑面积7927.63平方米，内设座椅924个，主舞台285平方米。2017年，举办“文化惠民工程”演出和提供会议服务28场，举办京剧进校园和广场文化惠民演出32场。青州市艺术剧院京剧团共演出165场。5月，聘请山东艺术学院的专家、教授进行专业知识培训和京剧表演教学。

【文化产业】 成功举办2017中国（青州）国际文化艺术品博览会，参观人数达42.8万人次，交易额10.7亿元。成功举办2017中国（青州）民间收藏文化周，共接待10万人次参观，交易额1.5亿元。举办“翰墨青州•2017书画百家展”296场。继续实施博物馆群建设工程，建成民间收藏博物馆、农民画博物馆、科举博物馆、非遗博物馆、天主教博物馆、基督教博物馆、回族博物馆等60余个博物馆。烟草博物馆、三雕博物馆、风筝博物馆、房可壮纪念馆、欧阳修纪念馆、李清故居等正在紧张布展中。中国中晨（青州）国际文化艺术小镇入选第五批山东省重点文化产业园区。启动环渤海书画艺术大数据中心平台建设。

【文艺创作】 舞蹈作品《欢聚一堂》《我想去青州》《扭秧歌的小姑娘》，歌曲《东山再起》《天地苍茫》，戏曲《夕阳无限好》《血肉筑成的堡垒》获潍坊市群星奖。创作完成歌曲《花好梦圆》《弥河放歌》《祖国啊永远为你祝福》《中国的声音》《红丝砚遇》《古城古韵》《清廉天下》等，《今非昔比》获山东省流行音乐大赛一等奖。《情满人间》于2017年10月在云门剧院首演、《杜鹃花开》《走向圣地》《星星和月亮》完成剧本创作。书画创作有72件作品获得省级以上奖项，其中，马云泽书法作品入展全国第二届书法临帖作品展，任鹏书法作品入展全国第八届楹联书法作品展，2017年第九届中国体育美展高立鹏的《临阵》作品入选中国画作品展最高奖，高立鹏的《传承》作品入选“泾上丹青”全国作品展。

【文化活动】 组织文化惠民演出、青州籍书画家精品作品展、全民艺术普及公益培训工程、“礼乐学堂”系列活动。组织举办新年音乐会、“青州古城过大年”启动仪式、古城开城仪式、春节群众戏曲大舞台等板块的文化活动。举办第二届中国（青州）国际文化艺术品博览会，并组织文艺演出。举办第二届潍坊·青州市民文化节暨第五届青州文化艺术节。举办“七一”文艺晚会（2017）。

【非物质文化遗产保护及名录】 2017年1月，公布青州市第六批市级非物质文化遗产保护名录，共

计45项。同月，青州非遗传习坊开坊，成为在国家AAAAA级旅游景区打造及展示展演传承保护和参与互动于一体的大型非遗展示平台。10月，青州市共有7项非遗项目被列入第五批潍坊市级非物质文化遗产代表性项目名录。

青州市2017年新增非物质文化遗产项目名录

表14

序号	门类	项目名称	获批级别	获批时间	代表性传承人
1	民间文学	青州兵镇江抗英传说	青州市	2017.1（第六批）	李凤琪
2	传统舞蹈	张果老倒骑驴	青州市	2017.1（第六批）	祝永清
3		王小赶脚	青州市	2017.1（第六批）	祝永清
4	传统戏剧	青州清音（青音）	青州市	2017.1（第六批）	王青
5		青州吕剧	青州市	2017.1（第六批）	钟素华牟恒英王景康
6	曲艺	说唱	青州市	2017.1（第六批）	丁枢忠
7	传统体育、游艺与竞技	沙派太极拳	青州市	2017.1（第六批）	沙学周
8	传统美术	宣纸烙金画	青州市	2017.1（第六批）	刘存虎
9		焚香烙画	青州市	2017.1（第六批）	杨祖前
10		炭精粉画像	青州市	2017.1（第六批）	尹风江
11	传统技艺	青州砂陶制作工艺	青州市	2017.1（第六批）	许振悦、许兆剑、谢晓琼
12		魏七小麻花制作技艺	青州市	2017.1（第六批）	王建明、王浩
13		蜂粮野珍酒酿制技艺	青州市	2017.1（第六批）	牛双停
14		山楂果品制作技艺	青州市	2017.1（第六批）	白友俭、白玉明、白长伟
15		永盛糕点制作技艺	青州市	2017.1（第六批）	赵爱杰、王长彬、王彪
16		郑氏旗袍制作技艺	青州市	2017.1（第六批）	郑海英
17		青州青瓷制作技艺	青州市	2017.1（第六批）	许振悦、许兆剑、翟斌旭
18		东阳河王记烧饼制作技艺	青州市	2017.1（第六批）	王兆军、王修永、王修亮
19		郑氏盘扣制作技艺	青州市	2017.1（第六批）	郑海英
20		七彩丝手工编制技艺	青州市	2017.1（第六批）	李明东、李会霞
21		青州府金砖牛肉煎饼制作技艺	青州市	2017.1（第六批）	赵素华、胡振波
22		青州黑陶制作工艺	青州市	2017.1（第六批）	许振悦、许兆剑、谢晓琼
23		香道	青州市	2017.1（第六批）	祝成功
24		宋代点茶茶艺	青州市	2017.1（第六批）	郭彰、黄青、赵计秀
25		青州石末砚制作技艺	青州市	2017.1（第六批）	许振悦、许兆剑、吕春霞
26		彭氏传统盘花纽扣	青州市	2017.1（第六批）	彭红
27		唐氏手工装裱技艺	青州市	2017.1（第六批）	唐钰
28		牛肉馅饼制作技艺	青州市	2017.1（第六批）	丁秀云、刘中山
29		红丝石壶制作技艺	青州市	2017.1（第六批）	李华伟
30		青州紫砂制作技艺	青州市	2017.1（第六批）	许振悦、许兆剑、谢晓琼
31		古典楸木家具卯榫工艺	青州市	2017.1（第六批）	杨万亮、杨万晨、杨万朋
32		青州青花瓷制作技艺	青州市	2017.1（第六批）	刘玉祥、刘福祥
33	传统医药	月子汤	青州市	2017.1（第六批）	张德军、刘环、张晓宣
34		好生堂筋骨膏	青州市	2017.1（第六批）	赵庆宝、赵瑛震
35		马氏风湿骨痛膏药	青州市	2017.1（第六批）	马龙阁、马国平、张玉莲
36		中医推拿	青州市	2017.1（第六批）	魏国同
37		猫头黑膏药	青州市	2017.1（第六批）	王美刚
38		东郝正骨膏	青州市	2017.1（第六批）	郝子强
39		闵家冷疗贴	青州市	2017.1（第六批）	闵昭凯
40		董氏火针	青州市	2017.1（第六批）	董增法、董建平
41		万灵风湿壮骨药酒	青州市	2017.1（第六批）	马国平、张玉莲
42		董氏膏药	青州市	2017.1（第六批）	董增法、董建平

续表 14

序 号	门 类	项目名称	获批级别	获批时间	代表性传承人
43	民俗	打更	青州市	2017.1（第六批）	李贤桐（县级）、王兴山（县级）
44		木轮推车	青州市	2017.1（第六批）	郇延生（县级）
45		老姜背老婆	青州市	2017.1（第六批）	杨祖前（县级）、徐建成（县级）姜秀英（县级）
46	传统体育、游艺与杂技	梅花拳	潍坊市	2017.12（第五批）	任其云（县级）、马传琴（县级）李明芝（县级）
47	传统技艺	山果酒酿制技艺	潍坊市	2017.12（第五批）	刘洪利（县级）
48		鲜花饼制作技艺	潍坊市	2017.12（第五批）	鲁海宁（县级）、贾红梅（县级）隋晓敏（县级）
49	传统美术	农民画（青州农民画）	潍坊市	2017.12（第五批）	宋晓（县级）、杨立生（县级）杨立平（县级）
50		焚香烙画	潍坊市	2017.12（第五批）	杨祖前
51		木雕	潍坊市	2017.12（第五批）	戴天传（县级）
52	传统戏剧	青州清音	潍坊市	2017.12（第五批）	王青

【翰墨青州】 翰墨青州·2017中国书画年会于2017年9月29日至10月5日在中国中晨（青州）国际文化艺术小镇举办。年会由中国美术家协会、中国国家画院、中国画学会、中央数字电视书画频道主办，山东省美术家协会、山东省画廊协会、中共潍坊市委宣传部、潍坊市文学艺术界联合会、青州市人民政府、中晨集团承办，北京市黄胄美术基金会、山东省国画院、保利（山东）国际拍卖有限公司、山东大易文化发展有限公司协办。年会有6大主题展，19项系列展，穿插举办“全国名家落户中晨艺术小镇系列签约仪式”“书画大师与紫砂大师‘面对面’”等13项系列活动，涵盖书画、紫砂等多种艺术形式，展出总面积17万平方米，展出书画类作品3万余幅，紫砂及其他艺术品近万件。共接待参观人数37万人次，达成销售意向17亿元，签订交易合同50余份，现场交易额2.06亿元。

【中国（青州）国际文化艺术品博览会】 2017年4月28日至5月2日，由联合国教科文国际民间艺术组织、中国收藏家协会、中国画学会、中央数字电视书画频道、山东省美术家协会、中共潍坊市委宣传部主办，潍坊市民俗学会、中晨集团具体承办，以“传承与创新，艺术与生活”为主题的中国·青州文化艺术节暨2017中国（青州）国际文化艺术品博览会，在中国中晨（青州）国际文化艺术小镇举行。本届艺博会涵盖展览、交易及综合活动三大体系的近20项活动，展览面积15万平方米，展位500个，参展客商近2000家，参观人数达42.8万人次，交易额10.7亿元。

（田　辉）

文化执法

青州市文化市场综合行政执法局

局　长　　冀克良

副局长　　刘传升

　　　　　尹　欣（女）

【概况】 2017年，青州市文化市场综合行政执法局重点推进文化执法专业化建设，不断加强文化市场整治和“扫黄打非”工作，认真做好安全生产工作，荣获潍坊市文化执法局“忠诚卫士2017”标兵单位、文化执法工作先进集体、“扫黄打非”工作先进集体。

【机构改革】 2017年12月，根据青州市委、市政府《关于综合行政执法体制改革的实施意见》，文物执法大队转属市文化市场综合行政执法局，文化市场综合行政执法局编制调整为25名，承担全市文化文物综合执法职能。

【文化执法专业化建设】 持续推进“网格化、精

执法人员对出版物进行检查

细化”市场监管模式，建立文化市场监管档案，实现对各门类文化市场的实时、动态、远程监控。推动文化部重点信息化建设项目——全国文化市场技术监管与服务平台推广应用工作，通过平台办理各类执法业务263件。确定文化市场随机抽查事项清单410项，建立文化市场经营主体名录库和文化市场执法人员名录库，合理确定各门类文化市场随机抽查的比例和频次。落实案审会制度、《错案责任追究办法》《案卷评查办法》等监督制度，确保执法安全。有效利用文化市场“12318”举报电话作用，结合“12345”市长热线，及时处理反映的问题。全年受理举报14起，其中上级批转11起，青州市长热线举报2起，办结率100%。

【文化市场整治】 以“忠诚卫士”行动为统领，严厉打击各种违法违规经营行为，确保各领域内意识形态安全。全年累计检查文化经营单位336余家次，其中网吧274家次，娱乐场所62家次，依法查处违规经营单位112家，立案86起，取缔无证歌舞娱乐场所3家。

【集中执法】 全年组织集中检查行动1162次，出动执法人员2420人次，检查出版物集中经营场所、印刷企业、店档摊点572家（个），共收缴各类非法出版物14350册，查处并办结案件17起，清理图书无证地摊48处。

【广电市场整治】 坚持处罚与教育相结合的原则对卫星地面接收设施进行清理拆除整治。全年累计立案查处6起，没收5套，动员群众自行拆除27套，发放宣传材料1000余份，新增“无小耳朵”社区（村）1个。

【艺术品市场规范化建设】 联合青州市画廊协会、市文联开展“中国画都诚信画廊评选”活动，评选出10家诚信画廊，确定中晨艺术小镇为艺术品规范化经营试点单位。召开两次规范青州市艺术品市场工作会议。2017年9月，潍坊市文化执法局在青州中晨艺术小镇组织召开潍坊市艺术品市场监管专题培训班，通过观摩艺术品市场示范现场、经验介绍、以案施训等方式提升监管能力。

全市艺术品市场规范化经营会议召开

2017 年青州市度诚信画廊一览表

表 15

序号	单位名称	地址	法人
1	汇隆画廊	中晨国际艺术小镇画廊城 1 区 415 室	汲迎超
2	大有书画院	中晨国际艺术小镇画廊城 3 区 607 室	有祥振
3	正大美术馆	中晨国际艺术小镇 37 号	刘　正
4	九州美术馆	望寿路 38 号	耿　雷
5	宋城艺术馆	宋城安定门内	王跃江
6	盛氏书画店	中晨国际艺术小镇画廊城 2 区 603 室	盛伟兴
7	岩晖画廊	云门山北路 829 号宝鼎艺术城 219 室	曹岩晖

【安全监管】 2017 年 1 月，对网吧、娱乐场所、印刷企业的主要负责人及其从业人员 200 余人进行安全生产和消防知识培训。开展安全生产检查工作，出动执法人员 2310 余人次，集中排查整治人员密集场所，排查消防安全隐患 358 条。

（张建亮）

文　物

青州市文物事业管理局

局长、博物馆馆长、文物局党支部书记　杨中奎
副局长、博物馆副馆长　王瑞霞（女，回族）
　孟迎春（女）
　杨华胜
文物执法大队党支部书记　王爱芹（12 月止）
副科级干部　邸　刚

【概况】 青州市文物事业管理局与博物馆一套机构两块牌子。青州市博物馆是国家一级博物馆，馆藏各类文物达到 5 万余件，国家珍贵文物 3000 余件，2017 年接待游客 50 万余人，讲解服务 2605 次。青州市博物馆先后获评陶质彩绘文物保护国家文物局重点科研基地青州工作站、山东省陶器彩绘文物保护重点科研基地、山东省优秀社会科学普及教育基地、山东省十佳博物馆、全国科普教育基地科普信息化工作优秀基地、山东省古籍保护工作先进单位、山东省第一次全国可移动文物普查先进集体、国家 AAAAA 级旅游景区、全国社会科学普及基地。

【文物普查与征集】 截至 2017 年 12 月，青州市共有国有可移动文物收藏单位 12 家，文物总数 42647 件（套），其中青州市博物馆藏有可移动文物 42534 件（套），国家珍贵文物 3062 件，包括一级文物 142 件，二级文物 471 件，三级文物 2449 件。文物种类有石刻、造像、绘画、青铜器、玉器、陶瓷器、古籍和近现代历史文献等。2017 年，青州市博物馆新征集入藏文物 116 件。

文物保护专家现场指导

市文物局工作人员进行文物修复

【文物保护】 2017年3月，全国重点文物保护单位青州真教寺保护修缮工程开工，9月竣工。3月，山东省文物保护单位青州基督教堂建筑群（培真书院南古楼）保护修缮工程开工，6月竣工。9月，“山东省青州市博物馆馆藏书画保护修复项目”通过验收。

【文物执法】 青州市文物执法大队全年巡查172次、436人次。针对田野文物盗掘案件和非法倒卖文物案件联合执法4次，提供文物保护单位证明材料2次。从工地、市场收回各类文物78件，接受社会人士捐赠石碑2块。与18个文物保护责任单位签订“青州市文物保护责任书”。9月，撤销青州市文物执法大队（原编制10名），职能人员一并划转青州市文化市场综合行政执法局。

【展览活动】 做好文化交流工作，搭建文化交流平台，参加外展4次，参与和组织临时展览15次，对宣传青州起到了助推作用。

2017年青州市博物馆展览活动一览表

表16

序号	展览名称	主题	展品数量	起止时间	观众人数
1	水墨冬韵——著名艺术家青州书画展	名人书画	80	2017.1.5-1.20	2万
2	净心守志——张振国（棠村）丁酉青州书法展”	个人书法展	40	2017.3.25-4.5	2万
3	美丽中国文化之旅——张大功中国画作品展	个人书画展	106	2017.4.16-4.22	2.5万
4	第二届“砚兮归来——青州红丝砚”展	砚文化的传承和发展	100	2017.4.27-5.27	3万
5	问道——当代书画名家邀请展	名人书画	200	2017.5.12-5.28	3万
6	山东省“全国十大考古新发现”图片展	考古发现成果	52	2017.6.10-7.10	5万
7	山东省首届禁毒主题农民画展暨青州禁毒展	禁毒农民画	300	2017.6.16-6.26	5万
8	太行魂—情系山东·青州崖柏艺术交流展	崖柏艺术	202	2017.7.15-7.21	2万
9	向·北方——著名画家何路、杨玉民水墨山水画作品展	名人山水	80	2017.7.22-7.27	2万
10	癸巳变法：单小勇水墨画学术展	水墨画	78	2017.7.29-8.13	3万
11	“喜迎十九大”全市老干部书画展	书画	200	2017.9.4-9.11	3万
12	“欢度国庆·喜迎十九大”青州市书法篆刻展	篆刻	121	2017.9.28-10.8	3万
13	2017（济南）国际文物保护装备博览会	近五年文物保护	16	2017.10.20-10.22	5万
14	“翰墨抒盛世　鲁渝两地情”书画名家联展	名人书画	80	2017.11.17-11.20	2万
15	“与古为徒”——逊芝（青州）中国画学术交流展	个人书画展	116	2017.12.16-12.30	3万

（刘桂华　付　萍　周麟麟　王丽媛）

报刊新闻

青州市新闻信息传播中心

主　任	马保平
副主任	王红霞（女）
	许淑亭
	李晓莉（女）

潍坊日报社青州分社

社长、总编辑	杨连滨
总编助理、广告发行部主任	孙　敏（女）
编辑部主任	赵　颖（女，回族）
新闻部主任	郭庆滨

【概况】 青州市平面媒体和网络媒体主要有青州市新闻信息传播中心主办的《青州通讯》、青州新闻网、《青州通讯》电子报、手机客户端和潍坊日报社青州工作站主办的《今日青州》、今日青州网、《今日青州》电子报。2017年，《青州通讯》获评山东省优秀县市报和全省县市报“十强”媒体称号；青州新闻网在潍坊唯一获评“全国地方网站（新媒体）最具号召力品牌”大奖。

【平面媒体】 《青州通讯》。2017年，《青州通讯》共出刊255期，推出专栏10期。青州市十三次党代会、两会和全市领导干部会议召开后，推出“实施‘一二四三’战略 建设‘五强四宜’城市”专栏，集中刊发30多篇稿件。春节期间，开设“青州古城过大年”专栏，推出专版，共刊发消息、通讯、游记、散文、诗歌、照片等作品近百件。青州古城景区入选国家AAAAA级旅游景区后，推出《青州古城旅游区创建成为国家AAAAA级景区系列报道》。“作风建设年”活动启动后，在一版开设“深入扎实开展‘作风建设年’活动”专栏，开辟“公开承诺‘担当作为、争创一流’任务目标”专版，推动作风建设向更广领域和更深层次推进。为助力“四个城市”建设，推出“转变作风 狠抓落实 加快‘四个城市’建设”专栏，全力做好落实青州市委工作部署的宣传动员工作。翰墨青州年会和花博会期间，通过《青州通讯》展开了集中宣传，共刊发专版5个，专栏发稿70多篇。创建全国文明城市期间，开设“同创文明城市 共享文明成果”专栏，广泛宣传文明城市“综合提升行动”的有关经验、工作动态，扩大了市民知晓度和参与度。十九大召开后，在一版先后开设“喜迎十九大”“抓党建 转作风 促发展”献礼十九大、“新时代 新征程 新作为”等专栏，全面反映十八大以来青州市政治经济社会发生的巨大变化，全方位展示改革开放发展成果。2017年，《青州通讯》特别推出《不忘初心 砥砺前行》创刊30周年特刊；2017年，报社记者积极对上发稿，全年被新华社采用稿件45篇，被《人民日报》采用16篇；2017年，记者采写稿件共有10篇获省级奖励，其中，《守护万家灯火》《身患重病仍倾情社会公益》获全省县市报好新闻二等奖，《与丝绸之路握手》获全省县市报好新闻一等奖。

《今日青州》。2017年，《今日青州》刊发的长篇通讯《山东青州市纪委“一出三到”活动硕果累累》《激发群众内生动力 山东青州党建引领山乡巨变》被人民网全文转发。刊发的通讯《绿水青山就是金山银山的青州实践》《密织五级网络 搭建两个平台 青州市构建科学完善党群服务体系》被人民网全文刊发，其中，《密织五级网络 搭建两个平台 青州市构建科学完善党群服务体系》获评为第四届全国基层党建最佳案例奖。《今日青州》全年累计推出配合工作性专栏7个，刊发稿件60余篇。潍坊日报社青州工作站记者采写的稿件有4篇获潍坊日报好新闻一、二、三等奖，获奖数量和质量均列潍坊县市报前列。3篇新闻作品在青州市委宣传部主办的新闻大赛中荣获一、二、三等奖。

【网络媒体】 青州市新闻信息传播中心于2011年建立青州新闻网，网站下设青州新闻、青州民声、青州房产、青州视频、青州宣传、青州摄影、青州书画等频道。2017年，青州新闻网继续推进与新媒体（微信、手机客户端）平台融合，组建全媒体矩阵，以适应新形式，更好地履行媒体职责。青州新闻网微信公众号关注用户超过20万，手机客户端“掌上青州”装机用户近2万，均位列潍坊市网络媒体平台前列。

【开展活动】 青州市新闻网坚持以青州市委市政府工作部署为中心，全年活动不断线。联合青州市文明办、市教育局全程策划、承办“关注眼健康，光明送学子”大型爱心捐赠及义诊活动，巡回全市各镇、街道、开发区辖区学校及城区各学校献爱心。举办“云门世泰园”青州市摄影大赛奖。联合青州市文明办、市教育局举办“尧王地产”杯首届青州宝宝大赛及第三届青州年历宝宝大赛，近3000人报名参与。举办通讯员培训班5期，为青州市镇、街道、开发区和市直部门单位培训通讯员300多人。

（张启瑞　孙纪芹　郭庆滨）

广播电视

青州市广播电视中心

主　任　赵江田

党总支书记　胡德亮

总工程师　王振林（9月起）

副主任　薛良林

王建立

正科级干部　刘　兵（9月起）

副科级干部　刘泮水（9月起）

【概况】 青州市广播电视事业围绕“新闻立台、经济强台、活动活台、人才兴台”办台理念，紧扣全市中心工作和发展大局，以宣传为中心，加大新闻宣传深度和力度，着力提升新闻报道质量，努力扩大对上对外宣传，深挖资源、狠抓创收，稳步推进活动开展，实现内宣、外宣同步推进，创优、创收齐头并进，事业建设、产业经营、内部管理等整体工作全面进步的良好局面，2017年，先后获山东电视宣传先进集体一等奖、山东广播宣传先进集体一等奖、齐鲁网宣传工作先进集体一等奖等多项称号。

青州电视台节目录播间

【电视节目】 《青州新闻》每周制播7期、每期15分钟，为青州电视台唯一一档日播节目。截至2017年12月，青州电视台创办“有啥说啥”“美丽乡村”“与法同行”“翰墨青州”“我要上场了”“我爱我家”“名医面对面”“联播青州”“青州教育”“安全365”“警方在行动”“非常惠生活”“天天新气象”等栏目。2017年，青州电视台自办栏目总时长（广告内容除外）达256分钟。

【电视外宣】 青州电视台2017年在中央电视台“新闻联播”“晚间新闻”及央视综合频道其他栏目累计发稿36篇，荣获山东电视宣传先进集体一等奖第四名、齐鲁网先进集体一等奖第三名及潍坊电视台先进集体一等奖第二名等多项荣誉。

【节目创优】 青州市广播电视台坚持寓精品生产于日常宣传工作中，节目创优工作毫不松懈。坚持以精品创优带动节目质量提升，精品意识深入人心，高质量作品不断涌现。在2018年初组织的潍坊市广播电视节目评选中（评审2017年作品），青州市广播电视台选送的8件作品全部获奖，其中电视（广

青州人民广播电台节目直播间

播）短消息《世界首柱新型复合绝缘子在我市试制成功》、电视系列报道《人民好法医张晓华》、电视栏目“有啥说啥”4件作品荣获一等奖，获奖数量和等次均居潍坊市各县市区前列。

【广播】 青州人民广播电台，调频广播频率95.4，配备大功率发射机一台，功率3000瓦，信号覆盖半径120千米。

广播节目。电台全天播音时间18小时35分钟，设有4档新闻类自办节目、两大直播板块，一档大型政务类监督节目，十几档录播节目。同时转播中央人民广播电台“新闻和报纸摘要”、中央电视台“新闻联播”和“新闻30分”3套节目。

2017年9月，电台对全频节目进行改版升级，突出服务功能。除保留“青州新闻”“美丽乡村行”等老牌节目外，重磅推出“954早（晚）高峰”两大全新板块，每天早晚4小时直播互动节目，倾力打造上下班路上的贴心广播。“观点峰会”“微博话题排行榜”“博闻天下”等新闻脱口秀节目让声音有温度，新闻有态度。“天天喜洋洋”“快乐串流行”等节目突出娱乐性和休闲性，边听笑话边听歌，打造轻松调频。20多档优质节目闪亮发声，给听众提供全新的听觉盛宴。

广播外宣。利用农村广播“村村响”及城区广播全覆盖工程，转播中央电台、电视台的上星节目，广播10档对农村、对城区优质节目，围绕青州市委市政府的中心工作，宣传党的惠农政策、农科普及、法律知识、展示发展成就。2017年，青州人民广播电台荣获山东广播宣传先进集体一等奖，实现33连冠。

【新媒体开发】 2017年5月，青州广电微信平台开通微信直播，全年累计直播活动25 场，共有110余万人次关注观看，单场最高人次达10万多人，增强用户粘性，青州广电微信平台用户突破13万人。2017年，青州广电微信公众号在山东广电媒体（市县级）广电公众号WCI排行榜最好排名第3位，在全国县级广电微信号百强周榜最好排名第10位，成为青州本土最活跃的新媒体。同时，继续运营维护好智慧青州APP客户端，为广大市民提供查新闻、看电视、查公交、找公共自行车、看天气、查快递、查违章、查影讯等服务。

【广播电视体制机制改革】 2016年8月，青州市委市政府印发《青州市深化广播电视事业体制机制改革实施方案》（青发〔2016〕18号），对青州市广播电视中心主要职责和机构设置进一步明确，单位类型由公益三类调整为公益二类，经费类型由经费自理调整为财政补贴。同时，政策扶持力度不断加大，自2017年1月起，对中心事业编制在编人员的工资、各项社会保险和住房公积金，实行财政统一拨付，解除后顾之忧。2017年5月，山东省文化体制改革与发展工作领导小组办公室刊发专题简报对青州广播电视改革进行宣传及肯定。

（郄传威）

体 育

青州市体育局

局长、党支部书记 左云芳（女）

中国老年体协对“全国老年气排球之乡”创建工作验收

党支部副书记　　　王金梅（女）
副局长、体校校长　　谢克臣

【概况】　青州市体育工作认真贯彻落实《中华人民共和国体育法》《全民健身条例》，紧紧抓住全民健身上升为国家战略的历史机遇，坚持竞技体育、群众体育、体育产业协调发展，全民健身意识普遍增强，竞技体育水平稳步提升，体育产业健康发展，各种体育活动精彩纷呈。2017年，青州市被评为“全国老年气排球之乡”，青州市体育局被评为“2013—2016年度全国群众体育先进单位”“山东省第七届全民健身运动会先进单位”“山东省体育彩票工作特殊贡献奖”，青州市体彩办被国家体育总局授予“全国优秀体彩办”。

【体育设施】　全年累计建设210处全民健身工程。云门春七里河气排球场地被命名为山东省老年气排球训练基地。国家级科学健身示范区科研项目——青州市全民健身推广中心项目基本建设完成。截至2017年12月，青州市全民健身工程基本实现村村全覆盖，青州市区基本形成15分钟健身圈。

【竞技体育】　2017年，命名谭坊初中等26个单位为青州市青少年体育项目训练基地。青州市运动员参加在天津举办的第十三届全国运动会取得金牌3枚、铜牌1枚，创造青州市运动员参加全运会的历史最好成绩，列潍坊市各县市区第一名。

【群众体育】　青州市全年开展群众体育活动46场、村级体育活动102场。承接“山东省第七届全民健身运动会气排球比赛暨全运会山东赛区选拔赛”“山东省第七届全民健身运动会青少年围棋总决赛”“全国男子象棋男子甲级联赛”“山东省百县象棋团体赛”“山东省第七届全民健身运动会健美操比赛”等多项国家和省级的赛事活动。全年累计新成立体育单项运动协会2家，俱乐部6家，培养社会体育指导员195人。

省体育总会到九龙峪验收“山东省绿色生态休闲体育活动基地”创建工作

【体育彩票】　2017年，青州市体育彩票年总销量突破1.59亿元。截至2017年12月，青州市体育彩票网点数量达到127个，解决就业200余人，其中专营店

山东省第七届全民健身运动会暨第十三届全国运动会气排球选拔赛

102 个，覆盖青州境内社区和乡镇。商超店 3 个，覆盖青州市泰华城、大润发和中百佳乐家人流量最大的集中商业区。与阿里彩票达成合作，在各乡镇新增农村淘宝体育彩票兼营店 22 家，填补各乡镇的空白区域。

（刘国威）

医疗卫生

人口计生

青州市卫生和计划生育局

党委书记、局长，市中医药管理局局长 陈新增
党委委员、副局长 邱家同
党委副书记 李传德
党委委员、副局长，市红会办主任 付光春
市爱卫办副主任 李　昕（女）
市计生协会会长 冯志成
党委委员、爱卫办主任 魏爱兰（女，1月止）
党委委员、副局长 王修利
党委委员、市干部保健办主任 姚武荣

【概况】 截至2017年12月，青州市共有各级各类医疗卫生计生机构983所，其中三级甲等医院1所，二级公立医疗机构4所，镇级卫生院14所、计生办13所、市疾病预防控制中心1所、计生服务站1所、二级专科医院2所、社区卫生服务中心3个、社区卫生服务站13个、防治站（所）3个、民营医院13个、门诊部（诊所）280个，村卫生室637个。拥有医生2493人、注册护士2706人、乡村医生1942人，千人口病床5.34张、千人口医生2.66人、千人口护士2.89人。人口计生工作继续保持良好发展态势，低生育水平和合法生育率持续稳定，性别比控制在正常范围内，出生率和人口自然增长率保持较好水平，截至2017年12月，青州市总人口94.7061万人，已婚育龄妇女16.1946万人。2017年，出生15671人，合法生育率为96.3%，出生率为16.56‰，自然增长率为8.81‰，出生人口性别比为106.4。青州市卫生计生局高分通过全国基层中医药工作先进单位复审，获得国家免费孕前优生健康检查项目全国第十次室间质评优秀奖、全省卫生计生综合监督示范区、省级医养结合示范市、省级健康城市试点市、山东省计划生育药具管理示范市、潍坊市精神障碍综合防治示范区、潍坊市免疫预防规范区等荣誉。

【医疗服务体系建设】 青州市不断完善基层医疗卫生服务体系，努力提升各级医院服务能力。加快推进益都中心医院新院建设，2017年完成1号病房楼、2号病房楼、门诊医技楼主体工程建设。中医院3.34万平方米新病房楼投入使用。妇幼保健院新院开工建设。组建由乡镇卫生院全科医生、护士、公共卫生人员等参加的医疗服务团队，包村到户，定期开展巡回医疗服务，对辖区居民进行连续动态的健康管理。对青州市农村社区卫生室建设情况进行调查摸底，编制2017年度农村社区卫生室布局规划，进一步调整完善社区卫生服务网络。

【公立医院改革】 青州市着力推动各公立医院建立现代医院法人治理结构，成立公立医院改革领导小组，2017年6月，召开十八届青州市政府第9次常务会议，部署改革推进工作。 7月，组织召开青

潍坊市益都中心医院首届理事会成立大会

州市公立医院法人治理结构建设工作会议，强调相关部门加强沟通协作，明确组织、编办、发改、人社、财政、卫计、科技、规划等相关部门主要工作任务和工作流程。法人治理工作按照“三步走”的方式，有序规范改革程序和步骤。完善绩效考核，建立以公益性质和运行效率为核心的县级公立医院绩效考核体系，制订《县级公立医院综合改革目标管理责任书》，建立严格的考核制度。考核结果与院长任免、奖惩及绩效工资总量核定、医保支付、财政补助等挂钩。创新编制和岗位管理，7月，在潍坊市率先全面完成公立医院法人治理结构建设工作，4家公立医院分别召开理事会成立大会。青州市公立医院全年总收入增幅5.71%，药占比26.23%，百元医疗收入消耗的卫生材料费13.81元，门（急）诊次均费用增长率0.11%，住院次均费用增长率—0.17%。

【基本药物制度】　2017年，青州市启动基本药物联合议价工作。确定239个品种、476个品规的药品作为成交品种，议价药品成交价格下降27.66%。截至2017年12月，青州市14处镇（街道、开发区）卫生院、全部社区卫生服务机构和村卫生室实施国家基本药物制度，医疗机构使用的药品全部从山东省药品采购平台集中采购，并实行“零差率”销售。

【基本公共卫生服务】　继续推进基本公共卫生服务均等化工作，基本公共卫生服务经费提高到人均50元，服务内容增加到14类，规范化建档859625人份，其中有动态记录的535974人份，电子健康档案动态使用率达62.4%。更新健康教育宣传栏3772次，举办健康教育讲座3815次。全年活产数11515人，产后访视新生儿9860人，新生儿访视率85.6%。0—6岁儿童系统管理62272人，健康管理率88.01%。孕产妇早孕建册10170人，建册率达88.3%。产后访视9758人，产后访视率84.7%。为86476位65岁及以上老年人进行免费健康体检。管理高血压患者83813人，健康管理率43.1%。规范管理52520人，规范管理率62.7%，血压控制率45.14%。糖尿病患者管理27525人，健康管理率36.83%。规范管理17511人，规范管理率63.62%。血糖达标人数10734人，血糖控制率39%。严重精神障碍患者管理4856人，规范管理4517人，规范管理率93.02%。完成65岁以上老年人中医体质辨识服务66614人，中医健康管理率52.42%。0—36个月儿童中医调养服务人数18496人，服务率58.08%。发放艾滋病相关印刷资料73541份，播放艾滋病相关影像资料30912次，宣传栏内容包含艾滋病内容528期，累计开展公众健康咨询活动数43次，咨询活动5790人次，累计举办健康知识讲座600次，参加知识讲座8086人次，调查农民工人数898人，接受过行为干预的农民工人数551人。管理结核病患者46人，按照要求规则服药的患者56人，完成治疗57人。预防接种建证率、传染病报告及时率、卫生计生监督协管信息报告率均达到100%。制定青州市《关于开展全市居民健康档案专业化复核升级行动的实施方案》，对已建居民健康档案逐份进行复核更新。稳步推进家庭医生签约服务工作。制定出台《青州市进一步规范和推进家庭医生签约服务工作实施方案》，并按照潍坊市卫生计生委要求，确定了谭坊中心卫生院和弥河中心卫生院两家试点单位。对青州市20万重点人群提供家庭医生签约服务。开展精神卫生工作，对全市严重精神障碍患者调查、摸底、登记、建档等工作。2017年国家严重精神障碍信息系统在册4988人，患者检出率为5.19‰，在管患者4818人，规范管理率96.59 %。青州市精神卫生中心严格按照国家“686项目”的要求，为患者提供一系列救助措施。实行贫困重性精神病人住院医疗救助政策，为全市171名贫困重性精神病人进行住院医疗救助。加强3级以上严重精神障碍患者管理，减少精神障碍患者肇事肇祸事件发生，维护社会和谐稳定。积极开展卫生应急培训及技能竞赛活动，青州市卫生计生局、总工会组织开展卫生应急技能竞赛活动初赛，益都中心医院孙彬荣获个人一等奖，并先后代表潍坊市、山东省参加全省、全国复赛，卫生应急活动取得优异成绩，孙彬被授予“富民兴鲁”先进工作者称号。积极开展突发公共事件应急风险评估。统筹建立应急物资储备，达标率为85%以上。妥善处理突发公共事件应急处置各项工作。

青州市迎接全国基层中医药工作先进单位省级复审汇报会

【卫生惠民工程】 持续组织开展“医疗惠民行动”，落实住院分娩产妇财政补贴，新生儿实行免费遗传性疾病筛查等20项医疗惠民措施。继续对贫困人口实行健康卫生扶贫，967名贫困居民通过健康扶贫脱贫。实施“健康双直通”工程，首批“健康直通车、健康直通宝”在庙子、邵庄、王府等镇、街道的试点运行，该项目在潍坊市尚属首创。工程购置5台健康直通车，在辖区各个村庄移动诊疗，为村民集中诊疗。首批购置100台“健康直通宝”发放给体弱多病空巢老人，实现与健康直通车互联互通，随叫随到。

【中医药工作】 青州市基层医疗卫生机构持续推进“国医堂”“中医馆”建设，两处综合医院、市妇幼保健院、所有卫生院和社区卫生服务中心（站）实现中医药服务全覆盖，85%以上的村卫生室能提供中医药服务，7处民营医院、32处中医诊所能开展中医药服务。2017年5月，参加在杭州举办的华东地区基层中医药论坛上作典型发言。12月，经国家中医药管理局批复，青州市再获“全国基层中医药工作先进单位”荣誉称号。2017年，青州市1人被评为山东省名中医药专家，2人被评为山东省基层名中医。承担省级科研项目1项、潍坊市级项目7项。青州市下发《关于印发青州市基层中医药服务能力提升工程“十三五”行动计划的通知》（青卫发〔2017〕27号）。益都中心医院顺利通过全国综合医院中医药示范单位复审，青州市弥河中心卫生院被评为山东省中医药文化建设示范单位。山东博康中药饮片有限公司山楂标准化建设项目被山东省发展和改革委员会列为山东省新兴产业重大工程包（产业创新能力项目）2017年中央预算内投资计划，争取到中央预算内投资950万元。

【卫生计生监督执法】 青州市卫生和计划生育执法监察大队共有卫生计生执法监督工作人员30人，镇（街道、开发区）卫生计生执法监察中队14处，卫生计生监督员169人，村级卫生计生监督协管站604处，卫生计生监督协管员1501人。监督协管服务覆盖率和监督信息报告准确率均达到100%，实现卫生计生监督服务全覆盖。2017年，青州市重点抓好食品安全综合协调、公共场所卫生、生活饮用水卫生、放射卫生、传染病及消毒卫生等执法监督工作。青州市卫生监督执法积极推进“双随机一公开”和监督执法全过程记录制度落实，制定《推广随机抽查工作实施方案》《医疗机构量化分级监督管理工作方案》。顺利通过“山东省卫生计生监督业务系统”运行评估验收，成为潍坊市首个“省卫生计生监督业务系统”运行的县市区。全年累计实施行政处罚67起，罚没总案值13.75万元。选聘七名市人大代表、六名市政协委员任青州市卫生计生依法行政社会监督员。不断加强B超机和B超机操作人员的管理，查处“两非”案件2起，罚款23000元，查处违规执机人员2名。认真开展社会抚养费征收工作，累计征收社会抚养费120余万元。

【重点医院】 潍坊市益都中心医院。是一所三级甲等综合医院，老院区占地面积8.8万平方米，总建筑面积11.64万平方米，固定资产2.86亿元，是潍坊市西部医疗急救和保健中心。医院编制床位1200张，开放1500张，设62个临床、医技科室，其中神经外科为山东省医学重点学科建设单位，肾脏内科为山东省医学重点学科建设单位、山东省第四批中医药重点专科及山东省医疗质量示范科室，针灸康复科为全国农村医疗机构针灸理疗康复特色专科，妇科、骨科、普外科、儿内科、心内科、神经内科、神经外科、消化内科、针灸康复科、产科、病理科为潍坊市级医学重点学科和基础支撑学科。2017年，医院在职职工1738人，其中专业技术人员1633人，高级职称201人，中级职称440人。拥有硕士研究生导师43人，博士和硕士研究生401人，享受国务院政府特殊津贴2人，全国优秀中医临床人才1人，山东省高层次优秀中医人才1人，潍坊市专业技术拔尖人才3人，青州市专业技术拔尖人才22人，潍坊名医42人，潍坊名护42人，鸢都学者1人，云门学者3人。新院区位于将军山路和仙客来路交叉路口西南角，占地面积215亩，建筑面积29万平方米，设计床位2500张，按功能分为六个区，即门诊区、医技区、病房区、后勤及生活区、精神卫生中心区、传染病中心区。2017年完成1号病房楼、2号病房楼、门诊医技楼主体工程建设。

青州市人民医院。是一所集医疗、教学、科研、预防、保健于一体的二级甲等综合性医院，占地面积35681平方米，建筑面积80000平方米，是国家县级公立医院综合改革试点单位。医院开放床位903张，建有17层住院部病房楼、综合病房楼、康健病房楼、康美病房楼、泰山医学院附属医院教学楼、门诊楼、办公楼等。2017年，在岗职工1338人，其中卫生专业技术人员1088人，硕士以上学历133人，副高以上职称109人，中级职称493人，青州市专业技术拔尖人才2人。设临床医疗、医技科室46个，潍坊市临床重点学科10个。医院是国家级爱婴医院、中国医科院血液病医院合作医院、青岛大学医疗集团青州医院、泰山医学院附属青州医院、国家医师资格实践技能考试基地、北京同仁医院眼科研究所远程会诊基地、青州市肛肠疾病诊疗中心。

青州市中医院。是一所中西医结合综合性二级甲等中医院，占地面积50亩，建有医疗用房5.2万平方米，是青州市中医保健康复中心。医院专业设置齐全，拥有临床、医技、职能科室40个，有针灸、中风、糖尿病、骨伤、烧伤、中医、不孕不育、小儿脑瘫、高血压病、眼科等专病门诊15个，开放床位650张。医院拥有职工520人，专业技术人员440人，其中副高以上职称34人，中级职称152人，潍坊名医2人，潍坊名护2人，潍坊基层名中医5人。该院建筑面积3.34万平方米的新病房楼于2017年11月投入使用，编制床位818张。

青州市妇幼保健院。是一所集医疗、保健、预防、科研、教学、培训为一体的二级甲等妇幼保健院。根据《关于整合妇幼保健院和计划生育职责机构人员编制有关问题的通知》（青编发〔2017〕46号），市妇幼保健院与原计划生育服务站进行了整合，整合后有办公地点三处，其中原市妇幼保健院老院区位于青州市玲珑山中路2059号，占地面积6949.8

平方米、建筑面积13288.4平方米；原计生服务站院区位于驼山南路4539号，占地面积约3000平方米，建筑面积2200平方米；规划建设中的市妇幼保健院新院区位于海岱南路以东、卢郭路以北，北至规划路，东至卢店村，规划建设用地约80亩，建筑面积82920平方米，其中，地上建筑面积60633平方米，地下建筑面积22287平方米，包括四层门诊、医技楼，十层住院楼，七层妇女儿童中心楼，项目建成后设床位500张，停车位600个，规划总投资概算3.2亿元。医院设有预防保健科、全科医疗科、产科、妇科、儿科、新生儿科、乳腺病科、不孕不育中心、儿童保健中心、妇女保健中心、计划生育服务中心、手术室、麻醉科以及检验科、B超室、放射科、病理科、理疗科、心电图室、乳腺病治疗室、药剂科等业务科室。床位120张，设备先进。拥有先进的美国GE—E8四维彩超、西门子S—2000胎儿心脏彩超、德国MB11听性脑干反应测试仪、法国USB4盆底康复治疗仪、日本SM—200超声骨密度仪、美国GE婴儿培养箱等高科技医疗设备。完善的产前中央监护系统、产后中央监护系统等为妇女儿童提供全方位保护。医院在职职工349人，医师94人，护理152人，卫生技术人员总数270人，其中正高1人，副高12人，中级91人（含取得资格未聘人员）。

【计生基础工作】 青州市按照省、潍坊市部署，全面实施一孩、二孩生育登记服务制度。高标准完成计划生育基础信息核查工作，对已婚育龄妇女纳入WIS管理以及婚、孕、育、避孕措施等基础信息准确情况进行全面核查。着力抓好育龄妇女查环查孕工作，对育龄妇女季度妇查工作实行“统一日期”制度。开展单独夫妇信息核查、万人问卷调查和山东省、潍坊市第三方调查育龄群众电话号码录入工作。全面贯彻执行“属地化管理、市民化服务”责任机制，将流动人口计划生育纳入城区经常性服务与管理之中，最大限度地满足流动人口在计划生育、生殖健康、社会化服务等方面的需求。

【计生宣传】 在《今日青州》《青州通讯》重要版面、重要时段开辟“人口与计生”专栏，刊登计生公益广告，并以计生部门负责人答记者问的形式，解读“两孩”政策，提高群众的知晓率。借助春节“古街游”活动平台，组织计生工作文艺宣传队参加展演。将人口计生宣传融入到文艺惠民工程中，青州市人口计生局与市艺术剧院、市歌舞团合作开展计划生育百场文艺巡演下乡活动，弘扬婚育新风，宣传计生政策法规。结合7·11“世界人口日”，开展“计划生育集中宣传月”活动。购置四台专用宣传车，采取巡回宣传和集中宣传的方式，做到村村行、集集到、不间断、全覆盖。开展计生漫画上墙活动，将“单独两孩”、奖励扶助等以墙体漫画形式进行展示。

【优生优育】 青州市持续推进“免费婚前医学检查，免费孕前优生健康检查，免费唐氏筛查，免费发放叶酸”四免工程。2017年，免费婚前医学检查8738人。免费孕前优生健康检查11898人。免费唐氏筛查10092人，查出高危人群1179人，唐氏确诊24人。免费发放叶酸实现全覆盖。认真落实“病残儿鉴定”工作，完成对病残儿的初检工作，并组织好初检合格人员到潍坊进行复查，累计完成病残儿鉴定8例。

【计生奖励帮扶】 2017年，青州市共有22799户享受计生奖励扶助政策，累计发放奖励扶助金268.5万元。864名计划生育特殊家庭成员办理“计划生育特殊家庭方便就医卡”，发放特别扶助金487万余元。向47户失独家庭发放一次性抚慰补助金41万元，拨付15万元对2013年以前的失独计划生育家庭补发一次性抚慰金。拨付280万元用于城镇其他独生子女父母奖励扶助政策的落实。

【计划生育协会】 截至2017年12月，青州市共组建计生协会1168个，其中县级1个，镇级13个，村级1075个，企事业协会63个，流动人口协会16个，发展会员115034人，设立会员小组7420个。增设2个流动人口计生协示范点。通过开展人口关爱募捐及慈心一日捐活动，青州市卫生计生系统共募集善款63万余元，连续3年居潍坊各县市区第一。救助失独、孤儿、伤病残等计生困难家庭和困难卫生计生工作者312人，发放救助金62.4万元。救助45名计生困难家庭大学新生，发放救助金11.46万元。筹资5.33万元，533名49岁以上的失独家庭父母投保意外伤害保险。落实计划生育节育保险等系列保险工作，共为2400余人免费投保计生节育手术保险，为300余人投保了母婴安康保险。开展优生优育进社区及生育关怀携手行家庭健康素养促进行动，普及优生优育、家庭健康知识，进行健康指导，提高群众健康意识。利用“5·29”会员活动日，7·11世界人口日，12·1世界艾滋病日、义诊活动等，利用各种媒体载体、下乡演出、学校活动、街头宣传等，组织广大计生协工作者、会员和群众开展形式多样、内容丰富的宣传和服务活动。

爱国卫生

【概况】 青州市2017年爱国卫生工作以巩固国家卫生城市成果为中心，积极组织开展省级卫生创建活动，深入扎实地搞好病媒生物防治病等工作，为社会经济发展做出积极的贡献。

【健康教育】 青州市疾控中心联合市卫计局参加10场“广电社区行，下基层，送健康”大型义诊活动，起到良好社会效应。积极开展控烟工作，利用过节走亲访友的机会，宣传“送烟=送危害”的健康理念，在公共场所、建筑工地、学校、社区等进行巡回宣传，并组织学生参加“拒吸第一支烟，做不吸烟新一代”万人签名活动。由政府投资100余万元，在青州王府街道长庚文化养生苑建成青州市首家健康科教馆——王府街道健康科教馆。在青州市委党校对卫计系统400余名党员干部进行健康教育知识培训，并进行健康素养知识调查，健康素养水平为59.4%。

【病媒生物防制与卫生创建】 2017年，青州市爱卫办集中开展两次爱国卫生运动，有效地防范传染性疾病的发生。组织益都街道创建为省级卫生镇，组织青州市园林局创建为省级卫生先进单位，组织创建8个省级卫生村。

（刘连田　赵　芳）

疾病预防控制

青州市疾病预防控制中心

主任、党支部副书记	蔡秀梅（女）
副主任	胡秀菊（女）
	王正新
	潘占华
主任助理、办公室主任	石向阳

【概况】 青州市疾病预防控制工作坚持“服务当地经济，保障人民健康”的理念，采取多项措施，确保疾控事业健康发展。积极为群众提供免费药品消杀及技术，落实政府对艾滋病的“四免一关怀”政策，强化公共卫生服务管理工作。根据疾病谱的变化，在防治重点传染病的基础上，增加慢性病、多发病的防治，积极给予健康干预和防治指导，及时将疾控服务延伸到最需要的地方，为经济发展、社会稳定、群众健康提供有力保障。

【卫生应急体制】 青州市疾病预防控制中心不断健全应急组织和传染病网络直报系统，截至2017年12月，建立专业应急队伍和27处疫情网络报告点，实现信息互通，传染病疫情做到当日收集上报。根据《应急物资储备标准》要求，投资30余万元装备中心应急物资储备库，施行实物储备和动态储备的原则储备应急物资，专人管理应急物资。累计进行传染病发病趋势风险评估48次，季度评估12次，通过开展传染病发病趋势风险评估，提高传染病预警能力。

【传染病防治】 2017年，青州市传染病疫情总体平稳，年平均发病率为293.11/10万，发病率处于潍坊市一般水平，无重点传染病暴发流行。青州市累计发生乙类传染病1252例，丙类传染病754例。协助山东省寄生虫病防治研究所举办“中国‘一带一路’引导下的全球媒介传染病卫生防控”高级研修项目培训班。

【职业卫生与职业病防治】 青州市疾病预防控制中心全年出动广播车辆20台次，发放宣传材料1300余份，现场接待群众咨询300余人次。开展医疗机构放射诊疗工作专项监督检查，青州市52家放射诊疗单位均持有效放射诊疗许可证，完成350名放射工作人员进行职业健康体检和个人剂量监测。组织对潍坊市益都中心医院、山东省青州荣军医院等28家医疗机构进行建设项目职业病危害放射防护预评价、控制效果评价审查和放射防护设施竣工验收。有毒有害作业工人职业健康检查699人，复查人数13人，检出职业禁忌症3人。重点职业病危害企业信息调查汇总92家，医疗卫生机构医用辐射防护监测调查汇总47家。放射工作人员个人剂量监测181人。2017年4月，青州市疾病预防控制中心取得职业卫生技术服务丙级资质。

【慢病防治】 积极组织开展死因监测、肿瘤、脑卒中、冠心病等慢病监测工作。自2013年起，青州市承担中央转移支付项目上消化道癌早诊早治各项工作，截至2017年12月，共筛查4012人，发现胃癌、食管癌及高级别上皮内瘤变共65例，其中早期癌变及高级别上皮内瘤变共49例，共治疗39例。积极开展减盐防控高血压活动，组织“盐与健康”主题活动。组织第二届“万步有约”职业人群健走激励大奖赛活动”，青州市被授予“全国示范区优秀组织奖”和“省内优秀示范区奖”。

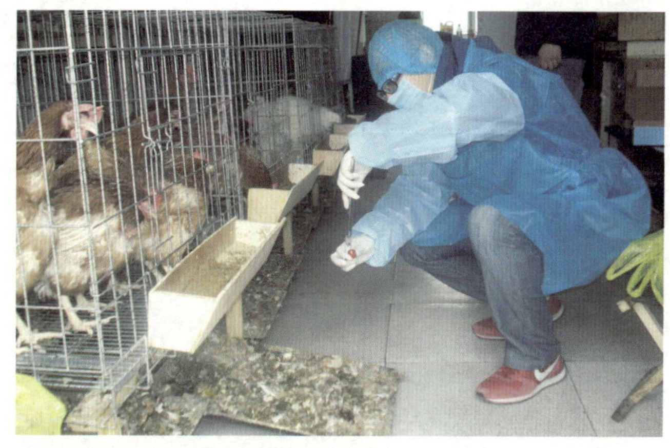

市疾控中心开展外环境禽病毒监测工作

【疫苗管理与疫苗接种】 积极开展预防接种单位考核验收及创建工作，被评为潍坊市首批“免疫预防规范区”。青州市疾控中心启用山东省二类疫苗集中采购平台，二类疫苗采购实现直通疫苗生产企业。接种乙肝疫苗2365人次，接种狂犬疫苗1392人次，接种流感疫苗1141人次。2017年，疾控中心共对青州市20处预防接种门诊、四处产科门诊配送疫苗12次，共发放一类疫苗288843支，二类疫苗132734支。

（周继超）

青州市疾控中心应急队伍

妇幼保健

【概况】 截至2017年12月，青州市设有1处二级甲等妇幼保健院，2处二级以上综合医疗机构、1处中医院和14处镇级卫生院均设有妇产科，3个社区卫生服务中心、13个社区卫生服务站、637处村卫生室均有妇幼保健员，基本形成以青州市妇幼保健院为核心，二级以上医疗卫生机构为骨干，镇级卫生院、计划生育服务站、社区卫生服务机构为基础，村级卫生室为网底的三级妇幼健康工作网络。

【妇幼保健服务】 继续实施新生儿遗传代谢病症项目先天性甲状腺功能减低症（CH）、苯丙酮尿症(PKU)、先天性肾上腺皮质增生症(CAH)、葡萄糖—6—磷酸脱氢酶缺乏症（G6PD）免费筛查。通过政府提供服务的方式，省财政拨款50元/人、青州市财政拨款100元/人对4种遗传代谢性疾病初次筛查免费，建立新生儿遗传代谢性疾病筛查网络信息系统，做到应查尽查，严格质控，确保阳性患儿干预全覆盖，不断提高出生人口素质。全年孕产妇死亡0例，婴儿死亡42例，死亡率2.59‰，5岁以下儿童死亡53例，死亡率3.27‰，出生缺陷儿140例，出生缺陷发生率7.76‰。推进《母子健康手册》推广使用工作。制订《青州市母婴安全保障工作实施方案》。加强对孕产妇妊娠风险筛查，严格落实高危孕产妇专案管理。2017年1月至11月，青州市免费婚前医学检查4034对，免费发放叶酸6493人，免费孕前优生健康检查5541对，免费唐氏筛查9332人次，新生儿筛查14244人，听筛14250人，PKU特殊食品补助患儿9人。5月份，按照山东省和潍坊市的统一部署，联合市财政局制定《青州市免费产前筛查项目工作方案》，规定凡夫妇双方或一方具有潍坊户籍，且孕妇为孕15－20+6周者，均可享受一次唐氏综合征血清生化免费筛查。

【妇幼公共卫生】 2017年，农村待孕妇女叶酸服用人数7266人，住院分娩补助7357人。自2014年起，青州市启动两癌免费筛查工作，计划利用3～5年时间，对青州市35—64岁农村户籍妇女进行两癌免费检查，截至2017年11月底，宫颈癌筛查20751人，结案20661人，乳腺癌筛查21210人，结案21209人。

（刘连田　赵　芳）

社会民生

居民生活

【概况】 2017年，青州市积极落实国家宏观调控政策，深化供给侧结构性改革，主动适应经济发展新常态，加大调结构、惠民生、促就业等政策实施力度，把增加居民收入作为工作重中之重，持续保障和改善民生，经济运行保持稳中向好态势。全市居民收入稳定增长，消费支出增加明显，消费能力持续提升，消费结构更加优化。

【城乡居民收入】 2017年，全市城乡居民人均可支配收入26046元，比上年增长9.2%。其中，农村居民人均可支配收入17598元，增长8.8%。城镇居民人均可支配收入35151元，增长8.3%。从收入结构看，人均工资性收入11850元，占可支配收入的45.5%。人均家庭经营净收入6997元，占可支配收入的26.9%。人均财产净收入1647元，占可支配收入的6.3%。人均转移性净收入5552元，占可支配收入的21.3%。

【城乡居民消费】 2017年，全市居民人均生活消费支出16777元，比上年增长13.9%。其中，城镇居民人均生活消费支出22149元，增长10.4%。农村居民人均生活消费支出11792元，增长18.1%。从消费结构看，人均食品消费支出3931元，恩格尔系数23.4%。人均衣着消费支出990元，占生活消费支出的5.9%。人均居住消费支出5009元，占生活消费支出的29.8%。人均家庭设备、用品消费支出1575元，占生活消费支出的9.4%。人均交通和通讯消费支出1847元，占生活消费支出的11%。人均文化教育、娱乐消费支出1590元，占生活消费支出的9.5%。人均医疗保健消费支出1558元，占生活消费支出的9.3%。人均其他商品和服务消费支出277元，占生活消费支出的1.7%。

（韩　晗）

劳动就业

【概况】 青州市大力实施就业优先战略，鼓励扶持创业，走创业带动就业的新路子。同时以构建多元化劳动争议处理机制为重点，努力化解各类矛盾和风险，确保劳动就业关系和谐稳定。

【就业】 市政府先后印发《青州市创业人员小额担保贷款实施办法》《关于转发潍坊市人力资源和社会保障局等部门〈关于促进大学生到农村创业的通知〉的通知》等政策性文件，并向社会开展就业创业免费培训，营造全民创业就业的浓厚氛围。

高校毕业生就业。青州市着眼于为高校毕业生提供规范化、信息化、精准化、一体化的就业创业服务，不断促进高校毕业生就业工作发展升级，2017年通过人事代理办理就业手续的高校毕业生248人。

事业单位公开招考。青州市事业单位实行“凡进必考”制度，根据《青州市机关事业单位公开招聘人员暂行办法》要求，本着“公开考试，平等竞争，择优录用”的原则，2017年，青州市机关事业单位录用大中专毕业生207人。

农民工就业。青州市于2015—2017年实施《山东省农民工职业技能提升3年行动计划》等3项行动计划，全力推动农民工充分享受基本公共就业服务，实现更高质量就业。青州市2017年农村劳动力转移就业4960人。

转业复原军人就业。青州市把军转干部安置工作作为支持军队建设、促进经济发展、维护社会稳定的大事来抓，采取双向选择为主、组织协调分配为辅的安置办法，深入细致地做好军转干部接收安置工作。2017年安置军转干部16人，接收率、安置率、政策落实率均达到100%。

就业困难群体就业。青州市建立困难人员就业援助机制，2017年安置就业困难人员353人，开发公益性岗位360人，通过公益性岗位安置133人，企业吸纳就业困难人员192人，安置灵活就业困难人员28人，累计发放220人613.1万元。

公共就业服务。青州市劳动保障事务代理中心为自谋职业人员及民营或个体私营企业提供人事档案管理及保险代收代缴等服务。截至2017年12月，青州市共代理代存档案5.2万份，其中缴纳保险人员3.4万人，代收代缴各项保险2.9亿元。2017年，青州市人力资源管理服务中心开发档案信息化管理系统，集中对5万余托管档案进行信息化处理，方便档案的保存、查询、转递。

【创业平台建设】 青州市就业创业综合服务中心。2015年9月正式投入使用，由青州市农民工综合服务中心、智联创业孵化器、人力资源市场、就业创业培训四大板块组成。该中心采用民办公助运作模式，为全市农民工、大中专毕业生、失业人员的创业就业，企业用工招聘，技能提升及创业培训提供平台。2015年7月，青州市智联创业孵化器在该中心投入运营，12月被评定为潍坊市级创业孵化器，2016年9月被评定为省级创业孵化器。

青州市人力资源市场。2015年9月，青州市人力资源市场由青州市人民办事中心一楼搬迁至青州市创业创新大厦。该市场建筑面积1900平方米，按功能划分为求职区、服务区、自助区、洽谈区、企业形象展示区、政策宣传区、公共信息区共七个区，企业招聘摊位90个，自助求职吧台7个。购置自助求职查询终端32台，安置到各镇（街道、开发区）及城区各大社区，使企业用工信息实现市、镇、社区三级共享。开通青州市人力资源招聘网，截至2017年12月，共有1450家企业成为招聘网会员。除法定节假日外，市场每周二、四举办招聘会，全年开展招聘会90余场次。

潍坊创业大学青州学院。2016年11月，潍坊创业大学青州学院经潍坊市人力资源和社会保障局批复成立。该学院为公益性质，由青州市人社局主管，青州市人力资源管理服务中心主办，接受潍坊创业大学业务指导，纳入潍坊创业大学发展整体规划。学院设立在青州市创新创业大厦，面积3000平方米，配备创业大讲堂、多功能教室、创业沙盘演练室、创业咖啡、创业餐厅等主体功能区。2017年7月，依托创业大学青州学院，青州市人社局与

新型农民创业大赛

北京中关村加一战略新兴产业人才发展中心签订“中关村+青州创新创业人才培养工程合作框架协议”，12月，“中关村+青州创新创业人才培养工程”由青州市政府批复列入部门财政预算。

青州市创业孵化基地（园区）。依托花卉、书画、旅游、特色农业等方面的资源优势，打造“1139”创业创新载体平台。一中心，建设青州市级创业创新综合服务中心，地处青州市经济技术开发区，面积4万余平方米，内设人力资源市场、创业孵化基地、众筹空间、培训大讲堂、潍坊创大青州同学会等服务平台，提供人力资源招聘、创业孵化、培训、指导、项目推介、融资支持等综合性一站式就业创业服务。一基地，以潍坊工程职业学院、潍坊护理职业学院、山东师范大学历山学院等5所职业院校为依托，建设创业创新培训实训基地。三孵化器，依托阿里巴巴农村淘宝农资产业带项目，建设青州电商孵化器。依托世纪泰华商业综合体，建设世纪泰华创业创新孵化器。盘活闲置的荣兴大厦，建设智联创业创新孵化器。九园区，与成都花木交易所合作打造中国盆栽花交易中心，建设山东青州花卉创业园区。依托青州古城，建设文化旅游创业园区。依托世纪泰华城项目，建设世纪泰华创意创业园区。依托泓德物流园，建设物流创业园区。依托中国青州农民画画院，建设农民画创业园区。以华盛农业为龙头，引进高端种子研发企业，建设育种创新园区。以经济开发区高新技术园区为依托，建设工业创新园区。以中晨书画艺术城为依托，建设文化艺术品创业园区。依托潍坊工程职业学院，建设大学生创业创新园区。

创业型街道、社区创建。截至2017年12月，有黄楼街道1个省级创业街道，益都街道驿站社区、王府街道北关社区2个省级创业型社区，云门山街道海岱苑社区、王坟镇许家庄社区、黄楼街道花都社区、王府街道五里社区4个省级“四型就业社区”，王府街道、云门山街道、东夏镇3个潍坊市级创业型街道，王府街道中所社区、益都街道义和社区、黄楼街道东坝社区、云门山街道海岱苑社区、何官镇小王社区、王坟镇许家庄社区、东夏镇王小社区7个青州市级创业型社区。

【劳动争议调节仲裁】 青州市劳动人事争议仲裁院全年受理劳动人事争议案件470起，劳动人事争议调解成功率77.5%，全部实现按期结案率100%、一裁终局率35%以上，为劳动者挽回经济损失1126余万元。新建劳动人事争议调解组织20余家，举办劳动争议调解员培训班2次，累计培训368余人次。青州市劳动人事争议仲裁院充分发挥基层调解组织“第一道防线”作用，加快建立并不断完善企业调解、区域性（行业性）调解、人民调解、仲裁调解和行政调解相结合的多层次、广覆盖的劳动人事争议调解组织网络。截至到2017年12月，全青州市共建立企业调解组织251家、事业单位调解组织61家、镇（街、开发区）调解组织13家，区域性调解组织3家、行业性调解组织5家，配备专职调解员53人，兼职调解员292人。

【劳动保障监察】 青州市劳动保障监察大队全年受理案件205起，涉及职工1127余人，为职工追讨工资254.48万元，补缴社会保险296.92万元，涉嫌拒不支付劳动报酬移送公安机关1起，对7家单位做了行政罚款处理。书面审查用人单位2432家，日常巡查企业1132家。青州市用人单位的劳动用工书面审查和日常巡查贯穿全年，接受和处理日常投诉、市长公开电话、青州民生、网上信访、局长信箱以及劳动者的来电、来访咨询。

社会保险

青州市社会保险事业管理局

局　长	许文昌
党总支书记	唐行俊
副局长	田　敏（女）
	吕爱娟（女）

【概况】 青州市社会保险工作坚持兜底线、织密网、建机制的要求，全面建设覆盖全民、城乡统筹、

开展居民医保政策宣传

权责清晰、保障适度、可持续的多层次社会保障体系。社会保障全覆盖，巩固全民参保计划成果，实行扩面征缴目标责任制。社保基金安全运行，加强内控体系建设，强化社保基金监管。建立被征地农民养老保险“先保后征”长效机制，扎实推进建筑业按项目参加工伤保险工作，维护重点特殊群体社会保障权益。启动实施社会保险公共服务标准化、信息化、一体化“三化”建设和跨省异地就医即时结算，实施社保卡全覆盖工程。

【养老保险】 企业职工基本养老保险。2017年7月，按照鲁人社〔2011〕64号文件和鲁人社发〔2015〕29号文件要求，对全市34235名退休（职）人员、一次性参保人员及纳入企业一次性补缴人员的养老金进行调整，养老金月均支出增加549.1339万元，人均增加160.4元，平均月养老金达到2314.21元。

机关事业单位养老保险。2015年1月，国务院下发《关于机关事业单位工作人员养老保险制度改革的决定》（国发〔2015〕2号），自2014年10月起，在全国范围内实行机关事业单位养老保险制度改革。截至2017年12月，青州市共有59家改制事业单位完成改革，全部机关事业单位按照新缴费办法执行。

城乡居民基本养老保险。青州市居民养老保险基础养老金调整为每人每月100元，参保人数30.06万人，收缴居民养老保险金1.15亿元，待遇领取人数17.05万人，拨付养老保险金1831.62万元。

【医疗保险】 职工基本医疗保险。2017年6月，就异地就医结算的范围对象、系统对接和社会保障卡管理、跨省定点医疗机构管理、登记备案管理、就医管理、预付金管理、费用结算管理、费用清算管理、稽核监督管理做出详细规定。12月，调整完善青州市基本医疗保险异地就医有关经办流程，完善异地就医备案手续、规范异地安置人员定点医院申请手续、简化参保人员同疾病同疗程重复异地转院手续。

居民基本医疗保险。2017年，青州市居民医保参保人数73.08万人（包括新生儿），居民医保个人筹资12669.34万元，各级政府财政按照每人420元标准补助3.3亿元。截至2017年12月，各定点医疗机构为109.7万人次报销补偿3亿元，其中：普通门诊报销支出952361人次计1916.95万元。慢病门诊报销支出65172人次计1883.74万元。住院支出79459人次计26490.90万元。

离休干部医疗费统筹管理。2016年12月，青州市政府第35次常务会议，研究通过《关于提高全市统筹管离休干部医疗统筹费标准的请示》，同意自2017年度将离休干部医疗统筹费统筹标准调整为每人每年23000元（驻青单位按每人每年33000元），以后每人每年增长1500元。

【失业保险】 青州市2017年失业保险费率为1.5%，其中单位按1%缴纳，个人按0.5%缴纳。随着经济的发展，职工工资水平的增长，失业保险金的发放标准逐年提高，2017年失业金标准调整到1080元。

【工伤保险】 青州市继续上调工伤职工的伤残津贴、护理费和工亡职工供养亲属的抚恤金。6月，组织开展“2017年工伤预防知识微信竞答”活动，共有71.34万人次参与答题活动。同月，对10家高风险企业进行专项工伤预防培训，23家企业进行集中工伤预防培训。

【生育保险】 截至2017年12月，青州市生育保险参保83024人，全年新增1139人，2230人享受待遇，基金收入2758万元，基金支出2726万元。

（时晓虎）

民 政

青州市民政局

党委书记、局长、社会组织党委书记 张连祥
副局长、党委委员 姚爱和
郭世礼
党委副书记 唐建平
慈善总会办公室主任 李 峰(6月止)
党委委员、社区办主任 刘继胜
党委委员、社会组织党委副书记 郇 帅

【概况】 青州市民政工作立足于夯实基础，着眼于科学发展，进一步解放思想，着力改善民生，推进社会救助体制，加强社会事务管理，落实双拥优抚安置政策，推进基层民主建设，发挥民政部门保发展、保民生、保稳定的重要作用，为青州市社会稳定和经济发展作出重要贡献。

【养老养生】 青州市全年新建养老机构4处、农村幸福院15处、城市社区老年人日间照料中心3处，新增养老床位1620张。截至2017年年底，全市共建成养老机构10家，设立各类养老床位7100张，实现了每1000名老人拥有床位数36张，基本形成以居家为基础、社区为依托、机构为补充的养老服务体系。

【社会救助】 青州市继续实施以城乡医疗救助、城乡临时救助、冬春救助为主体的社会救助体系。通过城乡医疗救助体系救助大病困难群众2581人，发放大病救助金322.2万元。通过城乡临时救助体系，救助临时困难群众1590人，发放救助金344.4万元。出台《青州市自然灾害救助应急预案》（青政办发〔2017〕67），成立专业自然灾害应急救援队伍，配备专业应急救援装备，冬春救助能力进一步提高。

【最低生活保障】 城乡居民最低生活保障。2017年12月，城市低保标准提高到每人每月510元，农村低保标准提高到每人每年4100元。城市和农村低保月人均补差标准分别提高到310元、205元。2017年，全市共有城市低保593户，872人，发放城市低保金363.32万元；农村低保6882户，10312人，发放农村低保金2420.54万元。

特困人员供养。2017年12月，农村集中供养特困人员基本生活标准提高到6200元，分散供养特困人员基本生活标准继续按4500元的标准执行。

社会爱心人士到市社会福利中心走访慰问

同时，增加照料护理标准，分为三个档次，即完全丧失自理能力的每人每月360元、部分丧失自理能力的每人每月250元、具备生活自理能力的每人每月150元。全市有农村特困人员1556人，其中集中供养699人，分散供养857人，发放资金999.53万元。

【优抚安置】 全年为11171名优抚对象发放抚恤补助4624万元，为义务兵家庭申请并发放义务兵家庭优待金1420万元，为502名发生住院费用的优抚对象申请医疗补助142万元，为3372名优抚对象发放门诊补助费66.25万元，为53名一至四级残疾军人申请发放护理费127万元，为284名符合参加城镇职工医疗保险的优抚对象申请参保经费151万元。发放2015年冬季退役士兵自谋职业补助金21.4万元，为2016年秋冬季自主就业退役士兵发放一次性经济补助金868万元，接收2016年秋冬季退役士兵355人，组织开展了2016年秋冬季自主就业退役士兵就业技能培训。严格落实省11条，全力做好退役士兵安置和权益保障工作，高标准完成符合安排工作条件退役士兵摸底排查、信息录入和政策落实工作，为1208名符合政府安排工作条件退役士兵安置专项公益性岗位。扎实做好涉军稳控工作，圆满完成维稳安保工作。大力开展双拥共建活动，积极促进军民融合发展。

【社会组织管理服务】 青州市民政局印发《关于社会组织申报2017年度承接政府职能转移和购买服务资格的通知》（青民字〔2017〕4号），《关于印发<2017年度具备承接政府职能转移和购买服务资格的社会组织名录>的通知》（青民字〔2017〕22号），经各社会组织自愿申报，民政局审查，共确定13家社会组织具备2017年度承接政府职能转移和购买服务的资格。开展社会组织”双随机一公开”监督检查，共抽查35家单位，其中民非单位28家，社会团体7家，检查结果2家正常，其余单位均为良好。启动社会组织评估工作，成立青州市社会组织评估委员会和评估复核委员会，共有3家社会组织获评估等级，分别是青州孝行天下协会、青州市酒类流通行业协会、青州市惠康心理咨询中心。

发放社会救助金

【城乡社区和基层民主政治建设】 2017年，选取衡王府社区、旗城社区和圣水泉社区3处城市社区打造“四全一特”示范社区。农村社区按照《全市农村社区规划建设提升工作方案》要求，完成23处农村社区服务中心改造提升。社区建设以培育社区特色产业、完善社区功能配套、提升社区服务水平、弘扬社区先进文化、促进社区和谐稳定为目标，进一步创新管理机制，推动社区居民自我服务、自我教育、自我管理、自我监督，形成社区持续提升的内生动力，把社区建设成功能配套齐全、生活服务周全、基础设施安全、治理机制健全和特色优势鲜明的社会发展基本单元。全面展开青州市第十二届村（居）委会换届选举工作，49个村完成预选，21个村完成换届。

【婚姻登记】 根据《民政部办公厅关于做好停征

慈善总会为贫困大学生发放救助金仪式

婚姻和收养登记费有关工作的通知》，自2017年4月1日起，停止收取婚姻登记费。全年共办理结婚登记5431对，离婚登记1228对，补发结婚登记证3032件，补发离婚登记证191件。

【殡葬管理】 2017年9月，青州市首次推行海葬服务活动，并登报公告。11月，根据上级对移风易俗工作要求，会同文明办在青州市贝隆花园大酒店组织召开全市移风易俗工作培训班，推进移风易俗工作，提高红白理事会成员的专业知识水平和业务能力，确保红白理事会规范运行。

【地名管理】 全年完成地名普查资料搜集9100多条，入库6100多条，清理整治不规范地名8个，命名玉竹片区、东城建设项目、青州古城区等道路名22个，桥梁名称1个，设置更换道路标志牌200多块。强化地名文化开发和保护力度，形成第一期青州市地名文化保护名录41条。

【边界管理】 集中开展行政区域界线管理政策法规宣传，发放法律政策明白纸1000多张，召开座谈会8次，走访群众300多人次，全面完成平安边界建设任务，相关镇街道全部落实“两图一责”边界管理模式。顺利完成青州—临朐线，青州—广饶线，青州—寿光线，青州—淄川线，青州—昌乐线等边界线的边界联检任务，处理化解边界纠纷3期，维护界碑50多次，更换界碑2块。

【福利和慈善事业】 2017年，青州市全年累计为192名孤儿、事实无人抚养儿童发放生活费142万元，为57名困境儿童发放生活费7.6万元。为72名城镇“三无”人员发放生活费49万元，为606名80—99周岁低保老年人发放高龄津贴72万元，为47名经济困难失能老年人发放护理补贴3.4万元，为3225名困难残疾人和7076名重度残疾人发放生活补贴和护理补贴986万元。认真贯彻落实《中华人民共和国慈善法》，大力营造慈善氛围。募集善款173.6万元，其中“慈心一日捐”募集善款107.8万元，全部用于脱贫攻坚。救助贫困大学生104人，贫困母亲28人，临时救助8人，发放救助金40.1万元。积极开展“白内障复明直通车”慈善工程，为300名白内障患者进行了复明手术。实现了市镇村三级慈善组织全覆盖，并全部达到“八有”标准。救助流浪乞讨人员33人，办理收养登记53人，减免基本殡葬费403万元，销售电脑福利彩票6503万元。

【双拥共建】 根据上级规定，自2017年1月起，对青州籍荣立三等功的现役军人，慰问金调整为2000元/人/年。全年出动警力400多人次，警车70多台次，配合驻青部队圆满完成演习训练、重大装备运输任务。

【军干工作】 青州市军干所投资22万，改造老干部住房供暖管道，覆盖供暖面积10656.5平方米，解决了老干部冬季取暖问题。投资46000元，对军干所办公楼四楼进行建设装修改造，建设成为高标准化的“老干部荣展室”。荣展室分“前言”“荣誉栏”“多彩晚晴”“风采再现”“历史沿革”“战斗英雄事迹”“未来寄语”七个部分，荣展室充分展示老干部的荣誉和英雄事迹。投资14万，将军干所一楼整修改造成老干部活动中心，设置按摩室、台球室、乒乓球室、娱乐室等场所，形成了一个集学习、娱乐、健身为一体的综合性多功能活动场所。

（杨海萍）

老龄事业

青州市老龄办

主　任　　徐立香（女，11月止）
副主任　　田涛昌
副主任科员　　李春雨
　　朱　蕾（女）

【概况】 青州市在加快经济社会发展的同时，高度重视老年人关爱服务体系建设，全力推进孝德建设，健全“党委领导、政府主导、社会参与、全民行动”的工作体制和运行机制，推动老龄事业全面协调可持续发展，努力打造以孝德文化为特色的“中国长寿之乡”。

【老年人权益保障】 实现城乡居民基本医疗保险、基本养老保险、最低生活保障以及被征地人员养老保障“四个全覆盖”，养老保障体系不断健全完善。青州市老龄办与司法机关等部门密切

防范电信诈骗宣传教育启动仪式

市老龄办到联系村走访慰问百岁老人

配合，处理遗弃、虐待和不赡养老人等侵犯老年人合法权益的案件65起。受理并会同政法部门处理老年人来访信访案件30起。重阳、元旦、春节等重要节日期间，青州市各部门单位、企业、民间组织及志愿者集中开展向老人献爱心活动。青州市65周岁以上老年人全部纳入“银龄安康工程”覆盖范围。截至2017年12月，青州市建成城乡养老机构11处，每千名老人拥有床位36张。

【高龄津贴】 青州市持续推行高龄老人补贴制度，贫困老人100% 获得政府救助。全年为63名百岁老人发放百岁补贴金25.8万元，为3058名90—99周岁老年人发放高龄补贴金186.1万元。

（李　曼）

民族宗教

青州市民族宗教事务局

市委统战部副部长、市民宗局局长　　刘国银（回族）
副局长　　杨晓东

【概况】 截至2017年12月，青州市内有回族、满族、蒙古族等少数民族32个，少数民族群众27917人，宗教活动场所51处，信教群众3万余人。青州市民族宗教工作从落实民族宗教事务的管理制

民族团结教育进校园成果汇报演出

度入手，持续抓好民族团结宣传教育，引导干部群众牢固树立各民族水乳交融、唇齿相依、休戚相关、荣辱与共的观念。牢牢掌握宗教工作主动权，提高宗教工作法治化水平，切实维护民族宗教领域和谐稳定。

【民族工作】 积极探索新形势下城市民族工作。2017 年 9 月，组织开展民族团结进步宣传月活动，组织民族艺术团等社会文化团体进企业、进社区、进校院文化演出百余场，大力宣传党的民族工作方针政策。截至 2017 年 12 月，旗城学校等 5 家单位被命名为省级民族团结进步创建活动示范单位，南营社区等 14 家单位被命名为潍坊市民族团结进步创建活动示范单位。12 月，青州市委印发《关于进一步加强民族工作的意见》。按规定在少数民族集中的王府、益都、云门山三处街道和民族村配备少数民族干部，截至 2017 年 12 月，全市共配备科级少数民族干部 47 人。

【宗教工作】 健全完善宗教事务管理制度，加强部门协作，建立统战、民宗等部门联席会议制度，互通情况，密切合作，维护正常的宗教活动秩序。每季度召开一次由各宗教团体负责人参加的例会。2017 年 8 月，组织宗教界开展公益慈善周活动。9 月，组织青州市佛教协会召开第二次代表大会，进一步加强对佛教工作的管理。9 月，召开青州市委统战工作和全市宗教工作会议，传达全国、全省、潍坊市宗教工作会议精神，制定青州市贯彻落实省、潍坊宗教工作会议精神的实施意见。争取文保资金 400 余万元对国家文物保护单位—真教寺进行古建维修、消防设施建设。截至 2017 年 12 月，青州市创建全国和谐宗教活动场所 2 处，省级和谐宗教活动场所 9 处。

（丁志伟）

“盖德尔晚夕”市委书记韩幸福等市领导到真教寺慰问过节群众

镇（街）园区

王府街道

王府街道办事处

党工委书记	吕耐彬
党工委副书记、办事处主任	潘瑞涛
人大工委主任	徐传兵
党工委副书记	孙新友
党工委委员、纪工委书记	李文臣
党工委委员、办事处副主任	黄新武
办事处副主任	郭同生
	王晓晴（女）
	马　凯（女，回族）
党工委委员	陈自玉
党工委委员、武装部长	郇长功
党工委委员	赵益同

【概况】　王府街道位于青州市城区中西部，总面积143.5平方千米，辖18个社区、84个行政村，人口11.8万人，耕地面积4.07万亩，是青州市委、市政府驻地。街道先后荣获全国乡镇综合实力500强、全国小城镇综合发展水平千强镇、山东省先进基层党组织、山东省文明单位、潍坊市镇村产业发展十强镇、潍坊市普法依法治理工作先进集体等称号。

【工业】　积极争取国家低丘缓坡试点土地指标，对废弃矿坑随坡就势整平利用，形成民营科技创业园南区、北区和莲花盆电子工业园“三足鼎立”的工业发展新格局。截至2017年12月，已有30多个机械、电子等劳动密集型项目落户达效，园区对区域经济拉动作用明显增强。辖区有坦博尔服饰、泰丰城建等重点骨干企业40余家，鸿润电器、力王电力等国家和省级高新技术企业5家，机械制造、纺织服装、生物制药、电力设备四大主导产业。围绕市级产业链包装11个重点项目，主动走出去对接招商，实现开工6个，在谈5个。依托青年创业培训孵化基地，培育打造创业实体1500余家、创业项目9个、商贸创业园区项目3处。

【农业】　王府街道有农业人口41872人，耕地面积4.07万亩，林果生产用地8万亩，其中果树面积4.5万亩，是著名果品集散地之一。2017年，王府街道着力推动农业与二三产业交叉融合发展，与旅游产业互动互融，扶持发展棒棒农业、王府（刘井）生态休闲农庄、朝阳农场等体验式农业新业态，构筑形成“接二连三”的“新六产”模式，提高全产业链收益。大力培育新型农业经营主体，有农业龙头企业39家，省级林业龙头企业1家，其中潍坊市级农业龙头企业5家；注册地理标志商标1个，有机品牌3个，无公害品牌2个，其中棒棒农业2大类别、5种产品通过国家有机产品认证，并在鲁交所成功挂牌；郑家蜜桃、南闫山楂、冯旺樱桃等特色基地品牌优势进一步凸显。

【服务业】　东方商贸城、君怡都书画城、宋城等一批商贸物流园区，以及青都、盛宏等四星级餐饮

新王府游乐园

工作；通过“手拉手”与200多名贫困学生结成对子，辖区没有学生因贫辍学；为103户精准识别户发放炉具和燃煤。创新完善四级社会管理网格，关口前移，抓实隐患排查、信访积案化解，社会保持和谐稳定，被潍坊市委、市政府评为“中共十九大安保维稳先进集体”。

企业蓬勃发展，亿丰义乌、王府商场、世纪泰华城、银座、大利群、人民商场等商业中心实现良性运营。以美丽乡村、文化旅游、休闲养生和有机采摘为产业支撑，深入实施乡村振兴战略，加快“AAAAA王府·中国养生享老福地”旗下重点项目建设。王府溪谷漂流游乐园、王府荷花窑洞度假区实现试运营；杏花村王府庄园加快建设；长庚休闲养生文化园进行配套施工及内部装修；王府颐养健康小镇基本成型。国家AAAAA级旅游景区古城旅游区品牌影响力和知名度进一步提升。井塘古村入选中国美丽乡村百佳范例，入围2018年拟列入中央财政支持范围的中国传统村落名单。“AAAAA王府”全域品牌被潍坊市旅游局重点推介。

【社会事业】 对474条城区背街巷和73个无人管理小区实施卫生托管，城乡环卫一体化实现全域化、常态化。投资2000万元新建团结小学综合教学楼，有效破解团结小学大班额问题。西书院新校项目于2017年11月份开工奠基。对辖区970户建档立卡贫困户进行脱贫攻坚巩固提升

【基础设施建设】 新建贝隆路、莲花路（一号路），提升井塘路，市镇村三级道路全面提升。开展南阳河、北阳河全域水生态治理，新建23处拦河坝，清理土石方26000余方，清理垃圾8000余方。创新推行“房票”“地票”“先建后拆”等“王府经验”，有效解决群众的后顾之忧，2016—2017两年完成19个村、3200余套的棚改任务。同时，借鉴浙江嘉兴“两分两换”模式，通过“宅基地换商品房、承包地换社保”，推动农民向驻地片区集中，同步完善生态治理、基础配套和公共服务，打造可容纳3.5万人生活居住的城市西南次中心，实现生产、生活、生态的有效统一。因棚改工作突出，被青州市委市政府“一票肯定”，获评青州市科学发展综合考核一等奖。

南阳河上游水生态治理

棚改二期安置区、西书院新校集中奠基

【重点村庄社区】 井塘村。地处泰沂山脉北向延伸段的低山丘陵区，四面环山，山清水秀，民风纯朴，全村502户，1630人，以农业种植、山果加工、旅游服务及外出务工为主。该村历史悠久，始建于明景泰七年（1456年），明朝衡王女儿下嫁该村吴姓子弟后，在此建有仪宾府，现尚存管家院、地窖、石桥、古井、古庙、古道、石狮、古槐等，其中石砌房民居建筑及民俗文化得到较好保护和传承。2011年，青州市委市政府作出开发古村决策，成立井塘古村旅游项目建设指挥部，开始着手开发井塘古村，并于2012年10月1日正式对外开放。电视剧《红高粱》在此拍摄取景。古村带动直接就业人员200多人，旅游从业人员700多人，先后获得山东省历史文化名村、山东省最美乡村、山东省传统村落、山东省乡村旅游模范村、中国传统村落等称号。

中所社区。省级文明社区，户籍人口460户，1196人，直管党员34名，辖区面积1平方千米，居民近万人，社区居民大部分从事三产服务业。截至2017年12月，社区集体净资产4546万元，其中用于租赁经营的固定房产面积17300平方米，全年实现经济总收入435万元。社区道路全部实现硬化、绿化。2003年，投资320万元建设老年活动中心，成立文艺队伍，丰富社区老年人的文体生活。社区女年满45岁、男年满50岁的居民每月由社区居委会补助生活费300～400元，70岁以上过生日送蛋糕1个、祝寿金1000元，春节、中秋节、老人节发200～600元过节费，为适龄居民免费加入城镇居民基本医疗保险，为女55岁、男60岁的居民免费加入银龄安康保险。对去世的居民由社区送花圈1个、发放丧葬费1000元，促进了社区和谐。先后被评为全国城市体育先进社区、山东省崇尚科学反对邪教示范社区、山东省文化先进社区、山东省文明社区、山东省城市示范社区。

北关社区。省级文明社区，位于旗城路周边，驼山路两侧，面积约0.98平方千米，有居民506户，1820人，中共党员140名。北关社区大力发展集体经济，不断提高居民福利，对60岁以上老人每月补助300～1000元，居民住院治疗每次住院报销60%～85%，最高每年每人报销15万元，发放粮食、闭路电视、升学、拆迁等多项补助。社区每年用于居民福利投资500万元以上。社区精神文明建设成绩突出，居民十星家庭入选率达到95%以上，有青州市孝老敬亲先进个人1人、模范老人1人、青州市富民兴市劳动奖章获得者3人等先进人物。连年被评为潍坊市绿色社区、山东省亲情教育基地、山东省文明示范社区、山东省创业示范社区、全国小康示范村。

赵河村。省级文明村，有198户，580人，耕地330亩，党员22名。持续对村内道路进行硬化、绿化、美化，大大改善了村民居住环境。倡树文明新风，“和谐家庭”“好婆婆、好媳妇”每年评选一次，呈现出尊老爱幼、邻里团结、互帮互助的文明新风。投资10万元安装自来水，为50岁以上老年人办理意外伤害银龄保险。

史店村。位于王府街道与庙子镇交界处325省道两侧的牛角岭风景区内，全村395人、125户，有耕地320亩。该村周边生态富足、环境优美，交通非常便利，曾因连续30年无违法生育，获得全国和省计生基层群众自治示范村居、潍坊新型生育文化示范村。该村立足自身实际，注册成立土地合作社，推动闲散土地开发利用。结合“美丽乡村”建设，大力实施城乡环卫一体化，对村内街巷和生产路全部进行硬化美化，不断完善自来水、供电、文化广场等基础设施。大力推行“以孝治村”，为70岁以上老人每人每年发300元生活补贴，并筹资5万余元设立“爱心馒头房”，每天免费向老人和未常年人发放热馒头，得到社会各界的广泛赞誉。

【重点企业】 青州市坦博尔服饰股份有限公司。是一家品牌羽绒服装研发、生产、销售的现代化企业，设上海、山东、北京三个研发基地，自创立之初就确立“以创新求发展，以质量创品牌”的企业发展理念，坚持“时尚、大众、优质、平价”的产品定位，产品销售涵盖北京、上海、河北、河南、东北三省、山西、天津、安徽、湖北、江苏等二十余个省市。2015年2月，坦博尔在新三板成功挂牌（股票代码831967），迈出登陆资本市场、跨向“百年品牌”的第一步。2017年，公司主营业务收入32700万元，上缴利税6428万元。

山东泰丰城建发展集团。前身是成立于1999年的青州市泰丰房地产综合开发有限公司。随着企业实力不断壮大和业务发展的需要，从2002年至2010年，又先后成立泰丰物业公司、泰丰供热公司、泰丰齿轮公司（原山东齿轮厂）、泰丰资产经营公司4个子公司，青州市泰丰房地产综合开发有限公司更名为山东泰丰城建发展集团有限公司。2010年10月，正式组建成立山东泰丰城建发展集团。泰丰集团现已经发展成为一家集房地产开发、机械制造、物业管理、供热供暖、资产经营于一体的大型集团化企业，拥有职工近500人。集团连续多年被评为青州市突出贡献企业。2017年，企业主营业务收入41300万元，上缴利税2733万元。

青州市山水置业有限公司。成立于2013年，公司经营范围：房地产开发、商品房销售、建筑工程施工、市政工程施工、物业管理。自成立以来，先后承建花都文苑、王府为民服务中心、王府警务中心、北师大附属幼儿园（青州山水幼儿园）、青州市残疾人康复中心、井塘古村旅游项目建设等，开发建设的长庚养生文化园列入市级重点开发项目，富贵养生苑项目是一个集旅游、养老、养生、育幼、商业于体的综合性房地产项目，也是青州市第一家以“养生”为主题的大型社区，项目一期已建成启用，二期正在建设中。

山东桥山建设工程有限公司。成立于1996年，注册资本金3100万元，主营业务为公路桥梁建设施工，市政建设施，工程机械设备租赁。2013年经山东省工商局核准，更名为山东桥山建设工程有限公司。2015年被山东省交通厅批准为公路工程施工总承包贰级企业。公司现有员工100多人，其中公路工程专业技术人员达到70多人。2017年，公司主营业务收入3630万元，上缴利税122万元。

（郑文礼）

益都街道

益都街道办事处

党工委书记	褚兴春
党工委副书记、办事处主任	赵长顺
人大工作委员会主任	赵传利
党工委副书记	盖宇瑞
云门山生态林场管委会副主任	孟庆春
党工委委员、纪工委书记	王宝胜
党工委委员、办事处副主任	王维众
办事处副主任	李文波
	孙　莉（女）
党工委委员	宗传玲
	曲秀娥（女）
	盖风芹（女）
党工委委员、武装部长	刘华强
人大工作委员会副主任	李光华

【概况】 益都街道位于青州市区西北部，与淄博

市为邻，是潍坊市的西大门。辖区面积 58.1 平方千米，辖 17 个城市社区，39 个行政村，人口 8.6 万人。益都街道区位优势明显，文化底蕴深厚，先后荣获“全国和谐社区示范街道”、“中国乡镇综合实力 500 强”、山东省“文明村镇”、山东省“卫生镇”等荣誉称号。

现代钢铁物流园

【农业】 着力构建“育繁推一体化”种苗发展机制，建成天成种苗研发中心种子生物育种室、种子加工贮藏车间，扩大东方蔬菜研究所基地规模，改良辣椒、茄子等传统品种。加强新型农民培训，通过政府买服务举办双创培训 20 余期、培训 300 多人次，涉及苗木管理、有机食品生产等 10 余方面，新增创业实体 630 家。实施高产田项目，投资 500 万元硬化生产路 15 千米、新打机井 23 眼、安装变压器 14 台。加快土地流转，依托齐鲁产权交易平台，规范农村合作组织 148 家，流转土地 13153 亩，促进农业增效、农民增收。

【工业】 2017 年，益都街道园区建设迈出新步伐，中小企业创业基地建成标准化厂房 2 个，益都项目区拥有企业 30 多家。突出开展“三招三引”，组织到十八届中国环博会等节会招商 10 余次，共引进鸿润侨塑业年产 1 万吨塑料制品、东虹工贸高强度石膏板等项目 19 个，潍坊市认定招商引资 3 亿元。项目建设树立新形象，新开工 9 个项目，其中瀚高中联环境科技、湿式电除尘器、中天包装镀膜等项目建成车间并将投入试生产。企业扩张取得新进展，地主网在省内成立分公司 81 家、特产便利店 132 家。华邦建设集团晋升建筑工程施工总承包特级资质。环保行动实现新突破，94 台 10 吨以下燃煤小锅炉全部拆除。取缔小散乱污企业 7 家、停产整改 53 家。9 家企业完成“四评级一评价”。对规模企业规范化改造，汇众机械、恒兴化工等 5 家完成规范化公司制改制，川一水处理等 2 家企业在齐鲁股权挂牌。加快创新平台建设，成功创建禄禧新能源、博睿新材料等 3 家企业技术中心，华通环境科技创办“一企一技术中心”，金青云新材料领衔创办纳米材料技术创新联盟。1—12 月份，辖区规模以

胜日苗木基地

益都卫生院新建中医药综合服务楼

告厅。对益都卫生院中医药服务区配齐煎药机、熏蒸床等设备。举办小营“华达杯”乒乓球比赛、夹涧象棋邀请赛，打造夹涧舞龙、三教舞狮等文化品牌，创作大型历史风情剧《虹像青州》，活跃农村文化生活。投资6000万元的西店高档集贸市场完成主体，石家便民市场一期工程2000平米钢架大棚工程竣工并投入运营。加强农村集贸安全管理，安装限行装置60套，聘任安全管理员30名。深化背街小巷改造提升，改造提升北城西一街、北城西二街等背街小巷12条，加密延伸城市交通体系。

上工业企业实现产值93.6亿元、利税6.1亿元、利润4.5亿元。

【基础设施建设】 开发建设旭景园、洋溪花林、香山丽墅等花园式、低碳化小区，拉动城市向西北发展。衡王府路跨铁立交桥主体完成建设，旗城路西延益都段、仰天山路改造提升工程基本建成，海军路、龙山路建设工程完成入户评估。完成市级重点工程重点项目征收任务，龙山片区丈量评估165户，康屯片区征收居民48户，中晨片区征收居民470户，叶家、卞万两处棚改片区550户居民征迁完毕。高标准整治胶济铁路客运线、货运线、益羊铁路沿线环境，清运垃圾1600立方米，改造彩钢瓦房100余处。对北阳河、织女河进行改造提升，出动机械450台班，清运垃圾6800余立方米，清除树木500余棵，搬迁养殖场6家。积极推进生态建设，成片造林630亩、完善林网12.5千米，完成村内绿化及“四旁”植树1.1万株，新建官房等街头公园，有效改善环境面貌。

【社会事业】 全年重点围绕校舍改造、道路建设、市场建设等群众急需民生事项推进工作。投资1000多万元，新建试验区和辛庄2处学校教学楼、加固改造夏庄和车站等4处小学校舍、新建东高小学报

【重点村庄社区】 北城社区。北城社区位于青州市益都街道东南部，是山东省唯一的满族聚集地，管辖菜园村、北辛村、柳树湾三个自然村，现有人口5900多人，其中满族人口2300多人，党员222人。北城社区原为清朝“青州驻防旗兵城“于清雍正八年（1730年）始建，该城现为山东省内仅存的满族八旗城遗址，存有原满族骑兵营官房、满族民房、海晏门石刻等遗址，有特色八角鼓、挫琴等非物质文化遗产。村东、南、西、北分别建设北城花园小区，北城小区，旗城家园小区，旗风居小区。2011年6月，北城社区被山东省民委列入“少数民族特色村寨保护与发展”项目。

东店社区。东店社区东至玲珑路、南至尧王路、西至驼山路、北至北城大街，2008年，由原东店社区居委会、东店东街居委会、尧王山西路居委会整合成立，有居民4140户，11034人。东店社区坚持大社区、大服务的服务理念，完善社区服务职能，投资100多万元高标准建立集党员管理、计划生育、低保救助于一体的社区服务中心，配齐党员活动室、远程教育学习室、谈心室、社区图书室阅览室、警务室、健身室、棋牌室等多功能活动室，先后获得全国抗震减灾示范社区、全国妇联示范社区、山东

省基层示范社区、省级文明社区、山东省亲情教育基地、潍坊市文明示范社区等称号。

西店社区。西店社区东至驼山中路，南至尧王山西路，西至仰天山路，北至旗城路，面积1.3平方千米，设计住户6168户，实际入住1945户，有居民5835人，是一处新型网格化管理服务城市社区。2017年，益都街道投资300万元高标准建立西店社区党群服务中心，按照一核、二行、三共、四化的区域化党建工作理念，创新社会管理模式，设立一站式服务大厅，设置综合办公室、社区警务室、老街坊工作室、蛋壳小屋社会组织孵化培育中心、文体活动室、图书阅览室、党员活动室、居民议事厅、居民讲习所等功能科室，充分发挥社区老党员、老街坊、社会组织、共驻共建单位在信访隐患排查、矛盾纠纷调节、志愿服务开展中的作用，通过“组团式服务、网格化管理”模式为群众姓打造最贴心的城市社区身边服务品牌。

东马官村。东马官村东临仰天山路北延伸段，乡道“三八”路穿村而过，交通便利。村庄有人口1013人、283户。近年来，该村以美丽乡村建设为引领，发展壮大农村经济。立足村庄区位、交通和产业优势，建设规划占地200亩水貂养殖小区，成立水貂养殖合作社，马官水貂成为潍坊市第二大特色养殖基地。在村南规划占地300亩的苗木基地，发展大型樱花、向阳槐等稀特品种，拓展社区建设、城区道路绿化市场。以高端机械产业为主攻方向，整合“四旁”土地规划建设项目区，引进机械制造、设计研发项目。村内三横六纵9条主干道路全部建成，硬化里程5千米，2017年列入益都街道棚户区改造项目，截至12月，入户评估全部完成。

刘店村。刘店村位于益都街道中部，是青州市百强村，有人口532人、136户，党员28名，耕地420亩。刘店村发挥临近城区，309国道沿村而过的区位、交通优势，配合规划建设益都项目区，先后引进落地盛驰工程机械、九州红木等10余家企业。拥有东虹工贸、华邦建设集团等年纳税过百万大型企业，并在大型企业拉动下，规划建设309国道沿线商贸服务区，发展汽车维修、餐饮服务等三产服务行业，有效促进就业、增加收入。在发展经济的同时，刘店村不断完善基础设施与公益事业建设，兴建刘店佳苑小区，硬化村庄街巷9条，安装路灯50台、监控探头39个，率先实现所有道路硬化亮化。设立社区服务中心，设置民政、低保、纠纷调处，党建等窗口，按标准兴建刘店小学，刘店幼儿园，新建楼房两栋，实现教室楼房化。

【重点企业】 **山东华邦建设集团**。山东华邦建设集团是集房屋建筑、房地产开发、园林绿化、市政工程、建筑材料、塑钢型材生产、力普电气、建筑劳务输出、物业管理等于一体的大型建筑企业，有山东华邦建设集团有限公司、山东华业地产开发有限公司、山东华天园林绿化有限公司、山东华邦塑钢型材有限公司、青州华安市政工程有限公司、青州晟凯建材有限公司、青州市力普电气有限公司、青州万兴建筑劳务有限公司、青州华信物业管理有限公司九大公司，成为山东省、潍坊市建筑行业的排头兵。集团先后开发建设凤凰山庄小区、平章府小区、富盈嘉园小区、旭景园小区、凌云居小区、御星宸苑小区、华邦·旭馨园小区等十多个小区，先后获得中国建筑业成长性百强企业、全国优秀施工企业、全国建筑业科技创新先进企业、全国建筑业AAA级信用企业、山东省建筑业30强企业等多项荣誉。2017年，集团实现总产值69.7亿元。

山东龙马重工集团有限公司。山东龙马重工集团有限公司是一家集起重机械、风电装备、压力容器及成套建材设备等产品研发、设计、制造、销售为一体的大型企业集团。位于青州市工业路，公司注册资本22000万元，2017年，有员工1000余人，其中，专业技术人员和高级技师80余人，高级工程师37人。公司先后与华电、国电、国家储备局、中船重工、金风科技、东汽、太重等单位建立合作关系，产品远销越南等国家和非洲、中亚等地区，多次荣获中国优质名牌、全国重质量、守信誉先进单位等称号。2016年，龙马重工新老厂区两大项目同时上马，投资1.5亿元新上定转子扩产项目，新建车间8000平方米，同时投资20亿元在开发区新建风电装备产业园。2017年，公司主营业务收入9.31亿元，上缴利税6670万元。

青州市天成农业发展有限公司。青州市天成农业发展有限公司属股份制民营科技型企业，位于青州市玲珑山北路，注册资金660万元，公司于2015年投资2.1亿元开工建设研发中心、种苗培育中心、现代化农业科研示范基地，现有员工100余人，其中专业技术人员40余人，长期聘请2名韩国农业专家从事种子研发。公司承担“潍坊市2016年企业科技创新工程育种平台项目”，开展高效育种平台和团队建设，先后与中国农业科学院、天津黄瓜研究所、天津科润蔬菜研究所、韩国湖山种苗、北京东方正大种子有限公司等多家国内外知名种子科研所达成战略合作伙伴关系，陆续推出辣椒、西瓜、西葫芦等众多优良瓜菜品种，部分品种在市场占有率达95%以上。2017年，公司主营业务收入2100万元。先后获得潍坊市消费者满意单位、潍坊市文明诚信民营企业、潍坊市守合同重信用企业等称号。

（刘福庆）

云门山街道

云门山街道办事处

党工委书记，文化产业园党工委书记 徐剑发
党工委副书记、办事处主任 丁志航(回族)
文化产业园党工委副书记、工作委员会主任
李晓东
人大工作委员会主任 田玉忠
主任科员 张礼成
党工委副书记 杨兴宝
文化产业园党工委副书记 张　强
纪工委书记 李晓辉
人大工作委员会副主任 张文良
党工委委员、办事处副主任 马　原
办事处副主任 王永泉
董　佳
徐延亭
文化产业园工作委员会副主任 张　群
侯光勇
党工委委员、武装部长 刘希忠
党工委委员 张江涛
党工委委员、信访办主任 郭　红（女）
党工委委员 纪媛媛（女）
经济发展办公室副主任 董　波
党政办公室副主任 赵成君

【概况】　云门山街道地处青州市中心城区，东与黄楼街道接壤，东南与弥河镇为邻，南连王坟镇，西临王府街道，北接益都街道。2007年5月原昭德街道25个社区和原东坝街道13个行政村划入。面积67.8平方千米，辖63个行政村，人口10.8万人，其中回族1.69万人。街道工作机关驻涝洼村，距青州市政府2千米。街道全年实现公共财政预算收入1.24亿元，同比增长13.1%。先后荣获“省级文明单位”“山东省社区建设示范街道”“山东省民族团结进步先进集体”等荣誉称号。

【农业】　云门山依托云驼景区旅游资源，着力推进现代农业发展，打造郭桥农家乐休闲游，完成郭桥民俗特色游入驻八喜旅游网工作，壮大赵小河草莓采摘游。开展企业服务年活动，加强对绿源、圣奥、邦诺、皇尊庄园山楂酒等农业企业帮扶，延伸农产品深加工链，增强农产品附加值。积极开展农村土地承包经营权确权登记工作，截至2017年12月，22个村完成确权登记，土地确权面积1.07万亩，发放证书300余户。

【工业】　辖区共有规模以上企业36家，全年规模以上企业实现工业总产值61.3亿元，同比增长5.1%。实现主营业务收入60.7亿元，利润3.15亿元，上缴利税5.7亿元，分别增长4.7%、22%和48%。引进合力包装新材料项目，占地122亩，总投资3亿元，可实现年销售收入6亿元。盘活闲置土地360亩、厂房4.2万平方米，引进教创新园区综合商务中心、齐鲁科技学院等新旧动能转换项目，园区建设提档升级，先后有隆基泰和、坦博尔服装学

世纪泰华青州桃花源里养老养生主题公园开奠基仪式

院等11个项目相继落户，总投资约50亿元。

【基础设施建设】 持续对违法建设保持高压态势，联合青州市执法局等部门成功组织大型拆违活动14次，全年拆除违法建筑面积达10000余平方米。清理垃圾2500立方，粉刷墙壁3300平方米，加装彩钢瓦18700平方米，一次性完成铁路沿线环境整治任务。为森林公园扩建工程、科教创新园区、健康产业园区、新南环路等15个重点项目征收土地5000余亩。前后寺安置区开工建设。完成23个老旧小区的提升改造工程，整修背街小巷53000平方米，大幅提升群众居住及出行条件。

【社会事业】 云门山街道以提升居民幸福感和满意度为出发点，重点做好教育、医疗、环卫一体化等工作，加强民生保障，切实提高居民生活品质。全面取缔马路市场，将东关、三里等6个大集全面清离主路面，顺天福农贸市场、冯徐农贸市场建成投入使用。持续实施绿化工程，全年绿化道路12千米、荒山300余亩。投资900余万元在青龙回小、职工子弟新建教学楼3200平方米，新增学位945个，全面化解教育“大班额”问题。村村成立文艺队伍，举办文艺汇演180余场。

【重点村庄社区】 郭桥社区。位于云门山街道西南1千米处，国家AAAAA级旅游风景名胜区云门山脚下。全村共有76户，265人。设有郭桥村党支部，党员17名。村庄总面积0.4平方千米，多为丘陵山地类型地貌，地势起伏不大，山体植被良好，物种资源丰富。该村是典型的少数民族回族村，村风淳朴文明，村民勤劳善良。近年来，郭桥社区投入70余万元对农家乐饭店和村公共设施进行提升改造，村容村貌焕然一新。村内道路实现全部硬化，道路两侧全部绿化，路灯、监控、排水配套齐全。2017年，该村人均纯收入16000元。2015年被评选为山东省乡村文明家园示范村，2016年被青州市旅游局评选为乡村旅游示范村，2017年被潍坊市评为文明村。

东城片区一角

徐桥社区。地处青州市凤凰

山中路，辖区面积0.96平方千米，有284户，1060人。有党员49名，两委成员4人，设居民小组3个，居民代表30人。近年来，社区依靠优越的地理位置积极发展第三产业，大力发展民营企业，拓展社区居民就业渠道。辖区内有宏源机械有限公司、华强印染机械有限公司、惠能食品有限公司、英大洗车城4家民营企业。社区积极开展背街小巷整治、村庄绿化美化工程，村庄面貌焕然一线，每逢春节、中秋等重大节假日，为村民发放福利，并统一提供合作医疗服务。先后被授予潍坊市先进党组织，潍坊市卫生村，潍坊市文明村，省级卫生村，幸福进家活动先进村居，省级文明社区等荣誉称号。

瓜市社区。位于青州市城区东侧，是城中村，东接海岱中路，西邻云门山中路，南靠南阳河，北至宝鼎东巷。尧王山东路和王府东路贯穿村中。有村民445户，1428人，党员51人。辖区总面积1.2平方千米，全村无耕地。依托交通区位优势，瓜市社区建设形成"家家都靠街、户户有收益"的商业格局，瓜市副食品批发市场成为村集体经济的支柱产业。社区拥有集体固定资产7820万元，年集体经济纯收入460万元，居民年人均纯收入25200元。社区先后荣获山东省级文明单位、潍坊市先进基层党组织和发展民营经济十强社区等称号。

东关社区。位于云门山街道东南部，东邻海岱中路，北靠范公亭路，全村共有1359户，4809人，2001年6月村改居，由东关村改为东关社区居委会，东关社区党支部有党员119名。近年来，东关社区充分利用部分集体资金和地理优势，先后投资建设海岱路转角楼、兴华沿街楼、东关警务楼等，利用外租方式，增加了集体经济收入，保证定期发放村民生活补助费、老年补助费等各项费用，确保社区正常运转。2017年，投资建设了高15层建筑面积36000平方米的青州市中医院病房楼，由青州市中医院承租。2017年，集体经济纯收入突破1100万元。先后荣获全国妇联基层组织建设示范村、省妇女联合会的幸福进家活动先进村居、青州市综合经济实力十强村等称号。

东后坡社区。位于云门山街道东北端，距离云门山街道办事处驻地1.5千米。东与东关社区为邻，西与昭德社区为邻，南与徐桥社区为邻，北与东关社区为邻。由东后坡社区居民委员会一个社区构成，为城镇居民点，回族聚居地。总面积1.56平方千米，居民400户，1600余人，党员50名，社区居委会总建筑面积420平方米，有卫生室、农家书屋、远程教育站点，文体设施齐全。社区居民以个体经营养殖、屠宰加工、水产品经营、汽车运输为主。先后获得山东省幸福之家，潍坊市少数民族团结进步先进单位等荣誉称号。

【重点企业】 青州合力包装新材料有限公司。是中港合资企业，拥有职工110名。公司专业从事印刷、包装材料研制、开发、生产，能采用干法复合、湿法复合、挤塑复合等多种复合方式，柔性版印刷方式来给客户提供不同包装。公司二期项目，占地120亩，规划建设纸张、塑料、金属、织物等多种印刷包装材料生产基地。公司2004年通过ISO 9001质量体系认证，2008年通过QS认证，2011年取得医药包装产品注册证，2012年十万级净化车间、生化实验室建成并投入使用。2017年，公司实现主营业务收入2.3亿元，利税2847万元，同比增长3%、53%。荣获对外贸易先进企业、十佳工业企业、安全生产先进单位、百家诚信企业等荣誉称号。

山东百特电子有限公司。是生产自动化控制设备、自动化仪表及提供自动化系统集成的高科技公司，占地面积5万平方米，总资产8000万元，拥有职工152人，其中，高级工程师5人，工程技术人员62人。主要生产配料电子秤、除铁器、粉尘加湿器、烧结PLC自动化控制系统等。2015年公司成立山东百特新能源科技有限公司，主要研发、生产沼气工程自动化设备、沼气净化脱水脱硫设备、沼气锅炉、沼气发电机、沼气增压风机、阻火器、沼气流量计等。产品广泛应用于畜牧养殖、秸秆发酵与气化、生活及餐厨垃圾、污水处理、天然气、电厂、酒厂、食品厂、化工厂等行业，实现智能化控制。2017年，公司实现主营业务收入2.4亿元，利税2864万元，同比增长14%、85%。荣获山东省星火示范企业、山东省民营科技企业三十强、潍坊市民营企业十强、A级纳税企业、重合同守信用企业、劳动保障诚信单位等。

山东亚泰机械有限公司。是一家集设计开发、生产制造、销售服务于一体的工程机械、农业机械、港口机械整机、零部件及环境设备、电动车生产制造公司，是美国卡特彼勒、日本竹内、韩国斗山、山重建机等驾驶室、油箱、硬管、覆盖件、结构件等主要零部件的配套公司，中国人民解放军总装备部定点生产GJW410型轮式挖壕挖坑机的承制单位，山东半岛第一批蓝色经济区项目（集装箱正面吊运机）研制单位，潍坊工程职业学院信赖的校企合作伙伴，中国紧急救援山东（青州）航空救援基地。公司占地面积33万平方米，拥有员工400余人，其中专业工程技术人员60人。拥有数控（二维/三维）激光切割机、数控等离子切割机、数控火焰切割机、1600吨大型压力机、剪板机、数控折弯机、全自动数控弯管机、焊接机器人、预处理线、喷粉线、静电喷漆线等主要设备设施300余台（套）。被评为山东省高新技术企业、潍坊市企业技术中心、潍坊市劳动保障诚信示范单位、潍坊市最佳雇主企业。

山东潍微科技股份有限公司。成立于1992年，是一家以技术开发为主体的民营科技企业，专业致力于远传水、电、气、热四表及抄表系统的研发、生产与销售。主要产品有水、气表传感器，脉冲式远传水表、远传气表，无源厚膜直读式远传水表、远传气表，计数直读式远传水表、远传气表，脉冲式抄表系统、直读式抄表系统、大口径水表GPRS/CRSM无线抄表监控系统、水气表远传显示仪等。公司成立以来，共获得国家专利三十三项、科技部创新基金项目两项、省市科技成果项目三项，是国家级高新技术企业、中国专利山东明星企业、中国计量协会会员单位，2005年12月通过ISO 9000质量体系认证，2010年由山东省科技厅批准设立山东省智能抄表工程技术研究中心。2016年公司新建国际智能抄表大厦已投入使用，建筑面积3.5万平方米，是一项集研发试验、生产制造、模拟演示、信息服务、表具校验为一体的智能化样板工程。大厦通过宽带网络、电话网络、GPRS/GSM、3G等物联网通讯方式，把全国各地客户计量信息集中抄取到总控中心，及时监测和解各地抄表工程的运行状况，对各地抄表现场适时指导、调度和信息服务。2017年，公司实现主营业务收入0.6亿元，利税833万元，同比增长44.3%、470%。

（崔荣政）

黄楼街道

黄楼街道办事处

党工委书记、市花卉产业发展区党工委书记　　赵凤鸣
党工委副书记、办事处主任　　丁艳杰（女）
人大工作委员会主任　　李同亮
党工委副书记　　时永刚
党工委委员、纪工委书记　　王志伟
市花卉产业发展区党工委副书记　　张　琥
党工委委员、办事处副主任　　夏　冰
办事处副主任　　杨如才
　　韩领祥
　　刘　强
党工委委员　　王海娟（女）
　　王兆敦
　　巨晓云（女）
　　张　栋

【概况】　黄楼街道位于青州市城区东部，面积90平方千米，辖96个行政村，2.2万户，人口8.7万人，耕地面积8.8万亩。素有“中国花木之乡”“仙客来之乡”“江北花卉第一镇”之美誉，先后获得国家级生态乡镇、国家农业科技园区、山东省最具竞争力旅游强镇等称号，是第七届中国花卉博览会举办地。境内309国道、325省道、宝通街、长深高速、胶济铁路纵横交错，弥河自南向北蜿蜒近20千米穿境而过，交通便利，区位优势明显。

【花卉产业】　2017年，黄楼街道完成花卉特色小镇概念性规划。花世界花卉田园综合体项目积极推

第 17 届中国（青州）花卉博览交易会第 11 届山东省花卉交易会开幕式

进，北霍陵有机采摘园和占地 80 亩的民宿项目开工建设。山东七叶树生物科技有限公司投资 9200 万元建成智能连栋温室 2.7 万平方米，花博馆项目完成土地项目整理。山东“一品齐鲁”花卉苗木产业园被认定为潍坊市级花卉产业集群，与潍坊工程职业学院合办的现代农业研究院成功挂牌。整平新花卉市场以东 140 亩地块，实现市场化运作，规划建设新资材市场，丰富花卉小镇承载功能。整顿盘活良田花卉交易市场，新建花卉、资材交易大厅 7.5 万平方米，入驻业户 129 家。探索花卉业户居、种、售和客商游、购、娱一体新模式，试点项目东阳园艺创业孵化基地开工建设，占地 6.7 万平方米。

良田花卉交易市场

【工业】 2017 年，全年实现工业总产值 856370 万元，上缴利税 68387 万元。黄楼环保疏浚产业集群被认定为潍坊市市级产业集群，全力筹划建设“省级环保疏浚产业协会”。帮助青州市巨龙环保科技有限公司调整土地 6.5 亩，用于扩大生产。帮助雷州疏浚设备有限公司新建厂房 1980 平方米，青州东方环保机械制造有限公司新建办公楼 860 平方米，青州兴富矿砂机械厂新建办公楼 800 平方米。帮助青州市海洋矿砂机械有限公司在孟加拉国中标，取得 4.9 亿元的订单。

【基础设施建设】 完成道路绿化 30 千米、河滩绿化 300 亩，56 个村达到绿化示范村标准。开展棚户区改造工程，辛庄棚户区改造签订拆迁征收协议 262 份。实施煤改气、煤改电工程，拆除各类燃煤锅炉 614 台，铺设天然气管网 70 余千米，安装燃气锅炉 149 台、电锅炉 90 余台、空气能热泵 20 余组，千汇花园小区、花都社区、牡丹社区全部实现煤改气供暖。探索产城融合发展模式，开工建设占地 6.7 万平方米的东阳园艺创业孵化基地，打造集花卉业户居、种、售和客商游、购、娱一体新模式。

【社会事业】 着力推动薄弱学校改造和标准化学校建设工作，万红幼儿园、潘刘小学、杨姑桥小学、大陈幼儿园等 4 所学校全部投入使用，东坝初中东城学校提升改造主体工程已经封顶。郝家村便民市场项目建成 37 间商

黄楼街道郝家便民市场

铺、30个摊位。东坝养老院新建养老病房2000平方米，郝家村养老养生项目建成8排40户住宅，2排20间休闲功能室。加快公共自行车站点建设，街道驻地、花卉交易市场及周边村庄新增站点12处。

【重点村庄】 东坝村。位于青州市东部城区，省道胶王路与仙客来路交界处，南邻中国（青州）书画艺术城，北邻宝通大道，环境优美，交通便利，区位优势明显。全村拥有居民621户、2500人，党员92人，土地面积1850亩，全年经济总收入16.2亿元，年人均纯收入2.8万元，素有“青州第一村”之美誉。先后获得省级文明村、山东省村民自治模范村民委员会、潍坊市先进基层党组织、潍坊市发展民营经济二十强村等多项荣誉称号，连续多年位居青州市综合经济实力百强村（社区）第一名。村“两委”班子始终坚持“工业立村，工业强村，共同富裕”发展思路不动摇，大力发展民营经济，民营企业发展到38家，固定资产18亿元，其中规模以上企业4家。

西建德村。位于青州市黄楼街道西部，人口598户，2060人，党员76名，耕地面积1540亩。近年来，先后投资200余万元，对村内街道及出村路路面全部硬化，安装路灯120余盏，安装健身器材20余件套。文化大院、村卫生所、幼儿园、自来水设施都已建成使用，村容村貌有较大的改变。对中晨书画艺术城的4600余万元的征地补偿款进行了科学处置，首创“把土地锁在银行”模式，让西建德村的子孙后代都能享受到土地收益，得到群众一致好评。

郝家村。位于青州市黄楼街道中部，宝通街以北，全村350户，人口1350人，其中党员34人，耕地总面积1200亩。2016年，郝家村投资300万元，开工建设郝家村便民市场，建成商铺37间、摊位30个，不仅方便周边10余个村庄、1万余人，更消除占道经营、消除安全隐患、解决交通堵塞等实际问题。2016年，结合街道开展的农村闲散土地规范化管理工作，收回村闲散集体土地60亩，利用比较集中的20亩土地，建设郝家村养老养生项目，2017年年底，建成8排40户住宅和2排20间功能房，入住率达到60%以上。

卢李村。位于青州市黄楼街道东部，共有238户，916人，耕地面积1210亩，全村的花卉面积已达800多亩，花卉专业户和经营户230多家，成为远近闻名的花卉专业村。近年来，卢李村本着村民自愿的原则，组织村民进行土地规范流转，2016年6月，成立卢李村土地流转股份合作社，既保护广大村民的利益，也增加集体收入。通过流转储备的土地，进行花卉招商引资，吸引外资和技术注入，像青州市良田花卉苗木有限公司等一些技术含量高、规模大，代表当今花卉发展方向的 花卉企业，先后在卢李村的土地上落户建设，带动和辐射花卉产业由低中档生产向科技含量高的花卉品种发展，全面提升花卉产业的档次和水平，增加集体收入，带动和辐射周边花卉产业发展。

西阳河村。位于青州市黄楼街道中西部，人口682户，2598人，党员94名，耕地面积900亩。西阳河村坚持以孝治村，弘扬孝文化，提升乡村文明水平，加强村级管理，走出一条以孝治村、强村富民之路。坚持组织开展“好媳妇、好婆婆”“孝敬父母好儿女”“和谐家庭”等一系列评选活动，广泛动员村民参与，树立先进榜样，用榜样力量带动周围群众树立正确的价值导向。在村里绘制形象生动的“二十四孝”墙体画，同时，在村里开设道德讲堂，以“身边人讲身边事、身边人讲自己事、身边事教身边人”为基本形式，充分发挥孝道在和谐家庭、和谐社会建设中的特殊作用，倡导全村树立尊老孝亲现代孝道观。

【重点企业】 山东七叶树生物科技有限公司。成立于2016年6月，公司注册资金5000万元，2017年销售收入6000万元。建成智能联栋温室12万平方米，规划建设中国花卉博物馆，分为观光大厅、科研中心、家庭园艺展览中心、DIY体验中心等六个展区。公司以多肉植物生产规模化、标准化为发展目标，2017年入圃多肉植物种苗4000万株，多肉品种200多个。公司致力于新优多肉品种研发与应用推广，是集科研、花卉生产、园艺展示、旅游观光于一体的多元化复合型花卉企业。公司全年主营业务收入913万元。

青州市巨龙环保科技有限公司。成立于1991年，是一家集研发、制造、销售为一体的机械制造厂家，主要生产制造清淤设备、水域环保设备、选矿设备、海上选矿平台、淘金设备、运输船。拥有职工80人，科研人员20人。2014年成立潍坊市第一家水域环保技术研究中心，2016年成功申报潍坊市级工程技术研究中心、工程实验室。2017年成功申报省级一企一技术研发中心。公司与江苏省船舶设计院、山东大学、中国海洋大学等建立产学研合作，获得多项自主知识产权，取得国家专利13项，公司产品销往全国各省、市、自治区，并出口至亚非拉等数十个国家和地区。公司全年主营业务收入7412万元，上缴利税65万元。被评为潍坊市民营科技企业、优秀创新型企业、诚信民营企业。

青州市和美制衣有限公司。成立于2001年10月，占地23000平方米，厂房13000平方米，拥有员工260余人，是一家集生产、加工、销售于一体的服装生产企业，公司于2014年获得欧盟BSCI人权认证。公司拥有自营进出口权，设备全部从日本引进，技术先进，主要生产针织内衣系列产品，产品全部销往日本、美国、加拿大等国家。企业管理规范，产品质量稳定，拥有各类先进缝纫设备400余台，年生产能力达600万件。2017年，公司主营业务收入5567万元，上缴利税200万元。

青州市绿圣兰业花卉有限公司。是一家集研究、生产、销售于一体的花卉企业，公司占地面积80亩，建有控温展销厅600平方米，日光温室2400平方米，智能温室2000平方米。公司拥有员工30名，专业人员10名，高级农艺师2名。主要从事国兰、洋兰、桂花古桩盆景等高档花卉的繁育、栽培及推广，所育兰花品种多样品质优秀，多次在全国兰展中获金银铜奖，产品远销北京、河南、河北、青岛等省市及周边地区，并取得良好的经济效益。2017年，公司主营业务收入7121万元，上缴利税935万元。

（张丹丹）

弥河镇

弥河镇

党委书记	郇金刚
党委副书记、镇长	侯佃一
人大主席	张兴盛
党委副书记	李福建
纪委书记	李晓强
党委委员、副镇长	郝兴宝
副镇长	刘　波
	赵春燕
	张东亮
党委委员	赵媛媛（女）
	郝建香（女）
党委委员、武装部部长	赵盛田
农业综合服务中心主任	谭家国
乡村规划建设监督管理办公室副主任	马玉东

【概况】 弥河镇位于青州市南部，因东濒弥河而

弥河镇引资项目集中开工仪式

得名。北依青州市，西临云门山街道，东隔弥河与黄楼街道相望。镇域面积 110 平方千米，耕地面积 52445 亩，辖 77 个行政村，人口 50757 人。镇政府驻小官庄村，距青州市区 8 千米。2017 年，工业总产值 77.2 亿元，固定资产投资 47.1 亿元，公共财政预算收入 5346.4 亿元。获“山东省省级文明单位”“山东省小城镇建设示范镇”“山东省百镇建设示范行动示范镇”“山东省省级旅游度假区”“山东省花卉苗木百强镇”等荣誉称号。

【工业】 制定完善产业发展规划，形成“三产并进，互动互融”的产业发展格局。始终坚持全力以赴抓工业，卡特彼勒工业区北扩南延、中小企业创业基地延伸拓展，欧泰隆重工小型装载机年产量突破 1 万台，对小挖产业集群的带动作用进一步增强。云内动力国三国四发动机项目顺利投产。军民融合通用航空项目顺利实施。金利特桥箱等 2 家企业完成智能化改造。中小企业创业园盘活闲置厂房 1.6 万平方米，新上项目 8 个。

【基础设施建设】 全年累计投入 3500 多万元，完成 128 条农村公路网化建设，村内大街硬化率达 100%，小巷硬化率达 80%，立面改造提升凤梨路等 2 条道路。1 个安置区交付使用，131 户群众喜迁新居。开展 8 个村棚户区改造工作，完成 1105 户安置任务，弥河佳苑二期、黄山花园两处安置区开工建设。燃气管道接入镇区，冬季供暖实现小区全覆盖。42 个村在文化广场设立共享自行车停车点。整合各村村内闲散土地，建设公共绿地、村民文化活动广场。严格落实河道“河长制”管理，建立防汛日常巡查机制。推行农村党员“一诺三评”教育管理机制。57 个村达到潍坊市绿化示范村标准，高标准安装路灯和高清摄像头，开展以“清垃圾、清柴草、清粪堆，留道路、留绿化树木、留规划内房屋”为核心的环卫“清底子”工作。完成农村无害化卫生厕所改造 1500 户。新增造林面积 2000 亩，植树 15.35 万株，获评潍坊市森林镇荣誉称号。

【农业】 山东华盛农业获评全国“育繁推”一体化种子企业，新申报蔬菜新品种权 30 个。新认证“三品一标”品牌 1 个。花卉电商物流一体化发展区入

花卉电商一体化发展区

选全国农村创业创新园区，研发花卉新品种 3 个。新建青州锦绣兰业蝴蝶兰研究中心建设项目、慧子君子兰研究中心建设项目、健民凤梨种苗研发基地项目等，努力打造“花卉小镇”。

【社会事业】 全年重点推进校园整修、安全生产、社会稳定、环境整治等民生工作。开展校园整修工作，对大关营小学校舍进行整体装修粉刷，对弥河初中、闵家小学校园内路面、下水道进行整修，弥河小学校舍进行防渗处理。开展安全生产标准化创建工作，规范企业安全生产行为、经营秩序，提升安全生产系数，全力打造“平安弥河”。开展食品安全标准化攻坚工作，建立食品、农产品安全追溯平台，保障群众舌尖上的安全，着力打造“食安弥河”。开展社会矛盾调处化解常态化工作，建立信访矛盾常态化调处机制，打赢十九大安保维稳攻坚战，全镇信访总量下降 30%，信访积案化解率达到 90%，稳步打造“和谐弥河”。开展城镇建设精细化管理工作，高标准开展道路立面改造，强化镇村环境卫生整治，进一步改善居民生活环境质量，实力打造“品质弥河”。集中优势资源，精准施策发力，打赢扶贫脱贫攻坚战。

【重点村庄】 赤涧村。赤涧村有 496 户、1876 人，党员 76 名，耕地 1490 亩。近年来，赤涧村按照青州市委抓实基层组织、基础工作、基本功“三项建设”的部署要求，以提升群众幸福感和满意度为目标，强化党建引领，让“421”工作法落地生根，推进民主管理，提升治理水平，村庄发展和群众生活实现新变化。先后被授予省生态文明村、现代生态农业示范点、省巾帼示范村、潍坊市和谐创建先进单位、潍坊市规范化人民调解委员会等称号。

黄泥沟村。黄泥沟村位于弥河镇北部，共 245 户，845 人，党员 32 名。近年来，以“美丽村庄·幸福家园”创建为总抓手，积极吸收农业龙头企业入驻，将村内 1200 余亩土地全部流转用于青州花卉公园、青州（国际）花卉创业园等高端花卉园区建设。鼓励和引导村民依托重点花卉项目，大力发展花卉苗木种植和在园区就近就业，村集体收入和村民人均收入实现“双增长”。从“晴天一身土，雨天一身泥”的落后村转变成青州市环卫一体化工作的带头村。

张家洼村。张家洼村位于青州市弥河镇西南山区，南与临朐县接壤，北邻博临路，耕地面积 398 亩，共有 110 户，400 人，党员 23 人。张家洼村自 2003 年开始探索在全村实行“以孝治村”的管理方法，走出一条山区小村建设和谐新农村的路子，先后荣获全国妇联基层组织建设示范村、全国文明创建先进村、山东省孝文化教育基地、山东省卫生村、山东省民主法制示范村、山东省先进妇代会、山东省孝老敬老示范村、山东省文明村、潍坊市文明村、潍坊市和谐创建示范村等称号。

大关营村。大关营村位于弥河镇政府东北角，北邻黄楼街道办事处杨姑桥村，南邻南环路，东邻弥河旅游风景区。全村共有 680 户，2470 人，其中党员 80 人。耕地面积 2200 亩，农业产业主要以银瓜生产为主，银瓜种植面积 800 亩。工业企业主要从事机械配件加工。运输业户几十家、养殖业户十几家，人均年收入 2.3 万元以上。为村民办好事办实事，村内大街全部硬化，村民农村合作医疗费、自来水费有村集体负责，老人节、春节对 80 岁以上老人、老党员、老干部、困难户进行走访慰问、给予补金。财务、党务、政务三公开到位，收支透明，民主决策，班子和谐，村民支持拥护，全村呈现出富裕、文明、和谐的态势。

桐峪沟村。桐峪沟村位于青州市南部，人口 450 人，220 户，人均年收入 16000 元，耕地 973 亩。桐峪沟村按照上级抓实基层组织、基础工作、基本功“三项建设”的部署要求，以提升群众幸福感和满意度为目标，强化党建引领，扎实推进“421”民主管理，全面推行党员“一诺三评”，深入推进“美丽村庄·幸福家园”建设，村庄发展和群众生活实现新变化。先后被授予山东省美丽宜居村庄、山东省绿色村庄、山东省美丽村庄创建示范村等称号。

【重点企业】 山东云内动力有限责任公司。由昆明云内动力股份有限公司和经销商共同出资成立并具有独立法人资格的合资公司，于2013年3月19日注册成立，注册资金7000万元，总投资7.5亿元，为弥河镇2013年招商引资项目。公司位于青州市卡特彼勒工业园，占地面积约280亩，总建筑面积70753平方米，具备年产15万台非道路移动机械用柴油机的生产能力。公司拥有山东省省级企业技术中心，2017年，公司有员工317人，研究与试验发展人员数为115人，其中博士3人，硕士3人，产品设计师24人，标定工程师8人。山东公司为云内动力“非道路柴油机研发和生产基地”、云内动力“国家级企业技术中心”组成部分之一，可为工程机械、农业装备、固定动力等提供上千个品种的非道路柴油机产品。山东公司取得长足发展，先后荣获2014年、2015年、2016年突出贡献企业奖，荣获2015年、2016年安全生产先进企业奖，并荣获2014年度人力资源社会保障诚信示范单位，2016年度劳动保障守法诚信A级单位等一系列荣誉、奖章。2017年，公司主营业务收入35930万元，利税395万元，实现利润1474万元。

青州市铸威新材料科技有限公司。位于山东省青州市南郊，是集铸造、机械加工于一体的民营企业。占地面积8.6万平方米，建筑面积4.7万平方米，总资产7000万元，职工336人，其中工程技术人员39人，是青州市最大的铸造生产企业，生产各种球墨铸件、灰铁铸件、铸钢件、焊接配重铁、油缸等产品，同时配套大型加工中心、数控机床、三坐标、焊接专机等精密的加工、检测、焊接设备，拥有光谱分析仪、炉前铁水质量管理仪、树脂砂及粘土砂性能检验等完善的质量与技术检测设备。产品质量通过ISO 9001和ISO TS16949质量体系认证。2017年，公司主营业务收入36659万元，利税7183万元，实现利润4349万元。

山东欧泰隆重工有限公司。为2012年弥河镇招商引资项目，项目总投资5.4 亿元，占地 7万平方米，总建筑面积 5万平方米。有职工280人，是专业的工程机械及主配件的制造商。公司主营产品包括装载机、抓草机、抓木机、除雪机和清扫机等，包括ZL—12F、ZL—15F、ZL—16F、ZL—18F型装载机，920、926F、928、929、930、932型装载机、以及630系列和650系列装载机。公司引进和吸收国内外同类机型先进技术，产品畅销全国二十多个省市区，远销东南亚、中亚和拉美等地。公司已成为国内知名中小型装载机制造商，力争到2020年，成为国际知名的中小型装载机制造商，具备成为国际主流中小型装载机的持续发展能力。2017年，公司主营业务收入56942万元，利税7817万元，实现利润7378万元。

青州市金利特机械有限公司。为弥河镇2015年招商引资项目，企业拥有员工365人，占地面积100亩，总投资3亿元。建有生产车间、科研楼及附属设施等5万平方米，购置数控加工中心、车床、钻床等设备200余台（套），主要生产工程机械变速箱、变矩器、车桥等产品。公司拥有一支由硕士、专家组成的高素质研发团队，技术力量遥遥领先全国同行业水平，为国内生产车桥、液压变速箱的龙头企业。2017年，主营业务收入11185万元，利税1098万元，实现利润855万元。

（孙希玉）

王坟镇

王坟镇

党委书记	陈湘颖（女）
党委副书记、镇长	孙洪亮
人大主席	贺　静（女）
党委副书记	姜　明
纪委书记	李云鹤
党委委员、副镇长	祝大立
副镇长	孙　毅
	冯光国
	黄继友
党委委员	崔兴文
	闫玉萍（女）
	赵传东

党委委员、组织委员、宣传委员、人武部长

刘立艳（女）
乡村规划建设监督管理办公室副主任　赵金峰
安全生产监督管理办公室副主任　陈庆海

【概况】　王坟镇地处青州市西南部，距青州市区20千米，东南与临朐县相邻。镇域总面积229.6平方千米，耕地4.5万亩，下辖100个行政村，人口5.1万人。王坟镇交通便利，物产丰富，自然和人文景观众多。境内盛产的山楂、柿子、根雕艺术品等享誉全国，其中以王坟镇为主产地的“青州山楂”“青州柿果”是国家地理标志产品。先后获得国家级生态镇、全国首批生态建设示范区、中国美丽乡村建设示范镇、中国优秀乡村旅游目的地、山东省环境优美乡镇、山东省文明镇、山东省最佳休闲乡镇等称号。

【农业】　2017年，在许家庄村清风寨旅游区附近，新建千亩玫瑰采摘观光园一处。在上白洋村依托跑马古道、观星台等多处自然和人文景观，打造集休闲旅游、农家乐餐饮接待、绿色农产品销售为一体的生态乡村旅游区。百纳城葡萄种植基地被认定为国家级水果标准园。清风峪天然果蔬采摘园被评为“山东省十佳观光果园”，仰天农庄被评为“省级农业标准化生产基地”。王坟镇被评为全国一村一品示范镇，成为知名的乡村游、休闲观光游目的地，年接待游客95万人次。

【工业】　截至2017年12月，全镇发展通过QS认证的果品加工企业130多家，山楂种植面积1.6万亩，年产鲜山楂8000多吨，山楂系列制品8万吨，占全国山楂制品市场份额70%以上，占国际市场份额30%左右。

【基础设施建设】　2017年累计在镇主干道两侧和街头巷尾栽植连翘、油菜花、月季等32万余株，手绘墙体画880多幅。持续推进大石河上游河道治理工程和五小水利拦河坝建设工程，治理河道45千米，清理垃圾和行洪障碍物58万立方米。建成镇级消防警务综治中心、“王坟印象”农特产品综合体、乡村旅游驿站、农民画创作服务中心各一处。

【社会事业】　组织2017年孝亲敬老模范评选，为207户有90岁以上老人的家庭挂“幸福之家”牌子，在中秋节、老人节、春节等重要节日走访看望老人，号召社会力量为老人捐助棉衣、棉被等物资，在社会上起到良好的引领示范作用。筹集专项资金16万元，为广大幼儿教师增加工资。推进课堂教学改革，传泰小学被确定为潍坊市“双改”行动联盟学校和国家教育行政学院合作项目实施学校。

柿子沟乡村旅游

【重点村庄】　侯王村。位于王坟镇西南部，五孙路西侧，共有303户，1017人。在全国首次提出“以孝治村”的管理理念，成功承办四届孝文化艺术节，是推广孝德文化的先进村。依托绿水青山、田园风光、乡土文化等资源，以“慈孝”“和美”为主题，大力发展休闲农业和乡村旅游，成立孝美侯王乡村旅游合作社，成为以孝德文化为特色的魅力村

五小水利拦河坝工程

庄和宜游宜养的生态景区，年接待游客8万人次。侯王村获得全国文明村、全国民主法治示范村、中国新农村建设示范村、山东省乡村旅游特色村、乡村旅游示范村等多项荣誉称号。

东乖场村。位于王坟镇西部，五孙路东侧，共有158户，556人，耕地428亩。东乖场村积极发展林果业，扩大柿子、山楂、蜜桃等优质果品种植面积，引进薄壳核桃、黄金梨等新品种，全村发展薄壳核桃150亩，黄金梨30亩。2017年争取省级美丽乡村建设示范村项目资金100万元，安装路灯74盏，农户房屋统一粉刷，安装监控摄像头15个，村庄内外全部进行绿化美化。建设文体娱乐广场一处，配套体育器材，供群众健身、休闲，并成立一支40人的农民乐队，经常组织演出，丰富群众文化生活。

胡宅村。位于王坟镇南部，距仰天山国家森林公园8千米，共现有136户，474人，耕地344亩。截至2017年12月，建成胡宅村服务中心，整理8000平米荒滩一处，修建拦河坝150余米，建设21户新型居民住宅楼。成立金岭南乡村旅游合作社，依托良好的生态条件和丰富的自然资源，流转土地620亩，打造集名优果品种植、采摘园观光、休闲度假于一体的综合项目。栽植苹果树、桃树、杏树、梨树、猕猴桃等3.5万棵，建设二级扬水站一座，铺设管道380米，新建200立方米的蓄水池3个，铺设灌溉管道3200米，新修3.1千米环山路，建设3000平方停车场一处。

许家庄村。位于王坟镇东北部，共有405户，1411人，耕地693.5亩。发展乡村旅游，种植耐寒玫瑰1000亩，从2016年开始每年举办玫瑰旅游文化节、玫瑰园观光采摘、玫瑰仙子评选等活动，玫瑰花饼、玫瑰花酱等食品，受到游客青睐。2016年，成立乡村旅游合作社，发展“潍水人家”农家乐品牌示范户13家，统一安排游客接待，统一服务标准，规范化经营。盘活现有资源，将村内小学改建成幸福院，所有房间统一装修，必要家具一应俱全，村内30余位孤寡老人免费入住。

上白洋村。位于王坟镇西南部，共有250户，910口人，耕地850亩，荒山6800亩。有良好的生态条件和旅游资源，村有柿子沟、小水库、黄栌林、黑松林等多处旅游景点。上白洋村大力发展乡村旅游，组建旅游合作社，实行市场化运作。积极争取上级项目资金，整修环山路15千米，清理河道3.5千米，发展农家乐23家，建设停车场3处、公共

侯王农民画创作服务中心

厕所5处，举办柿子节、香椿节等文体活动。注册“柿子沟”品牌，推销农家土特产品，受到游客好评。被评为山东省乡村旅游特色村、潍坊市级文明单位。

【重点企业】 青州市环华食品有限公司。始建于1994年，占地3万平方米，拥有专业食品生产线四条，其中，山楂饼生产线2条，果脯生产线1条，年产山楂制品1000吨，产品销往全国各地大型超市，自主研制开发的具有营养和药用双重价值的果脯系列———胡萝卜脯、蓝莓果糕等，填补多项市场空白。采取“公司+农户”产业化经营模式，以契约、股份制等形式与农户形成利益联接。发展蓝莓种植基地500亩，是国内第一家蓝莓果加工企业。2017年，公司主营业务收入3260万，上缴利税260万。

青州大金星航空饮料有限公司。始建于1993年，是以生产果蔬原浆（汁）、果蔬浓缩浆（汁）、干果浸提液为主的食品基料加工企业，拥有微电脑控制的无菌灌装等生产线，年综合生产能力10000吨。产品主要销往澳大利亚、意大利、美国、印度等国家和地区以及国内大型饮料厂、跨国食品公司。2016年投资2600万元进行工艺改进和设备更新，建设生产车间、办公楼、仓库及冷库6000平方米、污水处理厂等配套设施。与无限极集团签订战略合作协议，新上鲜果果浆生产线项目。2017年，公司主营业务收入3850万元，上缴利税308万元。

青州市仰天食品有限公司。始创于1992年，主要以定型包装散装山楂饼、果脯、果蔬片、果蔬罐头的生产，销售为主。员工240名，资产总额超过8000万元，年产山楂制品6000吨。总公司占地50亩，分公司用地30亩，厂房建筑面积8000平方米。现已成为山楂加工行业龙头企业。产品畅销全国二十多个省市，深受广大消费者喜爱，其产品被中国中轻产品质量保障中心认定为中国消费者放心购买质量守信产品。2017年，公司主营业务收入3720万元，上缴利税295万元。先后荣获省级食品卫生A级单位、潍坊市名牌产品、潍坊市农业产业化龙头企业等荣誉称号。

（赵金峰）

庙子镇

庙子镇

党委书记	孙培伟
党委副书记、镇长	郑丰满
人大主席	隋艳君（女）
党委副书记	王　磊（女）
纪委书记	王海军
党委委员、副镇长	刘　民
副镇长	王　伟
	吴传宾
	齐光宝
党委委员	白国永
	杨有泮
党委委员、武装部长	田　伟
党委委员	李爱花（女）
副科级干部	吕　杰
	吕欣兰（女）

【概况】 庙子镇位于青州市西南部，具备优越的区位优势和丰富的自然资源，是国家级重点小城镇，山东省旅游强镇。清代属益都县附郭乡。镇域面积195.3平方千米，辖68个行政村，有耕地3.1万亩，林地10.5万亩，人口4.02万人。镇区建成区面积3.6平方千米，人口2.1万人。庙子镇是山东省文明镇、山东省旅游强镇、山东省生态宜居新型重点城镇、山东省特色景观旅游名镇、山东省宜居小镇、山东省第二批零碳特色小镇和全国特色景观旅游名镇。

【农业】 建成姚家台贝隆杜仲研发中心，探索研发作为国家战略军用物资的杜仲胶提取专利技术，实现一二三产业融合发展。截至2017年12月，全镇杜仲种植面积已达2000亩，全国杜仲产业标准编制第一次会议在姚家台贝隆杜仲基地召开。“贝隆”杜仲雄花茶、“贝隆”杜仲调味油、“贝隆”杜仲长寿面分别获得第十四届中国林产品交易会参展商品金奖。贝隆杜仲成功入选全国林业龙头企业。

庙子镇宇信钙业二期工程奠基

大牟榛子种植研发基地成立了省内首家榛子研究所—青州市金山榛子研究所，“唐赛儿寨”牌有机小米畅销全国各地。庙子村蔬菜水果采摘基地、朱崖有机果蔬基地、花溪源有机蔬菜基地建设初见成效，庙子镇农产品生产初露锋芒。

【工业】 2017年，关停二十多家小散乱污的企业，取缔洗沙厂、砖瓦窑厂十余家，倒逼企业重新发展。机关干部靠在企业，帮助企业跑手续、抓安全、促进度，宇信钙业与日本“白石”公司合作，完成与世界一流技术接轨，全面建成纳米钙二期项目并投产达效，预计实现年生产能力6万吨目标，年增加销售额5000万元，利税800万元。完成青州市顺鑫达新材料有限公司AAAAA分子筛二期项目的拆迁用地和土地整平工作，厂房启动建设。完成固定资产24亿元。截至12月底，17家规模以上工业企业实现工业销售产值17.1亿元，同比分别增长8.6%。实现主营业务收17.2亿元，同比增长8.6%，实现利润1.38亿元，同比增长9.8%，实现利税1.9亿元，同比增长8.9%。各项经济指标均稳步增长。新增青州市东芳园林绿化工程有限公司1家规模以上企业。

【基础设施建设】 全年完成45户棚户区改造协议签订，计划2018年开展对安置户的安置区建设。对中心社区进行提升改造，对周边进行路面硬化和绿化，对内进行装修装饰，配备办公设备。对已经建设的道路进行回头看，先后开展朱崖南段水毁工程建设、洞顶路水毁工程建设、工业园区土墩工程建设。组织全镇各村集中办公，对各村道路建设情况进行绘图。投资700万元铺设淄河至庙子镇区燃气管网。投资20多万元对庙子镇污水处理厂、庙子社区污水处理厂进行设备更新、维护和改造升级。新建两处污水处理厂。完成梨园店等10个省定贫困村的水池和水源防护设施建设的工程设计。

【社会事业】 对全镇11处幼儿园、兴旺小学、庙子初中实施新建、改扩建及教玩具配备。积极配合青州市成人教育示范县创建工作，对庙子镇社区教育中心进行硬件设施配套，并抽调人员完善各项档案材料。完成全国残疾人全面普查工作，开展全

庙子商会、庙子之家青年联盟成立大会

庙子镇天然气管道通气仪式

国地名普查，整理汇总庙子镇地名资料。新建四处农村老年幸福院。成立乐绘园文化传媒公司和裕绘园农民画专业合作社，积极探索市场化运作机制，走产业化发展之路。在黄花溪风景区步行街建设农民画廊，在淘宝网设立农民画营销网店，出售精美装裱的农民画。在张庄桥至富旺桥沿线组织农民画家绘制庙子特色大型墙体农民画，绘制20余幅，总面积500平方米。计划投资800万元，建成占地11亩的庙子中心幼儿园，项目正在施工中。

【重点村庄】　圣峪口村。位于庙子镇南部，是一个拥有千年历史的古村落。该村面积3平方千米，有村民60户201人，党员14人。动、植物珍奇品种繁多，森林覆盖率达到94%以上，村内房屋以传统石砌房屋为主，古朴大方，且保存完好。三面环水，人行索桥直通黄花溪，怀抱灵泽湖，距青州城区30余千米，距泰和山景区1千米。近年来，在村两委的带领下，圣峪口村先后开展荒山整治、建设文化广场、建设村民俗馆、村史馆、百米幸福巷、煎饼铺、豆腐坊，建成9套旅游特产小木屋、200平方文化大舞台，按照旅游A级厕所标准建设公共卫生间2处，保护古树2颗，修缮泄洪沟800米，打造2处休闲区（杏花坡和五角枫休闲区），成为庙子镇“先锋”示范村。

黄鹿井村。位于庙子镇政府东侧，面积3.1平方千米，人口1100人，340户，党员25人，可耕田700亩左右，主要盛产柿子、柿饼、山楂、核桃、杏子等，进城务工人员、自由经商人员较多，多经营绿化、苗木等，经济基础较好。黄鹿井村是典型的山区乡村，自然与人文资源得天独厚。村内山清水秀、环境优美，前临响水湾，后靠象鼻山。山间植物种类繁多，奇花异草丰富，杂生植物漫山遍野，溪流不断，是天然氧吧。李氏宗祠、黄鹿井古村、文武举人故居、关帝庙、贞洁碑等人文景点形成一个相对聚集形态。黄鹿井村是庙子镇的文化、历史、艺术地标性村落。

梨园店村。位于庙子镇政府北5000米，全村有226户，共837人，党员32名，地处山区，总面积1.56平方千米，耕地面积325亩。近年来，梨园店村流转荒山裸山1100亩，成功引进光伏太阳能项目落户。利用镇政府实施的泰和矿业向南部引水工程，主动接受辐射，引水入村进河道。筹资120万元，完成1600多米的河道整理，新建拦河坝和桥梁，利用蓄水河道大力发展养鱼、种藕等水产。为充分利用水资源，在山坡地修建蓄水池3个，使旱地成为水浇田。在荒山、荒坡栽植优质核桃、苹果树、桃树等果树6000多棵，在树下间做花生、小米等特色农产品100亩，将无人问津的荒山变成助民致富增收的花果山。依托美丽的村庄环境，发展农家乐、采摘园等，建设休闲观光农业示范园，逐渐形成一条绿色发展产业链条，也为村民新增就业岗位120个。经过不断努力，村集体年经营性收入达到12万元，村民年人均收入8500元。

北崔崖村。位于庙子镇南部，全村160户519人，耕地面积500亩，主导产业以农业为主，村民外出打工较多。北崔崖以山清、水秀、洞奇、石美而闻名，整个村落依山傍水，山泉水一年四季不断，汛期水大而清澈，旱期小水潺潺，周围奇峰竞秀，两岸风光如诗如画。北崔崖村有牛头山等景点，游客众多，

2014 年北崔崖村建立合作社进行旅游开发，成为庙子镇继黄花溪后又一处旅游景点，村集体和村民收入快速增长。

上龙宫村。位于庙子镇南部，全村 58 户 197 人，总面积 2 平方千米，耕地面积 210 亩。2016 年被确定为“山东省农村产业融合发展试点示范村”。上龙宫村生态农业种植基地 1000 亩，以种植业为主，打响高山青萝卜、有机土豆两个品牌，打造有机旱菜生产基地，“龙宫”牌有机萝卜、土豆通过国家有机品牌认证。投资 3000 多万元建设 8 栋占地面积 2000 平方米的养老养生多层洋房，新上污水处理设备一套，建设桥梁 4 座，基础服务设施齐全。度假村融合乡村旅游、餐饮、住宿、养老养生、写生摄影于一体。先后发展平欧大果榛子 1000 亩，核丰薄皮核桃种植 1000 亩，连翘种植 3 万棵，高山小米等五谷种植 300 亩，杏、香椿等经济林种植 500 亩，特色种植基地已形成，带动了当地农户就业致富。

【重点企业】 青州宇信钙业股份有限公司。位于庙子镇北部，西侧为省道博临路北邻中国齐鲁石化公司，公司成立于 2008 年，注册资金 6000 万元。是一家集生产、销售、研发各种石灰石、建材石料、工业及民用氧化钙、轻质碳酸钙、超细活性碳酸钙、纳米级碳酸钙的专业生产、销售、研发型企业。公司下设 3 家子公司，拥有固定资产 3.2 亿元，年产值 7.5 亿元。有员工 760 人，其中中高级技术人员 35 人，拥有一支业务齐全、工种配套、技术先进、服务质量上乘的生产、研发、销售队伍。2017 年，公司主营业务收入 12402.4 万元，利润 695.3 万元，上缴利税 454.1 万元。

青州泰和旅游发展有限公司。位于庙子镇南部，2006 年 4 月，合展集团组建青州泰和旅游发展有限公司，公司现拥有员工 260 名，间接带动就业人数 500 余人，景区 2017 年接待游客 60 多万人次，经济收入近 4000 万元。2010 年泰和山风景区被国家旅游局评定为国家 AAAA 级旅游景区，泰和国际饭店荣膺国家四星级旅游酒店。通过 10 年的打造，形成黄花溪旅游区、天缘谷旅游区、泰和国际饭店等国内一流的旅游景观和服务接待设施，先后被评为国家森林公园、国家地质公园、国家水利风景区和国家 AAAA 级旅游景区。是著名的山岳文化和休闲型旅游景区，被誉为“山东省新兴旅游的精品景区和典型代表”。2017 年，公司主营业务收入 4700 余万元（其中酒店收入 650 余万元，景区收入 4000 余万元），上缴利税 445 万元。

山东贝隆杜仲生物工程有限公司。位于庙子镇北部，成立于 2012 年 3 月，注册资本金 1000 万元，公司主要从事杜仲苗木新品种培育、杜仲种植、杜仲综合利用的研发与加工以及杜仲橡胶的提取与应用。拥有教授级高工 1 人，高工 2 人，工程师 8 人，大专以上学历员工占 90%，是中国杜仲产业技术创新战略联盟理事单位、中国经济林协会杜仲分会常务副理事长单位、中国林业产业联合会杜仲产业促进会副理事长单位。参与中国林科院经济林研究开发中心主持的国家“十二五”科技支撑计划“杜仲材用和药用林定向培育关键技术研究”课题实施，参与杜仲材药兼用林高效栽培技术研究，同时开展立体种植与林下经济技术研究与示范。参与《杜仲全基因组测序》研究。山东贝隆杜仲生物工程有限公司拥有杜仲育苗、种植、综合开发利用专利 30 项（用于种植的 12 项，用于加工的 18 项），其中公司申报 24 项，购买 6 项。2017 年，公司主营业务收入 500 万元。

（钟　艺）

邵庄镇

邵庄镇

党委书记、猫山经济发展区党委书记	吴金国
党委副书记、镇长	王国良
猫山经济发展区党委副书记、主任	潘中昌
人大主席	张　华
党委副书记	董明强
猫山经济发展区党委副书记	房孝明
党委委员、纪委书记	安兆伟
党委委员、副镇长	周效胜

副镇长 陈　宁（女）
张瑞刚
王　华
猫山经济发展区副主任 李洪祥
党委委员 蔡传梅（女）
齐爱红（女）
王福涛

【概况】 邵庄镇位于青州市西部，与临淄区毗邻，面积164.8平方千米，设8个农村社区，辖92个行政村，2.03万户，人口6.9万人，耕地面积7.9万亩。胶济铁路、309国道、济青公路穿境而过，区位交通优势明显。2017年全镇实现公共财政预算收入1.005亿元，全镇企业108家，投产达效86家，实现工业总产值128.35亿元，主营业务收入127.77亿元，利润8.63亿元，利税12.55亿元，完成固定资产投资110亿元。获全国重点镇、国家级生态乡镇、全国综合实力千强镇、山东省示范镇、山东省历史文化名镇等称号。

【工业】 2017年，邵庄镇工业加快转型升级和创新发展，强化项目招商，新征地落户项目6个，通过闲置厂房落户项目26个。加快新旧动能转换，落实重点项目20多个，中科嘉亿、凯诺工贸在齐鲁股权挂牌，英科医疗在创业板上市。强化项目服务，豪章精密铸造一期、英科二期等项目建成投产，雷腾电动科技、金浩纳米新材料等项目试生产，江淮新能源汽车建设全面加快。矿山企业全部关停，完成土地整理1500亩，以最严厉的措施打击私采滥挖行为，结合中央环保督察，关停拆除不符合环保要求的小企业10余家，53家小锅炉全部“清零”。供电线路迁改基本完成，发展区创业服务中心投入使用，园区基础配套水平明显提升。

江淮青州新能源汽车零部件项目开工仪式

【农业】 全域旅游和现代农业顺利推进，对全镇历史文化旅游资源进行初步挖掘整理，形成“三山一园两村两点一学宫”旅游线路。全域旅游深入推进，聘请北京元一三产融合研究院进行旅游规划总体设计，总体规划初步完成。打造特色旅游亮点，王家辇古村、雀山国家AA级旅游景区、金楸林业采摘园、薛家峪休闲旅游、泉仙乐生态观光农业等旅游项目提升发展。深入调查挖掘整理传统历史文化资源，23万字的《齐鲁名镇 风物邵庄》历史文化书籍已成稿付印，东峪、刁庄列入省级传统村落。

【基础设施建设】 持续推进重点市政工程建设，普通安置区明德学校、便民市场一期建成使用，普通社区服务中心、社区卫生院已建成。镇区中心区警务服务中心、综治中心投入使用，配套完善镇区和潘村安置区污水处理设施，天然气管道铺设至镇区，薛家峪环山路、黑山旅游路等建成通车。新安装路灯1300余盏、设置公共自行车站点19个。扎实开展环境卫生集中综合整治行动，严禁占道经营、乱设摊点和店外经营，持续加大违法占地监督检查和清理整治，城镇建设更加规范有序。

【社会民生】 民生民本持续改善。邵庄卫生院与武警山东总队医院深入开展“军民融合 技术共建”活动。出台奖补政策，完

邵庄镇庆祝建党96周年晚会

成村庄绿化61个村5万株，街巷硬化10个村5万平方米，7个村村内改水，绘制文明墙体画6084平方米894幅，评选表彰“文明家庭”112户，出版《文明家风润邵庄》。旱厕改造完成1300户，全力推进南辛店棚户区改造。新建村级文化广场11处、文化大院8处，组织开展“七一”文艺汇演、乡村旅游文化节、金秋柿子节、农民画画展等系列文化活动。成立企业“扶贫联盟”，5个产业扶贫村项目基本完成。

【重点村庄】 黄鹿村。位于邵庄镇政府驻地西邻，全村共340户，1040人，党员36名。村“两委”班子健全，人员分工明确。近年来，黄鹿村扎实开展各项工作，不断加强村庄基础设施建设，改善村容村貌，多措并举，积极倡导文明新风，注重抓好各项工作落实，经济社会各项事业取得较好成绩，先后荣获山东省文明村、山东省乡村文明家园、潍坊市先进基层党组织、潍坊市文明村、潍坊市森林村等多项称号。

刁庄村。位于邵庄镇西南部，全村共670户，2235人，党员70名。明初立村，四面环山，土地肥沃，风景秀丽。近年来，刁庄村充分发挥村级党组织的领导核心作用和党员的先锋模范作用，扎实推进村级班子建设，注重加强基础设施建设，开展环境卫生综合整治，依托当地资源优势大力发展乡村旅游，不断提升村级各项事业发展，党群干群关系融洽。该村依托优越的自然条件、人文风貌，重点打造雀山旅游风景区（千年流苏林）、金楸林业、刁庄古村等三处乡村旅游景点，每年五一前后，游客爆棚。2017年被评为山东省省级美丽乡村示范村。

上家庄村。位于青州市区西郊，东邻仰天山路，西接尧王山旅游风景区，全村共107户，374人，党员26名。有耕地780亩，主要种植侧柏、黄栌、火炬、西府海棠等十多个品种的绿化苗木。该村从1984年开始进行苗木培育，现在家家户户都从事苗木生产。该村通过引进水罐、铺设输水管道等措施加强基础设施建设。积极联系客商，不断打开市场销路。生产的苗木主要销往潍坊、淄博、莱芜等省内地区和河北、内蒙古等外地省份。先后荣获山东省绿化示范村、潍坊市森林村等称号。

王家辇村。位于青州市邵庄镇黑山旅游风景区山脚下，邵庄镇政府东南3千米处，相传因齐桓公曾在此停车休息而得名。全村共260户，832人，党员25名。村东南山脚下，存有石砌古村落遗存一处，名为王家辇古村。古村依山而建，方圆1千米左右，道路、院墙、房屋多就地取材，用石头垒砌而成。据村南石碑记载，古村现存建筑始建于明代洪武十二年（1379年），至今已有600多年的历史，完整地展现出兼具明代建筑风格和青州西部山区居住特色的古建筑风貌。黑山红丝砚名闻古今，特色旅游资源丰富，属重点开发的乡村旅游特色村，2015年被评为山东省第二批省级传统村落。

北马庄村。位于邵庄镇政府驻地南邻，全村共460户，1460人，党员47名。近年来，村庄各项事业蓬勃发展，村内建有村级文化广场2处、文艺演出队伍30余人，农家书屋1处。为方便群众出行，提高群众生产生活水平，村内大街小巷得到全部硬化，所有住户自来水进行了改造提升。绘制文化墙

20多处，栽植柳树、冬青、月季等，对村庄进行绿化美化。该村注重培育良好的村风民风，积极弘扬孝德文化，移风易俗，大力倡树四德工程建设。

【重点企业】 山东多路驰橡胶股份有限公司。2011年9月注册成立，是一家专业生产、销售高性能半钢子午胎的国家高新技术轮胎生产企业。占地750亩，员工580人。公司采用世界先进的法国米其林技术，生产运营“雷登”唯一品牌，成功定位中高端品牌。公司产品种类有四季胎、雪地胎、热熔半热熔轮胎、防爆胎等高附加值轮胎，10大花纹系列，460多种规格型号，销售网络覆盖全国各省以及80多个国家和地区。公司拥有完善的IATF16949、ISO 9001质量管理体系认证、3C国家强制认证、美国DOT、E—MARK、海湾GCC认证。2017年，公司主营业务收入29597万元，上缴税收456.47万元。

安徽江淮汽车集团股份有限公司山东分公司。2010年2月规划建设，占地500余亩。一期投资约5亿元，双班年产5万台，主要生产江淮康铃轻型载货汽车，形成以江淮自产机为主，云内、全柴、潍柴、锡柴、扬柴等社会动力为辅的格局。驾驶室生产覆盖康铃XI、X3、808窄体、808宽体，轴距生产覆盖2100毫米、2400毫米、2600毫米、2700毫米、2800毫米、3308毫米。整个工厂建设按冲焊、涂装、总装三大工艺划分车间，均采用国际先进生产技术，保证整车的高品质。2017年，公司主营业务收入191576万元，利润8017万元，上缴利税10510万元。

山东英科医疗制品有限公司。2010年8月成立，拥有总资产10亿元，占地面积300亩。主要从事医疗级塑胶手套、医疗级乳胶手套、PE手套、丁腈手套及其他医疗制品的生产和销售。产品广泛用于多个行业，市场几乎涵盖一次性手套的所有应用领域。公司产品以出口为主，出口比例占95%以上，主要销往美欧、日本等经济发达地区。公司拥有医疗产品生产许可证、进出口许可权等满足行业需求的全部资质，获得ISO 9001质量管理体系认证、ISO 13485医疗器械质量体系认证、BRC（全球消费品）认证，通过亚马逊、CVS、Mckesson、Target等全球知名品牌的品质及社会责任审核。公司2015年被认定为高新技术企业，2016年被认定为潍坊市一企一技术中心，2017年被认定为省级企业技术中心。公司拥有自己的研发团队，有发明专利2项、实用新型专利20余项，承担2017年青州市科技发展计划项。2017年，公司主营业务收入100393万元，利润11740万元，上缴利税12036万元。

青州豪章工贸有限公司。2014年5月成立，公司拥有短流程铸造用高炉2座，余热发电车间3个，铸造车间8个，机械加工中心1座，形成一条集高炉冶炼、余热发电、短流程铸造、机械加工于一体的循环产业链。为做大做强铸造产业，依托成熟的短流程铸造工艺优势，投资6.9亿元，分三期建设20万吨精密铸件项目。一期工程投资1.9亿元，占地50亩，建成13560平方米铸造车间一座，设计产能5万吨精密铸件，2017年投入生产，产品销往国外。二期三期工程计划投资5亿元，占地170余亩，新建铸造车间3座，技术研发中心1座，办公大楼1座，计划年产高端数控机床、汽车配件、阀门、纺织机械等精密铸造件15万吨，项目预计2019年底前全部建成。2017年，公司主营业务收入57690万元，利润3007万元，上缴利税3626万元。

山东华瑞丰机械有限公司。2011年3月成立，占地320亩，隶属于青岛华瑞汽车零部件股份有限公司，是一家致力于车辆底盘类零部件研发、生产、销售、服务于一体的现代化高新技术企业。公司共有职工600余人。其中，高级专业技术人员11人，本科及以上学历110人。公司生产设备先进。拥有国际先进水平的日本东久自动精密铸造生产线2条，摩擦材料韩国BT生产线4条，汽车车桥总成组装线2条，高端数控加工中心12台套。拥有较强的科研和产品开发队伍，与国家行业重点科研机构、多家高校建立长期合作关系，自主研发能力不断提升。公司产品涵盖精密铸造类、车桥类、模具类、摩擦材料类等。生产的汽车类、工程机械类、工业制动器类摩擦材料，主要出口欧美、台湾等国家和地区。公司于2013年通过ISO/TS16949:2009质量管理体系论证。2017年，公司主营业务收入12137万元，上缴利收455.71万元。

（张协波）

高柳镇

高柳镇

党委书记	常方刚
党委副书记、镇长、政协工作室主任	王希昌
人大主席	陈建庆
党委副书记	王召华
党委委员、纪委书记	赵益源
党委委员、副镇长	徐风光
副镇长	于洪福
	刘传华
	贾鸿飞
党委委员	李景晖
	杨利萍（女）
	刘艳萍（女）
	潘洪升
安全生产监督管理办公室副主任	李一军
社会事务办公室副主任	赵加林(回族)
经济发展办公室副主任	王博磊（女）

【概况】 高柳镇地处青州市北部，辖区面积96.6平方千米，其中陆地面积93.8平方千米，水域2.8平方千米。下辖71个行政村，人口5.9万人。境内盛产西红柿、长茄、西葫芦等蔬菜，其中“高柳”牌蔬菜已成为山东省首批获准进京销售的“绿色农产品”。先后被评为潍坊市绿化模范镇、全省农机安全“十县百乡千村万户”示范活动示范镇、潍坊市农产品质量安全示范镇、潍坊市文明镇等。

【工业】 引进总投资2亿元的晨盛高等级道路重交沥青项目、华峰农膜三期项目、阳河沥青项目落户阳河工业园，园区建成面积1695亩，规模以上企业达到12家。成立阳河工业园管理办公室，配备干部专职包靠，积极协助总投资4.3亿元的中化弘润滨青分输油库项目协调土地，办理环评、安评、规划建设等手续，保证项目施工顺利。阳河工业园初步形成机械制造、钢构产销、精细化工为主导的产业体系。2017年，高柳镇为阳河工业园调整土地850亩。在镇区南部调整土地500亩，利用靠近物流工业园地理优势，吸引落户高档机械加工、仓储物流及高精尖项目，形成高新技术产业园。

【农业】 截至2017年12月，高柳镇蔬菜种植面积达到2.6万亩，建成国家标准园2个，农民专业合作社发展到116家、家庭农场发展到30家。全年开展职业农民培训11期、培训农民4100人次。重点培育家家富、九州农庄两家农业龙头企业，家家富集团公司于3月份上市，成为首家澳交所上市的中国有机农产品企业。代表山东省接受国家第三次全国农业普查检查验收并顺利通过。

【基础设施建设】 扎实推进西朱鹿棚户区改造，超额完成棚改任务194%，腾空拆除房屋187户。阳河文和苑新开工建设居民楼3栋、100户。完成农

阳河工业园

中化弘润滨青分输油库项目

村危房改造362户，群众居住条件进一步改善。深入开展“美丽乡村”创建行动，葛口村打造成潍坊市“美丽乡村”示范村，阳河、南马兰被评为青州市“美丽村庄”。新修道路11千米，配套垃圾清运车15辆、保洁员200名、垃圾箱1600个，清理多年积存垃圾和“三大堆”3200多吨。清理大型户外广告36处。完成3245户旱厕改造，人居环境不断优化。镇区面积达到2.51平方千米。

【社会事业】　聘请专业队伍，对北阳河河域进行综合治理，成立63人的镇村巡逻队，24小时不间断巡查，实现出境断面水质持续稳定达标。开展“散乱污”企业清理整治，对小塑料、美废等污染行业进行彻底取缔，彻底关停塑料分拣加工等污染企业。开工建设3500平方米的高柳中心幼儿园，开展“精品大戏惠民行”100场，完成中心卫生院放射科扩建、阳河老年公寓一期工程。“一村一警务”和“一村一法律顾问”实现全面覆盖。

【重点村庄】　崔家村。位于高柳镇南部，明永乐年间立村，1947年至1950年为益寿县府所在地，现人口850余人，245余户，党员47人，面积1390亩，村民主要从事蔬菜种植、花卉培育，村内有桂花、君子兰等花卉基地5处，2017年人均纯收入1.8万元，村集体经济收入20万元。近年来，崔家村积极发展公益事业，村内道路全部实现硬化绿化亮化，村环卫一体化实现市场化托管运营，新建两处文化活动广场，定期开展群众性文化活动，投资15万元改水6000余米，实现社会化供水，广泛开展以“孝”治村活动，投资7万元制作二十四孝图大理石浮雕，连续举办八届举办“古槐庆生孝德文化艺术节”。崔家村先后获得全国妇女工作先进村、山东省计划生育示范村、潍坊市党风廉政建设示范村等称号。

新型育苗产业

南马兰村。位于高柳镇南部，有居民848人、240户，土地1607亩，党员42名。村民以大棚蔬菜种植为主，村内有九州农庄蔬菜合作社、高柳蔬菜市场，村集体经济来源主要是土地承包费，年收入约10万元。近年来，南马兰村在“两委”干部的积极努力下，各项事业快速发展，先后建成村文化活动广场、村委办公楼、南马兰幼儿园，村庄道路全部实现硬化。

前后寨村。地处青垦路与前史路交汇处北侧，全村共有175户，645人，党员31名，耕地面积950亩。2017年人均收入19000元。前后寨村工业发展强劲，先后有潍坊青田化工和潍坊明珠化工两家投资500多万元的大型企业投产达效，2017年全村民营企业发展到13家，固定资产2亿多元。新农村建设成就突出，村内道路硬化1300米，主要干道全部硬化并配套路灯，中心大街栽植绿化苗木，并设有居民休闲广场2处，村内安全监控全部覆盖。先后被授予山东省文明村、潍坊市文明村、潍坊市精神文明建设先进单位等荣誉称号。

西水渠村。地处高柳镇东南部，全村共有281户，998人，党员34名，耕地面积1950多亩。2017年人均收入19200元，1979年设立村党委。该村以农业发展为主，农民主要种植蔬菜大棚，有蔬菜大棚500个，为加快农业发展，积极招商引资，引进3家蔬菜合作社，积极帮助农民购销蔬菜。西水渠村不断加快新农村建设，村内主要道路全部硬化并配套路灯绿化苗木等设施，投资150余万元扩建幼儿园，投资12万建设文化广场大舞台，村内安全监控全部覆盖。被授予潍坊市文明村等称号。

阳河村。地处高柳镇北部，济寿路南侧，全村共有人口1907人，510户，党员76名，耕地面积500亩，2017年人均纯收入达到21000元。阳河村民营经济和个体工商业发展迅速，规划建设占地1695亩的阳河工业园，入园区企业达32家，个体工商户已达110多家，省道两侧已初步形成规模性的餐饮服务区和商业区。阳河村积极发展民生事业，全村道路全部实现硬化，环卫一体化工作顺利推开，建成阳河小学教学楼、阳河幼儿园。建成阳河文和苑24栋居民楼，入住510户，并采取村土地入股的方式招商引资，入股青州市八方牧歌饲料公司，集体经济现突破70万元。该村连续多年被青州市委市府授予“经济发展百强村”“先进基层党组织”等称号。

【重点企业】 青州市东方彩钢结构工程有限公司。位于高柳镇北部，占地面积70亩，注册资金1600万元，职工169多人，拥有国家一级钢结构建筑资质。主要生产钢结构厂房，有3条生产线，年产能4万多吨。拥有完全自主的专利技术和知识产权，超声波探伤、漏磁探伤等检验检测设备。2017年，公司主营业务收入8000万元，利润43.7万元，上缴税收125万元。获得山东省亲情教育基地、潍坊市守合同重信用企业、潍坊市诚信民营企业、潍坊市安全生产示范企业、潍坊市民营科技企业等称号。

青州市鲁冠塑料厂。位于高柳镇镇区，占地面积6万多平方米，其中建筑面积1万平方米，注册资金1000万元，职工160多人。主要生产PO膜、转光膜、增光膜以及地膜，有30条生产线，年产能6.5万吨。该企业拥有完全自主的专利技术和知识产权，建有现代化实验室，拥有溶指仪、透光率雾度测定仪等完备的检测设备。2017年，公司主营业务收入1.98亿元，利润135.2万元，上缴税收31.9万元。获得山东省名优品牌、潍坊市民营科技企业、潍坊市消费者满意单位、诚信民营企业等称号。

山东豪俐恒石油化工有限公司。成立于2011年6月13日，公司位于青州市高柳镇阳河工业园，占地面积120余亩，建筑面积4000平方，是一家专业生产固体沥青、燃料油销售等一体的大型企业。生产设备及配套设施健全、专业化强，配备国内最先进的空气氧化生产设备。公司注册商标“桂源”牌沥青常年销往全国二十多个省市，产品覆盖全国。产品广泛用于各种建筑、桥梁、兴建公路、机场等国家重点防水工程，用于船舶、输油、输气管道等机械防水，用于油田防渗漏等多种用途。2017年，公司主营业务收入5.37亿元，利润217.8万元，上缴税收190.8万元。获得高柳镇纳税先进企业、尊师重教企业等一系列荣誉称号。

潍坊润星能源发展有限公司。公司位于青州市高柳镇阳河工业园，占地面积3万多平方米，其中建筑面积7000平方米，注册资金500万元，职工20多人。主要生产丙烯、丙烷、液化石油气，年产能2万吨。公司同石油大学等高等院校长期合作，掌握国内先进加工工艺，建有现代化实验室，拥有气相色谱检测、微库仑仪总硫测定、水分测定仪等完备的检测设备。2017 年，公司主营业务收入 2.7 亿元，利润 112 万元，上缴税收 129.3 万元。获得潍坊科技企业等荣誉称号。

（侯荣静）

何官镇

何官镇

党委书记	李世斌
党委副书记、镇长、政协工作室主任	朱英坤
人大主席	张怀富
党委副书记	张福利
党委委员、纪委书记	张文霞（女）
党委委员、副镇长	徐明莹
副镇长	杨全波
	吕慧娟（女，8 月止）
	李现民
党委委员、组织委员	王志刚
党委委员、宣传委员	孙　强
党委委员、武装部长	高良章
党委委员、统战委员	耿江远
副科级干部	杨传永
经济发展办公室副主任	刘玉红（女）
副科级干部	张志平
	霍洪军
	裴德广

【概况】 何官镇位于青州市东北部，驻何官村，辖 74 个村，人口 7.2 万人，面积 115 平方千米。青银高速（G20）、长深高速（G25）、羊临路（S226）、济寿路（S321）穿境而过，并设有青州市最大的高速路出口—青州东出口。济青高铁客运线横贯东西，高铁青州北站坐落于新胜村。2014 年以来，先后获山东省“文明村镇”、山东省“卫生镇”、山东省“环境优美乡镇”、山东省“孝文化教育基地”等称号。

【工业】 2017 年，何官镇注重引进优质项目，

潍坊雷腾机械有限公司车间一角

产业结构不断优化。山东京青农业科技有限公司引进支撑国家“双减”工程微生物生防制剂项目。在建项目 6 个，新签约项目 1 个，在谈项目 2 个。全面落实“三去一降一补”五大任务，加快“腾笼换鸟”，淘汰落后产能企业 29 家，关停各类“散乱污”企业 55 家。重点项目顺利推进。±800 千伏特高压青州换流站工程，涉及 3 个村，群众 157 户，征地 534 亩。±800 千伏特高压青州换流站进出站线路，共有 5 条，架设塔基 159 处，涉及群众 381 户，大棚 35 个，征地 561 亩。中化弘润输油管线工程，在境内 10 千米，途经 10 个村庄，涉及群众 259 户，土地 237 亩。济青高铁青州北站及站前广场建设工程，涉及 12 个村，群众 620 户，大棚 505 个，征地 908 亩。济青高铁连接线工程（新北环路），境内长 9.5 千米，涉及 21 个村，群众 680 户，大棚

内蒙古扎鲁特—江苏泰州 ±800kv 特高压青州换流站

规划整齐的农田

224个，征地408亩。济青高速改扩建工程，涉及10个村，群众292户，沿街房、宅基地36处，大棚178个，征地158亩。

【基础设施建设】 城镇建设水平全面提升。2017年不断完善镇村道路网格体系，74个村村内道路全部硬化，累计硬化镇村道路235.78千米。抓好绿化工作，全年栽植高大乔木22万株，完成道路绿化35千米。创新建立“路长制”，对全镇所有道路实行网格化管理，确保垃圾及时清运，交通顺畅。严格落实“河长制”，对茅津河、王钦河、龙泉河等6条河流进行高标准综合治理，其中茅津河水质全面达标，移交阳河管理局。结合青州市高铁片区规划和济青高铁青州北站带来的交通区位优势，完成“高铁特色小镇”总体规划设计。

【农业】 2017年发挥南小王、南张楼示范带头作用，着力培养现代农业、绿色农业、高效农业。依托南小王晟丰土地合作社，引进青州天禄农业发展股份有限公司农业综合开发项目，建设高温蔬菜大棚7000亩，育种育苗基地1000亩，观光休闲农业园区1450亩，特色养殖基地325亩。以南张楼为中心，在周边的17个村推广“城乡等值发展，实现就地城镇化”经验，积极开展土地整理。推广京青农业合作社创新的“农企对接”“农超对接”模式。建设覆盖全镇的农村节水信息平台，高标准建设3800亩节水灌溉示范区。争取到总投资1550万元的国家农田水利项目县建设工程，建设1.9万亩农田水利配套设施，年新增节水能力228万立方米，受益人口1.2万人。

【社会事业】 2017年建成50处农村标准化卫生室。镇中心幼儿园投入使用。全镇74个村全部建成文化广场，累计开展文化演出400多场次。全力打好脱贫攻坚战，全镇1394户精准扶贫户实现全部脱贫摘帽。加快推进农村无害化厕所改造，完成2430户旱厕改厕工作。加强矛盾纠纷排查，严厉打击各类违法犯罪分子和“法轮功”等邪教组织。以“查违规、查隐患、查制度落实”为重点，对辖区内工农业安全生产工作进行全面摸底排查。完善社会治安综合治理机制，全面落实“一村一警务助理”制度，建设“平安何官”。

【重点村庄】 **南张楼村**。是何官镇最大的行政村，现有人口4273人，1108户，耕地6308亩。南张楼村历史悠久，村里存有元代饮马槽，花纹精致，制作考究，马槽中央有刻书：大德七年造。1988年，山东省与德国巴伐利亚州确立友好省州关系，在德国汉斯·赛德尔基金会的支持指导下，成功探索出一条通过土地整理和村庄革新，实现城乡等值化发展的新农村模式。通过村庄革新，完善村庄基础设施，提升群众居住生活条件，留住农民，增加农民收入，走出一条具有南张楼特色就地城镇化路子。全村道路全部硬化，栽植两条银杏观光林带，建有民俗博物馆和文化广场。被评为山东省旅游特色村。

南口埠村。位于何官镇东南部，南邻东夏镇，东邻寿光，有人口3540人，960户，耕地4700亩。南口埠村交通便利，省道羊青公路和益羊铁路邻村而过，济青高速青州东口位于村南侧，口齐路横贯村北部与羊青路交汇。民营经济发展迅速，形成建筑装饰、化肥生产、机械制造、纸品包装、食品加工等多种门类，是远近闻名的“装饰之乡”和“优质农家肥生产基地”。近年来，镇党委政府在村西规划建设口埠工业园，规划用地1700亩，工业园已初步形成以新材料、新能源和生物技术等产业为重点的工业区，园内现有吉青化工、京青科技等20家企业。

南小王村。位于前史路中段东侧，有人口310人，105户，耕地638亩。2008年，在青州市率先成立土地股份合作社，走上依托土地流转发展有机农业的富民强村之路。2013年，合作社与中信信托签下山东省“土地流转信托”第一单。2017年，引进总投资4.5亿元的青州天禄农业发展股份有限公司农业综合开发项目，从事农产品深加工等项目，打造综合性现代农业基地。着力发展民生事业，建设完成4栋高标准居民楼供村民居住，建设28套老年公寓，供村内年满65岁老人免费入住。先后荣获山东省孝文化教育基地、潍坊市创先争优先进基层党组织、潍坊市新农村建设带头村、潍坊市文明单位等称号。国家发改委、农业部等部门多次进行专题调研。

后演马村。位于前史路东侧，口齐路北侧，有人口758人226户，耕地1086亩。村内环境优美，民风淳朴。后演马村已实现村庄整治全覆盖，达到全村“道路硬化，村庄绿化，路灯亮化，卫生洁化，环境美化”五化标准。重点突出“道路硬化、垃圾收集、卫生改厕、污水处理、村庄绿化”五个重点工作。坚持把村民道德建设当作一项大事来抓，制定符合村情、民情的《村规民约》和《评选文明农户、“五好家庭”标准》，规范村民们言行举止。坚持开展“十星级文明户”“五好家庭”“好婆婆”“好媳妇”评选活动，以孝治村，文明管理。先后被评为青州市老龄委工作先进单位、军民共建示范村等荣誉称号。

江家村。何官镇东北部，前史路绕村而行，王钦河穿村而过，有人口1067人，287户，耕地1810亩。该村全面推进规范化民主管理，对村务、政务实行全部公开，实现规范化、制度化。以建设生态文化为出发点，全面推进精神文明建设。建设文化大院、群众娱乐活动室和远程教育活动室，配备电视机、阅报栏、象棋等设施，加强对干部、党员和群众的教育。组织成立民间文艺队，配备乐器和服装，开展丰富多彩文化活动。对全村道路进行硬化和绿化，增加公共卫生设施，新建体育健身场所，王钦河公园，村中心文化广场，连续举办十四届金秋文化节。先后获山东省美丽宜居村庄、潍坊市文明村镇等称号。

【重点企业】 山东吉青化工有限公司。位于口齐路口埠段，是国家备案的高新技术企业，专业从事橡塑助剂产品研发与生产，公司自主研发的绿色生物基增塑剂，2014年被列入国家“863计划”立项支持。公司建有院士工作站、山东省工业生物技术工程实验室、山东省一企一技术研发中心、山东省生物基材料工程技术研究中心等近10个技术创新平台，同中科院兰化所成立工程塑料联合实验室，与北京化工大学成立绿色生物基材料研发中心，并于2015年7月，成立“工业生物材料产业技术创新联盟”。公司核心技术先后申请国家发明专利15项，承担省部级以上项目10项。产品被评为“中国塑料行业十佳助剂”，获中国十大绿色环保科技金牌，客户涉及美国、韩国、马来西亚等多个国家。2017年，公司主营业务收入1600万元，上缴利税136万元。获得“全国质量、服务、信誉AAA级企业（品牌）”“中国科技创新十大最具影响力品牌”“山东省消费者满意单位”“山东省守合同重信用企业”“山东省文明诚信民营单位”等称号。

山东京青农业科技有限公司。是以微生物的研发、生产、销售、试验推广为一体的高新技术企业，公司位于何官镇北部，生产基地占地面积40000平方米。公司专注于作物土传病害和连茬障碍的应用研究，涉及植物营养、植物病理、土壤学、微生物学、发酵工程等多个学科。已申请发明专利8项，实用新型专利4项，微生物肥料登记证16个（剂型涵盖颗粒肥、可湿性粉剂、可溶性粉剂、水剂等）。公司新引进支撑国家“双减”工程的微生物生防剂项目。先后研发国内首款全水溶性微生物菌肥、首款可用于航喷的农用微生物菌剂，研究成果迅速实现产业化。公司现有“益微”“益生元”等五大品牌近百个品种，产品在全国二十多个省区均得到广泛的推广和应用。2017年，公司主营业务收入1201万元，上缴利税46万元。

潍坊雷腾动力机械有限公司。公司位于南张楼工业园，占地60余亩，是一家集研发、生产、销售、服务于一体的柴油发动机、燃气发动机及发电机组专业化装备企业，专做高端产品。产品广泛用于消防应急、数据中心、电力、矿山开采等国家重点工程。产品已通过国家ISO 9001:2015质量管理体系认证，内部实行ERP管理。形成生产4缸柴油机12000台，6缸柴油机机10000台，机组8000台的年生产能力。已获得8项国家专利，始终处于行业领先地位，产品供不应求。2017年，公司主营业务收入2455万元，上缴利税57万元。

山东青州市南张石油机械厂。位于南张楼工业园，1984年建厂，企业技术力量雄厚，具有较强的设计开发能力，设备精良，管理完善，已于1998年在同行业中率先通过ISO 9001质量管理体系认证，是中石油、中石化的一级网络成员。主导产品有离心机、砂泵等20余种，销往中原、胜利、大庆等全国各大油田，并有相当一部分用于各大油田配套出口作业。生产的LW457型离心机属国内首创，达到国际先进水平，并荣获国家专利。研制的新产品开关磁阻电机，节能低耗，前景良好。2017年，公司主营业务收入1470万元，上缴利税105万元。

（房师新）

东夏镇

东夏镇

党委书记	陈　伟
党委副书记、镇长	张福森
人大主席	宫世武
党委副书记	孟凡林
纪委书记	宋亚南
党委委员、副镇长	刘洪洲
副镇长	王洪伟
	姜海燕（女）
	门海鹏
党委委员	于娜娜（女）
	董　友
党委委员、武装部长	李洪伟
党委委员	蔡方华
副科级干部	田文昌
	张兴良
综治办副主任	房师新

【概况】 东夏镇地处青州市东北部，济青高速、长深高速、309国道、羊青路穿境而过。东夏镇共有村民1.3万户，人口4.9万人，下辖72个行政村，建有王小、李集、二府、苏埠屯4大社区，总面积91.2平方千米，耕地面积7.2万亩，是青州市机械配件加工基地、优质小麦生产基地，先后获得省级文明镇、山东省农机安全示范乡镇等称号。

【物流业】 编制完成物流小镇发展总体规划，打造“一心、一港、两轴、四区”的功能布局，重点打造农产品物流综合发展区、国际陆港及配套发展区、城镇功能及健康养老产业发展区、高新工业发展区四大发展片区。建成并运行国际陆港监管场站。公铁水集装箱多式联运示范工程成为潍坊市唯一入

国际陆港监管场站开通仪式

鲁东瓜子产业园开工仪式

选山东省多式联运示范工程项目。前海新能源潍坊储油库项目已建设完成。鲁东瓜子干果物流产业园一期仓储物流交易区建成投入使用，近百家经营业户入驻经营，年市场交易额突破15亿元。鲁东瓜子干果物流产业园二期加工厂房和农产品电子商务综合大楼主体基本完工。

【工业】　工业园一期12家企业全部投产达效，实施西扩南进二期规划，调整土地300亩，已落户山东多米诺农业、青州东联机械两大项目。以金必来生物科技项目为带动，重点培育宝通机械、丰达机械等项目，引导企业进行产业结构转型升级。全年签约项目1个，储备项目2个，申报潍坊市外项目4个，完成投资22.9亿元。2017年，辖区规模以上工业实现产值25.7亿元，利税2.5亿元，利润1.7亿元。

春满洲农业科技示范园

【农业】　着力打造冬暖式大棚瓜菜、畜牧养殖加工、大姜、农产品批发交易和农资配送五大特色产业区。重点扶持“春满洲”农业科技示范园项目，推广食用百合、软籽石榴等特色农产品种植，流转土地300亩，推出百合干、百合粉、百合营养粥等系列深加工产品。抓好农产品质量安全，每月对境内的各类蔬菜进行抽样送检。注重品牌建设，打造瓜菜、大姜等特色农产品，绿色、有机及原产地品牌，“三品一标”品牌发展到22个。

东篱居养生养老公寓开园庆典

【基础设施建设】　持续推动东篱居养老养生项目建设进度，项目一期开园运营，二期休闲体验区规划完成。制定出台棚户区改造三年规划，分步对王小、王木匠等村庄进行搬迁改造，全年完成290户棚改任务，累计投资6300万元，建设10栋住宅楼，占地133亩，建筑面积11万平方米。投入资金800万元，启动主干道路提升和排水工程，修补罩面5千米，道路挖补20千米，安装路灯147盏。开展基本农田整理项目，改造提升生产路61条54.7千米。完成26个村2.3万亩农田的小农水建设项目，新打机电井65眼，埋设地下管道14.6万米。

【社会事业】　扎实开展移风易俗，72个村全部组建红白理事会，统一制定红白事标准，打造刘辛、李集等10个移风易俗示范带头村，启动刘辛公墓建设。与市纪委共同举办“喜迎中共十九大——绘

廉政青州 扬清风正气”廉政农民画主题作品展。推进镇级文化惠民工程建设，打造21处文化广场，新建农家书屋5处，新设立村级孝文化基地5处，组织举办各类文化惠民演出37场次。投资400万元，维修改造东夏学校、苏屯学校、堂子小学。投资120万元，高标准新建二府幼儿园。推进道路绿化、弥河成片造林以及镇村绿化，累计栽植、补植林木10万株，建设林网道路12千米。推进农村改厕工程，完成1500户改造任务。

【重点村庄】 邵树村。位于东夏镇羊临路西侧，其前身是益都县桃园公社，现有人口350余户，共1520余人，土地面积2880亩。村民主要从事大姜种植，2017年人均纯收入高达1.8万元，村集体年收入达15万元。近年来，邵树村积极发展公益事业，关爱老年人。注重宣扬孝文化，每年都会进行“好媳妇”“好婆婆”评比活动。村内南北道路和出村公路全部实现硬化和绿化，村内环卫方面实现市场化托管运营。

李集村。位于东夏镇驻地西北1千米，西邻青州市经济技术开发区，靠近309国道，境内有益羊铁路段。全村共有村民330户1280人，党员74名，耕地1500亩。近年来，李集村积极发展公益事业，村内硬化路面实现全覆盖，对全村330户居民自来水用水进行改造，解决了村民吃水问题。全村大街安装路灯，购置垃圾筒、垃圾箱，聘用多名保洁人员，确保村内道路整洁卫生。

大袁村。位于东夏镇中部，共有村民186户，人口630人，耕地1142亩。2017年，大袁村人均收入1.4万元。2014年，镇党委本着“以强带弱、以后带先”的原则，成立大袁联合党支部，以大袁村为核心，帮带相对落后的南黄村、齐家村。大袁村积极发展公益事业，村内道路基本实现绿化硬化亮化。2016年，在上级资金政策的扶持下，大袁村新建600平方米的村两委办公室，配套建设村民服务设施。积极开展“文明一条街”“十星级文明户”“好媳妇好婆婆”等一系列精神文明评选活动，营造良好的民俗村风。

王小村。是东夏镇政府驻地，共有村民182户，总人口637人，耕地面积936.5亩，党员34人。村内主要经济来源是种植大姜、大棚蔬菜及粮食作物。近年来，王小村新建村两委办公室、村民服务设施，整治村内环境卫生，硬化绿化亮化村内道路，在全镇率先建立集中居住区，第一期能容纳110户的居民楼已全面竣工，天然液化气和地源热泵等基础配套设施安装完毕，成为青州市第一家绿色、低碳、环保农村社区。王小村连续三年获东夏镇年度综合考核第一名，先后被评为省级文明村、生态村，全国妇联基层组织建设示范社区等。

苏埠屯村。位于东夏镇政府东约6千米，村东为苏埠屯墓群，为商代王侯墓，为省重点文物保护单位。商墓群所在的土埠为古代屯兵处，旧志称之苏秦墓，因此得名。全村共有村民202户，人口750人，耕地面积1350亩，村两委干部6人，党员33名，2017年村民人均纯收入超过1.1万元。近年来，苏埠屯村新建村委办公室和村民健身广场，硬化绿化亮化村内道路。坚持党务、村务、财务三公开，坚持村级大事让村民作主。建立标准化科普宣传栏，定期为农户进行科普知识宣传，提高生产生活水平。

【重点企业】 山东港天物流有限公司。成立于2007年9月，依托王木匠站建立，是省内第一个主要港口向内陆延伸的无水码头和胶济线上最大的铁路场站。公司占地860亩，拥有重型货车300余台，6条铁路专用线，同时满足6个整列的货物接卸，日装卸达8万吨，年吞吐量峰值达2100万吨。是山东省应急煤储备基地和中国物流与采购联合会常务理事单位。2015年9月被评为国家AAAAA级仓储型物流企业。2016年被潍坊市列为重点扶持企业，拟投资建设的青州国际陆港被潍坊市列入十三五建设发展规划并列为2016年重点项目。2015年8月28日，省内第二家开通青州至中亚的“鲁新欧·青州号”国际货运班列，班列货运以机械、轮胎、玻璃、轻纺织品为主，每月固定开行一列。“鲁新欧·青州号”班列的开行，推动鲁中乃至山东实施一带一路发展战略和融入国际经济大潮。2016 年 5 月 31 日，鲁中—青岛海铁联运集装箱往返班列从港天物流开行，每周两列。2016 年 6 月 30 日，济南海关批准在山东港天物流有限公司设立海关监管场站，这是全省首个对接“一带一路”战略的海关铁路监管场站，并于 2017 年 8 月 18 日封关运行。2017 年 10 月 12 日，入围“山东省第一批多式联运示范工程项目库”。公司全年主营业务收入 9875 万元，上缴利税 690 万元。

鲁东瓜子干果物流产业园。位于青州市东夏镇长深高速以东，东夏镇镇前路以南，占地约 500 亩。产业园距青银高速青州东、西出口各约 5 千米，距 309 国道 3 千米，距长深高速青州出口 5 千米。园区拟建设大型综合仓储设施 7 万平方米，规划建设办公区、货物仓储区、辅料区、加工区、大型停车区、物流区以及综合配套区。项目总投资 3.8 亿元，全部建成后可容纳瓜子干果仓储、坚果加工和相关包装、机械、物流等产业经营业户 200 余家，解决 3000 人就业，年经销瓜子、干果 50 万吨，年交易额可达 50 亿元，实现利税 5000 万元。产业园全年交易额 5.2 亿元，上缴利税 800 万元。

青州恒易机械有限公司。公司位青州市东夏镇北部，2007 年 11 月 12 日成立，公司占地面积 40000 平方米。2009 年，公司拓展生产项目，引进韩国加工设备，为潍柴配套加工柴油机缸盖，年产量 40 万件，为一拖（洛阳）柴油机有限公司配套生产缸体、缸盖及发动机零部件。与安徽天利动力股份有限公司签订长期供货合同。开发连体缸盖及齿轮室项目并已投入生产。2017年，公司主营业务收入2536万元，上缴利税 178 万元。先后被授予文明诚信民营企业、尊师重教先进单位、年度纳税先进企业等称号。

青州博宇机械有限公司。青州博宇机械有限公司位于胶济铁路中段、309 国道以北、济青高速以南。公司 1992 年成立，占地面积 10000 多平方米，有职工 100 多人，是汽车、柴油机配件专业生产厂家。先后获得“重合同守信用先进单位”“文明诚信民营企业”等称号。2006 年在 ISO 9000 质量管理体系的基础上导入 TS16949 汽车行业质量体系，并顺利通过国际认证。公司拥有机械加工设备 80 多台，产品有柴油机水泵体、法兰、水泵中间垫块系列、柴油机进、排气管系列、齿轮、齿圈系列等多种柴油机配件，主要给潍柴动力股份有限公司、福田雷沃国际重工股份有限公司、潍柴道依茨柴油机有限公司和潍坊华丰动力股份有限公司配套，并出口俄罗斯和德国。2017 年，公司主营业务收入 3375 万元，上缴利税 236 万元。

（杨　旭）

谭坊镇

谭坊镇

党委书记	高乐江
党委副书记、镇长	崔乐伟
人大主席	苏传亭
党委副书记	张清华
党委委员、纪委书记	陈　华
党委委员、副镇长	闵　强
副镇长	郝怀博
	李伟彬
	司振东
党委委员、武装部长	史　勇
党委委员	王春燕
	崔海霞
	尚　超
安全生产监督管理办公室副主任	孟庆刚
社会事务办公室副主任	董建亮

【概况】 谭坊镇位于青州市东部，镇域面积 162 平方千米，耕地面积 15 万亩，辖 114 个行政村、167 个自然村，人口 9.9 万人。胶济铁路、胶济客运专线、309 国道、07028 省道、宝通街纵贯全境，是全国农产品加工业示范基地、全国一村一品示范乡镇、国家级生态乡镇、山东省文明镇、山东省中心镇、山东省生态镇、山东省无公害瓜菜生产基地、山东省科学·关爱·和谐示范乡镇，素有瓜菜之乡、林果名镇、状元故里的美誉。

山东新展新材料科技有限公司新型汽车内饰材料项目开工启动仪式

【工业】 2017年引进潍坊泓晟秸秆热电联产项目、山东新展新材料新型汽车内饰项目等过亿元项目4个。青州市多利达重工机械有限公司、潍坊市奥隆新型建筑材料有限公司在齐鲁股权交易中心成功挂牌上市。山东沃泰二期工程完成建设，华诚高科建成潍坊市级科研平台，获评山东省高新技术企业。新挂牌山东省农业科学院“农牧废弃物资源化处理利用技术与装备科技成果示范基地”“十三五国家重点研发计划农业废弃物好氧发酵技术与智能控制设备研发试验示范基地”。

【农业】 2017年，谭坊镇投资2000万元，流转土地500亩，新建营子、老鸦花卉生产基地，年产各种花卉200万株。制定并实施《谭坊镇农业转型奖补意见》，流转程辛、庄家庄等村土地500余亩，建设六顺富现代农业示范园和绿菜园新型科技示范园。总投资530万元、占地面积25亩，与青州市供销社联建的程辛社区为农服务中心投入使用。视察引进“降糖辣椒”项目，试点种植70亩，发展“订单农业”。建成德利农林科普休闲旅游基地、万亩桃园休闲观光区和太平岭植物生态园，发展研学旅游和观光农业。获评“山东省平安农机先进单位”。

视察引进降糖辣椒项目

【基础设施建设】 加强镇区精细化管理，完成镇区提升改造工程，实现镇区硬化、绿化、亮化全覆盖。谭坊镇污水处理厂二期工程主体土建工程全部竣工，污水处理净化设备安装到位，完成厂区地面硬化工作。成立谭坊镇全域精细化管理办公室，充实执法力量。推进李家庄村庄棚户区改造，加快诺城雅苑二期、高木小镇养老公寓等在建小城镇项目建设进度。深入挖掘民俗、香山文化、状元文化、郑玄等历史和传统文化，培育郑母面、郑母烧饼、夹河驴肉等特色产业。启动状元文化开发与生态旅游项目，实施康浪河治理，建设状元府，依托状元文化，在原郑母镇区全力打造“状元小镇”。

鞠立强市长视察李家庄片区棚户区改造项目

【社会事业】 2017年投资140余万元新建谭坊镇警务中心。按省标准新建设谭坊中心幼儿园，总投

谭坊镇中心幼儿园建设项目开工仪式

资500万元，2017年完成主体工程建设。新建程辛幼儿园、南魏幼儿园二期工程投入投资100万元在谭坊中心卫生院建设国医堂，对脑卒中患者优惠治疗。对全镇800户低保户、五保户家庭实行定点医院免费就医政策，谭坊中心卫生院获评全国群众满意的乡镇卫生院。李家庄片区218户棚户区改造工程，已完成协议签订、土地整平。全年累计投入资金100余万元，全面完成铁路沿线环境卫生综合整治，集中整治25处集贸市场，取缔5处马路市场，新建1处标准化市场。开展违法建设专项治理行动，拆除违法建设39处。完成无害化卫生厕所改造1503户，占任务总量的100.2%。

【重点村庄】 庄家庄村。位于谭坊镇中部，由庄家庄、行山庄、曹家屋子三个自然村组成，有人口1136人，302余户，耕地面积1920亩，瓜菜种植为主导产业，2017年人均收入突破2万元，年集体收入20余万元。近年来，庄家庄村积极发展公益事业，先后建成1处文化大院、1处休闲体育广场、1所农家书屋和3条文明宣传大街。组建8支巾帼文明队、8支孝德宣讲队和20余支广场舞队伍。村内道路全部实现硬化绿化亮化，建成现代抗洪排涝体系。城乡环卫一体化工作成效显著，精神文明建设走在青州市前列，荣获山东省文明村、山东省文明卫生村、山东省民主法治示范村、山东省计划生育村民自治示范村等荣誉称号。

西郑村。地处青州市东二十千米，S325省道沿线，全村现人口2402人，640户，其中党员81名，两委成员6人。近年来，该村投入200余万元，硬化绿化亮化村内道路。西郑村还组建两支西郑村文艺队伍，成立郑母社区演艺协会，打造“快乐星期六”群众文娱活动品牌，修建1处老年活动中心和5处休闲娱乐场所，安装许多健身娱乐器材，极大地丰富了村民精神文化需求。

程辛村。位于谭坊镇中南部，07028公路旁，有村民145户，人口520人，党员20名，耕地面积640亩，荒山面积100亩，是潍坊市四德工程教育基地、青州市文明村。全村以瓜菜种植为主导产业，年人均纯收入18000元，集体收入15万元。近年来，程辛村全面推行“以孝治村”，每年农历二月初二举办“程辛村孝贤文化艺术节”，评选“好媳妇”“好婆婆”，截至2017年，已举办三届。硬化绿化亮化村内道路。高标准建设1处文化大院和1处文化体育广场。建有1处村农家书屋，拥有书籍5000余册。调整土地30亩，引进投资7000万元的潍坊盛泉秸秆处理项目，年处理植物秸秆20万吨。

张石岭村。位于谭坊镇最南部，紧靠灵山，南与临朐相接壤，东与昌乐毗邻，距镇区18千米，地处三县交汇处，属半丘陵地区。有人口180余户560余人，党员20名，全村耕地面积920亩，主要以种植业和养殖业为主，2017年人均收入11000元。近年来，张石岭村积极发展公益事业，改善村居环境，村内道路全部实现硬化亮化，环卫一体化实现市场化托管运营，新建1000平方文化活动广场一处，定期开展群众性文化活动。积极壮大集体经济，探索合作社发展道路，先后成立青州市绿佳果蔬专业合作社和青州市益正土地股份专业合作社，入社社员73户，累计流转土地300多亩，走出一条新型农业发展道路。

高墓村。位于青州市东南方，南邻临朐，东临昌乐，属于三县交界处，历史悠久，由七个自然村落组成。土地面积3000余亩，经济作物种植大棚蔬菜为主，果树为辅，人均收入已达10000余元。2010年整合七个自然村规划“高木小镇”社区，建有20居民楼，一处老年公寓。利用百年大集为依托，建设商业街，商业店铺，引导村民发展商业经营。充分利用新农村建设的锲机，整修村路、生产路20多千米，方便村民的出行和生产，获评潍坊市地震安居工程等称号。

【重点企业】 山东冠泰建筑新材料有限公司。位于谭坊镇东山工业园，是一家专业生产先张法预应力（高强）混凝土管桩PC(PHC)的大型企业，总投资4亿元，占地面积200亩，年产各类管桩650万米，产值8亿元。公司采用先进的生产工艺技术，并汇集一批具有丰富实践经验的生产、管理人才队伍及实力雄厚的专业技术队伍，实现管桩生产工艺全部工业化，形成管桩生产、运输、施工一条龙售后服务体系。2017年，公司主营业务收入13739万元，上缴利税1320万元。

青州世邦机械有限公司。位于谭坊镇谭北村，公司占地60亩，总投资2亿元，规划建设生产车间、办公楼30000平方米，2017年新建车间7000平方米，引进国内外先进生产设备120台套，主要产品包括柴油机箱、变速箱等，是潍柴、云内动力、扬柴、山东重工等企业配套零部件加工企业。2017年，公司主营业务收入9660万元，上缴利税925万元。

山东华诚高科胶粘剂有限公司。位于谭坊镇东山工业园，占地150亩，其中办公建筑面积10200平方米，车间面积3万平方米。公司致力于先进路面、地坪、体育场地等铺地材料，水性木器漆树脂、水性及无溶剂合成革浆料等国际前沿技术领域产品的研发和制造。公司已拥有以水性丙烯酸酯树脂聚合、聚酯多元醇合成、聚氨酯树脂合成为技术核心的众多优质产品，是国家备案的高新技术企业。“华诚”商标为山东省著名商标。2017年，公司主营业务收入34657万元，上缴利税3067万元。

青州市鲁光润滑油有限公司。位于谭坊镇东山工业园内，主要从事生产各种中高档润滑油、润滑脂、石油芳烃增塑剂、石油高芳烃软化剂、石油芳烃树脂、光亮碳添加剂等产品，年生产能力达3万吨。公司产品广泛应用于橡胶行业、塑料行业、精密铸造行业。2017年，公司主营业务收入42780万元，上缴利税3768万元。

山东中叉重工机械有限公司。位于谭坊镇谭北村，占地59亩。公司致力于专业制造电动叉车的生产企业，在国内山东中叉拥有遍布全国每个省区的180多个营销售后网点，国际市场主要出口德国、波兰、瑞典、美国、英国、俄罗斯、印度、加拿大、韩国、印尼等46个国家和地区。山东中叉拥有完善的品质保证体系，通过厂内机动车辆特种设备制造许可。2017年，公司主营业务收入13340万元，上缴利税1490万元。

（孙明超）

青州经济开发区

青州经济开发区

党工委书记　王万信（兼）
党工委常务副书记、管委会主任　刘文革
党工委副书记、管委会副主任　庞德贞
人大工作委员会主任、经济发展局局长　王永德
党工委副书记　张建玉
党工委委员、纪工委书记　刘洪东
管委会副主任　李广军
党工委委员、党政办公室主任　孟庆全
管委会主任科员　刘　鑫
管委会副主任　张义平
高新技术信息产业园管理办公室主任　闵　栋（11月起）
市场监督管理局副局长　王福国

党政办公室副主任　张风国
农村工作局副局长　陈全国
高新技术信息产业园管理办公室副主任　陈青春（女）
环保分局局长　李洪亮
规划建设分局局长　周洪松
安监分局局长　刘　明（女）
市场监督管理局副局长　刘志栋
滨海工业园管理办公室主任　赵建东
滨海工业园管理办公室副主任科员　李　刚
经济发展局副局长　孟　婷（女）
滨海工业园管理办公室副主任　于　军
高新技术信息产业园管理办公室副主任　陈国珩（11月起）

【概况】　青州经济开发区位于青州城区东北部，毗临城区，辖区总面积70.2平方千米，托管69个行政村，1.6万户，5.9万人，耕地面积5200公顷。2014年以来，青州经济开发区先后被评为“山东最佳投资园区”“山东科学发展园区”“潍坊市先进基层党组织”“潍坊市先进省级开发区”荣誉称号。

【工业】　2017年共有16家企业完成智能化升级改造。通过“腾笼换鸟”盘活闲置厂房等资源，新引进北超伺服、昶润电缆、凯佳食品等项目。新落户项目26个，总投资67.22亿元。“千人计划”产业园已落户科而泰重工、耐威智能航空、德骏电磁驱动、山大碳纤维、新松机器人5个高科技项目。院士生物产业园已落户吉青化工、荣美尔生物等项目，吉青化工“生物基增塑剂绿色催化技术及产业化研发”863项目成功通过国家科技部项目验收。区内有“世界500强”项目3个，“国家千人计划”项目5个，国家“863”项目1个，直接引进和柔性引进“千人计划”专家、两院院士、泰山学者19人，建成院士工作站5家、博士后科研工作站2家、国家级科技孵化器2家，潍坊市级以上企业中心、工程实验室等创新创业平台31处。规模以上工业企业全年完成工业总产值499.59亿元、实现主营业务收入496.86亿元，实现利税34.54亿元，利润19.66亿元。全年实现一般公共预算收入2.39亿元。

聘任科技人才

超同步智能制造产业园投产仪式

【基础设施建设】　2017年通过市政PPP模式，新修安阳河路、文苑路、康圣路北段等8条主次干道，

传统产业转型升级

棚户区改造项目

对东京路、纽约路进行修补，建设青垦路等4条雨水、污水排水工程。积极配合济青高速公路改扩建、济青高速铁路引线征地拆迁、弘润输油管道建设等重点基础设施工程建设，拆除大型立柱广告71块，新调整济青高速公路扩宽用地560余亩，绿化用地1850余亩，调整路网工程建设用地670亩，弘润输油管线占地305亩。对辛庄、小郭、官庄（部分）、南四（部分）、双庙5个村庄进行棚户区改造，拆迁总户数912户，安置楼房1652套。新建王母宫花园小区安置区，一期25栋安置楼完成封顶，二期工程已开工。

【农村社会治理】 2017年认真落实上级各项鼓励农业农村发展的政策，以提升农村基础设施，推进新农村建设为目标，加快北部农业农村片区建设水平，实现城乡统筹发展。以加快农村社区服务为重点，按照“1主2副”的标准和辖区村庄全部覆盖的要求，规划创建七里社区、孙家社区、王母宫社区等3处农村社区，每个社区辐射周边2～3个管区，按照“一厅两室”要求进行标准化建设，搭建服务农村群众的平台。12月份开始，全面启动新一届“村两委”换届选举工作，顺利完成66个村党支部和69个村民委员会换届选举工作。

【社会事业】 卫生院及一体化卫生所实现基本药物零加成全覆盖，有效解决农民看病贵的问题。群众文化活动定期开展，2017年开展送戏下乡、广场舞比赛等文化活动70余场次。精准扶贫确定的21户35人在全部实现脱贫的基础上得到进一步巩固提升。全力以赴做好“十九大”期间安保维稳工作，获“十九大”安保维稳工作先进集体荣誉称号。南石塔农村文化大院投入使用。“四德”工程深入实施，涌现出柳沟、周家、南石塔等一批文明示范村。

【重点村庄】 *七里社区*。社区是2011年7月由王七联、徐七两个村拆迁改造建成的新型农村社区，辖王七联、徐七、盛世家园三个居民委员会，面积2.4平方千米，有居民3560户，人口1.5万人。近年来，七里社区积极发展公益事业，社区道路全部实现硬化绿化亮化，建成健身广场4处。采取市场化运作模式，实施社区卫生物业化管理。社区紧紧围绕培育和践行社会主义核心价值观，以家庭文明建设为重点，以培树良好家风为目标，设立道德讲堂，确立遵纪守法、友善互助、关爱感恩、文明礼貌等为主要内容的“道德讲堂”宣讲主题，使居民得到良好道德风尚教育。

柳沟村。位于309国道北侧，东依青垦路，西靠北阳河，毗邻青州市区。有村民150户520人，村庄土地总面积1230亩，其中村庄占地面积144亩，耕地面积656亩，其他面积430亩。自2007年开始规划村庄整体搬迁工作，经过两年多的搬迁改造，占地78.08亩的柳沟新村全部建成，150户村民全部搬进新居。近年来，该村街巷全部硬化，道路两侧完成美化绿化亮化，种植樱花、柳树等北方树种，展现出新村新风貌。新建村文化广场，设置公共自行车点，方便群众休闲生活。村年集体收入超过150万元，村民人均年收入1万元。荣获“青州市十大美丽乡村”等荣誉称号。

周家村。据现存《周氏族谱》载，周姓于明初自河北枣强迁来立村。村民皆姓周，无其他姓氏。原属东夏镇，2010年划归经济开发区，在长深高速公路东侧、胶济高速铁路北侧，茅津河东源东岸。有村民186户696人，党员34名，耕地1080亩。近年来，经济社会各项事业快速发展，村庄道路基本实现硬化绿化亮化。扎实落实环卫一体化工作，先后清理村内垃圾堆多处，彻底消除垃圾死角，确保环境卫生整洁。精心设计规划文化休闲广场3处，并建成观光亭、休闲走廊等多处景点。践行“百善孝为先”理念，形成以“孝”为核心的村规民约。近几年，周家村已经发展成为以大姜大葱为主导、以种粮、养殖为辅助的农业产业格局，形成完整的产销链，2017年，村民人均纯收入达到11000多元，荣获青州市首届“十大美丽乡村”荣誉称号。

南石塔村。南石塔村建于明朝初年，村北原有建于北魏时期的明光大寺，村内尚保存有元代古松两棵。南石塔村位于青州城北15千米，交通便捷，距济青高速公路青州西出口3千米，距青州火车站6千米。村庄总面积38万平方米，耕地2200亩。有居住人口2100人，其中本村居民1300人，有徐、李、崔、谭、王诸姓。该村以运输业、种植、养殖业为主，2017年，人均收入约1.2万元。南石塔村有大小企业20余家，并建有学校、幼儿园、医院、银行、购物超市、文化大院和盛泰家园居住小区。村中建成盛泰家园小区，占地74950平米，建筑面积71650平米，入住率95%，村民住进现代化的住宅，医院超市配套齐全，群众生活更加方便，生活水平有了质的提升。获评青州市首届“十大美丽乡村”等荣誉称号。

寺古村。位于青垦路以东，海岱北路与纽约路交叉路口西北侧，位置优越，交通便利。有村民260户，人口930人，党员26名。耕地1100亩，已流转600亩，落户项目有尧王工业园、捷远电气等6家，民族中专新校位于该村。寺古村积极发展社会事业，通过推行以孝治村，村庄更加文明和谐。扎实落实环卫一体化工作，大街小巷全部实现硬化绿化美化亮化，村民生活得到很大改善。

【重点企业】 中化弘润石油化工有限公司。是列入国家计划内的石油化工企业，公司总部设在潍坊，生产基地分别位于青州经济开发区和潍坊滨海经济开发区。原油年加工能力达到570万吨，综合加工能力800万吨以上，原料油及成品油的罐储能力达到500万吨以上。公司经过多年的建设与技术改造，经营范围涉及石油化工、重化工新材料研发等领域，已形成以石油炼制及深加工、生产重交道路沥青为主业，精细化工与高科技产品并举的石化企业。先后被评为全国守合同重信用企业、中国石油化工百强企业、山东省百强企业、潍坊市功勋企业、潍坊市重点骨干企业。2017年，主营业务收入3952274万元，利税462041万元，实现利润100087万元。

青州建富齿轮有限公司。是一家生产汽车车桥弧齿轮的专业厂家，公司始建于1996年，注册资金8080万元，建筑面积7.2万平方米。有员工1000余人，固定资产3亿元。公司在汽车驱动齿轮方面能做到独立开发和研究，年产各种弧齿轮100万套，产品畅销全国二十几个省、市、自治区，深受广大用户的信赖。产销量居全国同行业前列，产品主要配套中国重汽集团、安凯汽车集团、陕西汉德车桥、北方奔驰、一汽、二汽、北汽福田等，并成功进入国际市场。2017年，主营业务收入31128万元，实现利润2256万元。

山东汇强重工科技有限公司。成立于2006年，注册资本6050万元，是生产除雪设备、公路养护机械、道路环卫、垃圾压缩处理转运设备、环卫公厕设备、机场港口除雪机械和交通专用车辆的及设备的研发、生产、制造、销售于一体的综合性企业。公司拥有自主知识产权国家专利52项和自营进出口权，先后通过ISO 9001：2000、ISO 24001—2004和GB/T28001—2001三标一体化质量、环境、健康管理体系认证，设有青州市级企业技术研究中心一处、青州市级工程技术研究中心一处，与东北大学闻邦椿院士合作成立“企业院士工作站”，拥有中华人民共和国自营进出口权。公司主要产品有多功能除雪车、多功能养护车、洒水车、除雪撒布车、除雪铲、融雪剂、撒布机、破冰机、扫雪滚刷、机场港口大型除雪车、垃圾压缩设备及垃圾运输车辆等。先后获得“山东省高新技术企业”“中国专利山东明星企业”“潍坊市级企业技术中心”“潍坊市道路应急设备工程技术研究中心”等称号。2017年，公司主营业务收入25108万元，利税3769万元，实现利润3649万元。

青州德威动力有限公司。是一家集大型锻造、冲压力、机械加工于一体的汽车零部件专业生产厂家。公司位于青州市经济开发区，占地面积48000平方米，固定资产2.2亿。主要生产重载汽车发动机及配件、装载机前、后桥及发动机零部件。公司先后通过ISO 9001—2000质量体系认证和TS16949体系认证，是潍柴动力、中国重汽主机厂的主要供应商。2017年，公司主营业务收入31715万元，利税787万元，实现利润630万元。

山东青能动力股份有限公司。成立于1993年，占地面积20公顷，建筑面积8万平方米，注册资金6000万元，是集汽轮机、发电机、电厂成套业务研发、设计、制造、安装调试、销售服务、进出口贸易为一体的技术密集型高新技术企业。公司被认定为“山东省高效高速汽轮机工程技术研究中心”，是国家认定的高新技术企业，先后获国家专利三十多项，其中“青能汽轮机”品牌被认定为“中国驰名商标”。公司还通过美国API、欧盟CE认证，获得“计量保证确认合格证书”。公司生产的汽轮机广泛应用于生物质发电、垃圾发电、太阳能发电、地热发电等循环经济、可持续发展经济领域。2017年，公司主营业务收入51302万元，利税2795万元，实现利润1577万元。

（王有国）

人 物

中共青州市委领导简介

韩幸福 男，汉族，1968年7月生，山东临朐人，1991年9月加入中国共产党，1992年7月参加工作。南开大学高级管理人员工商管理研究生班毕业，工学学士、工商管理硕士。1988年9月—1992年7月，山东农业大学农业机械化专业学生；1992年7月—1996年1月，青州市黄楼镇经贸办副主任；1996年1月—1997年11月，青州市云峡河回族乡副乡长；1997年11月—2000年8月，青州市云峡河回族乡党委副书记（其间：1998年8月—2000年6月，在山东省委党校党政干部研究生班学习）；2000年8月—2002年12月，安丘市政府党组成员、市长助理；2002年12月—2006年12月，潍坊市寒亭区委常委、组织部长；2006年12月—2007年1月，青州市委常委；2007年1月—2010年1月，青州市委常委，市政府副市长、党组副书记（其间：2006年11月—2008年12月，在南开大学高级管理人员工商管理研究生班学习，2008年12获高级管理人员工商管理硕士学位）；2010年1月—2010年9月，青州市委副书记；2010年9月—2010年11月，青州市委副书记，市政府代理市长、党组书记；2010年11月—2015年6月，青州市委副书记，市政府市长、党组书记；2015年6月—2015年7月，青州市委书记，市政府市长、党组书记；2015年7月—2015年11月，青州市委书记，市政府市长、党组书记，市委党校校长；2015年11月—2016年2月，青州市委书记，市委党校校长；2016年2月—2017年12月，青州市委书记、市人大常委会主任、市委党校校长；青州市十七届人大常委会主任、潍坊市十一届市委委员。

鞠立强（见“青州市人民政府领导简介”）

葛英煜 男，汉族，1968年1月生，山东昌邑人，1996年12月入党，1990年7月参加工作，北京广播学院微波系电磁场与微波技术专业毕业，工程学士学位。1986年9月—1990年7月，北京广播学院微波系电磁场与微波技术专业学生；1990年7月—1993年10月，潍坊市广播电视微波站技术员、助理工程师；1993年10月—1998年3月，潍坊市委党员电教中心干事；1998年3月—2001年8月，潍坊市委党员电教中心副主任科员；2001年8月—2004年7月，潍坊市委组织部干部二科副科长；2004年7月—2005年2月，潍坊市委组织部干部二科主任科员；2005年2月—2006年7月，潍坊市委组织部机关党总支副书记、办公室副主任；2006年7月—2008年2月，潍坊市委组织部办公室主任；2008年2月—2011年11月，青州市委常委、

组织部部长；2011 年 11 月—2011 年 12 月，青州市委常委；2011 年 12 月—2012 年 1 月，青州市委常委、市政府党组副书记；2012 年 1 月—2015 年 11 月，青州市委常委、市政府副市长、党组副书记；2015 年 11 月—2017 年 12 月，青州市委副书记。

郭建伟 男，汉族，1970 年 9 月生，山东高密人，1991 年 7 月参加工作，1994 年 1 月入党。省委党校研究生。1989 年 9 月—1991 年 7 月，山东省税务学习国家税收专业学习；1991 年 7 月—1997 年 5 月，潍坊市委宣传部办公室科员；1997 年 5 月—1998 年 12 月，潍坊市委宣传部办公室副主任科员；1998 年 12 月—2001 年 12 月，潍坊市委宣传部办公室副主任；2001 年 12 月—2002 年 7 月，潍坊市委宣传部办公室主任科员；2002 年 7 月—2004 年 7 月，潍坊市委宣传部机关党支部专职副书记（其间 :2001 年 9 月—2003 年 6 月，在中央党校函授学院行政管理专业学习）；2004 年 7 月—2007 年 8 月，潍坊市委宣传部干部科科长；2007 年 8 月—2013 年 12 月，潍坊市纪委党风廉政建设室主任（其间 :2005 年 9 月—2008 年 6 月，在山东省委党校经济管理专业学习）；2013 年 12 月—2016 年 12 月，潍坊市纪委第三纪检监察室主任；2016 年 12 月—2017 年 12 月，青州市委常委、纪委书记。

陈同洲 男，汉族，1971 年 2 月生，青州弥河人，1991 年 7 月参加工作，1994 年 9 月入党，省委党校研究生。1987 年 9 月—1991 年 7 月，昌潍农校学生；1991 年 7 月—1993 年 10 月，青州市农业局秘书；1993 年 10 月—1993 年 12 月，青州市农业委员会秘书；1993 年 12 月—1995 年 2 月，青州市委办公室信息督察科秘书；1995 年 2 月—1996 年 1 月，青州市委办公室综合科秘书；1996 年 1 月—1997 年 12 月，青州市委办公室政策研究室副主任；1997 年 12 月—2000 年 2 月，青州市委办公室督查室副主任；2000 年 2 月—2002 年 1 月，青州市委办公室督查室主任；2002 年 1 月—2003 年 1 月，青州市委办公室副主任；2003 年 1 月—2006 年 12 月，青州市谭坊镇党委副书记、镇长；2006 年 12 月—2007 年 8 月，青州市何官镇党委书记、人大主席；2007 年 8 月—2007 年 10 月，青州市王坟镇党委书记、人大主席；2007 年 10 月—2009 年 1 月，青州市王坟镇党委书记、人大主席兼仰天山森林公园管理委员会党委副书记；2009 年 1 月—2009 年 8 月，青州市政府副秘书长、人民办事中心党委书记、管理办公室主任；2009 年 8 月—2010 年 3 月，青州市人民办事中心党委书记、管理办公室主任；2010 年 3 月—2010 年 5 月，青州市人民办事中心党工委书记、管理办公室主任；2010 年 5 月—2010 年 12 月，青州市委常委，市人民办事中心党工委书记、管理办公室主任；2010 年 12 月—2013 年 7 月，青州市委常委；2013 年 7 月—2013 年 8 月，青州市委常委；2013 年 8 月—2016 年 12 月，青州市委常委、统战部部长；2016 年 12 月—2017 年 1 月，青州市委常委、宣传部部长；2017 年 1 月—2017 年 10 月，青州市委常委、宣传部部长、青州古城党工委书记；2017 年 10 月—2017 年 12 月，青州市委常委、宣传部部长。

宋正树 男，汉族，1970 年 9 月生，山东五莲人，1991 年 7 月入党，1991 年 7 月参加工作。大学文化程度。1989 年 9 月—1991 年 7 月，昌潍师专英语专业学习；1991 年 7 月—1994 年 9 月，潍坊市教委组织科干部；1994 年 9 月—2000 年 3 月，潍坊市委组织部知工科科员；2000 年 3 月—2001 年 8 月，潍坊市委组织部知工科副主任科员；2001 年 8 月—2004 年 7 月，潍坊市委组织部干部教育科副科长；2004 年 7 月—2006 年 7 月，潍坊市委组织部干部

教育科主任科员；2006 年 7 月—2008 年 4 月，潍坊市委组织部机关总支专职副书记、办公室副主任；2008 年 4 月—2011 年 8 月，潍坊市委组织部办公室主任；2011 年 8 月—2013 年 3 月，潍坊市委党员干部现代远程教育中心主任；2013 年 3 月—2017 年 12 月，青州市委常委、组织部部长。

王万信（见“青州市人民政府领导简介”）

孟祥韬 男，汉族，1975 年 10 月生，山东潍城人，1997 年 1 月参加工作，2000 年 1 月入党。青岛科技大学应用化学专业毕业，工学硕士。1997 年 1 月—1998 年 5 月，潍坊恒远外贸公司员工；1998 年 5 月—2000 年 7 月，潍坊渤海大学团委副书记；2000 年 7 月—2001 年 8 月，潍坊学院东校区学生工作办科员；2001 年 8 月—2002 年 9 月，潍坊学院化学系教师、辅导员；2002 年 9 月—2004 年 11 月，青岛科技大学应用化学专业硕士研究生学习；2004 年 11 月—2005 年 9 月，高新区招商委员会办公室科员；2005 年 9 月—2008 年 4 月，高新区招商委员会办公室副科级干部待遇；2008 年 4 月—2009 年 2 月，高新区绩效考核办公室副主任；2009 年 2 月—2011 年 7 月，高新区新城街道党委副书记、办事处主任；2011 年 7 月—2013 年 5 月，高新区新城街道党委书记；2013 年 5 月—2016 年 12 月，高新区经发局局长，南木林县委常委、副县长；2016 年 12 月—2017 年 12 月，青州市委常委、政法委书记。

魏林卿 女，汉族，1969 年 1 月生，山东临朐人，1994 年 8 月参加工作，2000 年 6 月入党，青岛农业大学农村与区域发展专业毕业，农业推广硕士。1992 年 08 月—1994 年 07 月，潍坊高等专科学校中文秘书专业学习；1994 年 7 月—1994 年 12 月，临朐县皮件厂职工；1994 年 12 月—2000 年 11 月，临朐县检察院书记员、助检员（其间 :1995 年 09 月—1998 年 7 月，在烟台大学法律专业学习）；2000 年 11 月—2002 年 9 月，临朐县检察院检察员；2002 年 9 月—2005 年 7 月，临朐县检察院侦查监督科副科长；2005 年 7 月—2007 年 10 月，临朐县文化局副局长、党委委员；2007 年 10 月—2009 年 2 月，临朐县五井镇党委委员、纪委书记；2009 年 2 月—2010 年 2 月，临朐县冶源镇党委副书记；2010 年 2 月—2011 年 12 月，临朐县龙岗镇镇长；2011 年 12 月—2013 年 12 月，临朐县龙岗镇党委书记（其间 :2009 年 3 月—2012 年 7 月，在青岛农业大学农村与区域发展专业学习 ,2012 年 7 获农业推广硕士学位）；2013 年 12 月—2015 年 1 月，临朐县山旺镇党委书记；2015 年 1 月—2016 年 12 月，昌乐县副县长；2016 年 12 月—2017 年 12 月，青州市委常委、统战部部长。

王海华 男，汉族，1972 年 2 月生，山东诸城人，1991 年 7 月参加工作，1998 年 6 月入党，山东大学软件工程专业毕业，工程硕士学位。1987 年 9 月—1991 年 7 月，山东省轻工业学校食品工艺专业学生；1991 年 7 月—1992 年 2 月，诸城市外贸公司职员；1992 年 2 月—1994 年 9 月，诸城市卫生防疫站科员；1994 年 9 月—1997 年 7 月，山东医科大学学生；1997 年 7 月—2001 年 4 月，诸城市卫生防疫站科长；2001 年 4 月—2003 年 3 月，诸城市卫生防疫站副站长（其间：2000 年 9 月—2002 年 12 月，在省委党校大学经济管理专业学习）；2003 年 3 月—2005 年 9 月，诸城市卫生局党委副书记（其间：2001 年 10 月—2005 年 6 月，在山东省高教自学考试法律专业学习）；2005 年 9 月—2006 年 9 月，诸城市卫生局党委副书记、妇幼保健院党支部书记；2006 年 9 月—2008 年 8

月，潍坊经济开发区北城街道党委副书记、办事处主任；2008 年 8 月—2012 年 6 月，潍坊经济开发区北城街道党委书记（其间：2009 年 2 月—2010 年 12 月，在山东大学软件工程专业学习，2010 年 12 获工程硕士学位）；2012 年 6 月—2015 年 1 月，潍坊经济开发区张氏发展区党委书记；2015 年 1 月—2016 年 12 月，青州市政府副市长、党组成员；2016 年 12 月—2017 年 1 月，青州市委常委提名人选、市政府副市长、党组成员；2017 年 1 月—2017 年 6 月，青州市委常委、办公室主任；2017 年 6 月—2017 年 12 月，青州市委常委、市委办公室主任、改革办主任。

刘　峰　男，汉族，1970 年 10 月生，山东临朐人，1989 年 3 月参加工作，1993 年 10 月入党，大学文化程度。1989 年 3 月—1991 年 9 月，济南军区工程兵工兵八团二营四连战士；1991 年 9 月—1994 年 7 月，长沙工程兵学院学员；1994 年 7 月—1996 年 6 月，济南军区内常山要塞工兵防化营工兵连排长；1996 年 6 月—1997 年 12 月，潍坊市奎文区人武部军事科正排职参谋；1997 年 12 月—1998 年 4 月，潍坊市奎文区人武部军事科副连职参谋；1998 年 4 月—1999 年 12 月，潍坊军分区政治部组织干部科副连职干事；1999 年 12 月—2001 年 12 月，潍坊军分区政治部组织干部科正连职干事；2001 年 12 月—2002 年 5 月，青州市人武部政工科副科长；2002 年 5 月—2003 年 3 月，潍坊军分区政治部组织干部科副营职干事；2003 年 3 月—2004 年 12 月，山东省军区转业干部移交办公室副营职干事；2004 年 12 月—2007 年 4 月，山东省军区转业干部移交办公室正营职干事；2007 年 4 月—2011 年 6 月，山东省军区济南军职以上退休干部休养所副所长；2011 年 6 月—2015 年 1 月，山东省阳谷县人民武装部政委；2015 年 1 月—2015 年 7 月，青州市人民武装部政委 2015 年 7 月，青州市委常委、人武部政委；2017 年 1 月不再担任青州市委常委。

徐考成　男，汉族，1973 年 9 月生，山东寿光人，1991 年 12 月参加工作，1993 年 4 月入党，大学文化程度。1991 年 12 月—1993 年 12 月，内长山要塞区 57 高炮营战士；1993 年 12 月—1995 年 9 月，内长山要塞区警卫营战士；1995 年 9 月—1997 年 7 月，济南陆军学院学员；1997 年 7 月—1998 年 7 月，内长山要塞区 57 高炮营实习学员、营党支部委员；1998 年 7 月—2000 年 8 月，内长山要塞区 57 高炮营指挥排排长、营党支部委员；2000 年 8 月—2003 年 5 月，内长山要塞区 57 高炮营一连副政治指导员、连党支部书记、营党委委员；2003 年 5 月—2004 年 2 月，内长山要塞区通讯营通信连政治指导员、连党支部书记、营党委委员；2004 年 2 月—2005 年 6 月，内长山要塞区警卫勤务连政治指导员、连党支部书记、直属队党委委员；2005 年 6 月—2007 年 2 月，内长山要塞区司令部直工科副营职干事；2007 年 2 月—2007 年 6 月，内长山要塞区通信营代理教导员；2007 年 6 月—2009 年 2 月，内长山要塞区通信营政治教导员、营党委书记、直属队党委委员；2009 年 2 月—2009 年 7 月，内长山要塞区司令部直工科正营职干事；2009 年 7 月—2011 年 3 月，内长山要塞区高炮营政指教导员、营党委书记、纪委书记；2011 年 3 月—2012 年 6 月，寿光市人武部副部长、部党委成员、纪委书记；2012 年 6 月—2017 年 7 月，寿光市人武部副部长兼军事科长、部党委成员、纪委书记；2017 年 7 月—2017 年 12 月，青州市人武部政治委员；2017 年 12 月，青州市委常委、人武部政委。

秦安全（见“青州市人民政府领导简介”）

姜俊刚（见“青州市人民政府领导简介”）

青州市人大领导简介

杨云生 男，回族，1963年9月生，青州云门山人，1980年3月参加工作，1987年8月入党，大学文化程度。1980年3月—1982年8月，益都县东坝供销社文书；1982年8月—1984年6月，潍坊供销学校学生；1984年6月—1984年12月，潍坊市供销社帮助工作；1984年12月—1988年5月，益都县（青州市）供销社秘书、团委书记、办公室副主任；1988年5月—1992年11月，青州市政府办公室信息机要科秘书、副科长；1992年11月—1993年11月，青州市政府办公室秘书科科长；1993年11月—1994年05月，青州市政府办公室综合科科长；1994年5月—1994年12月，青州市政府办公室研究室主任；1994年12月—1997年11月，青州市云河乡党委副书记、乡长（期间：1996年9月—1999年1月，山东省委党校经济管理专业学员）；1997年11月—2000年1月，青州市昭德街道党委副书记、主任；2000年1月—2001年2月，青州市民委主任、党组书记；2001年2月—2001年2月，青州市政府副市长、市民委主任、党组书记；2001年2月—2001年3月，青州市政府副市长、党组成员、市民委主任；2001年3月—2002年1月，青州市政府副市长、党组成员；2002年1月—2003年6月，青州市政府副市长、党组成员兼市民族宗教事务局局长、党组书记；2003年6月—2008年2月，青州市人民政府副市长、党组成员；2008年2月—2008年4月，青州市委常委、市政府党组成员；2008年4月—2009年8月，青州市委常委、秘书长；2009年8月—2010年1月，青州市委常委、办公室主任；2010年1月—2010年8月，青州市委常委，市政府副市长、党组副书记；2010年8月—2010年9月，青州市委副书记，市政府党组副书记；2010年9月—2014年2月，青州市委副书记；2014年2月—2014年3月，青州市委副书记，市人大常委会第一副主任、党组书记；2014年3月—2017年1月，青州市人大常委会第一副主任、党组书记；2017年1月—2017年12月，青州市人大常委会主任、党组书记。

陈群光 男，汉族，1961年10月生，青州弥河人，1984年12月入党，1988年12月参加工作，大学文化程度。1977年10月—1979年1月，益都柴油机厂亦工亦农；1979年1月—1992年6月，益都县水利局秘书，办公室负责人；1992年6月—1994年9月，青州市政府办公室秘书； 1994年9月—1995年2月，青州市政府办公室研究室副主任；1995年2月—1996年2月，青州市政府办公室研究室副主任；1996年2月—1997年11月，青州市政府办公室副主任；1997年11月—2000年11月，青州市王母宫镇党委副书记，镇长；2000年11月—2001年3月，青州市邵庄镇党委书记；2001年3月—2002年1月，青州市王母宫镇党委书记；2002年1月—2002年9月，青州市王母宫镇党委书记兼人大主席；2002年9月—2003年1月，青州市王母宫镇党委书记、人大主席兼青州经济开发区党工委副书记、管委会副主任；2003年1月—2005年2月，青州市政府党组成员、秘书长、办公室主任、党组书记；2005年2月—2007年6月，青州市政府市长助理、秘书长、党组成员，办公室主任、党组书记；2007年6月—2008年2月，青州市政府市长助理、秘书长、党组成员；2008年2月—2008年4月，青州市政府市长助理、秘书长、党组成员、提名副市长候选人；2008年4月—2011年1月，青州市政府副市长、党组成员；2011年1月—2011年12月，青州市委常委、办公室主任；2011年12月—2011年12月，青州市委常委；2011年12月—2013年2月，青州市人大常委会党组副书记；2013年2月—2013

年3月，青州市人大常委会党组副书记，潍坊市委提名的青州市人大常委会副主任人选；2013年3月—2017年12月，青州市人大常委会副主任、党组副书记。

董广凤 女，汉族，1962年1月生，青州谭坊人，1981年7月参加工作，1986年12月入党，大学文化程度。1979年9月—1981年7月，益都师范学校学习；1981年7月—1984年10月，益都县谭坊公社联中教师；1984年10月—1987年11月，益都县（青州市）宋池乡妇联副主任；1987年11月—1990年2月，青州市宋池乡妇联主任；1990年2月—1992年1月，青州市宋池乡副乡长；1992年1月—1996年1月，青州市云河乡副乡长；1996年1月—1997年11月，青州市云河乡党委副书记；1997年11月—1999年6月，青州市杨家庄镇党委副书记；1999年6月—2002年1月，青州市信访局副局长；2002年1月—2004年4月，青州市卫生防疫站党支部书记；2004年4月—2008年8月，青州市妇女联合会主席、党组书记；2008年8月—2010年1月，青州市政府副市长、党组成员；2010年1月—2011年12月，青州市委常委、宣传部部长；2011年12月—2011年12月，青州市委常委；2011年12月—2013年2月，青州市人大常委会党组副书记；2013年2月—2013年3月，青州市人大常委会党组成员，潍坊市委提名的市人大常委会副主任人选；2013年3月—2017年12月，青州市人大常委会副主任、党组成员、十六届人大常委。

俎海涛 男，汉族，1963年9月生，山东寿光人，1980年9月参加工作，1982年4月入党，大学文化程度。1980年9月—1983年7月，济南陆军学院学生；1983年7月—1986年1月，烟台警备区排长、教员；1986年1月—1998年3月，寿光市人武部干事、副科长、科长；1998年3月—2003年1月，青州市人武部副部长；2003年1月—2008年11月，青州市人武部部长；2008年11—2009年1月，青州市人大常委会副主任；2009年1月—2017年1月，青州市人大常委会副主任、党组成员、青州市十六届人大常委会副主任；2017年1月不再担任青州市人大常委会副主任、党组成员。

贾来友 男，汉族，1963年9月出生，青州益都人，1982年7月参加工作，1984年12月入党，大学文化程度。1984年8月—1989年9月，青州市东高镇三教联中教导主任、团委书记；1989年9月—1992年3月，青州市观音乡武装部干事兼片长；1992年3月—1994年4月，青州市五里镇武装部助理员；1992年4月—1999年2月，青州市人民武装部政工科干事、正连职干事、副营职干事；1999年2月—2002年1月，青州市人民武装部政工科科长；2002年1月—2005年1月，青州市人民武装部副部长；2005年1月—2007年2月，蒙阴县人民武装部政治委员；2007年2月—2007年3月，昌乐县人武部政委；2007年3月—2010年8月，昌乐县委常委、人武部政委；2010年8月—2010年10月，青州市政协提名副主席人选；2010年10月—2011年1月，青州市政协党组成员、提名副主席人选；2011年1月—2017年1月，青州市政协副主席、党组成员；2017年1月—2017年12月，青州市人大常委会副主任、党组成员。

李国华 男，汉族，1964年5月出生，青州东夏人，1981年7月参加工作，1987年6月入党，省委党校研究生。1978年10月—1981年7月，昌潍技校钳工专业学生；1981年7月—1985年3月，益都

县齿轮厂会计；1985年3月—1988年3月，益都县机械工业局干事；1988年3月—1993年11月，青州市政府办公室秘书、副科长；1993年11月—1995年12月，青州市益都街道办事处副主任（其间：1987年10月—1994年10月，山东师范大学汉语言文学高教自考在职学习）；1995年12月—1997年11月，青州市益都街道党委副书记；1997年11月—2000年6月，青州市益都街道党委副书记、办事处主任（其间：1996年9月—1999年1月，山东省委党校经济管理专业在职学习）；2000年6月—2002年1月青州市益都街道党委副书记、办事处主任兼外向型工业加工区副主任、党工委副书记；2002年1月—2003年6月，青州市科学技术局局长、党组书记（期间：2000年9月—2003年6月，山东省委党校研究生班经济管理专业在职学习）；2003年6月—2006年8月，青州市纪委副书记、监察局局长；2006年8月—2006年10月，青州市政府市长助理、市人民办事中心管理办公室主任；2006年10月—2007年6月，青州市政府市长助理、市人民办事中心党委书记、管理办公室主任；2007年6月—2009年1月，青州市人民办事中心党委书记、管理办公室主任；2009年1月—2011年11月，青州市农业局局长、党委书记；2011年11月—2014年3月，青州市委组织部副部长、市人力资源和社会保障局局长、党委书记；2014年3月—2016年12月，青州市政府党组成员，市政府办公室主任、党组书记；2016年12月—2017年1月，青州市人大常委会副主任提名人选、党组成员；2017年1月—2017年12月，青州市人大常委会副主任、党组成员。

王新民 男，汉族，1970年9月生，青州云门山人，1989年7月参加工作，中国农业科学院农村与区域发展专业毕业，农业推广硕士。1986年8月—1989年7月，青州市益都师范普师专业学生；1989年7月—1992年8月，青州市庙子镇七庄初中教师；1992年8月—1993年12月，青州市东坝镇初中教师（其间：1990年8月—1993年6月，华东师范学院政教专业在职学习）；1993年12月—1995年1月，青州市物资交易中心业务员；1995年1月—1999年11月，青州市人民检察院助理检察员；1999年11月—2001年8月，青州市人民检察院检察员；2001年8月—2005年2月，青州市法制局副局长；2005年2月—2006年8月，青州市行政审批服务中心管理办公室副主任；2006年8月—2009年4月，青州市人民办事中心管理办公室副主任（期间：2006年4月—2009年1月，中国农业科学院研究生院农业推广硕士专业在职学习）；2009年4月—2014年9月，青州市监察局副局长（正科级）（其间：2010年3月—2012年7月，中央广播电视大学法学专业在职学习）；2014年9月—2016年12月，青州市监察局副局长、市政府纠正行业不正之风办公室主任；2016年12月—2017年1月，青州市人大常委会副主任提名人选，青州市监察局副局长、市政府纠正行业不正之风办公室主任；2017年1月—2017年6月，青州市人大常委会副主任，青州市监察局副局长、市政府纠正行业不正之风办公室主任；2017年6月—2017年12月，青州市人大常委会副主任，市文化体制改革与文化产业发展办公室主任。

青州市人民政府领导简介

鞠立强 男，汉族，1968年7月生，山东临朐人，1989年7月参加工作，1992年11月加入中国共产党。中国农业科学院农村与区域发展专业毕业，农业推广硕士。1987年8月—1989年7月，潍坊职业大学中文秘书专业学习；1989年7月—1994年4月，寿光交通局秘书、副科长、科长；1994年4月—1996年7月，济青公路青州管理处寿光收费站副站长；1996年7月—1996年12月，

寿光市交通局副局长；1996年12月—1998年1月，共青团临朐县委副书记、党组成员（1995年9月—1997年12月，在山东省委党校经济管理专业学习）；1998年1月—1998年12月，共青团临朐县委书记、党组书记；1998年12月—2001年2月，临朐纸坊镇党委书记；2001年2月—2002年9月，临朐卧龙镇党委书记；2002年9月—2002年12月，临朐县委常委、宣传部长；2002年12月—2006年12月，诸城市委常委、秘书长、办公室主任（2001年9月—2004年6月，在山东省委党校经济管理专业学习）；2006年12月—2011年11月，诸城市委常委、纪委书记（1997年4月—2010年1月，在中国农业科学院农村与区域发展专业学习，2010年1月，获农业推广硕士学位）；2011年11—2016年12月，昌邑市委副书记；2016年12—2017年1月，青州市委副书记、市政府代理市长、党组书记；2017年1月—2017年12月，青州市委副书记、市政府市长、党组书记。

王万信　男，汉族，1965年3月生，青州弥河人，1984年7月参加工作，1989年4月入党，大学文化程度。1982年10月—1984年7月，潍坊供销学校学生；1984年7月—1986年7月，益都县农村抽样调查队办事员；1986年7月—1992年12月，青州市农村社会经济调查队统计员；1992年12月—1994年6月，青州市农村社会经济调查队调查科副科长；1994年6月—1997年3月，青州市政府办公室综合科秘书（期间1985年6—1995年4山东省高等教育自学考试山东经济学院在职学习，取得大学学历）；1997年3月—1998年6月，青州市政府办公室综合科副科长；1998年6月—1999年4月，青州市政府办公室综合科科长；1999年4月—2001年8月，青州市城市管理办公室主任；2001年8月—2003年6月，青州市政府办公室副主任、党组成员；2003年6月—2006年12月，青州市邵庄镇党委副书记、镇长；2006年12月—2007年10月，青州市邵庄镇党委书记、人大主席；2007年10月—2008年1月，青州市邵庄镇党委书记、人大主席兼青州工业园工作委员会党委副书记；2008年1月—2008年7月，青州市邵庄镇党委书记、人大主席兼青州市猛山经济发展区工作委员会党委副书记；2008年7月—2010年1月，青州市邵庄镇党委书记、人大主席兼青州市猛山经济发展区党委书记；2010年1月—2011年1月，青州市云门山街道党工委书记、人大工作室主任；2011年1月—2011年11月，青州市花卉高科技博览园党工委书记、云门山街道党工委书记、人大工作室主任；2011年11月—2012年1月，青州市政府党组成员；2012年1月—2016年1月，青州市政府副市长、党组成员；2016年1月—2016年12月，青州市政府副市长、党组成员，青州经济开发区党工委书记；2016年12月—2017年1月，青州市委常委提名人选、市政府副市长、党组成员，青州经济开发区党工委书记；2017年1月—2017年12月，青州市委常委、市政府副市长、党组副书记，青州经济开发区党工委书记。

秦安全　男，汉族，1964年12月生，山东寿光人，1984年10月参加工作，1988年5月入党，大学文化程度。1984年10月—1989年9月，青岛警备区战士、班长、文书、步兵138师班长；1989年9月—1991年7月，信阳陆军学院学员；1991年7月—1998年8月，步兵第138师勤务排长、政治部干事、教导队代理指导员、修理营一连政治指导员、修理营技术员（其间：1994年7月—1997年7月，济南陆军学院政治理论专业学习）；1998年8月—2001年9月，市委市直机关工委宣传部科员；2001年9月—2005年12月，市委市直机关工委宣传部副部长（其间：2000年8月—2002年12月，中央党校函授学院法律专业学习）；2005年12月—2009年2月，市委市直机关工委机关党支部专职副

书记；2009年2月—2010年12月，市委市直机关工委纪工委副书记；2010年12月—2013年6月，市委市直机关工委组织部部长；2013年6月—2016年1月，潍坊市委市直机关工作委员会副调研员；2016年1月—2017年3月，青州市委常委、副市长（挂职）；2017年3月调离。

姜俊刚 男，汉族，1979年9月生，山东平度人，2002年8月参加工作，2004年6月入党，青岛农业大学经济与管理学院农村与区域发展专业毕业，法学学士、农业推广硕士。1998年9月—2002年7月，山东理工大学法学专业学习；2002年7月—2005年7月，临朐县人民检察院书记员；2005年7月—2006年7月，临朐县大关镇挂职副镇长；2006年7月—2006年12月，临朐县大关镇副镇长；2006年12月—2007年10月，临朐县大关镇党委委员、纪委书记；2007年10月—2009年8月，临朐县城关街道党工委委员、纪工委书记；2009年8月—2010年2月，临朐县城关街道党工委委员、纪工委书记，正科级干部挂职城关街道党工委副书记；2010年2月—2011年2月，临朐县五井镇党委委员、纪委书记；2011年2月—2011年12月，临朐县柳山镇党委副书记；2011年12月—2013年11月，临朐县城关街道党工委副书记；2013年11月—2017年3月，潍坊市安全生产监督管理局副调研员；2017年3月—2017年12月，青州市委常委、副市长（挂职）。

张伯涛 男，汉族，1966年10月生，山东寒亭人，1989年1月入党，1985年10月参加工作，电子科技大学软件工程专业毕业，工程硕士学位。1985年10月—1989年4月，潍坊市公安局寒亭分局高里派出所办事员；1989年4月—1991年8月，潍坊市公安局寒亭分局郭家官庄派出所办事员；1991年8月—1993年9月，潍坊市公安局寒亭分局政工办公室办事员；1993年9月—1995年5月，潍坊市公安局寒亭分局政工办公室副主任；1995年5月—1997年12月，潍坊市公安局寒亭分局郭家官庄派出所所长；1997年12月—1999年9月，潍坊市公安局寒亭分局郭家官庄派出所所长、副局级侦查员；1999年9月—2001年3月，潍坊市公安局寒亭分局巡警大队大队长；2001年3月—2004年2月，潍坊市公安局寒亭分局治安大队大队长（其间：1996年10月—2002年12月，在中国人民公安大学公安管理专业学习）；2004年2月—2006年5月，潍坊市公安局寒亭分局副局长兼治安大队大队长；2006年5月—2008年8月，潍坊市公安局奎文分局副局长；2008年8月—2012年4月，临朐县公安局政委；2012年4月—2014年3月，临朐县公安局政委；2014年3月—2016年12月，潍坊市看守所所长；2016年12月—2017年12月，青州市政府副市长、党组成员，市公安局局长、党委书记、督察长。

翟 敏 女，汉族，1984年10月生，山东诸城人，2004年12月入党，2007年7月参加工作，山东经济学院信息管理学院管理科学专业毕业，管理学学士。2003年9月—2007年7月，山东经济学院管理科学专业学生；2007年7月—2008年4月，诸城市发展和改革局科员；2008年4月—2008年10月，共青团诸城市委科员；2008年10月—2009年12月，诸城市龙都街道中小企业创业服务中心副主任；2009年12月—2011年11月，诸城市龙都街道社区工作办公室主任；2011年11月—2013年11月，诸城市委党校副教育长；2013年11月—2016年12月，潍坊市经济和信息化委员会副调研员；2016年12月—2017年12月，青州市政府副市长、党组成员。

耿怀金　1979年9月出生，山东昌乐人，2001年7月参加工作，2005年6月入党，青岛农业大学农村与区域发展领域农业推广毕业，农学学士、农业推广硕士。1997年9月—2001年7月，山东农业大学园艺学院蔬菜专业学习；2001年07月—2004年5月，临朐县上林镇镇长助理；2004年5月—2007年6月，临朐县人大办公室科员；2007年6月—2010年2月，共青团临朐县委书记、党组书记（考选）；2010年2月—2011年12月，临朐县柳山镇党委副书记、镇长（2009年3—2012年7 在青岛农业大学农村与区域发展领域农业推广专业学习，获农业推广硕士学位）；2011年12月—2015年8月，临朐县柳山镇党委书记、人大主席；2015年8月—2016年12月，临朐县柳山镇党委书记；2016年12月—2017年12月，青州市政府副市长、党组成员。

丁法剑　男，回族，1968年5月出生，青州云门山人，1990年7月参加工作，1997年6月入党，大学文化程度。1987年8月—1990年7月，山东公安专科学校治安专业学生；1990年7月—1993年7月，潍坊市公安局潍城分局民警；1993年7月—1994年7月，临沂市公安局东关派出所副所长；1994年7月—1996年7月，青州市公安局治安大队民警；1996年7月—1997年12月，青州市公安局治安大队副中队长；1997年12月—1999年7月，青州市公安局治安大队中队长；1999年7月—2001年5月，青州市公安局治安大队副大队长；2001年5月—2002年1月，青州市公安局副科级侦察员；2002年1月—2004年7月，青州市公安局治安管理大队教导员；2004年7月—2007年8月，青州市公安局经济犯罪侦察大队大队长；2007年8月—2009年4月，青州市公安局特警大队大队长、正科级侦察员（期间：2007年9月—2009年12月，山东省委党校经济管理专业在职学习）；2009年4月—2014年9月，青州市公安局工会主席、特警大队大队长；2014年9月—2016年12月，青州市委、市政府信访局局长；2016年12月—2017年1月，青州市政府副市长提名人选、党组成员；2017年1月—2017年12月，青州市政府副市长、党组成员。

孟建新　男，汉族，1966年5月生，山东临清人，1982年12月参加工作，1984年11月入党，省委党校研究生。1982年12月—1988年8月，冠县税务局办事员（其间：1985年08月—1987年8月，在山东电大党政干部专修班学习）；1988年8月—1994年8月，冠县县委办公室政研科科长；1994年8月—1998年8月，冠县斜店乡党委副书记；1998年9月—2001年12月，冠县梁堂乡党委副书记、乡长（1997年9月—1999年12月，在山东省委党校经济管理专业本科学习）；2001年12月—2002年1月，冠县桑阿镇党委副书记；2002年1月—2003年3月，冠县桑阿镇党委副书记、镇长；2003年3月—2009年8月，冠县范寨乡党委书记（2000年9月—2003年7月，在山东省委党校在职干部研究生班经济管理专业学习）；2009年8月—2011年3月，冠县柳林镇党委书记；2011年3月—2011年9月，冠县鲁西新世纪工业园管理委员会主任、柳林镇党委书记；2011年9月—2014年12月，冠县鲁西新世纪工业园管理委员会主任；2014年12月—2017年7月，冠县经济开发区管理委员会主任；2017年7月—2017年12月，青州市政府副市长。

青州市政协领导简介

董连胜　男，汉族，1960年6月生，青州王坟人，1979年12月参加工作，1984年12月入党，武汉大学软件工程毕业，工程硕士。1978年3月—

1979年12月，山东省商业学校卫检专业学生；1979年12月—1987年11月，益都县商业局团委副书记、书记（期间：1985年9月—1987年7月，山东电大党政干部专修科脱产学习）；1987年11月—1991年3月，青州市人大办公室秘书；1991年3月—1992年11月，青州市市委办公室综合科秘书；1992年11月—1995年1月，青州市市委办公室秘书科科长（期间：1993年9月—1996年7月，山东行政管理学院行政管理专业学员）；1995年1月—1995年7月，青州市市委办公室副主任；1995年7月—1997年1月，青州市市委副秘书长、办公室副主任；1997年1月—1998年1月，青州市市委副秘书长、办公室副主任、市保密局长；1998年1月—2001年2月，青州市政府党组成员、秘书长、办公室主任、党组书记；2001年2月—2007年6月，青州市委常委、秘书长、办公室主任；2007年6月—2008年2月，青州市委常委、秘书长；2008年2月—2008年4月，青州市委副书记、秘书长；2008年4月—2008年7月，青州市委副书记；2008年7月—2010年1月，青州市委副书记，兼市流通服务业发展党工委书记；2010年1月—2011年6月，青州市政协主席、党组书记，市流通服务业发展党工委书记；2011年6月—2017年1月，青州市政协主席、党组书记；2017年1月不再担任青州市政协主席；2017年3月不再担任青州市政协党组书记。

刘永福　男，汉族，1963年5月生，山东青州人。1981年7月参加工作，1986年9月入党，暨南大学高级工商管理硕士专业毕业，高级工商管理硕士学位。1979年9月—1981年7月，潍坊教师进修学院学生；1981年7月—1991年1月，潍坊市第三技工学校教师，青州市技工学校团委书记；1991年1月—1995年2月，青州市政府办公室秘书，机要科科长；1995年2月—1997年1月，青州市政府办公室机要科科长；1997年1月—1997年11月，青州市政府办公室副主任、党组成员；1997年11月—1999年4月，青州市政府副秘书长、办公室副主任、党组成员；1999年4月—2002年1月，青州市政府副秘书长、办公室副主任、党组成员兼对外开放办主任；2002年1月—2003年1月，青州市政府副秘书长、办公室副主任、党组成员兼体改办主任；2003年1月—2007年6月，青州市郑母镇党委书记、人大主席 ；2007年6月—2008年7月，青州市政府副秘书长、办公室主任、党组书记；2008年7月—2010年1月，青州市政府秘书长、党组成员，市政府党组成员、办公室主任；2010年1月—2011年1月，青州市政府党组成员，市政府办公室主任，经济开发区管委会主任；2011年1月—2011年12月，青州市政府副市长、党组成员，青州经济开发区管委会主任；2011年12月—2012年1月，青州市委常委、办公室主任，市政府副市长、青州经济开发区管委会主任；2012年1月—2012年4月，青州市委常委、市委办公室主任、青州经济开发区管委会主任；2012年4月—2016年12月，青州市委常委、市委办公室主任（其间：2010年3月—2013年6月，在暨南大学高级工商管理硕士专业学习，2013年6月，获高级管理人员工商管理硕士学位）；2016年12月—2017年1月，青州市政协主席提名人选，市委办公室主任；

2017年1月—2017年3月，青州市政协主席；2017年3月—2017年12月，青州市政协主席、党组书记。

李金凤　女，汉族，1956年10月生，青州益都人（致公党），1976年7月参加工作，大学文化程度。1976年7月—1979年5月，益都县夹涧供销社东高门市部会计；1979年5月—1989年5月，益都县夹涧

供销社小营门市部负责人；1989 年 5 月—1992 年 11 月，青州市朝阳有限公司总经理；1992 年 11 月—1998 年 1 月，青州尧王制药有限公司董事长；1998 年 1 月—2001 年 9 月，青州尧王食品有限公司董事长；2001 年 9 月—2003 年 1 月，青州尧王集团公司董事长；2003 年 1 月—2017 年 1 月，青州市政协副主席、尧王集团公司董事长；2017 年 1 月不再担任青州市政协副主席。

牛建一 男，汉族，1961 年 6 月生，山东鄄城人（致公党），1983 年 8 月参加工作时间。青岛医学院医学专业毕业，医学学士学位。1978 年 10 月—1979 年 9 月，益都县弥河公社下乡知青；1979 年 9 月—1984 年 9 月，青岛医学院学生；1984 年 9 月—1993 年 6 月，潍坊市益都中心医院内科医生、住院医师；1993 年 7 月—1997 年 3 月， 潍坊市益都中心医院神经内科主治医师；1997 年 3 月—2000 年 3 月，潍坊市益都中心医院医务科副主任、神经内科副主任医师；2000 年 3 月—2001 年 12 月，潍坊市益都中心医院医务处主任；2002 年 1 月—2003 年 1 月，潍坊市益都中心医院副院长；2003 年 1 月—2010 年 1 月，青州市政协副主席、益都中心医院副院长；2010 年 1 月—2013 年 2 月，青州市政协副主席、人民医院院长；2013 年 2 月—2017 年 7 月，青州市政协副主席、潍坊市益都中心医院院长；2017 年 7 月—2017 年 12 月，青州市政协副主席、潍坊市益都中心医院理事长。

王寿礼 男，汉族，1961 年 9 月出生，青州高柳人，1981 年 7 月参加工作，1984 年 5 月入党，省委党校研究生。1979 年 7 月—1981 年 7 月，昌潍农校农学专业学生；1981 年 7 月—1984 年 6 月，益都县何官公社农技站技术员；1984 年 6 月—1992 年 5 月，青州市农业局办公室主任兼政工科副科长；1992 年 5 月—1994 年 7 月，青州市委组织部干事；1994 年 7 月—1996 年 1 月，青州市委组织部扶贫办公室副主任；1996 年 1 月—1999 年 6 月，青州市东坝镇党委副书记；1999 年 6 月—2002 年 7 月，青州市东坝镇党委副书记、镇长；2002 年 7 月—2005 年 9 月，青州市东坝镇党委书记（期间 :2001 年 9 月—2004 年 6 月，山东省委党校经济管理专业研究生班在职学习）；2005 年 9 月—2006 年 12 月，青州市东坝街道党工委书记；2006 年 12 月—2007 年 6 月，青州市人民政府市长助理；2007 年 6 月—2007 年 8 月，青州市王母宫街道党工委书记、人大工作室主任；2007 年 8 月—2007 年 10 月，青州市东夏镇党委书记、人大主席；2007 年 10 月—2008 年 7 月，青州经济开发区管委会主任，东夏镇党委书记、人大主席，弥河生态旅游开发管理委员会党委副书记；2008 年 7 月—2009 年 10 月，青州经济开发区管委会主任，东夏镇党委书记、人大主席，弥河生态旅游开发管理委员会党委副书记，市流通服务业发展党工委副书记；2009 年 10 月—2010 年 1 月，青州经济开发区管委会主任，东夏镇党委书记、人大主席，市流通服务业发展党工委副书记；2010 年 1 月—2014 年 2 月，青州市政协副主席、党组成员（2010 年 1 月 14 日，政协青州市第十二届委员会第三次会议当选政协副主席）；2014 年 2 月—2017 年 6 月，青州市政协副主席、党组副书记；2017 年 6 月—2017 年 12 月，青州市政协副主席、党组副书记，市总工会主席。

刘传明 男，汉族，1962 年 6 月生，青州黄楼人，1981 年 7 月参加工作，1984 年 5 月入党，省委党校研究生。1979 年 7 月—1981 年 7 月，昌潍农校蚕桑专业学生；1981 年 7 月—1985 年 2 月，益都县丝绸公司技术员、团支部书记；1985 年 2 月—1988 年 8 月，益都县（青州市）丝绸公司副科长、科长；

1988年8月—1990年8月，青州市何官乡挂职副乡长；1990年8月—1995年8月，青州市何官乡（镇）党委副书记；1995年8月—1996年1月，青州市计划委员会挂职副主任；1996年1月—1999年6月，青州市何官镇党委副书记、镇长；1999年6月—2000年1月，青州市普通镇党委副书记、镇长；2000年1月—2002年1月，青州市普通镇党委书记；2002年1月—2004年11月，青州市黄楼镇党委书记、人大主席；2004年11月—2006年12月，青州市昭德街道党工委书记；2006年12月—2007年6月，青州市昭德街道党工委书记、人大工作室主任；2007年6月—2007年8月，青州市云门山街道党工委书记、人大工作室主任；2007年8月—2007年10月，乡镇合并待安排；2007年10月—2008年7月，青州市人口和计划生育局党组书记；2008年7月—2009年10月，青州市人口和计划生育局局长、党组书记；2009年10月—2011年1月，青州市花卉产业发展党工委副书记，市花卉高科技博览园党工委副书记、管委会主任、花卉产业管理局局长；2011年1月—2014年2月，青州市政府党组成员、办公室主任、党组书记、花卉高科技博览园管委会主任；2014年1月—2014年2月，青州市政府党组成员、办公室主任、党组书记；2014年2月—2014年3月，青州市政协副主席、党组成员，市政府党组成员、办公室主任、党组书记；2014年3月—2017年3月，青州市政协副主席、党组成员；2017年3月—2017年12月，青州市政协副主席、党组成员，市工商联主席。

田玉强　男，汉族，1964年11月出生，青州高柳人，1988年7月参加工作，山东建筑工程学院工业与民用建筑专业毕业，工学学士。1984年9月—1988年7月，山东建筑工程学院建筑工程系工业与民用建筑专业学生；1988年7月—1989年6月，济南第一机床厂建筑设计室干事；1989年6月—1996年1月，青州市建筑工程质量监督站科长；1996年1月—1998年4月，青州市建筑工程质量监督站副站长；1998年4月—2003年6月，青州市建筑工程质量监督站站长；2003年6月—2005年2月，青州市建设局总工程师；2005年2月—2007年10月，青州市建设局副局长、总工程师；2007年10月—2010年2月，青州市建设局总工程师；2010年2月—2011年9月，青州市住房和城乡建设局总工程师；2011年9月—2012年11月，青州市住房和城乡建设局干部；2012年11月—2016年12月，青州市住房和城乡建设局总工程师；2016年12月—2017年1月，青州市政协副主席提名人选，市住房和城乡建设局总工程师；2017年1月—2017年12月，青州市政协副主席，市住房和城乡建设局总工程师。

马振春　男，回族，1968年5月生，青州云门山人，1991年10月参加工作，中南民族学院政治学专业毕业，法学学士。1987年9月—1991年7月，中南民族学院政治学专业学生；1991年7月—1991年10月，待分配；1991年10月—1993年11月，青州市人民法院书记员；1993年11月—1997年7月，青州市人民法院助理审判员；1997年7月—2001年8月，青州市人民法院审判员；2001年8月—2004年8月，青州市人民法院谭坊法庭庭长；2004年8月—2005年7月，青州市人民法院立案庭庭长；2005年7月—2007年11月，青州市人民法院副科级审判员、立案庭庭长；2007年11月—2009年4月，青州市人民法院副科级审判员、民一庭庭长；2009年4月—2016年12月，青州市人民法院立案信访局局长；2016年12月—2017年1月，青州市政协副主席提名人选，市人民法院立案信访局局长；2017年1月—2017年6月，青州市政协副主席，市人民法院立案信访局局长；2017年6月—2017年12月，青州市政协副主席，市人民法院执行局局长。

（方冬冬）

全国人大代表简介

王瑞霞　女，回族，1966年11月生，青州市云门山街道人，1991年7月参加工作，中南民族学院历史学专业毕业，大学学历，学士学位。1987年7月—1991年7月，中南民族学院学习；1991年7年—1999年7月，青州市博物馆工作；1999年7月—2000年12月，青州市东高镇副镇长（挂职）；2000年12月—2017年12月，青州市博物馆副馆长。

省人大代表简介

丁忠平　男，回族，1952年12月生，青州市云门山街道人，中共党员，1968年9月参加工作，山东省委党校经济管理专业毕业，大专学历。1977年1月—1986年8月，益都镇乐园大队副书记；1986年9月—2012年11月，青州市云门山街办南营社区党委书记（1992年9月—1994年12月在山东省委党校函授学习）；1996年11月—2002年12月，青州市昭德街办党委副书记；2002年12月—2017年12月，青州市云门山街办南营社区党委书记。

王淑琴　女，回族，1965年8月生，青州市云门山街道人，1988年7月参加工作，潍坊医学院临床医学专业毕业，大学学历，学士学位。1983年9月—1988年7月，潍坊医学院学生；1988年7月—2008年10月，潍坊市益都中心医院先后任住院医师、主治医师、副主任医师；2008年10月—2017年12月，潍坊市益都中心医院神经内二科副主任。

甄曰菊　女，汉族，1965年7月生，青州市何官镇人，中共党员，1986年4月参加工作，四川联合大学材料与化工专业毕业，大学学历，学士学位。1986年4月—1991年8月，山东农学院畜牧养殖厂技术厂长；1991年9月—2000年5月，在海南省从事现代农业开发；2000年6月—2005年4月，筹建山东吉青化工有限公司；2005年4月—2017年12月，山东吉青化工有限公司技术总监；2009年10月起兼任中科院吉青化工工程塑料联合实验室主任。

（青州市人大办公室）

附　录

2017年中共青州市委重要文件目录表

表17

序号	文号	文件名称
1	青发〔2017〕1号	中共青州市委关于加强自身建设的决定
2	青发〔2017〕2号	中共青州市委关于印发《中共青州市委常委会2017年工作要点》的通知
3	青发〔2017〕3号	中共青州市委青州市人民政府政协青州市委员会关于表彰承办提案先进单位的决定
4	青发〔2017〕4号	中共青州市委青州市人民政府关于表彰2016年度先进单位的决定
5	青发〔2017〕5号	中共青州市委青州市人民政府关于命名表彰2016年度青州市文明单位的通报
6	青发〔2017〕6号	中共青州市委青州市人民政府关于命名表彰第八届青州市道德模范、文明市民的通报
7	青发〔2017〕7号	中共青州市委青州市人民政府关于表彰青州市首届“十大美丽乡村”、“美丽乡村”的决定
8	青发〔2017〕8号	中共青州市委青州市人民政府关于印发《青州市法治政府建设实施纲要（2016—2020年）》的通知
9	青发〔2017〕9号	中共青州市委青州市人民政府关于推进社会矛盾调处化解常态化建设的意
10	青发〔2017〕10号	中共青州市委印发《关于在全市开展“作风建设年”活动实施方案》的通知
11	青发〔2017〕11号	中共青州市委青州市人民政府关于颁发青州市富民兴市劳动奖章（状）的决定
12	青发〔2017〕12号	中共青州市委青州市人民政府关于表彰青州市十大杰出职工的决定
13	青发〔2017〕13号	中共青州市委青州市人民政府关于进一步加强和改进新形势下公安基层基础工作的意见
14	青发〔2017〕14号	中共青州市委青州市人民政府关于印发《青州市2016—2020年依法治市规划》的通知
15	青发〔2017〕15号	中共青州市委青州市人民政府转发《市委宣传部、市司法局关于在全市公民中开展法治宣传教育的第七个五年规划（2016—2020年）》的通知
16	青发〔2017〕16号	中共青州市委青州市人民政府关于命名表彰青州市“敬老好儿女、幸福大家庭”的通报
17	青发〔2017〕17号	中共青州市委关于5月14日范公亭路天然气泄漏事故调查和处理情况的通报
18	青发〔2017〕18号	中共青州市委关于印发《中共青州市委常委会开展“作风建设年”活动实施方案》的通知
19	青发〔2017〕19号	中共青州市委青州市人民政府关于深入推进农业供给侧结构性改革加快培植农业农村发展新优势的意见

续表 17

序号	文号	文件名称
20	青发〔2017〕20 号	中共青州市委关于进一步严明纪律要求坚决纠治“四风”突出问题的通知
21	青发〔2017〕21 号	中共青州市委关于认真学习贯彻省第十一次党代会精神的通知
22	青发〔2017〕22 号	中共青州市委关于建立市委巡察制度的实施意见
23	青发〔2017〕23 号	中共青州市委关于印发《十三届青州市委巡察工作规划（2017—2021 年）》的通知
24	青发〔2017〕24 号	中共青州市委青州市人民政府关于表彰 2016 年度综合考核先进个人的决定
25	青发〔2017〕25 号	中共青州市委青州市人民政府关于成立青州市环境保护督察工作领导小组的通知
26	青发〔2017〕26 号	中共青州市委青州市人民政府关于印发青州市“四个城市”建设五年规划和三年行动计划的通知
27	青发〔2017〕27 号	中共青州市委青州市人民政府关于全面加强服务群众热线建设的意见
28	青发〔2017〕28 号	中共青州市委青州市人民政府关于综合行政执法体制改革的实施意见
29	青发〔2017〕29 号	中共青州市委青州市人民政府关于表彰全市老龄工作先进单位和先进个人的决定
30	青发〔2017〕30 号	中共青州市委青州市人民政府关于建立守信联合激励和失信联合惩戒制度加快推进社会诚信建设的意见
31	青发〔2017〕31 号	中共青州市委关于深入学习宣传贯彻中共十九大精神的决议
32	青发〔2017〕32 号	中共青州市委青州市人民政府关于表彰青州市中共十九大安保维稳工作先进单位和先进个人的决定
33	青发〔2017〕33 号	中共青州市委青州市人民政府印发《关于激励改革创新干事创业建立容错纠错尽职免责机制的实施意见（试行）》的通知
34	青发〔2017〕34 号	中共青州市委青州市人民政府关于进一步加强民族工作的意见
35	青发〔2017〕35 号	中共青州市委关于印发《青州市深化国家监察体制改革试点工作实施方案》的通知
36	青发〔2017〕36 号	中共青州市委青州市人民政府关于表彰青州古城旅游区国家 AAAAA 级旅游景区创建工作先进集体、先进个人的决定
37	青办发〔2017〕1 号	中共青州市委办公室关于公布市委常委工作分工的通知
38	青办发〔2017〕2 号	中共青州市委办公室青州市人民政府办公室关于印发《2017“青州古城过大年”活动领导小组名单》的通知
39	青办发〔2017〕3 号	中共青州市委办公室关于公布市委常委分工包靠镇、街道、开发区的通知
40	青办发〔2017〕4 号	中共青州市委办公室青州市人民政府办公室关于公布 2017 年重点片区（项目）工作组成员名单的通知
41	青办发〔2017〕5 号	中共青州市委办公室青州市人民政府办公室转发《市纪委、监察局关于调整派驻纪检组、监察室监督检查范围的通知》的通知
42	青办发〔2017〕6 号	中共青州市委办公室青州市人民政府办公室关于开展“项目建设年”活动的意见
43	青办发〔2017〕7 号	中共青州市委办公室青州市人民政府办公室关于印发《青州市重点建设项目调度通报制度》的通知
44	青办发〔2017〕8 号	中共青州市委办公室关于调整市委常委工作分工的通知
45	青办发〔2017〕9 号	中共青州市委办公室关于重申换届有关纪律的通知
46	青办发〔2017〕10 号	中共青州市委办公室青州市人民政府办公室关于对部分重点企业实行包靠服务的通知

续表 17

序号	文号	文件名称
47	青办发〔2017〕11 号	中共青州市委办公室转发《中共潍坊市纪委关于 4 起落实全面从严治党主体责任和监督责任不力被问责典型问题的通报》的通知
48	青办发〔2017〕12 号	中共青州市委办公室青州市人民政府办公室关于成立及调整市有关议事协调机构的通知
49	青办发〔2017〕13 号	中共青州市委办公室青州市人民政府办公室关于进一步加强和改进全市办公室工作作风的实施意见
50	青办发〔2017〕14 号	中共青州市委办公室青州市人民政府办公室关于组织开展新一轮市直部门单位包村帮扶和选派第一书记工作的实施意见
51	青办发〔2017〕15 号	中共青州市委办公室青州市人民政府办公室关于成立东城片区公益场馆建设工作组的通知
52	青办发〔2017〕16 号	中共青州市委办公室青州市人民政府办公室关于调整青州市“河长制”工作范围及分工的通知
53	青办发〔2017〕17 号	中共青州市委办公室关于印发《韩幸福同志在全市加快项目建设工作会议上的讲话》的通知
54	青办发〔2017〕18 号	中共青州市委办公室青州市人民政府办公室关于推荐评选青州市富民兴市劳动奖章（状）和青州市十大杰出职工的通知
55	青办发〔2017〕19 号	中共青州市委办公室青州市人民政府办公室印发《关于深入推进乡村文明行动实施方案》的通知
56	青办发〔2017〕20 号	中共青州市委办公室青州市人民政府办公室关于印发《〈潍坊市 2017 年度党风廉政建设责任书〉目标任务分解》的通知
57	青办发〔2017〕21 号	中共青州市委办公室青州市人民政府办公室关于进一步做好城区社区综合提升工作的通知
58	青办发〔2017〕22 号	中共青州市委办公室青州市人民政府办公室关于全面推进安全生产标准化规范化建设的意见
59	青办发〔2017〕23 号	中共青州市委办公室青州市人民政府办公室关于印发《青州市网络督查平台工作制度（试行）》的通知
60	青办发〔2017〕24 号	中共青州市委办公室印发《关于推进“两学一做”学习教育常态化制度化的实施方案》的通知
61	青办发〔2017〕25 号	中共青州市委办公室关于调整全市“两学一做”学习教育协调小组的通知
62	青办发〔2017〕26 号	中共青州市委办公室青州市人民政府办公室关于推行“一村一警务助理”工作的实施意见
63	青办发〔2017〕27 号	中共青州市委办公室青州市人民政府办公室关于推进城乡管理精细化工作的意见
64	青办发〔2017〕28 号	中共青州市委办公室青州市人民政府办公室印发《关于在全市开展“打霸治痞”专项行动的实施方案》的通知
65	青办发〔2017〕29 号	中共青州市委办公室关于进一步完善责任机制扎实推进潍坊市第十二次党代会重点任务落实的通知
66	青办发〔2017〕30 号	中共青州市委办公室青州市人民政府办公室关于印发《青州市全面实行河长制实施方案》的通知
67	青办发〔2017〕31 号	中共青州市委办公室关于印发《中共青州市委全面深化改革领导小组 2017 年工作要点》的通知
68	青办发〔2017〕32 号	中共青州市委办公室青州人民政府办公室关于分类推进事业单位改革重点任务分工的通知
69	青办发〔2017〕33 号	中共青州市委办公室青州市人民政府办公室关于深入学习和认真贯彻《潍坊市生态环境损害责任追究暂行办法》等文件的通知
70	青办发〔2017〕34 号	中共青州市委办公室青州市人民政府办公室关于印发《青州市各级党委、政府及有关部门环境保护工作职责（试行）》的通知
71	青办发〔2017〕35 号	中共青州市委办公室关于开展中国共产党建党 96 周年纪念活动的通知
72	青办发〔2017〕36 号	中共青州市委办公室关于印发《中共青州市委巡察工作实施办法（试行）》的通知

续表 17

序号	文号	文件名称
73	青办发〔2017〕37 号	中共青州市委办公室青州市人民政府办公室关于印发《青州市新旧动能转换重大工程近期工作方案》的通知
74	青办发〔2017〕38 号	中共青州市委办公室青州市人民政府办公室印发《关于推进美丽乡村标准化建设的实施意见》的通知
75	青办发〔2017〕39 号	中共青州市委办公室青州人民政府办公室关于进一步加强青少年防溺水工作的通知
76	青办发〔2017〕40 号	中共青州市委办公室青州市人民政府办公室转发市卫计局等六部门《关于青州市公立医院法人治理结构建设的实施方案》的通知
77	青办发〔2017〕41 号	中共青州市委办公室青州市人民政府办公室转发市科技局等六部门《关于青州市科研院所法人治理结构建设的实施方案》的通知
78	青办发〔2017〕42 号	中共青州市委办公室青州市人民政府办公室关于成立第 17 届中国（青州）花卉博览交易会暨第 11 届山东省花卉交易会筹备工作机构的通知
79	青办发〔2017〕43 号	中共青州市委办公室青州市人民政府办公室关于印发《〈青州市志（1988—2015）〉编纂方案》的通知
80	青办发〔2017〕44 号	中共青州市委办公室青州市人民政府办公室关于成立青州军民融合通用航空产业园领导小组的通知
81	青办发〔2017〕45 号	中共青州市委办公室青州市人民政府办公室关于成立市电子政务内网建设和管理协调小组组成人员的通知
82	青办发〔2017〕46 号	中共青州市委办公室青州市人民政府办公室关于印发《2017 年创建文明城市综合提升行动方案》的通知
83	青办发〔2017〕47 号	中共青州市委办公室青州市人民政府办公室关于成立创建文明城市工作领导小组的通知
84	青办发〔2017〕48 号	中共青州市委办公室青州市人民政府办公室印发《关于进一步加强和改进离退休干部工作的实施意见》的通知
85	青办发〔2017〕49 号	中共青州市委办公室青州市人民政府办公室关于办好 2017 年全市妇女儿童工作实事的通知
86	青办发〔2017〕50 号	中共青州市委办公室青州市人民政府办公室关于成立青州市工业帮扶工作领导小组的通知
87	青办发〔2017〕51 号	中共青州市委办公室青州市人民政府办公室关于成立青州市人才服务推进工作领导小组的通知
88	青办发〔2017〕52 号	中共青州市委办公室青州市人民政府办公室关于印发《2017 年度青州市科学发展综合考核办法》的通知
89	青办发〔2017〕53 号	中共青州市委办公室青州市人民政府办公室关于支持人民法院基本解决执行难问题的实施意见
90	青办发〔2017〕54 号	中共青州市委办公室青州市人民政府办公室关于印发《青州市“四个城市”建设协调推进机制总体方案》的通知
91	青办发〔2017〕55 号	中共青州市委办公室青州市人民政府办公室关于印发《2017 年青州市信访工作考核办法》的通知
92	青办发〔2017〕56 号	中共青州市委办公室青州市人民政府办公室关于深化放管服改革进一步加强服务型政府建设的实施意见
93	青办发〔2017〕57 号	中共青州市委办公室青州市人民政府办公室关于印发《青州市中共十九大安保维稳工作方案》的通知
94	青办发〔2017〕58 号	中共青州市委办公室转发市委组织部《关于公开选拔部分年轻科级领导干部人选的实施意见》的通知
95	青办发〔2017〕59 号	中共青州市委办公室青州市人民政府办公室关于印发《青州市中共十九大安保维稳工作专项督导方案》的通知
96	青办发〔2017〕60 号	中共青州市委办公室青州市人民政府办公室关于印发《青州市 2017 年度知识产权工作考核办法》的通知
97	青办发〔2017〕61 号	中共青州市委办公室青州市人民政府办公室关于印发《市级机关综合办公大楼群众来访处理办法》的通知
98	青办发〔2017〕62 号	中共青州市委办公室青州市人民政府办公室关于印发《2017 年度青州市事业单位绩效考评实施方案》的通知

续表 17

序号	文号	文件名称
99	青办发〔2017〕63 号	中共青州市委办公室青州市人民政府办公室关于印发《青州市关心下一代工作委员会组成员及委员单位工作职责》的通知
100	青办发〔2017〕64 号	中共青州市委办公室青州市人民政府办公室关于中共十九大会议期间全市值班备勤工作有关安排的通知
101	青办发〔2017〕65 号	中共青州市委办公室青州市人民政府办公室关于印发《青州市河长制会议制度》等七项制度的通知
102	青办发〔2017〕66 号	中共青州市委办公室青州市人民政府办公室关于印发《青州市推进“一村（社区）一法律顾问”工作实施意见》的通知
103	青办发〔2017〕67 号	中共青州市委办公室青州市人民政府办公室关于妇幼保健院新院建设有关问题的通报
104	青办发〔2017〕68 号	中共青州市委办公室关于做好学习贯彻中共十九大精神宣讲工作的通知
105	青办发〔2017〕69 号	中共青州市委办公室青州市人民政府办公室关于印发 《青州市大气污染治理问责办法（试行）》的通知
106	青办发〔2017〕70 号	中共青州市委办公室关于印发《青州市群团改革方案》及《青州市总工会改革实施方案》《共青团青州市委改革实施方案》《青州市妇联改革实施方案》《青州市科协系统改革实施方案》的通知
107	青办发〔2017〕71 号	中共青州市委办公室青州市人民政府办公室关于对 2017 年度镇、街道、开发区教育工作进行督导评估的通知
108	青办发〔2017〕72 号	中共青州市委办公室青州市人民政府办公室关于做好村“两委”换届选举工作的实施意见
109	青办发〔2017〕73 号	中共青州市委办公室青州市人民政府办公室关于印发《青州市级党政班子成员向市纪委全会述责述廉工作实施方案》的通知
110	青办发〔2017〕74 号	中共青州市委办公室青州市人民政府办公室关于印发《全面两孩政策改革完善计划生育服务管理工作实施方案》的通知
111	青办发〔2017〕75 号	中共青州市委办公室青州市人民政府办公室关于加强国土资源执法监管建立共同责任机制的实施意见
112	青办发〔2017〕76 号	中共青州市委办公室青州市人民政府办公室关于印发《诬告陷害类信访举报查处办法（试行）》的通知
113	青办发〔2017〕77 号	中共青州市委办公室青州市人民政府办公室关于印发《青州市整治为官不为实施办法（试行）》的通知
114	青办发〔2017〕78 号	中共青州市委办公室青州市人民政府办公室关于印发《青州市综合行政执法体制改革工作方案》的通知
115	青办发〔2017〕79 号	中共青州市委办公室青州市人民政府办公室关于印发《〈青州年鉴〉2018 卷组稿方案》的通知
116	青办发〔2017〕80 号	中共青州市委办公室印发《关于加强和改进人民政协民主监督工作的实施意见》的通知
117	青办发〔2017〕81 号	中共青州市委办公室青州市人民政府办公室关于推进落实国家机关“谁执法谁普法”普法责任制实施意见

2017年青州市人民政府重要文件目录表

表18

序号	文号	文件名称
1	青政发〔2017〕1号	关于公布泉州市第六批市级非物质文化遗产保护名录的通知
2	青政发〔2017〕2号	关于印发青州市国有林场改革实施方案的通知
3	青政发〔2017〕3号	关于印发青州市全民健身实施计划〔2016—2020年〕的通知
4	青政发〔2017〕4号	关于印发《关于加快发展体育产业的实施意见》的通知
5	青政发〔2017〕5号	关于成立青州市粮食安全责任考核工作组的通知
6	青政发〔2017〕6号	关于落实粮食安全市长责任制的实施意见
7	青政发〔2017〕7号	关于市政府领导成员工作分工调整的通知
8	青政发〔2017〕8号	关于加强自身建设的决定
9	青政发〔2017〕9号	关于印发2017年《政府工作报告》的通知
10	青政发〔2017〕10号	关于胶济客专线、胶济线铁路线路安全保护区划定的公告
11	青政发〔2017〕11号	关于印发《青州市2017年度国土绿化实施意见》的通知
12	青政发〔2017〕12号	关于表彰全市征兵工作先进单位和先进个人的决定
13	青政发〔2017〕13号	关于调整市级政府部门权力清单的通知
14	青政发〔2017〕15号	关于调整市级政府部门权力清单的通知
15	青政发〔2017〕16号	关于公布青州市城区及建制镇土地级别和基准地价更新成果的通知
16	青政发〔2017〕17号	关于印发《青州市关于进一步规范建设工程主体职责全面预防农民工工资拖欠问题的实施意见》的通知
17	青政发〔2017〕18号	关于印发青州市农村留守儿童关爱保护工作实施方案的通知
18	青政发〔2017〕19号	关于印发《2016年青州市法治政府建设情况报告》的通知
19	青政发〔2017〕20号	关于加强集贸市场建设管理和道路交通安全的实施意见
20	青政发〔2017〕21号	关于表彰中国人居环境奖创建工作先进单位和先进个人的决定
21	青政发〔2017〕22号	关于印发《2017年度国有建设用地供应计划》的通知
22	青政发〔2017〕23号	关于市政府领导成员工作分工部分调整的通知
23	青政发〔2017〕24号	印发《关于加快推进棚户区改造工作的补充意见》的通知
24	青政发〔2017〕25号	关于印发《青州市重大安全生产隐患挂牌督办办法》的通知
25	青政发〔2017〕26号	关于批转市审计局2017年度审计项目计划安排的通知
26	青政发〔2017〕27号	关于印发青州市创建国家级农村职业教育和成人教育示范县工作实施方案的通知
27	青政发〔2017〕28号	关于印发青州市医疗卫生服务体系规划〔2016—2020年〕的通知
28	青政发〔2017〕29号	关于印发青州市招商引资优惠政策〔试行〕的通知
29	青政发〔2017〕30号	关于印发《关于加强食品安全标准化建设的意见》的通知
30	青政发〔2017〕31号	关于印发《2017年度青州市水污染防治工作实施方案》的通知
31	青政发〔2017〕32号	房屋征收补偿决定书
32	青政发〔2017〕33号	房屋征收补偿决定书
33	青政发〔2017〕34号	关于调整公布青州市防汛抗旱指挥部成员名单的通知
34	青政发〔2017〕35号	关于印发《青州市防震减灾事业发展规划〔2016—2020年〕》的通知
35	青政发〔2017〕36号	印发《关于耕地占补平衡项目市场化运作的实施意见〔试行〕》的通知
36	青政发〔2017〕37号	关于成立青州市新能源汽车分时租赁一体化运营项目领导小组的通知
37	青政发〔2017〕38号	印发《关于进一步加强消防安全工作的意见》的通知
38	青政发〔2017〕39号	关于印发《青州市镇街专职消防队管理规定》的通知
39	青政发〔2017〕40号	关于印发《青州市妇女发展“十三五”规划》《青州市儿童发展“十三五”规划》的通知
40	青政发〔2017〕41号	关于调整高污染燃料禁燃区的通知
41	青政发〔2017〕42号	关于印发《青州市小型水库管理体制改革实施方案》的通知
42	青政发〔2017〕43号	关于成立青州市省级农产品质量安全县建设项目领导小组的通知
43	青政发〔2017〕44号	关于保留、修改、废止部分规范性文件的通知

续表 18

序号	文号	文件名称
44	青政发〔2017〕45 号	关于印发深入推进大气污染防治的实施意见及相关配套工作方案、城市环境综合整治六个专项行动方案的通知
45	青政发〔2017〕46 号	关于印发《青州市“安全生产”“十三五”规划》的通知
46	青政发〔2017〕47 号	印发《关于加强西南山区规划建设管控工作的意见》的通知
47	青政发〔2017〕48 号	关于调整市级政府部门行政权力事项的通知
48	青政发〔2017〕49 号	关于成立青州古城保护管理立法项目领导小组的通知
49	青政发〔2017〕50 号	关于表彰 2016 年度征兵工作先进单位和先进个人的决定
50	青政发〔2017〕51 号	关于印发《青州市深化公共资源配置改革实施办法》的通知
51	青政发〔2017〕52 号	关于成立 2017 年青州市现代农业生产发展花卉产业项目领导小组的通知
52	青政发〔2017〕53 号	关于成立青州市土地整理项目实施领导小组的通知
53	青政发〔2017〕54 号	关于印发《青州市 2017 年降低实体经济企业成本实施方案》的通知
54	青政发〔2017〕55 号	关于印发《青州市安全生产和环境保护网格化监管体系建设工作方案》的通知
55	青政发〔2017〕56 号	关于进一步推进学前教育发展的实施意见
56	青政发〔2017〕57 号	关于印发《青州市工业企业冬季错峰生产实施方案》的通知
57	青政发〔2017〕58 号	关于印发《青州市 2017 年部门节能目标任务》的通知
58	青政发〔2017〕59 号	关于印发《青州市生态环境保护“十三五”规划》的通知
59	青政发〔2017〕60 号	关于印发《青州市加快推进生态文明建设实施方案》的通知
60	青政发〔2017〕61 号	关于印发《青州市北阳河流域水环境达标方案》等两个达标方案的通知
61	青政发〔2017〕62 号	关于进一步加强新时期爱国卫生工作的实施意见
62	青政发〔2017〕63 号	关于发布 2017 年企业工资指导线的通知
63	青政发〔2017〕64 号	关于公布全市最低工资标准的通知
64	青政发〔2017〕65 号	关于成立青州市海化盛兴热电有限公司改制工作领导小组的通知
65	青政发〔2017〕66 号	关于印发青州市招商发展激励政策的通知
66	青政发〔2017〕67 号	关于印发《青州市市级政府投融资平台公司转型改制方案》的通知
67	青政发〔2017〕68 号	关于印发在市场体系建设中建立公平竞争审查制度实施方案的通知
68	青政发〔2017〕69 号	关于印发《青州市促进民间投资健康发展的若干政策措施》的通知
69	青政发〔2017〕70 号	关于建立全市环境保护税征管协作机制的通知
70	青政发〔2017〕71 号	关于调整部分市级行政权力事项和中介服务项目的通知
71	青政发〔2017〕72 号	印发《关于加快矿山地质环境治理推进生态文明建设的实施意见》的通知
72	青政发〔2017〕73 号	关于孟建新同志工作分工的通知
73	青政发〔2017〕74 号	关于印发《青州市行政应诉办法》的通知
74	青政发〔2017〕75 号	关于切实抓好今冬明春森林防火工作的通知
75	青政发〔2017〕76 号	印发《关于进一步加强土地征收管理工作的意见》的通知
76	青政发〔2017〕77 号	《关于开展农村建设用地、未利用地整治挖潜工作实施意见》的补充意见
77	青政发〔2017〕78 号	关于进一步健全特困人员救助供养制度的实施意见
78	青政发〔2017〕79 号	关于发布青州市历史形成责任灭失非煤矿山采空区防治规划〔2017—2020 年〕的通知
79	青政发〔2017〕80 号	关于加快战略性新兴产业发展的意见
80	青政发〔2017〕81 号	关于进一步加强税收保障工作的实施意见
81	青政发〔2017〕82 号	贯彻《青州市促进民间投资健康发展若干政策措施》的实施意见
82	青政发〔2017〕83 号	关于表彰青州市 2017 年政府教学成果奖的决定
83	青政发〔2017〕84 号	关于印发《青州市关于相对集中行政处罚权开展综合行政执法工作方案》的通知
84	青政发〔2017〕85 号	关于印发《关于加快推进餐饮质量安全提升工程的实施方案》的通知
85	青政发〔2017〕86 号	关于废止和失效部分政策类文件的通知
86	青政发〔2017〕87 号	关于公布青州市第七批市级非物质文化遗产保护名录的通知

中共青州市委
关于加强自身建设的决定

青发〔2017〕1号

（2017年1月14日中国共产党青州市第十三届委员会第一次全体会议通过）

为全面贯彻落实市第十三次党代会确定的各项任务和奋斗目标，进一步提高执政能力和领导水平，把市委班子建设成为政治坚定、能力突出、作风过硬、群众信任的领导集体，更好地担负起深入实施“一二四三”发展战略，加快建设“五强四宜”城市，实现“弯道超车”，提前全面建成小康社会的重任，现就加强市委班子自身建设，作出如下决定。

一、带头遵守政治纪律。牢固树立政治意识、大局意识、核心意识、看齐意识，坚决做到“五个必须”，严守“九个不准”，防止“七个有之”，敢于同一切违背党的主张、党的要求的言行作坚决斗争，不折不扣贯彻执行中央、省委和潍坊市委决策部署，更加自觉地在思想上政治上行动上同以习近平同志为核心的党中央保持高度一致。按照《关于新形势下党内政治生活的若干准则》要求，带头严格落实“三会一课”、民主生活会、谈心谈话等制度，进一步增强班子的凝聚力和战斗力。把加强学习作为守纪律讲规矩的重要前提，扎实开展“两学一做”学习教育，坚持和完善市委理论学习中心组制度，定期组织海岱书院大讲堂和云门大课堂，进一步提高理论素养和党性修养，坚定中国特色社会主义道路自信、理论自信、制度自信、文化自信，做到在任何时候、任何情况下都绝对忠诚于党。

二、带头维护团结和谐。深入贯彻《中国共产党地方委员会工作条例》，按照“集体领导、民主集中、个别酝酿、会议决定”的原则，健全完善决策咨询、重大决策征求意见和决策公开制度，使各项决策部署更加符合发展实际、体现人民意愿。坚持集体领导与个人分工负责相结合，对议定的事项自觉服从、坚决贯彻，确保各项决策部署不折不扣落到实处。坚持重德才、重实绩、重公认、重基层的用人导向，严格“20字”好干部标准，公道正派地选用干部，坚决破除“圈子文化”和“关系网”，努力营造清清爽爽的同志关系、规规矩矩的上下级关系、干干净净的朋友关系。加强团结共事，大事讲原则、小事讲风格，相互尊重、相互体谅、相互支持，多做有利于团结的事，不说不利于团结的话，以市委班子团结带动形成全市各级领导班子、党群干群的大团结。充分发挥市委领导核心作用，积极支持市人大、政府、政协和审判机关、检察机关依照法律和章程开展工作，及时研究和统筹解决工作中的重大问题，调动一切积极因素，形成加快发展的强大合力。

三、带头敢于担当。担当才有作为，敢于担当体现着领导干部的品格。必须珍惜岗位、恪尽职守，千方百计、不遗余力干好工作，真正把组织重托、群众期望担当起来，在干事创业中实现人生价值。聚焦重点问题和关键环节，加快推进供给侧结构性改革，以结构性改革带动结构性调整、推动结构性优化，实现更高质量、更有效率、更加公平、更可持续的发展。持续加大行政审批制度、农村产权制度、财税金融和投融资体制等重点领域的改革力度，不断破解阻碍发展的体制机制问题，为青州更高层次全面发展提供动力支撑。完善工作推进机制，坚持项目引领、片区推进，市委常委包靠片区、项目、企业，带头推动发展。健全集中交流学习制度，对各部门单位项目引进、建设情况，以及市级领导包靠项目推进情况，每年组织两次集中交流学习，全力以赴推进项目建设。全面推行“一线工作法”，充分发挥表率、带动作用，坚持一级带着一级干，一级做给一级看，层层转作风，级级抓落实，为广大干部群众做出榜样。进一步完善激励机制，建立容错纠错机制，为敢于担当的干部担当，为敢于负责的干部负责，努力营造干事创业的良好环境。

四、带头深入群众。全心全意为人民服务是我们党的根本宗旨。始终做到在工作上依靠群众，坚持一切为了群众、一切依靠群众，从群众中来、到群众中去。始终站在人民群众的立场上想问题、干工作，出主意、作决策充分考虑和体现群众的愿望和要求，维护群众利益。始终做到在感情上贴近群众，深入开展“转变工作作风、联系服务群众”工作，听民声、察民情、解民忧，帮助群众解决具体困难和问题，赢得民心、推动发展。始终做到在行动上造福群众，集中力量办好民生实事，以实际行动取信于民。把加强调查研究作为改进作风、密切联系群众的重要抓手，带头大兴调研之风，市委常委每年到基层调研不少于60天，真正做到情况在一线了解、问题在一线解决、工作在一线推进。

五、带头严以律己。认真学习贯彻十八届中央纪委七次全会精神，不断增强全面从严治党的系统性、创造性、实效性。严格执行《中国共产党问责条例》，坚持有责必问、有责必究，对管党治党履职不到位、措施不得力的，及时进行诫勉谈话、限期整改。自觉把纪律和规矩挺在前面，带头执行中央八项规定精神，带头遵守《中国共产党廉洁自律准则》和《中国共产党纪律处分条例》，带头抵制“四风”，严格会议审批和领导干部外出请销假制度，坚决杜绝庸俗的人情往来，不聚堆喝“耍酒”，把时间和精力用到加快发展上。带头落实廉洁从政各项规定，不插手工程建设，不干预司法活动，不干预干部调整，严格管理自己的亲属和身边工作人员，始终堂堂正正做人、清清白白从政、踏踏实实干事。自觉接受党内监督和外部监督，严格执行党员领导干部报告个人重大事项、述职述廉等制度，提升市委立党为公、清正廉洁、干净干事的良好形象。

中共青州市委办公室 青州市人民政府办公室 关于开展“项目建设年”活动的意见

青办发〔2017〕6号

（2017年3月1日）

2017年全市项目建设工作的总体思路是：认真贯彻落实中央、省、潍坊市经济工作会议精神和市委、市政府“一二四三”决策部署，以推进供给侧结构性改革为主线，以建设“五强四宜”城市、实现“弯道超车”为目标，将项目建设作为经济社会发展的重要抓手，以项目促投资、促转型、促发展，通过项目集聚、建设园区、优化产业链条、培育新兴产业，实现结构优化、提质增效，加快转型升级。概括起来，就是“围绕一个目标、突出五个重点、创新五个机制”。

一、围绕一个目标

把投资摆在经济增长的关键位置，着力增加投量、优化投向、提高投速、提升投效，确保2017年全市固定资产投资增长11%以上，超额完成潍坊考核任务和青州市十八届人民代表大会第一次会议确定的2017年发展目标。

二、突出五个重点

紧紧围绕市委、市政府战略部署，突出“大、新、主、高、外”五类重点项目，充分发挥重点项目的龙头和关键作用，推动全市经济社会发展。

一是突出抓大项目。大项目主要指投资规模1亿元以上、或在经营规模上能够形成几个亿以上的产值或收入；或年创税收500万元以上的项目。以23个重点片区、重点项目工作组为主，以经济开发区、猛山经济发展区、卡特彼勒工业区、滨海（青州）工业园区、镇、街工业园为平台，突出抓好省级重点建设项目、潍坊市级重点建设项目、青州市重点建设项目，促重点建设项目早开工、早投产、早达效，增强经济发展后劲。

二是突出抓新项目。以青州市2017年固定资产投资重点建设项目库87个新开工项目为抓手，以“春季集中开工”、“七一”、国庆、元旦为时间节点，进一步加强前期力量、加快工作节奏，全力促项目开工建设，力争全年新开工建设重点项目100个以上。同时，对需要加快前期工作的项目和关系我市长远发展的规划内重大项目，要加强工作力量，主动适应和掌握项目审批的新规定、新要求，进一步提高前期工作的质量和深度，促项目尽快获批和落地建设，增强经济发展活力。

三是突出抓主导产业项目。重点抓好3大类12个主导产业，其中工业重点抓好机械装备、汽车制造、精细化工、节能环保、生物基材料、海洋动力6个主导产业，形成以卡特彼勒（青州）公司为龙头的大型工程机械产业集群、以江淮汽车等为重点的汽车及零部件产业集群、以中化弘润为重点的石油化工产业集群；现代农业突出抓好品牌农业、花卉产业2个主导产业；现代服务业突出抓好旅游业、现代物流、文化创意、健康养老4个主导产业。

四是突出抓高科技含量项目。科技含量高的重大项目，对我市加快转变经济发展方式，培育经济发展新动能具有重大意义，从战略的高度，切实将千人计划（青州）产业园、生物产业园、节能环保产业园、科教创新园等战略性新兴产业园区抓紧抓好；以长远的眼光，紧抓高新技术和战略性新兴产业发展大好机遇，超前谋划，主动出击，着力培育生物医药、新材料、通用航空等经济发展新动能。

五是突出抓招商引资项目。以税收和就业为导向，积极探索新常态下招商引资的有效路径和办法，加大"走出去、请进来"力度，扎实开展产业链招商、差异化招商、精准化招商、个性化招商，切实提高招商引资针对性和实效性。实施全方位招商，只要是有利于青州发展的好项目，都要大力引进。坚持招商引资与招才引智、招院引所并举，深入实施"优才计划"，优化人才政策环境，推进人才、项目、资金一体化引进。

三、创新五个机制

（一）创新工作推进机制。成立"项目建设年"指挥部，统筹项目建设工作。每个项目做到"四个明确"：

明确包靠领导。实行市级领导包靠重点项目制度，市领导亲自抓项目、抓调度、抓协调，市委常委、副市长每月调度一次所联系镇、街、开发区和分管部门单位的重点项目，市委书记、市长每季度调度一次全市重点项目。

明确牵头责任单位和第一责任人。各镇、街、开发区，市直有关部门（单位）为重点项目的牵头责任单位，主要负责同志为项目建设的第一责任人，牵头帮助解决突出问题和困难，推进项目建设。

明确工作责任。各职能部门对项目快审、快批，促进快落地实施，需省、潍坊市相关部门许可的事项，市级主管部门是对上工作的责任主体，做好全程跟踪服务。国土部门积极向上级业务部门争取用地指标，依法及时办理用地手续；银行业机构列为信贷支持重点，协助落实授信条件，优先安排信贷规模。各镇、街、开发区帮助落实建设条件，协调解决征地拆迁、安置补偿等问题，优化外部建设环境。

明确工作计划。每个项目制定详细的年度工作推进方案，明确标准要求、阶段目标、月度推进计划和工作推进措施等，做到可评估、可监测、可考核。

（二）创新宣传推介机制。充分利用青州人民广播电台、青州日报、青州电视台等市级新闻媒体宣传项目建设的重要意义、工作中的先进典型及经验做法；充分发挥市级机关综合办公大楼电子屏幕，每月对固定资产投资完成情况、重点建设项目进展情况等进行通报，在全市营造上项目、抓项目、促项目的浓厚氛围，形成服务项目、调度项目、推进项目的共识。

（三）创新要素保障机制。借助国控融资担保有限责任公司，发挥政府融资担保平台作用，积极支持重点项目融资；发挥政府资金的引导作用，结合 PPP 模式，通过投资补助、基金注资等方式，支持投资项目建设；提高金融机构服务水平，定期组织银企对接，建立项目—融资机构沟通协调机制；拓宽融资渠道，鼓励企业通过进入新三板等进行直接融资。坚持节约集约用地原则，对投资意愿不强、有圈地、屯地行为的实行清退制度，积极稳妥地推进征地拆迁，继续鼓励开展工矿废弃地复垦利用、荒山开发利用，以及在各类园区建设多层标准厂房等方式增加用地指标，拓展用地空间。

（四）创新项目动态管理机制。实施重点项目动态管理机制，通过调度、通报、分析等，及时掌握重点项目进展情况，及早发现问题，定期、不定期召开会议千方百计解决问题，力促项目早日投产达效。同时对重点项目实施末位淘汰，对已列入重点项目建设计划，但投资不到位不能按时开工或开工后进度不理想，后续投资难以为继的项目予以调出，对新引进、新开工的好项目、大项目，及时纳入重点项目建设计划，给予重点支持，促使重点项目尽快建成投产。

（五）创新工作考核机制。将项目推进情况列入镇、街、开发区科学发展综合考核和市直有关部门绩效综合考核的重要内容，严格考核奖惩。工作成效突出的，根据表彰奖励规定予以表彰奖励，工作进展缓慢、不能按期完成任务的，予以通报批评并追究责任。

中共青州市委办公室 青州市人民政府办公室 印发《关于深入推进乡村文明行动实施方案》的通知

青办发〔2017〕19号

（2017年4月21日）

各镇、街道党（工）委，市属各开发区党工委，各镇政府、街道办事处，市属各开发区管（工）委会，市委各部委，市直各部门、单位：

《关于深入推进乡村文明行动的实施方案》已经市委、市政府研究同意，现印发给你们，请结合实际，认真抓好贯彻落实。

关于深入推进乡村文明行动的实施方案

为深入贯彻落实省委、省政府和潍坊市委、市政府关于广泛开展"乡村文明行动"的决策部署，持续改善我市农村人居环境，不断提高农村精神文明建设水平，进一步提升农民群众满意度，加快实现城乡一体化，根据上级工作安排和有关文件精神，结合我市实际，现就深入推进乡村文明行动，制定如下实施方案。

一、指导思想

紧紧围绕市委市政府深入实施"一二四三"发展战略，加快建设"五强四宜"城市的战略目标，按照社会主义新农村"生产发展、生活富裕、乡风文明、村容整洁、管理民主"的总体要求，以行政村和新型农村社区为基本单位，以营造新环境、培育新农村、倡导新风尚、发展新文化、实现新发展为目标，重点推进移风易俗、城乡环卫一体化、"文明入心 文化上墙"公益宣传、村（社区）综合性文化服务中心建设、文体小广场建设、文化惠民、善行义举四德榜建设、村庄绿化工程、基层文明创建活动等九项重点工作，整合多方力量，加大工作力度，创新方式手段，以点带面，整体推进，全面提高农村社会文明程度、农民群众文明素质，努力建设富裕文明、和谐安定、生态良好、环境优美的社会主义新农村。

二、主要任务

围绕推进社会主义新农村建设，针对当前农村精神文明建设的重点领域、关键环节和突出问题，抓好以下九个方面的工作。

（一）移风易俗。大力推进"丧事俭办、婚事新办、文明理事、孝德工程、公墓建设"五个方面的工作。全市所有村（社区）要普遍建立红白理事会，并制定规范的办事流程、活动章程、制度标准；红白理事会成员名单、章程和包含移风易俗内容的村规民约要全部向村民公示；利用多种形式，加强对移风易俗工作的社会宣传，确保每村至少有一条移风易俗内容的宣传标语、有一面移风易俗内容的文化墙，移风易俗明白纸分发到每家每户。深入实施孝德工程，扎实推进以孝治村，大力倡导孝敬父母、厚养薄葬、勤俭节约的良好风气。大力推进村级公墓建设，重点建设节地生态型公益性公墓。党员干部要发挥模范带头作用，同时带动亲朋好友和广大群众，倡树新风，破除陋习，树立正确的家庭观、消费观、婚恋观，使乡村文明移风易俗变成群众的自觉行动。

（二）城乡环卫一体化。合理配备垃圾箱、清扫机械、清运车辆，按规定标准配备保洁人员并加强管理，及时足额发放工资。集中清理存量垃圾，彻底解决三大堆和脏乱差现象。垃圾做到日产日清，全部送垃圾处理场处理，坚决防止异地倾倒、随意掩埋、直接焚烧，造成二次污染。通过召开村民大会、张贴宣传标语等多种形式，发动广大群众积极参与环境卫生整治，自觉搞好房前屋后卫生保洁，爱护公共环境，杜绝垃圾乱扔乱倒现象。

（三）“文明入心 文化上墙”公益宣传。以农民画为主要表现手法，以墙体绘画为主要形式，以社会主义核心价值观、五强四宜城市建设和“讲文明、树新风”等为主题，突出地域文化特色和民俗风情，在全市所有村（社区）、镇驻地、学校、农村重要公共场所普遍开展公益文化墙体绘制活动，美化乡村环境，展示农村发展新面貌，让群众耳濡目染接受文明教育，全面提升城镇和村庄文化品位。

（四）村（社区）综合性文化服务中心建设。村村建成集图书报刊阅览室（农家书屋）、文艺活动室、综合展览室等基本功能于一体的综合性文化服务中心，并长期开展免费借阅、文体活动、党员教育、科学普及、普法教育、传承优秀传统文化等服务项目。

（五）文体小广场建设。因地制宜，因势利导，村村建设“文体小广场”。各镇、街道、开发区负责在村、社区落实场地，搞好硬化，市体育局负责免费配套健身设施，开展多种形式的文体活动。

（六）文化惠民。市级层面，市文广新局负责组织好“精品大戏惠民行”、“文化惠民行、百姓大舞台”等系列文化下乡活动，组织“四德”文艺节目创作大赛和巡演活动，抓好农村电影放映工程，结合放映工作，做好“讲文明、树新风”公益短片的播放工作。镇、街道、开发区层面，要加大工作力度，加快村（社区）综合性文化服务中心建设，并结合各自实际，积极组织好镇级特色文化惠民演出、镇村文化艺术节、民间文艺队伍展演等群众性文化活动。

（七）善行义举四德榜建设。完善善行义举四德榜建榜内容、上榜流程、用榜实效，确保村（社区）建榜率达 100%，上榜人数占村（社区）常住人口总数的 80% 以上，对身边涌现出的好人好事、先进典型及时进行张榜公示和学习宣传。四德榜要建在显著位置，按照上级要求，及时做好网上数据、实景图片上传工作。

（八）村庄绿化工程。积极推进村庄、庭院、道路的绿化美化，有条件的地方建设公共绿地。村庄绿化覆盖率原则上达到 30% 以上，村内主要街道两侧各栽植一行以上乔木，80% 的住户庭院及房前屋后栽植适宜的乔、灌、花、藤本植物，村内文体广场、空闲隙地做到应绿尽绿。

（九）基层文明创建活动。尊重群众主体意愿，坚持分类指导，鼓励镇村学习借鉴先进地区做法，根据本地实际探索各自做法，开展丰富多彩的农村精神文明创建活动，以“文明家庭（最美家庭）、好媳妇、好婆婆”评选等为抓手，通过设立光荣榜、发喜报、宣传展示等多种形式激发村民的责任感、荣誉感，带动促进乡村文明创建。

三、实施步骤

（一）重点示范带动。在原有工作基础上，从现在开始到 5 月底，每个镇、街道、开发区至少打造 20 个示范村（社区）。重点抓好基础较好的村庄，高速公路、国省道及其他主干线公路两侧 2 公里范围内村庄，镇（街道、开发区）驻地，旅游景区周边村庄，文明特色村，县域村镇体系规划确定的中心村（社区）。以示范村为带动，辐射周边村庄，“以点带面、连线成片”，整体推进乡村文明行动。

（二）集中整治提高。从 6 月上旬开始到 9 月底，利用四个月的时间，对照九项重点工作标准和要求，集中整改，全面达标。

（三）巩固提升。在普遍达标的基础上，抓好常态化巩固提升。每个镇、街道、开发区都要创造乡村文明行动独有品牌，独有特色，以乡村文明行动的深入开展提高群众满意度，带动整个农村精神文明建设水平提升。

四、有关要求

（一）加强组织领导。各级各有关部门、单位要从巩固党在农村的执政基础、加强农村社会管理、推进新农村建设的高度，充分认识实施“乡村文明行动”的重要意义，进一步从思想上高度重视，在行动上更加自觉，成立专门领导小组和工作班子，主要负责同志亲自抓，分管领导靠上抓，狠抓各项工作落实。

（二）健全工作机制。针对当前急需推进的九项工作，各有关部门、单位要认真履行职责，不推不脱，整体推进，共同发力，形成齐抓共管的工作合力。市文明办负责总体牵头协调，重点抓好善行义举四德榜建设和基层文明创建活动；市文明办、市文联负责牵头抓好“文明入心 文化上墙”公益宣传；市环卫局负责牵头抓好环卫一体化工作；市民政局负责牵头抓好移风易俗工作；市文广新局、市体育局负责牵头抓好村（社区）综合性文化服务中心和文体小广场建设，抓好农村群众性文化活动的组织开展；市林业局负责牵头抓好村庄绿化工程；市妇联负责牵头抓好“文明家庭（最美家庭）、好媳妇、好婆婆”评选；市司法局负责牵头抓好村（社区）普法宣传工作，倡导广大群众学法懂法，用法律武器维护自己的合法权益；市科协负责牵头抓好农民群众崇尚科学，抵制封建迷信，反对邪教宣传教育工作，组织开展贴近百姓生活的科普宣传和科普服务等活动；市联群办负责牵头抓好在干部入户、联系服务群众的过程中，做好有关乡村文明行动方面的群众宣传教育工作；市广电中心牵头组织好两年一届的“美丽乡村”评选活动。各镇、街道、开发区是“乡村文明行动”的直接责任单位，要严格按照市委、市政府的决策部署和有关部门要求，扎实推进各项工作落实。

（三）做好结合文章。深入推进乡村文明行动要与当前正在开展的“联系服务群众”活动、“第一书记”工作等紧密结合，贴近实际、贴近生活、贴近群众，一切从群众需要出发，多措并举，多层级、多部门联动，努力解决农村村容村貌、村风民俗、文化建设、生活方式等方面存在的突出问题，进一步提高农村精神文明建设水平，不断增强农民群众的满意度和幸福感。

（四）加强督导考核。目前，乡村文明行动已被省、潍坊和我市层层列入科学发展观综合考核，省里每年对乡村文明行动组织两次现场暗访，对移风易俗和环卫一体化工作进行两次群众满意度电话调查，潍坊已于去年开始组织现场暗访。下一步，我市将继续每年两次组织移风易俗和环卫一体化工作群众满意度电话调查，同时建立部门单位督导镇、街道、开发区制度，对整个乡村文明行动重点工作进行日常督查和综合考核，适时召开现场推进会议，定期督促检查，及时通报情况。对工作成效突出的镇村进行表彰奖励：每年评选表彰100个村为“青州市乡村文明家园”；每两年为一届，从中评选30个村为“青州市美丽乡村”，前10名为“青州市十大美丽乡村”，对受到表彰的村庄给予一定的物质奖励。对思想不重视、工作推进不力的镇村进行通报批评，在精神文明各项考核中一票否决。

中共青州市委办公室 青州市人民政府办公室 关于印发《青州市新旧动能转换重大工程近期工作方案》的通知

青办发〔2017〕37号

各镇、街道党（工）委，市属各开发区党工委，各镇政府、街道办事处，市属各开发区管（工）委会，市委各部委，市直各部门、单位：

《青州市新旧动能转换重大工程近期工作方案》已经市委、市政府研究同意，现印发给你们，请结合各自实际，认真贯彻实施。

中共青州市委办公室
青州市人民政府办公室
2017年6月24日

青州市新旧动能转换重大工程近期工作方案

为深入落实国家、省、潍坊市新旧动能转换重大工程，加快推进我市新旧动能转换工作，根据《关于潍坊市新旧动能转换重大工程的实施方案》要求，结合我市实际，现制定近期工作方案。

一、总体要求

全面贯彻落实国家、省、潍坊市关于实施新旧动能转换重大工程系列决策部署和省第十一次党代会精神，主动适应新一轮科技革命和产业变革向多领域、跨学科、群体性突破的新态势，紧扣“五位一体”总体布局和“四个全面”战略布局，牢固树立和贯彻落实新发展理念，以提高发展质量和效益为中心，以推进供给侧结构性改革为主线，深入实施“一二四三”发展战略，强化机遇意识，聚焦新技术、新产业、新业态、新模式，大力推进产业智慧化、智慧产业化、跨界融合化、品牌高端化，全面融入泛济青烟新旧动能转换综合试验区建设，加快培育壮大以技术创新为引领，以新技术新产业新业态新模式为核心，以知识、技术、信息、数据等新生产要素为支撑的经济发展新动能，率先实现新旧动能接续转换，加快建设“五强四宜”城市，努力实现“弯道超车”。工作中要把握好以下原则：

一是突出主题。紧紧围绕“四新”（新技术、新产业、新业态、新模式）、“四化”（产业智慧化、智慧产业化、跨界融合化、品牌高端化），逐项深入研究，搞清摸透我市在相关领域的现有基础、比较优势、发展潜力和与省、潍坊市层面的对接点，有针对性地谋划、包装一批项目，力争纳入省和潍坊市盘子，抢抓机遇率先在若干领域取得突破。

二是高点定位。按照“走在前列、起好带头作用”的要求，坚持一流标准，立足实际、突出特色，大胆设想、科学谋划，努力在落实省、潍坊市新旧动能转换重大工程、建设泛济青烟新旧动能转换综合试验区中做龙头、当标兵、发挥主体作用。

三是做实做细。将推进新旧动能转换重大工程作为开展“作风建设年”活动的重要内容，在深度对接省、潍坊市的思路规划、实施方案、调研专题和重点项目的基础上，逐项研究细化，用工程的办法建立项目库，确定任务书、路线图、时间表，明确责任主体，狠抓工作落实。

四是注重统筹。将谋划推进新旧动能转换重大工程贯穿经济社会发展各方面，统筹把握产业、城市、文化、民生和社会事业等各领域，统筹运用投资、消费和改革、开放、创新等发展动力，统筹推进平台、园区、项目建设布局和新业态、新模式培育。坚持全市“一盘棋”，全面抓好各级各部门的项目谋划和工作推进，既充分发挥部门和基层的积极性、创造性，又步调一致、有序实施，形成全市集中统一推进的合力。

二、时间安排

（一）6 月 30 日前，各镇、街道、经济开发区和市直各部门、各单位，加快工作节奏，结合本地区、本单位实际，研究提出符合“四新”、“四化”要求的项目，抓紧与省、潍坊市对接，并根据对接情况，有针对性的搞好项目谋划，逐项研究提出符合省、潍坊市导向和要求的推进方案，最大限度争取相关项目纳入省、潍坊市的项目笼子。

（二）7 月 31 日前，有关部门、单位根据方案要求，围绕影响我市新旧动能转换的重点难点问题，组织开展一系列专题调研，形成专题报告。同时要主动与省、潍坊市有关部门对接，积极邀请、配合做好省、潍坊市相关部门和机构来青调研工作，争取把青州重点工作、重点项目、重要事项纳入省、潍坊市的专题调研和工作规划。

三、重点工作

（一）抓紧实施上级已确定的项目。对上级已经确定的八喜旅游网电商平台项目，抓紧成立领导协调机构，积极与省、潍坊市对接，尽快研究制定专项方案。牵头部门：市旅游局；配合单位：市智慧办、市商务局、市国资局等。

（二）积极对接上级初步列入的项目。对省、潍坊市初步列入的山东晨宇电气股份有限公司高速重载、绿色智能化高铁牵引变压器项目和青州市生活垃圾综合处理改建焚烧发电、生物质热电联产等项目，及时与省、潍坊市对接，跟进工作，确保纳入省、潍坊市项目笼子。牵头部门：市经信局；配合单位：市发改局等。

（三）抓紧研究争取一批重大平台和重点项目。立足我市实际，紧密结合省和潍坊市层面推进的相关重大战略、重点项目以及各类试验区、示范区建设，抓紧争取和落实一批重大平台和重点项目。市直有关部门要结合各自职能，在基础较好、特色突出、有竞争优势的领域确定一批项目，作为一项硬任务全力向上争取，确保纳入省、潍坊市盘子。（首批确定 22 个）

1. 军民融合发展试验区。牵头部门：市发改局；配合单位：市经信局、市民政局、市交通局、市国土局、市住建局、市科技局等。

2. 培育发展“新六产”综合试验区。牵头部门：市农业局；配合单位：市发改局、市商务局、市经信局、市金融办、市文广新局、市旅游局等。

3. 健康产业创新发展试验区。牵头部门：市卫计局；配合单位：市规划局、市财政局等。

4. 文化产业综合改革试验区。牵头部门：市委宣传部；配合单位：市文广新局等。

5. 城市转型发展综合试验区。牵头部门：市发改局；配合单位：市住建局、市经信局、市科技局、市商务局及城建口各部门等。

6. 教育综合改革试验区。牵头部门：市教育局；配合单位：驻青各高校等。

7. 综合物流创新发展试验区。牵头部门：市商务局；配合单位：市交通局、市规划局等。

8. 汽车动力产业转型升级试验基地。牵头部门：市经信局；配合单位：市发改局、市科技局等。

9. 山东省智能农机装备技术创新中心。牵头部门：市科技局；配合单位：市经信局、市农业局等。

10. 八喜旅游网电商平台。牵头部门：市旅游局；配合单位 ：市智慧办、市商务局等。

11. 智慧旅游城市。牵头部门：市旅游局；配合单位：市智慧办、市商务局、市财政局、市公安局等。

12. 花卉产业创新基地。牵头部门：市花卉管理局；配合单位：市林业局、市商务局等。

13. 就业创业服务大数据平台。牵头部门：市人社局；配合单位：市财政局、市科技局、市智慧办等。

14. 高层次人才服务平台。牵头部门：市委组织部；配合单位：市人社局、市财政局、市科技局等。

15. 军民融合通用航空产业园建设。牵头部门：青州云门山省级旅游度假区管委会；配合单位：市发改局、市交通局、市财政局、市国土局、市规划局等。

16. 生物基材料基地。牵头部门：市发改局；配合单位：市经信局、市科技局等。

17. 资源循环利用示范基地。牵头部门：市经信局；配合单位：市发改局、市环保局等。

18. 农商互联标准化示范市。牵头部门：市商务局；配合单位：市农业局等。

19. 产融合作试点示范区。牵头部门：市经信局；配合单位：市金融办、市财政局等。

20. 养生养老基地。牵头部门：市民政局；配合单位：市卫计局、市规划局等。

21. 海洋动力装备制造示范基地。牵头部门：市经信局；配合单位：市发改局等。

22. 电子商务创新发展示范区。牵头部门：市商务局；配合单位：市经信局、市农业局等。

（四）研究确定一批重大课题。

一是落实好省、潍坊市的调研课题。（10 个）

1. 青州经济发展动能现状和目标研究。牵头部门：市发改局；配合单位：市经信局、市农业局、市统计局等。

2. 增强动能转换动力研究。牵头部门：市发改局；配合单位：市经信局、市农业局、市商务局、市科技局等。

3. 培育壮大“四新”经济研究。牵头部门：市发改局；配合单位：市经信局、市科技局、市农业局、市智慧办等。

4. 传统产业改造升级研究。牵头部门：市经信局；配合单位：市产业发展办公室、市财政局等。

5. 支柱产业优化提升研究。牵头部门：市经信局；配合单位：市发改局、市农业局、市商务局等。

6. 加快发展现代服务业研究。牵头部门：市产业发展办公室；配合单位：市财政局、市金融办、市商务局、市旅游局、市民政局、市文广新局等。

7. 重大项目库及平台建设研究。牵头部门：市发改局；配合单位：市经信局、市商务局、市财政局、市科技局等。

8. 统筹区域协调发展研究。牵头部门：市区域经济发展合作办公室；配合单位：市规划局、市住建局、市交通局、市环保局等。

9. 加快发展现代农业研究。牵头部门：市农业局；配合单位：市科技局、市商务局、市林业局、市畜牧局、市水利局、市供销社、市市场监督管理局、市金融办等。

10. 重大关键基础设施项目研究。牵头部门：市发改局；配合单位：市规划局、市住建局、市交通局等。

以上课题，由各牵头部门于 7 月 10 日前形成专题报告，在此基础上，由市发改局形成总报告。

二是围绕我市新旧动能转换重点难点问题开展调研。（8 个）

1. 加快推进“四化”研究。牵头部门：市发改局；配合单位：市经信局、市农业局、市商务局、市市场监督管理局、市智慧办等。

2. 战略性新兴产业发展重点和方向研究。牵头部门：市经信局；配合单位：市发改局、市科技局等。

3. 物流业发展研究。牵头部门：市商务局；配合单位：市交通局等。

4. 新旧动能转换保障机制研究。牵头部门：市编委办公室；配合单位：市监察局、市公安局、市财政局等。

5. 文化创意、旅游业发展研究。牵头部门：市旅游局；配合单位：市文广新局、市产业发展办公室等。

6. 房地产业发展研究。牵头部门：市住建局；配合单位：市住房管理中心、市国土局、市财政局等。

7. 创新发展城市经济研究。牵头部门：市发改局；配合单位：市商务局、市财政局、市规划局等。

8. 产业基金在产业发展和招商引资中的作用研究。牵头部门：市财政局；配合单位：市国资局等。

以上课题，由各牵头部门于7月31日前形成专题报告。

三是市直部门、单位开展调研。市直各部门、单位要结合各自职能，围绕新旧动能转换开展专题调研，形成调研报告，提出针对性、专业性强的措施办法。要主动与潍坊市有关部门对接，争取把青州重点工作、重点项目、重要事项纳入潍坊市部门的专题调研。同时，结合我市实际，针对影响新旧动能转换的重点难点问题，确定一批专题调研题目。

四是镇、街道、经济开发区开展调研。各镇、街道、经济开发区要按照市统一部署，积极开展新旧动能转换工作调研，形成专题调研报告，谋划确定一批重点项目。对符合新旧动能转换重大工程的，将纳入市总体方案和工作规划，给予重点推进。

四、保障措施

（一）加强组织领导。成立市新旧动能转换重大工程战略规划领导小组，由市委副书记、市长鞠立强同志任组长，有关部门主要负责人任成员，负责统筹研究部署全市新旧动能转换推进工作。领导小组推进办公室设在市发改局，市委常委、常务副市长王万信同志兼任办公室主任，有关工作人员按照干部管理权限，由组织人事部门专门发文抽调，实行集中办公，具体负责青州市新旧动能转换重大工程战略规划领导小组日常工作。

（二）建立推进机制。市新旧动能转换重大工程战略规划领导小组及推进办公室要定期召开会议，及时研究调度新旧动能转换重大工程推进落实情况，加强对重点项目和重大调研课题的督导，形成建设一批、争取一批、调研一批的格局，确保工作持续深入推进。要强化部门责任，将工作任务落实到具体责任人，既明确牵头部门主要负责人的责任，又要确定一名分管负责同志靠上抓；配合单位要明确一名分管负责同志具体抓。

（三）加强宣传引导。宣传部门要加强宣传引导，及时推介宣传各镇、街道、经济开发区，市直有关部门、单位在新旧动能转换重大工程推进中的亮点和经验做法，在全市营造新旧动能转换的浓厚氛围。

（四）强化考核奖励。将新旧动能转换工作纳入全市年度科学发展综合考核，加大对相关工作和项目的考核比重；列入市委、市政府重点工作督查事项，强化督促检查，跟踪问效。对工作突出的单位，给予表彰奖励。

青州市人民政府
关于加强自身建设的决定

青政发〔2017〕8号

（2017年2月6日）

各镇政府、街道办事处，市属各开发区管（工）委会，市直各部门、单位：

为全面贯彻落实市第十三次党代会和市十八届人大一次会议确定的各项目标任务，认真履行好政府职责，切实担负起深入实施“一二四三”发展战略，加快建设“五强四宜”城市，实现“弯道超车”，提前全面建成小康社会的重任，现就加强政府自身建设，作出如下决定。

一、加强学习调研，推进学习型政府建设

1. 加强理论、业务知识学习。树立终身学习理念，创新学习方式方法，增强学习的主动性和系统性。坚持集体学习与个人自学相结合，认真参加市委理论中心组、海岱书院大讲堂和云门大课堂学习，政府班子成员带头学习党的十八大和十八届三中、四中、五中、六中全会以及习近平总书记系列重要讲话精神，深入领会精神实质，筑牢思想根基，培养创新思维，积极践行新理念、新思想、新战略，在思想上、政治上、行动上与党中央保持高度一致。根据工作分工，自觉主动地学习分管领域的业务知识，努力提高业务工作水平。引导政府各部门开展学习型机关建设，通过定期组织各类集中培训、聘请专家讲课、集体学习、外出视察学习等形式，大力营造勤学、好学、爱学的浓厚氛围，切实提高公务员队伍的整体素质。

2. 深入调查研究。大力弘扬理论联系实际的良好学风，把加强调查研究作为改进作风、密切联系群众的重要抓手。政府班子成员每年到基层调研不少于60天，鼓励拿出更多的时间和精力深入农村、企业、项目一线现场调研，广泛听取意见，了解社情民意，掌握实际情况，努力把学习成果转化为工作思路和指导措施，做到学以致用、以学促干、以干带学，不断提高处理复杂问题的能力，更好地服务全市经济社会发展。

二、提高工作效率，推进高效型政府建设

3. 严守政治纪律。认真贯彻执行市委的决策部署，在思想上、行动上始终与市委保持高度一致，自觉维护市委权威，做到令行禁止，确保政令畅通。

4. 提高工作执行力。把政府职能转变体现到抓落实、谋发展上，倡导“马上就办、办就办好”的工作作风，形成一级抓一级、层层抓落实的良好工作局面，建立重点工作立项督查制度，推动改革发展成果落地生根。

5. 加强团结协作。建立政府班子成员工作补位制度，政府班子成员之间要互相尊重、互相体谅、互相支持、互相配合，大事讲原则、小事讲风格，坚持分工不分家，自觉维护工作大局和班子团结，共同把市政府班子建成团结和谐、心齐气顺的战斗集体。市政府各部门要牢固树立全市工作“一盘棋”思想，既要各司其职、各尽其责，更要顾全大局、团结合作，保持步调一致，维护政令统一。

6. 转变工作作风。强化“争先进、创一流”意识，促进公职人员履职尽责、勇于担当，以踏石留印、抓铁有痕的力度开展工作，力求做到常规工作出亮点、重点工作出精品、创新工作树品牌。深入推行“一线工作法”，政府班子成员带头到一线开展工作，及时协调解决有关问题，真正做到情况在一线了解、问题在一线解决、工作在一线推进。

7. 提升工作标准。积极适应新常态，努力开拓视野，准确把握产业深度调整趋势，科学研判形势，超前谋划发展。敢于争先进位，以不达目的不罢休的劲头和韧劲，全力争排头、当标杆，确保各项工作走在前列。把质量要求和精品理念贯穿于工作落实全过程，努力打造一批过得硬、叫得响的精品亮点，叫响青州品牌，展示青州风采。

8. 改进文风会风。严格收文办文登记、通报制度，努力缩短办文时间、减少办事环节、提高工作效率，文件签批不过夜，一般情况办理时限不超过3个工作日。从严控制一般事项行文请示，对市政府工作部门职责范围内的、部门间能够协调解决的、上级政府文件或法律法规政策已明确的工作部署，不再以市政府名义进行批复。进一步精简发文数量，控制文件规格，提高文件质量。从严控制会议的数量、规模和时间，提倡开短会、讲短话，坚决杜绝简单以会议贯彻会议、以文件传达文件。严肃会议纪律，严格请假制度，禁止随意替会。

9. 加强督查考核。进一步完善目标管理、推进落实、督查调度和激励问责机制，严格考核奖惩，对全市各项重点工作全部量化分解，明确责任主体、工作标准和完成时限，确保各项工作按时间节点和目标要求顺利推进，毫不手软查处执行不力、不负责任、工作失职、效能低下等行为，确保有部署、有检查、有结果，干一件、成一件。

10. 强化责任担当。坚决支持干事者、保护担当者，鼓励广大干部在改革创新中大胆探索、敢于担当，大力营造崇尚实干、争创佳绩的良好氛围，努力创建干事创业的良好环境。

三、强化服务意识，推进服务型政府建设

11. 加快政府职能转变。积极推进行政审批制度改革，持续清理、调整和减少行政审批事项，健全完善首问负责、服务承诺、限时办结、效能评估等制度，不断提高服务水平和办事效率，努力为群众提供公开、透明、高效的“一站式”服务。

12. 畅通干群联系渠道。积极探索新形势下做好群众工作的新途径，深入开展“转变工作作风，联系服务群众”工作，推动干部联系群众实现常态化，多层次、广角度、全方位收集社情民意。进一步拓宽群众利益诉求反映渠道，运行好服务群众热线，及时妥善解决群众合理诉求。健全完善公开接访制度，坚持每月10日下基层接访，高度关注农民工欠薪问题，加大对重点难点信访案件的现场调度，面对面听取基层干部意见和群众呼声，不断密切党群干群关系，夯实和谐稳定发展基础。

13. 持续优化发展环境。牢固树立全面发展理念，尊重、善待、保护投资者，为投资者排忧解难，创造良好的政务环境、政策环境、市场环境和人文环境。进一步梳理支持企业发展有关政策措施，帮助企业了解政策、用好政策，促进企业健康发展。认真履行政府承诺，全面提升政府公信力，着力塑造功能更加完善、管理更加有序、环境更加宜居、群众更加满意的发展环境。

四、坚持依法行政，推进法治型政府建设

14. 完善重大事项集体决策机制。凡涉及城市总体规划、发展战略、重大改革措施、重大建设项目、重大民生工程、重要资源配置等关系全局、关系广大人民群众切身利益的重大事项，必须提交市政府常务会议研究决定。提请常务会议研究的议题，分管副市长和主办部门主要负责同志要对议题材料严格审核、认真把关。

15. 完善公共权力运行制约和监督机制。严格按照法定权限和程序行使权力、履行职责、规范执法，做到有法必依、执法必严、违法必究。全面落实市委决策部署，坚决执行市人大及其常委会的决议决定，认真办理人大代表建议、政协委员提案，自觉接受市人大的法律监督、市政协的民主监督和社会公众的舆论监督。严格执行行政执法程序，进一步规范行政执法行为，落实执法全过程记录制度。严格落实被诉行政机关负责人出庭应诉制度，应出庭的按规定出庭应诉。

16. 完善政务公开机制。持续拓宽公开渠道，完善新闻发言人制度，凡涉及群众切身利益、需要群众广泛知晓的事项以及法律和政府规定需要公开的其他事项，全部依法、及时、准确地向社会公开。突出抓好重大突发事件和群众关注热点问题的公开，客观公布事件进展、政府举措、公众防范措施和调查处理结果，及时回应社会关切，最大限度地保障群众的知情权、参与权、表达权和监督权。

青州市人民政府
关于印发《青州市2017年降低实体经济企业成本实施方案》的通知

青政发〔2017〕54号

（2017年6月24日）

各镇政府、街道办事处，市属各开发区管（工）委会，市政府各部门、单位，各重点企业：

《青州市2017年降低实体经济企业成本实施方案》已经市政府同意，现印发给你们，请认真组织实施。

青州市2017年降低实体经济企业成本实施方案

为进一步深化供给侧结构性改革，降低实体经济企业成本，促进经济持续健康发展，根据《潍坊市人民政府关于印发〈潍坊市2017年降低实体经济企业成本实施方案〉的通知》（潍政字〔2017〕15号）精神，结合我市实际，制定本方案。

一、总体要求

全面贯彻党的十八大和十八届三中、四中、五中、六中全会精神，深入贯彻落实习近平总书记系列重要讲话精神，认真贯彻落实中央、省、市经济工作会议，以供给侧结构性改革为主线，坚持不懈降低实体经济企业成本，努力把我市打造成为潍坊市乃至山东省企业成本最低的地区之一，为优化发展环境、推进企业转型升级、建设“五强四宜”城市提供强大动力。

二、主要内容

在持续深入推进“降低企业成本促进实体经济健康发展专项行动的基础上，重点实施以下内容：

（一）降低企业税费负担

1. 扩大政府性基金免征范围。落实国家、省有关政策措施，将教育费附加、地方教育附加、水利建设基金免征范围，由月销售额或营业额不超过3万元的缴纳义务人，扩大到月销售额或营业额不超过10万元的缴纳义务人；将残疾人就业保障金免征范围，由自工商注册登记之日起3年内，在职职工总数20人（含）以下小微企业，调整为在职职工总数30人（含）以下的企业。（牵头单位：市财政局；配合单位：市物价局、市地税局）

2. 继续停征、降低和整合部分政府性基金及行政事业性收费。根据财政部《关于取消、调整部分政府性基金有关政策的通知》（财税〔2017〕18号）要求，取消城市公用事业附加、新型墙体材料专项基金2项政府性基金。根据财政部、国家发展改革委《关于清理规范一批行政事业性收费有关政策的通知》（财税〔2017〕20号）要求，取消或停征环境监测服务费、出入境检验检疫费等41项行政事业性收费，切实减轻企业和个人负担。（牵头单位：市财政局；配合单位：市物价局、市国土局、市水利局、市商务局、市经信局、市林业局）

3. 健全完善收费目录清单制度。根据中央和省级收费政策变动情况，及时更新完善《青州市级行政事业性收费和政府性基金目录清单》《青州市级涉企行政事业性收费目录清单》。根据国家发展改革委、财政部、工业和信息化部、民政部《关于清理规范涉企经营服务性收费的通知》（发改价格〔2017〕790 号）要求，及时对以企业为缴费主体的各类经营服务性收费进行清理规范，重点是行政审批前置中介服务收费。今年 12 月底前参照《潍坊市市级政府定价或政府指导价经营服务性收费目录》，完成《青州市政府定价或政府指导价经营服务性收费目录》，并在政府及部门网站常态化公示。重点跟踪涉企收费目录清单落实情况，按照国家、省部署，开展涉企收费清理专项检查。（牵头单位：市财政局、市物价局；配合单位：市经信局）

4. 整顿行业协会商会收费。加强对社会组织收费情况监督检查，结合年检对社会组织财务进行审计，规范社会组织收费行为；建立社会组织异常名录和负面名单，今年 10 月底前对 23 家以上的社会组织开展随机抽查，对经查实存在违规乱收费等情况的社会组织，及时依法处罚并向社会公示。严禁行业协会商会利用行政资源强制向企业收取费用行为，严禁以各种方式强制企业赞助捐赠、订购报刊、参加培训、加入社团、指定服务、考核评比。（牵头单位：市民政局、市物价局；配合单位：市编办、市财政局、市审计局、市公安局、市金融办及各社会组织业务主管单位）

5. 进一步降低企业税收成本。自 2017 年 7 月 1 日起，将原适用 13% 增值税税率的货物全部下调为 11% 税率，进一步扩大"营改增"的减税效应。继续扩大小微企业享受减半征收所得税范围，2017 年 1 月 1 日至 2019 年 12 月 31 日，将享受减半征收所得税的企业应纳税所得额由低于 30 万元（含）扩大为低于 50 万元（含）。（牵头单位：市财政局 ；配合单位：市国税局、市地税局、市中小企业局）

6. 加大对大众创业万众创新的资金扶持力度。安排科技发展计划专项资金 200 万元，支持科技创新；安排 40 万元专利专项资金，推动我市专利创造、运用和保护工作；加大对海外孵化器的支持力度，引进更多国外基金，支持科技创新，加大对山东省级、潍坊市级创业孵化器和创业园区的扶持力度；积极落实支持省科技成果转化贷款风险补偿。安排专项资金，确保招院引校（所）政策落实到位。（牵头单位：市财政局；配合单位：市科技局、市人社局、市经信局、市中小企业局）

7. 落实研发费用加计扣除政策。贯彻落实国家有关新材料、关键零部件、环境保护专用设备、节能节水专用设备等企业所得税优惠政策。严格落实企业所得税研发费用加计扣除等对企业技术创新的支持政策，科技型中小企业开展研发活动中实际发生的研发费用加计扣除比例由 50% 提高到 75%。优化企业研发费用税前加计扣除、研发设备加速折旧等优惠政策办理流程，定期对全市研发费加计扣除等有关数据进行统计，开展政策效应分析。（牵头单位：市财政局、市国税局、市地税局；配合单位：市发改局、市经信局、市科技局）

8. 多方筹资清偿拖欠企业资金。按照政府投资项目决算审计职责分工，加大建设项目审核力度，依法依规解决拖欠工程款。通过财政预算安排、争取地方政府债券、利用政策性贷款、推广 PPP 模式等方式，筹资清偿拖欠工程款。争取地方政府置换债券 21 亿元，主要用于置换全市 2017 年到期政府债务和部分未到期债务，进一步降低债务成本。编实支出预算，对政府制定出台的企业扶持资金政策，整合资金予以足额保障。加快预算执行进度，对年度预算中已达到兑换条件的政策性支出，由国库直接拨付相关企业。未列入年度预算的，采取清理盘活存量资金、优化支出结构等措施，通过预算调整优先安排解决。政府拖欠企业资金年内清偿完毕。（牵头单位：市财政局；配合单位：市住建局、市审计局、市发改局、市经信局等市直有关部门，各镇政府、街道办事处、经济开发区管委会）

9. 清理规范工程建设领域保证金。根据省住房城乡建设厅等五部门《关于改进和加强建筑业农民工工资支付管理的意见》（鲁建发〔2014〕6 号）和潍坊市要求，结合我市实际，研究制定《青州市建筑劳务工资保证金管理办法》，对劳务工资保证金缴纳比例实行动态管理。本年度未拖欠工程款的建设单位、未拖欠建筑劳动工资的施工单位、建筑市场信用考核优秀的，下年度可免于缴纳工资保障金；严重拖欠工程款和劳务工资，造成社会不良影响的建设单位、施工单位，本年度新开工和下年度开工项目按2%的比例缴存工资保证金。（牵头单位：市住建局；配合单位：市财政局、市发改局、市人社局）

（二）降低企业融资成本

10. 创新金融服务。引导银行业金融机构在有效管控风险的前提下，做好无还本续贷、循环贷款等小微企业流动资金贷款还款方式创新。对符合续贷条件的企业，银行业金融机构提前介入开展贷款调查、授信审批等工作，进一步提高贷款审批效率，缩短贷款调查审批等环节的时间。督促全市银行业金融机构提高小微企业金融服务水平。（牵头单位：潍坊银监分局青州办事处；配合单位：人民银行青州支行、各银行业金融机构）

11. 规范融资收费。继续督促全市银行业金融机构进一步落实收费公示及各项服务价格政策，以及小微企业收费优惠政策。严格督促全市银行业金融机构认真落实银监会“七不准、四公开”，缩短企业融资链条，清理不必要的资金“通道”和“过桥”环节，严查银行业金融机构违规放贷、乱收费等行为。（牵头单位：潍坊银监分局青州办事处；配合单位：市金融办、人民银行青州支行及各银行业金融机构）

12. 推进企业到多层次资本市场上市挂牌。加强宣传引导，实施重点培育，完善上市挂牌企业后备资源库，定期组织对上市挂牌资源企业进行培训。全面落实企业上市挂牌协调工作机制，及时解决企业上市挂牌过程中遇到的困难和问题。积极落实上市挂牌补助优惠政策，推动更多企业通过境内外资本市场主板、新三板、齐鲁股权交易中心等各类资本市场上市、挂牌、融资。年内力争实现20家企业到齐鲁股权交易中心挂牌，2家创业板、新三板上市挂牌企业完成股份制改制，组织申报材料。（牵头单位：市金融办；配合单位：市财政局、市经信局、市市场监管局）

13. 多渠道促进债券融资。创新债券交易品种和融资渠道，壮大发债主体。建立发债企业后备资源库，组织各类中介机构跟进服务。重点做好宏源公有资产经营、城建投两家单位债券融资工作。年内力争实现企业债券融资24亿元。（牵头单位：市金融办、人民银行青州支行、市发改局；配合单位：市财政局、市经信局、潍坊银监分局青州办事处、市国控担保公司）

14. 推进规模企业规范化公司制改制工作。加强宣传培训，落实配套政策，引导企业积极参与规范化改制。建立月度通报巡查机制，加强组织指导和督查考核，加快企业改制工作进度。成立由证券、法律、财务等领域专家组成的专业化团队，服务改制工作，确保改制质量。引导帮助改制成功企业在齐鲁股权交易中心挂牌、托管和融资。年内确保完成改制企业101家，规模企业改制任务完成率达到80%。（牵头单位：市金融办、市经信局；配合单位：市财政局、市市场监管局）

15. 健全完善融资担保体系。继续大力发展政府性融资担保机构，通过增资扩股、引进战略合作伙伴等方式，支持市国控担保公司做大做强，努力为中小企业提供贷款担保、拆保破链、化解风险，力争年担保额达到10亿元以上。加强与潍坊市再担保公司的合作，探索建立银政担风险分担和损失补偿机制，推进政银担业务发展，实现小微企业和“三农”融资担保风险在政府、银行业金融机构和融资担保机构之间的合理分担。（牵头单位：市金融办、市财政局；配合单位：潍坊银监分局青州办事处、市国控担保公司、各银行业金融机构）

16. 保持流动性合理充裕。对县级三农金融事业部达到人民银行总行考核标准后享受存款准备金率低于同类机构正常标准1至2个百分点的优惠政策，达不到则不能享受。对涉农和小微企业贷款投放力度较大的地方法人金融机构优先给予再贷款支持，力争在今年总授信额度13亿元的范围内，根据金融机构需求依规及时足额发放再贷款。（牵头

单位：人民银行青州支行；配合单位：市金融办、市发改局、市财政局）

17. 创新抵（质）押融资方式。引导银行业机构大力发展动产抵（质）押贷款业务。鼓励将作为抵（质）押物的资产在山东金融资产交易中心进行托管或流转处置。充分发挥齐鲁农村产权交易中心的作用，降低涉农企业、农户的融资成本，确保全年涉农抵押融资额和风险补偿资金池业务不低于去年水平。运用好省级知识产权交易服务平台，鼓励发展以知识产权、股权、排放权和节能量等为抵（质）押物的新型融资方式。（牵头单位：市金融办、人民银行青州支行、潍坊银监分局青州办事处）

18. 引导企业利用境外低成本资金。积极落实全口径跨境融资宏观审慎管理相关政策措施，鼓励企业和金融机构基于主体资本或净资产进行跨境融资，最大程度地满足跨境融资需求。中、外资企业借用的外债，允许在实需原则下结汇使用。鼓励金融机构通过内保外贷等方式，为企业提供融资与担保支持。鼓励符合条件的大型企业集团开展跨境人民币双向资金池业务。筛选出符合条件（境内成员企业上年度营业收入合计金额不低于 10 亿元人民币；境外成员企业上年度营业收入合计金额不低于 2 亿元人民币）的企业集团进行重点宣传，协助有意向开展跨境人民币资金池业务的企业集团到人民银行济南分行办理备案手续。（牵头单位：人民银行青州支行；配合单位：市金融办、市财政局、市发改局）

19. 积极化解企业债务链风险。建立重点企业担保圈台账，对贷款余额 3 亿元以上重点企业逐个建立目录。指导各银行业金融机构积极配合各级政府开展风险化解和处置工作，进一步发挥债权银行委员会作用，通过解包还原、置换担保、救助核心企业、联合授信管理等方式，有序化解重点企业担保圈风险。（牵头单位：市企业帮扶办、市金融办、潍坊银监分局青州办事处；配合单位：人民银行青州支行、市财政局、市国资局、市经信局）

（三）降低企业用工成本

20. 继续降低企业用工招聘成本。加大举办公益招聘会的场次，确保全年不少于 80 场次。充分运用互联网技术，进一步完善“青州人力资源和社会保障”、“鸢都就业”微信平台，指导企业自主招聘，同时扩大网络招聘、委托招聘等渠道，进一步降低企业用工招聘成本。（牵头单位：市人社局）

21. 大力降低人才引进和培养成本。围绕全市高端、重点产业发展需求，年内确保引进外国专家 50 人次以上，推荐申报中国政府“友谊奖”和省政府“齐鲁友谊奖”2 人以上，切实减轻企业引进外国专家的负担。继续由财政出资，为企业组织实施“金蓝领”项目培训、“青年技师素质提升计划”，鼓励行业、企业和政府组织开展职业技能竞赛活动，确保年内新增高技能人才评价试点企业 2 家，新增培养高技能人才 1600 人以上，降低企业培养技能人才成本。完善人才绿卡和人才服务专员制度，并对人才服务专员进行专项培训，通过人才服务绿色通道，为来青创业的高层次人才提供高效、便捷、优质服务。（牵头单位：市人社局）

22. 继续扩大失业保险基金支出范围试点和支持企业稳定岗位。继续执行扩大失业保险基金支出政策，及时落实职业培训补贴、职业介绍补贴、职业技能鉴定补贴、社会保险补贴、岗位补贴和小额贷款担保贴息等项目资金的支出。（牵头单位：市人社局；配合单位：市财政局）

23. 继续降低初创企业创业成本。进一步完善“鸢都创业证”制度，建立创业服务大数据平台，维护完善创业服务云平台运行。对符合创业担保贷款条件的创业者，协调落实创业担保贷款，并按规定给予贷款贴息。对首次创办小微企业，领取营业执照并经营 1 年以上的创业者发放一次性创业补贴 1.5 万元，科技型小微企业 2 万元。对吸纳登记失业人员和毕业年度高校毕业生并与其签订 1 年及以上期限劳动合同的，按照创造的就业岗位数量，给予一次性创业岗位开发补贴，每个岗位补贴 2500 元。（牵头单位：市人社局；配合单位：市财政局）

24. 继续执行企业社会保险费率政策。继续严格执行企业养老保险缴费费率由 20% 降至 18% 的政策，预计全年企业少缴纳养老保险费 5581 万元。

严格执行企业失业保险缴费费率由1%降至0.7%的政策，预计全年企业少缴纳失业保险费567万元。继续执行工伤保险费行业基准费率由0.5%、1%、2%调整为0.2%、0.4%、0.7%、0.9%、1.1%、1.3%、1.6%、1.9%，平均费率由1%降至0.75%的政策，预计全年企业少缴纳工伤保险费713万元。（牵头单位：市人社局；配合单位：市财政局）

25. 规范和阶段性适当降低企业住房公积金缴存比例。完善公积金制度，严格执行缴存控高保低政策。2018年4月30日前，企业可根据自身生产经营情况，经职工代表大会或工会讨论通过后，在6%至12%之间确定合适的缴存比例，经住房公积金管理中心审核通过后实施。生产经营困难企业除可降低缴存比例外，还可依法申请缓缴住房公积金，待效益好转后再提高缴存比例或恢复缴存并补缴缓缴的住房公积金。（牵头单位：市公积金中心；配合单位：人民银行青州支行）

（四）降低企业电力成本

26. 对燃煤电厂超低排放电价给予补贴。继续贯彻落实国家、省有关燃煤电厂超低排放电价补贴政策，对在基准含氧量6%条件下，烟尘、二氧化硫、氮氧化物排放浓度分别不高于5mg/Nm3、35mg/Nm3、50mg/Nm3的燃煤发电机组，2016年1月1日前已并网运行的现役机组，对其统购上网电量加价每千瓦时1分钱（含税，下同）；2016年之后并网运行的新建机组，加价每千瓦时0.005元。（牵头单位：市物价局；配合单位：市环保局）

27. 对新能源发电给予补贴。对于自发自用、余电上网模式的分布式光伏，项目所发全部电量电价补贴标准为每千瓦时0.42元；自用有余量上网的电量，由国网山东电力公司按照山东省燃煤机组标杆上网电价收购。对于全额上网模式的分布式光伏，上网电价按照山东省光伏电站上网标杆电价执行。（牵头单位：市发改局；配合单位：市供电公司）

28. 严格执行峰谷分时电价政策。对大用户用电实行“大客户经理服务制”，继续用好峰谷电价政策。对商场、超市、餐饮、宾馆、冷库等无法避峰用电的企业，不再纳入执行峰谷分时电价范围。（牵头单位：市物价局；配合单位：市供电公司）

29. 扩大电力用户直接交易范围和规模。按照上级要求完成电力直接交易用户的资格审核、上报、批复，指导企业通过双方协商或集中竞价方式与省内发电企业签订交易合同，开展省内交易；组织部分企业通过双方协商或集中竞价方式与省外发电企业签订跨区交易合同，开展跨省交易。待华北联络线跨区交易电量确定和三条新特高压投运后，分批次争取更多用户进入试点范围，参加跨省交易。力争年内完成交易电量5.7亿千瓦时，降低企业用电成本1800万元以上。（牵头单位：市经信局；配合单位：市供电公司）

30. 降低企业生活用电成本。供电公司继续全面受理企业申请，经现场核实为企业单位集体宿舍生活用电的部分，执行居民生活用电中的非居民用电价格。（牵头单位：市物价局；配合单位：市供电公司）

31. 落实大工业用电基本电费选择权。供电公司全面受理容量改需量、需量改容量以及需量核定值的变更业务。用电企业在设备检修、假期停工或生产经营暂遇困难等时期，可提出暂停或减容申请，供电企业按原计费方式减收其相应容量的基本电费，对暂停和减容后容量达不到315千伏安的，改为执行单一制电价，不再收取基本电费。（牵头单位：市经信局；配合单位：市供电公司）

（五）降低企业物流成本

32. 加强物流园区建设。加快推进泓德物流园信息楼、瑞铭冷链物流园、青州港天物流园区暨国际陆港等主体园区建设进度，建立专项协调推进小组，实行专人包靠，全程跟踪服务，协调解决项目建设过程中存在的问题。（牵头单位：市商务局）

33. 降低企业通关成本。加大口岸、海关、商务、检验检疫、铁路等部门的沟通协调，推动关检合作“三个一”向“三互”和“单一窗口”转变。加快推广山东国际贸易单一窗口和中国电子检验检疫网上申报系统，实现进出口货物、原产地证书和出入境船舶等检验检疫免费申报全覆盖。力争年内全市通过国际贸易单一窗口免费申报原产地证书的比重

超过50%、免费申报进出口货物的比重达到40%。（牵头单位：出入境检验检疫局；配合单位：市财政局）

（六）降低企业用地成本

34. 实行差别化用地政策。实行差别化用地政策，科学分配现代产业竞争性年度新增用地计划。按照现代产业重点项目竞争性用地管理暂行办法对部分新增用地计划指标进行统筹分配，根据潍坊市对竞争性用地工作的安排，预计今年12月底前完成新增建设用地计划上报工作。（牵头单位：市发改局；配合单位：市国土局）

35. 大力推行用地年度计划预支制度。按照潍坊市国土资源局《关于预支新增建设用地计划指标办理流程的通知》，在新增建设用地年度计划未下达前，为急需实施的市重点项目预支年度计划指标，保障项目及时落地。（牵头单位：市国土局）

36. 深入推进工业用地供应制度改革。继续深入实施“先租后让”“长期租赁”“弹性年期出让”三种方式并存的工业用地供应制度，今年年底前在全域全面实施，确保有实际案例。对战略性新兴产业、先进制造业、信息经济产业等工业用地项目，可按不低于国家规定的工业用地最低限价标准确定起价。对属于优先发展产业且用地集约的工业项目，在确定土地出让底价时可按不低于所在地土地等别相对应工业用地出让最低价标准的70%执行。在不改变用途前提下，现有工业项目提高利用率和新建工业项目建筑容积率超过国家、省、潍坊市规定容积率部分的，不再增收土地价款。依法利用存量房产、土地资源建设文化创意、科技服务、众创空间、研发设计等新产业、新业态的项目，可在5年内继续按原用途和土地权利类型使用土地。在工业园区投资建设物流、研发、信息服务、工业设计等生产性服务业的，参照执行工业用地价格。（牵头单位：市国土局、市财政局）

（七）降低制度性交易成本

37. 深化行政审批改革。继续加大放权力度，坚持基层需求导向，变政府“端菜”为基层“点菜”，增强放权的精准度；采取委托、代办等方式，年内将适合由基层办理的教育、医疗、养老等民生领域的行政许可事项交由基层办理。根据上级安排，在投资建设领域探索实行“多图联审、多评合一、联合验收”审批模式。探索推行“一窗式”受理行政审批改革，将纳入审批大厅的行政许可事项实行“一窗受理、部门协同办理、一窗发证”，实现审批材料一次性提交、办事群众最多跑一趟。根据上级安排，开展相对集中行政许可权改革，逐步实现“一枚印章管审批”，进一步提高行政审批效率。继续推进政务服务网上平台建设，年内将服务平台延伸至镇街，达到省市县镇四级联通，完善服务平台功能，实现网上受理、网上办理、网上反馈，提高网上审批效率。清理规范各类年检、政府指定培训，对今年6月份公布的市县两级拟保留的年检和政府指定培训目录加强动态管理。（牵头单位：市编办、市政务服务办；配合单位：市法制局等市直有关部门）

38. 继续推进商事制度改革。推行工商登记便利化改革，有序推进“多证合一”改革，为市场主体换发“一照一码”营业执照；深化落实“先照后证”改革，今年11月底前全市实现登记注册全程电子化和电子营业执照。对民间投资进入自然资源开发、环境保护、能源、交通、市政公用事业等领域，除法律法规有明确规定的外，取消最低注册资本、股东结构、出资比例等限制。简化外商投资企业设立程序，境外投资者在国家规定实施外商投资准入特别管理措施负面清单以外的产业进行投资的，自今年1月起，商务部门的备案证明不作为企业进行工商登记的前置条件。（牵头单位：市市场监管局；配合单位：市环保局、市经信局、市交通局、市住建局、市商务局）

39. 加强企业信用体系建设。实施统一社会信用代码制度，加强企业信用信息归集、共享、公开、使用。建立守信激励机制，在行政管理、公共服务、市场交易和投融资等领域对守信企业实施优惠便利措施，加大联合惩戒力度，形成使失信者“一处失信、处处受限”的联动奖惩体系。严格落实行政许可、行政处罚“双公示”制度。加强经营异常名录和严重违法失信企业名单管理工作，将符合失信条件的企业依法列入经营异常名录和严重违法失信企业名单，并及时在国家企业信用信息公示系统进行公示。组织开展信用宣传月活动，加大信用宣传教育力度。（牵头单位：市发改局、人民银行青州支行、市市场监管局）

40. 降低公共资源交易成本。优化公共资源交易流程，推进交易全过程电子化，降低企业投标成本。推进公共资源交易标准化建设，健全交易系统功能，完善市县一体化交易系统。推进“互联网＋招标采购”行动，完善电子招投标系统与网上竞价系统功能，加强电子交易系统硬件设施建设，继续实施通过电子交易平台免费发放招标文件（含图纸及工程量清单），最大限度降低公共资源交易成本。鼓励投标人采用银行保函的方式缴纳投标保证金，进一步减轻企业负担。（牵头单位：公管办、市政务服务办；配合单位：市物价局、市财政局、市住建局、市经信局、市国土局、市交通局、市水利局、市卫计局、市国资局、市林业局、市农业局、市环保局）

41. 依法加强知识产权保护。加大对专利、注册商标、商业秘密等方面知识产权侵权假冒行为的打击力度，突出食品药品、环境保护、安全生产和电子商务等重点民生领域，组织开展集中整治行动和联合执法，确保全年调处专利纠纷结案率 80% 以上，查处假冒专利结案率 90% 以上。鼓励和支持自主知识产权企业向海关总署进行知识产权备案，加强知识产权边境保护，进一步加大对进出口环节侵权假冒行为的打击力度，切实降低企业维权成本。（牵头单位：市知识产权局；配合单位：市市场监管局、市文广新局）

42. 强化价格监督检查。严格落实公平竞争审查制度，清理和废除妨碍统一市场和公平竞争的各种规定和做法。建立公平、开放、透明的市场价格监管规则，坚决查处各类违法违规实行价格优惠政策的行为。健全市场价格行为规则，在经营者自主定价领域，对经济社会影响重大特别是与民生紧密相关的商品和服务，依法制定价格行为规则和监管办法；对存在市场竞争不充分、交易双方地位不对等、市场信息不对称等问题的领域，研究制定相应议价规则、价格行为规范和指南，完善明码标价、收费公示等制度规定，合理引导经营者价格行为。持续推进涉企收费检查，下半年，根据潍坊市安排择机开展全市专项检查，今年 12 月底前完成检查任务并按法定程序结案。加大力度治理“红顶中介”、协会商会乱收费行为，确保涉企收费目录清单落到实处。（牵头单位：市物价局；配合单位：市商务局、市市场监管局）

43. 强化标准体系建设。深入落实加快实施标准化战略的意见，鼓励和引导企业积极参加各类标准的制（修）订工作，积极支持团体标准试点建设，加强标准化试点、示范项目建设。年内完成制（修）订国际标准、国家标准、行业标准和地方标准 1 项以上，培育发展团体标准 1 项，完成 1 个标准化试点项目的验收工作，新增 1 项以上省级标准化试点项目。（牵头单位：市市场监管局）

（八）继续抓好“一项专项治理”

44. 继续推进企业资产证照专项治理工作。运用数据处理平台分配工作任务，及时补办资产证照前置手续，对前置手续相互制约问题比较集中的事项，协调职能部门实行集中会商、联合办公、整体推进方式，力求重点问题一次性解决。未结事项涉及土地指标、企业资金紧张等原因的，由相关部门根据企业意愿和条件，转入常态化办理。年内办结建设用地使用权遗留问题 62 项，办结房屋等建筑物、构筑物所有权遗留问题 290 项。（牵头单位：市经信局；配合单位：市发改局、市公安局、市财政局、市国土局、市规划局、市住建局、市市场监管局、市水利局、市商务局、市环保局、市统计局、市安监局、市人防办、市政务服务办、市地震局、市国税局、市地税局）

（九）继续发挥“一个能动性”

45. 继续引导企业发挥主观能动性。加强先进技术推广，大力发展智能制造和智慧流通，提高产品的成品率、优质品率和精准营销匹配率。加快推进绿色制造、增材制造，大幅降低资源能源消耗。推广应用柔性化生产和作业成本法，提高企业供应链管理水平。年内在全市范围内重点培育选树降成本先进典型企业2户并形成可复制、可推广经验。认真落实省委、省政府关于加强企业家队伍建设的工作部署，实施青州百名优秀企业家培育计划，明确部门职能，强化工作经费保障，加快实施企业家队伍建设，充分发挥企业家在企业降本增效、转型升级中的引领作用。（牵头单位：市经信局；配合单位：市发改局、市财政局、市人社局、市民政局、市国资局、市商务局）

三、推进措施

（一）加强组织领导。各级各部门各单位要把思想和行动统一到中央、省、潍坊市及我市关于降低实体经济企业成本的部署要求上来，健全降成本工作推进机制，明确分管领导，配齐配强工作力量，继续把降成本工作列入全市科学发展综合考核，进一步完善指标体系、考核内容、考核方式。同时，完善督导评估机制，持续强化督促检查，确保各项政策措施落地生根见效。对勇于担当、积极作为、降成本成效明显的，给予表扬；对降成本措施落实不力、不作为、懒政怠政的，进行严肃问责，追究相关人员责任。

（二）因地制宜分业施策。市直各领域牵头部门是本领域降低实体经济企业成本工作的第一责任主体，要按照中央、省、潍坊市及我市决策部署，根据本方案抓紧制定实施细则。充分发挥行业管理部门能动性，研究制定具体政策措施，有效推出并切实落实钢铁、石化、建材、机械、汽车、电子信息、消费品、物流等行业的转型升级降本增效方案，切实增强降成本的针对性和有效性。

（三）完善降成本指标监测评价体系。实现减负成效应统尽统，各部门定期报送相关数据，科学、客观、全面反映全市降成本成效；探索建立城市间可比较的降成本评估监测机制，坚持问题导向，综合比较我市与其他城市降低企业成本成效，确保我市降成本工作走在潍坊市乃至全省前列。

（四）提升宣传工作水平。创新宣传形式和载体，加大在新闻媒体的宣传报道力度，充分利用各种媒介，及时将政策信息向企业进行点对点推送，提高企业知晓率、政策运用率和社会影响力。强化典型推介和舆论引领，及时报道各项工作进展情况和实际成效，正确引导社会预期，营造良好工作氛围。

青州市人民政府
关于印发青州市招商发展激励政策的通知

青政发〔2017〕66号

（2017年9月12日）

各镇政府、街道办事处，市属各开发区管（工）委会，市直各部门、单位：

《青州市招商发展激励政策》已经市政府研究同意，现印发给你们，望认真贯彻执行。

青州市招商发展激励政策

根据《国务院关于扩大对外开放积极利用外资若干措施的通知》（国发〔2017〕5号）和《关于印发〈潍坊市招商发展激励政策〉的通知》（潍办发〔2017〕19号）精神，结合我市实际，制定本政策。

第一条 投资激励。对实际投资1亿元或年纳税总额500万元以上的招商项目（包括现有企业增加投资、企业并购增加投资），世界500强企业的外商直接投资项目（投资额不设下限），按实际投资额的5%给予企业奖励，最高不超过5000万元。对企业通过并购方式将国内外知名品牌落户青州产业化的企业，在前述奖励基础上，再给予500—1000万元一次性奖励。

对新设立企业，5年内上缴税收地方留成超过政府前期对项目投入部分，给予100%补助。对现有企业增加投资的，对年纳税总额5000万元（含）以上的企业，税收地方留成比上年增长10%（含）以上部分，补助30%；对年纳税总额1000万元（含）—5000万元的企业，税收地方留成比上年增长15%（含）以上部分，补助50%。对重点招商项目优先保障项目用地。

第二条 总部经济项目激励。对实缴注册资本1亿元以上（外币按同期汇率折算）或对年纳税总额1000万元以上的企业（截至上一年度，全资或绝对控股公司、分公司不少于3家，其中市外公司不少于2家）给予激励。对新设立的总部经济企业，5年内上缴税收地方留成超过政府前期对项目投入的部分，给予100%补助。对现有总部经济企业，对年纳税总额5000万元（含）以上的，税收地方留成比上年增长10%（含）以上部分，补助30%；对年纳税总额1000万元（含）—5000万元的企业，税收地方留成比上年增长15%（含）以上部分，补助50%。总部企业通过并购方式引入国内外知名品牌落户青州，再给予500—1000万元一次性奖励。鼓励总部基地、特色楼宇等总部经济平台招引并运营总部项目，对平台年纳税总额超过1000万元的，按照年纳税额的10%给予运营平台一次性奖励。

对符合条件的总部企业（分支机构）购买或租赁办公用房且自用的，分别给予500元/㎡的购房补贴或3年内房租60%的租房补贴，补助资金最高不超过300万元，办公用房不得出（转）租出售，不得改变用途。

鼓励知名企业总部落户。新设立的外资企业总部（分支机构），实缴注册资本超过2000万美元的，经认定按照实缴注册资本的5%给予奖励，最高不超过5000万元。新设立的中央大型企业、中国企业500强、中国民营500强企业总部（分支机构），实缴注册资本超过5000万元的及其他实缴注册资本超过1亿元的内资企业总部项目，经认定按照实缴注册资本的3%给予奖励，最高不超过3000万元。

第三条 高等院校、研发机构激励。在落实《关于深化科技体制改革加快创新发展的实施意见》(潍发[2016]35号）的基础上，落实对引进高校的有关政策和对引进高校做出贡献的团队（个人）的奖励政策。对引进高校的支持政策，按照《关于加快招院引校工作的意见》（潍政办发[2016]14号）落实。对负责引进高校的中介团队（个人）的购买服务经费标准，根据引进院校层次、规模、科研水平、产业吻合度等因素确定。购买服务经费原则上为200—500万元，其中，引进“985”“211”高校层次二级学院的，每院200万元；引进高校、分校（校区）、研究生院的，每校（院）300—400万元；引进独立设置的中外合作办学机构的，每所500万元；特殊情况“一事一议”；引进学校规模达不到预期规模的，按比例扣减购买服务经费。对国家级研发机构、国内外著名高校在青州建立（或共建）的研究院、中试基地等研发机构，采用后补助方式给予200万元资助；对经省级部门单独或联合认定的省级研发机构，采用后补助方式给予40万元资助。对引进的国家级博士后流动站、博士后科研工作站、院士工作站和省博士后创新实践基地，分别按国家级、省级标准给予20万元、10万元奖励。

第四条 高层次人才补助。对带项目、带技术、带资金来我市创新创业的“千人计划”专家及以上高层次人才，在分别享受国家、省和潍坊市相关政策的基础上，按《青州市鼓励国家“千人计划”专家等高层次人才来青创业暂行办法》（青政发〔2016〕53号），以政府参股、政府基金投入或租赁使用等形式提供10—50亩项目用地、1000—3000平方米技术研发用房、2000—10000平方米生产用房。青州市国控融资担保有限责任公司对符合担保条件的优先给予担保。

第五条 企业高管人才激励。对符合第一条、第二条政策的招商项目，在落实《关于加快建设人才强市的若干意见》（潍发〔2015〕15号）基础上，对企业连续聘用2年以上的高级管理人员（包括董事长、副董事长、总经理、副总经理、监事长、总经济师、总会计师或相当层级职务的人员，每家企业不超过10名），从聘用起计算，缴纳个人所得税地方留成部分，三年内按100%标准补助企业；对高级管理人员股权退出所缴纳的个人所得税地方留成部分，按照50%的标准补助企业。补助资金主要用于高端人才引进和奖励。对企业高管人员、高级技能人才及其子女，在户籍、就学、就医、参军、出入境等方面享受优先保障待遇。

第六条 政府基金支持。对新设企业或新上项目，政府引导基金可根据企业需求，合作设立产业基金或以债券、股权方式投入，支持新上项目、配套园区建设等。

支持社会资本设立产业基金。鼓励社会资本采取“基金+产业”的模式在青州设立产业基金，对项目投资方发起设立的产业基金，政府引导基金给予参股5—20%注资支持。

鼓励基金投资重点产业项目。积极推介青州市内的重点产业项目，鼓励产业基金加大投资。政府引导基金参股设立的产业基金，政府引导基金可将投资收益的20%让渡给社会资本。政府引导基金参股子基金投资种子期、初创期科技型企业发生投资损失的，市财政对社会出资人分别按不超过其实际投资损失的60%和30%给予补偿，单一项目补偿金额最高可达300万元，单一投资机构年度累计补偿金额最高可达600万元。

第七条 社会化招商激励。对为我市引进重点招商项目的社会组织、企业或中介机构（国家机关、事业单位、项目投资利益相关方及自然人除外），享受市级扶持政策的，一次性给予10万元奖励。不享受市级扶持政策的，按照项目实际投资额的5‰给予奖励，最高不超过300万元；对引进招院引所（校）、招才引智的社会组织、企业或中介机构（国家机关、事业单位、项目投资利益相关方及自然人除外）给予一次性奖励，最高不超过30万元；总部经济项目按照实缴注册资本的5‰或首个会计年度纳税总额的5%给予一次性奖励，最高不超过300万元。

第八条 镇、街、开发区招商激励。对招商工作突出的镇、街、开发区，优先在土地指标、规划布局、扶持资金等方面给予支持。对市直部门（单位）引进重点招商项目的，按照项目实际投资额的5‰或首个会计年度纳税总额5%给予单位招商经费补助，最高不超过50万元。

第九条 其他事项。对特别重大的招商项目，实行“一事一议”政策，在上述政策基础上，提高优惠标准，加大扶持力度。

推动落实国家、省和市降低实体经济企业成本的政策措施，用足用活国家和省市出台的一系列支持招商引资和项目建设的政策措施，开展“外企服务年”活动，引导企业和投资者充分享受政策红利。各镇、街道、开发区要依照全市产业布局和各自优势招引项目，规范招商秩序。对符合《青州市人民政府关于认真落实上级有关政策规定大力支持经济转型发展的意见》相关政策的企业（青政发〔2015〕33号），保障落实相关扶持政策。借鉴先进地区经验，及时创新制定促进招商的配套政策，最大程度发挥政策叠加效应。

享受上述第一条、第二条、第三条、第四条、第五条政策的企业和机构，需承诺10年内不迁离注册及办公地址、不改变在本市的纳税义务、不减少注册资本。同一项目、同一事项同时符合其他市级扶持政策规定的，按照从高不重复的原则予以支持。

以上政策资金兑现由市财政局统筹负责，并由市招商局会同市财政局、人社局、教育局、科技局等部门制定项目认定办法和实施细则。

本政策自发布之日起施行，有效期至2019年12月31日。该政策实施前的投资项目，在不违背国家政策的前提下仍按原合同约定执行。

索引

0～9

A

B

C

D

E

F

G

H

J

K

L

M

N

P

Q

R

S

T

W

X

Y

Z